ERSHISHIJIZHIZHONGGUO

《二十世纪之中国——乡村与城市社会的历史变迁》丛书

2012年列入"十二五"国家重点图书出版规划增补项目
2013年入选新闻出版总署国家出版基金资助项目
2013年入选新闻出版总署新闻出版改革发展项目
2012年列入山西出版传媒集团重大出版工程项目

丛书主编　王先明

二十世纪之中国——乡村与城市社会的历史变迁

管理北京：北洋政府时期京师警察厅研究

■丁芮　著

山西出版传媒集团
山西人民出版社　山西经济出版社

图书在版编目（CIP）数据

管理北京：北洋政府时期京师警察厅研究／丁芮著．—太原：山西人民出版社，2013.11
（二十世纪之中国——乡村与城市社会的历史变迁／王先明主编）
ISBN 978－7－203－08344－3

Ⅰ.①管… Ⅱ.①丁… Ⅲ.①北洋军阀政府-警察-国家机构-研究-北京市　Ⅳ.①D 693.65

中国版本图书馆 CIP 数据核字（2013）第 220396 号

管理北京：北洋政府时期京师警察厅研究

著　　者：	丁　芮
责任编辑：	冯灵芝　高　雷
装帧设计：	柏学玲
出 版 者：	山西出版传媒集团·山西人民出版社 山西经济出版社
地　　址：	太原市建设南路 21 号
邮　　编：	030012
发行营销：	0351－4922220　4955996　4956039
	0351－4922127（传真）　4956038（邮购）
E－mail：	sxskcb@163.com　发行部
	sxskcb@126.com　总编室
网　　址：	www.sxskcb.com
经 销 者：	山西出版传媒集团·山西人民出版社 山西经济出版社
承 印 者：	山西出版传媒集团·山西新华印业有限公司
开　　本：	787mm×1092mm　　1/16
印　　张：	32
字　　数：	460 千字
印　　数：	1－3 000 册
版　　次：	2013 年 11 月第 1 版
印　　次：	2013 年 11 月第 1 次印刷
书　　号：	ISBN 978－7－203－08344－3
定　　价：	76.00 元

如有印装质量问题请与本社联系调换

总 序　GENERAL PREFACE

ERSHI SHIJI ZHI ZHONGGUO

　　20世纪的中国，经历着史无前例的社会变迁。这一变动的时代性特征之一，一定程度上体现为传统时代的城乡一体化发展进程逆转为城乡背离化发展态势。伴随着中国与西方交锋以来军事、政治与经济的挫败，以及由此而来的知识分子的传统文化认同危机，现代化（或西方化）与城市化成为显而易见的社会潮流，传统城乡"无差别的统一"为日益扩大的城乡差异所代替，近代农民群体也从"士农工商"的中层政治身份一变而为"乡下人"这一饱含歧视色彩的社会底层，由此形成的城乡社会——经济与文化断裂不仅是20世纪社会结构畸形化与不平衡性的显著现象，也是至今仍横亘在中国现代化进程中的重大社会问题之一。

　　即使在当代社会发展进程中，巨大的城乡分离化也不容忽视，明显的城乡对比已经成为社会认同危机的主要表现之一。当新农村建设如火如荼却面临种种困惑时，当乡村人才的空心化现象日益突出时，当城市化的进程突飞猛进时，当城市景观和生活方式与国际接轨时，城市人与乡下人成为国人赫然的身份标识，现代日益扩大的城乡失衡与传统中国城乡之间的无差别的统一体形成鲜明对比时，深入研究城乡关系的历史变迁就成为一个理解当下中国政治、经济与文化发展的必要途径。此外，对于近代中国社会的认识，无论是政治家、社会学家还是经济学家，都不约而同地将之解析为城市与乡村两大基本单位，中国近代社会之不平衡性、半封建性、半殖民性等特点均可从城市和乡村社会结构的析分中被实证；而城乡之间的关系与特征，亦成为深度理解和把握近代中国历史的不可回避的焦点问题。

有时我们不得不惊叹"历史惊人地相似"！从20世纪二三十年代的"农业破产"、"农村衰败"、"农民贫困"成为举国至重的话题，到新世纪以来被广泛关注的"农民真苦、农村真穷、农业真危险"的当代"三农"话语；从1926年王骏声提出的"新农村建设"问题，到新世纪以来持续推进的"社会主义新农村建设"。尽管不同时代条件下，它所聚焦的时代主题内容会有所不同，但如此一致的话语或命题的背后却应该深伏着共趋性或同质性的深层致因。这至少给我们一个基本的提示，即农业、农村与农民问题，是百年来中国社会发展或乡村变迁中始终存在的一个重大课题。它是伴随着工业化、城市化与现代化进程而导致的传统城乡一体化发展模式破解后，乡村社会走向边缘化、贫困化、荒漠化和失序化的一个历史过程。"三农"的困境生成于工业化、城市化与现代化进程之中，这是近代以来城乡背离化发展态势下生成的一个"发展问题"。"三农"从来就不是一个孤立存在的问题，如果没有工业化、城市化、现代化进程的发生，"三农"不会凸现为时代性问题。当然，这并不意味着传统时代没有社会问题，但是问题的呈现和表达不会如此集中在"三农"方面。一个多世纪以来的历史演进的客观事实的确显示了"三化"（工业化、城市化与现代化）与"三农"二者的相关性。问题在于，会是怎样的相关？如何揭示二者互相影响和相互制约的内在关系，并寻求最佳的或最有效的协调方略？

传统农业始终是一个低产出的行业，大部分农民的收入不可能迅速提高，得到高收入的人都是进城从事其他行业的人。社会分工、社会分化始终伴随着城乡背离式发展趋向前行,从而整体上的贫富差距在城乡之间成为一种显性的社会不平等。人口逐渐从农村迁向城市,城乡之间的收入差别就是这种活动的推动力。但在先进国家里,这个工业化过程是在200多年里完成的。在此过程中总体的经济年增长率也不过2%~3%。这部分增长不是靠农业,而是靠在城市中发展起来的工业和服务业。农业生产的收入总是低的。为了平衡城乡之间的收入差距,政府都采取对农业补贴的办法,几百年来已经成为传统。反观我国的情况,在新中国成立后的30年工业化的过程中非但没有补贴农民,反而是剥削农民;再加上对农民的身份歧视,事实上农民成为低人一等的群体,造成严重的城乡二元化结构,城乡收入差别变得极其突出。改革开放后我国经济增长率达到10%左右,这部分增长几乎都是在城市中发生的,所以农业产出占GDP的比重从33%(1983年)降低到2005年的12%。在此过程中幸亏有几亿农民进城打工,沾上了工业化的光,否则城乡收入差距还会更大。我国农村金融的衰败,将大量农民储蓄调动到城市里搞非农项目,进一步使得农民收入增长困难。这一人类社会发展的共同规律,说明了总体上收入差距发生的过程是相伴着工业化过程而发生的。这也是库兹涅茨研究收入分配的倒"U"形曲线的原因。

"三农"问题形成的历史成因和时代特征,如果仅仅局限于现实的考量,或将既无法捕捉到问题的实质,恐也难以探寻到真正的求解之道。事实上,百年来关于中国乡村发展论争的各种主张和方案,以及由此展开的各种区域实验与社会实践,其丰富与多样、繁难与简约,已经有着足够的样本意义和理论认知价值。在百年中国的历史进程中审视"三农"问题的历史演变,或许会有更深刻的思想领悟!历史的选择和运行有着它既有的逻辑进程,因此有关中国乡村道路选择的理论思考和种种分歧,却依然为我们的历史反思和长时段观察提供了理性辨析的基础。

近年来,对于近代城乡关系的研究存在诸多薄弱之处。学界研究的主要态势要么关注城市化历史,要么偏重于乡村史研究,城乡关系仅仅作为这些研究的副产品而出现;城市与乡村是一个预设的、对立的地域单元。

但是事实上,无论是城市化进程还是现代化进程,从根本上来说其实就是一个乡村社会变迁的过程:从农业社会转变为工业社会,从农耕文明转变为城市文明,从传统生活方式向现代生活方式的演变过程。如何广阔而全面地呈现20世纪中国社会历史的变迁,并深入揭示一个世纪以来的历史演进轨迹与规律,从而为当代中国发展的路向选择和理论思维提供丰厚的历史经验与启示,当是这一丛书设计的基本诉求或宗旨。

王先明

2013年1月7日于津城阳光100国际新城西园

序 PREFACE

ERSHI SHIJI ZHI ZHONGGUO

这本书是丁芮在博士论文基础上修改而成的。她在湖南师范大学读硕士期间,就选择了近代湖南社会控制作为研究方向,因此无论从理论上还是研究方法上,都有了一定的基础。五年前她来中国社科院近代史所攻读博士学位后,还希望沿着这一思路继续进行研究,经过查阅档案及资料,她最后选择了北洋时期北京警察厅这个题目。我觉得这是一个从学术上及现实意义两方面都很有价值的论题,虽然起初还因资料分散、题目涉及面广而对她是否有足够的能力驾驭有些许担心,但看到她信心满满、干劲十足,开足马力投入收集资料并展开研究的状态,以及时时听到她的收获与进展,也就慢慢释然了。在此期间她还经过生子等人生大事,但学业及论文撰写仍大局不乱、按部就班,最后是论文、生子双丰收,如期毕业,且毕业论文厚重丰实,受到答辩专家们的一致肯定。作为陪伴她度过三年时光的所谓"导师",我也为她的努力及取得的成绩而感到欣慰。如今,她又经过一年多的修改增补,使这部书稿更加充实而成熟,可以为人们提供这一论题比较全面、系统的知识,相信读者会从中获得不少新知和启发,这也是她对社会的一个回报吧。

至于这本书的瑕瑜短长，读者自会各有所见，在此我只想就书中涉及的几个问题谈点个人感想，也是受本书启发而来的吧。

中国近代百年，内忧外患不绝如缕，政治舞台风云变幻，酿成了一波波政治事变与社会动荡。百年后我们回望历史，往往被这些波澜起伏的政治事变及活跃政坛的各色人物吸引，似乎这些是历史的主线与主角。然而，如果从长时段看历史，一时的政治事变和风云人物，在历史长河中只是转瞬而逝的星星点点。我们之所以关注历史，是由于我们关心人类生存状况及未来，回顾历史可以确认我们今天处于何处，以及能为自己及后代子孙生存状况的改善做些什么。因此，我们若从这样一个长时段来观照历史，站在社会整体和人民大众的立场来反省历史，以往的政治事变也好、风云人物也好，对历史更具价值的是看其为社会发展和人民福祉留下了什么。多少年来，我们的眼睛太多地盯在政治权力斗争上，成王败寇、昏君圣主、党派争斗、正反善恶，政治史往往成了政治事件史、人物史、政争权斗史。在这种历史观濡染下，一代代中国人把命运寄托在圣君明主身上，期盼着圣君当朝、明主出世，养成了浓厚的圣君清官情结。

实则，一个政权及统治者对于社会和民众的影响，更多地在于其怎样进行社会管理，用什么方式、靠什么制度、向什么方向、花多大力气去管理民众和治理社会，其功效如何。一个政权治理社会的杠杆就是社会管理制度，这是直接连接政权与社会、官府与民间的纽带。这种社会管理制度的性质、机能及效果，才是影响社会治乱及民众祸福的关键，也应当是衡量一个政权及当政者功过优劣的首要指标。当一个政治家及政治集团以夺取政权为目标之时，争夺政权自然是最迫切而重要的。但"有了政权"之后，就自然会"有了一切"吗？历史已经证明——非也，"有了政权"只是有了掌握一切资源的权力而已，同时也是担起了社会管理的义务与责任，这个"社会管理"的责任及能力，才是决定政权生命、决定是否"有了一切"的命脉。所以我们看历史，更应看重一个政权或当权者怎样进行社会管理，怎样理政治民，用怎样的管理制度把自己的政治理念与社会民众连接起来。古语"水可载舟，亦可覆舟"，说的是当权者与民众的依存关系，社会管理制度就是连接政权与民众的纽带,也是决定民心向背、决定政权生死存亡的生命线。对此,近百年来中国历史的曲折历程就是最好的注脚。

今天我们仍然身处社会转型期,也仍然面临着怎样进行社会管理、保障社会长治久安、持续增进民众福祉的挑战。我们需要反省这100多年来中国社会管理制度的得失成败,以总结经验、汲取教训,并从中获得有益今天的知识与智慧。也因此,近年来不少历史研究者的眼光,开始由"权本位"转向"民本位",选择"国家与社会""制度史"等领域进行探索,这是一个史学走向理性的良好转向。这本书的选题从社会控制与城市管理的角度着眼,就是这种新趋向的一个新探索,也可以说是一种问题意识吧。

这本书选择的时段是北洋政府时期,这也是一个重要的关节点。辛亥革命推翻帝制、建立民国,这是2000年来政体制度的大转折,是新旧交替、新体制初建时期。对于这一时期的政治怎么看?以"政争权斗史"框架来看,这时期政坛上许多人物身上还浸透着皇权时代沿袭下来的腐朽气息,政客争权、军阀混战,充满权争恶斗、阴谋谎言,因而是"政治黑暗"时期。当时不少旧派新派人士都曾发出"今不如昔"、新民国不如旧皇朝的感叹。但若从长时段历史着眼,把这一段政治放到"社会治理史"角度来看,这一民国初建时期是社会制度全面转向的开端:国家理念从皇权专制转向民主共和,政权体制由人治礼治转向宪政法制,国家功能从统治社会转向管理社会,社会形态由臣民社会转向公民社会。尽管这种转向十分艰难曲折,有时甚至出现迷乱与倒退,但毕竟从大方向上中国开始转向现代社会制度的创建。从一定意义上来说,这一社会制度的转型仍延续至今。

民国初建的北洋政府时期是这一社会制度转型的起始阶段,虽然这一政权存在仅短短十几年,但也是民国建制的奠基时期,是新社会制度草创时期。这一时期社会管理制度的草创,一方面是对清末新政开启制度改革的延续,同时更是在新建国理念促导下的全面加速与扩展,这种制度改革也从清末时当政者的被动应付转向上下一致的主动推进。这一时期各级政府管理人员中已有不少接受新式教育的专业人员,有的已经成为中坚,其中不乏有志于推进社会管理现代化改革的人才。在军阀混战的"黑暗政治"之下,社会管理的变革也在静静地进行着,新机构、新组织、新制度、新事物不断出现,虽然新旧交杂、中西混合,甚至显得纷乱无序,但从中已经可以看到现代社会管理制度的一些雏形。这本书以北洋时期社会管理的基本制度——警察制度及其机构为切入点,可说是抓住了反映这一时期社会治理和管理制度的主干。而城市管理又是集中体现社会管理制度的典型形态,特别是北京作为北洋政府的首都,中央政权所在地,北京城的社会管理也自然成为北洋政府进行城市管理的样本和标杆。本书以北洋时期北京的警察厅为载体,通过考察警察厅的组织运作及其作用,试图揭示由此体现的这一时期由上至下进行社会控制和社会管理制度建设的利弊得失,以此评估这一制度的社会治理功效。这应是一个很有典型意义的研究个案。

从本书对北洋时期北京警察厅的机构设置、职能、警务人员构成、财政支撑等组织建设,到警察厅承担的治安稽查、交通秩序、卫生消防、收容救助、税收户籍、政治管控、维持风化等公共生活及市政管理职能,我们看到,从前清社会管理粗放、城市生活官民共治、公共生活多为民间自治的自然状态的旧时代社会管理体制,开始向现代社会管理组织化、制度化转变的形态,同时还可看到,政府通过警察组织,对社会及民众生活强化了控制、干预,同时也增加了服务、救助功能。由北京警察机构的性质及职能转变,我们对社会管理由传统向近代的转变有了直观、生动的认识,从中会对我们思考社会管理问题有所启发。

城市化是近代化的一个重要内容,城市管理是近代性的制度体现,城市管理与公共管理是近代社会管理的主干。如今,我国城市化正在急速进行,从一个农业大国发展到如今城市化水平已经过半,在这一过程中,城市管理、公共管理乃至社会管理都遇到了许多新问题,如国家与社会的关系、政府与民众的关系、公共利益与个人利益的关系、管理与服务的关系等等,由此引发的官民矛盾、人际冲突激增。如何有效地解决这些问题,我们需要借鉴中外古今所有可资利用的经验,回顾历史,特别是反省现代城市管理制度初建时期的成败得失,也具有借鉴意义。我想,这也是这本书研究论题的意义所在,读者会从中得到一些有益的启示吧。

这就是我从本书所得到的一点思考。是为序。

李长莉

2012年4月9日于京北怡然斋

目 录 CONTENTS

ERSHI SHIJI ZHI ZHONGGUO

导 论
　一、既往研究的回溯 ………………………………………………… 3
　二、本书研究范围及主旨 …………………………………………… 8

第一章　北京警察机构的设立与演化
　第一节　近代北京警察机构的诞生 ………………………………… 15
　　一、清前中期的北京社会秩序管理 ……………………………… 15
　　二、警察在北京的初现 …………………………………………… 18
　　三、清末民初北京警察机构的变化 ……………………………… 22
　第二节　京师警察厅的机构设置及其职能 ………………………… 31
　　一、扩充机构 ……………………………………………………… 31
　　二、警署分区 ……………………………………………………… 33
　　三、基层警所 ……………………………………………………… 35
　　四、编练专职警队 ………………………………………………… 37
　　五、附属机关 ……………………………………………………… 41

第三节　京师警察厅的警务人员 …………………………………… 44
　　一、高级警官 …………………………………………………… 44
　　二、一般警察 …………………………………………………… 51
第四节　京师警察厅的财政问题 …………………………………… 56
　　一、经费来源与支出 …………………………………………… 56
　　二、经费问题分析 ……………………………………………… 60

第二章　京师警察厅与北京政治

第一节　北京"特重警察之权" ……………………………………… 71
　　一、"特殊"的总监 ……………………………………………… 71
　　二、"复辟"事件中的总监 ……………………………………… 75
第二节　政治纷争中的北京警察 …………………………………… 79
　　一、"特加注意"结社集会 ……………………………………… 79
　　二、控制新闻舆论 ……………………………………………… 85
第三节　军人与警察之关系 ………………………………………… 89
　　一、军人干涉政府 ……………………………………………… 89
　　二、军警难分 …………………………………………………… 96
第四节　无事不涉之警察 …………………………………………… 101
　　一、赞助教育 …………………………………………………… 102
　　二、参与财政及交通 …………………………………………… 105
　　三、警察干涉司法 ……………………………………………… 108
　　四、请愿巡警 …………………………………………………… 111
　　五、补助警察 …………………………………………………… 113
第五节　警察与政治的微观考察
　　　　——以"章太炎被羁北京"事件为例 ……………………… 116

第三章　北京警察与民众生活

第一节　社会秩序 …………………………………………………… 135

一、保障商业、金融秩序 ………………………………… 135
　　二、平抑物价 ……………………………………………… 144
　　三、社会治安 ……………………………………………… 148
　　四、交通与街道 …………………………………………… 152
　　五、消防安全 ……………………………………………… 166
  第二节　日常生活 …………………………………………… 178
　　一、人口调查与管理 ……………………………………… 179
　　二、日常行为之约束 ……………………………………… 184
　　三、公共娱乐不再自由 …………………………………… 189
  第三节　文明风化 …………………………………………… 193
　　一、身体不得自主 ………………………………………… 193
　　二、影剧、书画与社会风化 ……………………………… 202
　　三、移风易俗 ……………………………………………… 206
　　四、管控娼妓 ……………………………………………… 216

第四章　京师警察厅与北京市政
  第一节　道路为市政之重点 ………………………………… 229
　　一、整修道路，改善交通 ………………………………… 229
　　二、规范建筑，禁止占路 ………………………………… 239
  第二节　协助办理税收 ……………………………………… 247
　　一、北京政府税收概况 …………………………………… 247
　　二、协助征收捐税 ………………………………………… 252
  第三节　公共卫生为首要之政 ……………………………… 263
　　一、环境卫生："京城街巷，向欠洁净" ………………… 265
　　二、医疗卫生："提倡之中加以限制" …………………… 285
　　三、传染病控制："强制执行之权" ……………………… 297
　　四、饮食卫生：管束与宣传 ……………………………… 312

第五章　京师警察厅与北京慈善救济

第一节　施舍衣食
——救助贫民基本生存 ········· 334
一、施放贫民棉衣裤 ········· 334
二、开设粥厂 ········· 337

第二节　收容与教养结合
——传统慈善向近代慈善的转变 ········· 344
一、收容救助孤寡病残 ········· 344
二、教养结合,以教为主 ········· 350
三、教育救助,授以知识 ········· 356

第三节　救助女性
——近代慈善的亮点 ········· 366
一、济良所:救助娼妓 ········· 366
二、妇女习工厂:救助贫民妇女 ········· 382

第六章　警察与社会:认知与境遇

第一节　警察的社会评价与自我认识 ········· 393
一、各方的称赞 ········· 393
二、批评的声音 ········· 401
三、警察的自我认识 ········· 412

第二节　警察的出现与民众社会生活的变化 ········· 417
一、社会治安模式的改变 ········· 418
二、对于城市区划的影响 ········· 424
三、"有困难,找警察" ········· 428
四、推进风俗改良 ········· 435
五、民众与警察的关系 ········· 439

第三节　影响警察制度的不利因素 ········· 452
一、政府的限制 ········· 452
二、警察素质欠缺 ········· 455

  三、民众认识偏颇 …………………………………………… 463

结　语

  一、一个微型政府 …………………………………………… 471
  二、社会管理的过渡 ………………………………………… 474
  三、民众生活的改变 ………………………………………… 478
  四、政府社会控制力增强 …………………………………… 481

参考文献 ……………………………………………………… 487

导 论 INTRODUCTION

ERSHI SHIJI ZHI ZHONGGUO

来北京之前，从心底里，我是不喜欢北京的，总觉得她严肃地端着架子，板着面孔，不让人亲近。但机缘使然，来到了北京读书，"既来之，则安之"，我就劝说自己去发现北京，感受北京。"生在某一种文化中的人，未必知道那个文化是什么，像水中的鱼似的，他不能跳出水外去看清楚那是什么水。"①

求学期间，从东厂胡同1号的近代史所回到望京的社科院研究生院宿舍，要穿过静静的报房胡同去坐106路电车。上车的那一站是"东四路口南"，下一站是"钱粮胡同"。刚开始听到"钱粮胡同"这个站名没怎么留意，有一次看书时偶然发现这样一则材料：

民国初年，因反对袁世凯称帝，国学大师章太炎被袁世凯囚禁，先迁北京龙泉寺，后被长期幽禁于钱粮胡同19号院。为了监视章太炎，当时京师警察厅总监吴炳湘把其身边的厨师、仆人全换成了便衣警察。章太炎心知肚明，采取迂回战术，给这些"仆人"们定下了六条规矩，狠狠地戏弄了他们一把。袁世凯给章太炎的待遇，是每个月"囚粮"500元大洋。1914年6月初章太炎绝食抗

---

① 老舍：《四世同堂》，舒乙、舒济编：《老舍小说全集》第6卷，长江文艺出版社1993年版，第102页。

争，袁世凯还谆谆告诫吴炳湘，应设法对章太炎劝导安置。①

后来，每次坐电车再经过钱粮胡同，我的脑海中就不禁会联想到百年前在这里发生的故事，想象着章太炎被囚禁时的心态，也想象着身处袁世凯与章太炎之间的吴炳湘的处境，以及那些围绕在章太炎身边的警察们的境况。研习历史的习惯思维让我想追问：那些监视章太炎的警察是些什么样的人呢？他们一个月的薪饷有多少块大洋？除了监视政治犯，这些警察的日常警务还包括哪些工作？作为近代的新生事物，警察的出现对社会和民众生活产生了怎样的影响？……这样一些问题引发了我从民国警察入手去了解历史上的北京社会的强烈兴趣。于是，京师警察厅，这个存在于1913—1928年的首都警察机构，成了我博士论文的研究对象。呈交给读者的这部书，是以我的博士论文为基础，修订、打磨之后的成果。

北京是明清两代的都城，也是民国前半期的首都所在，在中国近代史有其特殊的影响力，但相对于其他城市，尤其是上海来说，近代北京城市史的研究却明显薄弱。北京作为首都，是"中国众多生活领域的中心"，是"典型的中国城市"。②从清末到民国，北京上演了多次政局的更迭，其从传统走向现代的过程更为艰难曲折，在上海、广州、汉口等沐浴着欧风美雨时，北京却还保持着她特有的矜持，"从抵抗、挣扎到追随、突破，其步履蹒跚，更具代表性，也更有研究价值"③。对任何个体城市的研究都不能涵盖对另外城市的研究，但却可以通过对北京的研究来窥探中国大部分城市尤其是大中城市在近代化进程中的艰难处境。从封建帝都到现代城市的转变，北京经历了几个重要的发展阶段，而且至今尚未结束。

本书研究的时段，限定在这一转变的关键阶段，也是转折最大的北洋政府

---

① 具体可见汤志钧：《章太炎年谱长编》，中华书局1979年版，第469~476页。

② [美]西德尼·D.甘博著，陈愉秉、袁嘉等译，邢文军、柯·马凯译审：《北京的社会调查》（上），中国书店2010年版，第2页。

③ 陈平原、王德威编：《北京：都市想象与文化记忆》，北京大学出版社2005年版，第12页。

时期。以这一时段的北京警察作为观察的聚焦点,期望通过历史资料①的梳理和分析,展示出这一新式社会力量推动北京城市走向现代社会的努力。也希望通过对这一具体对象的剖析,以小见大,反映出警察机构在近代城市管理以及传统社会的现代化转型中所起的作用。

一、既往研究的回溯

"关于警察史的研究,在一般学者的心目之中,总觉得算不上是一门大学问,故多不屑一顾。"②台湾近代史学者王家俭先生曾如是说。的确,民国时期有关近代中国警察史研究的论著,一直屈指可数。在若干通论性的研究③之外,专门讨论北京警察的著作,姜春华的《北平警政概观》④和蔡恂的《北京警察沿革纪要》⑤二书较为重要。姜从组织系统、警队编制、一般勤务、特殊勤务、

---

① 报纸与档案是本书研究重要的史料来源,因为如《晨报》等当时北京比较重要的报纸都比较关切社会、国家的事务和论题,抱着"不言不快,不听不止"、"同国同生同死"(《发刊词》,《晨报》1918年12月1日,第2版)的宗旨。正是这种态度使不少报纸虽然有自己的态度和观点,但一般情况下还是能比较客观、公正、真实地反映社会现实的。报纸是当时和民众联系比较紧密的舆论宣传媒介,很大程度上能反映出民众的普遍观点。正因如此,对警察机构的有关新闻,各家报刊的报道具有较大的利用价值,可以作为本书研究的重要史料支撑。档案是本书的另一重要史料来源。作者在北京市档案馆进行查阅时,仅从题目上看,直接和京师警察厅有关的原始档案就有七八万份之多,涉及面也比较广,且很少被利用过。除了报纸和档案这两种重要的史料外,中国社会科学院近代史所、法学所、经济学所以及国家图书馆等还藏有大量民国时期的期刊、社会调查、警察机构的记录、时人笔记和论著,为本书提供了多种宝贵史料。在利用研究史料时,本书谨慎注意各种史料的互相对照,尽量避免史料叙述中的各种"陷阱"。

② 王家俭:《清末民初我国警察制度现代化的历程:1901—1928》,台湾商务印书馆1984年版,第1页。

③ 例如,余秀豪:《警察学大纲》,商务印书馆1946年版;余秀豪:《现代警察行政》,中华书局1948年版;胡存忠:《中国警察史》,中央警官学校1937年版;陈允文:《中国的警察》,商务印书馆1935年版;内政部警政司编纂:《中国警察行政》,商务印书馆1935年版。

④ 姜春华:《北平警政概观》,出版机构不详,1934年版。

⑤ 蔡恂:《北京警察沿革纪要》,北京民社1944年版。

勤务监察、警队之教练、员警之待遇等几个方面对北京警政进行了系统的梳理,并提出了北京警政改进的几个意见。其研究主要侧重20世纪30年代,但也有对北京警政历史的回顾。相比之下,蔡恂对北京警政史的记述更为重要,其对警察机构的沿革变迁、附属机构的兴废、警察官吏的增减、经费与薪饷的消长、警察的服制以及警察机构历任领导的建树都进行了较为详细的记载。蔡恂在北京警察机构服务30多年,亲身经历诸多变革,对北京警察的发展沿革"如数家珍"①,所用资料较为翔实,为研究警察史的学者提供了难得的一手资料。此外,也有不少民国时期的学者把警察纳入市政问题进行考察。当时较为普遍的观点是:在北洋政府时期的北京,京师警察厅是和市政公所共同担负北京市政事项的重要机构。在未设立专门市政机构之前,一切市政事宜,都是由警察来负责。专门的市政机构市政公所设立以后,其办理市政的效果如何,仍在很大程度上依赖警察的协助。②

另外,尤其值得一提的是美国社会学家西德尼·D.甘博的《北京的社会调查》③一书。甘博对民初北京城市的社会调查,内容涉及政府、人口、教育、商业、贫穷、慈善业、娱乐业、宗教、警察和社会弊病等各个方面。由于甘博在调查的过程中得到了当时京师警察厅总监吴炳湘和几个警察署长的协助,所以

---

① 蔡恂:《北京警察沿革纪要》序。
② 参见白敦庸:《市政举要》,大东书局1931年版;董修甲编:《市政问题》,青年协会书局1929年版;白敦庸:《市政述要》,商务印书馆1928年版;董修甲:《京沪杭汉四大都市之市政》,大东书局1931年版;董修甲:《市政研究论文集》,青年协会书报部1929年版;董修甲:《市政新论》,商务印书馆1925年版;张慰慈:《市政制度》,亚东图书馆1925年版。如当时著名的市政研究者董修甲认为:"公安行政,为一市最重要之行政,凡其他一切市政,无论为工务,或为公用,或为土地,或为财政,以及卫生社会等各局,所办事业,无不赖公安行政为之协助。"(《京沪杭汉四大都市之市政》,第117页)
③ 《北京的社会调查》是美国学者西德尼·D.甘博(Sidnsy David Gamble,1890—1968)*Peking, A Social Survey*的中译本。甘博于1918年9月至1919年12月对中国北京进行了广泛深入的调查研究,用照片、电影胶片和第一手实地调查数据真实记录了当时迅速变化中的北京社会状况。《北京的社会调查》附有甘博自拍的近50幅珍贵照片及38张地图和图表,内容涉及政府、人中、教育、商业、贫穷、慈善业、娱乐、宗教、警察和社会弊病等各个社会层面,当时被誉为"首次对一座东方城市的社会调查""世界上唯一的一本关于中国一个大都市的实况调查"。通过这份调查报告,读者可以了解民国初期北京城的社会政治和文化生活全貌及城市变迁情况。

书中较多地引用了京师警察厅的统计数据,为研究京师警察厅和北京社会留下了宝贵的资料。

以上这些论著主要集中在职权划分、组织系统等行政机构本身的静态分析,虽未对警察机构进行深入探讨,但也不同程度地涉及警察制度的发展沿革,甚至已经触及警察机构的功能与作用,有助于我们理清近代警察史的发展脉络,为进行系统的近代警察史研究奠定了基础。

1949年以后,主要是近30年,有关近代警察史的研究论著不断出现。台湾学者王家俭有感于警察史的研究状况令人遗憾,呼吁对警察的发展历史进行研究,并首先在台湾出版了《清末民初我国警察制度现代化的历程:1901—1928》[①]一书,以弥补研究缺陷。此书篇幅不长,但保持了清末至民初警察史研究的连续性,并为研究有关警察问题查找史料提供了线索。中国社会科学院法学所学者韩延龙、苏亦工等著的《中国近代警察史》[②]是研究中国近代警察史最为详尽的重要著作。此书把近代警察的发展历史分为三个阶段,即清末时期、北洋政府时期和南京国民政府时期,并分别对这三个时期中央警察机关的演变、地方警察机关的发展、警察的来源和管理、警察的教育、警察法规的制定和颁布等作了详细的分析,是后来学者研究近代警察的重要参考书。此外,孟庆超[③]、万川[④]、杨玉环[⑤]等也对中国近代警察制度的引进、发展和评价等进行了不同层面的探讨。同时,对近代警察史某一问题如近代警察制度的产生背景和初步发展[⑥]、近代警政

---

① 王家俭:《清末民初我国警察制度现代化的历程:1901—1928》,台湾商务印书馆1984年版。

② 韩延龙、苏亦工:《中国近代警察史》,社会科学文献出版社2000年版。

③ 孟庆超:《中国警察近代化研究:以法文化为视角》,中国人民公安大学出版社2006年版。

④ 万川主编:《中国警政史》,中华书局2006年版。

⑤ 杨玉环:《试评中国近代警察制度》,《辽宁大学学报》(哲学社会科学版)2007年第3期;杨玉环:《试论中国近代警察制度的特点》,《齐鲁学刊》2007年第2期。

⑥ 吴沙:《清末传统治安制度向近代警察制度的转变》,《公安研究》2001年第2期;李宁:《略论促成清政府建立近代警察制度的主要原因》,《河北法学》2004年第1期;苏全有、殷国辉:《清末巡警部成立的原因探析》,《河南科技大学学报》(社会科学版)2008年第3期;汪勇:《略论清末警政建立对租界警察的借鉴》,《山西大学学报》(哲学社会科学版)2010年第1期;夏敏:《晚清时期中国近代警察制度建设》,《江苏警官学院学报》2003年第4期;杨玉环:《论中国近代警察制度的开创》,《辽宁大学学报》(哲学社会科学版)2003年第6期。

的评价①、警察教育②、警政人物③等的专题研究也在逐渐展开,虽在一些问题如清末警政、警政人物的评价问题上存在争议,但对于深化近代警察史的研究不无裨益。

与近代警察史的整体研究一致,新中国成立后的前30年未出现研究近代北京警察史的专门论著,直到20世纪80年代,近代警察史的整体研究中才有部分章节论及北京警察,但这些论著不是专门研究近代的北京警察,只是比较简单、粗浅的提及。20世纪80年代的研究,对近代警察,特别是北洋政府时期的警察建设基本持否定态度,认为警察是北洋政府反动统治的工具,完全代表着统治阶级利益。这种带有政治色彩的论调在90年代后期开始发生变化。1996年,张文武发表的短文《超负荷下的蹒跚步履——谈谈走向近代化过程中的北京警察机构》较早提出对北京警察建设应予中肯的评价。他认为,北京警察机构由于先行做了许多其他市政机构的工作,为其他市政机构的建立

---

① 王良胜:《扩张与困顿:从警政经费看晚清地方警政建设》,《贵州文史丛刊》2008年第1期;刘增合:《鸦片税收与清末警政改革》,《江苏社会科学》2004年第4期;冷光伟:《晚清警察腐败研究》,贵州师范大学2006年硕士学位论文;孟庆超:《清末建警失败原因分析》,《公安大学学报》2002年第5期;冯春晖:《北京国民政府警政建设主要措施论述》,贵州师大2009年硕士学位论文。

② 黄晋祥:《清末警察教育述论》,《安庆师范学院学报》(社会科学版)2003年第2期;刘海文、殷国辉:《清末巡警部与高等巡警学堂》,《河南大学学报》(社会科学版)2006年第1期;袁广林:《中国近代警察教育的滥觞——京师警务学堂》,《公安教育》2006年第7期;江卫社:《清末警务学堂消防队——警察教育与警务实践有效结合的历史个案》,《北京人民警察学院学报》2007年第2期;夏敏:《川岛浪速与晚清警政建设》,《政法学刊》2007年第1期;孟庆超、牛爱菊:《近代中国警察教育的建立与发展历程》,《北京人民警察学院学报》2006年第5期;孟庆超、宫淑艳:《近代中国警察教育之探索》,《山东警察学院学报》2005年第5期;刘海文、殷国辉:《清末巡警部与高等巡警学堂》,《河南大学学报》(社会科学版)2006年第1期;张华腾:《北洋集团崛起研究(1895—1911)》,中华书局2009年版,第129~133页。

③ 廖一中:《袁世凯与巡警的创建》,《天津社会科学》1984年第5期;李浩:《浅析盛京将军赵尔巽的奉天警务改革》,《社会科学辑刊》2008年第6期;孙燕京、周振幅:《善耆与清末新政——以20世纪初十年的北京新政改革为视点》,《北京社会科学》2005年第1期;冷光伟:《郑观应警政思想述评》,《贵州师范大学学报》(社会科学版)2005年第6期;刘锦涛:《袁世凯警政思想初探》,《历史档案》2008年第4期。

从而也为综合管理城市事务的市政府的诞生打下了基础,应当高度评价北京警察机构在北京市政近代化中的作用。①此文虽然只是简单性的概括,没有提供充足的材料来进行论证,但它提出来的观点却在随后被越来越多的学者接受并被进一步论证。在国内学者对北洋政府时期北京警察建设的评价持谨慎态度的同时,美国的华人学者史明正旗帜鲜明地提出,从1914年至1928年,北京的市政管理体制由两个官僚机构组成,即京都市政公所和京师警察厅。②他的观点虽是由民国时期的观点发展而来,但能够更加明确地提出京师警察厅是和京都市政公所并行的市政机构并用具体实例来进行论证却很难能可贵。

在对近代北京警察的市政职能进行肯定的同时,对于近代北京警区的划分、近代北京警察群体也有学者进行了考察和分析。公一兵在2004年发表的《北京近代警察制度之区划研究》③一文,考察了北京警察制度的区划问题,他认为,北京警察制度现代化的一个重要表现和作用就是引入了城市分"区"的概念。随着北京警察制度的发展,"区"从最初的警务区划最终发展成为现代城市独立的市政单位。李自典的博士论文《北京警察群体研究》④从警察群体的角度出发,研究了北京警察群体的发展和变迁,分析了警察群体的来源、类别和素质,并分析了警察的治安工作,探讨了警察和政府以及军队的关系,是进行北京警政研究的推进之作。

相比较而言,西方学者更关注把近代中国警察置入当时的社会场景中进行研究,倾向于从社会史的视角来进行观察。魏斐德的《上海警察》⑤就是这种研究视角最有代表性的著作。魏斐德选取1928年至1937年的上海警察为研究对象,分析了上海警政发展的深层次原因,并从警政的角度展示了上海城市社会的多个面貌。他摆脱了静态分析警察的模式,将上海警政的变迁置于

---

① 张文武:《超负荷下的蹒跚步履——谈谈走向近代化过程中的北京警察机构》,《北京档案》1996年第11期。

② [美]史明正著,王业龙、周卫红译:《走向近代化的北京城:城市建设与社会变革》,北京大学出版社1995年版。

③ 公一兵:《北京近代警察制度之区划研究》,《北京社会科学》2004年第4期。

④ 李自典:《北京警察群体研究》,北京师范大学2007年博士论文。

⑤ [美]魏斐德著,章红等译:《上海警察,1927—1937》,上海古籍出版社2004年版。

整个城市治安环境以及当时的政局变化之中,使《上海警察》成为从警察的角度展示的上海城市史。韩国林相范的论文《近代中国首都警察的成立——以1901—1928年的北京为中心》①认为,北京警察与市政公所一起,成为北京城市管理的主角,到20世纪20年代,北京警察不断地接近人民的日常生活,一方面贯彻权力的意图,另一方面一定程度上得到了人民的支持和依赖,从而成为近代必不可少的因素。林相范关于近代中国警察的研究还有《北京地区警察官的构成及其变化》②。

综上所述,对中国近代警察史的研究正在逐渐得到研究者的重视,并取得了一定的研究成果,一些问题如清末中国近代警察制度的设立、袁世凯与近代警察制度的建立等已经比较清晰。但通过分析可知,现有的研究多是集中在清末时期,对于北洋政府时期和南京国民政府时期警察史的研究还只是处于起步阶段,很多重要问题如近代警察的具体职能、近代警察职能的演变、近代警察在国家和社会中的作用、警察作为一种新生力量和社会民众的关系等还少有研究者进行关注。总之,从整体来看,近代警察史的研究远未达到令人满意的程度。并且,就现有的成果来看,研究者多是从事法学、警察学以及行政学的学者在其自身学科框架内所进行的研究,其研究思路和方法与历史学科有很大不同,以史学的方法,把近代警察还原于具体历史环境中所作的研究还很不足。因此,对在国家和社会中发挥重要作用的警察进行研究,有助于丰富我们对城市社会现代化进程的理解。

二、本书研究范围及主旨

在中国社会,"警察"二字古已有之,但一般是分开使用。清末使用的近代意义上的"警察"一词,只是在字面上采用了传统中国的"警"和"察"二字,实

---

① [韩]林相范:《近代中国首都警察的成立——以1901—1928年的北京为中心》,《东洋史学研究》2003年第82辑。

② [韩]林相范:《北京地区警察官的构成及其变化》,《中国近现代史研究》2005年第27辑。

际上是从日本传入的新名词。①《说文解字》曰:"警,戒也。""察,覆也。""警"包含有"警管、警告、警戒"等意思,统有预先戒备的意义;"察"包含有"监察"和"考察"的意思,统有不明事实的真相而审察其是非的意义。"警"有积极的含义,"察"有事后弥补的消极含义,二者放在一起积极和消极并存,相辅相成,把"警""察"二字的字面综合起来理解,其意思就是:"在事先应当机警预防一切不测的事情发生;而在事后则当详明审察事情的是非以为补救。"②清末中国正式设立警察制度,遂才有了中国关于警察的最早概念,《清朝续文献通考》内记载:"警察乃内政治安要政。"这个概念对警察的理解虽然不全面,但明确指出了警察是内政的主要内容,已是一种初步的定义。

自从清末警察制度建立以后,先后出现了一些有关警察研究的论著,对警察概念的理解各抒己见,其中,在民国时期,陈允文和李士珍对中国警察的研究比较有代表性。陈的定义是:"警察是要求维持国家社会的秩序与安宁,并且预防公共一般的危害。"③李的定义为:警察者,以直接防止公共危害,维持社会安宁秩序,指导民众生活,促进一般福利为目的,基于国家统治权,执行法令,并协助诸般行政之行政行为。④新中国成立后,随着警察学的研究逐渐

---

① David Strand, *Rickshaw Beijing: City People and Politics in the 1920s*, London: University of California Press,1989,p.68。鄭裕坤:《现代警察研究》,商务印书馆1946年版,第7~10页。日本的警察制度源于欧洲,日文"警察"是译自法文 police,法文 police 又系源于希腊文 politeia,意思是指国家的一般政务。在欧洲古代国家,政务包含有政治和宗教内容。在希腊时代,政治和宗教称作 politeia,当时警察无独立权,包含在 politeia 之中。13世纪意大利城市发展迅速,文化、交通繁盛,警察的事务因之也繁琐起来。这个时代的警察逐渐和军事及宗教裁判分离,到17世纪,欧洲各国充实国力,计划扩张外交和军事。在此时机,警察和军事、外交等分离,正式称警察为 police(英文)。最初,警察泛指国家的一般政务,后从内务中分离出来的结果就是警察职能范围缩小,最终成为内务的一部分,但这时与后来的警察还有一定区别。(David Strand,前引书,第68页;陈允文:《中国的警察》,商务印书馆1935年版,第6~7页)

② 陈允文:《中国的警察》,第8页。

③ 陈允文:《中国的警察》,第5页。

④ 李士珍:《民众警察化与警察民众化》,《精神讲话选集》(一),中央警官学校编印,第118~129页,转孟庆超:《中国警察近代化研究:以法文化为视角》,中国人民公安大学出版社2006年版,第189页。

深入,对警察概念的理解也发生了变化。目前,普遍接受的"警察"一词的含义为:"警察是享有国家授予的可使用强制性特殊手段来维护国家安全和社会公共秩序的专门的执法人员或机构。"①在国外,对警察含义的理解也是众说纷纭,例如克劳卡斯认为"警察是享有国家授予的在国家领土范围内使用暴力的一般权力的机构或个人"②。这个定义被美国的警察学者认为可能是目前最好的概念,被广泛使用。而英国多是采用其权威辞书的解释,认为警察是指负责维护治安和执行法律(包括侦察和防止犯罪)的公职人员机构。③但不管哪种解释,警察都是既包括警察机构也包括行使警察职能的人员。

本书研究的是北洋政府时期的北京警察,当时警察的职能与现在的有很大不同。根据历史情况,结合目前国内外对警察的理解,适合本书的北洋政府时期的警察概念可归纳为:警察是经过国家授权可使用强制性特殊手段来防止公共危害,维护社会安宁秩序,协同社会管理,指导民众生活,促进一般福利的权力机构或人员。

京师④警察厅是1913年1月北洋政府在清末内、外城巡警总厅的基础上改设的北京警察机构,负责办理京师城郊地方警察行政事务。⑤1928年6月,北京改为北平⑥,京师警察厅遂改名为北平市公安局。

本书研究的时间段主要集中在1913年1月京师警察厅设立到1928年6月改为公安局止,但京师警察厅不是北洋政府设立的全新机构,而是在清末内、外城巡警总厅的基础上改设的,在厅区规划、行政职能以及人员配置等方面都有所继承。1928年京师警察厅改为北平市公安局以后,其行政职能发生了较大的变化,但仍有不少方面得到了传承。本书在写作过程中注意研究内

---

① 金川、唐长国、柳捷、冯秀成编著:《司法警察概论》,中国政法大学出版社2005年版,第5页。

② [美]罗伯特·兰沃西、[美]劳伦斯·特拉维斯,尤小文译:《什么是警察:美国的经验》,群众出版社2004年版,第5页。

③ 中国大百科全书出版社不列颠百科全书编辑部编译:《不列颠百科全书》(国际中文版)第13卷,中国大百科全书出版社1999年版,第377~378页。

④ 清末民初,北京习惯上被称为"京师","京师"和"北京"通用,1928年6月后,改称北平。

⑤ 《画一现行京师警察官厅组织令》,《政府公报》第243号,1913年1月9日,第16页。

⑥ 1928年6月20日,南京国民党中央政治会议议决,北京改为北平。

容的延续性,在时间段上进行了适当的上溯和后延。

　　北洋政府时期,官制杂糅。清朝北京重要的治安机构步军统领衙门本应裁撤,但由于事关旗制,步军统领衙门被暂时保留下来,主要负责京师四郊警察相关事宜。京师警察厅承继清末内、外城巡警总厅的职权范围,主要管辖京师内、外城20警区。1924年11月步军统领衙门裁撤,所有该衙门管辖事项由京师警察厅接管①,京师警察厅职权范围遂扩展至京师四郊。本书研究涉及的地域范围和京师警察厅的职权范围保持一致,超出京师警察厅职权范围的地域暂不在主要研究之列,因此书中的北京在1924年11月之前主要是指内、外城20区,1924年11月之后北京的范围随京师警察厅职权范围扩大至北京四郊。

　　本书共分六章。第一章探讨近代北京警察机构的演变、组织结构、警察人员和经费收支等问题。从清末到北洋政府时期,在政府的推动下,北京警察机构的职能范围、组织规模、警察构成等都有很大发展,但经费问题制约了这种发展的步伐。

　　第二至第五章,分别探讨京师警察厅与北京城市社会的某一方面,即北京政治、民众社会生活、市政以及慈善救济等问题。第二章主要探讨了政府如何利用京师警察厅维护政治秩序,京师警察厅与政府各机构之间的关系,从中可看出京师警察厅是政府维护政治统治重要的官方机构。第三章主要考察了京师警察厅如何规范民众的社会生活,管控公共空间和引导社会风气,从中可看出京师警察厅对城市从传统社会向近代社会转型所发挥的推动作用。第四章从城市道路维修、税收以及公共卫生等方面考察,认为京师警察厅是当时重要的市政机构。第五章考察了之前研究者忽视的一个问题,即京师警察厅与北京的慈善救助。京师警察厅在政府的推动下不仅管理各种救助机关,还主动参与社会上各种形式的慈善救助,推动了传统慈善向近代慈善的转型,也推动了政府对慈善救助的参与。第六章回到当时社会的大背景下去看社会各界对警察的不同认识,也包括警察对自身的认识,具体分析警察对于传统治安模式、城区划分、社会风气以及民众求助观念的改变,从中窥探警察与民众复杂的互动关系,以及警察所处的社会境遇。

---

① 《大总统指令一千六百七十二号》,《政府公报》第3098号,1924年11月7日,第5~6号。

通过这六章的具体分析，本书最后得出如下结论：京师警察厅承担多重社会管理职能，在当时的北京实际上是作为一个微型政府存在的，虽然这种状况只是社会管理近代化发展过程中的一种过渡，存在不少问题，但它起着承上启下的作用，有利于消解社会转型中的困难。实际上，警察机构进行的多重社会管理也有利于推动民众的社会生活在整体上从传统向现代转变，并且，警察渗透民众生活的过程也是政府社会控制力不断加强的过程。

第一章 CHAPTER ONE

北京警察机构的设立与演化

清末至民国时期,对北京城市近代化和社会发展影响最大的推动力之一就是近代警察机构。北京近代警察机构的设立不仅由于清末"庚子之变"的影响,更是清末"新政"改革的需要,同时也是北京人口增长和商业发展以及各种社会力量失衡的产物。清末民初的近30年是中国从传统向现代过渡的关键时期,也是近代警察机构诞生和迅速发展的时期,这使警察机构的发展处在传统与西方的双重力量之中,兼有进步与保守两种特性,是转型时期总体特征的典型表现。

北京近代的警察机构始于1902年5月设立的工巡局,在此之前,北京的社会秩序与城市管理是由多个政府机构共同担负。从1902年工巡局设立到1928年京师警察厅改为北平市公安局为止,北京的警察机构一直担负着多种重要职能,包括维护社会秩序以保障民众日常生活,进行市政管理以推进城市近代化,负责慈善救助以确保贫困民众基本生存。同时,作为政府设立的官方机构,北京警察机构也承担着维护政权统治、增强政府控制力的基本职能。在以往的研究中,已有一些学者关注近代警察机构的发展,但警察机构在清末民初所承担的多重职能以及其在国家和社会中所发挥的重要作用没有得到应有的重视。鉴于近代警察机构是推动城市社会与民众日常生活变革的重要力量,本书试图通过对这方面的考察深化近代城市史的研究。本章将分析近代北京警察机构的基本问题即设立和演化过程,重点讨论京师警察厅的人员、组织结构以及经费情况。

第一节 近代北京警察机构的诞生

"中国古代,人事简单,政治和伦理宗教界限不甚清楚,故无所谓警察。"①但中国古代城市也需要维护城市秩序,其主要依赖的是传统的治安制度,它和清末最早设立的近代警察制度有很大区别。②近代社会状况日趋复杂,传统的治安制度已无力承担维护城市秩序的职能,新的警察机构遂应运而生。可以说,"警察的产生,是由于社会需要"③。

一、清前中期的北京社会秩序管理

清末以前,"警察的事业,多混合于他项行政之内,故没有显著特定的制度和组织"④,长期担任维持北京秩序职能的主要机构有三个:步军统领衙门、五

---

① 罗炳绵:《中国警察制度的产生及其发展》,《食货月刊》复刊第10卷第8期,1980年11月1日出版,第10页。

② 中国传统的治安制度具体参见陈允文:《中国的警察》,商务印书馆1935年版;朱绍侯主编:《中国古代治安制度史》,河南大学出版社1994年版;中国社会科学院法学研究所法制史研究室编著:《中国警察制度简论》,群众出版社1985年版;万川主编:《中国警政史》,中华书局2006年版。

③ 罗炳绵:《中国警察制度的产生及其发展》,《食货月刊》复刊第10卷第8期,第10页。

④ 陈允文:《中国的警察》,第10页。

城兵马司和顺天府。

步军统领衙门是以八旗和绿营官兵为核心而组成的半军半警性质的京师地方保安机构,主要负责京师市内和近郊地区的卫戍、警备和治安。步军统领衙门统辖两部分:一为八旗步兵组成的步军营,二为京城绿营的马步兵组成的巡捕五营(或称"京营")。前者按八旗在京城分驻的方位,守卫内城旗人居住地区,并有一部分兵士专任捕盗,偏重于维持京师的治安;后者主要配合八旗步军防守内城,负责外城及近郊地区的治安和捕盗,其处于八旗统领的指挥和监视之下,对于皇宫和京师的治安不起决定性作用,是一支辅助性武装。①

步军营维持京师治安的任务比较突出,在长期分汛②防守过程中,形成了一套比较完备的城防治安制度,如城门闭启制度、防火制度、缉捕制度、夜禁制度、信炮制度等等。其具体职责有夜晚击柝巡逻、稽查夜行者、捕盗、掌司门禁、掌司白塔信炮与防火。③巡捕五营分辖左、右、南、北、中五营,主要任务是巡查外城及郊区,是"专掌北京城外之警察"④。

维持京师秩序的另一个重要机构是"五城",即五城御史、五城兵马司。五城将京城分为五个部分:东、南、西、北、中。中城管辖仅限于京城之内,其他四城各辖城内、城外一部分。每城设御史满、汉各一人,兵马司指挥一人,副指挥一人,吏目一人,由五城御史统辖。五城御史全面负责维持本城的社会治安,并审理徒刑以下案件,其职责具体为:"缉捕盗贼,审理人命,盘获逃人及禁约赌博。稽查奸宄、邪教谣言、煽惑人心、恶棍衙蠹指官吓诈、奸徒恶官潜住地方、聚众烧香并僧道寺院坊店等项事务,责令巡城御史通令严饬。"⑤

---

① 朱绍侯:《中国古代治安制度史》,河南大学出版社1994年版,第711页。

② 汛,清代兵制。凡千总、把总、外委所统率的绿营兵都称"汛",其驻防巡逻地段称"汛地"。皇城内共设有90汛,皇城外到城郊共分625汛。

③ 《清会典·步军营》,转中国社会科学院法学研究所法制史研究室编著:《中国警察制度简论》,第266~267页。

④ [日]服部宇之吉等编,张宗平、吕永和译,吕永和、汤重南校:《清末北京志资料》,北京燕山出版社1994年版,第226页。

⑤ 《钦定大清会典事例·都察院·五城》(光绪重修本)卷1031。

五城下面又划作十坊，每城两坊，有各城的兵马司副指挥、吏目分别掌管一坊，称作"司坊官"，专门负责本坊的捕盗、治安诸事，"凡缉贼逋逃、禁约赌博、驱逐匪类、稽查妄造谣言及衙役指官吓诈、私开煤窑、纠火烧炭以至邪教惑人、聚众烧香、寺院庵观坊店等处皆令该司坊等时加巡查"①。五城司坊还设有捕役（又称捕快、番役）专司捕盗，名额不定。五城内的案件由捕役侦察破获，刑部案内需在五城捕获的犯人，也交由五城捕役执行逮捕。捕役还经常在街上巡逻，遇有形迹可疑之人，有权随时逮捕，交由五城御史审问。五城司坊官和捕役仅限于管辖本城一城治安，一般不能越界。

　　京城远郊区域的治安主要由顺天府率大兴、宛平二县掌管。②京县地位特殊，事务繁重，接受许多机关命令。以治安事务来说，一方面要向直隶和顺天府汇报，一方面又要与五城兵马司、步军统领衙门协调关系，还要接受中央刑部、都察院的命令，极难处理。

　　步军统领衙门、五城兵马司、顺天府三个机构所负责任侧重点各有不同，但皆为维持京师治安，彼此之间相互协作。如有案件发生，三者互相通知，协助缉捕，这样就形成了一个比较庞大的治安网。为使三者职能更好地发挥作用，清政府还规定了三者之间要相互监督。

　　上述三个机构除了负责基本治安、保卫之外，还兼管洒扫道路、维护交通、防火、沟渠疏通以及编练保甲、赈济等事务，五城御史有时也协助稽查捐税、整顿风俗。为了维护帝都北京的社会秩序，清廷的工部、兵部、太仆寺等机构也负责部分城市事务管理。这种多个机构联合维护北京社会秩序的情况一直延续至清朝末年。③

---

① 《钦定大清会典事例·都察院·五城》（光绪重修本）卷1031。

② 大兴、宛平是属于顺天府的两个"京县"。由于京师五城几乎完全置于二县县境之内，二县县衙也设在京师内城，所以其地位十分特殊。《清朝通典》卷33：大兴、宛平县设知县各一人"掌其县之政令，与五城兵马司分壤而治，抚揖良民，缉禁奸匪，以安畿辅"。

③ 参见尹均科：《古代北京城市管理》，同心出版社2002年版；《钦定大清会典事例·都察院·五城》（光绪重修本）卷1033；《世祖章皇帝实录》卷7，《清实录》第2册，中华书局1985年版，第76页；《钦定大清会典事例·户部·户口》（光绪重修本）卷158；《钦定大清会典事例·步军统领·职制》（光绪重修本）卷1158。

尽管有严格的制度，却未很好地执行，不能解决京师秩序的混乱，到清后期，盗贼增多和社会治安机构涣散等诸种社会弊病更为严重①，这其中一个重要的原因就是北京"具有同等权力且掌同一种事务之机关有若干，彼此不相联络，因此权限逐渐混乱，互相推诿，业务上不免有很大障碍"②。

二、警察在北京的初现

1900年，八国联军入侵北京，各国军队划地而治，为维护自己治区秩序，在其占领区内办起了"安民公所"，作为维持治安的临时机构，并且威胁清政府："联军须目睹中国竭力设法保护外国人及铁路诸物方能退去。"③在此情形下，清政府不得不接受列强提出来的各项条件，答应联军撤出京师后，在"安民公所"的基础上逐步办理起维护治安的警政。积极主张办理警政的徐世昌就说："伏查京城办理工巡之始，原因各国联军在境，非保任治安，不允交还地面。于是前管理工巡局事务肃亲王善耆、大学士那桐等先后经营，京师始有巡警。马路之筑、街灯之燃，介于此而肇基焉。"④清末一系列事件的发生冲击了清政府统治的根基，迫使清政府寻求改变，实行新政。实行新政后，清政府实施了一系列的官制改革，裁撤了詹事府等部分庸衙，设立了商部、学部等适应时局的新机构，但"欲收变法之效，行宪之基，又非厉行警察不为功"⑤。

中国近代警察制度的诞生，是先从舆论呼吁开始的。⑥不管是早期改良派

---

① 中国社会科学院法学研究所法制史研究室编著：《中国警察制度简论》，第272页。
② [日]服部宇之吉等编：《清末北京志资料》，第225页。
③ 朱寿朋编，张静庐等校点：《光绪朝东华录》第4册，中华书局1984年版，第4672页。
④ 《遵旨议奏并陈明京师巡警办法折》，徐世昌撰：《退耕堂政书》卷8，中国书店1984年版，第429~430页。
⑤ 郭宗蒪编著：《中国警察法》（上），重庆警学编译社1947年版，第4页。
⑥ 韩延龙、苏亦工主编：《中国近代警察制度》，中国人民公安大学出版社1993年版，导论第7页。

郑观应①还是维新派的黄遵宪、梁启超、唐才常等②都有在中国设立近代警察机构的言论和呼吁。北京作为国都,其社会秩序更显重要,所以不管是改良派还是维新派,在呼吁学习西方设立近代警察制度的时候,对"辇毂重地,万方起化之原"的京师都给予了足够的重视。③庚子事变后,对于改革的呼声更加强烈,从达官显贵、巨富大贾一直到中下层士绅,几乎众口同声呼吁变法,兴办警政,并把兴办警政视为挽救中国危局必不可少的措施。如时任封疆大吏的张之洞、刘坤一,就曾在其所上《江楚会奏变法三折》里,力陈差役之弊,并请推行警察以除差役之害。他们认为,当时各州县衙门之内所用的差役人等,实已弊端丛生。诸如传案的株连、过堂的勒索、看管的凌虐、相验的科派、缉捕的淫掳、白役的助虐等,几乎各省皆同,成为普遍的恶风。而改革之道,便是模

---

① 在《盛世危言》的《巡捕》一篇中,郑观应介绍了美国纽约和上海租界内的巡捕制度,并给予了肯定。他说:"考西法,通都大邑俱设巡捕房,分别日班、夜班,派巡捕站立街道,按段稽查。遇有形迹可疑及斗殴、拐骗、盗劫等情,立即拘往巡捕房,送官究办。故流氓不敢滋事,宵小无隙生心。即有睚眦小忿、口舌纷争,一见巡捕当前,亦各释忿罢争,不致酿成命案。而起禁止犯法,保护居民,实于地方大有裨益,诚泰西善政之一端也。"中国传统的治安管理办法已"百弊丛生",亟应变通,其"除根之道,莫要于仿照西法,设立巡捕……藉以防患于未然,杜乱于无形也"。针对时人反对学习西法的论调,郑观应进行了驳斥:"我中国自通商以来,渐知西法之善,独巡捕之设独无人创议施行。岂以祖宗成法俱在,不可一旦更欤?拟以声明文物之邦,不屑行西国政治欤?"(《盛世危言·巡捕》,夏东元编:《郑观应集》(上),上海人民出版社1982年版,第512~513页;《盛世危言·巡捕》,夏东元编:《郑观应集》(上),第512页)

② 具体参见韩延龙、苏亦工主编:《中国近代警察制度》,第18~23页。

③ 陈炽说:"近乃劫掠横行,道途污秽,西人至登诸日报,谓天下之至不洁者,莫甚于中国之京城。即此一端,可为万邦之首,远人腾笑,辱国已深。"因此他主张设置警察"请先自京师始",逐渐推广到地方。(《庸书》外篇卷上,赵树贵、曾丽雅编:《陈炽集》,中华书局1997年版,第99页)陈炽(1855—1900),原名家瑶,改名炽,字克昌,号次亮,江西瑞金人,出身于封建仕宦人家,本人曾任清廷显职。一些论著认为陈炽是早期改良派,如《中国近代警察史》,但《陈炽集》把陈炽作为维新派代表人物,本书对其是属于改良派还是维新派暂且不论;维新变法时期,下层官员山西太谷县监生温廷复也曾上奏朝廷,请求在京师创设警察,认为"京师街道宜仿洋街设立巡捕也。京师道路一雨成泥,历来修路章程,向无良法……自应仿照上海洋街设立巡捕,方足整齐严肃,以壮观瞻。五城各设巡捕房,经理巡街事宜。经费一节,每季取诸居民铺房,此事关于闾阎有益,尤虑其不乐从也"。(《山西太谷县监生温廷复呈》,国家档案局明清档案馆编:《戊戌变法档案史料》,中华书局1958年版,第142页)

仿日本，推行警察制度。①江苏学人张謇更是坚定地认为警察是推行变法的关键，他形象地比喻说："变法奚行乎？犹造器也。国为之材，学堂为之工，而工不能徒手而成器也。刀锯筑削、搏磨栉雕，则必在警察。"②处在社会中下层的浙江监生段逢恩也认为，中国要想根除社会弊病，改革变法，与群雄并立于世，不实行警察之法，就不可能达到目的。③

清末一系列重大事件在引起政局变动的同时也加剧了北京传统社会的解体，促使北京初具近代城市的形态，其中人口的增长表现最为突出。在义和团运动前的200余年，清政府对北京的人口控制比较严格，城市人口增长缓慢。而到1900年以后，由于义和团运动的冲击和八国联军的入侵，北京传统的城市秩序受到了沉重的打击，政治、经济形态发生了转变，政府也放松了对外来人口的限制，特别是近代工业、手工业、商业的发展，促使城市空间相对开放，人口流动加剧，北京城市人口随即快速增长。④但北京城市经济的发展有很大的局限性，其对从业者的需求远远不能平衡城市人口的增长，这就造成了大量人口处在无业、游民状态，民众生活水平贫富差距非常严重。

此外，由于连年战争和巨额赔款，国家财政日趋见绌，为解决财政危机，清

---

① 王家俭：《清末民初我国警察制度现代化的历程：1901—1928》，第23~24页。

② 张謇：《变法平议》，载《皇朝蓄艾文编》册二，第967~968页，转王家俭：《清末民初我国警察制度现代化的历程：1901—1928》，第27页。

③ 《段逢恩奏折》，转韩延龙、苏亦工：《中国近代警察史》（上），第53~54页。

④ 北京内、外城人口，在顺治初年大概为46万，到1781年（乾隆四十六年）为64万，而到1908年（光绪三十四年）人口已达662 747人，1909年（宣统元年）为674 011人，1910年（宣统二年）更增至785 442人。韩光辉对北京人口的统计包括内城、外城、城属（也就是城郊）和州县，为了保持统计数字一致，只选取了其内、外城的统计数之和。具体见韩光辉：《清代北京地区人口的区域构成》，《中国历史地理论丛》，1990年第4期。因清末警察机构设立后对京师人口有了比较详细的统计，故其人口数字相对准确。据韩光辉的统计，1910年（宣统二年）北京内、外城人口大概为76万人，这和清末警察机构统计的78万有所出入，在此文采用统计数字比较详细的785 442人。（《内外城现住户口最近四年比较》，内务部统计科编制：《内务统计·民国元年份京师人口之部》第1册，第1~4页）

政府滥发大钞、大钱,致使钱贱银贵,加上频繁的天灾,清末的物价不断上涨。①这对于日常惯于使用铜元消费和交易的普通民众来说,铜元价格的低落必然致使其生活水平不断下降,严重的还导致大批市民破产,沦为无业贫民。相比普通市民,北京旗人的生活更为艰难。八旗在北京是一个特殊的阶层,清政府对其成员有严格的限制,不准从事工业、农业、商业活动,也不允许其擅自行动,他们的生计仅靠国家的俸禄。但随着人口的不断增加和自身生活的堕落,很多八旗成员不能适应清末的社会生活,最终沦为生活困难的贫民。虽然清政府也采取了一定的救助措施,但由于财政困窘,救助也只是杯水车薪,不能从根本上解决旗民的生活。至清亡前夕,北京旗民沦为贫民的人数已有数十万。②

人口的增长和贫困人口的增加给北京社会治安带来了巨大的隐患。据当时一份建议京师创办工艺局收容流民的说帖称:"联军入侵,四民失业,强壮者流为盗贼,老弱者转于沟壑……无业游民生计日绌,苟不早为之,则民不聊生,人心思变,更何堪设想!"③当时在中国的英人立德夫人说,北京的"街道上似乎都是游手好闲的地痞流氓"④。这些遍布京城的游民"以失业之故,遂作奸犯科,无所不为,无所不至"⑤,"于社会秩序上有极大的妨碍",而维护京城社会秩序的传统手段已渐失功效,"成立警察后,极力取缔"⑥,状况才有所好转。

---

① 1901年(光绪二十七年)一枚银元可以兑换铜元84.3枚,1903年(光绪二十九年)增至92.3枚,到1907年(光绪三十三年)增至100枚,1908年(光绪三十四年)则增至130枚,两年内贬值了32%。(孟天培、甘博著,李景汉译:《二十五年来北京物价、工资及生活程度》,北京大学出版社1926年版,第69~91页)

② 袁熙:《清末民初北京的贫困人口研究》,《北京档案史料》2000年第3期。

③ 彭泽益编:《中国近代手工业史资料》(二),三联书店1957年版,第515页。

④ [英]阿绮波德·立德著,刘云浩、王成东译:《穿蓝色长袍的国度》,中华书局2006年版,第5页。

⑤ 彭泽益编:《中国近代手工业史资料》(二),三联书店1957年版,第516页。

⑥ 李家瑞编:《北平风俗类征》,商务印书馆1937年版,第405页。按:就"取缔"一词而言,中、日文均有使用,但意义有所区别:汉语的"取缔"意为取消、禁止,日文的"取缔"可译作管理、监督。清末民初,日本是中国的学习对象,在词语的运用和含义上也倾向于日文的用法,特别是和警察事务有关的各项规章条文更是多学习日本经验,所以,此时期在使用"取缔"一词时,不仅有中文的"取消、禁止"之意,更多的是取日文"管理、监督"之意,本书所用"取缔"一词亦是多取"管理、监督"之意。

总之,上述各因从多个方面为北京近代警察机构的出现准备了条件,共同促进和推动了北京近代警察机构的诞生。

三、清末民初北京警察机构的变化

庚子之变期间,北京原有治安机构步军统领衙门和"五城"官吏等"纷纷逃散,官署一空。市井无赖之徒乘之机会肆无忌惮地讹诈掠夺,秩序大乱"①。此时京师由"日、英、德、法、美、俄、奥分界而治"②,为了维护各自在华利益,"各国部署军事警察,设立安民公所,从事捕捉匪贼,促使人民归来,恢复秩序"③。其后,清廷留守全权大臣与各国商议,设立民政厅,由清政府每月支出若干款项,作为在占领地内招募中国巡捕及弹压地面之费用。于是,各国于各占领地

---

① [日]服部宇之吉等编:《清末北京志资料》,第229页。

② 华阳子:《京市警察机关制度沿革》,《警声》(又名《警声杂志》)第1卷第4期(特辑),1940年,第54页;[日]服部宇之吉等编:《清末北京志资料》,第231页。

③ [日]服部宇之吉等编:《清末北京志资料》,第231页。关于安民公所的设立目前有两种观点:一、安民公所是在清廷留守官员的指使下,由各占领区内绅董出面,征得洋官同意,组织申办的临时治安机构。安民公所是在清廷留守大臣的赞同和批准下开办的,留守大臣有权指挥和稽查安民公所。二、安民公所是各占领国设立,约集绅商协助办理。观点一参见《中国近代警察史》(上),第83~86页;又见华阳子:《京市警察机关制度沿革》,《警声》第1卷第4期(特辑),1940年,第54页:"日、英、德、法、美、俄、奥……设置军事警察衙门,同时绅商向筹设安民公所,东西两城各一处,与军事警察相联络,约集绅商各董理其事,假用步军以司巡守。"蔡恂:《北京警察沿革纪要》,第5页:"绅商相筹设立安民公所。"观点二参见[日]服部宇之吉等编:《清末北京志资料》,第231页;刘垚:《中国警政之回顾及其前途(一)》,《现代警察》第1卷第1期,1933年,第8页:"当庚子拳匪倡乱,八国联军,入据北京,分领城内区域,于东西城设立所谓安民公所。"李殿阁:《中国过去警察之沿革》,《警声》第4卷第8期,1943年,第23~24页:"北京被陷,各国联军分领城内,各设'安民公所',以执行该管内之警察事务。"上述两种观点根本不同之处在于:安民公所的设立是联军国家起主要作用还是清廷和绅董起主要作用?清廷留守大臣和步军统领衙门等方面的史料倾向于观点一,日本等联军方面和民国时期的史料倾向于观点二,不管哪种观点,皆不排除有故意夸大自己一方作用的可能,但对于绅董是否参与其中没有异议。

募集中国人担任巡逻弹压,名之为巡捕。①当时各安民公所内的警察由外国巡捕和华人巡捕两部分构成,"华人巡捕……由绅商保举本地华人充任,听从外国巡捕指挥,执行警务"②。安民公所设立后,在维持临时治安等方面,确实发挥了一定的作用。据日人记载,安民公所招募巡警后"加以训练","极力经营","使占领区内迅速归于平静。居民颇为安居,恢复旧貌"。③清廷奕劻也说:"旋经各段绅商先后设立安民公所,雇觅巡捕,协缉盗贼,数月以来,地方藉以稍安。"④

经过谈判磋商,1900年底,各占领国愿意逐渐退出管辖地面之权,清政府遂分区分段恢复了统治地面之权。此时"警察事宜俱归步军衙门,内设警务处,指挥巡捕"⑤,由庆亲王奕劻总理。1901年初夏,和议已成定局,各国即将撤兵,交还地面,如何处理京师治安问题迫在眉睫。5月,奕劻上奏:"现在各国之兵将次退竣,此项公所(指前述安民公所)理应裁撤,以一事权。惟京师五方杂处,良莠不齐,且此次兵燹之重,为从来未有之奇灾,若遽将各局裁撤,仅赖地面官兵巡查,恐有兼顾不及之势。倘一旦宵小生心,再有疏虞,乱后余生,何以堪命?"⑥鉴于维持京师治安的重要性和紧迫性,"遂袭安民公所之制,置(善后

---

① [日]服部宇之吉等编:《清末北京志资料》,第229页。

② 倪瑞英、赵克立、赵善继编译:《八国联军占领实录——天津临时政府会议纪要》,天津社会科学出版社2004年版,导言第5页。目前所见资料可确知,安民公所雇佣的警察由外国人和华人两部分组成,具体还可参见韩延龙、苏亦工:《中国近代警察史》(上)第85页;刘垚:《中国警政之回顾及其前途(一)》,《现代警察》1933年第1卷第1期,第8页:"八国联军……设立所谓安民公所,招募华人,充任巡捕,管理界内警察事务";李殿阁:《中国过去警察之沿革》,《警声》第4卷第8期,1943年,第23~24页:"各国联军……各设'安民公所',以执行该管内之警察事务,并招募华人充任巡捕。"

③ [日]服部宇之吉等编:《清末北京志资料》,第229页。

④ 故宫博物院明清档案部编:《义和团档案史料》第4册,中华书局1959年版,第1224页。北京安民公所具体职责及所起作用目前未见比较全面的史料记载,仅[日]服部宇之吉等编:《清末北京志资料》第229~238页有日本安民公所的详细史料;另外还可对照《八国联军占领实录——天津临时政府会议纪要》(上)所载天津城市警察系统的史料。

⑤ 《光绪二十八年日人川岛浪速上庆亲王书》,陈立中:《警察法规通论——警察行政法》,台湾"中国文化大学"城区部市政学系1984年版,附录第665页。

⑥ 故宫博物院明清档案部编:《义和团档案史料》第4册,第1224页。

协巡总局)以继之"①。

善后协巡总局的职责是维持京城地区的社会治安和公共秩序,其各分局分段设立若干巡捕处,除了巡防、捕盗外,还有权审理轻微的案件。②善后协巡总局是一个过渡性的善后机构,并非京城唯一的治安机构,按照"中国旧制京城地面之责……步军衙门、顺天府、五城,亦各有地面之责"。正是如此,造成"事权为之错乱,无所统一,以致专责不明,诸务实难振作"。③再者,职权过于狭窄也限制了协巡局的活动。协巡局只负责巡查、缉捕和对外交涉,且仅限于皇城和内城的范围,与旧时的团练并无太大差异。至于管理街道、整顿户口则更无从谈起。④此外,协巡局人员的素质太差,"实令人不胜痛恨"⑤。这些都造成了其对京师地面秩序维持并不得力。一年以后,联军撤出京城,善后事毕,作为权宜之计的善后协巡总局遂被议定裁撤。

1902年(光绪二十八年)5月,清政府同意了胡燏棻等人关于效仿上海工部局之例设立工巡局的奏请⑥,指令肃亲王善耆为步军统领,"督修街道工程并管理巡捕事务",整顿京师地面,⑦专门负责工巡局事务。工巡局"专司京城之工程及巡捕事宜。我国首都之有近代警察局自此始"⑧。由于内城工巡局办理"尚有条理,亟应实力推行",1905(光绪三十一年)年8月,清廷又谕令仿照内城工巡局设立外城工巡局,"所有五城练勇著即改为巡捕,均按内城办理","原派之巡视五城街道厅御史著一并裁撤"。⑨至此,清政府原有治安机构除步

---

① 李殿阁:《中国过去警察之沿革》,《警声》第4卷第8期,1943年,第24页。
② 韩延龙、苏亦工:《中国近代警察史》(上),第89页。
③ 川岛浪速:《光绪二十八年日人川岛浪速上庆亲王书》,陈立中:《警察法规通论——警察行政法》,附录第665页。
④ 韩延龙、苏亦工:《中国近代警察史》(上),第90页。
⑤ 川岛浪速:《光绪二十八年日人川岛浪速上庆亲王书》,陈立中:《警察法规通论——警察行政法》,附录第666页。
⑥ 王家俭:《清末民初我国警察制度现代化的历程:1901—1928》,第28页。
⑦ 朱寿朋编,张静庐等校点:《光绪朝东华录》第5册,第4866页。
⑧ 王家俭:《清末民初我国警察制度现代化的历程:1901—1928》,第243页。
⑨ 朱寿朋编,张静庐等校点:《光绪朝东华录》第5册,第5380页。

军统领衙门予以保留外，其余五城御史及街道厅等机构全部撤销并入工巡局，清廷警察制度得到进一步完善，职权也进一步扩大。

与善后协巡总局相比，工巡局的职权范围要大很多。其具体职权为：(1)执行京师城内的警察事务；(2)审决"杖"以下之犯罪；(3)处理简易民事案件；(4)受理京控；(5)审理关系外侨的民刑案件；(6)经营土木工程事务。工巡总局的这些职权表明，它不仅是权责专一的警察机构，而且是市政、司法和警察混合为一的机构。①北洋政府时期京师警察厅职权的广泛正是源于此。工巡局"所谓之工巡，乃包括工程与巡警两项事务之名目，而工程仅限于街道工程，最初仅限于修整旧街道，其事简单，毕竟不及巡警事务之繁杂，故工巡总局之事务中，巡警事务占十之八九"②，因而其可视为清末京师警察的发端。

由于工巡局是仿照外国和租界的警察模式创办，组织结构和运作方式等大都是直接照搬，而其成员又"皆系兼差，心力既分，职非专畀"③，绝大多数受传统思想影响较深，对于近代警察的性质和职能等很不了解，也很难接受近代新的管理方法，因此在人员素质方面出现了很多问题。另外，诸如经费紧促、装备落后等问题也有不少。④

自清廷1901年(光绪二十七年)诏令裁汰制兵并创设巡警以后，京师、直隶等各省进行了不少尝试，但警政和其他新政一样，"有名无实"。究其原因，在于清政府政治老化，经费紧张，人才缺乏，没有明确的指导方针，也没有统一的管理机构；地方上各省奉命而行，虚应故事，对于现代的警察制度并无真正深切的了解，加之官僚习气太深，凡事只知推拖、应付，对警政并未认真实行。⑤因此，对警政进行统一管理势在必行。1905年9月，五大臣遇刺事件给了清廷直接的刺激，使其认识到："巡警关系紧要……自应专设衙门，俾资统

---

① 中国社会科学院法学研究所法制史研究室编著：《中国警察制度简论》，第304页。
② [日]服部宇之吉等编：《清末北京志资料》，第240页。
③ 《奏为酌拟巡警部官制并变通工巡局旧章改设实缺恭折》，《奏定巡警新章(附市政公议会、习艺所章程)》(光绪三十二年)，京都北新译书局，出版时间不详，第1页。
④ 具体参见韩延龙、苏亦工：《中国近代警察史》(上)，第98~99页。
⑤ 王家俭：《清末民初我国警察制度现代化的历程：1901—1928》，第34页。

帅。"①同年 10 月,清廷正式宣布成立巡警部,作为全国警政的最高管理机构。巡警部成立后接管了原京师内、外城工巡局事务。

在清代,京师一直被视为"首善之区",事事为全国表率。清末重要警政大臣善耆就曾说:"欲推广各省警政,自以整顿京师警政为入手之办法。"②巡警部成立的同年 12 月,将原内、外城工巡局更名为内、外城巡警总厅③,直隶于巡警部,管理京师内、外城一切警务,巡警部对其有"督察之责"④。

"巡警为民政之一段,著即改为民政部"⑤,1906 年 11 月,在原巡警部的基础上扩大成立了民政部,内、外城巡警总厅遂改隶民政部。1907 年肃亲王善耆任民政部尚书,对内、外城巡警总厅进行了一系列的改革,其执掌基本确定,下设各分厅也进行了适当的裁减归并,至 1910 年内、外城总共为 20 区。⑥为加强地面控制,1909 年,民政部又奏请在京师内、外城地方分段设立巡警派出所。1910 年,内城巡警总厅设置派出所 204 处,外城巡警总厅设置 136 处。⑦

---

① 《遵设巡警部接收京城内外工巡局暨京师习艺所大概情形折》,徐世昌撰:《退耕堂政书》卷 1,第 129 页。

② 《酌改厅区制度折》,京师警察厅编:《京师警察法令汇编·总务类》,撷华书局 1916 年版。

③ 《拟定巡警部暨内外城警察厅官制折(附单〈京都内外城警察厅官制〉)》,徐世昌撰:《退耕堂政书》卷 1,第 145 页。

④ 《拟定巡警部暨警察厅权限章程折(附单〈巡警部及警察厅权限章程〉)》,徐世昌撰:《退耕堂政书》卷 1,第 153 页。

⑤ 《会议拟定民政部执掌员缺折》,徐世昌撰:《退耕堂政书》卷 1,第 191 页。

⑥ "警察分区之制,始于光绪三十一年改组巡警总厅之时,其时内城分为二十六区,中分厅辖六区,东西南北分二厅,各辖四区。外城分为二十区,东西两分厅各辖四区,南北两分厅各辖六区,每区设警察署一。三十四年三月,内城并为十三区,外城并为十区。宣统二年九月内城并为十区。"(华阳子:《京师警察机关制度沿革》,《警声》第 1 卷第 4 期(特辑),1940 年,第 55 页;蔡恂:《北京警察沿革纪要》,第 5 页)

⑦ 蔡恂:《北京警察沿革纪要》,第 18 页。据京师警察厅统计,至民国元年,内、外城巡警总厅的派出所具体还是内城 204 处,外城 136 处。(《厅区队巡官长警配置》,京师警察厅总务处编纂:《中华民国元年京师内外城巡警总厅统计书》,撷华印刷局 1917 年版,ZQ012-002-00629,本书所用档案皆藏北京市档案馆);韩延龙、苏亦工《中国近代警察史》(上)第 106 页记述为:"内城设立派出所 226 处,外城 141 处。"本书采用京师警察厅统计数据。

内、外城巡警总厅的职权设置、厅区规划以及组织结构"多为其他各省会所采用,而成为我国地方警政组织的蓝图"①。

在减少层叠繁冗的官僚机构的同时,增加了直接负责巡逻的巡警人数。1906年外城巡警总厅巡官长警配备共有1455人②,至1911年,内城巡警总厅巡官长警有3450人,外城巡警总厅巡官长警增加至1998人,共计5448人,③当年北京市人口为783 053人④,平均约每144人配置1名警察。民国元年,内、外城巡警总厅继续存在,并且巡官长警人数还有所增加,内城增加至3501人,外城增加至2521人,共计6022人,⑤当年北京市人口为725 035人⑥,由于人口有所下降和警察人数增加,平均约每120人就配置1名警察。后人认为,警察的这种巡逻使民众时时感受到其存在,会自然有一种安全感。⑦内、外城巡警总厅存在的时间虽然短暂,但却是清末警察制度趋于完备和定型的重要阶段。

---

① 王家俭:《清末民初我国警察制度现代化的历程:1901—1928》,第43页。具体见这则材料:"欲正人心,先端风俗,风俗既正,地方自安……查泰西各国娼妓均有自主之权,而中国业此者,或串谋捆领或诱拐逼充,恶鸨淫伎俩百出……(娼妓)均属沦落无依,情尤可悯,亟应仿照京师……设立济良所。"(《公牍·李总监详请开办济良所拟呈章程规则请立案文》,《江南警务杂志》第2期,1910年,第20页)

② 《厅区警察人员总数年计表》,《京师外城巡警总厅第一次统计书》(光绪三十二年份),1907年(光绪三十三年)印行,因未见内城巡警厅统计数字,故没有内城巡官长警人数。

③ 《厅区队巡官长警配置》,京师警察厅编辑:《京师内外城巡警总厅统计书》(宣统三年),撷华印刷局1916年版,ZQ005-003-01416。

④ 《内外城现住户口最近四年比较》,内务部统计科编制:《内务统计·民国元年份京师人口之部》第1册,第1~2页。

⑤ 《警察人员配置区别》,京师警察厅总务处编纂:《中华民国元年京师内外城巡警总厅统计书》,撷华印刷局1917年版,ZQ012-002-00629。

⑥ 《内外城现住户口最近四年比较》,内务部统计科编制:《内务统计·民国元年份京师人口之部》第1册,第1~2页。

⑦ 台北"中央警官学校":《六十年来的中国警察》,台北"中央警官学校"1971年版,第376页。

除了上述直接设置的官职,内、外城巡警总厅还辖有内外城官医院、外城教养局、贫民教养院、济良所等救恤机构。①

几经变动,清末北京警察机构从过渡时期的善后协巡总局发展到了内、外城巡警总厅,并逐渐接管了之前治安、市政管理机构的许多职责,其职能范围包括社会治安、风俗改良、户籍人口调查、建筑营业、交通秩序、公共工程、消防、公共卫生及恤贫救济等,远比目前所见警察职能广泛得多。

新式的警察机构对于清末北京城市的发展起到了积极的作用。徐世昌就曾说:"自举办巡警,抢劫日少,绺窃日稀。"②外国人对清末北京警政所体现的进步和取得的成绩也许比身处其中的北京民众更为敏感。当莫理循1897年刚到北京时,发现这里天气热,尘土多,给人以拥挤幽闭的不适感觉。③而实行警政后,他再次来到北京,非常高兴地看到了北京所取得的进步,新建筑、新马路和新组建的警察部队都展现出"一个发展中城市的骄傲"④。而生活在北京的普通民众对巡警也有了自己的认识,有竹枝词为证:"市巷通衢自指挥,(巡警)提刀策马走如飞。闾阎守望凭谁助?都在朱门队队围。"⑤

庚子之变启动了近代北京警察制度发展进程的按钮,1912年中华民国的成立则加快了这一进程的步伐。新成立的内务部代替了清末的民政部,担负地方行政、选举、赈恤、救济、慈善、感化、人户、土地、著作版权、土木工程、礼

---

① 内、外城官医院,1906年(光绪三十二年)巡警部、1908年(光绪三十四年)民政部奏设,于1909年(宣统元年)交内、外城巡警总厅管理;外城教养局,1905年设置,隶属于巡警部,嗣后交外城巡警总厅管理;贫民教养院,1908年内城巡警总厅设立;济良所,1905年外城巡警总厅督同绅商办理。(蔡恂:《北京警察沿革纪要》,第54~56页)

② 《遵旨议奏并陈明京师巡警办法折》,徐世昌撰:《退耕堂政书》卷8,第428~429页。

③ [澳]彼得·汤普森、[澳]罗伯特·麦克林著,檀东鍟译:《中国的莫理循》,福建教育出版社2007年版,第123页。

④ [澳]彼得·汤普森、[澳]罗伯特·麦克林著,檀东鍟译:《中国的莫理循》,第218页。

⑤ 杨米人等著,路工编选:《清代北京竹枝词:十三种》,北京古籍出版社1982年版,第143页。

俗宗教、卫生、社会治安等职能。①"各国以警察为内政要务"②,在内务部众多的职能中,其他各司的职能或直接或间接都与警政司职能有关系,所以内务部警政司在各司中便占有举足轻重的地位。其具体执行者即是隶属于内务部警政司的各级警察机关。由于北京地位重要和特殊,其警察机关不隶属于内务部警政司,而是"直隶于内务总长"③。

辛亥革命后,很多官制和机构没有及时进行改革,仍沿袭清末旧制,内、外城巡警总厅即是历经政变继续存在并发挥着作用。基于在天津推行警政所取得的良好效果④、王朝更替所带来的社会动荡,以及城市社会发展的需要,袁世凯上台后尤其重视警政的建设,视警察制度"为目前最急最要之图"⑤,积极推行警察等行政官厅改定划一。1913 年 1 月 8 日,临时政府下令"依现行巡警官制之例改设警察厅",把从前清延续下来的京师内、外城巡警总厅合并为统一指挥的京师警察厅,结束了清末以来内、外两警察厅分立的局面。京师警察厅直隶于内务总长,负责"办理京师城郊地方警察行政事务。其城郊以外之京营地方由该厅酌量分配警察队管理"⑥。

改组警察机构的同时,对于旧机构步军统领衙门本拟裁撤,但袁世凯认为其可补充警政所不足,并关涉旗制,遂付缓议。⑦袁世凯保留步军统领衙门的另一层含义是希望有两个统属不同的警察机关,使二者互为补充的同时能够互相牵制,便于控制。步军统领衙门与京兆尹无隶属关系,与京师警察厅是平行关系,直接听命于内务部和总统,主要负责京郊的治安警察任务。1924 年冯玉祥国民军把溥仪赶出紫禁城后,被袁世凯保留下来的步军统领衙门也于同

---

① 具体见《内务部厅司分科章程》,蔡鸿源主编:《民国法规集成》第 10 册,黄山书社 1999 年版,第 244~249 页。

② 《天津及海口一带设立巡警先后筹办情形折》,天津图书馆、天津社科院历史研究所编:《袁世凯奏议》(下),天津古籍出版社 1987 年版,第 1056 页。

③ 《画一现行京师警察官厅组织令》,《政府公报》第 243 号,1913 年 1 月 9 日,第 16 页。

④ 具体参见张华腾:《北洋集团崛起研究(1895—1911)》,中华书局 2009 年版,第 129~133 页。

⑤ 天津市历史档案馆编:《北洋军阀史料》第 2 册,天津古籍出版社 1996 年版,第 84 页。

⑥ 《画一现行京师警察官厅组织令》,《政府公报》第 243 号,1913 年 1 月 9 日,第 16 页。

⑦ 沃邱仲子:《民国十年官僚腐败史》,中华书局 2007 年版,第 16 页。

年10月裁撤,京师四郊的警察事务遂由京师警察厅接管。[1]京师警察厅的职权范围至此扩展至京师四郊,其警区也扩大到24个。清末民初,这种既设立新式警察机构又保留旧有步军统领衙门的方式,表明政府在改革的同时有对传统的继承,一定程度上减少了改革的难度,但也造成了事体混乱、互相推诿的弊端。

1928年6月,北京改为北平,京师警察厅遂改名为北平市公安局,隶属于北平市特别市政府。北京改名北平后被指定为特别市,进行了大幅度的改革,成立了社会局、公共安全局、财政局、公用局和卫生局。京师警察厅主要负责治安和维持社会秩序,其余职能按类移交给其他各局。[2]

---

[1]《大总统令》,《政府公报》第3098号,1924年11月7日,第1页。
[2] 蔡恂:《北京警察沿革纪要》,北京民社1944年版,第8页。

第二节 京师警察厅的机构设置及其职能

改组后的京师警察厅在原有基础上,经过不断调整与充实,在组织机构、职能规划、警区划分、基层警所等方面得到了发展,更加适应时局的需要,促使北京近代警察制度进一步完善。

一、扩充机构

1913年1月改组时,京师警察厅设有总务、行政、司法、卫生4处,每处辖3科,共12科。1914年为提高对消防事宜的重视,增设消防处,辖2科,5处共辖14科,[①]其具体管辖事项见表1。

京师警察厅除了上述5处14科以外,另设勤务督察处以监督外勤勤务。勤务督察处由勤务督察长和督察员组成,是一个对京师警察厅所属各区署、队、所的警察实地进行检查和监督的专门机构,本身不执行警察职权。勤务督察处是京师警察厅很重要的一个处,不同于清末的稽查处。督察处"不分区域,轮流抽查,诚恐地方辽阔,各有鞭长莫及之嫌,责任不转,易兹顾此失彼之

---

① 《京师警察厅官制》,《政府公报》第833号,1914年8月30日,第8页。

表1　京师警察厅分科执掌表

总务处	第一科	掌管机要,拟定各项警察章程,招募、训练与考核巡警以及对巡官长警的特别派遣等
	第二科	掌管典守印信、文件收发、编制统计、文书印刷等
	第三科	掌管预决算、经费出纳、物品购置、建筑修缮、电话设置修缮、仆役雇用管束等
行政处	第一科	掌管集会结社、著作出版、报刊检查、剧场管理、娼寮检查、有违风化物品查禁等
	第二科	掌管国籍变更、外国人管理、户口调查、道路桥梁沟渠及公共交通的督察、车辆容积重量审查、电灯及公共路灯稽查、标杆安设移置、社会救恤及贫民教养等
	第三科	掌管警卫派遣、开业歇业登记、市场及商品视察、工厂典当各商铺管理、度量衡货币管理、官私建筑审查、改正道路桥梁审查等
司法处	第一科	掌管刑事案件的预审和解送、法医诊断、赃物管理、传唤证人及取保省释、死伤者救护检视等
	第二科	掌管搜查赃证缉捕案犯、遗失物处理、被监视人及流浪者精神病弃儿检查管束、预戒令执行等
	第三科	掌管司法警察训练和派遣、违警科罚及行政处罚、拘留所管理、罚金缴纳、司法警察考核等
卫生处	第一科	掌管公共道路清洁、清道夫役配置、公厕设置和修缮、公共沟渠管理、住户卫生监察、私有沟渠水井检查、公共厕所便池清洁消毒及交纳租捐、废料搬运晾晒管理等
	第二科	掌管医疗行业的管理、制药业检查、毒药限制、饮食物品及制造场所检查、娼妓健康诊断、屠兽场检查、公共娱乐场所卫生管理、传染病种痘预防检查、棺尸停放及墓地管理等
	第三科	掌管巡官长警体格检查、患病人犯诊治、巡官长警因公负伤鉴定、公立私立医院视察、微生物检查、饮食物品器具化验、药品化验、化妆品化验等
消防处	第一科	掌管消防人员配置、编练、派遣、进退赏罚、消防费及水费调查等
	第二科	掌管消防器械保存管理、地形水形调查、消防员志愿者试验等

资料来源:《京师警察厅分科执掌规则》,《政府公报》第836号,1914年9月2日,第4~7页。

病"①,所以其督察区域与京师各区警察署相吻合。全城共有20个警察署,对

---

① 《内务部指令第一百五十号》,《政府公报》第309号,1913年3月17日,第4页。

勤务督察处来说，每个警察署辖区就是一个督察区。按照规定，督察长要亲往各区稽查，每月不得少于20次；督察员则分区稽查，由督察长抽签决定应查区域。督察员的稽查昼夜都要进行，稽查有穿制服稽查和便衣稽查两种，以便稽查真实情况。①

督察员拥有较大的职权，有权稽查各区署执行警务的方法及其管辖地段的情况，管理交通、卫生的情况，调查户口的详略及监视人员的方法，巡逻守望是否认真，甚至还包括巡官长警的仪容礼仪及其执行职务是否合适并接遇民众的情形。勤务督察处特别重视冬防稽查和夜间缉查。例如夜间缉查，特别注意巡逻守望有无空误，各地区有无盗贼踪迹及可疑之事。稽查时遇有重大事故要迅速报告京师警察厅，寻常事件直接报告该区署或队所。如遇有巡官长警不遵守勤务规则，督察员要照章纠正，并要查询其姓名和服章号码报告京师警察厅或就近告知该管区署及各队。督察员在每次稽查之后都必须撰写督察报告，如实填写稽查的整个经过，包括路线，巡官长警之勤务、容装、礼式，行政、司法、卫生警察事项，以及特别发生的事项及其处理意见。督察报告有固定的格式，填写后交勤务督察处，由勤务督察长汇呈京师警察厅总监批阅。②

二、警署分区

清末经过三次调整合并，北京地区警察区划从最初的46个减少到20个，京师警察厅继承了1910年（宣统二年）内、外城巡警总厅的警察区划，将北京地区划分为中一区、中二区，内左一区、内左二区、内左三区、内左四区，内右一区、内右二区、内右三区、内右四区，外左一区、外左二区、外左三区、外左四区、外左五区，外右一区、外右二区、外右三区、外右四区、外右五区，共20区，

---

① 《勤务督察处办事规则》，蔡鸿源主编：《民国法规集成》第10册，第272~274页。
② 《勤务督察施行细则》，蔡鸿源主编：《民国法规集成》第10册，第275~277页。

在每一区设置警察署。①署内依照总厅的组织结构分为总务、行政、司法、卫生4课,另外还有内勤、外勤、拘留3所。北京地面广阔,总厅全权负责恐难顾及,所以分区警察署才是实际执行具体警务的机关,在北京警察系统中占有至关重要的地位。

1924年10月,步军统领衙门裁撤后,北京四郊的警察事务由京师警察厅接管。京师警察厅把原步军统领衙门所辖京郊各营界划分为四大区,每区设一警察署,即东郊警察署、西郊警察署、南郊警察署、北郊警察署,其内部设置大体与市内警察署相同。②京师警察厅的职权范围扩展至京师四郊,警区也扩大到24个。

京师警察厅为了强化区署的作用,对区署各类人员的权责职守和活动方式分别作了详尽的规定。每个警察署均设置署长1人,以警正充任;署员2~4人,以警佐充任;办事员若干人,并根据实际情况配置一定数量的巡官长警。

区警察署署长、署员和办事员的职责权限是:署长承京师警察厅总监的命令,管理本区内的一切警务,负责分配和领导署内人员的工作并对其勤惰进行考察;署员和办事员应承署长之命佐理区内事务。无论署长、署员还是办事员,均应"常川在署",指挥办理本区警务;因病因事必须离署的,应先期请假,由京师警察厅派员代理。署长、署员和办事员应轮流稽查所管区域以及下辖的各个派出所,稽查方法分"明查"和"暗查"两种。"明查"应着制服,"暗查"则着便衣,并且注意严格保密。稽查事项如下:本区执行警务的方法,本区管理事务的配置及其巡视疏密程度,监督巡逻守望方法,巡官长警容貌礼式军装及执行职务是否适当,非常召集时的准备,拘留所事宜,违警事宜,法律施行是否得当,调查户口及被监视人管理,区署局所清洁扫除,消防器具管理,交

---

① 《京师警察厅分区规则》(《政府公报》第836号,1914年9月2日)第8页、《中国警政史》第385页、《中国治安史》第320页、《中国近代警察史》(上)第347页、《中国警察制度简论》第320页皆认为是在1914年京师警察厅将清末京师市内23个分区合并为20个,而从现有材料看,京师警察厅成立后并没有对警区数量再次进行调整,京师内、外城警区在1910年就已缩减合并为20个。蔡恂之《北京警察沿革纪要》第5页、王家俭之《清末民初我国警察制度现代化的历程:1901—1928》第133页记载是1910年合并内、外城为20区,目前来看较符合事实。

② 《四郊警察各分署办事暂行规则》,《政府公报》第3300号,1925年6月8日,第4~6页。

通管理情形,卫生及传染病的相关管理,营业管理,等等。因夜间容易发生盗窃等案件,所以夜间稽查时应特别注意巡逻守望是否到位,各地面有无盗贼踪迹。对于易生危害的时间或地点,如"巡逻减少之时""大风和雨雪之时""人迹罕到之地""人众杂沓之地"以及"小户杂居之地"应加倍留意。稽查时遇有重大事故,要及时向京师警察厅报告。①

三、基层警所

北京的基层警察机构,指的是各区署下设的警察分驻所和派出所。为便于直接管理地面,北洋政府时期京师警察厅采用了"总厅—分署(分驻所)—派出所"的层级结构。每区警察署根据自己辖区内的地面情况,分段设置数量不等的警察派出所。在派出所和警察署之间还设有分驻所,分驻所是统辖派出所的巡官处理内外勤务的办公处所,是区署和派出所的中间环节,组织并不严密,任务也不明确,主要是对派出所的活动进行监督和指挥,具体办理警察事务的是派出所,而不是分驻所。

根据 1914 年 12 月《设置派出所规程》,派出所的组织形式有两种:一是各区署把自己管辖的地区划分为若干段,在每段的守望地方设派出所,"以为各该段应勤长警轮班暂息及有事救援之用",这种通称"各段派出所",详称"某某区警察署第几段巡警派出所";另一种是在各大街"冲繁之处"酌加守望派出所,"专备交通上守望巡警轮班休息之用",通称"马路加设派出所",详称"某某区警察署第几段加设马路巡警派出所",这类派出所是为弥补各段派出所警力不及而设的,以管理交通为专责。派出所的数量并不是固定不变,京师警察厅根据各区署的实际情况进行添设,如 1916 年外右三区所辖广安门内北马道各派出所之间相距较远,遇事恐有耽误,就酌情添设派出所,以资联络。②

分驻所和派出所的设置并非主要根据本区地理面积的大小,而是要综合本区人口、商铺以及住户的具体情况,如内右一区警察署设有 4 个分驻所、16

---

① 《重订区署办事规则》,《政府公报》第 941 号,1914 年 12 月 17 日,第 31~34 页。

② 《添设派出所》,《晨报》1916 年 11 月 2 日,第 5 版。

个派出所以及4个加设派出所,外左四区警察署设有5个分驻所、11个派出所,但警区面积内右一区要比外左四区小;内右二区警察署设有5个分驻所和18个派出所,外左三区警察署设有3个分驻所和10个派出所,实际上内右二区警区面积也比外左三区大。①

不论各段派出所还是马路加设派出所,均设巡官1人、巡长1人、巡警8人,负责守望、巡逻,掌握地区情况,处理有关警务事宜。派出所巡长为一段地方治安负责人,负有实际责任,每昼夜要巡察本段地面4次以上,对设在本段附近的加设马路巡警派出所,也有权不时前往巡察。如辖区内地面出了治安问题,应当及时报告本区警察署长处理;如果在两区相邻或两派出所相邻地域发生了事故或发现了犯罪违警之人,巡长应当到另一区或另一派出所处理;如果事故和犯罪之人是双方同时发现的,应当协同处理,不得自分畛域,推诿不管;如果在邻区和邻近派出所地段发生了紧急重大事故,首先为本段长警发现,必须立即率领全体巡警前往处理,直到事故主管地段巡警到场后方能离去,并应向后者作出交代;如果本区内有火警及非常事件发生,接到急报后,只能领区署及分驻所不值班的长警前往应援,各派出所的长警一律不得调用。巡警分守望警与巡逻警,守望警的职责是指挥车马行人,维持交通;巡逻警的任务是考察本地段各处情况,遇有事故及时处理,并迅速报告。②

派出所的活动受分驻所和警察区署的双重监督。分驻所统辖各派出所,每一派出所都由分驻所的两名巡官分管。这两名巡官分为内勤和外勤(每天都有一名巡官任内勤,另一名任外勤)。担任内勤的巡官在分驻所或区署执行任务,担任外勤的警官每昼夜要巡查主管派出所2次以上,就派出所长警是否尽职和该地面发生的治安情况及时向区署报告。除此之外,各区署署长还另择长警,每日分昼夜数班前往各段稽查。

---

① 《各区面积比较》,京师警察厅制:《京师警务一览图表》,出版地不详,1917年版。按:此统计图表是京师警察厅1917年12月调查所得结果;《各区警察署暨分驻派出所地址表》,《京师警察厅公报》1927年3月1日第3版、1927年3月8日第3版、1927年3月2日第2版、1927年3月7日第3版。

② 《设置派出所规程》,京师警察厅编:《京师警察法令汇编·总务类》。

京师警察厅对各派出所长警的管理主要是风纪管理。它规定派出所内的长警无论昼夜都应穿着制服；负责守望巡逻的各警不得无故偷进所内，守望巡警必须站在路的中央，注意往来人物事项，不得倚靠木房①站立，亦不准与所内暂时休息长警接谈；暂时休息的长警不准在门前站立或者远离休息之地，不准在所内擅自饮食；无论应勤或者休息长警，一概不准在门前滥买食物或者吸纸烟；派出所内不准招集闲人和非应勤人员杂谈；等等。②京师警察厅制定了看起来相当琐碎的规定，目的是对派出所巡官长警的具体职权进行规范和约束，以便更好地维持辖区秩序。同时，这些规定也在一定程度上提高了巡官长警处理警务的能力和效率。

四、编练专职警队

《京师警察厅官制》第十六条规定："京师警察厅因维持治安之必要得编制警察队。"依据这条规定，京师警察厅编练了保安、侦缉、消防等专职警察队。这些专职警察队和各个警察署没有隶属关系，直接归京师警察厅总监统一指挥监督。

（一）保安警察队

京师警察厅成立后，把清末内、外城警卫队改组为保安警察第一队、第二队，下设小分队。③1914年一战爆发，中国未参战前，使馆界的外侨返国者增多，考虑到东交民巷的治安无人负责，而旧有警察未经长期训练，在武装知识上有所不足，不能胜任，遂决定成立警察保安队，负责保卫东交民巷使馆界。④新成立的保安警察队接续原有保安队编制，名为保安警察第三队、第四队。保安警察队下设勤务督察长和教练督察长各1人，稽查员2人，管理各队事务。勤务督察长秉承总监管理行政事务，并且依照特别委任的职权，对保安

---

① 派出所木制的房间为长警办公、休息之所。
② 《管理派出所规则》，京师警察厅编：《京师警察法令汇编·总务类》。
③ 蔡恂：《北京警察沿革纪要》，北京民社1944年版，第24页。
④ 汪觉翁：《觉翁散记（二则）》，《警声》第2卷第4期，1941年，第43页。

警察队负完全责任,布置保安警察队的一切勤务。教练督察长秉承总监命令,专司本队指挥教练及关于保卫界内特别委任接洽事务,遇有重大事件应随时报告京师警察厅总监,听候内务总长的命令办理。经当时警察厅总监吴炳湘的请求,总统府顾问外国人曼德充任教练督察长。①稽查员由稽查长领导,稽查警兵的操练和勤务,并随同办理使馆界内应行接洽事宜及与外国人有关的事项。保安警察队在初设时设队长1人,司书1至2人,号长2人,号警16人。每队辖2个分队,各设分队长1人。每分队辖3个小队,各设副分队长1人。每小队辖4排,各设排长1人,队警10人。②1922年4月,为加强北京治安警察力量,添设保安警察第五、第六两队,编制与第三、第四队相同,1927年8月,因警察经费支绌,裁撤。

除了上述保安警察队,1913年京师警察厅把前清内、外城巡警总厅马巡队改称为保安警察马队,1914年10月重定编制,分为2分队。③

各保安队巡官长警人数具体见表2。

表2 1917年各保安队警察配置表

队　别	巡　官	巡　长	巡　警	总　计
保安第一队	7	25	254	286
保安第二队	7	25	250	282
保安第三队	6	22	238	266
保安第四队	6	23	248	277
保安马队	2	17	85	104

资料来源:《警察配置》,京师警察厅制:《京师警务一览图表》。

保安警察队成立后以军事教练为主,侧重精神体质,经过曼德倾力训练,"矫矫不群,桓桓气派,出巡街衢,引得路人驻足,群相赞美!保安警察之年龄精神,当时实胜于普通警一筹。风声所播,寻至胶澳督办公署,亦借调警察一

---

① 《大总统策令》,《政府公报》第819号,1914年8月16日,第2页。
② 《京师警察厅添练保安警察队简章》,蔡鸿源主编:《民国法规集成》第14册,第61~63页。
③ 蔡恂:《北京警察沿革纪要》,北京民社1944年版,第28页。

大队,由队长景林(时任勤务督察长)率赴青岛,为青地训练警察矜式"①。

(二)侦缉队

侦缉队是京师警察厅的一支重要力量,负责执行各项侦察任务,其历史可以追溯到1905年(光绪三十一年)。1905年,巡警部设置探访局,后隶属于民政部,1913年由京师警察厅接管,次年改编为侦缉队②,设队长1人,以警政派充,下辖4个分队,各设分队长1人。每分队辖2个小队,各设副分队长1人,助手1人,每小队有队兵30人。侦缉队建队初期,共有队兵220人。后经过整顿,到1917年,下辖4个分队合并为3个分队,有副分队长6人,助手6人,探兵320人,合计已达332人。③此外,由于侦缉的需要,侦缉队可以临时雇用"特别探访"④。

侦缉队负责各项侦察任务,人员多穿便衣,一般为灰布大褂,戴礼帽,俗称"便衣侦探"。因其身穿便衣,可以采用多种隐蔽或非法手段,令人防不胜防,其名声在北洋政府时期一直不好。目前还未见对其有正面记载的史料。被人引用最多的当数朱德裳《三十年闻见录》里对侦缉队种种弊端的描述。⑤除了朱德裳,民国时期的费行简(沃邱仲子)对侦缉队也有过记载:"侦缉队司探访,凡充探员者,必先熟知盗贼奸宄之情形,乃能胜任。故大半皆过来人,否亦流民奸胥之流,欲求其奉公守法难矣。其大宗进项,莫逾烟赌。京师烟窟至秘密,下流社会不得入,且皆名营他业,但必与警探通气耳。贩卖烟土者颇多,探士之雄于赀者,则多布爪牙,以侦私土,多数报官,少数入己。达官贵人之赌不敢拿,光棍地痞之赌不能拿,其可拿者中下等之商人耳。闻由粤人,暗启赌馆于

---

① 汪觉狻:《觉狻散记(二则)》,《警声》第2卷第4期,1941年,第43页。
② 蔡恂:《北京警察沿革纪要》,第33页。
③ 《警察配置》,京师警察厅制:《京师警务一览图表》。蔡恂的《北京警察沿革纪要》第35页记述:1914年9月侦缉队共计268人,1924年11月侦缉队共计522人。这组数字和京师警察厅1917年的统计不是同一年,但蔡的统计应该是和京师警察厅的统计数字有出入,此处采用京师警察厅的统计结果。
④ 《侦缉队现行编制办法》,京师警察厅编:《京师警察法令汇编·总务类》。
⑤ 具体参见朱德裳:《三十年闻见录》,岳麓书社1985年版,第48~49页;此外,方彪的《京城百怪》(中华工商联合出版社1994年版)第44~47页也具体记述了侦缉队的种种"绝活"。

京师,一探士为司风递信,月得贿五百元,他可想矣。此弊之在侦探者。"①

除了文人的种种记述外,《晨报》上的报道更能反映出北京民众对侦缉队的认识。在民众心目中,侦缉队"都是民贼",是依靠暴力而设的,没有法律可言,对民众经常采用非法的手段。一次,某处一位老太太遗失了很多贵重的首饰,报到警察署,交由侦缉队处理。侦缉队无法判断真犯,便把同住的七八个人一同带到区署去,不分男女都进行严刑审讯,被打的人只能委屈地流泪,别无他法。②侦缉队的这种办案方法在整个北洋政府时期一直未得到很好纠正,京师警察厅总监也知悉这种情况,曾下令进行禁止,但直到1928年,侦缉队在遇到奸盗案件时,还常常采"非刑拷问"的方法。③

(三)消防队

1903年(光绪二十九年),北京成立了第一个近代中国消防队,最开始附设于警务学堂。巡警部成立后,隶属于巡警部,专门负责救火事项,并分任巡逻等事,后改为消防公所。④1913年京师警察厅改组时,未设立消防处,只有消防队。1914年8月,为提升消防力量,增设消防处。

京师内、外地方分设6处消防区域,每个消防区域各以一个分队驻守,其中内城4个,外城2个,具体消防区域如下:内城第一区域灯市口,第二区域广济寺,第三区域宝泉局,第四区域养蜂夹道;外城第一区域甘井胡同,第二区域梁家园。消防队设6个分队,各有队兵定额100人,队兵每10人置消防目1人,队兵每50人置消防机关士1人,队兵每100人置分队长1人。其分队长以下职制列后:分队长视警佐,消防机关士视巡官,各队长副、分队长及消防目视巡长。消防各队直隶于消防处,办理各分区消防事宜。⑤虽然规定每分队定额100人,但实际并未达到这个数额,到1917年,京师警察厅消防队机关士、消防目以及消防兵等总共才514人。⑥京师地方繁盛,发生火灾在所难免,

---

① 沃邱仲子:《民国十年官僚腐败史》,第102~103页。
② 《侦缉队不属国民么?》,《晨报》1922年8月27日,第7版。
③ 《警厅禁用非刑毒打》,《晨报》1928年2月20日,第7版。
④ 蔡恂:《北京警察沿革纪要》,第30页。
⑤ 《消防队分设机关办法》,京师警察厅编:《京师警察法令汇编·总务类》。
⑥ 《警察配置》,京师警察厅制:《京师警务一览图表》。

消防各队分驻要塞,以防不虞,对京师社会秩序的维护起到了积极的作用。①

五、附属机关

除了上述各组织和机构,京师警察厅还管辖多种附属机关,具体见表3。

表3　京师警察厅附属机关

机关类别	机关名称	成立(接管)时间	补充说明
教育机关	巡警教练所	1914年3月	在清末巡警教练所的基础上发展而来,1928年与募警讲习所合并改组为警务训练所。
教育机关	募警讲习所	1914年3月	
教育机关	巡官巡长讲习所	1915年5月	1920年10月停办。
教育机关	警察传习所	1919年秋	1921年4月停办。
救济与教养机关	疯人收养所	1913年1月	1908年(光绪三十四年),内城巡警总厅在贫民教养院内附设一所疯人院,京师警察厅改组后,接管贫民教养院,相应接管疯人院。1917年12月,京师警察厅将疯人院从教养院分出,改名为疯人收养所,1928年7月改隶社会局。
救济与教养机关	教养局	1913年1月	京师警察厅成立伊始即接管了清末教养局,1928年7月移交社会局管理。
救济与教养机关	贫民教养院	1913年1月	贫民教养院于1908年(光绪三十四年)初设于内城,1913年京师警察厅改组后总理该院一切事宜。未见具体接收时间记载,暂以1913年1月为准,1928年7月改隶社会局。
救济与教养机关	游民习艺所	1917年3月	内务部把由清末接管的游民习艺所交由京师警察厅管理,1927年2月仍归内务部管理。
救济与教养机关	贫儿半日学校	1916年3月	1928年经北平市公安局改组为民众学校,1936年移交社会局。
救济与教养机关	济良所	1913年1月	京师警察厅从外城巡警总厅接管,1928年7月改隶社会局。
救济与教养机关	妇女习工厂	1917年12月	京师警察厅在清末内城贫民教养院的基础上改设,1928年7月改隶社会局。

---

① 《将添设消防队》,《晨报》1918年3月4日,第6版。

续表

机关类别	机关名称	成立(接管)时间	补充说明
卫生机关	内、外城官医院	1913年1月	京师警察厅改组后,从内、外城巡警总厅接管。1927年8月,京师警察厅因经费支绌,将两院合并为一,改名为官医院;1928年7月改隶卫生局,仍设两分院。
	娼妓检治所	1927年1月	京师警察厅呈准内务部设置,初名检验娼妓事务所,1928年7月改隶卫生局。
	牲畜管理处	1926年1月	京师警察厅呈准内务部设立,初名为卫生检验牲畜事务所。
	第一卫生区事务所	1925年5月	名义上属于京师警察厅,实际上具体事务和经费概由合作卫生机构办理,1928年7月转隶卫生局。
	清洁队	1913年10月	接管内、外城巡警总厅清道队,1925年添设四郊清道夫,1928年7月改隶卫生局。
	沟工队	1913年7月	京师警察厅设立,1927年9月交由市政公所管理。
	验治局	1922年3月	京师警察厅设立,初名特别治疗所,1928年秋改隶戒烟局。
其他各机关	收发乐户执照所	1913年1月	京师警察厅从外城巡警总厅接管,1929年改称收发娼妓执照所。
	各市场	1913年1月	京师警察厅从内、外城巡警总厅接管东安、广安市场,1919年又新设西单市场。1928年7月改隶社会局。
	午炮台	1915年6月	京师警察厅设置,1928年北平特别市成立后,由市政府派员管理。
	卷烟吸户捐局	1926年8月	京师警察厅与京兆尹公署合办,同年11月归京师警察厅单独办理,1927年9月隶属财政部。

资料来源:蔡恂:《北京警察沿革纪要》,43~64页。

除了上述存在时间较长的机关外,在时局的变化下,京师警察厅还设立了一些短暂存在的机关,如1924年4月,因警察经费积欠过巨,警饷无着落,长警纷纷离去,无法维持,京师警察厅呈请内务部试办警捐,并设立了捐务处,筹备警捐事宜,后因北京绅商掣肘取消;1924年冯玉祥进驻北京,把末代皇帝溥仪赶出紫禁城以后，为了更好地管理北京官产，京师警察厅设立了京城官产处，1925年11月，京城官产处并入京兆官产处。①

表3显示，京师警察厅的附属机关主要有教育机关、救济与教养机关、卫生机关以及协助捐税等其他机关，其中救济与教养机关、卫生机关占绝对多数，这些机关主要负责慈善救助和公共卫生事项，京师警察厅的这部分职责在1928年以后移交给社会局、卫生局等相关机构来负责。本书第四章"京师警察厅与北京市政"、第五章"京师警察厅与北京慈善救济"将对这些附属机关进行分别论述。

---

① 蔡恂：《北京警察沿革纪要》，第7页。

第三节 京师警察厅的警务人员

任何组织和机构都只有通过其成员的活动才能实现自己的职责。京师警察厅的警察群体有两部分,一是京师警察厅的高级警官、总监和各组织机构的警察职员;二是负责具体警务的普通巡官长警。"警察为政府最直接施政之官吏人,人民最实际之指挥者,必须具有充分之知识。"[①]高级警官主要负责制定职责内的相关规章条文以及监督执行情况,普通警察负责具体的执行,二者都需要必备知识,但职位不同要求也不同。

一、高级警官

(一)京师警察厅总监

地方各省市警察事宜隶属于内务部警政司管辖,京师警察厅因地位特殊而直隶于内务部,这种特殊性表现之一在京师警察厅最高长官的设置上。京师警察厅设总监一人,"承内务总长之指挥监督,总理厅务并监督所属职

---

① 刘垚、谈凤池编:《中国都市交通警察》,香港商务印书馆 2001 年版,编辑警察丛书引言。(此书原版为刘垚、谈凤池编:《中国都市交通警察》,商务印书馆 1935 年版)

员"①;而各地方警察厅设厅长一人,承各地地方长官指挥,负责警察厅事务并监督所属职员。②仅从京师警察厅和各地省市警察厅最高长官的称谓上也能看出其不同,京师警察厅的最高长官称"总监",这是延续清末内、外城巡警总厅长官称谓而来,各地警察厅最高长官称"厅长",北洋政府时期"总监"仅有一人,特指京师警察厅总监。京师警察厅总监为简任官③,但1925年1月朱深④任京师警察厅总监时,因其曾任内务总长、司法总长,京师警察厅总监一职遂改为特任⑤,与各部部长同级,这也显示了京师警察厅总监地位的特殊性。北洋政府时期京师警察厅历任总监见表4。

---

① 《京师警察厅官制》,《政府公报》第833号,1914年8月30日,第8页。

② 《地方警察厅官制》,戴鸿映:《旧中国治安法规选编》,群众出版社1985年版,第63页。

③ 北洋政府时期,官员的任用等级共分为特任、简任、荐任和委任四级,一般国务总理、各部部长为特任,各部次长、总检察长、高等审判厅厅长、京师地方审判厅厅长、京师警察厅总监为简任。特任官由大总统特令任用,简任官员由大总统就合格人员中简任。特任和简任官的任用均由大总统署名、盖印。特任官员,如国务总理,月俸1500元,各部部长月俸1000元;简任官员分为两等,一级月俸600元,二级月俸500元或400元。(钱实甫:《北洋政府时期的政治制度》(上),中华书局1984年版,第344~349、353页)

④ 朱深,字博渊,河北省永清县人,前清优廪生。1902年(光绪二十八年),京师大学堂肄业。翌年,派赴日本留学,毕业后入东京帝国大学法科,1912年毕业归国,入法制局,充任法典编纂会编纂。1912年8月,改组各级法院,被任为京师地方检察厅检察长,兼总检察厅首席检察官。同时代行总检察长职务,订定检察职务程序以及一切检察章则。1913年1月,专任总检察厅首席检察官。是年12月,兼署京师高等检察厅检察长,并行兼管京师地方检察长职务。1914年3月,辞去兼管职务。1915年9月,被任命为总检察厅检察长。1917年,讨平张勋复辟后,段祺瑞内阁成立,特任为司法总长。1919年6月特任兼署内务总长,12月辞兼职,专司司法总长,至1920年7月辞职。1924年,执政府成立,特任为警察总监。1925年7月,特派兼督办市政事宜,11月辞职。1938年,亲日临时北京政府成立,任政府委员、政府联合委员会常务委员、行政委员会常务委员、议政委员会常务委员、法部总长兼次长、日华经济协议会常务委员、高等警官学校校长、司法官初试典试委员会委员长、司法官养成所所长、华北救灾委员会委员。1940年4月1日,任华北政务委员会常务委员,兼领政务厅厅长,5月辞去兼职,旋任北京电业公司总裁。(汪觉簃:《觉簃散记(二则)》,《警声》第2卷第4期,1941年,第44页)

⑤ 汪觉簃:《觉簃散记(二则)》,《警声》第2卷第4期,1941年,第43~44页;《内部对警厅改用公函》,《晨报》1925年2月3日,第6版。

表 4　北洋政府时期京师警察厅历任总监表

姓名	职务	任职时间	备注
王治馨	京师警察厅总监	1913 年 1 月 21 日	
周肇祥	京师警察厅总监	1913 年 7 月 18 日	
黄玉麐(暂代)	京师警察厅总监	1913 年 7 月 22 日	
吴炳湘	京师警察厅总监	1913 年 10 月 16 日	
殷鸿寿	京师警察厅总监	1920 年 7 月 26 日	
薛之珩	京师警察厅总监	1922 年 1 月 2 日	大总统令任命薛之珩为京师警察厅总监,任命时间为 1 月 2 日,《政府公报》1922 年 1 月 6 日第 2101 号,《北洋政府职官年表》第 169 页记载的是 1 月 1 日。
张璧	京师警察厅总监	1924 年 11 月 5 日	
吴炳湘(李寿金代理)	京师警察厅总监	1924 年 11 月 28 日	临时执政令任命吴炳湘为京师警察厅总监,未到任以前着李寿金暂行代理此令,《政府公报》1922 年 11 月 29 日第 3119 号。
朱深	京师警察厅总监	1925 年 1 月 29 日	
卫兴武	京师警察厅总监	1925 年 11 月 27 日	
鹿钟麟	京师警察厅总监	1925 年 12 月 4 日	鹿钟麟因畿东军事紧急,前往指挥,所有京畿警卫总司令暨京师警察厅总监各职务以李鸣钟暂为照料,《政府公报》1925 年 3 月 10 日第 3560 号。
李寿金	京师警察厅总监	1926 年 4 月 18 日	
陈兴亚	京师警察厅总监	1926 年 10 月 21 日	
吴炳湘	京师警察厅总监	1926 年 6 月	未见史料记载吴炳湘上任。

资料来源:吴廷燮纂:《北京市志稿·职官表》,北京燕山出版社 1990 年版,第 739～743 页。

因管辖京城,地位重要,历任总统对京师警察厅总监都甚为倚重,总监人选一般都要经过总统认可,并由总统直接任命,内务部及警政司无权干涉,所以历任总监"频来往于元首、总揆之门"①实属正常。北洋政府时期,政局频繁

---

① 沃邱仲子:《民国十年官僚腐败史》,第 101 页。

动荡，但不管如何变动，京师警察厅总监都不能身处其外。袁世凯一向重视警政建设，所以在他掌握政权以后，就立即派旧部王治馨任京师警察厅总监，后又派旧部吴炳湘①接任此重要职位。吴炳湘任京师警察厅总监长达八年，这在走马灯似的北洋政坛实属罕见，其中最重要的原因就是他参与中央政局变动，并发挥了很大的作用。在袁世凯筹备称帝时，吴炳湘积极附和，和朱启钤等十人"主持国体决定和选举事务"，向各省将军、巡按使发出密电，要求配合称帝活动。②不仅如此，吴炳湘还带领全国各地的警察厅长呈文请求改帝制。③在张勋复辟期间，吴炳湘也参与其中，并利用自己的政治地位和人际关系，一方面参与张勋复辟的有关会议，另一方面尽力劝导不要交战，维持京城的社会治安。④正是由于吴炳湘在政局中的表现，其在1915年和1917年两次受到总统勋章奖励。⑤

---

① 吴炳湘（1874—1930），字镜潭，安徽合肥人。早年入武卫前军随营学堂修业，属袁世凯部下，后曾充武卫前军随员、东三省转运局提调，再入直隶淮军营务处。1900年随袁世凯在山东任巡警道总理、山东全省营务处山东警卫队马步营统领。1912年袁世凯任大总统后，调其为京师警察厅总监。后任总统府秘密侦探处主任，旋兼市政公所会办。袁世凯称帝后，封其为一等男爵。袁死后投入皖系。1918年升任市政公所督办，还曾兼任漕运局总办。1920年7月，段祺瑞被直系军阀击败下野后，他亦被迫辞去各职，寓居北京。1923年5月，吴炳湘任中兴煤矿驻矿经理。1924年段祺瑞出任临时执政后，他于次年被派为安徽省省长，不久又辞职，返京转入实业界。吴炳湘在北洋政府时期的政局变动和京师社会秩序的维持中曾起过非常重要的作用，其在北洋政局中的所作所为很有代表性，当时许多重要的事件都和其有关系。目前所见资料显示，吴炳湘不仅有参与袁世凯复辟帝制的活动，还有阻止张勋复辟的努力，以及积极维护京城治安、参与慈善救助的众多活动。他参与的活动很复杂，仅凭一两件事就判定他是完全反动的旧官僚，很不客观，因此作者将另文对其进行研究。另，吴炳湘为袁世凯旧部，继任推翻前任，前任的心腹照说也在被排挤之列，吴炳湘如何成继任者的心腹是可继续探讨的问题。

② 吴长冀：《八十三天皇帝梦》，文史资料出版社1983年版，第151页。

③ 来新夏主编：《北洋军阀》第2卷，上海人民出版社1993年版，第1111~1113页。

④ 苏锡麟：《我在复辟之役中的亲身经历》，杜春和主编：《北洋军阀史料选辑》（上），中国社会科学出版社1981年版，第297页、第300~303页；许指严：《复辟半月记》，中华书局2007年版。

⑤ 《大总统策令》，《政府公报》第1230号，1915年10月10日，第3页；《大总统令》，《政府公报》第623号，1917年10月10日，第2页。

"京师遍地贵官,势焰熏天。"①作为维持京师秩序的最高行政长官,京师警察厅总监不可避免地要与各种行政机构和官员打交道。1919年京城教师讨薪风潮事起,教育当局无法很好地解决问题,就找当时名流参与调停、安抚,先后找到严修、吴炳湘、蔡元培等人,让其找教师代表商谈、疏散,以便政府和学界两全。②为了奖励吴炳湘"赞助教育"的功劳,教育总长傅增湘承大总统令,奖励吴炳湘教育部一等奖章。③北洋政府时期,北京需要救助的贫困人口极多,特别是京畿周边发生灾害以后,救助任务就更为严峻。社会各界为此开展救助活动,作为北京治安的负责人,京师警察厅总监积极参与其中。1918年,京畿水灾严重,各界人士筹办急赈会,吴炳湘作为京畿水灾游艺助赈会的发起人之一,在助赈会的审批和人员配合方面都给予了积极的协助,并捐助了雍正豆青瓷瓶、乾隆雕瓷水仙花盆等物品,为当时捐助物品较多的人之一。④由此可见,作为京师警察厅总监的吴炳湘参与各种活动的广泛和复杂。⑤

吴炳湘曾三次被政府当局在关键时刻任命为京师警察厅总监,前后任期长达八年,是北京警察机构发展过程中最重要的警察官员。吴炳湘是一名传统文人,但又受过新式军事教育,最初在军队担任军职,后随袁世凯在山东办理警务事宜。和民国后很多警察官员的经历一样,吴炳湘身上兼有新旧双重的烙印,他忠心于袁世凯,为袁称帝奔走尽力,但他又阻止张勋复辟,维护百

---

① 沃邱仲子:《民国十年官僚腐败史》,第101页。
② 丁健、吴新凤:《1919—1920年京教职员风潮》,《佳木斯大学社会科学学报》,2007年第5期。
③ 《大总统指令一千二百十八号》,《政府公报》第1164号,1919年5月2日,第4页。
④ 《京畿水灾助赈会征信录》,出版机构不详,1918年版,第1、2、49~50页。
⑤ 1920年至1932年,《益世报》连载了董濯缨的《新新外史》,该小说共101回,200多万字,深受读者的欢迎。1991年台北辅仁大学出版社重印《新新外史》时介绍道:"本书是以晚清迄民国军阀时期政治轶事为素材,卷帙浩繁,写得非常生动,《益世报》曾陆续出单行本,被视为以现代历史故事写演戏小说的罕见之作。"全书人物众多,大多有所影射,甚至有人认为其所写均为真人真事,如项子城为袁世凯、顾毓芝为段祺瑞、冯国华为冯国璋、李天洪为黎元洪、臧炳文为章炳麟、吴必翔为吴炳湘等。书中主要人物多是清末到民初国内政坛的风云人物,其中吴炳湘以地方警察大员的身份与袁世凯、冯国璋、章炳麟等国家元首和社会名人被写入小说,其对政局变动和京城甚至京城以外的重要性不言而喻。

姓安宁;他带有传统官僚投机的习性,但又积极参加各种社会事务,关心普通警察的生活。在很大程度上,他个人的思想意识和行为便是当时整个警察机构的缩影:改革中有保守,进步中有落后。

(二)警察官员

在总监之下,京师警察厅设置都尉9人,警正39人,警佐120人,技正2人,技士4人,分掌或者佐理警察事宜。另,各机构可根据情况设立办事员、雇员若干。京师警察厅每处设置处长1人,以都尉充任;每科设科长1人,以警正或者技正充任;科员1至3人,以警佐或技士充任;勤务督察长4人,以都尉充任;各个警察区属设署长1人,以警正充任,署员2~4人,以警佐充任;保安、侦缉、消防各专职警察队队长以警正充任,分队长以警佐视。①警察职员随着京师警察厅组织结构的调整有所变动。

表5 京师警察厅警察职员变动表

职别 时间	都尉 (荐任)	警正 (荐任)	技正 (荐任)	候补警正	警佐 (委任)	技士 (委任)	学习警佐 (委任)
1914年8月	9	39	2		120	4	40
1915年1月	9	39	2		120	4	40
1921年7月	9	39	2	25	120	4	40
1925年7月	15	47	2	25	160	4	70

资料来源:蔡恂:《北京警察沿革纪要》,第93、95页。

"警察官吏与普通官吏不同","警察官吏,维持治安,责任綦重,故凡充斯职者,允宜慎选谙习警学之人,以期各效专长"。对于警察官员人员的素质,北洋政府曾进行了规定,要求"任用荐任以下职员,当取严格主义,必以由警察学校毕业人员充之"。②1924年8月内务部颁布的《警察官任用暂行办法》从经验、资历、学历等多方面对各级警察官员的任用资格作了更为明确、详尽的规

---

① 《京师警察厅官制》,《京师警察厅法令汇纂·总务》;蔡恂:《北京警察沿革纪要》,第79页。
② 《内务部训令第四五四号》,《政府公报》第652号,1917年11月9日,第11~12页。

定。①根据档案馆保存的《京师警察厅职员录》中所收集的样本,可以看到京师警察厅警察官员年龄、教育背景等相关情况:警察官员大多是北京地区高等学校毕业的学生,其年龄多处于30~50岁之间,少有60岁以上年老者以及28岁以下的年轻人,这符合政府选拔警察官员对经验、资历、学历的要求。在这些警官中,受过专门警察教育或者政法教育的人占绝对多数,且往往担任重要职位,如长康、邓宇安、常寿等京师警察厅知名人士皆是毕业于高等巡警学堂。②警官们在就读的警察学校或者政法学校受到熏陶,学习了近代警察学科,容易接受近代化需要的西方知识。京师警察厅所制定的各种法规条文多出于这些具有或容易接受西方近代知识的警察官员之手。由此可见,京师警察厅在当时是一个具有近代化色彩的政府机构。

---

① 警察官员的任用等级共分为特任、简任、荐任和委任四级,京师警察厅总监为简任,后改为特任。荐任警察官应具备如下资格:1.曾任荐任警官者;2.警官高等学校正科毕业,分发实习期满有成绩者;3.依地方警察传习所毕业奖励规则有荐任之资格者;4.京师或各省高等巡警学堂及京师警察学校三年以上毕业,经内务部核准注册有案,并曾办理警察有成绩者;5.现任委任警官三年期满,著有成绩,经内务部呈准,以兼任警官升用者;6.现充警察官署候补警正,或其他荐任待遇警察职,经内务部核准有案者;7.警察学校修业一年以上,得有文凭,并曾任荐任待遇警察职满三年以上有成绩者;8.国立及教育部认可或指定之专门以上学校修习政法科三年以上毕业得有文凭,并曾办警务有成绩者;9.现任荐任以上陆军军职之曾在陆军学校毕业得有文凭,并曾办警务二年以上,有成绩者;10.荐任以上文职之曾办警务三年以上有成绩者;11.曾办警务五年以上著有特别成绩,经内务部专案呈准以荐任警察官任用者;12.曾任简任警察官,或奉令准以荐任警察官存记但仍留简任资格者。委任警察官应具备如下资格:1.曾任委任警察官者;2.依地方警察传习所毕业奖励规则有委任之资格者;3.现充警察官署学习警佐或其他委任待遇警察职,经内务部核准有案者;4.警察学校休业一年以上,得有文凭,并曾任委任相当警察职务满一年以上有成绩者;5.现充高级巡官三年期满著有成绩,经内务部呈准以委任警察官升用者;6.曾办警务三年以上,著有特别劳绩,经内务部专案呈准以委任警察官任用者。从上述规定可以看到,警察官员不排斥具有军事背景或政法背景的人,如京师警察厅总监王治馨、吴炳湘、朱深等皆曾是军人或政法人员,表8职员录也可说明此点。

② 藐公:《警政沿革纪略》,《警声》第2卷第4期,1941年,第68~69页。

二、一般警察

"警察职务接近人民,警士关系尤为密切,果其取材不慎,则于地方秩序、社会安宁,难尽保持之责,故选择之法首应讲求。"[①]清末京师警察多是由绿营兵和八旗转化而来,受过专业警察学校训练的警察人数非常有限。

民国成立后,一般的警察大都是来自民间社会。京师警察厅在扩大警察人数的同时注重警察人员招募的资格要求,在改组的次年就颁布了厅内的《招募巡警条例》,规定应募巡警应具备以下条件:年龄在24岁以上、35岁以下,身高在5尺2寸以上,品貌端正,体格强壮,视听力完全,粗识文字,言语应对明了,熟悉京师地面。曾充巡警因事被斥革或无故告退者、有疾病或者不良嗜好者以及犯罪受过刑者,皆不准应募。为了保证招募巡警资格的真实性以及防止中途流失,凡是考取巡警者还必须取具妥实铺保或者厅区巡官长警名戳担保。[②]从这个规定可以看出,招募警察的首要考虑在身体素质方面。

1917年4月,全国警务会议召开,巡警的募练问题成为会议讨论的一个重点。经过讨论,关于"招募事项宜注意者有三:一资格,二考验,三保证"[③],并颁布了《招募巡警章程》,对巡警的招募增加了在国民学校以上毕业领有凭证的新要求。但当时符合这一条件的人很少,内务部便做了变通,身体条件符合、粗通文意、熟悉本地地理及地方情形者,未在学校毕业也可应募巡警。[④]身体素质仍是首要考察的条件。京师警察厅根据政府颁布的招募法令,颁布了《京师警察厅招募巡警条例》,基本条件与内务部颁布要求相符,但增加了一项:符合招募巡警的资格后,应募人员还应通过身体检查、文字测试和口头问答

---

① 《关于巡警募练各议案》,《内务部第一次警务会议汇编》,出版机构不详,1917年版,第52页。
② 《招募巡警条例》,京师警察厅编:《京师警察法令汇编·总务类》。
③ 《内务部训令第四七九号》,《政府公报》第652号,1917年11月9日,第8页。
④ 《招募巡警章程》,《政府公报》第652号,1917年11月9日,第13~15页。

的考验才能成为巡警。①应募者经过考察录取后,称为募警。

"警务良窳,横视警官之程度,然其起点,要以巡警之教育为先",在北洋政府时期,巡警"皆由招募而来","多流品混杂,不知警察为何物",因此"改良之法,首宜重教育"。②所以,新招募的巡警应在巡警教练所受相应教育,学习操练、警察要领、违警罚法、现行警察法令、勤务须知、刑法大意、军事学大意等。③一般来说,募警不能直接上岗服务,必须进入京师募警讲习所经过一段时间的培训,毕业合格者才能补充为正式的巡警。④北洋政府时期,一般警察分为三等,即巡官、巡长、巡警,统称为巡官长警,他们不属于警察官吏的范畴,处于警察人员的最底层,直接和民众发生联系。在警察厅组织内部,其上面是警察官吏。

巡官、巡长上辅署长,下督巡警,有保护人民之责,必须晓畅文理,通达事理,身体强壮,性情平和,由在教练所卒业及有相当资格或异常劳绩者充当。巡官、巡长对巡警有约束的责任,凡巡警有不遵章守望和巡逻时,要及时纠正,屡教不改时,要禀明本署长官分别记过或斥革。巡官、巡长在巡逻时也有处理警务的职责,有非常或突发事件时,必须亲临现场。⑤

巡警是实际负责警务的直接执行人员,其每日要工作 12 小时,工作方式分为守望、巡逻、值班三种,均由带班巡长率领。守望和值班须在指定处所,非有官长命令或缉拿犯人,不得远离三十步以外。巡警守望时,必须正身直立,不能擅自靠坐、唱歌、舞蹈、抽烟、饮酒、看书、买食零、与人闲谈,大雨大雪也只准暂时躲避檐下,不准入民户家中。巡逻时遇有聚会喧杂、演剧扰攘等事,

---

① 《京师警察厅招募巡警条例》规定,凡到厅应募者必须具备下列资格:1.年龄在 24 岁以上、35 岁以下者(女子不得应募,故北洋政府时期没有女子警察);2.身量在 5 尺 2 寸以上者;3.品貌端正者;4.体貌强壮者;5 视听力完全者;6.粗通文字者;7.言语应对明了者;8.熟悉京师地面者。曾充巡警因事斥革或者无故告退者、素有疾病或嗜好者以及曾犯罪受刑者不能应募。(《京师警察厅为出示招募巡警》,《京师警察公报》1927 年 3 月 26 日,第 2 版。《京师警察公报》为国家图书馆馆藏缩微胶卷)

② 《关于巡警募练各议案》,《内务部第一次警务会议汇编》,第 59 页。

③ 《内务部训令第四七九号》,《政府公报》第 652 号,1917 年 11 月 9 日,第 14~16 页。

④ 蔡恂:《北京警察沿革纪要》,第 48 页。

⑤ 《各区巡官巡长职务章程》,京师警察厅编:《京师警察法令汇编·总务类》。

要及时禀报本区警察署,请派专人弹压,以免滋事。巡警在工作时,要随身携带佩刀、捕绳、警笛、小本、铅笔、快枪和名片。对于自己管辖地段的"道路之大小,街巷之短长,户口之多寡,人类之良莠,必一一熟记了然于胸,以便有事时易于办理"①。

为了掌握辖区内的各项事务,要求巡警要留心熟记"街名、巷名,某街与某巷相通,某处人烟稠密,某处荒僻无人,某处有沟是明是暗,某处有桥是否破坏,某处有衙署管理何事,某处有会馆、公所、学堂、教堂,某处有当铺、金店、富商、官宅字号姓名"。对于管界内"曾经犯事有案者,聚赌抽头者,凶恶无赖遇事生风者,酗酒滥嫖者,素无正业游手好闲者,骤富暴贫者"以及"住所无定徘徊各处者,多数下等人聚集之处者"等等,都要留心防范,做到"观其行止,迹其往来",并随时记入日记簿中。②可以说,辖区内一切和社会秩序相关的事宜都在巡警的具体警务之中,由此也可以说,巡警和北京社会方方面面都有联系,是政府层面和社会民众联系最广泛的渠道。

京师警察厅根据各区的不同情况为下辖的二十区署配备人数不等的巡官长警,根据维持秩序的实际需要,各区署巡官长警人数有所增加,1912年京师二十区警察署配置巡官长警6096人(内城3539人,外城2557人),至1917年人数增到6776人(内城3804人,外城2972人,不包括专职警察队),平均每平方公里拥有警察35人,每千人平均拥有警察7人。至1925年设置四郊警察署时,京师警察厅巡官长警人数增至最高。后因为经费支绌,人数逐渐下降。

---

① 《各区巡警职务章程》,京师警察厅编:《京师警察法令汇编·总务类》。
② 《各区巡警职务章程》,京师警察厅编:《京师警察法令汇编·总务类》。

表6 1913年内城巡警总厅警察人员配置区别表

区别 类别		中一区	中二区	左一区	左二区	左三区	左四区	右一区	右二区	右三区	右四区	通计
区域面积（方里）		24.053	3.7017	14.8388	9.5826	10.1324	12.7831	8.9075	12.6094	10.3512	12.7672	119.7269
所辖户数		6252	2372	8981	12019	8518	10648	7479	9811	7895	12464	86439
分驻所数		4	2	3	2	2	2	3	3	4	4	29
派出所数		26	9	22	23	16	15	21	18	24	30	204
配置人员	区署警察官数	5	2	6	4	3	3	4	3	4	4	38
	巡官	8	5	10	9	7	5	8	5	9	9	75
	巡长	36	19	35	32	29	30	25	32	33	35	306
	巡警	355	197	415	334	289	242	329	276	340	361	3138
	合计	404	223	466	379	328	280	366	316	386	409	3557

资料来源：《内城巡警总厅统计书》，京师警察厅总务处编纂：《中华民国元年京师内外城巡警总厅统计书》，撷华印刷局1917年版，第5页。

表7 1913年外城巡警总厅警察人员配置区别表

区别 类别		中一区	中二区	左一区	左二区	左三区	左四区	右一区	右二区	右三区	右四区	通计
区域面积（公里）		3.5782	3.6087	5.1260	15.4226	3.9129	3.8820	4.2142	7.4418	15.5445	19.4447	82.1756
所辖户数		5701	5304	5465	2072	7457	5538	6477	4608	5453	5289	53364
分驻所数		2	1	3	5	4	3	3	1	3	3	28
派出所数		16	13	13	11	12	13	15	15	14	14	136
配置人员	区署警察官数	4	3	4	3	3	5	4	3	6	7	42
	巡官	7	6	7	7	8	7	6	6	7	7	68
	巡长	24	16	18	13	26	23	17	17	18	19	191
	巡警	248	236	181	147	234	275	273	230	219	229	2272
	合计	283	261	210	170	271	310	300	257	249	262	2573

资料来源：《外城巡警总厅统计书》，京师警察厅总务处编纂：《中华民国元年京师内外城巡警总厅统计书》，撷华印刷局1917年版，第5页。

表8　1917年京师警察厅二十区署警察配置表

机关别	中一区	中二区	内左一区	内左二区	内左三区	内左四区	内右一区	内右二区	内右三区	内右四区	外左一区	外左二区	外左三区	外左四区	外左五区	外右一区	外右二区	外右三区	外右四区	外右五区
巡官	10	6	11	9	7	7	12	12	8	9	11	9	7	6	12	10	10	6	10	
巡长	43	22	34	31	33	34	26	35	34	38	30	21	16	8	29	22	27	18	24	28
巡警	402	213	438	331	296	255	387	403	313	350	331	337	217	158	243	323	283	253	210	293
总计	455	241	483	371	336	296	420	450	359	396	370	369	241	183	281	357	320	281	240	331
每平方公里拥有警察数	39	65	32	39	33	23	47	35	34	30	105	102	47	11	72	93	76	37	15	17
每千名居民拥有警察数	12	19	7	4	5	3	7	8	7	5	9	9	6	12	5	9	6	8	5	10

资料来源:《各区平均每方里中布置巡官长警比较》、《各区平均每千人中布置巡警比较》、《警察配置》,京师警察厅制:《京师警务一览图表》。

说明:上述统计数字仅是京师警察厅二十警区巡警长警的配置,不包括京师警察厅特别编制的保安警察队、侦缉队和消防各队以及下辖各个机构配置的警察人员。

表9　京师警察厅巡官长警和官员累年比较表

年份	1911年	1912年	1913年	1914年	1915年	1916年	1917年	1918年	1919年
巡警长警	6472	6924	7771	8671	8085	8427	8590	8453	9783
警察官员	258	229	234	260	291	291	290	290	284
年份	1920年	1921年	1922年	1923年	1924年	1925年	1926年	1927年	1928年
巡警长警	9228	9251	9484	9491	9714	13192	12347	8818	9453
警察官员	332	357	553	592	561	630	694	624	496

资料来源:京师警察厅编:《中华民国十六年京师警察厅统计图表》,ZQ012-002-00264;北平特别市公安局编制:《北平特别市公安局统计图表》(1918年7月—1929年6月),J181-004-00037。

第四节　京师警察厅的财政问题

警察机构运作除了必备的警察人员外，还需要大量经费支出。首先需要为人力物力支付大笔费用。另外，附属机关以及临时性的后勤支出也经常占用大量经费。这一节将讨论与经费相关的如下问题：京师警察厅的经费来自何处？这些经费如何支出？经费来源能否满足警察机构运作的需要？如果不能，影响京师警察厅经费来源的主要原因是什么，由此又带来了什么影响？

一、经费来源与支出

在开办最初，北京警察经费来自步军统领衙门经费内节余，工巡局设立后，逐渐由巡警部拨款，改组内、外城巡警总厅后开始完全由国库支出。这种由中央财政支付北京地方警察经费的情况至 1928 年京师警察厅改为公安局后划归地方专款为止。①警察经费来源于中央财政也说明了北京警察机构地位的特殊性和重要性。

京师警察厅经费"向无指定专款，全由财政部按月拨支"②。每年财政部都

---

① 蔡恂：《北京警察沿革纪要》，第 109 页。
② 《众议院议员继孚等关于警捐之建议案》，陈震异：《警捐与市政》，第 69 页。

会对下一年的岁入岁出作出预算,如 1914 预算总册所列岁出经常门中,内务部所管机构经费总共为 42 672 290 元,其中警察经费为 1 975 551元[①],1916 年京师警察厅经费预计为 1 963 832 元[②],警察经费在内务部经费预算中所占比重较大。此外,京师警察厅也有一些小额收入,如违警罚金、市场租金、营业执照费、官房地租等,其余不足部分由京师警察厅设法筹得。

表10　京师警察厅经费累年比较表

年份	1909年	1910年	1911年	1912年	1913年	1914年	1915年	1916年	1917年	1918年
经费(元)	1273645	1190424	1249826	1369414	1774813	1968321	1881149	1991575	2235934	2495337
附注	本年裁撤分厅并归并区署。	本年归并内城区署。			本年合组侦缉、消防各队归厅。					由本年始,巡长巡警各加饷2元。
年份	1919年	1920年	1921年	1922年	1923年	1924年	1925年	1926年	1927年	1928年
经费(元)	2704821	2832122	2891294	2937536	2696310(2755919)	1491407(2998518)	2856787(3933516)	4062829	4030289	2882173
附注					本年增编保安五、六队。	财政部发给警察经费不足,其支出开始减少。		本年添设四郊警察署。		本年改组公安局,缩小职能范围,经费锐减。

资料来源:《京师警察经费累年比较》,京师警察厅编制:《京师警察厅统计图表》(1927年),ZQ012-002-00264;蔡恂:《北京警察沿革纪要》,第110~111页。

说明:括号内数字为财政部预算拨给京师警察厅经费,上面为实际支出费用,两者相差很多,以1924年为最。

---

① 中国第二历史档案馆编:《中华民国史档案资料汇编》,第3辑·财政1,江苏古籍出版社1998年版,第305页。

② 中国第二历史档案馆编:《中华民国史档案资料汇编》,第3辑·财政1,第411页。

1922年后，由于军阀交战严重影响税收，财政困难，财政部预计拨给京师警察厅的经费严重不足。1924年，负责北京四郊治安的步军统领衙门裁撤，京师警察厅接管四郊警务事宜，因设置四郊警察署和编练四郊警察人员，其经费支出大幅增加。

京师警察厅经费支出主要包括三个方面：经常支出，包括各级警察每月的薪饷、办公消耗费用；临时支出，包括维修购置费用、奖恤费用、季节性费用以及各种临时开支；附属支出，主要是各附属机关支出。以1917年为例，其全年开支中经常支出、临时支出、附属支出具体数目见表11。

表11　1917年京师警察厅经费支出表

经常支出		临时支出		附属支出	
俸给	373867元	修缮筑造	18759元	内城官医院	30974元
薪饷	930025元	购置	3521元	外城官医院	29960元
办公	197342元	侦探	1654元	清道队	36579元
工资	5914元	奖与	6045元	收发乐户执照所	1323元
马干	22608元	恤助	3086元	内外贫民所	3473元
消耗	4880元	教练	20194元	教养院	3600元
杂支	77799元	冬季煤火	10042元	教养局	7200元
		庆贺费	521元	午炮台	1596元
		旅费	564元	钟鼓楼	672元
		消防器具	2985元	济良所	1200元
		军装费	300000元	崇善女养济院	1116元
		种树费	1736元	商水会教养工厂	552元
		夏季凉棚	4086元	博济工厂	3384元
		户籍门牌费	4569元		
总计	1612435元	总计	377762元	总计	121629元

资料来源：《警察经费》，京师警察厅制：《京师警务一览图表》。

除上述几项主要开支外，还包括获案奖赏2356元、厅员饭食8910元、养病费 145 元、稽查员点心费 181 元、车费 480 元、种树费 232 元等在地方收入内支出的费用,共计 24 110 元。①

从上述数字中可以看出,京师警察厅每年支出最大部为警察官员俸给和一般警察的薪饷,1917 年,这两项占全部支出的 58.32%。在警察群体中,警察官员和一般警察薪金差别很大,具体见表 12、表 13。

表 12 京师警察厅警察官员俸给表(元)

总 监	处长	警察长	科长	署长	队长		
500(1000)	300	280	260	240	230	200	
科员 署员 分队长及其他							
150	140	130	110	100	90	70	60	50
办事员 稽查员 其他			书			记		
40	35	30	30	28	26	24	22	18	16	14	12

资料来源:蔡恂:《北京警察沿革纪要》,第 112 页。

表 13 京师警察厅普通警察历年薪饷表

薪数等级 规定时期	巡 官								巡 长				巡 警			
	一等	二等	三等	四等	五等	六等	七等	八等	一等	二等	三等	招募	一等	二等	三等	招募陈(新)
旧 制	50	45	40	35	30	35	20	17	15	13	11	8	9	8	7	6(5)
1906 年润 4 月	30	35	20													6
1918 年 7 月									17	15	13		11	10	9	8
1922 年 4 月																
1926 年 3 月									18	16	14		12	11	10	9
1928 年 7 月	33	28	23						20	18	16		15	14	13	
1928 年 10 月									21	19	17		35	34	33	

资料来源:蔡恂:《北京警察沿革纪要》,第 119 页。

---

① 《警察经费》,京师警察厅制:《京师警务一览图表》。

从表 12、表 13 可以看出,科处级别的警察官员薪金比较高,从 200 元到 300 元不等,总监的工资月达 500 元(后改为特任,月薪 1000 元),当时中央各部总长的月薪是 1000 元,1931 年北平市市长的月薪才 420 元。普通的科员、办事员月薪也能满足一家人(五口)基本的生活。① 相比之下,一般警察的月薪要低很多,且其标准从清末一直沿用到北洋政府初期。后因物价上涨,纸币贬值,警察所领薪饷除个人日用外所余不过一两元,实在不足以养家,以致任职巡警纷纷辞职,另谋他业,一定程度上影响了警务的执行。时任京师警察厅总监的吴炳湘为了体恤起见,请求给巡警加薪,后经国务会议决定,自 1918 年 7 月起每名巡警在原有薪酬的基础上每月加薪 2 元。② 1926 年,在原有的基础上又各加薪 1 元。这两次加薪范围只包括巡长和巡警,巡官不在其列。

二、经费问题分析

经费是影响警政发展的重要因素,在北洋政府中央财政充裕之时,警款按规划拨放,警饷相应也就按月发放,京师警察厅各组织机构也能正常运作。1923 年以后,京师警察厅经费受限,其各组织机构日常运作和发展受到很大的影响。如京师警察厅辖属各机关经费来源一部分由财政部拨款,还有一部分由京师警察厅自筹,其余少部来自民间。京师警察厅经费有限,厅属贫民教养院、妇女习工厂、济良所、疯人院等各院局亦经费久缺,再加上救助人数增加,在"正款既绝来源,厅款无从挹注"的情况下,这些机构亏累重重,难以支撑。③ 为节省开支,首先,京师警察厅裁减了部分厅内办事人员,以减少开支;④ 其次,将保安第五、第六分队裁撤;⑤ 再次,将所设督察长 4 人、督察员 16 人一

---

① 参见陶孟和:《北平生活费之分析》,社会调查所 1930 年版。
② 《巡警加给饷粮》,《晨报》1918 年 7 月 1 日,第 3 版;《警兵加饷问题》,《晨报》1918 年 7 月 7 日,第 6 版。
③ 《警厅征收营业加一捐》,《晨报》1926 年 10 月 2 日,第 6 版。
④ 《警察厅大裁冗员——被裁者九十人,省经费万五千元》,《晨报》1926 年 2 月 23 日,第 6 版。
⑤ 蔡恂:《北京警察沿革纪要》,第 28 页;《保安队裁并》,《晨报》1927 年 8 月 24 日,第 7 版。

律裁撤。各市场（东安、西安、广安）原有厅派弹压管理员,亦一律裁撤。先农坛高等警察教练所亦裁撤。甚至将验治局并入官医院,内、外城两医院合并一处,济良所与妇女习工厂合并为一处,内、外城收养贫民所与贫民教养院合并为一处,募警讲习所与巡警教练所合并为一处,特务委员事务所亦裁撤,事务归入行政处办理,以节约费用。①另外,京师警察厅还减少了派往各机关驻守的警察。②

当时学者董修甲已认识到："警察之能否得力,要以警察薪饷之能否丰裕。"③京师警察厅一般警察月薪只有八九元左右,和普通车夫、仆役、无技粗工、铺店伙计等的工资相差不多。按照李景汉的调查,他们都属于"对付着过的生活程度,也就是北平工人能自养的最低生活程度"④。在没有欠薪之前,每月八九元左右薪饷加上"他们家中的父母、妻子、儿女等都尽着力量为饭碗奋斗",警察的家庭还是能维持自养的程度,不至于"溜到第一种半生半死的程度去"。⑤事实上,在整个北洋政府时期,警察因所领薪饷不足以养赡家人,辞职另谋他业的情况一直不断发生。在1918年中交纸币价格低落之时,警察辞职事件每天必有数十起之多。总监吴炳湘为体恤警察生活艰难、稳定警察队伍起见,呈请内务部将巡警薪饷每月增加2元。⑥这次从1918年7月开始实施的加薪⑦虽然不可能从根本上改变警察艰辛的生活状况,但对于稳定警察队伍还是具有积极的成效的。在1923年之前,警察经费虽偶有部分拖欠,但还是可以保证警饷的发放以及相关机构的基本运作。

这种状况自1923年开始发生了变化。从此年的3月份开始至6月17日,京师警察厅总计才发放一全月,作为3月份的七成、4月份的三成,共欠

---

① 《警厅亦行减政》,《晨报》1927年8月20日,第7版;《京师警察厅训令》,《京师警察公报》1927年8月19日,第2版。
② 《京师警察厅公函》,《京师警察公报》1927年8月24日,第2版。
③ 《对于我国市公安行政之我见(1927年)》,董修甲:《市政研究论文集》,第340页。
④ 李景汉:《北平最低限度的生活程度的讨论》,《社会学界》第3卷,1929年9月,第4页。
⑤ 李景汉:《北平最低限度的生活程度的讨论》,《社会学界》第3卷,1929年9月,第4页。
⑥ 《巡警加给饷粮》,《晨报》1918年7月1日,第3版。
⑦ 《警兵加饷问题》,《晨报》1918年7月7日,第6版。

3月份的三成、4月份的七成,及5、6两个月全月的。①截至1923年9月底,财政部积欠京师警察厅经费已达300余万元,所欠官警俸饷已达5个月以上。②到1924年10月1日,京师警察薪饷积欠日积月累,更是长达八九个月之久。③从1923年3月开始至改组为北平市公安局,警察经费一直严重不足,警察薪饷也相应时常愆期,拖欠一两月甚至更长时间是常有之事,即使发放也经常不能全额发放,少则二三成,多则七八成。警察"盼望薪饷,如农人之望岁收"④。

警察欠薪严重时,李景汉在对北京郊区挂甲屯村的调查中发现,全村在政府机关做事者共计20人,其中办事员8人,每人全年薪水自120元至500元不等。在军界的连长1人,全年送家中430元;排长2人,各送家中240元;邮差1人,全年送家中96元;修理电线者1人,全年送家中276元。而警察每月薪水8元,往往只领几成,全年收入仅六七十元。⑤相比之下,警察薪饷即使全额准时发放,全年也只能领96元,属于政府机关中收入最低的,更不用说再时常欠薪了。另外,还应考虑到普通警察每月八九元的薪饷是规定于民国初元,至20世纪20年代以后,物价上涨,"与彼时物价相较,增加曷止一倍。而警饷则一仍旧制"⑥。对于大部分的警察家庭来说,都是仅靠警察一人的薪饷过活。这一切综合起来,使原本就生活在仅能自养的最低生活程度的警察家庭生活更加困难,甚至"无法度日",只能到处在外赊欠借贷,家中物品包括警察所领的官坎肩章等皆典当一空。⑦欠薪造成的家庭负担给警察带来了巨大的压力,以致有警察终日忧愁,精神状况受到影响,无心恪尽职守。⑧甚至还有

---

① 《军警欠饷详数》,《晨报》1923年6月22日,第6版。
② 《京师军警索饷》,《晨报》1923年10月26日,第3版。
③ 《总商会代筹警饷之办法》,《晨报》1924年10月1日,第6版。
④ 《京畿军警发饷一月》,《晨报》1923年7月25日,第6版。
⑤ 李景汉:《北平郊外之乡村家庭》,商务印书馆1929年版,第30页。
⑥ 白敦庸:《市政举要》,大东书局1931年版,第53~54页。
⑦ 《巡长欠饷自缢》,《晨报》1924年5月13日,第6版。
⑧ 《疯巡警大闹警厅》,《晨报》1925年2月7日,第6版。

一些警察为逃避压力选择自杀。①另外,还有一些情况,如充任警察十余年,因薪饷延期发放,不仅全家生活无法维持,屡欠外债,而且连自己生病死亡也竟然没有棺材安葬。②

民初几年,不时有警察因薪饷太少不足养家恳请辞职的情况③,1918年7月加薪后,京师警察厅严格限制警察借口生计艰难无力养家等因提请辞职,同时还加以相当惩处,警察辞职情况才有所好转。④但到1923年以后,欠薪严重,这项规定形同虚设,得力的长警皆另谋他就⑤,在职警察每到休息日也乘机拉车挣钱贴补家用,常有三五日不回警者,各长官亦不能进行干涉⑥,各区巡警,大半缺额。⑦"警察虚悬,地方治安最关重要",京师警察厅加紧招募警察填补空额,所属各区队也一律停止休息,并分期派督察长到各区点名,所有巡官长警,不得空缺。⑧严格的规定终究抵不过严酷的现实,至1927年6月底,以各区长警平均数计,每区缺额约在百名以上,二十四区的总缺数高达两三千名。⑨警察空缺严重,一旦发生意外,难免不敷分布,长此以往,"殊与地方治安影响甚巨"⑩。

各区巡警,多有缺额,"干练之才,日少一日","优者去职,无能者坐以待

---

① 《巡长欠饷自缢》,《晨报》1924年5月13日,第6版;《退职巡警投河自尽》,《晨报》1924年6月19日,第6版;1924年8月,中二区的巡长赵芳"家内老幼四口,仅靠其一人养赡,因警饷发放愆期,家内贫无生计",长女已经许嫁,但夫家所送嫁妆衣物均已典当,到期无法赎回,赵芳无奈投河自尽。(《巡长因贫投河》,《晨报》1924年8月10日,第7版)

② 《警察渡不过年关》,《晨报》1925年1月10日,第6版。

③ 《驻守第一分庭巡官瑞征关于巡警杨德明因警饷太少恳请辞职问题的呈》,1916年9月1日,J181-018-06135。

④ 《严禁巡警告退》,《晨报》1918年7月15日,第3版。

⑤ 《总监明日巡视各区》,《晨报》1924年4月24日,第6版。

⑥ 《京师军警之近况》,《晨报》1924年9月22日,第6版。

⑦ 《警界长官会议挽留警探》,《晨报》1924年3月30日,第6版。

⑧ 《警厅调查长警空额》,《晨报》1926年10月29日,第6版。

⑨ 《警厅昨召集各署长会议——决定增加长警薪饷》,《晨报》1927年7月2日,第6版。

⑩ 《承认实行警捐》,《晨报》1924年6月22日,第3版。

毙"①，而新招募的巡警需要训练以及熟悉业务，"尽职难期"②。"巡警服务，至为劳苦，且各有家室，总须能以赡家，方能安心服务"③，欠薪如此严重，"警察及一切办事员，皆枵腹从公，勉为其难的时候，对于搜查犯罪差不多都本着'做一天和尚撞一天钟'的精神，去敷衍了事"④。在警察正常执行警务之时，不肖之徒因为警察的威慑还有些顾虑，社会民众也还稍知恪守定规，不敢轻易越出范围，但在警额空缺、在职警员对所负责任概不尽心的情况下，北京社会问题更为严重，偷盗、抢劫等恶性案件更是层出不穷，曾有同日之内多次发生抢劫案的情况。⑤更严重者，还有原本是执法者的警察无力养家告退后违法的情况。⑥严景耀在对北京犯罪进行社会分析时说，预防犯罪的方法有多种，"组织精良警察，使充满忠诚的观念，富于自己牺牲的精神，能奋不顾身，搜查犯罪"是很重要的一点，而这一点的实现必须具备两个条件，除了科学的专门训练，另外一个就是无欠薪积弊。⑦另外，"警察朝夕与民接洽，且权限甚大，如警察薪饷不足，不能维持生活，而望其公正廉明，不受贿赂，岂可得乎"⑧?

"警察之薪银，不独微少，不能维持生计且常有拖欠之虞。各警察，既感生计之艰苦，安望其能专心保卫地方之治安乎？"⑨这种认识在当时有一定的基础。经费紧缺，节流固然不可少，但开源也很重要。京师警察厅和内务部筹议

---

① 《警界长官会议挽留警探》，《晨报》1924 年 3 月 30 日，第 6 版。

② 《京师警察厅令》，《政府公报》第 3206 号，1925 年 3 月 5 日，第 3~4 页。

③ 《鹿钟麟注意治安》，《晨报》1925 年 12 月 16 日，第 3 版。

④ 严景耀：《北京犯罪之社会分析》，李文海主编：《民国时期社会调查丛编》（底边社会卷）（上），福建教育出版社 2004 年版，第 212 页。

⑤ 《西郊叠出抢案》，《晨报》1926 年 2 月 6 日，第 6 版；《使团会议维持保卫界治安——为前日发生大劫案而召集》，《晨报》1926 年 10 月 2 日，第 6 版；《北京一日抢案三起——军警力图破案》，《晨报》1927 年 6 月 2 日，第 6 版。

⑥ 《不作巡警作贼》，《晨报》1924 年 7 月 21 日，第 7 版。

⑦ 严景耀：《北京犯罪之社会分析》，李文海主编：《民国时期社会调查丛编》（底边社会卷）（上），第 236 页。

⑧ 《对于我国市公安行政之我见（1927 年）》，董修甲：《市政研究论文集》，第 341 页。

⑨ 《对于我国市公安行政之我见（1927 年）》，董修甲：《市政研究论文集》，第 340 页。

征收警捐来筹措警察经费。①1923年4月,警费拖欠之始,京师警察厅就曾经提议设立警捐②,但后因商民反对而停止③。1924年警费拖欠严重,征收警捐一事又被京师警察厅提出并得到政府的同意。这一次征收警捐举措不仅制定了具体的收捐标准,还进入了试办的实施阶段,但最后仍因商民屡次坚决反对而停办。④为筹经费,京师警察厅采取了多方措施。如曾出面向中国银行、交通银行、盐业银行等各银行借款35万元,以东安、西单、广安各市场以及火神庙等处官产作为抵押。⑤此款项到期后,京师警察厅总监陈兴亚与银行界商量以京师纸烟吸户捐为担保,又借75万元,扣除还银行旧欠及利息,尚余30余万元,用以发警饷。⑥

虽多方筹措,警费困难情形仍难缓解。京师警察厅于1926年10月又开征四项加一捐⑦,但此项捐税仅征收9个月,张作霖任大元帅时,为体恤市民起

---

① 北洋政府时期,北京的税收主要分为两种:国税和市税。国税要上交财政部,市税主要提供给北京进行公共建设、维持治安和社会服务。在整个北洋政府时期,国税远远要比市税多,以1916年为例,当年国税收入为1951246.67元,市税收入为737694.09元,国税收入是市税收入的近三倍。虽有少量返还用以北京的城市发展,但国税主要由中央政府进行开支,这使北京民众承担了过重的国家责任。直到1928年以后,北京市陆续收回了部分税收的权限,市税的比重才大量增加。市税收入少,用于北京市发展所需的费用也会受到限制,而京师警察厅的费用又主要来自中央财政部门,很难从原本就有限的市税收入中争取经费支持,这也是造成京师警察厅经费支绌的一个原因。1928年改为北平市公安局后,其经费改由市政府负担,由于市税的增多和警捐的继续推行,警察机构的经费问题再也没有发展到1924年左右最严重的程度。具体参见雷辑辉:《北平税捐考略》,北平社会调查所1932年版。

② 《警察总监昨日招待报界——为筹备警捐事件》,《晨报》1923年4月14日,第7版。

③ 《冯军军饷与警饷》,《晨报》1923年6月2日,第3版。

④ 《警捐决定缓办》,《晨报》1924年7月16日,第7版;《警捐问题——内务部答辩之措词》,《晨报》1924年7月25日,第7版。

⑤ 《交通银行、大陆银行等关于联合给京师警察厅放款的函》,1926年1月1日至1927年12月31日,J031-001-01234。

⑥ 《陈兴亚筹发警饷》,《晨报》1927年4月3日,第6版。

⑦ 旅馆、戏园、澡堂、饭馆四项营业征收捐税增加一成,具体为"每入款百元,抽捐九元,其入款至百一十元,抽捐十元"。(《四项加一捐实行征收以后——四项商铺纳捐办法》,《晨报》1926年10月14日,第6版)

见,下令予以免除。① 至1927年,警费"困窘之象,已趋极点,优秀长警,率多另谋生计,空额日多,应募无人",京师治安"势将难于维持"②,征收警捐又被提出。国库空虚,中央政府不能进行接济,不得不同意京师警察厅开征警捐。这一次虽亦有市民强烈反对,但在中央政府的支持以及治安形势严峻的逼迫下,警捐终于在1927年6月正式开征。

经费无着,北洋政府后期的各总监不得不多方努力,为筹款大费周章,耽误正常厅内工作,致使各总监皆因警费问题疲惫不堪,生出退职之意。如1923年总监薛之珩就因警费问题异常棘手,曾"面谒某当局,表式退避贤路之意"③。总监陈兴亚亦因警饷无着,一再呈请辞职,并不到厅视事。④总监因筹措警费,疲惫不堪,忽视本职职务,而各普通警察亦因担负沉重的催缴警捐任务耽误自己本职工作。警捐征收增加民众负担,难免有不少民众因贫困或不满拒不交纳警捐,京师警察厅对于拒不交纳者制定了抗捐处罚规则,限期交纳。⑤虽定有专章,但仍有商住各户袖手旁观,多不交纳。京师警察厅不得不竭力要求各区署催征。在总监陈兴亚的严饬催征下,"各区成绩优良者固不少,而不佳者居多"⑥。由于抗捐以及各种原因,开征以后的6、7、8、9各月,均收入仅在4万余元⑦,根本不能有效解决经费支绌的问题。为督促各区巡官长警积极催征警捐,京师警察厅专门制定了《征收警捐人员奖惩规则》⑧。各区巡官长警为警饷着落和不受处罚起见,只能花费大力气去向商民详细解释征捐意

---

① 雷辑辉:《北平税捐考略》,第78页。
② 雷辑辉:《北平税捐考略》,第73页。
③ 《冯军军饷与警饷》,《晨报》1923年6月2日,第3版。
④ 《京师警察厅关于警饷筹有办法的训令》,1928年1月1日1日,J181-020-00808;《当局决慰留陈兴亚——指定奢侈捐为警捐此种办法又近于画饼》,《晨报》1928年3月20日,第6版;《当局仍慰留陈兴亚——内财两部会商警饷》,《晨报》1928年3月27日,第7版。
⑤ 《警厅追缴警捐》,《晨报》1927年9月14日,第7版。
⑥ 《为征收警捐问题撤换三个警察署长——外右一外右二北郊西郊各署长成绩优获奖》,《晨报》1927年10月3日,第7版。
⑦ 《警厅公布警捐收入——五个月收二十一万元余》,《晨报》1927年12月25日,第7版。
⑧ 《征收警捐人员奖惩规则》,《京师警察公报》1927年10月25日,第2版。

义,[①]以及催促商民交捐,其余警务相应就会忽视。很显然这会严重影响警察的本职工作,不仅不利于京师社会秩序的维护,还一定程度上恶化了市民和警察之间的关系。[②]

北洋政府时期,警饷积欠严重,"久训练之警士不得已相率另谋生计"[③],在职者不是疲于应付就是旁顾他职,"长此以往,殊与地方治安影响甚巨"[④]。至于厅属各厂院局所,"事关保恤要政",因经费不足合并,减少救助额数,"必至市多游民,影响地面"[⑤]。综上,民国有学者总结说,自兴办警察以来,影响警政发展因素有多种,其中"主要原因实由于经费之无统盘筹划"[⑥]。

北京警察机构的成立及其运作反映了清末民初国家管理社会的发展趋势。鸦片战争以后,中国经历了巨大的社会变迁,特别是在人口集中的大城市如上海、北京、天津、广州等地,各种社会状况的变化更为剧烈。当人们的生活环境发生大变化,各种社会问题亦会随之变化,传统的占据主导地位的城市民间社会管理力量如会馆、行会、水会、士绅以及宗族等已经无法应对城市近代化过程中所出现的复杂状况和社会问题。在这种情况下,就需要一个专业化的管理机构。与此同时,清末政治改革开始将之前地方分权的趋势进行扭转,中央政权重新向集权化发展。这种趋势延续至民国以后,政权的变动、社会结构的调整、城市人口的增长、商业活动的发展以及一切近代化的需要都促进了国家的集权化。警察机构就是在当时能承担这种任务的一种合宜选

---

① 《绅商热心赞助警捐——因白署长对于官署绅商详细解释征捐意义,故外右二区管界六月份警捐已收有成数云》,《京师警察公报》1927年7月1日,第4版。

② 关于警捐的开设,北洋政府、京师总商会、北京商住各民以及京师警察厅之间起了一系列的争执和冲突,在京师警察厅时期没有得到根本解决,改为北平市公安局后,警捐问题继续存在。京师警察厅开设警捐,牵涉多方利益,为此北洋政府、财政部、内务部、京师总商会、北京市民以及京师警察厅之间进行了多次的争执和磋商。作为研究北洋政府时期北京社会的一个切入点,警捐问题很有代表性,作者在此稍作分析,进一步的分析作者将另文研究。

③ 《警厅征收营业加一捐》,《晨报》1926年10月2日,第6版。

④ 《承认实行警捐》,《晨报》1924年6月22日,第3版。

⑤ 《警厅征收营业加一捐》,《晨报》1926年10月2日,第6版。

⑥ 施织孙:《全国警察经费概况》,《现代警察》第1卷第4期,1934年,第83页。

择。

　　从社会的方面看，新式的警察机构承担了有识之士改革的希望，它不同于传统的政府机构。从酝酿设立之时，新式的警察机构就承担了改变百弊丛生社会管理方式的任务，甚至已经上升到决定政治变革的高度。所以，警察机构从一开始设计时就不再是单纯效忠皇帝和封建王朝的机构，而是要承担推动社会变革的积极力量。正因如此，警察机构更易学习、接受先进的思想，更愿意和其管理下的社会民众进行沟通，其对自身的定位也更倾向于为社会民众服务。这些都使北京警察机构在民国成立的最初阶段担负起了管理北京的任务。

第二章 CHAPTER TWO

京师警察厅与北京政治

中国现代民主政治的起步从清末开始启动,但中华民国的成立无疑是推动这一民主政治进程最大的动力。虽然历经反动、波折和破坏,但在整个北洋政府时期,现代民主政治的步伐依然没有停止。中华民国建立后,北洋政府面临着更为严峻的形势,一方面是来自异己力量的挑战,要稳固政权统治;另一方面又表现出推进民主政治的决心,显示出与传统专制政权的不同。为此,北洋政府需要借助多方的力量来共同实施这一巨大的系统工程,如选择合意的机构和人员来管理和控制首都北京,打击异己政治力量,组织多个政府公权机构分工合作,以保证政治中心秩序的稳定,创造有利于现代政治发展的环境。在当时,现代的警察机构承担了政府希望完成的这些任务。

对北洋政府时期警察与政治关系的认识,1925年出席京兆地区警务会议的王莜侯发表《论警察与国家之关系》的演讲可以代表当时一种普遍看法:"国家警察之所在,即国家统治权之所在。警察权虽不足以包括国家统治权之全部,迹其功能,实占国家统治权之大部分。必警察权完全无缺,而后统治权得以完全无缺,而后国权之全部乃有完全无缺之希望。"①甘博在民主政治思想最为活跃的1918、1919年对北京进行社会调查时说,这座城市最严重的社会问题或许正源于它自身和中央政府的联系②,而对北京的警察机构京师警察厅来说,其最突出的特点也是源于它和当局政府的联系。本章即将讨论京师警察厅是如何参与国家政治,处理当局认定的政治异己力量,以及与相关政府公权机构怎样进行合作,考察其间体现的北京现代政治进展的特点与意义。

---

① 《王莜侯先生讲演录·论警察与国家之关系》,《京兆警务会议辑览》,出版机构不详,1925年版,第94页。

② [美]西德尼·D.甘博:《北京的社会调查》(上),第6页。

第一节 北京"特重警察之权"

北京为"都城重地,关系綦要,且各国公使咸在,其维持安宁秩序教之其他之地方,尤不可以轻易,故特重警察之权"①,这使原本应是地方警察机构的京师警察厅有机会参与到中央政权活动中,并在政治变局中起到了举足轻重的作用。当局政府对于京师警察厅所能发挥的作用有很清楚的认识,所以在机构设置上突出了其与众不同的地位,使京师警察厅直接隶属于内务部,由财政部直接拨款。这种设计便于中央政府对京师警察厅进行实际操控,也显示出了京师警察厅在国家权力系统中的特殊地位。

一、"特殊"的总监

京师警察厅地位的特殊性首先表现在京师警察厅最高长官总监②人员的

---

① 郭公阙编:《警界必携》,商务印书馆1924年版,第47页。
② 各省警察厅长称厅长,而京师则不称厅长,而称总监,这是与各省官制之不同点。各国警察制度如英国首都伦敦、德国首都柏林、法国首都巴黎、日本首都东京等的警察机构最高长官大都称总监。京师警察厅直隶于内务部,管理京师内警察、卫生、消防等事项,这一点与英国警察总监可以干涉全国地方警察不同,而与日本东京警视专管东京市内警察事务相为类似。(郭公阙编:《警界必携》,第47页)

选命上。为保证自己的政权统治，历届政府首脑都会选择自己合意的人选充任京师警察厅总监。京师警察厅为地方机构，隶属于内务部，但总监人员都是由历届政府最高首脑直接确定和任命的，内务部及北京市政府机构不能干涉，不管政局怎样发生变化，这一点一直保持不变。如1913年京师警察厅成立后的第一任总监王治馨是由临时大总统袁世凯任命的，吴炳湘是由袁世凯同意任命的。1920年7月吴炳湘被免职后，继任者殷鸿寿由时任大总统徐世昌任命。①1924年10月北京政局发生变动，总统曹锟被囚，改设的京师警察厅总监张璧是由国民军总司令冯玉祥任命的。②1925年初政局稍稳，成立临时执政府，朱深就任京师警察厅总监，其是由临时总执政段祺瑞任命的。③

  北洋政府时期，因政局变动，内务部官员更替频繁，④但只要得到当局最高领导人认可，京师警察厅总监便可不随着内务部长官的变动而发生变动。如担任京师警察厅总监时间最长的吴炳湘，在清末袁世凯任山东巡抚（后改为都督）时跟随其管理山东警务，1913年10月被袁世凯任命为京师警察厅总监，1916年袁死后，内务总长孙洪伊（为黎元洪推荐）借口整顿北京警察，在国务会议上提议撤换吴炳湘，以何成浚接任。但吴已取得段祺瑞的信任，又是段的安徽同乡，段自然坚决不同意。这也是导致段孙间矛盾日趋紧张的原因之一。⑤在段祺瑞的庇护下，吴炳湘在京师警察厅总监的位置上又坐了五年，最后因在皖直之争中皖系失败以及牵涉安福俱乐部才下台。当然，被任命为总监并能长时间担任下去的人，除了政府首脑的认可和信任外，还得"熟悉地方情形者，曷克胜任"。⑥这种熟悉地方情形在当时更多的是指能够联系沟通中央、地方各机构和团体，得到它们认可。另外还有一点不可忽视，

---

① 《大总统令》，《政府公报》第1598号，1920年7月27日，第2页。

② 《京师警察厅公函》，《政府公报》第3091号，1924年10月31日，第1页。

③ 《临时执政令》，《政府公报》第3173号，1925年1月30日，第2页。

④ 具体可参见钱实甫编著，黄清根整理：《北洋政府职官年表》，华东师范大学出版社1991年版，第1~34页。

⑤ 石玉新、杨小波主编：《文史资料存稿编选》（晚清、北洋）（上），中国文史出版社2002年版，第937页。

⑥ 《吴总监外任不确》，《晨报》1917年8月26日，第6版。

那就是能够在总监任上长时间待下去的官员除了各方都能接受外,还确实应具备一定的能力,能够处理好与当局及社会各方的关系。在历任总监中,吴炳湘任职最长,长达8年,前后3次被任命为总监,这在京师警察厅共存在16年、经历14任总监的情况下确实不易。这从另一方面也说明吴炳湘确实是具备了各种条件,所以才能在总监任上长时间留任并能在各方之间游走捭阖。①

正因总监所处位置特殊,总统随时都会召见或直接对其发布命令,而全国其他警察厅厅长想要面见总统是非常难的,只有得到特殊嘉奖才能随着一同受奖的官员集体觐见总统。京师警察厅总监负责指挥监督北京所有警务,其间有不少直接关系国家政局,也有不少涉及外国人事宜,所以总监要经常直接呈请或面见总统,甚至可以说,在地方官员中,京师警察厅总监是和总统直接联系最为频繁也最为紧密的官员之一。②

在五四运动期间,学生运动刚一开始,京师警察厅总监吴炳湘便把学生游行情况呈报给了内务总长钱能训并转呈给了大总统徐世昌。③因学生游行发生在北京,"首都重地,中外具瞻,秩序安宁,至关重要",而维护北京秩序为京师警察厅总监"职责所在",徐世昌便直接令吴炳湘"督率所属,切实防弭,以保公安",并要求其严格处理,"倘再有藉名纠众扰乱秩序不服弹压者,著即依法逮捕惩办,勿稍疏驰"。④在不少时候,大总统还直接传见京师警察厅总监,如1919年因地方请愿团事,总统徐世昌于8月28日下午在总统府专

---

① 吴炳湘第一次出任京师警察厅总监是被袁世凯提议任命,后两次(1924年10月和1928年6月)出任总监皆是因为"政府统一地方,无人维持",北京绅商组织治安维持会公推吴炳湘暂行代办警察事宜。(《北平市警察概况及历年沿革》,1934年1月1日,J181-001-00368)

② 笔者查了1912年1月至1928年6月的全部《政府公报》,未发现总统直接召见或下令给各地警察厅厅长的史料,反之,总统直接召见或下令给京师警察厅或京师警察厅总监的史料却有很多,据此得出上述结论。

③ 《大总统令》,《政府公报》第1172号,1919年5月10日,第1页。

④ 《大总统饬京师警察总监镇压北京各校学生》(1919年5月6日),中国第二历史档案馆编:《中华民国史档案资料汇编》,第3辑·民众运动,第337页;《大总统令》,《政府公报》第1177号,1919年5月15日,第1页。

门召见吴炳湘、步军统领王怀庆及军警督察长马龙标进行询问。①在政局出现危机时,总统对京师警察厅更为倚重。1920年,安福俱乐部发展迅速,威胁到总统徐世昌的政权,徐世昌在6月2日、29日连续两次召见吴炳湘、王怀庆,"垂询地方治安情形","并谕令王、吴二氏对于地方治安务须尽力维持,不得稍有疏忽,以保卫公共安宁"。②

除受到总统直接召见外,京师警察厅总监在遇见需要处理的事务时也可以直接呈请或面谒总统。1919年京师警察厅筹办京师织工养成所,吴炳湘即是直接向大总统进行呈请;③1925年京师警察厅警饷严重欠缺时,总监朱深也是直接面谒段祺瑞执政,向其陈述警饷欠缺事宜并请求及时拨发警饷。④

京师警察厅隶属内务部,自然和内务部的关系更为紧密,而内务部对京师警察厅总监也尤为重视,这一点从下面这个事例便可证实:1926年5月13日颜惠庆组阁,因之前颜惠庆便和京师警察总监李寿金"感情极为融洽",所以新内阁成立后首先接见的便是李寿金等人,第一道命令也是抚慰京师警察厅,希望其"安心办事","以重地方,而维秩序"。⑤

京师警察厅地位特殊,得到重视,不仅表现在上述方面,就连总监的个人私事也因事关重大得到政府的过问。1919年10月,吴炳湘因"病体不堪繁剧,坚请开缺养疴"⑥,内务总长朱深对于吴炳湘的辞请不能做主,特呈请总统徐世昌定夺。徐世昌因吴炳湘久任京师警察厅总监,"勤劳夙著",颇得其信任,加上市面听说总监辞职,"商民惶恐",另外又值"冬防吃紧","京师治安关系尤重",遂下令对吴炳湘进行慰留,并给假20日令其调养身体。20日假满后,

---

① 《大总统传见军警长官》,《晨报》1919年8月30日,第6版。

② 《总统注意地方治安》,《晨报》1920年6月4日,第6版;《传见军警各长官》,《晨报》1920年7月1日,第6版。

③ 《公府纪事》,《晨报》1919年4月21日,第6版。

④ 《昨日警察厅开会议》,《晨报》1925年3月2日,第6版。

⑤ 《李寿金等谒颜惠庆》,《晨报》1926年5月14日,第3版。

⑥ 《吴炳湘给假二十天》,《晨报》1919年11月1日,第2版。

吴炳湘按例还得向徐世昌呈报销假。①如果说吴炳湘是因为辞职事大才得到总统亲自过问的话,那薛之珩请假回家奔丧一事也得到了时任总统的直接干涉就更说明总监地位的重要了。1923年9月,总监薛之珩的父亲在老家病故,薛之珩呈请"回籍终制",但摄行总统的高凌霨认为"总监保卫治安,关系綦重",只准"给假一月,在京治丧,勿庸开缺回籍"。②

政府依赖京师警察厅维持北京秩序,稳固其政治统治的大本营,对历任总监各届政府均采取了鼓励和笼络的手段。任职时间稍长的吴炳湘、殷鸿寿、陈兴亚等人均获得了当局政府的奖励。其中,吴炳湘任职时间最长,所获得奖励也最多,在任职期间,吴曾获得勋五位章、勋四位章、一等文虎章各一次。③殷鸿寿于1920年7月接任吴炳湘任总监,不到半年时间就获得了徐世昌颁发的二等大授宝光嘉禾章④,第二年4月又获得了大总统颁发的一等金质奖章⑤。

二、"复辟"事件中的总监

京师警察厅在政府政治统治中的重要作用,在时局变动时表现最为突出。袁世凯妄想复辟帝制,需要一帮人为自己称帝制造舆论,摇旗鼓吹,时任京师警察厅总监的吴炳湘便是为其称帝造势的主力干将之一。袁世凯为了使称帝合法化,一方面注重表面的宣传,另一方面由名义上主持国体决定的朱启钤、周自齐、张镇芳、唐在礼、袁乃宽、吴炳湘、雷震春等10人出面,向各省

---

① 《大总统指令》,《政府公报》第1343号,1919年11月3日,第4页;《兼署内务总长朱深呈大总统京师警察厅总监吴炳湘因病呈请开缺拟恳明令慰留给假文》,《政府公报》第1346号,1919年11月6日,第11页;《内务部训令》,《政府公报》第1354号,1919年11月14日,第16~17页;《大总统指令》,《政府公报》第1367号,1919年11月27日,第3页。

② 《大总统指令》,《政府公报》第2691号,1923年9月8日,第4页。

③ 《大总统策令》,《政府公报》第1230号,1915年10月10日,第3页;《大总统令》,《政府公报》第623号,1917年10月10日,第2页;《大总统令》,《政府公报》第1232号,1919年7月11日,第2页。

④ 《大总统令》第1751号,《政府公报》,1921年1月6日,第21页。

⑤ 《大总统令》第1836号,《政府公报》,1921年4月3日,第79页。

将军、巡按使发出密电,传示袁世凯的命令,按内定步骤指示实际的具体选举工作。①这10个人基本上都是在北洋政府中央政权分掌军政实权的人,其中,吴炳湘能以北京地方官职位名列其中,重要的原因便在于其作为袁世凯旧部掌握了北京警察大权。在实际操作中,吴炳湘也不负袁世凯所托,为其称帝做了不少工作,带领全国各地的警察厅长发表长文要求改帝制。②在朱启钤等人和各地军警拥戴袁世凯称帝的过程中,吴炳湘也参与其中。③此外,吴炳湘还和朱启钤、梁士诒、杨度等同为袁世凯登基大典筹备处人员。④显然,此时的吴炳湘是袁世凯的"自己人"。⑤作为袁世凯的旧部,又得到袁世凯的赏识掌管北京警政大权,吴对袁世凯复辟帝制奔走努力不可避免地带有对袁的忠心和感激,但这也表明了他身上的保守性和落后性。

吴炳湘受过传统教育,秀才出身,熟悉八股文,但又长期办理新式警务,接触西方先进的思想⑥,实事求是地说,此人虽参与袁世凯复辟,但并不是一个纯粹的守旧官吏,他的身上也带有近代化的色彩。他在另一次"复辟"事件中的表现为此做了注解。

1917年7月,张勋率辫子军(定武军)借调节府院之争入京,总统黎元洪被迫去职出逃。虽然京师警察厅在张勋复辟之日即应其命令要求京师商民"一律悬挂龙旗",为复辟造势,"苟不服从,即坐以死罪",⑦规定颇为严格,但

---

① 吴长翼:《八十三天皇帝梦》,第151页。

② 《吴炳湘呈文》,来新夏主编:《北洋军阀》第2卷,第1111~1113页。

③ 《朱启钤呈文》、《王廷桢函》,来新夏主编:《北洋军阀》第2卷,第1083、1321页。

④ 谢彬:《民国政党史》,戴天仇:《政党与民初政治》,中华书局2007年版,第64页。

⑤ 据唐在礼回忆,袁世凯笼络部属普遍是用金钱收买的办法,袁世凯政府在海陆办事处下设一个军需处,专管特别需用,特别需用中有一项就是政治性的收买费,这一项费用也用于"自己人"。据唐在礼回忆,领取过特别费的"自己人"有朱家宝、朱启钤、周自齐、唐在礼、段芝贵、雷震春、吴炳湘、杨度、陆建章等人。(唐在礼:《辛亥前后的袁世凯》,吴长翼:《八十三天皇帝梦》,第140~141页)

⑥ 方彪:《京城百怪》,第72页。

⑦ 天忏生:《复辟之黑幕》,中华书局2007年版,第74页;许指严:《复辟半月记》,中华书局2007年版,第6页。

警察在实际的执行过程中并不认真。①反之，在张勋复辟期间，吴炳湘及京师警察厅为劝阻张勋复辟和维护京师治安方面做了不少积极的努力。张勋在复辟过程中，比较看重掌握北京警权的吴炳湘，在进行复辟的商议中，多次邀请吴炳湘参与其中，但吴本人并不赞同张勋复辟，和王士珍等人极力规劝张勋不要复辟，但"张犹执迷不悟"②，最后导致各路讨逆军云集京畿。讨逆军和张勋的定武军交战，给北京社会秩序带来的破坏是不言而喻的。在未交战之前，吴炳湘就力劝定武军的苏锡麟③统领不要开火，并说一开火北京就乱了，老百姓就遭殃，还会影响到京内的各国使馆。④力劝未果，在辫子军与讨逆军激战战火最烈之际，吴炳湘又到火线上，"亲向苏统领力请息战，统领不允，吴总监一再为商家百姓请命，统领始下令停战"⑤。

在复辟期间，"近畿一带，战云弥满，京师风声鹤唳，人情汹汹"⑥，加上定武军无故关闭城门，趁机抢掠，民众、商铺乱成一团，秩序混乱，吴炳湘"恐有地痞、土匪等乘机抢掠商店情事，立将马巡队、保安队悉行调出，派在各处弹压镇摄"，商家才稍感安慰。⑦局势严峻，社会秩序的稳定"端赖警察维持"，吴炳湘还禁止厅员离署，自己和下属"皆在厅内驻守，避免延误公事。其内、外城各区署长，亦不准稍离职守。设有事故发生，即由电话随时通知，以便核夺"⑧。普通巡警的休息亦"一律停止，以资分布保护商民"⑨。在警察厅的保护下，所有繁

---

① 例如："永光寺中街某姓，因拒挂龙旗，曾被巡警催责。迨飞机抛掷炸弹后，龙旗竟归暗行消灭。某姓乃向催挂龙旗之巡警佯问曰：'贵区所挂之龙旗，究系何处制造，需价几何？我欲仿造，以免催责。'该警士笑答曰：'你不用斟问啦，这是真正捣乱的事。'"（许指严：《复辟半月记》，第94~95页）

② 《北京专电》，《晨报》1917年7月13日，第1版。

③ 吴炳湘（镜潭）和苏锡麟是老同事，在1900年（光绪庚子年）以前同在聂士成制下当差。

④ 苏锡麟：《我在复辟之役中的亲身经历》，杜春和主编：《北洋军阀史料选辑》（上），第300~301页。

⑤ 许指严：《复辟半月记》，第134页；苏锡麟：《我在复辟之役中的亲身经历》，杜春和主编：《北洋军阀史料选辑》（上），第302~303页。

⑥ 许指严：《复辟半月记》，第45页。

⑦ 许指严：《复辟半月记》，第47~49页。

⑧ 许指严：《复辟半月记》，第64页。

⑨ 许指严：《复辟半月记》，第177页。

盛区域皆得保全,未受抢掠。①张勋复辟时,派兵将京奉、京汉两路交通断绝,致使京师"百货停滞,不能输运,而于米粮尤形缺乏",吴炳湘"为维持京内民食起见,特向陆军部要求拨借白米三千石",在外城设立平粜地点三处,内城五处,"以便人民就近购取"。②在战事停息以后,为尽快"恢复市面原状起见",吴炳湘通知各区署长督饬巡官警长,劝告各商铺照常开市营业。③但各商家和居民仍"多怀疑虑","未启门营业",吴炳湘遂让警察"前往各街传知各商人,限即时启门,照常营业,如有他虞,警厅担负完全责任"。④为抚慰在交战中伤毙和损失财产的民众,吴炳湘还要求各区署长督饬各路巡官长警,将因战事误遭伤害之人姓名籍贯,开列清册,呈报警察厅,"以便酌给抚恤"。由于"警察对于维持京城秩序,不遗余力"⑤,京师"得保秩序",商户营业和市民的生活也很快得以恢复正常。⑥吴炳湘和普通警察对商民的保护得到了认可和赞扬,有商户"购备猪肉五百斤,面粉千斤,亲自送至外右一区署,犒劳巡警"⑦。

在某种程度上,吴炳湘是当时一批从清末走到民国的实权官员的缩影:他们受过传统教育,割舍不了旧习气,又接触了西方新式思想,希望改革和进步;他们经历了政局变动,谙熟官场之道,又受近代民主思想影响,重视社会民情。⑧正是这样一批人在北洋时期的政局中发挥着作用,不可避免地使当时的政治进展也受到感染。

---

① 许指严:《复辟半月记》,第149页。

② 许指严:《复辟半月记》,第114、177页。

③ 许指严:《复辟半月记》,第125页。

④ 许指严:《复辟半月记》,第132页。

⑤ 天忏生:《复辟之黑幕》,第115页。

⑥ 许指严:《复辟半月记》,第114、177页;天忏生:《复辟之黑幕》,第115页。

⑦ 许指严:《复辟半月记》,第171页。

⑧ 除了上文,还有两个小例子:杨度在张勋复辟期间上书规劝,惹恼张勋,张勋命令吴炳湘捉拿杨度,吴炳湘密告杨度,嘱其速去,杨度遂成功出京。(朱德裳:《三十年闻见录》,岳麓书社1985年版,第20页)张勋复辟失败后,逃往荷兰使馆过程中,吴炳湘往返联络,起了很大的作用,在张勋逃到荷兰使馆后,吴炳湘还去看望过他。(苏锡麟:《我在复辟之役中的亲身经历》,杜春和主编:《北洋军阀史料选辑》(上),第303页)

第二节 政治纷争中的北京警察

"警察之职务,本以保护人民之幸福与维持社会之安宁。患之既发者,固所应除,而祸之未形者,尤不可忽,以故常注意于犯罪之移动而防患于未然。于是政府每易利用之,以为政治上之侦探而破获反对者颠覆政府之阴谋。"①北洋政府时期,政治派别纷争四起,执政当局的统治时常面临来自异己力量的威胁,不管是哪个派别执掌政权,都要借助警察机构来控制不同党派和新闻舆论,监视可疑政治分子,以确保政权稳固。

一、"特加注意"结社集会

辛亥革命后,民主思想传播迅速,各种政党团体空前繁荣,它们举行各种集会和社团活动,反对独裁专制,提倡自由民主。但袁世凯上台后不久,就借口"国体甫更,人心未定","秘密之集会结社,若无事先预防,小之则流毒社会,大之则危及国家",令其解散。②国民党人江西都督李烈钧等人发动"二次

---

① 陈震异:《警捐与市政》,出版机构不详,1924年版,第18页。
② 《通饬严禁秘密结社文》(1912年9月29日),来新夏主编:《北洋军阀》第2卷,第1360页。

革命",对袁世凯进行讨伐,给其统治带来了一定的冲击。1913 年 11 月,袁世凯对影响自己统治最大的国民党进行打击,称其为制造不安的乱党,亲自下令京师警察厅将国民党京师本部立予解散,国民党所设各机关也限令一律解散,并要求"嗣后再有以国民党名义发布印刷物品、公开演说或秘密集会者均属乱党,应即一体拿办",国民党籍的国会议员"一律追缴议员证书徽章"①。

随后,袁世凯政府为稳固统治,打击异己,在《治安警察法》中对政党、结社等进行了具体规定:"政治结社,须于该社本部或支部组织之日起三日内,由主任人出名,按照左列事项,呈报于本部或支部事务所所在地之该管警察官署。其呈报之事项有变更时亦同。一、名称;二、规约;三、事务所。政谈集会,须于集会十二小时前,由发起人出名,按照左列事项,呈报于会场所在地之该管警察官署。一、场所;二、年月日时。于呈报之日时不开会者,其呈报为无效。屋外集合或公众运动、游戏,须于集合二十四小时前,由发起人出名,按照左列事项,呈报于集会所在地之该管警察官署。一、场所;二、年月日时;三、须经过之路线。"对于有关公共事务的结社和集会,"虽与政治无涉,行政官署因维持安宁秩序认为必要时,得以命令其依前条规定呈报"②。

1916 年 11 月 2 日,内务部又规定以后关于结社集会呈报事项,"应即径向各该管警察官署呈报,毋庸呈报到部"③,京师有关结社集会事宜均归京师警察厅管辖。京师警察厅对于结社、集会,认为有扰乱安定秩序、妨害善良风俗者,可以随时命其解散。1921 年 5 月,湖北在京人士,对于本省督军王占元或捕或倒,发生争议,京师警察厅"恐发生意外风潮",特别通饬各区署,"禁止鄂人开会,以杜争端而防意外"。④对于敢挑战《治安警察法》规定的更是严厉禁止。1925 年 1 月 4 日,北京国民促成会召开成立大会,要求废除《治安警察

---

① 《大总统令》,《政府公报》第 541 号,1913 年 11 月 5 日,第 1~2 页。
② 《治安警察法》,蔡鸿源主编:《民国法规集成》第 14 册,第 8~11 页。
③ 《内务部关于结社集会应按治安警察法规定进行之布告》(1916 年 11 月 2 日),中国第二历史档案馆编:《中华民国史档案资料汇编》,第 3 辑·政治 1,第 335~336 页。
④ 《警厅禁止湖北人开会》,《晨报》1921 年 5 月 15 日,第 6 版。

法》，保障人民集会、结社言论、罢工等绝对自由。①但仅三个多月，同年4月27日，就被京师警察厅借口国民代表会议条例已经公布施行，实难"再任其成立"，封禁了北京国民促成会。②

另外，《治安警察法》还规定褫夺公权尚未复权者、未成年人、女子、陆海军军人、警察官吏、僧道及其他宗教教师、小学教员和学校学生不得加入各种政治结社。③"军警以服从命令、保卫治安为天职，一经入党，流弊滋多，危害甚大"，所以北洋政府对军警人员入党限制尤为严格，要求"未入者力为屏绝，已入者即声明脱离"，并命令军警官吏"严约所属人等一体遵照"。④如有上述人员加入政治结社，一概不予准许。1916年旅京湖北国民协会呈请设立，因有陆军人员加入，不合《治安警察条例》，京师警察厅便未批准。⑤

北洋政府时期，"政局多事"，京师"地方治安尤为吃紧"，京师警察厅"对于界内形迹可疑之人及有秘密结社情事"，"严行监视"。⑥所有集会结社均应按照《治安警察法》呈报京师警察厅，经核准后方能认为其是正当，如未呈报而自行开会者，查出即以秘密结社论。1921年6月北京各界联合会呈报京师警察厅，于7日在天安门外召开维持国内外教育大会，但经京师警察厅核查，发现其成立没有呈请警察厅备案，遂对其进行取缔，并在报纸上进行公告。⑦

京师警察厅还对集会结社"分派长警随时监视，以为确切考查"，在正当范围内尚可，"倘认为有扰乱秩序之虞及其他秘密之行为"，便会加以干涉，"俾有限制而保治安"。⑧因此，有不少党派团体为使申请集会要求得到批准，便会

---

① 《北京促成会成立大会之盛况》，来新夏主编：《北洋军阀》第5卷，第51~52页。
② 《京师警察厅封禁北京国民促成会》，来新夏主编：《北洋军阀》第5卷，第56页。
③ 《治安警察法》，蔡鸿源主编：《民国法规集成》第14册，第9~10页。
④ 《大总统令》，《政府公报》第580号，1913年12月14日，第1页。
⑤ 《京师警察厅批令》，《政府公报》第228号，1916年8月22日，第26页。
⑥ 《饬函监视结社》，《晨报》1918年5月25日，第6版。
⑦ 《警察厅布告》，《晨报》1921年6月6日，第3版。
⑧ 《内务部呈遵定筹安会应守范围通饬考查限制请钧鉴文》，《政府公报》第1213号，1915年9月22日，第19页。

在申请时主动要求派警察到会场。1915年救国储金会第二次开会前,主动请求京师警察厅"派警照料",开会时警察厅派警察到会场监视弹压,详细记载了开会的时间、地点、演说者、演说大旨、听众反应、到会人数以及会场秩序等,并给出评价说,"间有一二议论稍涉激烈,均尚能用语挽回,并无激扰","会场秩序尚属整齐"。① 由此可见京师警察厅对结社集会监视的严密和细致。1921年,因各项集会多有冲突发生,京师警察厅加强了对集会的监督,特意制定了针对集会的规定,大致如下:(一)各会开会,须先报告厅区;(二)经批准后,方能召集开会;(三)开会时须由警区派员监临;(四)会场秩序,复由警察协同维持。②

除了监控事关治安事宜的结社集会外,京师一些商家和公司的内部集会京师警察厅也会派人参加。1927年6月,电灯公司开股东大会,主管内右一区警察署便派了巡官带领警察进行"监督照料"③。在严格限制集会结社的同时,京师警察厅对于集会结社经常散发的传单等宣传品也规定"各项传单、告白,均应先送厅,查检许可者由厅加盖戳记方准散布","并不得乘坐汽车驰行道路"。④

京师警察厅对集会结社进行了严格的规定,但至北洋政府后期,仍"多有组织团体并未依法呈报,秘密设立社址或私行集会",以及"成立时曾经报厅,嗣后内容变更或事务所迁移,迄未补呈声明"的情况。为此,京师警察厅多次重申之前的规定,并要求各区署将界内团体"分别政治结社、公共事务结社暨学术会社等所有成立之年月、主任人姓名、身份、职业,事务所地址已否报厅备案,详细调查列表"送交警察厅,"勿得稍有疏忽",并对管界内结社集会"特加注意"。⑤ 正是由于京师警察厅对结社集会管理的重视,到1927年,京师地面

---

① 《京师警察厅关于弹压救国储金团第二次开会情形报告》(1915年5月26日),中国第二历史档案馆编:《中华民国史档案资料汇编》,第3辑·民众运动,第319~320页。

② 《警厅限制集会》,《晨报》1921年2月5日,第6版。

③ 《监视电灯公司开股东会详情》,《京师警察公报》1927年6月28日,第4版。

④ 《京师警察厅之布告》,《晨报》1919年3月4日,第6版。

⑤ 《京师警察厅通令》,《政府公报》第3219号,1925年3月18日,第8页;《京师警察厅令第二号》,《政府公报》第3250号,1925年4月19日,第6页。

的集会结社受到严格的控制和打击，曾经在一天之内有数家会社被迫解散和关闭。①

京师警察厅对集会结社的严格控制，一定程度上阻碍了北京各种党派社团的发展，但这种控制也是对党派、社团管理规范化的要求。如1923年豫社申请成立，把其简章、宗旨、地址等各项呈交给京师警察厅，所在区署派巡官对于社员等身份如何、宗旨是否纯正、有无其他作用、所租房屋是否与房主商议妥协等问题一一查明，发现别的情况没有什么不妥，只有房屋租赁没有办妥，怕因此生出争执，便驳回了其申请。后该社与房东商议妥当后又提出申请，京师警察厅又派员前去查核，符合情况后准予立案。②对一些呈报经过批准的集会结社，京师警察厅也负一定保护责任，有时为了注意游行集会也会命令各区队停止休息，加强警戒。③1921年，北京学生针对鲁案游街演讲，警察厅恐发生意外，"派马巡队沿途巡察，另有保安队停止休息，听候差遣，各区段警察，遇有学生演讲之事"，进行管理照料，"故演讲团出发虽多，尚无冲突情事"。④聚众游行演讲，确实在一定程度上影响了交通和商业，负责维持秩序、保卫治安的京师警察厅"不得不为相当之干涉"，进行"和平维护"，而游行也间有"肆意谩骂甚则致于严打各军警"的情况。⑤另外，京师警察厅集会结社的管理也发挥了积极的作用，取缔了一些诸如白事会、写钱会等危害民众生活、影响社会治安的会社。⑥

对有碍政权统治的异己力量集会结社进行控制的同时，对维护其政权统治的组织活动，如议会选举等，京师警察厅则是尽力维持和保护。京师京营地面不归大兴、宛平直接管辖，但在筹备1915年立法院议员选举时被划入大兴、

---

① 《警厅禁止秘密结社》，《晨报》1927年5月2日，第6版。
② 《"豫社"组织成立申请备案的文件、附简章、结社调查表》，1923年1月1日，J181-014-00062。
③ 《警厅注意学生行动》，《晨报》1924年3月21日，第6版。
④ 《地方近讯·京学生对鲁案之愤激》，《京兆周刊》第22期，1921年10月1日出版，第24页。
⑤ 《本校布告》，《北京大学日刊》1920年2月13日，第1~2版。
⑥ 《解散白事会》，《晨报》1918年7月5日，第6版；《警厅禁止设会酿金》，《晨报》1921年3月22日，第6版。

宛平选区，为便于进行，之前内务部命令由内、外城巡警总厅派员代为调查，"以调查人名册告成为止，投票、开票事项以及管理、监察各员均有初选区监督自行筹画委任，与两厅无涉"，但"两县因与京师各界员绅睽形隔畴，能担任监察实多扞格，实难贸然委任"，而京师警察厅对京师情况是最为熟悉，所以两县呈请内务部要求由京师警察厅"酌派一二调查员，以总其成"，"划分区域并投票事宜仍由厅派员办理"，两县起辅助作用。① 在两县议员进行选举时，京师警察厅还须"派警弹压各投票地点，以维秩序而保障治安"②。

在国会召集期间，各省议员齐集京师，人数较多，党籍互异，政见偶有歧出，为防止出现影响国会召开的情况，京师警察厅对于各议员住所，专门"随时加以保护"，并"派警将议员保护到院，免误开会时间，以重议会而保公安"。③ 在民国建立后最初几年国会召开期间，对国会的警卫事宜也是由京师警察厅遴选熟悉警务人员担任，甚至政府办理知事试验事宜也由京师警察厅承担警卫事宜。④ 在整个北洋政府时期，京师警察厅都承担了对政府议会和议员的保护之责，甚至在 1925 年警饷严重缺乏之时，还对参加善后会议的各省会员"妥为保护"⑤。

北洋军阀时期，党派林立，各种社会组织活跃，京师警察厅对集会结社的各种规定很难完全得到执行，加上北洋政府本身就是军阀政权，军人享有特权，对军人参加党派活动的限制更是流于形式。北洋政府和京师警察厅多次明令禁止军人加入各种党派，但"军界各员仍有入党之事"⑥，更具讽刺意味的

---

① 《筹备立法院事物局覆立法院议员京兆选区选举监督查咨开京师地面选举调查是依据初选监督等拟援案请由步军统领衙门暨京师警察厅帮同办理自属可行并详覆调查程序选举费用各办法请转饬遵照文步》，《政府公报》第 1059 号，1915 年 4 月 20 日，第 27~28 页。

② 《派警弹压选场》，《晨报》1918 年 7 月 20 日，第 6 版。

③ 《宪史·关系法令·京师警察厅训令》，《宪法新闻》1913 年第 4 册，第 17 页。

④ 《内务总长朱启钤呈大总统据筹备国会事务局呈两院原设警卫处系由京师警察厅遴选编练均仿照特别警察办理现在两院虽不开会嗣后约法会议及其他开会场所尚须警卫拟请将该处编制概仍旧贯各等情转请鉴核示遵文并批》，《政府公报》第 675 号，1914 年 3 月 25 日，第 11 页。

⑤ 《昨日警察厅开会议》，《晨报》1925 年 3 月 2 日，第 6 版。

⑥ 《临时执政令》，《政府公报》第 3263 号，1925 年 5 月 2 日，第 28 页。

是，任京师警察厅总监时间最长的吴炳湘，其下台的主要原因就与安福俱乐部有关。①

二、控制新闻舆论

据戈公振统计，民初全国报刊"达五百家"，而作为政治中心的北京，"独占五分之一，可为盛矣"②。"报纸所以代表舆论，输送新闻，对于国家社会负责綦重"③，报纸言论甚至有"辅助官厅维持治安之责"④，北洋政府在统治期间对有关新闻业的出版、印刷及内容等方面作了详细的规定，警察官署有权对上述事项进行管理。报纸新闻的宣传尤其对处于政治中心的"北京治安妨害甚大"⑤，作为负责管理京师报刊新闻业的京师警察厅根据京师的特殊情况也制定了一些规章制度。

京师警察厅规定，报纸、杂志和通讯社都属于新闻业。报纸杂志在发行前，须由经理人将名称、体例、发行日期、发行所地址、印刷所名称及地址、资本数目及经理人等姓名、籍贯、履历、住址等呈报警察厅，呈报时还应取具五等捐以上铺保两家，"以资负责"。呈报经警察厅查明核准后，发给营业执照才能开市营业，在未经核准领照以前，不能擅自出版或刊发稿件。学校学生不能充报纸、通讯社经理人、编辑人、发行人和印刷人。经过核准出版发行的报纸、

---

① 《吴佩孚命令免吴炳湘本兼职以殷鸿寿为京师警察厅总监》，《晨报》1920年8月1日，第3版；《大总统令》，《政府公报》第1606号，1920年8月4日，第1页。
② 戈公振：《中国报学史》，三联书店1955年版，第118页。
③ 《京师警察厅拟定管理通讯社营业章程致内务部》（1921年6月30日），中国第二历史档案馆编：《中华民国史档案资料汇编》，第3辑·文化，第316页。
④ 《京师警察厅布告》，《京师警察公报》1927年10月10日，第2版。
⑤ 《陈兴亚召集校长谈话——希望协力防患于未然》，《晨报》1927年3月22日，第6版。

杂志、通讯社如有变更，或迁移发行所等事，还须另文呈报。①因故停刊再行续刊发行也须再次呈报京师警察厅备案。如1917年9月，《中华新报》因张勋复辟事件停刊②，向京师警察厅重新呈报批准后，才得以继续出版。③

北洋政府建立初期，为控制报刊舆论，曾颁布《报纸条例》和《出版法》，对于新闻报纸刊登的内容进行严格的限制，有关"混淆政体"，妨害或败坏风俗，妨害治安、外交和军事秘密及其他政务，国会及其他官署会议的条款等均不得随意刊登，如有违反，有相应的惩罚措施。④特别是对事关政治、军事、外交、党派等的内容限制更为严格，京师警察厅可以根据《出版法》等相关规定随时作出妨害治安或混淆政体的解释。整个北洋政府时期，被查封的报纸数不胜数。1923年11月，《京津晚报》、民治通讯社因转载天津《大公报》有关金佛朗案的新闻，"致触当局"，内务总长高凌霨批示京师警察厅照章严办。警察厅方面接到命令后，将《京津晚报》和民治通讯社"一并查封，将各该报社经理与编辑等拿获送厅办理"⑤。这一时期，军阀之间派系战争时有发生，京师警察厅对有关军事的内容限制严格，《东方时报》和《世界晚报》等因报道"关于战事之消息"，被警察厅以"捏造军事，混淆人心"为由，令其停止出版。⑥当时在京比较有影响的《益世报》也是因为"登载军事"，被京师警察厅以"造谣混淆观听"、"影响治安"为由将该报查封，并将该报编辑朱鉴堂讯办。⑦外国人在京所

---

① 《京师警察厅公布管理新闻营业规则令》（1925年4月1日），中国第二历史档案馆编：《中华民国史档案资料汇编》，第3辑·文化，第322~323页；《京师警察厅为调查辖内未报党会未经批准报馆分别名称地址等项具报致外左四区警察署令》（1913年2月18日），《北洋政府档案》第173册，中国档案出版社2010年版，第123页。

② 1917年6月，北京《中华新报》等报社以停刊的方式抗议张勋带兵入京，张勋复辟失败后复刊。

③ 《中华新报出版期》，《晨报》1917年9月30日，第6版。

④ 《报纸条例》，戴鸿映编：《旧中国治安法规选编》，第120~125页；《出版法》，戴鸿映编：《旧中国治安法规选编》，第125~127页。

⑤ 《政府又摧残新闻界》，《晨报》1923年11月20日，第6版。

⑥ 《东方时报停止出版》，《晨报》1924年10月19日，第6版；《世界晚报被禁发行》，《晨报》1924年10月22日，第6版。

⑦ 《北京益世报前日被封》，《晨报》1927年6月5日，第6版。

办新闻业也受到限制。1926年1月,因"日人所办通讯社报纸屡屡登载向京师商店筹款新闻",总监鹿钟麟特意致书日本驻华大使,"请其查明禁止"。①

1916年7月,因新闻界和民众反对,《报纸条例》被废止,新闻业发展的环境相对宽松,报馆等"日见增加",京师警察厅"对于报界拘束之能力较往日为缩小",为此,京师警察厅曾上报内务部,要求对通讯社进行限制,并制定了四条限制办法,但被内务部以通讯社取缔之法"有出版法可资依据"为由否决了警察厅提案。②但京师警察厅并没有因此放松对新闻业的限制,抱着"先清其源,则其流不致泛滥无所极"③的态度,要求向新闻业输送稿件的通讯社"于发行之先,须送厅核阅"④。"印刷品为宣传利器,若不严行取缔,则印刷商店往往希图渔利,私行承印违禁刊物",为此,京师警察厅"通令各区署侦缉处,严饬以后各印刷局承印各件,须遵章先行报厅审核后方准付印,否则依法重惩"⑤。

京师警察厅作为官方机构,查封报刊,多借口其"造谣混淆观听"⑥、"捏造军事,混淆人心"⑦,其间或许有报纸不明真相,以讹传讹,多少影响到北京治安和商民生活,但实则新闻舆论控制是为消除一切对政权统治有影响的言论。当《现代评论》第1卷第15期被京师警察厅扣留时,陶孟和发表文章,对政府干涉舆论自由的行为表示了不满和抗议:"恶政府视言论自由为毒害,为仇敌,好政府视言论自由为兴奋剂,为滋养品。言论自由是每个政府必不可少

---

① 《鹿钟麟责日人造谣》,《晨报》1926年1月9日,第6版。
② 《京师警察厅拟定管理通讯社营业规则章程致内务部呈》(1921年6月30日)、《京师警察厅拟定减少京师报馆办法致内务部呈》(1921年8月6日),中国第二历史档案馆编:《中华民国史档案资料汇编》,第3辑·文化,第316~317、320页。
③ 《京师警察厅拟定减少京师报馆办法致内务部呈》(1921年8月6日),中国第二历史档案馆编:《中华民国史档案资料汇编》,第3辑·文化,第320页。
④ 《警厅核阅通讯社稿》,《晨报》1926年6月30日,第6版。
⑤ 《警厅取缔印刷业》,《晨报》1927年3月24日,第6版。
⑥ 《北京益世报前口被封》,《晨报》1927年6月5日,第6版。
⑦ 《东方时报停止出版》,《晨报》1924年10月19日,第6版。

的要素。"①处于现代政治发展的最初阶段,北洋政府更多的是看到舆论自由所带来的负面影响。政府赋予警察极大的权限,社会舆论、民众结社集会的自由几乎完全操纵在警察手中,这种政治不是法治,更非民主政治。

---

① 陶孟和:《言论自由》,《现代评论》,第1卷第19期,1925年。

第三节 军人与警察之关系

民国建立后,历届政府深知警察的重要性,采取了多种措施以促进警政的发展,但由于"政局的不安,战事的频仍,人事的纠纷"以及种种因素,为保证政权统治,北洋历届政府皆是"所重者在军而不在警"。①袁世凯死后,各派军阀为争夺中央的控制权彼此争斗,政局更是动荡不安,势必会更加倚重军队,这种状况一直延续至整个民国时期。

一、军人干涉政府

由于政府的特别倚重,军队在北洋政府时期享有特别权力。1927年法权委员会经过调查所提交的报告书指出:"现在中国普通法律之行施,其重要障碍,军人干涉政府机关,其一端也。此等军人之领袖,常统率所属军队,从事于关于国内战争。对于其所管地方内之人民生命、自由、财产,几操有无限之权。"②历届政府对军队的重视可以从下面所列军费占政府支出的百分比得

---

① 王家俭:《清末民初我国警察制度现代化的历程:1901—1928》,第131页。
② 《法权会议报告书》,《东方杂志》第24卷第2号,第158页。

以证明①：

1912 年	33.87%
1913 年	26.89%
1914 年	38.08%
1916 年	33.81%
1919 年	41.68%
1923 年	64.00%

　　按照当时法律规定，"军人在法律上之地位，不受普通法律之管辖"②，而事实上，其势力之大任何机关包括法院都不能也不敢对其进行管辖。不受法律制裁以及本身权势熏天使军人在社会生活中的多方面享有特权，如京中各戏园专备有"军界优待席"③，电车公司通车以后，各项军人"乘车均不照章购票"等。④"国家竭岁人之半数以养兵，人民贡献所得之脂膏以奉兵，教之，育之，尊之，崇之"，本想使之"卫土地，保民命"，结果却适得其反。⑤

　　享有不少条文规定的特权，但对于军人来说仍觉应受更大范围的优待，以致时常出现不少借军人名义扰害民众的事情。如前文所述，京中各戏园为优待军人，专备有军界优待席，但以坐满为限，而军人认为受到限制，在园中观剧往往随便入座，不按指定席位就座，更无视规定的座位额数，"殊为有害营业"⑥。电车公司通车以后，对于身穿制服的军人实行优待，但自通车以后，制服、便服军人乘坐电车均不购票，其原因"一半由于丘八⑦蛮横，一半由于办事

---

① 来新夏主编：《北洋军阀》第1卷，第155页。
② 《法权会议报告书》，《东方杂志》第24卷第2号，第158页。
③ 《警厅维持戏园》，《晨报》1919年12月13日，第6版。
④ 《电车不优待军警了》，《晨报》1925年2月27日，第6版。
⑤ 国事新闻编辑部：《北京兵变始末记》，第1页。
⑥ 《警厅维持戏园》，《晨报》1919年12月13日，第6版。
⑦ 按："丘八"为当时社会民众对军人的蔑称。

人纵容"①。京师驻军较多,本来电车公司受军事影响,就已"损失甚巨"②,军人乘车概不购票的行为,更使电车公司"营业上大受损失"③。这种状况越发严重,以致电车公司董事会董事长王士珍向陆军、内务、农商、交通、财政五部均致函电称:"军人任意蹂躏,持枪占座,概不购票,迫令司机随时开停,以致票收锐减,不敷支出,赔累不堪,势已频于破产。"④

  其他军人扰害民众的情况,如白吃白喝还要找钱⑤、用军帽抵押酒饭钱⑥、随意欺负店铺役员⑦、谋骗饭食⑧、捣毁抢夺商铺⑨、殴打市民⑩、领娶所女转卖娼寮⑪、贩运金钱货物偷漏报税⑫、携代违禁物品⑬等,更是时有发生。各军事部门对此厘定法规,施行以后短时间内还能"尚收效果",但时间一长,"积久玩生",在整个北洋政府时期,特别是在军兴迭起的后期,"服装不整之兵士及随兵弁又复三五成群游行公共娱乐场所,或于街门闲游,或任意乘坐电车种种违犯军纪、妨碍公共之事",一直"时有所闻",⑭以致"一般商民,闻丘八之名,即恐惧万分,纵有若大之冤屈,亦不敢与之分辨"⑮。军人虽有种种违反军纪、

---

① 《丘八不买电车票原因》,《晨报》1926年2月27日,第6版。
② 《丘八不买电车票原因》,《晨报》1926年2月27日,第6版。
③ 《电车不优待军警了》,《晨报》1925年2月27日,第6版。
④ 《王士珍致函五部请维持电车营业》,《晨报》1926年9月18日,第6版。
⑤ 《白喝汽水还要找钱》,《晨报》1921年4月23日,第6版。
⑥ 《两顶军帽换一桌酒饭》,《晨报》1921年4月25日,第3版。
⑦ 《丘八又来欺负茶役》,《晨报》1924年8月12日,第7版。
⑧ 《三军官共骗一顿饭》,《晨报》1924年8月12日,第7版。
⑨ 《丘八捣毁洋货铺》,《晨报》1924年8月20日,第7版;天忏生:《复辟之黑幕》,第74页。
⑩ 《到底丘八爷凶狠》,《晨报》1923年7月2日,第6版。
⑪ 《限制军人领取所女》,《晨报》1926年6月1日,第6版。
⑫ 《公牍·牌示据德胜门查获军人刘宗佑携带金钱货并未报税除饬补正税外从宽免罚文》,《京师税务月刊》第9期,1924年3月,第30页。
⑬ 《通令各税局凡会同军警查拿军人携代违禁物品者应将人物交带去讯办如系单独查获者仍应送署核办文》,《京师税务月刊》第15期,1924年9月,第4页。
⑭ 《军事部训令》,《京师警察公报》1927年8月9日,第2版。
⑮ 《兵卒又逞凶滋事》,《晨报》1923年4月24日,第7版。

妨碍公共之事,但仍多"逍遥法外",普通民众不敢与之抗衡分辩,即使受害民众敢于"向之求偿",也不能通过普通渠道,必须向军事裁判所进行诉求,而"军事裁判所又为军人所支配",所以要想求得赔偿,"大抵不易"。①

正是由于军人享有法律上的特权,又缺少能进行制裁的强制机关,此种特权"旁及于军人之朋友及与之有关系"者"亦容或有之"。②甚至有投机民众谙习此点,想方设法假冒军人,享有各种特权。如1920年,素以拉车为业的市民徐春堂,因"羡慕军人威势",在旧货摊上购买灰色军衣、军帽一套,"借着虎皮的威风,看戏冶游,一钱不费"③。京师税务公署在检查偷漏税情况时,也时常发现闲杂人员冒充军人"包运客货,或迳串通商人及车夫人等,将货物拆整为零,任意走私"④等事情。对于此种假冒军人的情况,京师警察厅一直极力查处,一经查获处罚甚严,将其游街示众,背上还书写具体罪名,如:"冒充军人,扰乱娼所……的罪状,特此游街示众,以儆效尤!"更甚者还有"枭首示众,就地正法"等。警察对查处假冒军人还颇为尽力,但"可惜不能澈底办去"。正如当时民众所质问的那样:"对于冒充军人的败类,固当竭力肃清,难道那耀武扬威在伍的军人,就可以扰乱娼所及一切的娱乐场吗?难道法律就当施之冒充者,不应施之在伍者吗?"⑤正是由于军人享有各种特权,才时有不少民众甘冒被逮严重处罚的危险前仆后继地"冒充招摇"、"藉端滋事"。⑥

对于假冒的军人,警察敢于尽力查处,而对于真正的军人违法乱纪、扰害民众,警察一般惧其势力不敢对其进行处理。警察势力不足以与军队抗衡,民初赵秉钧任内务总长时就已认识清楚此点。1912年,赵秉钧为内务部长时,"京师兵变,全城鼎沸,各区巡警将列队出而弹压,赵止之,令所有岗位一律退去。或诧问其故,赵曰:'巡警非能与兵战,战则徒令送死,势穷且从而附和之,

---

① 《法权会议报告书》,《东方杂志》第24卷第2号,第158页。
② 《法权会议报告书》,《东方杂志》第24卷第2号,第158页。
③ 《谁教你冒充军人》,《晨报》1920年11月14日,第6版。
④ 《训令正阳门税局会同铁路兼职各员查缉脚行冒充军警串通走私》,监督京师税务公署编印:《京师税务纪实》,出版机构不详,1925年版,第23页。
⑤ 惠芝:《冒充军人》,《晨报》1925年10月1日,第6版。
⑥ 《京师警察厅训令》,《政府公报》第3260号,1925年4月29日,第8页。

其祸更烈。俟天晓,此辈必弃械窜散,尔时擒之易矣。'及明,果如臆度"①。内务总长尚且如此认为,一般警察更是自知"实力不足抗击"②军人势力,在遇见军人滋事时,多是视而不见③,即使警察身在现场也不敢秉公处理④,甚至还有军人扰害民众却逼迫警察惩办受害民众的事情⑤。京师警察厅为维持治安起见,各区巡官长警遇见军人滋事时"自应尽力击捕",但各项军人往往"不服巡警之诘"⑥,且陆军部规定,所有属于军人范畴的犯罪事项,"普通审判衙门未便遂行审理",必须交陆军部各自机构审办,连步军统领衙门游缉队兵有犯罪事也应交步军统领衙门讯办。⑦京师警察厅1913年曾制定应对措施,要求巡官长警无论遇见"何项兵丁滋事,务希当场扭送"⑧到署,但应"随机设法将该军人身上之肩章或军帽等件摘取带案,以资佐证"⑨。专门负责管理约束军人的军警督察处也曾多次致函京师警察厅,请求对有损"军界名誉"的事情"详为调查",并将查处的军人姓名转告该管长官,以便"查照斥革,送回原籍"。⑩

---

① 陈瀚一:《新语林》,上海书店出版社1997年版,第39页。按:京师兵变为袁世凯及其心腹所为,赵为袁心腹,知道兵变的内幕,赵的话不能作为本书论点的直接证据,但他用"巡警非能与兵战,战则徒令送死"的理由来劝说巡警退去也还是可以看出当时巡警的力量确实不能与军队抗衡。

② 《京师警察厅关于如遇有军人闹事应设法捕获给各区的训令、通告》,1913年9月1日,J181-018-00020。

③ 《北京军警原是保护邪教的》,《晨报》1921年8月7日,第6版;《军用车肇祸不生问题》,《晨报》1921年4月10日,第6版;《毕竟是军人硬气》,《晨报》1921年5月2日,第3版;《巡警不敢得罪丘八》,《晨报》1924年6月20日,第6版。

④ 《到底丘八爷蛮横——警察敢怒不敢言,小本商人认吃亏》,《晨报》1922年9月30日,第7版。

⑤ 《巡警替丘八做脸》,《晨报》1923年12月2日,第6版。

⑥ 《京都市政公所致京师警察厅公函》,《政府公报》第3355号,1925年8月4日,第15页。

⑦ 《京师警察厅为嗣后遇有游缉队兵等诉讼案件径送该管衙门办理致外城左四区署训令》(1913年11月15日),《北洋政府档案》第173册,第219页。

⑧ 《京师警察厅为嗣后兵丁滋事应当场认清身份扭送到署致外城左四区警察署训令》(1913年8月30日),《北洋政府档案》第173册,第165页。

⑨ 《京师警察厅关于如遇有军人闹事应设法捕获给各区的训令、通告》,1913年9月1日,J181-018-00020。

⑩ 《保全军界名誉》,《晨报》1916年9月23日,第6版。

有如此变通措施和授权,警察在遇见军人扰害民众事件时仍不敢秉公处理,即便这样,还时常出现军人欺辱、打骂警察的情况①,甚至时有警察被军人殴打致伤的情况。如1916年11月,一士兵因在公共处所小解,该处守望警士杜某前去拦阻,该士兵不服,"竟将杜之左手殴伤甚重"②。1920年3月,新世界游乐场,有3名骑兵未穿军服,不购买门票,巡警进行干涉,军人不服巡警官吏,双方大起冲突,有一名巡警负伤。③甚至军人还敢明目张胆冲击警察派出所。1924年6月,有陆军部卫兵骚扰妓院,巡警前往弹压,军人不服指挥,警察当场捕获滋事军人2名,解至派出所。随后有军人20余名蜂拥至派出所,抢夺被获军人。巡警长官拔刀自卫时被军人抢去指挥刀,双方大开交手仗。结果军人扎伤巡警1人、巡官4名,并将所内桌椅摔在街上,又将木板房拆毁。④

军人阻挠警务处理、打骂警察的事件时有发生,当时报刊记载最为典型的当数1924年7月24日巡警赵锡绵被军人殴伤致死的事件。当日清晨有军人十七八名手持器械闯入双福茶室进行打砸扰乱,外右二区第一路第二派出所巡警赵锡绵闻声赶入,意欲排解,但被军人当即砍倒,巡长马文元骑着脚踏车跟踪滋事军人,亦被军人发现,将马巡长截获殴打。赵锡绵和马文元后被送往医院,但赵因伤势过重医治无效死亡。⑤此次殴毙警察事件引起社会民众的广泛关注,因有关京师民众治安生活,京师总商会会长还亲自要求薛之珩总监"非澈底办理不可,否则北京市民,如何安宁生活"⑥!警察机关无权处理,负有处理职责的部门亦未及时进行处理,以致这样引起轰动的军人殴警致死事件,发生后多日仍不见对打人军人进行处罚。参众两院议员亦"纷纷提出质

---

① 《队兵群殴警察》,《晨报》1923年5月23日,第6版;《大丘八欺负巡官》,《晨报》1924年4月8日,第6版;《军人扰娼巡警遭殃》,《晨报》1923年9月5日,第6版。

② 《某兵违警又殴警士》,《晨报》1916年11月20日,第5版。

③ 《新世界之真武行》,《晨报》1920年3月21日,第6版。

④ 《丘八捣毁派出所》,《晨报》1924年7月1日,第6版。

⑤ 《昨晨一群丘八殴警毙命——先由双福掌班多事而惹祸行凶丘八为游街丘八抱不平巡警赵锡绵毙命马巡长负重伤》,《晨报》1924年7月25日,第7版。

⑥ 《群兵殴警将重办》,《晨报》1924年7月26日,第7版。

问":"以尽职死事之巡警,被人惨杀,犹且如此,则无枪阶级之平民,尤将何恃以无恐耶?""警察保卫治安,人民生命所托,队兵管辖,各有专责,军人冶游,法纪所禁。今竟野蛮逞凶,白昼杀人,国家尚有法律,军纪荡然无存!"为安民心、平民愤,议员们希望"负有职责之当局,迅速严缉,尽法惩办"①。在此次事件之后,陆军部对军纪进行整饬,但这种整饬多属"官样文章",根本"无济于事"。②之后,军人欺压巡警的情况仍未有所收敛,报刊上登载的此类事件仍屡见不鲜。③

警察时常被军人打骂甚至殴死的情况未得到有效解决和从根本上制止带来了严重后果,不仅打击警察的积极性,促使警察对军人扰害滋事坐视不理或处理不公,直接的危害是扰乱了北京的社会秩序,以致当时的报刊说:"每日丘八行凶事件,必有数起。"④

按照规定,"各机关在界内查办案件应事先通知区署会同前往检查后交区讯问,如必须带走由各区请示办理"⑤。早在1913年,京师警察厅就要求各军事机关"嗣后拟办何案应先知照厅区派警照料,其既经访明之案非关于军事者应交该管区办理",但京师警察厅也知不能杜绝军人插手地方职权,就进行了变通处理,如军人执有军队公文便可进行抓捕等事,军人不持执照办案时,"若巡警公然拒绝,恐生冲突","该警应与其会同办理,同赴本区,由区扣留案犯询问,非该军长官公文来区声明不得交付,以杜滋扰,而保公安"。⑥京

---

① 《议员再质问杀警案》,《晨报》1924年8月7日,第7版。
② 《陆部要想官丘八》,《晨报》1924年7月27日,第7版。
③ 《探兵大打警察》,《晨报》1924年9月3日,第6版;《三军人醉打警察》,《晨报》1925年4月10日,第6版;《丘八殴毙巡警》,《晨报》1925年10月21日,第6版;《军用汽车轧伤巡长》,《晨报》1925年12月24日,第6版;《前晚军警大闹戏院》,《晨报》1926年1月12日,第6版;《东郊巡长投井》,《晨报》1926年6月2日,第6版。
④ 《丘八行凶一案》,《晨报》1924年7月27日,第7版。
⑤ 《为通告事窃惟敝厅职责原在维持社会保护治安奉》,《京师警察公报》1928年1月1日,第2版。
⑥ 《京师警察厅为嗣后军人不执执照办案若无该军公文不得将人犯付交致外城左四区署训令》(1913年9月27日),《北洋政府档案》第173册,第203~204页;《京师警察厅为凡有派侦探搜索事项必须携带执照致外城左四区警察署训令》(1913年9月13日),《北洋政府档案》第173册,第197页。

师警察厅的这种规定显然没有得到很好的落实,整个北洋政府时期北京驻军时常不知会京师警察厅便"巧立名目,私自捕人","侵越地方主派机关权限"。①如1914年,陆军侦探队在西柳树井第一舞台内逮捕陶维铎并未知会该戏园弹压巡警钱宝山。"嗣经巡警询问系何案情,并未告知,复索名片,据云未带,不容盘诘,遂各持手枪将陶维铎一名带走。"②1927年有某军队稽查处未与京师警察厅协商,"即经办多人"。③似此驻京军队私自进行传讯、逮捕、搜查的事实"数见不鲜",不仅使"人民易起惊疑,传讯而抗拒不遵","官厅殊失威信",还会给匪徒制造冒充之机,引起人民指责。更重要的是,职权不明,侵犯京师警察厅的职权。④

二、军警难分

清末以前,中国只有军或兵,而无巡警制度。至清末设立警察制度后,社会上开始对"警"有认识,但由于清末巡警不少是由绿营兵直接转化而成,加上民众对巡警这一新生事物认识不清,以致常称巡警为"巡警军",自此"军"和"警"时常被放在一起使用。而实际上在北洋政府时期,"军"和"警"在不少时候,确实是很难分开,直至1918年之时,仍有"(步军统领衙门)两翼技勇兵多有兼充巡警之差"⑤的情况。在军兴迭起的北洋政府时期,京师治安问题严峻,仅靠军队或警察某一方很难确保社会秩序的稳定,因此,不管是政府还是社会民众,皆认为"维持治安,军警负责"⑥。"军"与"警"常常联合,尤其直皖、奉直各战役,北京治安问题紧张之际,以及学潮时期,风声鹤唳,草木皆兵,"军

---

① 《军警联合处昨开会议——禁驻京各军随便捕人》,《晨报》1927年12月14日,第7版。
② 《京师警察厅外右二区区署关于奉天陆军侦探队逮捕陶维铎并未会同巡警情形的详报》,1914年9月1日,J181-018-02300。
③ 《军警联合处昨开会议——禁驻京各军随便捕人》,《晨报》1927年12月14日,第7版。
④ 《为通告事窃惟敝厅职责原在维持社会保护治安奉》,《京师警察公报》1928年1月1日,第2版。
⑤ 《调查技勇兼差》,《晨报》1918年2月4日,第3版。
⑥ 《鹿钟麟注意治安》,《晨报》1925年12月16日,第3版。

警出动""军警制止"类词语,常见于文电及报纸。某次发生学潮,许多学生发通电登载各报曰"军警打人"、"军警横暴"、"军警野蛮",时任警察总监的殷鸿寿阅报后大不悦曰:"打人的是他们的兵,我的警察何曾动手?"此是实话,但学生们亦并非有意诬赖警察,乃因"军警"二字联用已久,顺口而出,顺笔而下,以至皂白不分。① 军警之间关系复杂,既有上文所述的矛盾冲突,也有互相协作。

"行政之国家欲行征兵制度,凡国民至法定年龄,必应服兵役之义务,而关于此种调查、召集之手续亦须仰警察之助力。"② 京师警察厅对军队的协助,其中之一便是照料征兵事宜。如1928年陆军三四方面联合军团司令部征兵,各县遵照军团长命令办理征兵事宜。所征新兵分批从各县运至北京,对于"新兵送到之驻在地点"及"出入城门"等事宜,须京师警察厅协助,联合军团司令部专函通报京师警察厅"烦饬照料,随时侦查,免致奸人藉名造谣煽惑"③。除照料征兵事宜外,驻京的军队还有多种事宜需京师警察厅协助。1926年,奉直鲁联军入京,但其"营帐用具均不完备",严重者"所有家具物件全无","新置一时无此财力"。京师警察厅为帮助联军解决用具问题,派警察向京中各城商号居户筹借被服、桌椅、铺板等物,"多少视该店户之大小而异,木板家具铺板征用犹多"④。在北洋政府后期,政局变动,"京师区域军队繁多",为"示区别",不少部队都有自己的特殊标记。因常需京师警察厅协助,初到京师的驻军一般都会把自己的标记样式通知京师警察厅。如1927年,东北陆军第十一师步兵三十八旅司令部奉令开驻北苑,特制定一种三角式的记章,所属官兵一律佩戴,除呈请陆军部备案外,还把"记章样式"通知京师警察厅,"希即查照,饬属一体知照,时任公谊"⑤。因需在京交通方面的协助,1927年5月,镇威三四方面联合军团炮兵司令部也把其汽车及军用载重汽车符号图式通知了京师警察

---

① 凌霄汉阁主:《警察史料》,《警声》(又名《警声杂志》)1940年第1卷第5期,第49页。
② 郭公阙编:《警界必携》,第3~4页。
③ 《京师警察厅关于照料征兵的训令》,1928年1月1日,J181-020-00817。
④ 《警厅征用被服家具》,《晨报》1926年4月24日,第6版。
⑤ 《京师警察厅训令》,《京师警察公报》1927年4月17日,第3版。

厅。①

对散兵游勇的安置一直是北洋政府时期各军队难以解决的问题。京畿卫戍总司令部以"京师首都重地,时有闲散军人潜迹,深虑日久生事",在先农坛设立收容所专门收容此等军人,并规定搜查散兵暨客籍闲散军人的办法。收容散兵一般是"给资遣散",对于"复行来京逗留者亟应严行清查,予以惩戒,俾儆将来而靖地面"。但给资遣散的军人仍有不少逗留京师或复行来京,对于管理此种闲散军人,京畿卫戍总司令部除饬令所属认真办理外,还将惩戒办法送交京师警察厅,请其各区署派员对闲散军人进行"搜查清结",其收容所内还请"警察厅派员担任审讯事宜"。②散兵游勇问题到北洋政府后期更为突出,"京畿一带,逃兵散勇甚多,值此饥寒交迫,无家可归,乏业可守,势必流为盗贼",京师地面抢劫案迭起"未始非此厚由"。③由于京畿卫戍总司令部的协助要求和维护京师治安的需要,京师警察厅对于散兵游勇的安置一直较为注意。如1923年9月,京师警察厅发现有士兵在街市任意露宿,"有失军人体面",并"与军队名誉有碍",便派警"将其送回本营"。④还有一些被部队遣散的军人,无处安置,经京师警察厅发现后也会对其进行妥善处理。1926年7月,曾充镇威军兵站医院少尉副官的秦有庭,因在双庆茶室捣毁电灯,经外右二区署解送到厅。经讯明后,得知其"川资已尽,无法回籍",便将秦送交收容所收容安置。⑤

政府认识到军警矛盾不利于社会秩序的维护,早在1911年(宣统三年),在民政部的支持下,北京军警双方商议进行联合沟通,设立军警联合公所,召开军警联合会议,最初规定每星期六军警上级军官、每星期三中级军官进行会议一次,共同研究,互相讨论有关"保守秩序,维持治安各办法"。军警之间有冲突或者意见,各长官在会议期间进行商议,目的是使军警之间缓和关系,

---

① 《京师警察厅训令》,《京师警察公报》1927年5月13日,第2版。
② 《京师警察厅行政处关于先农坛设立散兵收容所请警察厅派员担任审讯事宜的函》,1922年8月1日,J181-018-14357。
③ 《京畿卫戍司令部游兵收容所办法草案》,《京师警察公报》1927年3月7日,第2版。
④ 《丘八爷露宿车内》,《晨报》1923年9月6日,第6版。
⑤ 《警厅安置肇事军官》,《晨报》1926年7月19日,第6版。

联络感情。这种军警之间的沟通在最初阶段起到了一定的积极作用,辛亥革命后,"各省迷乱不堪,而独京师秩序井然,推原其故,实军警各长官提倡于前,诸将士维持于后,同心协力"①。

  从史料上来看,在整个北洋政府时期,军警双方对于彼此之间的沟通联系还是比较重视的,军警联合会议一直没有中断,如1918年,每星期一为上级军警长官会议之期,每星期五为中级军警长官会议之期;②1920年,考虑到驻京各师旅军官多在郊外,军警会议改定于每星期日举行一次,以便于各军官休息。③在北京社会秩序受到大的影响时,军警之间会灵活处理会议时间。如1921年5月,北京抢劫案迭出,军警开会,"共筹保卫治安之策",决定由步军统领衙门责成两翼,每日加派便衣侦探在各巷巡逻,警厅加派保安队在马路巡逻,并请驻京各军队限于晚9点后禁止兵士出营。④1923年8月,受军事影响,"谣言繁兴",北京市面出现恐慌,军警各机关长官召开维持地方治安特别会议,商议预防,由军警各机关共同出示布告,禁止谣言。⑤

  如何处理军人和非军人之间的关系是一个传统的问题,但在军队武装势力尤为突出的北洋政府时期,这个问题显然已上升到影响国家政权的地步。北洋政府明文规定军人不准干预政事⑥,但同时政权的稳固又要依赖军队武装力量,因此给予军人诸多特权插手地方管理。警察机构是合法建立的国家公共权威机构,被赋予管理地方社会的责任,其执行行政命令,但不干政。对于自己的职权范围,京师警察厅有比较清晰的认识,因此在军警联合会议上以及向当局政府多次提出双方维持地方的"画分权限问题"⑦,但无奈军人手

---

① 京师军警联合公所编:《京师军警联合公所记事汇编·缘起》,出版地不详,1914年版,第1~2页。
② 《军警会议分期》,《晨报》1918年2月27日,第6版。
③ 《军警例议之改期》,《晨报》1920年3月25日,第6版。
④ 《亡羊补牢之军警会议》,《晨报》192 5 月14日,第6版。
⑤ 《军警机关力维治安》,《晨报》1923年8月11日,第6版。
⑥ 《旧案重提》,《晨报》1916年8月21日,第5版。
⑦ 《昨日警厅之会议》,《晨报》1919年9月6日,第6版;《警卫司令部昨开军警会议——讨论巡查之权限问题》,《晨报》1925年5月13日,第6版。

握大权,又得倚重,地方管理权限划分问题屡次被提出但始终没有从根本上解决。同时,也不能否认,京师警察厅自身亦认识到,在当时局势下,自己无力独自完全承担维持地方的重任,需要和军队力量携手合作。总之,警察机构地方管理权限被军权机构侵越是北洋政府时期军权政治总体特征的一个缩影。

第四节　无事不涉之警察

"国家内政,其最要者厥有数端:曰军事行政,曰财务行政,曰司法行政,曰内务行政。欲整军经武、捍御外侮,树威于国境之外,则必有军事上之行政;欲整理度支,使出入得以平衡,国用不至匮乏,则必有财政上之行政;欲执行法律,慴服奸宄,使人民不敢蹈入非辟,则必有司法上之行政;欲整顿内治,使百废具举,上下相安,则必有内务上之行政。是数者皆国家内政上之主要,而与国家之兴替最切之关系者也。"①此外,教育、农工商、交通诸端行政,原属于内务行政范围之内,民国以后,社会经济各方面日益发展,"政务日繁","内务行政一职有鞭长莫及、绠短汲深之势",于是教育、农工商、交通等政务便从内务行政中分离出来,上升到与内务行政"并肩立于同等之地位"。②警察行政从归属划分上属于内务行政的一部分。在警察初设之时,政府和社会皆认为其有功用,但其功用若何却没有清晰认识。随着社会需要的发展,警察的功用逐渐得到了显著发挥,进入民国以后,其功能的发挥更是引人注目,按当时学人说法:"今日警察之功用,殆有令人惊诧辟易之势,其属于内务范围

---

① 郭公阙编:《警界必携》,第2页。

② 郭公阙编:《警界必携》,第2~3页。

内者,其势力之扩张、事务之丛颐,今姑勿论,但就军事、财政、司法、教育、交通、农商工各行政方面观之,警察之权力几乎无一不干涉及之。"①以上诸端行政欲"排除诸种进行之障碍","其中求将伯之助于警察者,固不可以数计者也"。②

一、赞助教育

京师警察厅不是教育主管部门,但北京教育的发展离不开京师警察厅,从学生管理到学校保护以及学校房屋事宜等都须其协助管理。

京师警察厅负责京师人口调查,对京师人口的详细状况最为熟悉。民国建立后,北洋政府"欲增进国民之智识,使文化得以普及"③,对教育事宜比较重视,首要的事情就是整顿私塾。清末废除科举制度,但因私塾存在时间长久,在民众中的影响根深蒂固,对私塾进行全面整顿依然困难重重。京师私塾对于整理往往"阳奉阴违",教育部学务局认为如"不严加整顿,则教育前途必无良好结果"。④为此学务局也是先借助于警察署对私塾未呈报者、呈报自行解散经学区调查实未解散者、声明自行解散这三种情况进行了具体的调查⑤,调查后,对于应解散的私塾再由京师警察厅"干涉解散"。⑥

在整理私塾的同时,政府欲施行强迫教育政策,凡儿童年届学龄,必令其入学,违者罚其父兄,而"此事须赖警察"⑦。京师警察厅负责户口调查,要想掌

---

① 郭公阙编:《警界必携》,第 3 页。
② 郭公阙编:《警界必携》,第 19 页。
③ 郭公阙编:《警界必携》,第 2~3 页。
④ 《重订私塾章程》,《晨报》1918 年 4 月 8 日,第 6 版。
⑤ 《京师学务局关于要求解散第二、五、七、八、九学区私塾给京师警察厅的公函》,1913 年 3 月 25 日—1914 年 12 月 15 日,J004-003-00008。
⑥ 《文牍·公函第一一〇号致京师警察厅》(1914 年 4 月 14 日),《京师教育报》第 5 期,1914 年,第 4 页。
⑦ 郭公阙编:《警界必携》,第 3 页。

握学龄儿童入学数目情况,"应与调查户口同时并行"①,为此,京师学务局为掌握儿童入学状况,只能借助京师警察厅"将内、外城各地方住户之儿童,分别已未就学饬区调查明晰"②。除负责调查儿童入学状况,对于未入学的儿童,京师警察厅也会了解其未入学原因。1916年,北京的慈善人士考虑残疾儿童将来就业起见,创办了一所启瞽学校,便是由京师警察厅负责"调查盲人及劝其入学"事宜。③

取缔私塾后,京师各类中小学校大量增加。新开设的学校,不管是私立还是公立,在呈报京师学务局批准备案后,学务局还会将所辖京师中小学校各校校址、校名、校长姓名函报警察厅"查照保护"。④学校改名经学务局批准后也须呈报京师警察厅。⑤宣武门内绒线胡同京师公立第八小学校因"匪徒由后墙外抛砖石",影响学生上课,请求"警区设法严办"。⑥各大中专学校如有特殊事宜需要保护,也是京师警察厅负责。女子师范大学门前有停车处,该校女学生出入校门之时,常有车夫"信口雌黄,任意嬉笑",学校很担心,报告警察厅请求保护,警察厅令该管区署派警察到校门进行管理。⑦另外,学校新建、增添教室、扩充操场、后墙开窗、修改校门等事也要由京师警察厅负责协调和调查。1916年10月,京师建模范小学需要用镶蓝旗空地,京师警察厅负责"与该旗接洽"土地收用事宜。⑧1917年3月,北京医学院专门学校学生增多,需要增

---

① 《公牍·咨京师警察厅总监、步军统领(六月二十二日)》,《京师教育报》第5卷第8号,1918年,第3页。

② 《请调查学龄儿童》,《晨报》1916年12月31日,第5版。

③ 《启瞽学校将开办》,《晨报》1916年12月26日,第5版。

④ 《文牍·公函第一八二号致京师警察厅(三年五月七日)》,《京师教育报》第6期,1914年,第6页;《咨请保护学校》,《晨报》1918年2月7日,第6版。

⑤ 《京师警察厅批》,《京师警察公报》1927年4月29日,第3版。

⑥ 《文牍·公函·第八七号致京师警察厅(三年二月廿五日)》,《京师教育报》第3期,1914年,第9页。

⑦ 《派警保护女学生》,《晨报》1917年2月27日,第5版。

⑧ 《内务部训令》,《政府公报》第277号,1916年10月12日,第31页。

添教室，负责进行联系及迁移费发放的也是京师警察厅。①此外，如学校开游艺会筹款维持校务②、空地招租③等事也须呈报京师警察厅批准并照料。甚至小学举办联合运动会，京师警察厅也会派"警士弹压保护以维秩序"④。

为掌握京师私立中小学校情况，学务局派员分区进行调查，亦须警察厅"所辖各区署相助"，在调查之前学务局将视察区域及调查人员分配情况函交警察厅"转饬各该管区署，如各该员随时到区署时，赐予接洽"。⑤除了京师学务局辖属的中小学校，直属教育部的在京各大中专院校亦需京师警察厅的保护和协助。北京大学为保护学校安全，设立校内巡丁，每星期操练两三次，但苦于没有合适的教操员，所管中一区署根据其请求派辖段巡官董闰谦"前往分班教练"。⑥北京大学学生众多，学校附近公寓"每巷约有数家"，以供学生住宿。"为日既久，流弊丛生，一切有妨风纪行为，渐渐发觉于公寓以内。"北大斋务课长胡默青鉴于"公寓风纪，在在可虞"，而学校所定的公寓管理规则形同虚设，只能请求中一区警察署"严厉取缔"。警察署根据北大斋务课的请求，专门在学校附近公寓聚集各巷贴出布告，规范学生公寓的管理。⑦京师警察厅对学校校内的活动也进行干涉。1924年1月，北京医大学生因与教职员打架，其住宿的学生被警察驱逐出校，并有巡警在校内把守，"校内事务室附近及操场一带，满布巡警，为数不下六十余人，（医大）俨然一座警察署"⑧。

---

① 《内务部训令》，《政府公报》第415号，1917年3月8日，第11~12页。

② 《批私立振亚小学校呈假城南公园游艺会三天筹款维持校务请咨警察厅文》，《京兆公报》第357期，1926年9月18日，第12页。

③ 《函京师警察厅据京兆通俗教育馆长呈送简章函请查照备案并希饬区随时妥为照料文》，《京兆公报》第376期，1927年2月19日，第11~12页。

④ 《公牍·咨京师警察厅（三月九日）》，《京师教育报》第16期，1914年，第8页。

⑤ 《公函·函京师警察厅开送本局视学视察区域分配表请转饬各该管区署（十月五日）》，《京师教育月刊》第1卷第1号，1927年，第9页。

⑥ 《本校纪事·中一区警察署来函》，《北京大学日刊》1918年6月26日，第2版。

⑦ 《中一区警察署覆斋务课胡默青先生函》，《北京大学日刊》1922年6月2日，第2版。

⑧ 《医大风潮又起波澜——昨晚保安队驱逐住宿学生出校》，《晨报》1924年1月10日，第6版；《医大校变成巡警食堂》，《晨报》1924年1月11日，第6版。

鸦片、吗啡的取缔属于京师警察厅的职责范围,但对纸烟并未普遍严加限制。清末民初,"吸食纸烟之风流行遍于全国,效尤及于儿童,倘非严行禁止,诚恐贻害青年,学校前途蒙其影响"。教育部对儿童吸烟一事非常重视,在通令学务局饬令各学校禁止学生吸食纸烟的同时,还要求京师警察厅"设法严加取缔"①,"巡警凡遇有十八岁以下之青年童子吸烟卷,禁其勿吸"②。纸烟对儿童身体危害甚大,淫秽书籍对青年学生身心危害亦大。为减少此种危害,教育部通俗教育研究会一直重视对淫秽书籍的查处,并将"青年读物之应禁者开单函行警察厅,请通知各书铺禁止,并订罚则"③,以减少对青年学生的毒害。

京师警察厅不仅协助京师教育的发展,有时还会主动参与到各种教育活动中,如一些警察署创办了平民学校,专门招收因家庭贫困而无法入学的儿童,取得了不错的成效。通俗教育研究会成立时,教育部专门请京师警察厅总监派职员3人充任会员。④正是由于京师警察厅"赞助教育"的功劳,教育总长傅增湘曾呈请总统授予总监吴炳湘教育部一等奖章。⑤

二、参与财政及交通

民国以后,"国家因政务日繁,度支告绌,而图增收岁入,以应凡百之需用,而筹办印花税、所得税及其他税则,此等税务欲求其推行无阻,民间无漏匿报等情弊,亦必责成警察方有效果"⑥。在交通方面,更离不开警察参与,除了专门进行车辆管理和维持秩序的交通警务外,京师警察厅还协助市政公所

---

① 《教育部训令第三八六号》,《政府公报》第954号,1918年9月21日,第9页。

② 《内务部取缔烟卷》,《晨报》1917年9月2日,第6版。

③ 《文牍·公函·第一〇三号致京师警察厅(三月六日)》,《京师教育报》第4期,1914年,第4页。

④ 《教育部通俗教育研究会章程》,《政府公报》第4176号,1927年12月9日,第10页。

⑤ 《教育总长傅增湘呈大总统李长泰吴炳湘二员赞助教育均拟给本部一等奖章文》,《政府公报》第1167号,1919年5月5日,第13页。

⑥ 郭公阙编:《警界必携》,第4页。

共同进行路政方面的管理。进行交通警务和协助捐税及路政方面后文专论，本小节着重从维护京师民众日常基本生活方面来论述京师警察厅和财政及交通部门的关系。

粮煤等"为人民日用所必需"，如出现异常，"与市面、民生皆有极大之关系"，京师警察厅"负有维持地方，保护人民之责"，①对于民众生活必不可少的各种物资理应密切关注。京师一带产粮"向不甚丰，均系仰给外省运入，始敷民食，若听商人大宗输出，不第于食有碍，且恐流弊滋多"。1915年，京师"粮价暴涨"，"兵民行将乏食"，据京师警察厅和京师总商会等相关机构的调查，其重要原因即在于"粮石外销"造成的"仓廪日形空虚"。为此交通部和内务部等共同制定了取缔京师米麦外运出境暂行条款，严格限制京师米麦外运，商贩转贩超过50石以上者，即应按照规定将运卸地点、日期、米麦石数禀报京师警察厅查明，核准后发给护照方准起运。②京师商住居民众多，所需粮食数量巨大，为保证京师粮价平稳，虽有限制京师米麦外运的规定，但仍有各种原因使粮食价上涨。各区署直接与商民接触，能够比较及时地掌握粮食价格的涨落情况并报告警察总监，总厅也会根据情况主动派员赴各粮店调查米粮价格及涨价原因，并和京师总商会等协商取缔涨价办法。③1917年，因"币价日低，粮价日涨"，为平抑粮价，应京师总商会的请求，京师警察厅向财政部请求从外地运京米粮"无论官办、商办，一律减免税额"，财政部据其请求将运京米粮一律以两个月为期限，"减免半税"，以缓解京师粮价问题。④

平抑京师煤粮价格，京师警察厅除要与财政部门联系减免税额事宜外，还会时常和交通部门联系运输各事项。北洋政府后期，北方各省军兴迭起，"铁

---

① 《警厅注意粮食问题——陈兴亚昨与邢李会商结果呈请财交两部拨车并免税警厅并布告禁止任意居奇》，《晨报》1927年6月14日，第6版。

② 《交通部、内务部、税务处呈会定取缔京师米麦外运出境暂行条款缮单请训示文》，《政府公报》第1080号，1915年5月11日，第16页。

③ 《调查粮食之涨价》，《晨报》1917年5月16日，第5版；《警厅注重民食》，《晨报》1918年2月17日，第6版。

④ 《财政部覆步军统领衙门、京兆尹、京师警察厅公函（第七百三十六号）》，《政府公报》第519号，1917年6月21日，第13页。

路车辆多被军人占用","各路粮米未能运京",①致使京师因米粮缺乏而涨价。京师警察厅为限制粮价,积极协助并保护京师总商会赴各处购置粮米,同时函请交通部,"声述京师缺粮之忧,设来源不济,关系民生及治安匪浅,请求速饬路局拨发车辆,以便运输民粮,而维民食"②。在京师米粮缺乏涨价之时,"运输米粮为急务",交通部应京师警察厅和京兆尹等请求,一方面和有关军队沟通,"减少兵车次数","疏通车辆以资接济";另一方面减免运输费用,在规定的时间内按"车价减按五折核收"③。1922年冬天,"煤价日增,小民生计愈成困难",京师警察厅查其原因,"一因火车短少,二由矿商把持"。为解决煤价增高的问题,京师警察厅除"严查矿商把持"外,积极和交通部联系,请求"交通部转饬各路,每日给车若干辆,专供运煤"。多日后,"煤价仍未稍减",京师警察厅再次"函请交通部查照前因,迅予核办",并由厅内派员会同行商煤会会长及总商会人员,直接"前往交通部与路政司接洽"。在京师警察厅的呈请下,交通部"酌加商煤运京车辆,竭力运输",但因"军兴以来,车辆复多被扣,迄未放还,周转兼难",平抑煤价须多方筹措,交通部还专门要求京师警察厅派员到部"再行接洽"。④京师警察厅根据京师煤粮价格涨价情况请求交通部门在运输方面给予支持,而交通部在调拨车辆运京煤粮以后,除填写运京粮煤数量表在《政府公报》上公布外,还会"随时函送"给京师警察厅,以便共同维护京师煤粮价格。⑤在京师警察厅、交通部及相关机构的共同努力下,京师煤粮缺乏的情况有时会有所缓解,如1925年京师警察厅应电灯公司的请求呈请交通

---

① 《交通部致京师粮食救济会》,《政府公报》第1649号,1920年9月16日,第16页。
② 《警厅筹备冬防》,《晨报》1924年11月23日,第6版。
③ 《交通部致张、曹巡阅使电》,《政府公报》第1647号,1920年9月14日,第13页;《内务部咨交通部办理运输米粮为急务应设法疏通车辆以资接济暨减免轮船运费各等情查核办理文》,《政府公报》第1657号,1920年9月24日,第19页;《交通部致京师警察厅、京兆尹、直隶省公署函》,《政府公报》第1723号,1920年12月2日,第30页;《交通部致京师警察厅等公函》,《政府公报》第3155号,1925年1月11日,第9页。
④ 《交通部致京师警察厅公函》,《政府公报》第2406号,1922年11月15日,第10页。
⑤ 《交通部致京都市政公所、京兆尹、内务部、京师警察厅、京师警备总司令公函(第五十三号)》,《政府公报》第3166号,1925年1月22日,第10页。

部拨运车辆"运输燃料",交通部在2月份共运燃料705吨,一定程度上解决了该公司燃料缺乏的问题。①

三、警察干涉司法

1927年,法权会议报告书根据调查认为:"中国之警察,占有一种特别地位,故其权较各国之警察为达。一切警察处分,除执行司法警察职务时外,皆作为行政处分。不服警察处分者,不得上诉,只能以行政诉讼程序向高级行政官署及平政院诉愿。此外,中国警察行使一种立法及司法权例,例如,警察得制定规则,违背之者得处以三十日以下之拘役(在北京为六十日)不准向普通法院上诉。又,犯《违警罚法》者,亦由警察官署司法处审判,判决后,亦不得向法庭上诉。"②警察机关设有专门拘留所,用以羁押警察厅所判有罪之人。"其结果则中国警察官署于其限定之管辖范围内,握有非常大权盖。"③因握有大权,且与民众接触最多,民众在出现争讼时也首先想到要去警察机关申请处理,以致一些应归普通法院裁判的案件,警察机关时有越权进行受理。1923年1月16日大总统教令针对此种情况进行了专门指示:"立法、行政、司法分权鼎立。为共和国之精神,凡司法范围以内之事,无论何项行政机关,概不得侵权干涉,迭经明令申告在案。乃近闻京外军警衙门对于民刑诉讼仍不无越权受理情事,殊与司法独立之制有乖,自此次申令之后,所有军警机关除属于军事范围及违警案件或法令有特别规定者,一切民事刑事诉讼均不得违法受理。"④政府对警察干涉司法权进行了限制,但法权会在调查时仍发现警察时有干涉司法事,"警察得以轻微事件逮捕人民,且逮捕后得因行使司法或检察权,任意羁押被告多时",更有严重情况者,如"被告在羁押审判及拘留期内,接见亲朋一事,警察有绝对准否权,且有时判令被告人负担诉

---

① 《交通部致京师警察厅、京师电灯公司公函》,《政府公报》第3273号,1925年5月12日,第8页。
② 《法权会议报告书》,《东方杂志》第24卷第2号,1927年1月25日出版,第156页。
③ 《法权会议报告书》,《东方杂志》第24卷第2号,第153页。
④ 《大总统令》,《政府公报》第2462号,1923年1月17日,第1页。

讼费用……幼孩犯轻微罪时,警察亦有加以逮捕者"。①警察对行政上及司法上事件有权进行管辖,在全国所有的警察中较为普遍,但"惟京师警察其权限较大"②。

北洋政府时期,中国法制体制正处于过渡时期,司法制度不完善,而警察权限本身又较大,致使警察职权在一定程度上侵占了原本不属于自己职权范围的司法领地。也正是由于司法制度的不完善,司法机关在执行正常司法事务时需借助警察之力,于是便有了专门的司法警察。京师司法警察由京师警察厅巡官长警充任,分别派往总检察厅15名、高等检察厅20名、地方检察厅40名、各初级检察厅每厅10名,具体执行发现罪犯、逮捕人犯、搜索证据、护送人犯、取保传人、检验尸伤等事务。如1918年1月27日,京师地方审判厅由京师监狱选拔出年力精壮、案情较轻犯人20余名,派遣司法警察乘京汉路车押解运送保定清苑监狱工厂内分科习艺。③各司法警察由京师警察厅司法处主管,派驻司法机构有"随时督饬之权"。④

京师警察厅选派的司法警察对司法部门的工作起到了一定的协助作用,司法部对司法警察的工作也比较认可,曾评价说:"本部所属司法警察向承贵厅指拨得力人员分赴执务,各该警察人等训练有素,深能称职比者,岁晚天寒尤能不辞劳苦,协助厅务,足征贵厅督率调度适合、机宜叨益之深,且感且佩。"⑤为鼓励京师警察厅协助司法事务,司法部还奖给"办理关于司法事务劳绩卓著"者本部奖章。1915年12月,京师警察厅厅员白承颐便获得此项奖励。⑥实际上,据法权会的调查,由于警察权发达,司法警察的职权往往超出了其规定的范围,在"执行司法警察权限及检察资格、侦查刑事犯罪时更为广

---

① 《法权会议报告书》,《东方杂志》第24卷第2号,第162页。
② 《法权会议报告书》,《东方杂志》第24卷第2号,第153页。
③ 《押解犯人赴保》,《晨报》1918年1月28日,第6版。
④ 《京师警察厅拟定司法警察章程》,蔡鸿源主编:《民国法规集成》第14册,第64~65页。
⑤ 《金载·专件·致京师警察厅拟派邓宇安为督练司法警察长函》(下),《司法公报》第30期,1915年,第101页。
⑥ 《司法部呈京师警察厅厅员白承颐办理关于司法事务劳绩卓著拟请给与本部奖章文(附单)》,《政府公报》第1299号,1915年12月19日,第34页。

大",以致"是时警察得行逮捕、侦查,无须知照法院也"。①警察司法权的扩大影响了司法行政权的独立,这种由警察机构侵占司法权范围的行政模式还带有中国传统行政机构行政、司法一体化的痕迹,这是近代化道路上追求司法独立的障碍,但也是司法独立过程中一个不可跨越的阶段。

除了联系沟通上述各部门外,其他政府部门如农商部、蒙藏院、电话局等部门"无一不资警察之力"②。

1916年,农商部准备推行统一度量衡,规定各地自颁发标准器满4个月后不得再制造或贩卖不合权度法及权度标准的权度器具,但京师内仍有不遵规定的商贩以肩挑贩卖私制权度器具,"游行各处,踪迹无定,于权度推行划一事宜大有妨碍"。权度检定所虽设稽查员1人,京师地面广阔,一人稽查,"实有不逮",为此农商部特请求京师警察厅转饬各区署严厉查处此项私制或挑卖权度器具者。③1917年1月1日为暂行统一度量衡之期,农商部为在商民中推行新式权度器具,又借助京师警察厅之力广贴布告,晓谕商民。④商民使用旧式权度器具时日长久,已成习惯,加上对新式器具的推广不甚了解,"意存观望"者不少,为此农商部权度制造所"致函警察总监饬令各区署选派干练长警先往各铺劝告",再由权度制造所"派员检查,以免误会"。⑤

民国以后,随着社会政治经济的需要,新式交通工具电话也开始得到发展,但北京电话局在发展过程中遇到不少困难。如其架设的电话线"被人偷割者甚多,实于交通大有妨害",为此,北京电话局请求京师警察厅"饬属一体严加保护"。⑥电话安装后,拖欠电话月租等事也时有发生。一些住户"拖欠月租甚巨",电话局"迭次派工往撤,均不允将话机撤回,且有业已迁移,查无下落,将机件全部携去者"。此种事件的处理亦须京师警察厅主管各区署协助。一般情况是,各该管区署按照电话局的开单,派巡官长警"将各用户话机及欠

---

① 《法权会议报告书》,《东方杂志》第24卷第2号,第156页。
② 郭公阙编:《警界必携》,第3页。
③ 《农商部致京师警察厅总监函》,《政府公报》第319号,1916年11月23日,第21~22页。
④ 《分期收集度量衡》,《晨报》1917年1月5日,第7版。
⑤ 《劝用新式权度》,《晨报》1918年2月22日,第6版。
⑥ 《函请保护电线》,《晨报》1917年11月16日,第6版。

费一并如数追缴",对拒不交纳月租的用户,强行将其电话机"撤去"。①

四、请愿巡警

北洋政府时期,时局不靖,社会治安可虞,"各部院衙门暨仓库局所"等为维护本部门或机构的安全,专门请京师警察厅"拨派巡警作为请愿,常川在署守卫",这些巡警被称为请愿巡警。请愿巡警由京师警察厅每三个月更换半数,其月饷"由各官署筹备,按月汇送"警察厅,再由厅转发给各请愿巡警,饷项数目照厅内巡警饷额办理。所驻官署给予请愿巡警奖励应依据京师警察厅规章办理,各请愿巡警到期更换时,由警察厅先期知照,分别更换,各官署不得随时代请拨升加饷。请愿巡警军服、靴帽等项半年更换一次,由各官署发款送交京师警察厅制办,其枪支、刀械等物由警察厅发给,毋庸官署筹备。京师警察厅及管辖区署有权随时对辖内官署内的请愿巡警稽查监督。请愿巡警因事或疾请假,应禀知所驻官署批准给假,但假期超过7天时须由所驻官署通知警察厅派警代理。②

根据各部院部门的请求,京师警察厅酌情派出一定数额请愿巡警前去驻守,根据情况不同,可以增减请愿巡警数额。如颐和园在1927年因经费支绌向京师警察厅请裁部分请愿巡警③,而京师税务公署在1923年12月份因"冬防吃紧",之前所驻请愿巡警"澈(彻)夜巡守,倍极辛劳",便请求加派"请愿三等巡警一名,轮流值班,以防意外"。④至1926年,派驻京师税务公署的请愿巡警

---

① 《北平市警察局内左四区关于追缴话机欠费、责车主购买号坎、抄送制酒捐规则、发放查获卷烟漏捐抓匪出力的警员奖金的训令》,1927年8月1日至1927年9月1日,J183-002-03627。

② 《京兆一监关于解决候补看守长要安桐主任看守黄湛霖账目纠纷的布告及京师警察厅关于拨补额定警饷广为招募的公函官置请愿巡警暂行章程》,1926年10月1日至1926年1月30日,J191-002-11424。

③ 《京师警察厅指令》,《京师警察公报》1927年3月25日,第2版。

④ 《函京师警察厅请加派请愿三等巡警一名迅速见复文》,《京师税务月刊》第6期,1923年12月,第64页。

共有12名。①根据京师警察厅制定的《官署请愿巡警暂行章程》规定，请愿巡警薪饷和服装费皆由所驻官署部门送交京师警察厅转发。京师税务公署1923年7月"请愿巡饷现洋一百三十三元四角"，其发放形式即是由公署送交京师警察厅进行转发。②1921年1月，交通银行"请愿巡饷现洋叁拾肆元"，1920年冬季服装费用"共需价款现洋一百二十七元九角六分"，其发放形式亦是如此。③

京师警察厅派驻各部院守卫的请愿巡警都是由"各区另行拣选年力精壮、文理通顺"④的优秀警察充任，所以各部院对于请愿巡警一般评价比较好。如京师税务公署便认为拨派守备的12名长警"服务勤劳，深资得力"，并认为自己为征税机关，"与其他官署不同，若按届更换，不惟难期借助，抑且窒碍良多"，请求届期"免予更换，藉资熟手"。⑤北京电报局对于派驻的请愿巡警也比较满意，到期不愿更换。⑥正因请愿巡警在各部院守卫事宜方面获得好评，一些社会机构或场所，如著名的娱乐场所新世界"恐匪人滋扰"，亦请求警察厅派巡警"常川驻守"；⑦财政整理会亦向所管区署中一区请求"拨派长警四名，长川驻会以资守护"⑧。

---

① 《函复京师警察厅本署请愿长警服务勤劳深资得力拟请免予更换文》，《京师税务月刊》第42期，1926年12月，第33~34页。

② 《函复京师警察厅送七月份请愿巡饷文（八月十一日）》，《京师税务月刊》1923年第2期，1923年8月，第36页。

③ 《有关业务及(请)愿警饷事项与京师警察厅往来文书》，1921年1月1日至1921年12月31日，J032-001-00389。

④ 《更换守卫巡警》，《晨报》1918年7月7日，第6版。

⑤ 《函复京师警察厅本署请愿长警服务勤劳深资得力拟请免予更换文》，《京师税务月刊》第42期，1926年12月，第33~34页。

⑥ 《京师警察厅公函》，《京师警察公报》1927年3月8日，第2版。

⑦ 《警厅向新世界算账》，《晨报》1924年6月21日，第6版。

⑧ 《京师警察厅公函》，《京师警察公报》1927年9月20日，第2版。

五、补助警察

联系是双方的,以上论述的侧重点虽在于京师警察厅对相关部门的协助,但并不能否认或忽视相关部门对京师警察厅的协助。事实上,在治安维持、税收减免等方面,京师警察厅也得到了有关部门的不少帮助。

步军统领衙门是清朝京师主要的治安机构,后因京师设立了警察制度,其管辖范围逐渐缩小。民国建立后,本拟将其裁撤,但国务总理赵秉钧"谓其足补警政所不逮,乃托言事关旗籍,遂付缓议"①。在1924年裁撤前,步军统领衙门主要负责京师四郊有关治安事务,但当"京师有意外事,警力不敷弹压,则步军而出维持秩序"②。如1917年3月,因北城汇源银号被匪抢劫引起社会恐慌,提署江朝宗特饬令游缉队于8日起每晚分派队兵在前门一带巡逻站岗,"补助警察,而安民心"③。

京师驻军较多,常设军事机关有京畿警卫司令部、京师军警督察处、京畿宪兵司令部,以及一些临时性的驻军。在京师治安问题严重时,这些常设性的军事机关一般都会和京师警察厅携手共同维护社会秩序。如1920年初,京师"抢案迭出",军警机关会议共同进行打击,特派出军队两连"专司稽查剧园及各娱乐场"④。1923年夏,因"谣言繁兴",造成北京市面出现恐慌,京师警察厅添派保安巡警、便衣侦探,四出访察,"因之市面秩序尚见安谧",但为全面稳定社会秩序,军警机关共同出示布告,禁止谣言。⑤京师冬防问题一直颇为严峻,在冬防期间,京内的治安亦是由"警察厅会同警卫司令负责办理"⑥。另外,

---

① 沃邱仲子:《民国十年官僚腐败史》,第97页。
② 沃邱仲子:《民国十年官僚腐败史》,第99页。
③ 《提署派兵助警察》,《晨报》1917年3月13日,第5版。
④ 《军警会议抢案问题》,《晨报》1920年1月22日,第6版。
⑤ 《军警机关力维治安》,《晨报》1923年8月11日,第6版。
⑥ 《昨日军警长官之宴会》,《晨报》1924年12月8日,第6版。

像平抑煤粮价格、弹压庙会等，也经常是军警机关共同进行管理。①

除常设性军事机关时常对京师警察厅进行协助外，一些临时性的驻军也会给予适当援助。如1927年，京师形势严峻，加上谣言四起，致使商民人心不安，为稳定秩序，加强各城门的守卫，经军警机关议定，"外城圈之十三门归宪兵、警察、军队三方会同守卫，每门警察厅派警二人，宪兵司令部派宪兵二人，东北陆军第六十六团分派每门八人，轮流合守"，"遇有出入城稍有可疑者，军人归宪兵盘查，常人归警察盘查，遇有交涉时，由军队为后盾，且宪兵、警察之守门者，统归守门军队之长官约束"。②正因军警各机关之间经常联系，双方之间时常沟通，为更好地"联络感情"，京师警察厅"传知各区队巡官，每遇军界官长，行礼致敬；军人遇见警察官长，亦应立正行礼"③。

和任何机构一样，京师警察厅购置服装及办公用具等亦须按照规定交纳税款，但其税款的交纳时常能够得到京师税务公署的特殊关照和协助。1926年，京师警察厅在天津定制巡官长警当年冬季服装，分期运至京师时须经过京师税务公署正阳门税局。第一批服装价值"共合洋七万二千七百二十七元八角四分"，按照规定，应纳税"二千零四十元零一分六厘"。京师警察厅按照历年成例"填写期票一纸"送交京师税务公署，"俟到期后，再行凭票付款"④，缩短了运输时间。京师警察厅所购办公用品需交纳的税款一般亦是先行购买，填写期票，到期再付税款。从1923年6月18日至1925年11月25日止，京师警察厅"历届所欠记账官用品税期票"已达"二十九纸，统计洋一万二千七百八时三元七角四分六厘"，税务公署对京师警察厅的欠税网开一面，以致"逾期已久"仍未交付。⑤此种税款拖欠已久，税务公署一般会按照成例请示财

---

① 《昨日军警长官之宴会》，《晨报》1924年12月8日，第6版；《京师警察厅公函》，《京师警察公报》1927年3月30日，第2版。

② 《军警共同严守城门》，《晨报》1927年8月16日，第7版。

③ 《(军警机关人员会商)军警联络感情办法》，《晨报》1924年8月3日，第7版。

④ 《命令·本署训令·训令正阳门税局警察厅押运警服来京仰查验税单先予放行文》，《京师税务月刊》1926年第40期，1926年10月，第13~14页。

⑤ 《函京师警察厅所欠记帐税款希迅予如数送署以便报部文》，《京师税务月刊》第40期，1926年1月，第40页。

政部把其欠税"转入财政部帐内划拨作抵"①。京师警察厅辖属的游民习艺所收养贫民教其学习工艺,其学员为练习工艺,补助经费,制出成品肥皂进行出售。因事关公益,京师警察厅请求京师税务公署给予免税,税务公署照其请求向其销售地点的税局指示,遇有游民习艺所行销肥皂时允其免纳税款,"以利工艺",使"贫民受惠不浅"。②

各部门之间因业务往来,彼此联系、相互协助是常态,但从目前所看到的史料来看,在北洋政府时期,京师警察厅对相关部门的协助表现比较突出。这不单单是后人根据史料得出来的结论,研究警政的学者郭公阙在1924年就提出了这样的看法:"今日警察在内政上所处之地位,有登高一呼众山皆应之势,盖未有内政范围之所及而为警察范围之所不及者。"其甚至认为"警察行政今日所处之地位,将与教育行政、实业行政诸大端有齐驱并驾之势","警察一端,其关系至为重大,警察行政进步则凡百行政无不受其裨益,警察行政萎靡,则凡百行政亦无不受其影响"。③这种观点现在看来有夸大警察地位之嫌,但由于当时警察职权范围广泛,其他各行政机构多借警察之力实属正常,这也表明在近代化发展过程中行政机构专业化分工仍处在初级形态。

---

① 《函复京师警察厅拟援案将欠记税款报部作抵文》,《京师税务月刊》第41期,1926年11月,第21页。

② 《文牍门·呈文类·习艺所行销通县肥皂可否免税请示遵呈(九年四月二十日呈财政部第七三号)》,《整顿京师税务章程文牍汇编》第2辑,1921年4月,第50页。

③ 郭公阙编:《警界必携》,第3~4页。

第五节　警察与政治的微观考察
——以"章太炎被羁北京"事件为例

　　1913年3月20日晚10点左右，上海北站异常热闹，黄兴、廖仲恺等聚集在此，准备送奉袁世凯电召的宋教仁北上北京，宋教仁本人也信心满满。忽然，一声枪响打破了热闹的局面，一颗子弹从背后穿入宋教仁胸中。周边人等赶紧把宋教仁送往医院抢救，最终因子弹射中心脏附近，抢救无效，3月22日凌晨，宋教仁不治身亡。在死前，他还对袁世凯抱有幻想，对身边的人说要提醒袁世凯"以共和为重"。①宋教仁带着对袁世凯的幻想离世，但他的被刺身亡却让不少人对袁世凯的幻想破灭，章太炎即是其中一个。宋教仁被刺身亡后，章太炎怒不可遏，以手中的笔为武器投入到了反袁的斗争行列，先后发表多篇反袁文章，引起社会强烈反响，"袁惧而畏之"②。

　　1913年第一届国会选举，国民党获得参众两院多数选票，共和党、统一党、民主党票数较少，三党于5月29日合并组成进步党。不久因"该党中之民社派（鄂人居多），持异议，因用共和党之原名，自树一帜，其党魁则仍遥戴黎元洪（时在武昌）领之"③，章太炎副之。当时共和党"人较少，党势过弱，为谋党

---

① 陈永忠：《革命哲人——章太炎传》，浙江人民出版社2008年版，第152页。
② 刘成禺：《洪宪纪事诗本事薄注》卷2，（台湾）文海出版社1966年初版，第10页。
③ 《章炳麟被羁北京轶事》，徐一士：《一士类稿》，辽宁教育出版社1997年版，第43页。

之发展计,遂敦请章氏北上,共策进行,以其素善黎氏,且负海内大名,言议为世所重,故力邀其来。章氏亦欲有所擘画,即应招而至"①。1913年8月11日,章太炎入京,住在化石桥共和党本部。②袁世凯因章太炎"持论侃侃,好为诋诃,固深忌之,且闻其尝与谋二次革命,尤不慊于怀,对章之来,顿兴'天堂有路尔不走,地狱无门自来投'之感"。章太炎住在前门内化石桥共和党本部,"自以为无患,而党部门前,已军警布列,名为保护,实行监视"③。自此,章太炎开始了在北京长达三年的幽禁生活。

关于章太炎被羁北京一事,经由鲁迅等人的笔墨渲染,留下了大量的追忆文字,其间,"大闹总统府"一节更是被无数次演绎,甚至已成为民初政坛波澜起伏过程中不可缺少的生动篇章。在所有自称历史记载或者后人传播的文字中,着墨多在于章太炎本人的抗争和其学生、友人、家人对章的救助,而实际上,在这一事件中,自始至终参与其中的还有重要的一方——警察。涉及此事的警察,当时以及后来的描述多将其作为反面对比,以衬托章太炎斗争的无畏精神和学友救助的拳拳之情,以致几乎所有与闻者皆形成了憎恨、抨击警察"狗腿子"的认识,甚至在一定程度上造成了一种错觉,即章太炎斗争的对象不是袁世凯,而是直接负责监视他的警察们。

京师警察厅作为当时政府倚重的权力机构,像所有公权机构一样,听命于政府首脑,对有政治目的、意欲达到某种政治影响的行为加以控制。抛开成见,仅从完成控制政治异己力量的任务来说,北京警察对章太炎的监控应属于正常职务范围。也许是受主观判断的引导,也许是因为客观材料的局限,目前所见,述及章太炎被羁留北京三年这一事件的所有论著,均未曾对涉及其

---

① 《章炳麟被羁北京轶事》,徐一士:《一士类稿》,第43页。刘成禺《洪宪纪事诗本事簿注》卷2第10页有载:"鄂人陈某(陈宧)献策,谓彼有法致太炎于北京。袁颔之。陈商之共和党郑某、胡某于党中集会,谓党势孤危,不如请太炎先生来京,主持党事。党议韪之。未一月,先生来京。寓化石桥共和党本部。""未几,共和党发现郑、胡二人,以太炎先生为饵,得袁巨款,开大会登报,除郑、胡二人党籍,绝陈来往。"另据吴宗慈《癸丙之间太炎言行轶录》记载,章氏入京,是共和党在袁世凯的授意下"急电促章入都"。(汤志钧:《章太炎年谱长编》,中华书局1979年版,第447页)

② 汤志钧:《章太炎年谱长编》,第446页。

③ 《章炳麟被羁北京轶事》,徐一士:《一士类稿》,第43页。

中的警察的所作所为进行清晰、细致的描述。其实,有关这一事件始末的警方档案①至今保存完好,因此,笔者此处即主要以北京市档案馆馆藏的这批档案为基础,来分析一下警察在这一事件中的具体行为,见微知著,从细节中观察警察是如何参与政治事件并发挥作用的。

章太炎入京,一住进化石桥共和党本部,便被袁世凯限制了活动自由。关于监视章太炎的是宪兵还是警察一事,章太炎和时人有不同的记述。②从目前所见最早监视章太炎的档案可知,实际上执行监视任务的是化石桥共和党本部所属的京师警察厅内右一区警察署,该署每日派巡官马松绵等带领巡警轮流跟踪监视,并把每一日详细跟踪情况汇报给该区署长,再由署长郑际平于第二日呈报给京师警察厅总监吴炳湘。③从1913年12月份和1914年1月份的档案可推知,章太炎住在化石桥共和党本部期间(1913年8月11日—1914年1月3日),在北京的一切活动都受到了警察的严密监视,但没有强制性干涉其活动,可以外出访客和就餐,亦允许有同行者跟随。摘录1913年12月3日的档案如下:

为共和党章太炎外出情形呈报事。窃据职署巡官马松绵等报称:界内化石桥共和党本部居住章太炎于本月二日下午六时余乘车他往。当经拦阻不允,遂饬巡警雇车跟随至煤市街同乐天饭馆,与章枚叔、易实甫、李雨林、嵩彦博、潘史、朱楚白、刘霖刚、麦雪铭、平刚等宴会。旋又前往韩家潭游逛小班二三

---

① 有关京师警察厅软禁监视章太炎的警方档案,现存于北京市档案馆,始于1913年12月2日,止于1916年6月21日。

② 《民立报》1913年8月18日报道:"章太炎前日入京,大为袁世凯所注目,赵秉钧派四巡警出入监视。"(汤志钧:《章太炎年谱长编》,第448页);刘成禺的《洪宪纪事诗本事薄注》卷2第10页记述:"太炎先生既居共和党,袁命陆军执法处长陆建章派宪兵四名驻党监视。名为保护,意在禁其出京,并监察其言论,凡共和党往来函件,均须检验,行动、言论、通信自由之权,均被剥夺。"1913年8月11日入京当日,"戒严副司令陆建章以宪兵守门,余不得出,然入门者如故"(《太炎先生自定年谱》,上海书店出版社1986年版,第25页)。

③ 《内右一区警察署呈报章太炎外出情形之一至十二》(1913年12月3日至1914年1月5日),《袁世凯软禁章太炎史料》,《北京档案史料》2011年第3期,第293~297页。

处,至十时余,仍回共和党本部。余无事故。等情前来,理合谨呈。

京师警察厅总监内右一区警察署署长　郑际平
中华民国二年十二月三日①

　　章太炎这种处于监视下的生活状况因一件事发生了改变。因求去青岛和设考文苑皆不成,章太炎抑郁幽愤,计划离开北京。1914年1月3日是章太炎计划离京赴津之日。据内右一区巡官郎守仁汇报:章太炎"偕同该党党员张伯烈与于本月3日下午四时余乘车外出。遂饬长警雇车跟随,至前门外东火车站意欲购票出京,火车已经开行,该员等遂赴东单牌楼南华东饭店食饭,毕伊又赴西四牌楼北石老娘胡同钱宅会客,至九时余,仍回华东饭店住宿"②。综合分析,第一次出京失败,应该是章太炎计划不周而误车比较接近事实,因为章太炎没有查好车次、买好车票,且直到下午4时才乘车外出,不可能还参加党人设宴畅饮至五时。不过从监视巡官的报告来看,即使不误车,有警察亦步亦趋跟随,章太炎也不可能顺利成行。

　　章太炎出京不成,遂住进华东饭店。住宿华东饭店的三天里,章太炎外出

---

① 《内右一区警察署呈报章太炎外出情形之二》(1913年12月3日),《北京档案史料》2011年第3期,第293页。

② 《内右一区警察署呈报章太炎外出情形之十一》(1914年1月4日),《北京档案史料》2011年第3期,第296页。关于章太炎被羁期间第一次出京还有其他三种说法:其一是章太炎家书中的说法:"吾自一月三日欲行,火车失期,黎公留之。"(汤国梨编:《章太炎先生家书》,上海古籍出版社1985年版,第19页)其二是说"决议出京翌日,党部同人,设宴为饯,逆知出京必被阻,约纵酒狂欢以误车表。尹硕权(昌衡)豪于饮,倡议以骂袁为酒令,一人骂则众人饮,不骂者罚,先生大乐。轰饮至下午五时。先生矍然起曰:'时晏也。'遂匆赴车站,车站寂无一人,京奉车早开矣"(吴宗慈:《太炎先生言行轶录》,陈平原、杜玲玲编:《追忆章太炎》,中国广播电视出版社1997年版,第529页;刘成禺:《洪宪纪事诗本事薄注》卷2第12页)。其三是说军警阻碍:"翌日,果行,军警等随至东车站而截留之,章惟痛骂袁氏无状而已。"(《章炳麟被羁北京轶事》,徐一士:《一士类稿》,辽宁教育出版社1997年版,第45页)"章太炎来京日久,日前择期外出,已行至车站……忽被人干涉,不许出京,外间喧传有军警数人将章截去,不知何往,实则截留之。"(汤志钧:《章太炎年谱长编》,第467页)

活动如旧,仍由内右一区警察署派警尾随监督。但在1月4日,章太炎至校场五条一住户宅里访客,校场五条所属的外右三区警察署也参与了监视,其署长张厚田亦于第二天将详细情况呈报给总监吴炳湘。①可见,在监视重要政治人物这样的事件中,涉及的不同区署会联合行动。

1914年1月7日是最著名的章太炎大闹总统府的日子,其具体情况已经有不少文字描述②,唯需要澄清的一点即是章太炎是如何离开的。据档案记载,章太炎当日下午在总统府大闹后,"大总统承宣处电饬派得力巡官长警数名速来本府,劝令章太炎回寓"。当时由内右一区警察署警佐佟联贵带巡官傅允中、刘承福等前往承宣处,另有执法处庶务人员亦到,一同将章太炎"劝出府门",乘坐马车至石虎胡同京卫军司令部内,交由该部人员暂时看管。③大闹后,内务总长朱启钤和军政执法总长陆建章将章太炎邀至执法处会同查询,并派医生为之诊断。章太炎当时"瞠目直视,宛如梦呓"的情形正好为对其监视寻找到了正当的借口,医生便按意开出了章太炎身患"精神病"的诊断结论。按照当时新刑律规定,精神病人可因其情节"得施以监禁处分"。朱、陆二人声称,章太炎身体羸弱,又年近五十,不至于有"强暴行为","在府滋扰亦仅止恶声厉色,初非不可制止,即并无应行监禁之必要"。只是考虑到章太炎"孑身作客,旅居京邸,别无亲属可以为之监督,倘竟纯然放任,不加限制,难保不再滋事,故转无以副大总统(黎元洪)保全至意。钤等再四商酌,拟于章炳麟精神未恢复以前,暂行交由京师警察厅,另择相当住室,妥为安置"。所需经费先由京师警察厅垫付。④

京师警察厅接到命令后,很快便觅妥宣武门外南下洼龙泉寺,并制定了

---

① 《外右三区警察署呈报章太炎外出情形》(1914年1月5日),《北京档案史料》2011年第3期,第297页。
② 刘成禺:《洪宪纪事诗本事簿注》卷2,第12~13页;《章炳麟被羁北京轶事》,徐一士:《一士类稿》,45~46页;汤志钧:《章太炎年谱长编》,第468~469页。
③ 《内右一区警察署为将章太炎送至京卫军司令部暂行看管的呈文》(1914年1月7日),《北京档案史料》2011年第3期,第298页。
④ 《内务总长朱启钤关于处置章太炎的训令(附呈)》(1914年1月23日),《北京档案史料》2011年第3期,第299~300页。

《拟定守护章太炎住所规则十二条》、《会晤章太炎规则》以及《护持太炎先生公约》。经过章太炎的大闹,警察对章太炎的监视较化石桥共和党本部时更为严密,虽然有我们熟知的袁世凯给陆建章定下的保护章太炎八条①,起居饮食用款不限,毁物骂人听其自便,但对其言论、出行的自由限制却是很严。京师警察厅派监护员一人随时前往监护,并负责稽查一切事宜,另还派巡长2名、巡警8名专任守护之责。章太炎所发信函应呈送司法处检察。每天不分昼夜派值班巡警2人,一个人在院内巡视,观察章太炎的行动,防止危害;一个人守护室内,办理内勤及门禁。巡长随时监理。②实际上,从1914年3月初,京师警察厅是派巡长2名、巡警6名"长川驻守"。③从档案上推断看,巡警应该是每4小时换岗一次。④求见章太炎者会晤时不能涉及政治问题,不能将有关系的谈论及文字公布,时长不超过2小时。在章太炎精神欠佳时,警察可以阻止会晤。⑤章太炎如需出门,应先电告警察厅,派便衣警察暗中跟随。所有政府认为是乱党之人,一概不准与其联系。如有报刊或者好事者请将文章、信札刊布,一概拒绝。⑥

---

① 一、饮食起居用款多少不计;二、说经讲学文字,不禁传抄,关于时局文字,不得外传,设法销毁;三、毁物骂人,听其自便,毁后再买;四、出入人等,严禁挑拨之徒;五、任何与彼善者而又不妨碍政府者,任其来往;六、早晚必派人巡视,恐出意外;七、求见者必持许可证;八、保护全权完全交汝。(许寿裳:《章炳麟》,重庆出版社1987年版,46页)

② 《京师警察厅训令(附1:拟定守护章太炎住所规则十二条)》(1914年2月3日),《北京档案史料》2011年第3期,第301~302页。

③ 《京师警察厅为安置章炳麟情形致内务部呈(稿)》(1914年3月5日拟稿,3月6日发出)、《京师警察厅为章太炎绝食事致大总统(稿)》(1914年6月3日),《北京档案史料》2011年第3期,第306、307页。据档案整理,初,2名巡长为恩普、崔崇玉,6名巡警为于凤岐、纪吉善、马永福、连昌、张吉顺、关景岳。

④ 据档案内记载各个巡警值班时所发生事推断。

⑤ 《京师警察厅训令(附2:会晤章太炎规则)》(1914年2月3日),《北京档案史料》2011年第3期,第302~303页。

⑥ 《京师警察厅训令(附3:护持太炎先生公约)》(1914年2月3日),《北京档案史料》2011年第3期,第302~303页。

1914年2月21日，章太炎乘坐陆建章的马车移居龙泉寺。①当日，由龙泉寺所属外右五区警察署接管配合照料监管事宜。②龙泉寺内房屋有十六间，预备有厨役、仆从，并有警察照料一切。③章太炎移居龙泉寺后，不满警察看管严密，"遣仆送信，即被拦阻，二客到门，亦遭格拒"，愤然给警察总监吴炳湘写信进行斥责。④按警察厅的说法，警察与章太炎"初次接洽，不无小有滋闹，旋经派员再三劝慰……稍见平复"⑤。之后至5月底，未见章太炎与警察冲突的直接记载，但从章太炎给家人的信中可知其会客和通信自由皆处处受限，"警吏入见，语言瞻视，浸陵人矣"⑥。且章太炎自称当时在京时所有饮食仆役之费皆由自给，费用即将用罄，准备绝食。⑦5月30日，章太炎寄给长婿龚宝铨的信被警察厅以"语多妄诞，有碍章君前途，未便代为邮寄"⑧为由给予扣留，直接促使章绝食。

　　据"龙泉寺守护所巡长呈报章太炎绝食情形"记录来看，章太炎的绝食始于6月1日，止于6月13日。首日，章太炎"食水未用，只有随时吸烟"；2日，"仍未用食，只有随时吸烟，下午十时三刻饮水一盅"；3日，"仍未用食水，惟随时吸烟，巡长派巡警关景岳由稻香村购来点心，交差弁王玉廷给伊食用，伊当

122

---

①《内右一区警察署为章太炎移住龙泉寺的呈》(1914年2月21日)，《北京档案史料》2011年第3期，第303~304页。关于章太炎是何日移居龙泉寺的，有不同记载，具体可见王兴科：《章太炎被拘龙泉寺时间辨正》，《近代史研究》1990年第1期。

②《外右五区警察署关于章太炎亦移住龙泉寺的呈》(1914年2月21日)，《北京档案史料》2011年第3期，第304页。

③《京师警察厅为安置章炳麟情形致内务部呈（稿）》(1914年3月5日拟稿，3月6日发出)，《北京档案史料》2011年第3期，第306页。

④《与吴炳湘书》，汤志钧：《章太炎政论选集》，第699页。

⑤《京师警察厅为安置章炳麟情形致内务部呈（稿）》(1914年3月5日拟稿，3月6日发出)，《北京档案史料》2011年第3期，第306页。

⑥汤志钧：《章太炎年谱长编》，第465页。

⑦汤志钧：《章太炎年谱长编》，第473页。

⑧《京师警察厅致龚未生函（稿）》(1914年5月30日拟稿)，《北京档案史料》2011年第3期，第305页。

令拾去,言:我事不要过问"①,连续三天不食。事关重大,京师警察厅派医生进行诊断,并把详细情况上呈大总统。②据徐一士记载,袁世凯"不欲蒙逼死国学大师'读书种子'绝矣之咎,因谆属京师警察总监吴炳湘,妥为设法劝导处置,俾不至以绝食陨生。官医院长徐某,炳湘所亲信,与商此事,乃由徐具一报告书,言章患病,龙泉寺与其病体不相宜,应迁地疗养,即移居东城本司胡同徐之寓中,以便随时调护治疗,一面由徐以医生之资格,慈善家之口吻说章。得允,于是徐遂暂作章之居停主人,绝食之举无形转圜矣"③。从档案里看,吴炳湘所选的官医院长徐延非确实是劝导章太炎复食的关键人物。6月4日那天,巡长崔崇玉派巡警于凤岐购来点心、鲜果,交由差弁王玉廷劝说章太炎食用,"章太炎坚定不食,只与王玉廷谈话许时。惟有随时吸烟饮茶"。5日下午2时,京师警察厅"郑警正同徐、吴二位医官来所诊视章太炎有无病症,并劝伊饮食。伊惟有饮茶吸烟,食品仍未食用。至五时二刻郑警正等走后,至六时章太炎食用白米粥少许"。夜里"十一时二刻食用白米粥、点心少许"④。6日,徐医生再次前往龙泉寺与章太炎谈话,"至九时二刻二人同桌用饭。章太炎用白米粥后仍谈话,至十一时徐医官去讫"。7日夜里,章又食用白米粥小半碗。情况至此看似好转,实则又有变故。从8日开始,章太炎又"粥饭俱不食用,仅饮水吸烟,食少量水果"。至12日,章太炎"声称气短,食水难进",甚至令王玉廷"置买棺椁"。章太炎绝食反复,档案未见记载,不知其确实原因。13日下午6时,徐医生到龙泉寺谈话后,章太炎才又开始用粥少许,到8时,徐医生留饭,章太炎食白米粥二碗。此后,章太炎饮食逐渐恢复正常。⑤从档案记载来看,徐医生应与章太炎谈话颇为投机,6日那天,从下午四时二刻谈到九时二刻,二

---

① 《龙泉寺守护所巡长呈报章太炎绝食情形》(1914年6月2日至4日),《北京档案史料》2011年第3期,第306页。

② 《京师警察厅为章太炎绝食事致大总统呈(稿)》,《北京档案史料》2011年第3期,第307页。

③ 《章炳麟被羁北京轶事》,徐一士:《一士类稿》,第47页。

④ 《龙泉寺守护所警察续报章太炎绝食情形》(1914年6月4日至6日),《北京档案史料》2011年第3期,第308~309页。

⑤ 《龙泉寺守护巡长呈报章太炎起居及绝食情形》(1914年6月7日至16日),《北京档案史料》2011年第3期,第310~313页。

人同桌用饭,用饭后继续谈话直到夜里十一时。13日恢复饮食那天,从下午六时谈到九时。虽然具体谈话内容档案未载,但可推想徐医生应该是摸透了章太炎的脾气,投其所好,顺其自然劝导章恢复饮食。据徐一士记载,"章对徐,初以其态度殷勤,谓是长者一流,颇假以词色,且与谈医书尚洽,称其医道不错,嗣以话多不投机,始渐不喜之云"①。据档案所见,这种说法大致符合事实,因为从6月16日移居钱粮胡同徐医生官宅后到章太炎恢复自由止,除了在移离徐宅前几天二人以及章太炎的学生等人一并外出吃饭,②再不见章、徐长谈的内容,只是有不少章太炎所发信件交由徐医生审阅的记载。

在章太炎绝食过程中,京师警察厅的巡警长官对于照料其饮食起居还算比较尽责,看守巡官为使章太炎进食,不断进行劝慰,从外面购买点心、水果,差役也时时斟茶问饭,怕章太炎身体有恙,还派医生进行诊治。所选进行劝说的官医院长徐延非也是较为合适的人选,对事件的灵活处理和对章太炎绝食心理的较好把握体现了警察总监吴炳湘圆通的政治智慧。

在徐医生宅居住十余天后,章太炎计划另寻宅院安居,在6月23、27、28三天带着差弁王玉廷外出看房,巡警允其外出,但在暗处跟随。③绝食后,袁世凯每月提供给章太炎在京经费500元,具体花费听便,还答应接章太炎的家人来京。④章太炎最终选定钱粮胡同路北文宅,于1914年7月23日下午搬去,这是章太炎被幽禁的最后一个居住点,也是时间最长的一个。⑤

---

① 《章炳麟被羁北京轶事》,徐一士:《一士类稿》,第47页。

② 《龙泉寺守护所呈报章太炎在徐医官寓所之情形之三十四》(1914年7月20日),《北京档案史料》2011年第3期,第323页。

③ 《龙泉寺守护所呈报章太炎在徐医官寓所之情形之七、十二、十三》(1914年6月28、29日),《北京档案史料》2011年第3期,第315~317页。

④ 汤志钧:《章太炎年谱长编》,第466页。当时,一个大学教授月薪最多也就400元,警察总监吴炳湘的月薪是500元,普通巡警是7~9元,巡长是11~15元。袁给经费每月500元已基本满足生活需要,1914年7月4日,章太炎在给龚宝铨的信里,称已租定钱粮胡同的房屋,月租金53元,让其电请南洋筹款,3年需要2万,如果有困难,半年也应3000元,这正好与绝食后袁世凯提供给他的数目一致,有可能是袁世凯通过京师警察厅信件的检查得知了章太炎要求龚宝铨提供的数目。

⑤ 《外右五区警察署呈报章太炎搬往钱粮胡同情形》(1914年7月24日),《北京档案史料》2011年第3期,第317页。

经过章太炎绝食抗争,警察对其行动限制稍微放松,居住徐医生宅内一月有余,巡警皆是在宅门外看守(亦可能考虑是居住徐医生宅的缘故),亦允许其门生故友前往探望,常去的有朱希祖、钱玄同(夏)、马裕藻、李燮和、叶德辉、钱恂、马叙伦等人,章太炎想要见这些人,可使差役前去邀请。通讯限制也有松动,可给家里或友人发信,只是所有发出的信件必须禀报徐医生①,中外邮件寄给章太炎者,亦应先送往京师警察厅盖章代收,进行转交②。所有寄给章太炎的信函一般是由徐医生来具体负责审查,无关政治的即转交章太炎,有碍的即扣留,如1914年8月28日上午,收到武昌高等师范学校贺孝齐及上海英坡路国光社来信各一件,"即呈给徐医长阅后经徐医长将国光社一件留存,贺孝齐信一件仍持回交到"③。

章太炎在钱粮胡同文宅住定后,警察对其监视一切如旧。徐一士有载:"章在钱粮胡同寓所,所用仆役人庖人等,共有十余人之多,一仆系前由军政执法处长陆建章所荐,曾随侍于龙泉寺,此外则吴炳湘所间接推荐(托与章相稔者出名介绍),盖由警察之类改充,皆负有暗中监视之责者也。"④从档案记载对照徐的这一说法,恐对其应有所修正。目前所见的所有档案中均未看出章太炎所用仆役、庖人为警察充当,只是有载:"预备厨役、仆役,并派警员妥为照料一切,遴选巡长二名、巡警六名常川便衣驻守,随时看护。"⑤仆役具体负责衣食住用,警察主要负责监管。在档案中,巡长和巡警的名字屡次出现,仆役的名字出现次数不是很多,其中差弁王玉廷出现最多,最早一次出现是在1914

---

① 档案可见,章太炎发出的信件,必须禀报徐医生,但有时发给其妻汤国梨、钱恂、马叙伦部分信件以及发给马叙伦、叶德辉、李燮和的明信片只需电禀徐医生知道即可,不用呈阅,但电禀中有没有汇报内容不得而知。

② 《京师警察厅致北京一等邮局函(稿)》(1914年7月7日),《北京档案史料》2011年第3期,第326页。

③ 《在钱粮胡同侦视章太炎之警察的呈报之二十三》(1914年8月28日),《北京档案史料》2011年第3期,第334页。

④ 《章炳麟被羁北京轶事》,徐一士:《一士类稿》,第51页。

⑤ 《京师警察厅为章太炎绝食事致大总统呈(稿)》(1914年6月3日),《北京档案史料》2011年第3期,第307页。

年6月3日章太炎绝食时,当时巡警买来点心交给王玉廷,令其给章太炎食用。徐一士所说"一仆系前由军政执法处长陆建章所荐,曾随侍于龙泉寺",应是指王玉廷。王应是章太炎相对比较信任的人,在1914年6月绝食期间,王多次劝说章太炎饮食,章太炎也多与其谈话,章太炎身体虚弱也多是让王搀扶躺卧,身后事亦是交代王去办,所以如外出请人、看房、发信等事情皆是由王负责。虽不敢断定王玉廷为警察所充,但可断定一点,包括王玉廷在内的所有的仆役皆受警察控制,他们负责从更细微处监视章太炎,如有警察不便查看、询问的情况,事后这些仆役会向警察汇报。如1916年5月17日,章太炎计划第二次出逃前两日,当天有范腾霄拜访,与章太炎同往西厢房内,密谈数语。章太炎遂回北屋,拿出皮包一个,交给范腾霄。过了一段时间,陈干来交给章太炎现洋200元。这些事情便是由章太炎当时的仆人沈贵报告给巡长的。监视的巡警长官依据沈贵汇报的细节,推断出章太炎"似有心怀叵测之状","恐生不虞",当天即报告给总监吴炳湘,以便提早做好防备。①

徐一士记载,章太炎的学生黄侃在1914年夏末经常来向其请教,常留下与章共餐,但厨子所做饭菜不能下箸,黄屡次建议更换厨子。"章氏重违其请,遂遣之去,而改用黄荐之四川厨子。此警察而司庖者,失此优差,愤愤而去。不数日,遂有黄氏被逐等事,盖此人回厅后有所捏报,与有力焉。"②这里有两个细节,一是章太炎是否更换过厨子,二是黄侃被赶与更换厨子有无直接关系。遍查有关档案,暂未发现章太炎更换厨师的记载,唯有1914年8月31日那天关于遣走茶役李荣一事。当天,章太炎发给巡长佟和工食洋5元,王玉廷9元,并告诉他们以后按此数发给。章太炎早于8月1日联系钱恂,将茶役李荣"送往钱宅暂请留用,每月工食仍由章太炎发给"。8月31日章太炎给钱宅5元,经钱恂转交李荣,并告知李荣章太炎已经不用其,"尔可仍回原处"③。这个

---

① 《在钱粮胡同侦护章太炎之警察续报之三》(1916年5月17日),《北京档案史料》2011年第3期,第361页。

② 《章炳麟被羁北京轶事》,徐一士:《一士类稿》,第51~52页。

③ 《在钱粮胡同侦视章太炎之警察的呈报之二十九》(1914年9月1日),《北京档案史料》2011年第3期,第336页。

记载亦不能直接看出李荣为警察，况且李荣从章太炎处走后，暂时是在当时总统府顾问钱恂的家中留用，如果其是警察应该立时就回厅复命，钱恂也不愿留个警察在自己家中。

至于黄侃被赶一事，是否由更换仆役所致，不得而知。但从档案中看到，从9月16日开始，黄侃入见章太炎，之后借住章太炎处至11月30日。①在这期间，章太炎又出惊人之举：为反抗严密监视，章太炎给监视的警察和仆役定约束规则。1914年9月23日下午六时，章太炎"勒逼"驻守的巡长佟和等以及所有仆役各人写具结书一张，并将具结样式呈给总监吴炳湘。当天九时，章太炎刚起床，就把佟和等人"唤来施行规则"②。这种规定势必会引起警察和仆役的不满，之前章太炎让王玉廷请客人前来，王都会遵照执行，但在具结书写完后，章太炎的这种指令时常受到搪塞。1914年11月30日下午三时，章太炎让王玉廷去请朱希祖，王不去，等了一个时辰后，王托词朱先生未在家回复章太炎。第二天章太炎又让其请朱希祖，王又同样托词。据档案记载，11月30日当天早上八时，黄侃被警察逐出章宅，十一时朱希祖前去，警察拦阻未让其进门。第二天章太炎所发信函呈给总监查阅后，"收下未发"，吕复来亦被警察拦阻，另一借住人闵广勋亦"遵厅令迁出"。③由是推断，应是章太炎所定约束规则激化了其与警察、仆役之间的矛盾，致使其被阻断了会客、通信自由，加之

---

① 《在钱粮胡同侦视章太炎之警察的呈报之三十九—六十五十六》(1914年9月16日—1914年10月26日)，《北京档案史料》2011年第3期，第338~344页。

② 《在钱粮胡同侦视章太炎之警察的呈报之四十七》(1914年9月23日)，《北京档案史料》2011年第3期，第341页。其具体具结书如下："具结人王玉廷在章府当仆人奉章大人命令四条：一件仆人对主当称大人，对客当称老爷，不得称先生。一件仆人当自称名回话。一件仆人每阳历一号、十五号至主人前磕头一次。一件仆人不得擅自撞客，违者或罚钱或罚跪，王玉廷情愿遵照。具结人王玉廷。"

③ 《在钱粮胡同侦视章太炎之警察的呈报之六十一—六十一》(1914年12月1日—1914年12月2日)，《北京档案史料》2011年第3期，第344~345页。徐一士的描述与档案记载稍有出入。据徐记载："某日之深夜，黄正在黑甜乡中，忽有警察多人，排闼直入，其势汹汹，立促黄起，谓奉厅中命令，前来令其即时搬出此宅。""黄本章氏最得意之弟子，章亦愿其常相晤谈，以稍解郁闷，因欣然许之。不料数日，黄突为警察逐出，而章氏因之复有绝食之事。"(《章炳麟被羁北京轶事》，徐一士：《一士类稿》，第49页)

黄侃等被逐，综合导致章太炎第二次绝食。

朱希祖等人从一开始就不赞成章太炎所定的约仆规则，在9月23日章勒令签具结书一小时后，朱希祖就"暗叫和(佟和)与王玉廷，遂说：'你二人明早赴我家，有事商说，现在钱恂先生已知此事，故叫我劝你二人暂且安心办，不必给他磕头'"[1]。在章太炎绝食期间，其门生故友在极力劝说章太炎复食的同时，也尽力调和章太炎与警察厅和仆人的关系。1915年1月8日，章太炎同乡陈汉第、汪大燮、董鸿祎、邵章四人联名致信吴炳湘，请求予以照顾，并说"闻以仆役之故，发生龃龉，章君亦遂愤而绝粒"[2]。此次章太炎是因何由复食，未见档案具体记载，只知汪大燮等人致信吴炳湘的第二天(1月9日)就收到了京师警察厅的复函，声称："本厅既任调护之责，于章君饮食起居不得不特加注意，其能耗费精神、触发旧疾者，尤须稍加限制，庶足以政府保持之心，并慰章君交好关切之意。日前因章君尚有误会之处，经其门弟子等公请另定规约，与章君身心有益，而不背本厅调护之旨者，亦经商订妥协。"[3]徐一士、马叙伦皆述章太炎是在马叙伦的劝说下复食的[4]，但据史料推知，上述京师警察厅与其弟子另定规约，调和章太炎与监视警察、仆役之间的矛盾也是促因之一。此外，1915年1月9日，"陈大齐将章太炎小女送来"，"章太炎见其女来，非常喜悦，畅谈良久……至七时二刻，章太炎与其女同用晚餐"。其实，在当天上午十

---

[1] 《在钱粮胡同侦视章太炎之警察的呈报之四十六》(1914年9月23日)，《北京档案史料》2011年第3期，第340~341页。

[2] 《汪大燮等致吴炳湘函》(1915年1月8日)，《北京档案史料》2011年第3期，第346页。

[3] 《京师警察厅复函(稿)》(1915年1月9日)，《北京档案史料》2011年第3期，第347页。

[4] 马叙伦记载："其后太炎复以郁居绝食，遂先私袖饼饵以进。太炎斥之，掷其物。比为余知，已第三日矣。余晨八时抵其寓，太炎卧重衾中，唯吸水及纸烟。时方隆冬，所寓屋高且大，不置火，以太炎谓世凯有阴谋，或以煤毒致其死也。余自朝迄更起，被大衣不敢卸，不得食，规以义，劝以情，初则百方不能动之。其拒余也，则引《吕览·养生》之言'迫生不若死'。经余委宛譬谕，傍晚乃涉理学家言，少得间矣。及更起，余见其情可食矣，乃谓之曰：'余来一日矣，未有食也，今欲食，先生陪我，可乎？'太炎始诺。余乃令其司庖者煮鸡卵两碗来。庖者以进，余即以一碗进太炎，而余不食，知其饿，可再进也，果然。及食毕，乃辞出。其司庖与司门者，皆肃立以谢余。自此余出入益自如而得间告以消息。"(马叙伦：《石屋余渖》，陈平原、杜玲玲主编：《追忆章太炎》，中国广播出版社1994年版，第21页)

时,章太炎已食白年糕一碟,下午二时一刻食栗子鸡一小碗、玉兰片一小碗、鸡汤卧鸡蛋五枚。可见,在当天章太炎已复食。①之前是否进食不确定,只是据汪大燮四人致吴炳湘信中所言章大炎"奄卧床褥,越月逾时"可知,至少在1月8日章太炎还未正式恢复饮食。综上,可推断,章太炎第二次绝食正式结束是在1915年1月9日其女来京当日。徐一士、马叙伦皆强调章太炎是在马叙伦的劝说下复食的,但据档案推知,应是章太炎小女来京,京师警察厅与其弟子另定规约,调和章与警察、仆役之间的矛盾以及章门弟子的劝说三方面原因共同促使章太炎结束第二次绝食举动。

这次绝食抗争,经由章太炎门生故友从中调和,章太炎和监视方双方各退一步。档案中再不见之前章太炎差遣较多差役王玉廷的名字,而之后相继出现王成、沈贵等人帮助处理事情,王应该是被章逐走。袁世凯方面,为了安抚章太炎,允许其家人前来陪同,章的女儿、女婿先后来京,入住钱粮胡同陪伴。至于负责执行的京师警察厅方面,也放宽了对章太炎的监视,除了章本人的通讯、会客自由仍受限制外,允许其友人金兰芳、吾孟超、金朝藩、章焕等人先后暂住,暂住的家人、友人行踪不受限制,其两女和友人常外出但未有警察跟随。章太炎的女婿龚宝铨入住期间,杭州之江日报社几乎每日给其邮报纸一份,龚本人收发信函亦不受限制,章的来客访问也很少受阻。②有家人的陪伴和门生故人的探访,这一年章太炎的情况还较为平稳。当然,这与京师警察厅采取了更为灵活的监视策略也有关系。

1915年12月12日,袁世凯正式称帝,引起全国声讨,成众矢之的,南方多省相继独立,孙中山发表《讨袁宣言》。章太炎"欲观南方实况"③,决计实行第二次出京计划。章太炎自称,当时他有友人在海军部,与日本海军增田大佐、柴田大尉相知,他们共同商议让章太炎穿和服乘火车到天津,但当天被日本

---

① 《在钱粮胡同侦护章太炎之警察的呈报之四十六》(1915年1月10日),《北京档案史料》2011年第3期,第347~348页。

② 《在钱粮胡同侦护章太炎之警察的呈报之一一三十九》(1915年1月10日—1915年12月16日),《北京档案史料》2011年第3期,第347~360页。

③ 汤志钧:《章太炎年谱长编》,第517页。

驻津领事携带宪兵以及警察阻击车站,带回巡警总厅。①有关这次出逃,档案有更为详细的记载:"十八日,侦得章太炎上午十一时身著中国便服,带同仆人沈贵乘坐马车出寓。即经巡长佟和、巡警张吉顺等在暗地跟随。"章太炎到东单牌楼羊肉胡同长春亭日本妓院内与日本海军提督增田高赍、柴田以及范腾霄会合后,让其仆人沈贵带着两个日本妓女乘坐章太炎的马车逛农事试验场。沈贵等走后,巡长佟和立即打电话将另一负责监视的巡长崔崇玉唤来。到下午三时,章太炎更换日本和服,同一个日本人乘坐人力车快速奔向前门火车站购买车票。巡长警一直跟随其后。在车站时,佟和又喊来外左一区巡警二名共同跟随,见章太炎与日本同伴欲登火车,即上前拦阻,"声呼章太炎'欠债未付,欲往何方逃奔耶?尔我至法庭理论'等语。章太炎云:吾非姓章,何人欠汝等债,乃出一陈姓名片请视。巡长警等遂大呼巡警,即有警官张乐斌并铁路巡长警等皆至,复有侦缉队,并经厅派员等亦至,该日本人乘乱逃避,巡长警等遂将章太炎拥护至铁路巡警局",后解送京师警察厅。讯问后,各警察将章太炎仍送回钱粮胡同寓所,并加派四名巡警进行守护。②相比第一次出逃,章太炎显然已经经过较早规划,但之前放松了对仆役和警察的防备,使其看出破绽,提早加强了守卫。章太炎当日出门后,警察步步跟随,其所使用的调虎离山之计(章太炎让其仆人沈贵带着日本妓女乘坐自己的马车逛农事试验场,并叮嘱沈贵在外要逛到下午六时才准回去)显然已被警察识破。章太炎将要登车时,警察不是强制扣留,而是使用了"欠债还钱"的借口进行伪装执法,虽然章太炎也有相应对策,出示了假名片,但终究被多方警察阻拦未能成行。这次出逃章太炎与警察之间几番较量,斗智斗勇,终因章太炎计划不周、警察监视到位而失败,但据章太炎自己说"时袁世凯已病,警吏气亦衰,但促归邸而已"③,并未为难。

袁世凯死后,章太炎看重的黎元洪以副总统职代理大总统,但章并未被立

---

① 汤志钧:《章太炎年谱长编》,第 517 页。
② 《在钱粮胡同侦护章太炎之警察续报之五》(1915 年 5 月 19 日),《北京档案史料》2011 年第 3 期,第 362 页。
③ 汤志钧:《章太炎年谱长编》,第 517 页。

即释放，其求见黎元洪的请求也被警察总监驳回。十天以后，内务总长王揖唐才命令京师警察厅解除对章太炎的监视。①当天夜晚十一时，京师警察厅司法处下令，所有监视的巡长警等立即回厅，并使巡长等见章太炎说明情况，至夜内十二时，巡长警等一同回厅任差。②至此，警察监视章太炎的任务结束。

  保存下来的京师警察厅监视章太炎的档案可能不全，也存在记录偏颇的问题，但就目前所见，已基本能梳理清楚章太炎被幽禁三年的情形。单从担任监视任务的警察一方来说，这批档案也能充分地展示警察是如何担任政治监视任务的。在政治监视任务中，京师警察厅总监是被监视人和政治上层之间联系沟通的重要桥梁，虽然内务总长以及相关机构负责人也会参与其中，但京师警察厅是承令负责监视的机关，警察总监当然是最重要的中间人，其负责对上汇报监视状况，对下指导规划监视安排，并负责处理突发事件以及协调各方关系。不过，总监所发挥作用的大小与其自身能力及各方人际关系的协调程度有很大的关系。在监视章太炎事件中，吴炳湘的作用就比较突出。在总监之下是各个警察区署，原则上来说，每个区署负责自己辖区内的监视任务，但在重大监视任务如章太炎事件中，所派出具体执行任务的警察是由警察总厅遴选的，而不是管辖区署所派。从档案中推知，从1914年初章太炎移居龙泉寺开始，负责监视的巡长警中间有替换，但大部分应该没有变化，如巡长崔崇玉、巡警张吉顺等即是一直监视章太炎两年半，这可能有熟悉章太炎生活、便于监视的考虑。厅派巡长警是监视任务的具体执行人，但章太炎居住在不同的警区，各个区署应配合照料监管。在龙泉寺是由所管外右五区警察署协助监视，在钱粮胡同是由内左二区警察署协助监视，别的区署和侦缉队亦在紧急时刻进行相关配合。

  就履行职责而言，警察对章太炎的监视任务比较认真负责。他们详细记录章太炎每天的生活起居和交友访客，并将记录及时呈报给总监，一般是第二日汇报前一日的情况，在出现重要情况时（如章太炎绝食），一天会汇报二到

---

① 《内务部为解除监视章太炎致京师警察厅饬令》（1916年6月16日），《北京档案史料》2011年第3期，第367页。

② 《侦护钱粮胡同警察为奉命撤销监视章太炎情形的呈文》（1916年6月17日），《北京档案史料》2011年第3期，第368页。

三次。警察也有一定的监视技巧,暗中尾随、化装便衣、随机应变,并根据政治形势以及与章太炎相处情况不同调整监视的松严程度。警察们除了限制与政治相关的言谈、通讯、外出自由外,对于章太炎的生活倒限制不严,有时反而能看出些许温情,如章太炎绝食时,警察买来点心、水果屡次劝章太炎食用,在汇报时还特地提及章太炎身体日见瘦弱,这可以看作是警察对章不乏同情之心,当然也可以当作是警察的柔性监视。虽然警察对章太炎的监视引起了章本人以及社会多方的不满和愤慨,但对于长达三年的监视来说,还算平稳有效,章太炎保住了性命,袁世凯也落了个惜才有待之名,从这一点来看,警察们的监视任务应算是完成得比较成功。

有关史料表明,京师警察厅在机构设置上就不是一个单纯的地方机构,其不仅担负行政规定的地方警务,还承担了大量的直接为中央政权服务的公务;其不仅必须向直属上级部门内务部汇报工作,还处于政府最高首脑的严格控制和密切监督之下。京师警察厅名义上为地方管理机构,但在功能设计上却是中央政权向地方上的延伸。它的权力来源于中央政府,所以其职能首先是为中央政权服务,而不是对北京地方社会和民众负责。

保持政权稳固是任何一个政府的责任。所有带有权力因素的关系都和政治脱不了干系。从这个意义上说,处在首都的京师警察厅作为政府公权机构,天生地、不可避免地要参与国家权力,对有政治目的和意欲达到某种政治影响的行为进行控制。中央政府赋予京师警察厅这种权力,使其职能具有了合法性,这种合法性保证了警察执行警务的正当性。但在具体执行过程中,这种合法性和正当性受到了不同方面诸如缺乏权威的政府、高层的更变、强大的军队以及相关利益机构的影响,京师警察厅的职权范围被侵越。而与此同时,在当时民主、法制不健全的社会大环境下,不合理的社会权力对管理的专业性会产生影响,导致京师警察厅也侵占了司法等职权领域。但不管怎样,在北洋政府时期,京师警察厅为北京的社会稳定提供了保障,它本身所具有的进步与保守、改革与守旧的特点也正是北京现代政治在那个阶段进展的体现。

第三章 CHAPTER THREE

北京警察与民众生活

作为国家权力机关，警察必然要和政治产生密切联系，但警察并非只是一种压制性的政治力量，实际上，从近代警察在中国出现之始，其定位就注重在社会秩序的维护上，为民众提供一种文明、稳定的社会环境，使所有人的社会生活都从中受益。从一定程度上讲，警察的职能更多体现在其社会工作方面。在近代警察出现之前，北京并没有专门从事城市社会生活管理的机构，也无专门的法规限制。政府主要靠保甲制度和步军统领衙门、五城御史、顺天府等多个非专业机构，以及水会、士绅等民众力量来处理有关社会生活的事情。近代警察的出现改变了这种传统状况。在清末民初近三十年里，警察担负着多重职能，其中，维持地方社会秩序、保障民众社会生活是其着力最多的。

在国家权力授权和保障下，警察机构制定了各种城市社会管理法规，强制推行，并把过去政府管理松散的地方组织和力量也纳入自己的管辖范围，逐渐挤压了水会、会馆、善堂、宗族以及士绅等的权力空间，成为国家改革的中坚力量，推动着国家对社会进行改造。同时，警察在与民众打交道的过程中，了解到民众的社会需要，并反馈至政府上层，促进政府社会改革政策和步伐的调整。可以说，警察机构事实上是处理社会事务的政府机构。本章主要讨论警察如何规范民众日常生活、管控公共空间以及引导社会风气改革，进一步揭示警察推动社会生活改变的困难和阻力，展示这种推动对于社会生活循序渐进变化的影响。

第一节　社会秩序

ERSHI SHIJI ZHI ZHONGGUO

一、保障商业、金融秩序

北洋政府时期有专门的政府机构对商业、金融进行管理，但因商业、金融秩序和民众的生活息息相关，如果其秩序得不到稳定，便会极大地影响民众的日常生活，进而牵动社会治安问题。京师警察厅对商业、金融秩序进行了严格的管理。

(一)商铺和市场

北京铺商，凡营业者均应按照《京师警察厅呈报营业规则》在规定的日期到警察厅呈报，其呈报事项包括铺东姓名住址、营业种类、铺店坐落处、资本金及开业日期。在呈报时还应取具资本相当的铺保水印，由铺户所在警察区署进行勘查，符合规定者发给营业执照，准予营业。对于和社会治安联系密切的旅馆、公寓及古玩、估衣、玉器收买各旧货铺等营业，京师警察厅规定更为严格，要求取具3家殷实铺保水印。各项营业都应从警察厅领取执照，并备有相片存案，以备查核。新出的营业也必须到厅呈报，但在北洋政府时期，"新出各项营业尚有未报厅者甚多"，为此京师警察厅要求各区署速将新出的一些营业如医生、阴阳生、产婆等调查清楚,"如有未经报厅私行营业者,查出即行照章惩罚"①。店铺迁移也应按照开业呈报,同时还应呈报有无更换铺东和增加资本。营业转租、转倒时除新、旧铺东会同呈报外,新铺东还应按照规则另行呈报。②

所有铺商在停止营业或歇业时按照规定应将执照缴销并取保报厅备案,在另开新业时须先由旧铺东呈报下匦,等警察厅核准后再由新铺东按规定另行呈报。铺商在警厅呈请自行歇业时,警察厅要派员进行调查,如查悉该铺商拖欠外债或与债主涉讼未结时,所请歇业便批驳不准。③民初,因生意萧条或欠款无法还清④,"弃铺潜逃之事曾见迭出,亟应预防以绝后患",京师警察厅为此"厘定清源办法",规定凡新开营业者到厅呈报,其取具保结至少须在九等捐以上始能核准,同时还密令二十区署,如有资本小者须先告诫房主注意,如遇有人向外携带行李及重要物件应即速行密报警察厅,以凭取缔。⑤对于弃铺潜逃的铺东,各区署严行追缉。

北洋政府时期,时局动荡不安,影响社会秩序,北京商业也时常受时局影响,有所起伏。1920年阳历新年之际,因军队不稳,出现谣言,商家听信谣言纷纷关门,警察厅为维持商业,极力辟谣震慑,并派警察叫商户开门营业。⑥北洋政府后期,派系斗争、军事交战频繁,京师警察厅为维持市面,添派便衣保安、巡警,四出访察,并和军事机关联合出示布告告诫商民,"务各安居乐业,毋得轻信浮言,自相惊扰"。在军警各机关的维持下,一段时间内"市面秩序尚见安

---

① 《饬查营业执照》,《晨报》1918年6月21日,第6版。
② 《京师警察厅呈报营业规则》,蔡鸿源主编:《民国法规集成》第14册,第117~118页。
③ 《呈请歇业未准》,《晨报》1921年1月20日,第6版。
④ 《弃铺潜行逃逸》,《晨报》1918年6月7日,第6版;《铺长避债潜逃》,《晨报》1921年1月28日,第6版。
⑤ 《预防弃铺潜逃》,《晨报》1918年7月7日,第6版。
⑥ 《昨晚北京市面之虚惊》,《晨报》1920年1月5日,第3版;《我的新年杂感(时评)》,《晨报》1920年1月6日,第3版。

谧"①。1926年,北伐军进攻对北京商业影响更大,瑞蚨祥等前门外18家绸缎庄全行闭门,其他各大商行亦多闭门,警察总监李寿金会同卫戍司令王怀庆等,多日连续讨论应对办法,李寿金还召集内、外城二十区署警长、总商会正副会长以及商会特别董事到厅内会商使各商户开门办法。②政治纷乱,交通阻碍,物价飞涨,市面萧条,再加上捐税日增,不少商家买卖不佳,有的便裁减伙计,还有不少只能关门停业,即使京师警察厅等机关极力维持,从1927年10月至12月仅三个月,歇业店铺竟达1616家之多。在这种情况下,社会不稳定因素便会显著增加。③

除了上述商铺管理,京师警察厅还负责对市场进行管理。当时北京比较大的市场有东安、西安、广安等。各市场由京师警察厅派员管理,无论大小商贩均应受其指挥,入场租地营业的铺商、摊贩必须有警察厅的许可,并订有租约合同。商铺在市场内租地建造房屋,应先由管理员勘定后转呈警察厅发给执照,其建造房屋尺寸不得超过呈报尺寸。京师警察厅在各市场派一定人员进行管理和治安维护,如东安市场派有管理员1名、司事2名、巡官1名、巡长2名、巡警15名。④东安市场曾因大火被焚,1920年重新建造,亦由京师警察厅负责招商管理事宜。⑤此外,北京一些固定和流动的夜市也由京师警察厅负责管理。⑥为统一管理和维护交通秩序,京师警察厅规定了夜市的摆设地点和时间。摆设地点规定逢一、四、七在骡马市,二、五、八在前门大街,三、六、九在崇

---

① 《军警机关力维治安》,《晨报》1923年8月11日,第6版;《军警机关布告安民》,《晨报》1924年11月4日,第3版。

② 《警察总监昨约各商懂谈话——磋商维持市面办法》,《晨报》1926年6月25日,第6版。

③ 严景耀:《北京犯罪之社会分析》,李文海主编:《民国时期社会调查丛编》(底边社会卷)(上),第232页;《两月来商号歇业千二百家——总商会元旦开会讨论维持》,《晨报》1927年12月31日,第7版。

④ 《东安市场暂行章程》,蔡鸿源主编:《民国法规集成》第14册,第338~341页;《广安市场租地规则》,蔡鸿源主编:《民国法规集成》第14册,第349页。

⑤ 《东安市场行将建筑》,《晨报》1920年8月29日,第6版。

⑥ 《商人请添夜市》,《晨报》1920年9月1日,第6版;《呈请加添夜市》,《晨报》1918年3月12日,第6版。

文门外，所有摆设货摊须按大摊宽五尺长八尺纳捐铜元八枚、小摊宽长均五尺纳铜元五枚标准，并赴该管区署领票交费。①京师警察厅对于夜市的摆放时间尤为注重，但仍有夜市商人不遵照规定的时间，"每于午后三四点即行摆设，殊于夜市之名义不合"，警察厅对此多次布告，各夜摊"统限于七点摆设，否则由警驱"。②

京师警察厅对商业的管理不仅体现在上述方面，在商业出现别的不稳定因素时，也会进行干预。1919年3月，京师猪商反对征收现洋缴纳租税，举行罢市，导致北京肉价骤增，影响民众生活，警察厅派干练长警劝导各猪商妥协后，又由厅内派员在各方之间进行调停，最终解决了猪商罢市问题。③北京洗衣局时常发生衣服交还错误或有人冒取的情况，京师警察厅对此制定相应办法，由各洗衣局"印刷联单，注明衣主姓氏，衣服兼署，何日送来，字号戳记凭单交与衣主，存根存于本号"，并印刷纸样多张，分交各区转发各洗衣局遵照印刷，统一实行。④这对规范洗衣行业起到了积极的作用。

商业运行离不开度量衡器具，《权度法》第15条规定，以制造权度器具为业者须禀请农商部特许，以贩卖或修理权度器具为业者须禀请该管地方官署特许；《权度法施行细则》第33条规定，各地方自奉到颁发地方标准器满4个月后不得再制造或贩卖不合于《权度法》所定之权度，但北京市内"尚有肩挑贩卖之人，私制权度器具，游行各处，踪迹无定，于权度推行划一事宜，大有妨碍"。农商部权度检定所虽设有稽查员一人，但北京地面广阔，仅凭一人之力"实有不逮"，因此农商部特函商京师警察厅转饬各区署，"遇有此项私制或挑卖权度器具者，请其按照权度营业特许法第11条之规定，即送法庭，依法究办"⑤。北京农商部规定从1917年1月1日起，对度量衡进行统一，凡商民营

---

① 《取缔夜市商贩》，《晨报》1917年11月21日，第6版。
② 《夜市要注意夜字》，《晨报》1921年4月30日，第6版；《取缔夜市营业》，《晨报》1918年5月22日，第6版。
③ 《调停猪商罢市》，《晨报》1919年3月18日，第6版。
④ 《警厅取缔洗衣局》，《晨报》1921年11月26日，第7版。
⑤ 《农商部致京师警察厅总监函》，《政府公报》第319号，1916年1月23日，第21~22页。

业所"自一月一日起度器以一月为期,量器以二月为期,衡器以三月为期,每类收集期满,即行使用新器",并由农商部会同警察厅,出示布告晓谕商民统一使用。①深恐各商民对新式权度有意观望,在农商部权度制造所的请求下,警察总监饬令各区署选派干练长警先往各铺劝告,再由权度制造所派员进行检查。②

(二)钱币兑换

"金融一项,关系民生,尤为切要。"③从 1900 年制造铜元开始,铜元成为与北京普通民众生活联系最为紧密的货币,因为"他们的进款多半是铜元",铜元价值的低落直接影响普通民众的生活,而铜元价值的高低是由历年银两或银元兑换铜元的数目所决定。④铜元开始使用时政府规定每一银元换 100 枚铜元,但在北京市面每银元换铜元的平均数是 76.4 枚,以后逐年增长。清末宣统统治的三年中,铜元的行市涨落不定,但总的趋势是上涨,1912 年阴历一月增长到 136 枚,在此后的几年里,铜元兑换有所波动,但波动幅度不是很大,基本在 136 枚上下。但从 1920 年开始,受时局的影响,铜元价格发生了较大变化,到 1925 年,仅仅 6 年时间,铜元兑换就已增长了一倍,达到了 285.5 枚。⑤铜元兑换的飞增,意味着铜元价值的低落和银元价值的大幅飞涨,而北京的这种"银价飞涨,影响地方,于贫民生计最关重要"⑥,进而在很大程度上影响到北京社会秩序的稳定。民初各大银行也发行纸质钱币,这种纸质钱币价值更容易受时局的影响发生变化,"纸币跌落,市面萧条,因之各行商务所受影响颇巨"⑦。纸币价格的变动也直接影响民众的生活,为此京师总商会多次请

---

① 《分期收集度量衡》,《晨报》1917 年 1 月 5 日,第 7 版。
② 《劝用新式权度》,《晨报》1918 年 2 月 22 日,第 6 版。
③ 《警厅昨开维持治安会议——议定取缔扰乱金融七办法》,《晨报》1926 年 10 月 6 日,第 7 版。
④ 甘博、孟天培著,李景汉译:《二十五年来北京之物价工资及生活程度》,北京大学出版部 1926 年版,第 67、76 页。
⑤ 甘博、孟天培著,李景汉译:《二十五年来北京之物价工资及生活程度》,第 69~77 页。
⑥ 《警厅维持银元市价——有私捏行市暗中买卖者一并按照军法从事》,《晨报》1924 年 10 月 12 日,第 6 版。
⑦ 《呈请维持商务》,《晨报》1918 年 3 月 13 日,第 6 版。

求京师警察厅协同维持金融秩序,以便平抑物价,"以纾民困"。①

民初,北京民众有以纸币和铜元票为收入进项,但这种纸制钱币不如铜元在市场上流通广泛,时局变动也会影响纸币的实际价值②,民众为生活方便和保值起见,多到银行兑换所把纸币兑换成铜元。银行设立兑换所有限,兑换民众又颇多,各兑换所经常发生拥挤现象,情形很严重。③京师警察厅为维持兑换秩序,派巡警到各兑换所弹压监视。④各兑换所也想办法进行改良,给兑换的民众发放竹制号码签,每日发放一定的号码签,民众手持号码签到兑换所进行兑换,但"因其号数有限,而兑换人无限",各兑换所仍然"每日拥挤不堪,巡警弹压颇难"。⑤号码签发放有限,民众为了兑换,出现了伪造兑换号码签的事情。⑥各商铺收有较多纸币,因兑换困难,竟然出现了专为各铺户向该地兑换所兑现的兑现团,通过替各商铺兑现,"每人每日可获利五六十枚之多",严重影响了兑换秩序,警察厅对此进行了严厉取缔。⑦在北京发生挤兑事件时,仍有"不肖奸商,转运银元出境",京师警察厅为限制银元出境,分派"探兵进行侦查,一经拿获,即行解厅惩罚"。⑧

银行为保证纸币价值,缓解兑换困难,在兑换所筹足了准备金,并告示纸币与现洋一样使用,铜元票与铜元市价相同,这样一来,从中取利的钱商无利可取。警厅为防止钱商凑集资本操纵钱价的行为,对扰乱金融市场的钱商特别注意进行查处。⑨有时,警察厅为救济金融恐慌,甚至出面筹措大宗现款,派

---

① 《商会请维持市面》,《晨报》1917年3月20日,第5版;《商会请维持市面》,《晨报》1917年3月20日,第5版;《会议维持金融》,《晨报》1917年9月17日,第6版。

② 《北京社会之生气》,《晨报》1916年8月18日,第5版。其上载:"二月内各省义师继起(讨袁运动),京内驻军不下数万,纸币停兑金融紧迫之际,人心汹动,寝食不安。"

③ 《兑换现象不堪入目》,《晨报》1916年9月9日,第6版。

④ 《兑换所改良办法》,《晨报》1917年1月9日,第5版。

⑤ 《各区弹压兑换难》,《晨报》1917年2月21日,第5版。

⑥ 《伪造兑换号签》,《晨报》1917年9月17日,第6版。

⑦ 《望警取缔兑现团》,《晨报》1917年2月7日,第5版。

⑧ 《地方近讯·禁运银元出境》,《京兆周刊》第30期,1921年12月3日,第18页。

⑨ 《望警厅取缔钱商》,《晨报》1917年3月28日,第5版。

员在市面收买铜元票，以安民心。①对于可以兑换现洋的钱铺，京师警察厅也加强了控制。一些钱商从中作弊把持，其他商民持有的铜元票不能在钱铺换得现洋，或"每元比现货少给数枚"，不仅于民众有损，还于银行信用有害，"殊堪痛恨"，京师警察厅为查明钱市情况，派便衣巡警秘密调查，对于查获扰乱金融的钱商严厉惩办。为免流弊，金融市价由京师警察厅会同京师总商会共同公定。②

1920年以后，受各派军阀混战影响，流言时起，北京挤兑事件发生更频繁，京师警察厅为维持金融秩序，通令各区队派出警察、探兵及密探多名，分布在街巷维持秩序，以免人心恐慌，并力劝各行商人照常通用各项铜元票和辅币票，否则以扰乱金融罚办。③对于造谣煽惑之徒，更是加大查处力度，多派便衣探员，一经查处，更是重罚，同时警察厅还和相关军事机关联合发布布告进行息谣。④一些兑换所和个人"希图渔利"，"对于银元市价每暗作行市"，不遵照市价交易，京师警察厅为禁止这种行为，专门"派员逐日赴钱市监督开盘，并晓谕各经济不得从中操纵，扰乱图法"。⑤京师警察厅还派检查员一人常驻北京证券交易所，以便"随时考查"，检查员负责向厅报告，如发现交易所"有故意抬高或抑压市价扰乱市场时，检查员得制止之"。⑥虽然京师警察厅和相关机构采取了多种措施，但仍有钱商不按规定兑换，京师警察厅为鼓励各钱商，特拟定了收用纸币奖励办法，制成银质奖牌数百面，如发生挤兑时，钱

---

① 《惩办舞弊钱经纪》，《晨报》1917年6月13日，第5版。
② 《惩办舞弊钱经纪》，《晨报》1917年6月13日，第5版；《警厅取消钱经纪》，《晨报》1917年6月14日，第5版；《设法取缔小钱商》，《晨报》1916年11月4日，第5版。
③ 《收买角票被捕》，《晨报》1925年10月24日，第6版。
④ 《军警机关将发布告息谣》，《晨报》1924年2月9日，第7版；《警厅昨发布告辟谣》，《晨报》1925年10月21日，第6版；《警察厅昨开会议——讨论维持市面办法》，《晨报》1928年5月10日，第7版。
⑤ 《警厅维持银元市价——有私捏行市暗中买卖者一并按照军法从事》，《晨报》1924年10月12日，第6版；《京师警察厅外右一区分区表送康登瀛捏盘提高铜元价格有意扰乱钱市秩序请讯办一案卷》，1923年8月1日，J181-019-38019。
⑥ 《京师警察厅取缔北京证券交易所章程》，《政府公报》第3368号，1925年8月17日，第3页。

商收用纸币在500元以上者奖给银牌一面，在3000元以上者免纳铺捐一季，其所收纸币,由警察厅代兑现款。①可见警察厅为维持金融秩序确实进行了多方努力。

铜元票理应与铜元价格"齐平一律,毫无歧异"②,可以直接在商铺进行购买物品,警察厅也出示布告商民,银行纸币"皆由政府担保"③,但民众在使用铜元票时还是经常被商家任意克扣或拒而不收④；还有一种情况是商铺遇见以铜元钞票购物的民众,故意抬高物价。针对这些"搅乱金融,不顾公益"的情况,京师警察厅派便衣长警多名,在各街市暗中调查,发现上述奸商,"立即扭交该管区署严行重惩,以儆效尤"⑤。这种破坏金融秩序的行为,使"小民吃苦匪浅",为加强打击力度,京师警察厅对派出调查的长警每名每日奖洋两毛。⑥京师警察厅还会同北京军队机关,印刷布告,张贴各处,晓谕商民,凡是故意拒绝纸质钱币者,一经发觉,"即处以五十元至百元之罚金,并处二十日至五十日之拘留"⑦。对于被发现拒绝使用纸质钱币的商家,实际的处罚比布告上的规定更为严厉。1921年12月,乾泰正皮货店因拒收中国交通银行钱票,被警察厅判罚1200元。⑧除了判处罚金和拘留外,京师警察厅还将捕获的不使中交钱票的人犯判罚游街,这些人犯"身背白布坎肩,上书'不使中交票商人一名'",在保安队兵的监视下"押赴街市及各热闹地方示众,以安人心"。⑨

---

① 《地方近讯·警厅拟定奖励钱商章程》,《京兆周刊》第31期,1921年12月10日出版,第16页。
② 《奸商折扣铜元票》,《晨报》1917年1月14日,第5版。
③ 《中票政府担保》,《晨报》1916年11月13日,第5版。
④ 《重罚抑勒票价之奸商》,《晨报》1916年10月19日,第5版。
⑤ 《重罚抑勒票价之奸商》,《晨报》1916年10月19日,第5版；《派警暗查奸商》,《晨报》1917年7月27日,第5版。
⑥ 《派警调查奸商》,《晨报》1918年2月20日,第6版。
⑦ 《地方近讯·破坏金融的罚章》,《京兆周刊》第31期,1921年12月10日出版,第19页。
⑧ 《地方近讯·又有一家商店不用交票被罚》,《京兆周刊》第32期,1921年12月17日出版,第14页。
⑨ 《地方近讯·不使钞票者游街》,《京兆周刊》第30期,1921年12月3日出版,第17页。

京师警察厅对金融秩序的维持还包括禁止商民对钱币涂改伪造。1916年，北京出现伪改铜元票情况，将20枚铜元票的"二"增加数画为"四"字即可充混40枚铜元票使用，受者稍不注意即被蒙混，还有将1元钞票修补当5元使用的情况。京师警察厅为此通饬各区转告各商店注意，如认实有伪画使用者，立即扭交巡警，送区究办。① 伪币在市面流通比较猖獗，一些钱铺在兑换铜元票时，也时常掺入二三枚假铜元。② 伪币的制造也有多样，伪造银元的制造方法就可分为多种：一系制成铜质洋元模型，外刷以银水，保10日不露原形；一是以袁头之银币，挖洞，将银质取出，仅存银皮，再灌以铅汁，制造极为精巧。用真银币20元，可以购买伪币100元，有人专门购买此种假币到处行使，"被骗者不知凡几"，以致街市发现伪币极多，各区警察区署对于这种假币，极为留心注意，同时还派密探暗中调查，查寻伪币制造机关。③ 除了伪造的铜元，北京市面还有假纸钞出现。

京师警察厅在严厉打击假钞使用的同时④，还严格查处各石印局的印制情况，以期从源头上进行控制。⑤ 此外，对另外一些破坏金融的行为如把制钱"勾串熔化"、"将银币用药水洗去四五分"等情况，京师警察厅也进行了重惩。⑥

北洋政府时期，各省官厅多发行一种有奖证券，"在京行销，日见其多"，影响社会经济。京师警察厅认为，北京社会状况不堪容受此种奖券流行，为

---

① 《通饬防拿改票》，《晨报》1916年9月21日，第6版；《挖补钞票犯被获》，《晨报》1925年3月6日，第6版；《挖补钞票犯又获一个》，《晨报》1925年9月12日，第7版。

② 《望警根究假铜元》，《晨报》1917年5月16日，第5版。

③ 《用伪造洋者被捕》，《晨报》1916年10月23日，第5版；《破获私造伪币机关》，《晨报》1925年4月18日，第6版；《警厅饬查伪币》，《晨报》1917年9月29日，第6版。

④ 《行使伪钞被获》，《晨报》1925年7月27日，第7版；《行使伪钞票被捕》，《晨报》1926年4月29日，第6版。

⑤ 《地方近讯·不准石印局私印钞票》，《京兆周刊》第31期，1921年12月10日出版，第19页；《私印钞票被破获》，《晨报》1925年12月11日，第6版。

⑥ 《禁止销化制钱》，《晨报》1916年10月18日，第5版；《惩洗币匪徒》，《晨报》1920年8月18日，第6版。

维持社会经济起见,呈请内务部明定限制,要求从1919年起,发行此种证券除关国家救济大灾或有不得已的情形可由内务部特别核办外,关于各地方振兴实业、举办工程,无论官办、公办,经费概由当地官绅另行筹款,不得发行有奖券。①这种有奖券得到控制后,北京又出现一种有奖储蓄奖券。这种储蓄奖券不仅妨害正当储蓄,引起人民投机,更影响金融行业发展,"如不早为禁止,贻害社会殊非浅鲜",京师警察厅也负责对这种储蓄奖券进行查禁。②

二、平抑物价

"煤粮各项,为民生必需之品,出入价格,务得其平"③,价格增长过快或者供应不足,"贫民难以谋食"④。但在北洋政府时期,北京煤粮等民众基本生活必需品受到政局、金融及各种灾害等的影响,价格发生大的波动,严重影响民众的生活。由于煤粮等是保证民众生活最基本的物质,"关系民生及治安匪浅"⑤,价格过高或者不足购买,不仅会严重影响民众生活,还会直接导致社会动乱。北京作为国家首都,民众基本生活的保证更显重要,加上"京师一带产粮向不甚丰,均系仰给外省运入始敷民食"⑥,而北京人口又众多,因此北洋政府专门制定了《取缔京师米麦外运出境暂行条款》,规定"凡京师内外城各粮商等存储米麦只准于近畿一带零星贩运,不准大宗由京城转贩出京",转贩近畿

---

① 《内务部咨呈国务总理据京师警察厅呈称近来各省发行有奖券日见其多拟请明定限制等情照录原呈请鉴核文(附原呈)》,《政府公报》第1109号,1919年3月1日,第25页;《警察厅呈请限制发行奖券原文》,《京兆通俗周刊》第5期,1919年,第11~13页。

② 《公牍·金融·致函京师警察厅、京兆尹、各省商会关于银行暨储蓄会办理储蓄先后情形及查明分别一体严禁各节业经呈明奉令核准照办函达查照转饬遵照文》(1月16日),《财政月刊》第122号,1924年2月,第4~5页。

③ 《警厅查禁煤粮增加》,《晨报》1925年11月8日,第6版。

④ 《警察厅维持粮价》,《晨报》1920年9月14日,第6版。

⑤ 《警厅筹备冬防》,《晨报》1924年11月23日,第6版。

⑥ 《交通部、内务部、税务处呈会定取缔京师米麦外运出境暂行条款缮单请训示文》,《政府公报》第1080号,1915年5月11日,第16页。

一带米麦不准超过一千石,其装载出京要在指定的车站,并要将运卸地点、日期、米麦石数禀报地方官厅查明,核准后发给护照方准起运,北京内城粮商出京贩卖要禀报京师警察厅核准。①北京贫民"生活多赖杂粮",为防止粮商将杂粮运出京城,造成杂粮涨价,影响贫民生计,京师警察厅不仅按照上述规定严禁米麦出京,在1922年北京粮食紧张之时,各项杂粮也禁止出京,并会同相关机关随时实地调查,"以平粮价而济民生"。②

为掌握煤粮价格的实际情况,京师警察厅要求各派出所将所辖区域内买卖米粮各铺,列一食品价格表,每5日呈报所管区署汇总,再转报警厅,以便查核。③到北洋政府后期,银价暴涨,严重影响市价,危及社会治安,京师警察厅扩大了调查范围,民众"所有每日必需之物,如米、面、杂粮、煤、柴、菜蔬、油、盐等物"都在调查之内,按照不同种类列表调查,详细情况送往警察厅,以便"参酌取缔"。④京师警察厅通过调查结果判断煤粮各价的涨落情况,发现价格上涨过快,便派调查人员到各粮食店"调查涨价原因及所涨之数目",以便与商会等相关机关商议取缔办法。⑤

北京煤粮商人任意抬高物价,"与民食大有关系,若不严订罚章,奸商毫不知儆"。京师警察厅为控制粮价,"传知各粮商,不准故意居奇涨价",并派警察严加巡查,倘若发现有故意囤积居奇增价者,即行捉送,分别轻重,对其处以百元以上、千元以下罚金。⑥除此之外,京师警察厅还广贴布告,向民众说明煤粮价格昂贵是因奸商操纵、囤积居奇所造成的。这种舆论环境的制造一方面可以

---

① 《取缔京师米麦外运出境暂行条款》,《政府公报》第1080号,1915年5月11日,第18页;《禁止运米粮出京》,《晨报》1917年6月9日,第5版。

② 《公函·函内部部、交通部、京兆尹公署、步军统领衙门、京师警察厅为请禁止杂粮出境由》,《市政通告》(季刊)第6期,1922年,第2页。

③ 《警厅注重民食》,《晨报》1918年2月17日,第6版。

④ 《警厅调查物价》,《晨报》1926年4月5日,第6版。

⑤ 《调查粮食之涨价》,《晨报》1917年5月16日,第5版;《警察厅调查粮价》,《晨报》1920年7月8日,第6版。

⑥ 《警厅昨日又开会议——讨论维持地面各事件》,《晨报》1924年11月19日,第6版;《警厅昨开会议》,《晨报》1924年12月1日,第6版。

稍安民心,另一方面也给商户施加压力,使商户不敢轻易过快增价。①在限制商户任意增价的同时,京师警察厅还要求各粮商统一粮价。1919年,京师警察厅通过调查为五谷定了最高价格:米每斤9个铜元,大麦每斤7个铜元,小米每斤6个铜元,小麦每斤5个铜元,要求各商铺一体遵照。"北京自有史以来,欲为五谷定价者此为第一次。"②

这种统一定价在实际执行过程中很难有效执行,这和北洋政府后期战乱及各种灾害等客观原因造成的交通运输困难有直接关系。由于客观原因,粮价不得不涨,但京师警察厅还是极力平定粮价,和京师总商会等商议救济方法,要求各粮店"划一粮价",并将各种粮价核定后,列表悬挂于门前,即使因客观原因不得不涨价,也不准一月涨价数次。③运输困难,来源紧张,粮食有所涨价也在情理之中,但一些粮商趁此机会,把粮食价格"增高原价百分之三四十,致使一般人民之生活,困苦异常,贫穷分子,其艰难情形尤属不堪言状"。为避免粮商过高增价,京师警察厅派警察到各所管地面粮店"调查储存食品之多寡,与夫所售价格之高低,以免奸商有居奇不售,或任意抬高之弊,致使人民生活大受影响"。但一些粮店,对于警厅的调查,"捏造价格以期蒙混者,亦复不少,报告警察,竭力减少,而售价故意抬高,如洋面每袋现售三元五六,而呈报之数只为三元二三"。京师警察厅对此种行为,一经查处,处罚更为严厉。④为掌握实际情况,除派调查员,京师警察厅还派警察便衣秘密稽查,按日报告煤粮各具体价格。⑤

除严格限制粮商涨价外,京师警察厅自身也积极筹措办法。1918年,警察厅总监吴炳湘"为维持民食起见",特地向陆军部借拨大米两千石,进行平粜,

---

① 《警厅注意粮食问题——陈兴亚昨与邢、李会商结果呈请财交两部拨车并免税警厅并布告禁止任意居奇》,《晨报》1927年6月14日,第6版。

② 《警察厅将规定五谷价值》,《晨报》1919年5月14日,第6版。

③ 《警厅会议救济民食办法——令各粮店划一粮价内外城将设平粜局》,《晨报》1924年8月8日,第7版。

④ 《警察厅调查粮价》,《晨报》1924年12月2日,第6版。

⑤ 《警厅调查日来物价》,《晨报》1924年11月18日,第6版;《警厅密查粮店》,《晨报》1927年6月13日,第6版。

其具体地点如下：外城三处，分别在外左四区法华寺、外右三区善果寺、外右五区灵佑宫；内城三处，分别在内左四区宏善寺、内右二区城隍庙、内左一区泡子河。每日平粜时间为上午5时至8时，每斤售价铜元7枚。①1924年，京师粮食短缺，粮价上涨，时任警察厅总监薛之珩多方筹款，派员向外省定购大批粗粮运京，"在内、外城分设平粜局四处，减价出售，以济急需"②。

煤粮价格上涨原因复杂，不能仅靠京师警察厅查禁奸商和筹措平粜，为从根本上解决煤粮价格上涨问题，京师警察厅还和多个相关部门和机构进行合作。北洋政府后期，"银根奇紧，市面恐慌，铜元日益充斥，银元市价日高，市面大受时局影响"，最直接的表现就是煤粮物价上涨。针对此种情况，京师警察厅专门函请财政部保障金融，维持市面，严禁铜元入京，力求平定市价。并要求财政部饬令天津造币厂停止熔铸铜元，加工赶造银元，从速运京，以资接济。③

北洋政府后期，各派军阀交战频繁，"路车多供军用"，"运京煤粮，车数锐减"④，"京师各煤粮商，遂藉口于来源阻塞，任意增高价值"⑤，影响人民食用。京师警察厅为"维持民食，取缔粮价"，"一面函知总商会（京师总商会）速派粮商赶赴各处批购粮米，由厅（内）派警随同保护运京，以接民食；一面函请交通部，声述京师缺粮之忧，设来源不济，关系民生及治安匪浅，请求速饬路局拨发车辆，以便运输民粮，而维民食"⑥。在京师缺粮之时，京师粮商通过京绥各铁路向京运送粮食，交通部"减收税厘五成"⑦。在京师缺粮情况严重的

---

① 《内外城粜米处》，《晨报》1918年4月12日，第6版。
② 《警厅会议救济民食办法——令各粮店划一粮价内外城将设平粜局》，《晨报》1924年8月8日，第7版。
③ 《昨日军警会议》，《晨报》1924年10月27日，第6版。
④ 《接济粮煤之办法》，《晨报》1924年11月23日，第6版。
⑤ 《警厅查禁煤粮增加》，《晨报》1925年11月8日，第6版。
⑥ 《警厅筹备冬防》，《晨报》1924年11月23日，第6版。
⑦ 《公牍·赋税·咨税务处京师粮商同庆公司等在京绥各路采购粗粮运京平价除由部填就护照函送京师警察厅转发外抄单仰遵照查验分别征免放行文》（11月15日），《财政月刊》第132号，1924年12月，第15~17页。

1927年，京师警察厅还特意邀请卫戍总司令和京兆尹讨论维持民食办法，由三方面会衔呈请内、财、交三部，"允准另拨车辆，专运民食，并将粮米运京税率暂为豁免"①。

　　"军事繁兴，路车多工军用，以致货运停阻，京师燃煤尤为缺乏……煤为人民必需之品"②，特别是在冬季，需煤更多，价格更易上涨。京师警察厅为预防冬季煤荒起见，早早设法筹备，请求交通部"各路切实拨车运煤"。因冬季货运较多，各路便在"夏秋货运较简之时抽拨车辆"运煤来京。对于各路运京煤数，交通部交由京师警察厅派员实地调查，并列表送交交通部；同时京师警察厅还"严禁商栈高价渔利，以期实惠于民"③。1927年秋季，北京煤价上涨更快，为平定煤价，京师警察厅"函请交通部转饬各路，每日给车若干辆，专供运煤，并严查矿商把持情形"，并由厅内派员会同行商煤会会长及京师总商会人员，前往交通部与路政司当面接洽。在京师警察厅和京师总商会等努力下，交通部竭力设法抽拨车辆运煤来京，1927年11月左右，"每日运煤来顺治门及环城各站者，不下八十余辆，由石家庄及临城运来之烟煤犹不在此数"④，很大程度上缓解了京师燃煤紧张的局面。

三、社会治安

　　北洋政府时期，北京贫困人口大量增加，给社会治安带来很大压力，最直接的后果就是导致各种恶性犯罪事件发生。《违警罚法》不适用于偷盗、抢劫等刑事犯罪，这些犯罪最终要经过司法机关审判，但对这些犯罪的预防和逮捕京师警察厅却承担了主要的职责。民众遭遇偷盗或者抢劫，首先想到的就

---

　　① 《警厅注意粮食问题——陈兴亚昨与邢李会商结果呈请财交两部拨车并免税警厅并布告禁止任意居奇》，《晨报》1927年6月14日，第6版。

　　② 《交通部致京师警察厅公函》，《政府公报》第3732号，1926年9月1日，第7页。

　　③ 《交通部致京师警察厅公函》，《政府公报》第3732号，1926年9月1日，第7页；《警厅严禁抬高煤价》，《晨报》1926年9月6日，第6版。

　　④ 《京师警察厅布告》，《京师警察公报》1927年11月16日，第7版。

是报告京师警察厅。以 1917 年为例,全年上报警方的抢劫案和盗窃案共有 3886 起。①

据严景耀统计,北洋政府时期北京监狱里人数最多的犯人就是盗窃犯。② 贫困人口数量增多以及时局不靖,致使北京盗贼层出不穷③,抢案迭出④。警察维持公共安全,"以预防危害为手段"⑤,预防措施得当,可收到事半功倍的成效。为此,京师警察厅制定了一系列的预防措施。

夜晚为盗贼活动多发时段,京师警察厅规定,"深夜行人须持手灯","以防盗贼而保治安","违者处罚,决不姑宽"。⑥"行人如不提灯,应即盘查","形迹可疑带区究查"。⑦各警区为慎重起见,由署长"亲身分段巡查"⑧;对于市面繁杂之地,为减少盗窃等案发生,警察署加强对界内商贩的管理,不准随意摆设,夜晚则在各街巷加添岗警巡逻,同时严格管理各旅馆、会馆、娼寮,令其准时闭门⑨;各管界内,为防抢案,"凡有夜市之期,各段加派武装警士,来往梭巡"⑩;在节假、国庆等日,公共场所游人众多,拥挤不堪,"绺贼便得乘间窃取",各区署巡官长警便对本区域"各热闹处所添加便衣巡警",防拿绺贼。⑪

"京师地面,向来到了冬令,有所谓冬防一件事,皆因一般无业的贫民一到冬寒时冷的时候,饥寒交迫,不为饿殍,即为盗贼。"为维持治安起见,要事先

---

① [美]西德尼·D.甘博:《北京的社会调查》(上),第 67 页。
② 严景耀:《中国的犯罪问题与社会变迁的关系》,北京大学出版社 1986 年版,第 20 页。
③ 《窃盗贼层出不穷》,《晨报》1920 年 5 月 27 日,第 6 版。
④ 《西郊叠出抢案》,《晨报》1926 年 2 月 6 日,第 6 版;《白昼抢劫何多》,《晨报》1921 年 4 月 28 日,第 6 版。
⑤ 《内务部通行各省区警察官吏防止学生运动密咨(1919 年 8 月 8 日)》,中国第二历史档案馆编:《中华民国史档案资料汇编》第 3 辑·民众运动,第 390 页。
⑥ 《深夜行人须持灯》,《晨报》1917 年 3 月 7 日,第 5 版。
⑦ 《夜间行人注意》,《晨报》1917 年 11 月 17 日,第 6 版。
⑧ 《深夜行人须持灯》,《晨报》1917 年 3 月 7 日,第 5 版。
⑨ 《外右二区大加整顿》,《晨报》1925 年 9 月 28 日,第 7 版。
⑩ 《外国丘八行抢》,《晨报》1924 年 6 月 18 日,第 6 版。
⑪ 《添巡警防拿剪绺》,《晨报》1916 年 10 月 10 日,第 6 版。

预防。在北京未设警察以前,由营城司坊办理冬防,但只限于"查门牌,下下夜"。清末设立警察以后,"每届冬令,或更添加巡警岗位,或是派人昼夜巡逻,决非昔年腐败政治可比"①。辛亥革命后,北京地面增添了不少失业的贫民,冬防形势更为严峻,对于平时没有岗位设立的沿城一带,京师警察厅在冬防期间"每里添加守望一岗矣,明年春节后,再行酌撤"②。照例休息的巡官长警"一律加添职务,不准休息",但酌情加给薪金,以示体恤。③各区署的警察,除分班站岗之外,再派出巡官长警按照所定路线进行巡查,为避免各长警"虚应事故",于冬防"毫无裨益",京师警察厅特派稽查员每日按照线路进行稽查,并将巡查情形以及有无事故等情况详细记载在巡查线路表内,用以考察"各巡官长警之勤能,藉副实事求是之意"④。同时,对治安形势尤为严峻的四郊,警察厅还会补充配备一定数量的枪弹,"以便警察实弹,巡夜缉盗,而保四郊治安"⑤。

北洋政府时期,北京盗窃和抢劫等案件此起彼伏,市民常常处于恐慌之中,也有损警界颜面。京师警察厅遂加强整顿,决定专门派员稽查戏园及各娱乐场,并"特设警铃以为警备之用",对于各地出现的这类案件"一律限期破案"。⑥对一些影响比较大的案件,如京剧名角孟小冬家遭抢劫,京师警察厅还会特别注意及时添加岗哨严防,添派便衣密探驻守,加派巡查人员,力求尽快破案。⑦另外,北京当铺和收买旧首饰铺店林立,京师警察厅"深恐贼匪在各铺销赃",还注意对当铺进行调查,并专门拟定了收买旧首饰的取缔方法:"凡收买旧饰者,均须每月将所数之物,造册报厅一次,以防误买贼赃,商民受

---

① 《论说·市政之与冬防》,《市政通告》第5期,1914年12月30日,第25页。
② 《沿城各添警岗》,《晨报》1916年12月6日,第5版。
③ 《昨日警厅之会议》,《晨报》1920年1月18日,第6版。
④ 《京师警察厅关于内勤官长警长及派出所冬防加查筹办冬防事项巡逻队线路应由各主任支配呈候核定的表》,1926年1月1日—1926年12月31日,J183-002-04045。
⑤ 《警察厅会议冬防——四郊警察领弹缉盗》,《晨报》1924年11月14日,第6版。
⑥ 《军警会议抢案问题》,《晨报》1920年1月22日,第6版。
⑦ 《警界连日大忙》,《晨报》1925年10月20日,第6版。

累。"①对于北京一些销赃的市场，京师警察厅也加强了监视和管理。甘博在其社会调查里说，通过对当铺和这些市场的监视，警方便能极其成功地追寻到失窃物品。②

为激励巡官长警破获盗窃抢劫案件的积极性，京师警察厅制定了相应的奖惩措施，如果巡官长警能当场缉获窃贼，"定即升赏"③，捕获影响较大的偷盗抢劫犯，则可获得较多的金钱奖励。④如侦缉第四队对于侦缉案件、缉捕盗贼，异常敏捷。1927年，故宫发生盗宝案，警察厅特下令专委该队查办，该队经过跟踪访查，两星期内竟将案件完全破获，所盗之物，完全取回，所有案中人犯，也由警察厅专送地方检厅审判。警察总监对于该队办案，极为嘉许，专门拨洋一千元，赏给出力队兵。⑤警察厅对于北京发生的盗窃案是不是每次都能有效得到破获，是不是像甘博所说的警方通过监视当铺和市场便能极其成功地追寻到失窃的物品呢？从下面京师警察厅各区署侦缉窃案奖惩表（表13）便可以看出，在各区发生的盗窃案中，京师警察厅破获的案件较少，未破获的案件居多。

拿获的此类犯罪分子一般都交由司法机关进行相应处罚，但由于北洋政府时期京师警察厅也负责部分司法功能，有时也将拿获的盗犯游街示众，公开枪毙，以示警戒，安抚人心。⑥

京师警察厅针对偷盗抢劫等案件做出了努力，也取得了一定的成效，但其成效显然是有限的。不管是普通民众还是外国使馆⑦，甚至是警察厅的派出

---

① 《预防与贼销赃》，《晨报》1920年6月5日，第6版；《取缔收买旧首饰晨报》，《晨报》1920年6月23日，第6版。
② [美]西德尼·D.甘博：《北京的社会调查》（上），第67页。
③ 《警厅饬防行窃》，《晨报》1917年8月25日，第6版。
④ 《加赏缉获抢犯》，《晨报》1920年1月12日，第3版。
⑤ 《侦缉四队得赏千元》，《晨报》1927年2月23日，第6版。
⑥ 《抢犯昨解司令部》，《晨报》1927年6月29日，第6版。
⑦ 《奥使馆失窃案破获》，《晨报》1924年1月12日，第6版。

所①，都免不了被窃贼光顾的危险。在整个北洋政府时期，偷盗抢劫问题一直未得到妥善解决，成为破坏社会安宁的主要原因之一，当时的报纸几乎每天都登载此类新闻。究其原因，除了京师警察厅本身效率不高等因素外，整个社会的大环境也应该考虑进去。

表14　1927年5月份奖惩二十区暨四郊侦缉窃案表

缉案奖惩区别	中一区	中二区	内左一区	内左二区	内左三区	内左四区	内右一区	内右二区	内右三区	内右四区	外左一区	外左二区	外左三区	外左四区	外左五区	外右一区	外右二区	外右三区	外右四区	外右五区	东郊警察署	西郊警察署	南郊警察署	北郊警察署
本月共发生窃案	9	6	19	3	9	10	18	16	8	13	6	10	2	2	12	17	4	9	10	43	17	16	12	14
本月已获窃案	1	1	10	2	4	4	4	5	3	3	2	4	0	0	5	7	2	4	1	23	6	4	5	5
本月未获窃案	8	5	9	1	5	6	14	11	5	10	4	6	2	2	7	10	2	5	9	20	11	12	7	9
分别奖惩	应予申诫		应予申诫		应予嘉奖		应予申诫	应予申诫		应予申诫									应予申诫		应予申诫			

资料来源：《京师警察厅训令》，《京师警察公报》1927年8月5日，第2~3版。

四、交通与街道

街道是城市生命的脉络，也是城市生活最重要的公共空间，承载着民众的日常生活、经济行为，而交通使这个公共空间充满活力。交通的联系沟通使分散的城市区域成为一个整体，也促使城市经济、文化和生活方式的改变，强化

---

① 《警察亦有被窃》，《晨报》1918年5月4日，第6版。

了民众对城市共同的认识。近代以后,特别是清末进行社会改良后,城市人口大量增加,生活频率加快,西方社会的影响加深,各种新式交通工具逐渐出现,频繁出现的交通事故和各种交通问题随之而来,给民众的生命带来极大威胁,严重影响了民众生活和社会秩序,社会各界迫切要求改善城市的交通状况,形成利于民众生活的街道空间。

(一)北京街道交通的概况

据调查,清末北京的交通工具有轿、轿车、马车、骡驮轿、人力车、自行车、洋式马车、马、牛、驴、骆驼、大车、手推车等多种。[①]清末以前,北京大街,"中高数尺,左右两路,形即偏仄,又随意排列货物,车马行人,拥挤尤甚"[②]。义和团运动后北京设置工巡局,比较注意对道路进行整修。在清末的最后几年,一部分大街已修改成马路,成效"颇有可观"[③]。有竹枝词对此表示了称赞:"大街拥挤记当年,高在中间低两边。一自维新修马路,眼前王道始平平。"[④]

清末街道整修带来的局部交通改善在进入民国后很快就难以体现了。民国后,一些旧式的交通形式如轿和牛、马等畜力日渐减少,而一些新式交通工具如人力车、汽车随着人口的增长和政治、经济发展的需要增长非常迅速。当时北京交通状况呈现出交通工具多样化、交通秩序复杂化的特点。

民国以后,人力车发展更为迅速,"每年加添三四千辆之多"[⑤],大有"填街塞巷"[⑥]之势,成为主要的市内公共交通工具之一。到1926年,北京城内的营业人力车已达32 000辆。[⑦]汽车作为新式的交通工具,清末也已出现,但发展很慢,进入民国以后才开始日益增多,"盛行道途"[⑧]。1919年,北京有公府所用

---

① [日]服部宇之吉等编:《清末北京志资料》,第411~416页。
② 杨米人等著,路工编选:《清代北京竹枝词:十三种》,第126页。
③ [日]服部宇之吉等编:《清末北京志资料》,第20页。
④ 杨米人等著,路工编选:《清代北京竹枝词:十三种》,第126页。
⑤ 《人力车将受取缔》,《晨报》1920年11月8日,第3版。
⑥ 《人力车增加之观察》,《晨报》1916年8月20日,第5版。
⑦ 《北京人力车总数》,《晨报》1926年10月30日,第6版。
⑧ 《内务部呈遵谕呈明饬厅取缔汽车情形谨将现定管理规则缮单呈请鉴示文》,《政府公报》第1226号,1915年10月6日,第16页。

汽车9辆,旅京外所用汽车20辆,自用及营业汽车625辆。①至1922年,在京师警察厅挂号的汽车已达1600辆②,一年以后就已增至1700余辆③。车辆数目增加之后,交通事故也同时增加④。市政部门对街道亦进行了整修,但远远不能满足交通工具迅速增长的需要。当时,北京的马路上,中间行走的是汽车、马车、人力车,道路的两边是拥挤的人群,旁边是一些固定的或者浮动的摊贩,再加上穿插其中络绎不绝的自行车,甚至还有一些慢吞吞的骆驼队,以致当时的外国人称北京的马路为"尖刀",确实是实情。⑤"一般交通者常因对于新增交通情态之急遽变化,未能了解,遂使交通事故,相伴而生。其因交通事故而罹死伤者,徵诸事实,实属不乏惊人之数。"⑥翻看当时的报纸,关于交通事故的记载几乎每天都有,甚至一天有数起记载。包括交通事故在内的各种交通问题亟待解决。

(二)警察管理交通的措施

民国后,京师警察厅负责北京街道交通管理的任务。在当时北京交通状况极其复杂的情况下,京师警察厅采取了多种实际措施管理街道交通。

1.车辆登记

清末,随着对近代交通认识的深入,京师警察厅为便于车辆管理,才开始学习西方经验对车辆进行登记管理。最开始,清末巡警部和京师内、外城巡警总厅仅要求人力车、马车、排地车三种车辆到警察机构进行登记备案。⑦民国以后,根据不断变化的交通状况,京师警察厅又陆续修订、增订了各种车辆登记规则,扩大了车辆登记的范围。

为规范人力车营业,京师警察厅规定,凡人力车均应呈报所管区署,由所

---

① 《京城汽车数目》,《晨报》1919年10月25日,第6版。
② 《警厅严厉取缔汽车司机生》,《晨报》1922年8月11日,第7版。
③ 《修正汽车驶行规则》,《晨报》1923年10月21日,第6版。
④ 郑宗楷编著:《现代警察之理论与实际》,正中书局1946年版,第99页注2。
⑤ 《洋车夫也来争地盘》,《晨报》1925年9月18日,第7版。
⑥ 刘垚、谈凤池编:《中国都市交通警察》,第6页。
⑦ 田涛、郭成伟整理:《清末北京城市管理法规》,北京燕山出版社1996年版,第35、43、49页。

管区署发放号牌方能进行营业。号牌的安钉便于京师警察对人力车进行统计管理。每个警区有自己固定的号牌,如在 1926 年 10 月份,北京有营业人力车 32 000 辆,中一区号码为 1 号至 2500 号,中二区 2501 号至 4800 号。①当一定时间后,原有号码多已毁损模糊不清时,京师警察厅会制定新式号码要求人力车进行更换,并收取一定费用,自用者铜元 20 枚,营业者铜元 15 枚。②车厂和人力车主为逃避缴纳牌照费用,不更换旧牌,京师警察厅会"派员检验,凡检验过者,车号旁用火印,盖一'营'字,方能营业"③。车户更换新车时,必须将旧照呈报区署,倘有新车钉用旧照,或私售无照之车,一经查出,重罚不贷。④号牌的推行在京师警察厅掌握人力车数量和管理人力车夫方面"成效颇著"。⑤

  随着汽车的迅速增加,京师警察厅也加强了对汽车的管理,新颁布了《汽车管理规则》⑥,规定凡是汽车,无论自用还是营业,均应呈报警察厅。自用呈报项目包括:(1)车主姓名、籍贯、职业及住址;(2)司机姓名、籍贯。如自任司机必须声明。营业呈报项目包括:(1)车厂名称、地址;(2)厂主姓名、籍贯、住址;(3)司机姓名、籍贯。呈报后车主应将原车定期送交警察厅检查车身是否坚固,机械是否完备,检查合格后才能发给执照,同时缴纳执照费 1 元。所发执照应常置在车辆内,以备警察检验。⑦警察厅要求汽车均须送厅检查,合格方能发给执照,为"预防危险,用意甚善"。针对有汽车破旧不堪,机械不完备,逃避送检不领执照的情况,京师警察厅为避免危险发生,严行查处,对"车身不甚坚固者即当禁止驶行"⑧。汽车呈验合格发给执照后,还须购置京师警察

---

① 《北京人力车总数》,《晨报》1926 年 10 月 30 日,第 6 版。

② 《人力车换用新牌》,《晨报》1920 年 2 月 4 日,第 6 版;《人力车更换新牌》,《晨报》1920 年 3 月 14 日第 6 版上记载"营业者铜元二十五枚,自由车铜元三十枚",与 2 月 4 日的记载不同。

③ 《警厅分期检查京郊人力车——七月一日至十日检查城内十三十四两日检查四郊》,《晨报》1927 年 6 月 28 日,第 6 版。

④ 《人力车将受取缔》,《晨报》1920 年 11 月 8 日,第 3 版。

⑤ 《京师警察厅布告》,《京师警察公报》1927 年 5 月 26 日,第 2 版。

⑥ 《管理汽车规则》,蔡鸿源主编:《民国法规集成》第 14 册,第 354 页。

⑦ 《管理汽车规则》,蔡鸿源主编:《民国法规集成》第 14 册,第 353 页。

⑧ 《警厅取缔破旧汽车》,《晨报》1918 年 8 月 29 日,第 6 版。

厅指定的号牌两面,钉在汽车前后易见地方。①一辆汽车对应一个号牌,在警察厅留有备案,警察厅可以根据号牌查明车主的相关信息。但在北京行驶的许多汽车,号牌脱落后不再钉定,还有不少新购买的汽车不及时呈厅购买号牌,这对警察厅的管理多有妨碍。为此,京师警察厅曾多次通告车主,限期一律装挂或购钉号牌,并要求各区守望巡警对无号牌的车辆严行查禁。②

人力车、汽车和电车是北洋政府时期北京最重要的交通工具,其他交通工具包括自行车、马车等,也要按照京师警察厅的相应规定进行登记。如自行车无论新旧,均应向"该管警察区署购安号牌,领有通行证方准通行"。通行证每月更换一次。③车辆登记一方面可以确认车辆的合法性,保护车主的利益;另一方面可以检验车辆是否合适行驶,对维护交通安全起到了积极的作用。

2. 加强巡逻

除了普通警察负责日常交通管理外,京师警察厅为改善交通环境和疏导交通秩序,加强对北京地面的巡逻,成立了专门的交通巡逻队,在"冲繁地点"设立专门的巡逻人员,以"注意交通,勿令车马拥塞,妨碍通行为专责","以补助区署巡守长警之力所不及"。交通巡逻队共有巡长6名、巡警21名,每周更换其中2至5名。交通巡逻时间于每日午后1时开始,至夜间1时止,巡逻路线主要是人员车马比较繁盛的路段,但一般会根据昼夜交通情形的不同,安排灵活的巡逻路线。如前门大街一带商业繁华,每日下午1时至7时,前门洞、前门大街、廊坊头条、大栅栏、观音寺、西河沿东口内、李铁拐斜街东口内等处车马人员最多,巡逻人员最宜注意这些地方;每日下午7时至10时以前,为娼妓营业最为集中时间段,在陕西巷、石头胡同、王广福斜街等处"车马交通均极繁盛",特意安排两班同时出发,分头巡逻;自10时以后至夜间1时,娼妓营业逐渐打烊,石头胡同、陕西巷、王广福斜街等处车马流动亦比较集中,巡逻人员尤其关注这几个地方的交通秩序。

巡逻队员在巡逻时特别注意影响交通的事项,如桥梁道路有破坏的地方

---

① 《管理汽车规则》,蔡鸿源主编:《民国法规集成》第14册,第354页。
② 《京师警察厅通告》,《政府公报》第612号,1917年9月28日,第21页。
③ 《管理脚踏车规则》,《政府公报》第3293号,1925年6月1日,第4~5页。

应赶紧报告本队,转知该管区署查明修理;路灯、电灯纱罩等是否明亮,如果昏暗,应及时告知修理;发现道路桥梁有毁坏时应摆放禁止通行的标识,以免危险;道路有泥泞或堆有秽土、秽物影响通行,应告知附近岗警清理;车辆急驰毁坏道路,应扭交附近的岗警处罚等。巡逻队员在巡逻时发现诸如并牵骡马妨碍行人、将玩具食物摆列路旁、于禁止通行之处通行、浮摊妨碍行人以及重载大车无通行执照等情况时,应立即加以禁止。

为保证巡逻取得成效,京师警察厅对巡逻路线和巡逻人员行为进行了严格规定,要求必须按照路线行走,无故不准出线路之外;队员巡逻时不准低头疾走,敷衍了事;巡逻时对待民众要用和平的态度进行引导、劝诫;巡逻队员和各个区署普通的巡守警察应和平相处等。①

3.规范车辆停运

京师警察厅在自身加强巡逻的同时,对车辆影响交通秩序的情况,如不按规定停靠、车速过快及车灯、号铃安置错误等,也进行了取缔和规范。

电车行驶有一定的轨道,警察厅规定其停车上下客人时应在规定电杆处,不准在非规定电杆处停留。②汽车驶行灵活,但也不可随意停放,汽车至所往地点后应选择宽阔对交通无碍的地点停放,停放时司机人员不得远离车辆,以便随时挪移。③人力车体积较小,其挪移行走更为灵活。人力车停放街市,没有固定的停车处,一见人来,"即奔绕狂呼,蜂拥而至,伸头横臂,颇碍道途"④。特别是在公园、饭馆及各娱乐场所游人麇集之处,因无指定停放点,人力车"并列横陈",阻碍交通,紊乱秩序。警察厅为禁止车辆随意停靠,严定办法,在所有公共娱乐场所由区就近指定停车处,所有各车辆按顺序停放,不得横列路中,亦不准在门前争先揽客,违者扭区罚办,"以维秩序而利交通"⑤。

---

① 以上三小段均来自《交通巡逻队章程》,京师警察厅编:《京师警察法令汇编·行政》。
② 《昨日全城电车停驶——因司机生与巡警起冲突争点在白电杆停车问题车第一路沿途停车最多前夜已发生一次争吵》,《晨报》1925年8月8日,第7版。
③ 《管理汽车规则》,蔡鸿源主编:《民国法规集成》第14册,第356页。
④ 李家瑞编:《北平风俗类征》(下),第429页。
⑤ 《京师警察厅训令》,《京师警察公报》1927年8月10日,第3版。

北洋政府时期,"汽车肇祸,层见叠出,概系因开驶不慎,速度太快所致",警察厅"若不严加取缔,规定行车章程,有失保卫人民之责"①。汽车行驶以何种程度为限,京师警察厅最初没有具体标准,至1917年2月,才参照东交民巷使馆界内的行车速率规定:"自用暨营业各汽车行驶速率,至快每分钟以营造尺六十六丈,每小时以中里二十二里为限,不得逾越。"②如有汽车任意在繁盛地点速驶者,巡警应实行干涉,违者惩罚。③后又稍做调整,以每小时二十五中里为限。④对于其他车辆如自行车,警察厅也规定,"须循环路旁缓行,不得狂奔疾驰或聚众多车互相争赛","湾折交叉处所不得快行"。⑤

另外,为规范交通秩序,警察厅还规定各种车辆必须设置号铃和安设车灯。在行人繁盛和拐弯交叉等处,必须响铃,"以便行人闻声躲避"⑥。对车辆的铃号也作了规定:汽车用大号,脚踏车用小号,马车用头二号脚踏铃,人力车用手扳大铃或四号脚踏铃,脚踏车用小转铃或拉铃。⑦车辆只准安装规定的号铃,所有手捏喇叭及特别奇异声音的警号禁止安用,以免混乱。⑧夜晚驶行,任何车辆都必须点燃灯火,以便行人见光躲避。如有不遵,按律可处5元以下的罚金。⑨

4. 司机人员管理

"因为汽车用不着骡马,所以称那车夫为'司机'。车行的快慢,全在乎'司机'的手力。倘行的太快,即能生出危险,所以警察厅为保护民命起见,对于

---

① 《警厅取缔汽车》,《晨报》1923年5月20日,第6版。
② 《京师警察厅通告》,《政府公报》第381号,1917年2月1日,第21页。
③ 《警厅亦知取缔汽车》,《晨报》1920年10月20日,第6版。
④ 《警厅取缔汽车》,《晨报》1923年5月20日,第6版。
⑤ 《管理脚踏车规则》,《政府公报》第3293号,1924年6月1日,第4页。
⑥ 《警厅取缔汽车》,《晨报》1923年5月20日,第6版。
⑦ 齐鸿浩、袁树森:《老北京的出行》,北京燕山出版社1999年版,第113页。
⑧ 《管理脚踏车规则》,《政府公报》第3293号,1924年6月1日,第4页。
⑨ 《违警罚法》,蔡鸿源主编:《民国法规集成》第14册,第29~30页;《自行车不燃灯被罚》《京警察公报》,1927年11月22日,第4版;《汽车不燃灯行驶带署科罚》,《京师警察公报》1927年6月8日,第4版。

'司机夫'取缔极严。"①凡充当司机人员,应先呈报警察厅,听候定期检验,检验"首重目力、耳力"②,检验合格后学习《汽车管理规则》相关条款,一星期后再由警察厅考查是否熟悉,过关后才发给执照。司机人员执照在开车时应随身携带,以备巡守警察检查。已领执照的司机人员每满三个月"应予覆验并覆考查一次"③。后因司机人员驾驶不慎,造成车祸增多,警察厅遂增加了限制司机人员的条件,要求不论"自用与营业汽车司机人,取妥实铺保两家,担负一切"④。倘有碰伤行人以及物品等事,司机须受警察的裁判,先将相片执照交回区署,轻则罚金,重则取消司机执照,并按照情节轻重处以三等至五等徒刑。规定不可谓不严格,但司机人员多不注意,仍时常出现危险。⑤

  北洋政府时期,北京地面汽车日见增多,汽车司机良莠不齐,"对于规定汽车章程多不遵行",为此警察厅特设汽车司机传习所,"专以造就司机人为宗旨",由各区挑选精壮巡警 3 名,内、外城二十区共挑 60 名,入所学习 6 个月,毕业后介绍各汽车公司充当司机。⑥京师警察厅专门在《政府公报》发出通告,要求各汽车公司来汽车传习所挑选合格司机。⑦后为加强司机管理,警察厅行政处又印刷开驶汽车规则,发交各警察区署转给各司机人员"粘贴车厢内",以便司机随时学习熟练。⑧除此之外,警察厅还规定司机一律穿用警厅定章制服,勿得混穿,"以视区别"。⑨

---

① 李幽影:《北京劳动状况》,《新青年》第 7 卷第 6 号(劳动节纪念号),第 12~13 页。
② 李幽影:《北京劳动状况》,《新青年》第 7 卷第 6 号(劳动节纪念号),第 13 页。
③ 《管理汽车规则》,蔡鸿源主编:《民国法规集成》第 14 册,第 353~354 页。
④ 《警厅取缔汽车》,《晨报》1923 年 5 月 20 日,第 6 版。
⑤ 李幽影:《北京劳动状况》,《新青年》第 7 卷第 6 号(劳动节纪念号),第 13 页;《修正汽车驶行规则》,《晨报》1923 年 10 月 21 日,第 6 版。
⑥ 《警厅设司机传习所》,《晨报》1920 年 5 月 11 日,第 6 版;《警察厅挑选司机生》,《晨报》1920 年 5 月 20 日,第 6 版;《警察司机教练所成立》,《晨报》1920 年 11 月 27 日,第 6 版。后则的记载和文中所用材料有出入,记载为:"由内、外城二十区署,每区选拔精干警士一名,入所练习四个月毕业。"
⑦ 《京师警察厅通告》,《政府公报》第 1738 号,1920 年 12 月 17 日,第 30 页。
⑧ 《修正汽车驶行规则》,《晨报》1923 年 10 月 21 日,第 6 版。
⑨ 《警厅取缔汽车》,《晨报》1923 年 5 月 20 日,第 6 版。

5. 道路管理

民国以后,市政公所对马路进行了不少整修,北京路况得到一些改善。为"便利道路之通行,防止危害之发生",京师警察厅规定,未经官署准许,于路旁河岸等处开设店棚、在路旁罗列商品玩具及食物、于道路横陈车马或堆积木石薪炭及其他物品、将冰雪尘芥瓦砾秽物等投弃道路、于道路游戏等妨碍行人及车辆行走的情况均应禁止,违者处罚。①如有市街修理房屋之家,因特别情形,"不得不使用市街地者,照例应报警署得其许可"方准。②对临街商铺订定广告铜牌等事,也要报告区署查看有无妨碍交通,未经允许,不准擅自安钉。③

"修筑马路,所以谋交通之便利,非以作驴马之牧场也。乃京中各马夫,往往于马路中间,将数十匹驴马,任意牵溜,致使往来车马,诸多不便,殊为有碍交通。"④为此,京师警察厅颁布的马路管理规则上有明文规定:不准在马路上遛马。⑤"京师人烟稠密,街衢拥挤异常,乃每死一阔人,送柩出城",大为铺张,对北京交通大有妨碍。因此事关系交通,"且与地面秩序亦有莫大影响",警察厅特制定灵柩穿城办法,规定出殡的仪仗须在马路两旁行走,不准在沿街停留过久,以免妨害交通。⑥另外,对于传统北京居民生活中占用马路的其他行为,京师警察厅也进行了规范和限制。如北京各住户门口有种石凳,俗名为上马石,宽长数尺,横置道旁,侵占官街,阻碍车马行走,京师警察厅为整顿交通,要求各住户限期将上马石一律运走。⑦

6. 规范指挥交通手势

"街衢卫繁,汽车往来如织,预防一切危害,端赖岗警指挥"⑧,而岗警指挥

---

① 汪文玑:《违警罚法释义》,浙江群进社1917年版,第86~91页。
② 《兴土木勿碍交通》,《晨报》1923年5月14日,第6版。
③ 《铺伙与警察打架》,《晨报》1926年5月20日,第6版。
④ 李家瑞编:《北平风俗类征》(下),第434页。
⑤ 《共和国的怪现象》,《晨报》1921年5月16日,第3版。
⑥ 《警厅将限制灵柩穿城》,《晨报》1925年2月15日,第6版;《共和国的怪现象》,《晨报》1921年5月16日,第3版。
⑦ 《京师警察厅布告第五号》,《政府公报》第299号,1913年3月7日,第26页。
⑧ 《京师警察厅训令》,《京师警察公报》1927年12月29日,第2版。

交通应有规范的手势，以便来往汽车按手势行走。京师警察厅对指挥汽车停止、放行的手势做了如下规定：(1)停止手势，巡警将右手向上高举即停止行驶之标号；(2)放行手势，巡警将高举之手放下即放车行使之标号；(3)放右行手势，巡警将右手向右方平抬即放车行驶右边之标号；(4)放左行手势，巡警将左手向左方平抬即放车行驶左边之标号。①如有道路修整或损坏不能通行时，巡警会放置相关标识或者在旁进行相关指挥。汽车如需转弯或行驶交叉路口时，应先鸣喇叭再打手势，告知巡警以便指挥。司机所打手势为：欲右行则以右手向右方向指示，欲左行则以左手向左方向指示，欲前行则以右手向前面指示。②北洋政府时期的交通手势是由巡警和司机人员配合完成。此种交通手势比较简单，易于巡警掌握，也易于司机、行人辨识。

北洋政府时期的北京，在"交通的要路，总是要设置一两个巡警站岗指挥来往的车辆"③，为使巡警熟练掌握指挥手势，京师警察厅曾特意用白话编定汽车司机规则，发给各区巡官长警，令其时常练习，"以防遇事无所措手"④。这一时期交通指挥手势非常简单，为"寻常勤务，尤应处置有方"⑤，但在北洋政府后期，京师警察厅经常发现各岗警"不知指挥汽车"，"放弃职务，形同木偶，于应勤时所负之责一概茫然"。为监督各指挥岗警，警察厅命令各路督察长，督饬各稽查员穿制服，切实稽查，随时纠正。遇有岗警懈玩、精神不振、不知指挥汽车等项，即特别问明姓名，报告惩戒。⑥

随着汽车的发展，到北洋政府后期出现了玻璃上安设箭头式红灯以代替手势的情况，汽车直行箭头上指，左转指左，右转指右，"构造既精，指示尤明"，特别便于汽车夜间行驶。但是各指挥岗警不了解社会发展，"未悉此种装置"，于交通指挥不利，京师警察厅特意训授长警昼夜指挥汽车办法，"俾利交

---

① 《管理汽车规则》，蔡鸿源主编：《民国法规集成》第14册，第355页。
② 《管理汽车规则》，蔡鸿源主编：《民国法规集成》第14册，第355页；李幽影：《北京劳动状况》，《新青年》第7卷第6号(劳动节纪念号)，第13页。
③ 《巡警指挥汽车的手》，《晨报》1925年10月8日，第6版。
④ 《取缔汽车之司机人》，《晨报》1918年6月17日，第3版。
⑤ 《京师警察厅训令》，《京师警察公报》1927年12月29日，第2版。
⑥ 《京师警察厅训令》，《政府公报》第3664号，1926年6月24日，第1~2页。

通,而免危险"①。

7. 特殊交通情况处理

除有岗警和交通巡逻队负责指挥正常的交通外,在一些特殊的场合或情况下,京师警察厅还会有针对性地临时调派巡官长警负责交通秩序的疏导和管理。

1917年4月12、15两日,国葬蔡锷、黄兴二上将,在先农坛内设位,由各官署各团体派员公祭,当时参与祭祀及执事人员车马较多,为保证交通顺畅,京师警察厅规定车马均至二道坛门止,并由警察厅先在二道坛门外指定停车处,所有车马均须依次停放。②同年10月总统冯国璋夫人周道如去世,京师警察厅对于举殡棺材经过路线进行了详细的规定,不准随意沿路搭棚致祭阻碍交通,要求一律报告警察厅,由警察厅"接洽支配相当地点"。③1918年11月,庆贺协约国战胜大会,人员出入众多,京师警察厅专门制定了出入线路暨查验入场券停放车马办法,对于各种参会人员的入会路线和车马停放分别进行了不同规定,如外交团及持有特别券人员车马入东西华门,东至协和门止,西至熙和门止,向北在指定地点停车场停放。为保证会场秩序,不影响周边交通,对于观礼的学生、商民还制定了专门的出入路线和观礼地点。④另外,对于国庆纪念日、议长到大总统府第接受当选证书等一些庆祝性的活动,京师警察厅也会指定临时车马停车地点及制定指挥路线通行办法,以免交通拥挤。⑤

(三)警察管理街道交通成效

京师警察厅对街道交通管理比较重视,并根据不断变化的车辆和交通秩

---

① 《京师警察厅训令》,《京师警察公报》1927年12月29日,第2版。
② 《京师警察厅通告》,《政府公报》第448号,1917年4月11日,第26页。
③ 《周夫人举殡之路线》,《晨报》1917年10月5日,第6版;《京师警察厅通告》,《政府公报》第619号,1917年10月6日,第19页。
④ 《京师警察厅订定庆贺协约国战胜大会出入线路暨查验入场券停放车马办法单》、《京师警察厅订定庆贺协约国战胜大会观礼学生商民出入路线暨查验观场券各办法单》,《政府公报》第1018号,1918年11月26日,第23页。
⑤ 《京师警察厅通告》,《政府公报》第950号,1918年9月16日,第15页;《京师警察厅通告》,《政府公报》第971号,1918年10月9日,第30页。

序情况进行调整和修正，一定程度上维护和改善了北京的交通状况。京师警察厅在管理交通方面做出了不少努力，取得了一定的成效。甘博1921年在《北京的社会调查》中对北京警察交通管理进行了评价，他认为："北京的道路尽管拥挤，但是它有一支庞大而有效的交通警察队伍，严格地控制着全市的交通。"①如果说甘博的评价带有外来者的宽容的话，那么北京市民的感受可以客观地反映警察在交通管理方面的成效到底如何。1923年6月12日《晨报》上登载了一则消息，说平日警察林立，一般车夫"皆稍知恪守定规，不敢出乎范围"。前一日警察因索薪罢岗，"所有重载大车及粪车，向走便路者，均忽然乱行马路之间，任意奔驰，漫无限制，而皮车（人力车）亦到处随便停放，虽有碍交通，亦无人过问，且任意争吵，肆无忌惮。此种下等社会之恶现象，顿见于街市之上"。幸亏当晚警察岗位"立时恢复原状，一切秩序安谧如常，而各车夫均敛迹如恒"。②这则消息可以代表北京市民对警察交通管理的总体评价。内、外两方面都在很大程度上肯定了北京警察对交通管理的积极成效。

在向近代公共交通体系转变的过程中，交通工具的更新换代相对来说比较容易推进，和新式交通环境发展同步的交通秩序却很难改善。根据史料显示，这一时期北京的交通存在不少问题，除了道路拥挤和法规不完善等一时之间难以改变等客观原因外，比较突出地集中在交通秩序维持方面，主要表现在特权人员不遵守交通规则、民众缺乏理解以及作为管理者的警察本身缺乏执法意识等方面。

在所有交通事故中，汽车造成的危害最大，最严重的就是乘坐或拥有者属于特权人员的情况。北洋政府给予政府各机关汽车特权，规定对于总统府及各部院机关各级办事员所乘汽车如出现伤人损物事件，应由巡警向司机人员理论，相机核办，但不得任意拘留汽车，以免有碍公务。③正因如此，各机关长官及军界长官乘坐的汽车如若撞人出现车祸，巡警也不敢对其做出严厉惩

---

① ［美］西德尼·D.甘博：《北京的社会调查》（上），第48页。

② 《军警罢岗中之车夫》，《晨报》1923年6月12日，第6版。

③ 《司机应着制服》，《晨报》1917年10月3日，第6版。

罚。①如1921年8月，车牌为59号的汽车伤人，巡警将其截获，但认识该车系执法处长某公所所用，只将汽车夫拿获，"认赔偿费一元了事"②。汽车夫的工资每月有30余元③，远远超过指挥巡警八九元的工资，相比较来说，汽车夫处于优越的地位，再加上有所依仗，对于应守交通规则不加注意，随意行驶，甚至严重者还有将巡警轧伤的情况。④巡警指挥交通，汽车夫压根不听。⑤

　　为改善北京交通环境，北洋政府时期维修改造了不少街道、马路，但还是远远跟不上人口和车辆的增长速度，这是难改变的硬性环境。相比较改变这种硬性环境而言，让北京广大民众理解和遵守警察厅制定的交通规则更难。"秩序意味着对行为的限制。"⑥虽然京师警察厅也在报纸等处广为告知遵守交通规则对于民众生命和交通秩序的重要性，但长期的生活习惯、贫困的处境以及巡警执法不公的负面影响等使得北京民众特别是被管制的对象对交通规则常不遵守，对巡警指挥交通也缺乏理解。⑦如1914年1月，守望所巡警赵来泰在先农坛指挥行人，有一人逆行线路，对于巡警的指挥不但不服，反以恶

---

①　《张廷谔汽车碰人》，《晨报》1923年10月28日，第3版。按：张廷谔时任国务院秘书。《交通部汽车撞人》，《晨报》1923年12月24日，第6版；《张厚毅汽车轧坏小学生》，《晨报》1923年11月20日，第6版。按：张厚毅时为国务院参议。

②　《汽车到处撞祸》，《晨报》1921年8月14日，第6版。

③　李幽影：《北京劳动状况》，《新青年》第7卷第6号（劳动节纪念号），第13页。

④　《汽车轧伤巡警》，《晨报》1920年1月16日，第6版。

⑤　《警大爷不敢惹汽车夫》，《晨报》1922年10月8日，第6版。

⑥　[美]詹姆斯·N.罗西瑙主编，张胜军、刘小林等译：《没有政府的治理》，江西人民出版社2001年版，第33页。

⑦　《保安警察第二队关于人力车夫不服指挥已送京师警察厅外右一区区署办理的报告》，1915年1月1日，J181-018-05649；《保安警察第二队关于石路停放人力车上前指挥该车夫杨祝春出言蛮横带赴京师警察厅外左一区分区讯办的呈报》，1915年4月1日，J181-018-05653；《京师警察厅保安警察第二队关于人力车夫在马路盘旋不服指挥的报告》，1912年1月1日，J181-018-06742；《京师警察厅保安警察二队关于人力车夫文芳在中和园门前盘旋不服指挥的报告》，1916年6月1日，J181-018-06748；《京师警察厅保安二队在煤市街查贝人力车堵塞道路不服指挥的报告》，1912年2月1日，J181-018-06751。

言相抗,该巡警婉言劝止,其"仍复蛮横"①。1918 年 6 月,梅兰芳在三庆园唱戏,听戏人多,"交通遮断",巡警指挥无效。某女士被汽车所碰,不与司机人理论,反将巡警肩章扯下;一名军人"强欲行走"不通,反怪巡警碍其去路。②此类行为屡禁不止,警察能做的也只是谆谆告诫而已。

北洋政府时期,北京的街道上有"数量庞大的交通警察","在繁忙的大道上每隔数百码就有一名警察"③,但北京的交通状况依然存在很大问题,其中警察不能很好地履行维持交通的职责是原因之一。警察害怕冒犯权贵,对于汽车违反交通规则不敢过问。1922 年 7 月 20 日,《晨报》曾一次登载两则汽车肇祸警察不管的报道。④遇其他如马车和人力车发生碰撞⑤、坐车人和人力车夫发生争执⑥、人力车夫之间产生纠纷⑦等情况时,警察也缺乏执法意识,经常只是"呆呆地看热闹"⑧,或者根本就"置若罔闻"⑨,甚或对遇事求救的车夫进行"斥责"⑩。对于警察厅制定的管理交通和车辆的各项规章制度,警察也"未能认真办理",如规定人力车夫年龄"至小必须到十八岁",但北京的街头"往往发见十三四岁的儿童拉车,巡警也不过问"。⑪对于破坏道路的情况,"警察厅亦不加干涉",如 1919 年 9 月,京师电话局因改设地下线,在各处通衢大道

---

① 《京师警察厅警察第二队关于将先农坛内逆行线路不服指挥人甄并林解的呈报》,1914 年 1 月 1 日,J181-018-02768。
② 《巡警亦受梅伶影响》,《晨报》1918 年 6 月 5 日,第 6 版。
③ [美]西德尼·D.甘博:《北京的社会调查》(上),第 60~61 页。
④ 《三百五十四号汽车真威风——司机生在菜市口挥拳打得人力车夫倒地巡警老妇袖手看热闹》、《北大生代行巡警职务——又是汽车欺负人力车伤人要想灭灯脱逃北大生散布遇见抱不平上前拉下司机生送区去》,《晨报》1922 年 7 月 20 日,第 7 版。
⑤ 《马车肇祸巡警不管》,《晨报》1921 年 3 月 20 日,第 6 版。
⑥ 《白坐洋车倒打人——警察原是势利鬼》,《晨报》1921 年 11 月 13 日,第 7 版;《警察袖手旁观看热闹》,《晨报》1925 年 9 月 7 日,第 7 版。
⑦ 《两个倒霉的车夫》,《晨报》1920 年 11 月 22 日,第 3 版。
⑧ 《警察袖手旁观看热闹》,《晨报》1925 年 9 月 7 日,第 7 版。
⑨ 《马车肇祸巡警不管》,《晨报》1921 年 3 月 20 日,第 6 版。
⑩ 《两个倒霉的车夫》,《晨报》1920 年 11 月 22 日,第 3 版。
⑪ 李景汉:《北京人力车夫现状的调查》(下),《社会学杂志》第 2 卷第 4 期,1925 年,第 16~17 页。

挖了无数深坑，但对于所挖深坑夜间竟不安设号灯，行路的人因此失足受伤者不少。①

"警察实力奉行衢街交通规则，亦不能完全防止街衢上意外之祸也"，何况此时期警察本身素质也亟待提高。在当时的情况下，有研究者给出的解决方案认为，警察虽能维持交通秩序，"然行人车马究居多数，警察究居少数。警察不能步行随行人车马而行，故欲徒恃警刀，以实行警律，则不免有罔漏吞舟之患，而藐法之人，仍将滔滔皆是。故警律之后，尚须有公意以为之后盾。公意在于人心，则非法乱纪者，人人得而弃之。驾驶车马者步步皆由公意监视，即不啻步步遇一警察。行人步步皆有公意监视，则必自行儆惕，以求无违定章"②。当时的研究者已认识到，交通管理不能仅靠警察，行人车马各自遵守交通规则，形成良好的交通氛围，交通问题自可减少到最低，但这对于刚接触现代交通意识的民众来说，确实困难。

五、消防安全

"我国注重消防事业，由来已久，不过行政方面，向无消防之名称，更无精密之设备耳。"③北京地面繁盛，户口众多，消防事宜尤为重要，但在清末以前，消防主要由民间各种水会承担，北京近代官方消防始于清末义和团运动后。1903年（光绪二十九年），警务学堂附设消防科，聘请日本人为教习，挑选长警专司训练，毕业后组成消防队，分驻于北京内、外城扼要地方，遇有火警，即前往施救。1905年巡警部成立后，消防隶属于巡警部，次年，设置消防公所用以监督消防事宜。1913年2月，隶属于京师警察厅，改组为消防处，掌管北京消防事宜，初始编制为6分队，额定长兵为698人。④

---

① 《编辑余谭》，《晨报》1919年9月24日，第7版。
② 白敦庸：《市政述要》，商务印书馆1928年版，第50~51页。
③ 包明芳：《中国消防警察》，商务印书馆1935年版，第5页。
④ 吴廷燮纂：《北京市志稿·民政志》，北京燕山出版社1990年版，第459页。

(一)火灾预防

"'消防'二字,有临时消灭及事前预防之意义,消防警察,对于临时消灭,固应注意,对于事前预防,尤不可忽略也。"① 所以消防事宜和别的警务相比,更偏重于平时的预防。火灾的发生不外乎自然和人为两种原因,而对于北京来说,预防人为火灾的出现是最主要的。民国以后,北京"交通日阔,居人日盛,举凡用具日异月新,电、汽、煤油等物尤为引火之介,偶一不慎,辄致成灾。消防警察既负有备非常之变故责任,关于事先之预防,当场之施救,人员之教练,器械之良窳,均须研究于平日,方能奏效于临时。是以历任总监皆重视之,除饬知平时认真训练外,复于每年秋季必须有一次演习,藉以考查器械之良窳而为未雨绸缪之计"②。

"水利之调查为消防第一要事,盖无水则不能救火,如不调查于事先,即不能应用于临时,故消防队长以及消防长警,均应熟悉水利情形,以备临时应用,如水源之远近、水量之多寡、水面离地上之高低及水之深浅,均应详细调查,逐一记录。"③ 水井为北京重要消防水源,如遇有火灾,而临近水井干枯,"临时觅水,殊多滞隘",京师警察厅特派员将各消防分队辖界内《有无若干眼及地点调查详细列表》呈报警察厅,以备该处遇有火警发生时应用。④ 但有时可用水井离火灾发生之地道途迂远,临时寻找别处水源于救火不利,京师警察厅协商自来水公司,遇有紧急火险,可用自来水救护。由于自来水公司有夜间关闭水门的情况,京师警察厅"深恐夜间再有火灾,因缺水蔓延滋广",又和自来水公司进一步协商,要求自来水公司夜间勿再关闭水门,得到自来水公司的支持,并对所用自来水相应交付一定水费。⑤

北京自清末维新后,马路两旁及各商店、警署等,门前多置有"太平缸"。

---

① 包明芳:《中国消防警察》,第58页。
② 《京师消防之沿革》,《京师警察公报》1927年9月16日,第2版。
③ 包明芳:《中国消防警察》,第46页。
④ 《饬查水井地点》,《晨报》1918年5月1日,第6版;《消防调查水井》,《晨报》1918年6月28日,第6版。
⑤ 《开放水源》,《晨报》1923年7月8日,第6版。

缸木绿色,书红字,注清水。此缸专为防火用,故名之曰"太平"。①清末政府对太平缸的设置颇为重视,时人冯溥有诗云:"处处敛钱赛火神,惊传回禄响口轮;捍灾挨户置缸便,缺懒申严御史嗔。"②民国后,"门前设太平缸者已日少,而所余者,则除警署及少数商店尚肯日日以清水注缸外,其他则大部分非干涸空空,即满盛炉灰秽土,水缸已变成土缸。盖京师水贵,无人肯以珍贵清水,供晒太阳也"③。设立太平缸,原为预防火险,以备不时之虞。北京雨水较少,天干物燥,商户偶一不慎,即出火险,如果火势较小或消防队未赶到之前,可用太平缸之水暂时泼救,火势不致蔓延,所以京师警察厅要求各商铺门前设立太平缸。但民国后,各商铺门前原来所置水桶④多破坏不堪,难以盛水,各区铺户便顺势将门前所置太平缸(桶)"大半撤去"。因无缸存水预防,各商铺再"遇有火灾,转即燎原"。有鉴于此,京师警察厅要求各商铺,将原有水桶多加保护,未设太平缸的商铺限期安放,并盛满清水,以备急需。⑤外城右二区警察署界内八大胡同乐户集中,"向为游人丛聚之处",在气候干燥之时,火灾更易发生;另外,游人复杂,难免会出现故意扰害治安的行为,京师警察厅专门派巡警劝告各乐户集资设置太平缸于道旁,以备不虞。⑥

北京商铺夏季习惯支搭凉棚避暑,"户户毗连,遇有火警,极易蔓延"⑦,针对这种情况,京师警察厅命令各区署转令各铺住户,如果再支搭凉棚,"务宜置备水枪",所搭席棚"一律饬用铅铁",用席搭棚一概禁止。⑧后因夏

---

① 房建昌整理:《旧京水会资料抄》,《北京档案史料》2000年第1期,第277页。
② 李家瑞编:《北平风俗类征》(下),第410页。
③ 房建昌整理:《旧京水会资料抄》,《北京档案史料》2000年第1期,第278页。
④ 清末京师商住各户门前所置太平缸亦有以桶代替者。
⑤ 《通饬保护太平桶》,《晨报》1916年10月31日,第5版;《限期安齐太平缸》,《晨报》1917年2月27日,第5版;《通饬预防火警》,《晨报》1918年6月20日,第6版。
⑥ 《八埠火警之预防》,《晨报》1917年4月28日,第5版;《预防八埠火警》,《晨报》1918年6月25日,第6版。
⑦ 《八埠火警之预防》,《晨报》1917年4月28日,第5版。
⑧ 《传令防患火警》,《晨报》1920年6月13日,第6版;《出了火险取缔席棚》,《晨报》1921年4月14日,第6版。

季火灾丛生,从 1923 年夏季开始,对于呈报支搭凉棚者各区警察署审批更为严格,内左一区甚至新"呈报支搭凉棚者一律被驳"①。对于商民旧有所搭凉棚,应在棚下放置太平水桶,贮满清水,随时向棚上射打,以防不虞。②随着北京交通业的迅速发展,电灯电话线架设增多,一些电灯工匠接线,"往往导线与导线接搭之处,有不包胶皮者,设在交通繁盛之地,火险一经断落,危险之极"。1925 年 5 月 19 日,外交次长沈瑞霖公馆内宅房柱生火,后经京师警察厅详查原因,即是因柱上钉有电灯线,外裹皮磨断,才将木料引燃。③北京商铺支搭的凉棚,"与电灯电话各线毗连甚多"④,如果线路出现漏电,极易引发火灾,京师警察厅除严格取缔支搭凉棚外,由行政处通告各电料行,"迅即设法改良","另由交通取缔电灯线杆,并修正管理电业规则,以防火警"。⑤

北京商铺众多,其中一些经营如煤油、花炮、火柴等,极易发生火灾,对于这些经营,京师警察厅予以种种限制,"使其易燃物品,不致为引火之媒介,藉以预防火患于未然"⑥。

煤油和汽油,均为引火之物,如不预为防范,火灾最易发生。⑦煤油和汽油,为民众日用必需之品,商家一般会多备存货,以便民众需要,但存货过多,难免不发生火患,京师警察厅预防起见,同时也要保证商家经营,规定"凡贮存专售者不得过百箱,整售者不得过五十箱,零售者不得过二十箱"⑧。花炮制造,以火药、硝磺等类为主要原料,如不设法预防,火灾亦易发生。⑨京师警察

---

① 《禁搭凉棚》,《晨报》1923 年 7 月 10 日,第 6 版。
② 《四郊新设救火分队》,《晨报》1923 年 6 月 27 日,第 6 版。
③ 《警厅取缔电料行》,《晨报》1925 年 5 月 21 日,第 6 版。
④ 《饬查凉棚危险》,《晨报》1918 年 6 月 3 日,第 6 版。
⑤ 《警厅取缔电料行》,《晨报》1925 年 5 月 21 日,第 6 版。
⑥ 包明芳:《中国消防警察》,第 62 页。
⑦ 包明芳:《中国消防警察》,第 62 页。
⑧ 《取缔存贮之煤油》,《晨报》1916 年 11 月 15 日,第 5 版;《取缔存贮煤油》,《晨报》1918 年 1 月 9 日,第 6 版。
⑨ 包明芳:《中国消防警察》,第 63 页。

厅《管理花炮营业规则》规定,花炮厂不准制造双响爆竹及起花等类,寄售铺商及负贩小商均不准寄贩,各区署按照规定严行取缔花炮营业。商铺和人民不得在街巷燃放双响起花,风高物燥之时,最易引发火线,人民于旧历年关沿袭旧例或偶尔燃放,用以点缀年华,也应有所限制。①火柴为人民日用物品,发火迅速,成灾较易,对于火柴营业亦应严加取缔,以防火灾发生。②1918年12月,丹凤火柴公司因存储废柴,疏于防范,引发大火,造成重大损失,京师警察厅引以为戒,饬令该公司"嗣后加意慎重",并告诫所有屯聚引火、发火物料的商店要以此次大火为戒,注重预防。③

除了对上述易生火灾事物进行预防管理外,京师警察厅还要求消防队"随时整理器械,熟练技术,以达有备无患之悟"④。火灾一旦发生,"扑救之奏功,端赖器具之灵敏"⑤。京师警察厅成立后,接收了清末各项消防设备,并进行了酌量添加,但到1918年夏季,京师警察厅所辖消防各队不少器具还属旧式,应用不灵,或者业经破坏,不堪使用。⑥针对此种情况,京师警察厅特饬消防总队调查各分队所有救火器具是否精良、有无缺乏,并造册报厅,"以便设法整理,俾免应用不灵之虞"⑦。1918年劝业场发生火灾,救护不力,主要原因即为水机应用不灵。⑧除了勤加修理外,京师警察厅还派员商购新式消防器具,发交内、外城消防队备用。⑨为提高消防队到达火灾现场的速度,京师警察厅还给消防队添置汽车三辆,所需款项由京师警察厅筹拨一万元,下余不敷之款,由商会

---

① 《禁止双响花炮》,《晨报》1919年3月27日,第6版。
② 包明芳:《中国消防警察》,第63页。
③ 《内务部指令》,《政府公报》第1041号,1918年12月20日,第7页。
④ 《内务部指令》,《政府公报》第1041号,1918年12月20日,第7页。
⑤ 《整理救火器具》,《晨报》1918年7月16日,第6版。
⑥ 《添置消防新器》,《晨报》1918年8月7日,第6版。
⑦ 《整理救火器具》,《晨报》1918年7月16日,第6版。
⑧ 《分发新购水机》,《晨报》1918年8月15日,第6版。
⑨ 《添置消防新器》,《晨报》1918年8月7日,第6版;《分发新购水机》,《晨报》1918年8月15日,第6版。

征募。①扑救火灾,除了消防器具灵敏外,消防技艺亦应熟练,为此,京师警察厅令消防各队每逢星期一、三、五日,赴北海演练水龙,以防不虞。②

"通常的预防,即是一般人民对于火灾加以预防之谓也",上文述及的预防,不管是水源的事先调查、太平缸的设置还是煤油等引火媒介的控制等,均可由警察厅制定章则,使人民遵照施行,收效较易,唯使一般人民对于火灾加以预防,收效较难。这是由于人民缺乏消防知识,官厅的监督稽查亦难周密,必须设法使一般人民具有防火常识,方能收事半功倍之效。③

(二) 火灾施救

"火患无论如何减少,防止祸患方法无论如何神妙,火患终不能尽免"④,因此必须有相当的救火人员和救火机械,随时准备在火患来时进行扑救。"我国救火事业,原系慈善性质,其一切出自私人之捐助也。"⑤伴随着城市的发展,民间社会在处理救火的过程中早就认识到救火绝非遇火灾者的个人责任,一户之火常会危及邻里,而所造成的惨痛后果往往是因为缺乏有组织、有训练的常备救火系统。于是中国城市的民间救火系统建立,并在实践过程中逐步完善,在这中间,传统的商会义不容辞地担当起了最重要的角色。⑥

清末,北京的救火事业分为官方和民间组织两部分,官方的消防组织始于1903年(光绪二十九年)3月在北京警务学堂内创设的消防队,民间的消防组织水会起始较早,1890年(光绪十六年)北京初设水会,称为东安水会。⑦经过清末和民国初年的发展,到20世纪30年代,北京的水会还有19处。⑧这些水

---

① 《消防队将添汽车》,《晨报》1921年3月8日,第6版。
② 《防火经演练水龙》,《晨报》1921年12月9日,第7版;《地方近讯·通令练习水龙》,《京兆周刊》第8期,1921年6月25日出版,第15页。
③ 包明芳:《中国消防警察》,第64页。
④ 董修甲编:《市政问题》,青年协会书局1929年版,第214页。
⑤ 董修甲编:《市政问题》,第214页。
⑥ 房建昌整理:《旧京水会资料抄》,《北京档案史料》,2000年第1期,第278~279页。
⑦ [日]服部宇之吉等编:《清末北京志资料》,第252页。
⑧ 包明芳:《中国消防警察》,第9页;据房建昌整理,到1943年夏北京还有可见名称的水会17处:公议、公义、治平、义善、三善、同善、崇东、永济、坎济、保安、同义、普善、同仁、普义、兴善、安平、成善。具体可见房建昌整理:《旧京水会资料抄》,《北京档案史料》,2000年第1期,第280~295页。

会各自独立，组织大同小异，规模不同，在救火现场的指挥和监督多无规则，虽有总会首及首事，但无人具有统一指挥救火的职权，救火效果受到限制。①虽然如此，旧京水会为清后期北京救火、灭火作出过一定贡献，曾一度十分兴盛。进入民国以后，京师警察厅设立消防处专门负责救火事宜，但传统水会作为官方消防制度的补充依然存在，据现有资料看，水会配合了警察厅消防队的救火活动。根据档案开列1920年的37次火灾来看，各种水会共出动81次，共有普善、锦善、同善、兴善、义善、三善、普善、永济、同安、祥善、自治、保安等水会参与了救火，这些水会救火用水共"二百零二刻钟，每龙头每点钟出水七百八十担计算，共用水十五万七千九百五十担，六折计算②，合洋六百四十元零三角三分"。以当年5月21日西单北大街义公油庄火灾为例，当时火势很猛，幸经内、外城各水会赶到扑救始熄灭。参与扑救的水会用水情况如下："锦善水会取用西分局第四十四号龙头水，计时一点二刻钟；自治水会取用西分局第四十五号龙头水，计时一点二刻钟；三善水会取用西分局第四十六号龙头水，计时一点二刻钟；兴善水会取用西分局第五十三号龙头水，计时一点二刻钟；普善水会取用西分局第七十四号龙头水，计时一点二刻钟。"③同年5月25日、26日出现的火险，水会均参与了施救。④《晨报》1920年5月30日登载，公义合木厂、舆顺车铺、翠花小班出现的火灾，水会也赶到进行了扑救，并取得了一定的救火效果。⑤1927年8月27日，劝业场大火扑救中，同善、义善、普善、治同、东同仁、公义、祥善、三善、东公义、兴善、崇东、安东等各水会董、会员协同竭力扑救，长达6小时之久。⑥从档案的统计数字和报刊上登载的具体

---

① 可参见[日]服部宇之吉等编：《清末北京志资料》，第253~255页。
② 水会用自来水公司水救火，水价按照市场价打六折。
③ 《西门子洋行机器钢管估价单、京师自来水公司关于救火、清道用水补助的呈及京师警察厅公共卫生事务所改良北京自来水意见书、自来水公司水车送水通告等》，1922年8月1日—1925年8月31日，J067-003-00005。
④ 《昨日之两火警》，《晨报》1920年5月27日，第6版；《前晚之大火警》，《晨报》1920年5月27日，第6版。
⑤ 《火警三则》，《晨报》1920年5月30日，第6版。
⑥ 《京师警察公报》，《鸣谢军警水会》1927年8月30日，第1版。

火灾施救案例来看,在北洋政府时期,水会依然在火险扑救过程中发挥着积极的作用。①

清末设立消防队后,消防队从事一定的实际消防工作,但出动次数有限,据当时日人统计,"从光绪三十年(1904年)二月六日在东四牌楼南德顺兴发生火灾时出动开始,到光绪三十一年二月三十日船板胡同肃亲王府东院内发生火灾为止,共出动十次"②。另外,由于清末消防队"无分队,遇事奔救到场多迟,而取水又艰,不能收速灭之效"。宣统年间,北京成立自来水公司后,消防队陆续购置大小蒸汽激筒,至民国京师警察厅改组后,设立消防处,把消防力量分布六队六分遣队,"于内、外城扼要驻扎,闻警即到,所有从前道途迂远之患遂无所苦,稍稍始有进步"③。

京师警察厅消防处六分队是在清末消防公所原有六中队的基础上改设的,设置于内、外城二十区地面,计内城消防区域4处,外城消防区域2处。其分设消防区域具体如下:内城第一区域灯市口;第二区域广济寺;第三区域宝泉局;第四区域养蜂夹道。外城第一区域甘井胡同;第二区域梁家园。每消防区域各以一分队驻守。消防队一大队设六分队,每分队设定额队兵100人,每队兵10人置消防目1人;每队兵50人置消防机关士1人或2人;每队兵100人置分队长1人。其分队长以下职制列后:分队长视警佐,消防机关士视巡官,各队长副、分队长及消防目视巡长。各分队直隶于消防处,办理各分区消防事宜。分队长由总监委任,办消防机关士、消防目、消防兵之进退赏罚及勤务支配等事,由消防处长呈总监按命令办理。④消防处初设时,额定名额为698人,但实际人数并未达到额定数,据京师警察厅统计,1917年消防处所有官兵为578人。⑤为及时扑救火险,各分队下面设置消防分所,一些重要或繁盛地

---

① [日]服部宇之吉等编《清末北京志资料》第255页认为,清末京师水会救火效果不佳,但从北洋政府时期的史料来看,京师水会虽然起辅助作用,但在救火过程中还是发挥了不可忽略的作用,这也可以反证《清末北京志资料》的观点需要修正。

② [日]服部宇之吉等编:《清末北京志资料》,第258页。

③ 《京师消防之沿革》,《京师警察公报》1927年9月16日,第2版。

④ 《京师警察厅总监关于拟定分设消防机关地点的饬文》,1914年1月1日,J181-018-01652。

⑤ 《警察配置》,京师警察厅制:《京师警务一览图表》。

段,京师警察厅陆续进行了添设。①

京师警察厅设立消防处后,对消防队伍管理和机制运行陆续制定了以下规则和章程:《消防队兵检查规则》《消防官长巡视规则》《火警时使用水井及自来水事项》《北京保存消防器具章程》等。但"消防上各种布置,耳目灵敏以警钟台为最要",因此京师警察厅在城内、外适中地点设置警钟台5座,遇有火警发生,警钟台按照所管区域击钟报告信号,方便消息灵通,迅速救护,保安宁,消除隐患。②北京警钟台具体分布如下:

第一路警钟台正阳门内东至朝阳门西至阜成门北至神武门一带属之;

第二路警钟台神武门迤北至城根迤东至朝阳门一带属之;

第三路警钟台神武门迤北至城根迤西至阜成门一带属之;

第四路警钟台正阳门外迤东一带属之;

第五路警钟台正阳门外迤西一带属之。③

按照京师警察厅《警钟台击钟章程》规定:凡遇火警应连击二十五下为紧急之报告,旋照划分地点分别击钟:第一路击钟一下,第二路击钟二下,第三路击钟三下,第四路击钟四下,第五路击钟五下(按路击钟,时间每一分钟击一次,以击至十次为度);火警击钟以本路发生火警为标准,但遇晚间有警,不能确认为某路发生者,临近的警台亦得击钟二十五下,俟查明地点仍按路击钟;击钟时用力不得过猛,以声浪高低适度为准;闻警钟后,除消防队立刻出发救援外,凡北京内、外城各水会闻此信号,均应驰赴火场救援。④

京师警察厅除了制定《警钟台击钟章程》,还制定了《京师警察厅警钟台长警服务章程》,对警钟台的驻守和瞻望进行了详细的规定,如规定:"值日副目如闻火警即登台瞻望,或闻行人有传讯火警之言,亦应详细讯明,如果有警即以电话报告本队,并将火警方向、火势大小情形详细报告;瞻望兵站岗时需注

---

① 《添设交民巷消防》,《晨报》1918年7月25日,第6版;《调消防队驻场》,《晨报》1918年9月16日,第3版;《设立消防分所》,《晨报》1918年12月18日,第6版。

② 《京师警察厅布告》,《政府公报》第219号,1916年8月13日,第7页。

③ 《京师警察厅布告》,《政府公报》第279号,1916年10月14日,第15~16页。

④ 《京师警察厅布告》、《警钟台击钟章程》,《政府公报》第279号,1916年10月14日,第16页。

意四方,眼光不准射及人家,亦不得专视一处,遇有火警,立即查视明确,并以电铃通知值日副目。"为保证警钟台目兵瞻望时精力集中,还规定瞻望兵在台上不得稍有懈怠,或任意倚靠、歇坐或睡卧;不准在室内饮酒、歌唱、嬉笑、喧哗或口角争斗,及其他不正当之行为;不准擅约亲友入台闲坐,并不得在台门外闲站及与人交谈、购买食物等,违者重罚。①

警钟台设立后,京师警察厅把警钟台设立的地点和击钟信号广泛布告商民知悉,商民发现火险信息可及时就近通报警钟台,警钟台发现火险后的击钟信号也使火险周边商民提高警惕,防止火势蔓延。警钟台在实际扑救火灾的过程中发挥了重要的作用,这从1927年8月31日东四牌楼隆福寺街同兴义电料行火灾的扑救过程可以得到证明:1927年8月31日后夜三时许,东四牌楼隆福寺街东口内路南同兴义电料行失慎,由消防第六分队转据第二警钟台瞻望兵报告消防处得讯,消防处当即督饬汽车队长兵驰往救护,在现场两队目兵用自来水龙头安放水管竭力扑救,至4时余火始熄灭。共烧该铺面勾连搭房房屋,并未延及他处。②

"京师地方繁盛,居民复杂,发生火灾在所不免"③,一旦发生火险,不及时扑救,将会延及四周,造成惨痛损失,商业繁荣地段出现火灾,损失更甚。1920年6月22日11时,大栅栏路路北吴德泰茶店突然自后院起火,很快便烧毁房屋12间,并延及东邻协恒估衣铺,西邻同济药铺、祥义号洋货布铺和附近庆乐园、万昌药局、聚兴号烟铺均受损不小,消防各队和水会赶到扑救,至下午二时始熄灭;④1927年8月27日,著名的劝业场大火造成的损失更大,劝业场内87家商户"完全被灾者,共七十九家,半烧者二家,所存者仅南门内……六家,共计烧房一百四十二间",总计损失估计超过六十万元。⑤这些

---

① 《京师警察厅布告》、《京师警察厅警钟台长警服务章程》,《政府公报》第219号,1916年8月13日,第24~25页。
② 《东四牌楼隆福寺街同兴义电料行火警情形》,《京师警察公报》1927年9月2日,第3版。
③ 《将添设消防队》,《晨报》1918年3月4日,第6版。
④ 《昨日大栅栏之火警》,《晨报》1920年6月23日,第6版。
⑤ 《都门最繁盛之劝业场一炬成焦土——全场八十七家只剩六家总计损失超过六十万元前后邻居皆重要商行混杂不可名状》,《晨报》1927年8月28日,第7版。

火灾发生后,都有消防各队以及各水会的及时扑救,但因商户毗连,房屋又有木料,一旦起火,火势迅速蔓延,造成惨痛损失。消防各队和水会的扑救不能完全避免损失,但能较大程度上减少火灾带来的损失,像上文提及的劝业场大火,虽然造成了惨痛的损失,但"幸经军警长官督饬巡官长警、消防预防保安各队、水会奋勇扑救",劝业场大火才未能蔓延场外,毗邻劝业场的一些商号才能得以保全。①相比较而言,对火势较小的火灾,消防各队和水会的扑救就更有效一些,查阅当时报纸上登载的火灾信息,时常能看到"幸有消防队赶到尚早,竭力扑救,随即熄灭,仅烧去东房三间,且未伤及人畜"②、"消防队、水会赶到……扑救,幸未延及他处"③、"幸经外左二区巡警会同新开路普善水会,竭力扑救,不久即息"④等类似的记载。就《晨报》来说,自1916年创刊到1928年停刊止,所登载的火灾信息中,基本上都能看到有京师警察厅消防队参与扑救,报纸和时人对消防各队基本上都是正面评价,这说明京师警察厅消防各队对北京火灾的扑救较为得力。

甘博在对北京进行社会调查时认为,北京的消防人员并不太忙,1917年全城只发生93起火灾,总共殃及房屋154间,其中85间被彻底烧毁,69间受损。这中间有15间房屋是消防人员在扑火过程中不同程度损坏的。相比较南方木结构的房屋,北京土结构的房屋受到火灾后,损失较小。⑤1917年北京全年火灾只有3人受伤。⑥

京师警察厅在负责火灾扑救的同时,还注重调查火灾发生的原因,以减少以后发生火灾的可能性。火灾发生后,对受灾的商铺警察厅也会给予适当帮助,助其恢复旧业。1920年3月,布巷子大火,被焚商户有20余家之多,损失很大,警察厅总监吴炳湘专门到受灾地点抚慰受灾各商户,并应各商户要求

---

① 《感谢军警大德》,《京师警察公报》1927年8月30日,第1版;《鸣谢军警水会》,《京师警察公报》1927年8月30日,第1版。

② 《恒兴铺房屋失火》,《晨报》1916年11月25日,第5版。

③ 《火警何其多也》,《晨报》1920年3月19日,第6版。

④ 《前夜打磨厂之火警》,《晨报》1921年1月7日,第6版。

⑤ [美]西德尼·D.甘博:《北京的社会调查》(上),第63~64页。

⑥ 《救护火灾》,京师警察厅制:《京师警务一览图表》。

对以下两件事进行协调维持:(1)此次损失甚巨,所有欠外账目请维持延期偿还;(2)深恐房东乘机涨价,请制止房东不得增租。^①对于一些机构内部的消防力量,京师警察厅也给予了支持和帮助。1918 年 12 月,公府的总消防队因队兵过少,不敷分布,特致函警察厅请从该厅所编消防队中挑选体格强壮、练习纯熟的队兵百名以备调用,警察厅消防处从各队分别进行了挑选;^②1927 年,香山慈幼院的消防组织因缺乏训练熟练的消防人员,请求京师警察厅派员到院指导,京师警察厅派机关士裴文悌前去教练,"历经数月,颇见成效"^③。

北京警务,内、外城二十警区由京师警察厅负责,四郊由步军统领衙门负责,出现火险按照管辖区域"分别扑救","关于联络扑救事项,常因仓卒之间发生,先后权限问题,致于救护有碍",京师警察厅总监吴炳湘为免除此弊,与步军统领提署商议,定期派消防人员召开会议进行联络。^④京师警察厅召开的消防联席会议,除了邀请步军统领衙门参加外,还邀请公府各机关消防预防队及各水会并其他公私团体救火机关,以避免"联络不周"造成的弊端。另外,消防联席会议还讨论消防器具的改良办法等。^⑤

民国以后,警察所控制的社会活动范围不断扩大,民众的公共行为因事关社会秩序被纳入国家权力之下,而对社会秩序无直接影响或影响不大的个人行为也不能完全脱离警察的监管。不能否认,京师警察厅的出发点很大程度上是好的,但不管是出于什么目的,其所制定的各项规章制度对人们的行为总是有所限制,这对于从来没有在如此多的条条框框限制下生活过的北京居民来说,警察对其社会生活的各项干预总会使他们感到诸多不便。但不可否认,警察的这些规范创造了稳定的社会环境,使民众的日常生活能够正常进行。

---

① 《抚慰被焚商铺》,《晨报》1920 年 6 月 3 日,第 6 版。

② 《府消防队扩充》,《晨报》1918 年 12 月 12 日,第 6 版。

③ 《京师警察公报》,《京师警察厅训令》1927 年 7 月 29 日,第 2 版。

④ 《消防联合会议》,《晨报》1918 年 8 月 15 日,第 6 版。1924 年步军统领衙门裁撤后,其负责的四郊警务由京师警察厅接管,四郊消防事宜也随之由京师警察厅负责。

⑤ 《特召集消防会议》,《晨报》1920 年 6 月 20 日,第 6 版。

第二节 日常生活

清末之前,对于民众日常生活的管理多靠一些通典中的零星法规条文,没有专门的机构,亦无专门的法规,民众的日常生活该如何规范更多的是靠地方组织和力量。自清末警察制度建立以后,这种状况开始发生了变化,并且随着警察制度的逐渐发展和完善,警察对民众日常生活的影响和控制已经达到了全方位的程度。按当时警界中人的说法:"警察是保护公共的安宁;免除公共的危害,他的界限很大,他的事体很多;他的精神要包括国家人民大小的事,没有一件不由他心里经过底。社会既一天发达一天,人民既一天文明一天,各样事体自然一天复杂一天,稍有一点关顾不到,就要发生出危险来。所以警察对于各事,不能有一点疏忽,都要预先的时时认真查察,免得有危害的事发生,这才合乎警察的原理呢!"①所以,只要是警察认为与公共安全有关的日常生活,都在其管辖范围内,并逐渐达到了民众生活的方方面面。

---

① 李万里:《公安警察问答》,中央图书局1929年版,第1页。按:本书为李万里督教官警之作,1927年6月发行,一年多就已连续再版4次。李万里曾任南通警察厅长,卸任后曾任内政部警政司第一科科长。

一、人口调查与管理

人口是社会最基本的要素，对人口情况的掌握和控制是政府维持社会秩序的基础。清末以前政府通过保甲等方式对人口情况进行过调查，但那种调查比较粗略，对人口的具体情况，例如年龄分布、男女婚嫁状况、死亡和出生情况、人口流动状况等都统计不详。清末以后，人口政策逐步放宽，人口流动速度加快。随着政局变化与经济发展，北京人口数量一直呈上升态势。人口数量的增加，相应就会使人口结构更为复杂，出现各种社会问题。为维持北京社会秩序，警察必然要对北京人口进行调查和管理。

（一）人口调查

"调查户口，为保护地方之必要。"[①]北京人口调查自清末宣统年间开始，由内、外城巡警总厅进行总监督，1912年北洋政府成立以后，由京师警察厅负责在北京继续进行人口调查，警察成为调查人口的常设执行人员。

北京人口"调查区域，以警察厅管辖区域为限"。步军统领衙门未裁撤前，北京人口调查只限于内、外城二十警区，1924年步军统领衙门裁撤，四郊警务由京师警察厅接管，之后的人口调查才包括四郊警察署区。北京调查区域划分，依"警区定之，但得酌分地段，分别调查"。为保证调查准确，在每个调查区设置调查事务员，并对其责任和任务进行了具体规定：(1)调查长，承调查监督之指挥，掌理一切调查事务；(2)调查员，承调查长之指挥，分任一切调查事务。调查长每区一人，以警察署长充之；调查员无定额，由调查监督视事务之繁简，酌量核定，分派各警区署员充之。

京师警察厅户口调查分为清查、复查两个程序。调查员先将各自警区分地段内的住户"按户立号，编订门派，发给调查票，令户主按照前条所列事项，依式填注，至调查日，由调查员亲赴各户收取，按照所填各款核对，遇有疏漏，即行更正。若户主不能填注或无人代书者，由调查员询明填注"。调查完竣后，由调查长督同调查员分别造具本区户口清册二份，一份详报调查监督，一份由该区保存。调查完竣后，人口调查并没有结束，以后"遇有迁徙及生死、婚嫁、

[①] 《调查户口规则》，《晨报》1917年9月25日，第6版。

承继往来等事，限五日以内责令户主向该管署长陈报，由警区署长按月调查监督。但户主逾期不报者，即由警区署长查报"①。

人口调查的直接目的就是尽可能获取准确而详尽的人口信息，所以北洋政府时期北京的调查事项比较详细，不仅包括姓名、性别、年龄、婚嫁及子女情况、籍贯、住处、职业、宗教信仰、教育程度、盲哑疯癫及其他废疾、户内人口和户主之间的关系等信息，还包括出生、死亡、年龄分段的具体情况，以及外国人在京的具体情况，可谓有关人口的方方面面尽都包含在人口调查中。②

"户口登记，关于法律之权利义务、地面之风俗治安至为重要……京师地面辽阔，五方杂处，户口迁移朝夕不一"，进行人口调查可以减少"宵小希图隐匿之机"，借以"保护闾阎"。③另外，调查户口"既可免匪党潜匿京师，又可知北京实确之人数，于公于私，均有莫大裨益"④，所以京师警察厅对人口调查一事非常重视，把"清查户口一事"，作为"警察行政之最要者"，"自实行以来，进行颇为敏速"。⑤自1911年以后，警察厅每年都有具体的人口调查统计，其统计北京人数具体可见表15。

表15　1912—1927年北京人口统计表

年份	1912	1913	1914	1915	1916	1917	1918	1919
人数	725035	727803	769317	789123	801136	811556	799395	826531
年份	1920	1921	1922	1923	1924	1925	1926	1927
人数	849554	863209	841945	847107	872576	1266148	1224414	1305022

资料来源：京师警察厅编制：《京师警察厅统计图表》(1927年)，档案号：ZQ012-002-00264。

说明：1912至1924年人口统计只限于内、外城二十警区，1925年开始包括京郊四个警察署区，所以从这一年开始北京人口数字显著增长。

---

① 《警察厅户口调查规则》，戴鸿映编：《旧中国治安法规选编》，第93~97页。
② 参见京师警察厅制：《京师警务一览图表》。
③ 《京师警察厅通告》，《京师警察公报》1927年6月11日，第2版。
④ 《北京户口最近详数》，《晨报》1928年1月21日，第7版。
⑤ 《马忠不服调查户口带区告诫——不但不据实称报反对警士恶言相加带署讯明属实乃从宽严戒结释矣》，《京师警察公报》1927年8月16日，第4版。

京师警察厅为使民众更好地配合人口调查，在调查之前做了不少准备工作，由调查员出示晓谕民众，并利用报纸等新式传媒刊登关于人口调查重要性的文章，向民众进行宣传，例如刊登："国家为使人民权利确定而为身份登记，使人民口数确实而户口登记，登记以后即有为公正证书之效力。"①由于各区负责调查户口的警察，与"人民接洽之事甚多，非有一种显明之标识，不足以表示区别"，京师警察厅还专设了办理调查户口的户籍警。为区别普通警察，"特制定'户籍'二字，以为该警领章"，"颁发各区，转饬各该户籍警察装置衣领之上，俾人民一望而知，不致误会"。②"编查户口其事务极重要，但由于"其手续极繁难，其收效又极不易"③，难免"积久弊生"④，再加上一般民众对人口调查不了解，"对于调查长警，前往查询，任意捏报，甚至不服查问"⑤。针对这种情况，京师警察厅制定了整顿措施，要求各区巡官长警对于住户迁移⑥、死亡人数及所患病症⑦、增加人口⑧等有关人口调查事宜要做到随时调查，详细记载，如果出现不受调查或有心诳报者，处 1 元以上、5 元之下的罚金；对于妨害调查的举动，严重者处 5 日以上、一月以下的拘役，或 5 元以上、30 元以下的罚款。⑨为使民众对人口调查有更好的认识，扩大人口调查的影响，京师警察厅把人口调查各项编订成册簿，在民众出现"利害关系"，"必须依据解决时"，"准许请求查阅"。⑩另外，为鼓励警察人员调查户口的积极性，京师警察

---

① 《户籍大意》，《京师警察公报》1927 年 5 月 18 日，第 3~4 版。
② 《警厅特设户籍警》，《晨报》1927 年 6 月 23 日，第 6 版。
③ 《编查户口说明书》，《京师警察公报》1927 年 5 月 15 日，第 3 版。
④ 《京师警察厅通告》，《京师警察公报》1927 年 6 月 11 日，第 2 版。
⑤ 《马忠不服调查户口带区告诫——不但不据实称报反对警士恶言相加带署讯明属实乃从宽严戒结释矣》，《京师警察公报》1927 年 8 月 16 日，第 4 版。
⑥ 《稽查住户之迁徙》，《晨报》1916 年 10 月 31 日，第 5 版。
⑦ 《警厅注意死亡人数》，《晨报》1918 年 2 月 19 日，第 6 版。
⑧ 《李某增人口未报受罚》，《京师警察公报》1927 年 9 月 14 日，第 3 版。
⑨ 《警察厅户口调查规则》，戴鸿映编：《旧中国治安法规选编》，第 96 页。
⑩ 《警厅通告·登记簿准许阅览》，《晨报》1927 年 9 月 15 日，第 7 版。

厅对在户口调查中工作积极以及做出成效的警察人员进行奖励。①

(二)外国人口管理

事关外交,京师警察厅对外国人的管理与对中国人的管理不同。北洋政府时期,来京居住的外国人日见增多,为了更好地对外国人进行管理,首先要弄清楚在京外国人具体数目。京师警察厅每年的人口调查,对外国人国别、职业、性别以及分布都会做详细记录。

外国人来华,首先要有居住的地方。根据外交部与各国公使协定,各国在华人员"不得随时随地租购房屋",中国人一旦将房产售与外国人,发生纠纷时"审检各官亦无从着手"。②但由于外国人在京人数增加,对房屋的需求量扩大,民初"多有奸民企图巨利,暗将房地售押外人",京师警察厅据此重申,"吾国人民,凡将房田地产售与外国人为业者,非经地方官厅核准允许后,不得有效",如若发现暗将房屋售与外国人的情况,"一经查明,定当严惩罚办"。③外国人如果在华需要租住房屋,必须向京师警察厅呈报申请,经警察厅"查明均属相符"后,送外交部备案,方能准其租住房屋。④对经过核准的外国人租住房屋,京师警察厅对房主姓名,以及承租人姓名、国籍、职业、落脚地方、住房间数、租金价格、承租年限等要进行详细登记,除此之外,还要求提供铺保或保证书。⑤

北洋政府时期,"外人入京营业,为数不献",因牵涉税务事宜,如果对外国人营业状况"不澈底调查,不足以明真象而资应付"⑥,所以对外国人在京的商业情况,亦进行严格管理。京师警察厅管理营业规则规定,凡在所管区内营业者均应"先期呈报,经许可者始得开业",外国人在京营业也应遵守此规定,

---

① 《陈总监嘉奖户籍长警——因奔走辛勤颇为嘉许成绩卓著之长警均予记升》,《京师警察公报》1927年12月12日,第3版。

② 《京城取缔洋商之滥租房屋》,《晨报》1917年8月31日,第6版。

③ 《禁止暗售房产与外人》,《晨报》1916年10月18日,第5版。

④ 《京师警察厅指令》,《京师警察公报》1927年4月18日,第3版。

⑤ 《附录·核准外人租赁房屋一览表(1920年3月至4月)》,《外交公报》第5期,1921年,第1~5页。

⑥ 《函京师警察厅请将最近外人在京居住及营业表抄寄一份文》,京师税务公署:《京师税务月刊》第21期,1925年3月,第44页。

如果违章,该区署长可以进行干涉。①民初,京内各商店,因利益起见"多有与洋商合股营业"的情况,出现问题,极难处理。京师警察厅为避免这种情况,规定"嗣后关于商店呈报营业,务须查明有无外人股份,如无洋股,方准开设,否则禁止开市营业"②。

外国侨虏是在华外国人中比较特殊的群体。第一次世界大战,德国和奥匈帝国战败,中国是战胜国,中德、中奥绝交,在京德、奥侨人受到了严格的控制,"所有在京德侨每月均应赴陆军部签名画到一次,以资检查",如果未到陆军部签名,就被视为潜逃,京师警察厅要配合对其进行严格稽查。③一般事关外国人事宜,京师警察厅对其处置都要呈报外交部进行交涉,但对于当时的敌国侨人即德、奥侨人,不经外交部,可以直接对其进行处罚。一次,两名德国人无故持棍乱打一名车夫,警察直接将其带至警察厅讯办,令其赔偿损失并判罚拘留5日。④

"京师中外杂处",由于事关中外邦交,京师警察厅"对于保护外侨,维持治安,自宜格外慎重"⑤,曾多次和军警部门会商保护旅京外侨办法。在步军统领衙门未裁撤前,北京四郊的各国人士,由步军统领衙门负责担任保护;城内租界及三局的外国人,由"警察厅分饬所属巡查保护";各车站、戏园及游乐场等处的外国人,则由警察厅和宪兵等共同担任保护。"以上划出之地点,除保护商民维持治安外,对于外人……尤应特备注意。"⑥北洋政府时期,京师警察厅保护外国人颇见成效,外国人在京需要保护时首先会想到求助京师警察厅。溥仪的英文老师英国人庄士敦家里曾经遭贼行窃,庄士敦"见窃贼胆大,难以预防",特意送函到京师警察厅,请求"注意保护,严拿窃贼"。⑦不仅负责保护长期居住的在京华人,对于短期在京游历的外国人,京师警察厅也负有

---

① 《印人违警开商店》,《晨报》1916年12月30日,第5版。
② 《地方近讯·不许商店招洋股》,《京兆周刊》第15期,1921年8月13日出版,第19~20页。
③ 《通令严缉德侨》,《晨报》1918年5月21日,第6版。
④ 《处罚违警敌侨》,《晨报》1918年9月21日,第6版。
⑤ 《京师治安——当局极为注意》,《晨报》1927年10月17日,第7版。
⑥ 《军警注意保护外侨》,《晨报》1923年6月24日,第6版。
⑦ 《英人庄士敦请兵保护》,《晨报》1923年9月5日,第6版。

保护之责。1918年7月,"日本东京师范学校教授员野里贞等到北京,拟游历城内外名胜",时任总监的吴炳湘"通令二十区署长妥为保护"。①1928年2月,美国环游世界澳洲皇后号游览团来华,该团成员在京游览,交通部专门致函京师警察厅请求"该管警区保护"。②

二、日常行为之约束

在理论上,可以将民众的社会生活分为两种:一是有影响于社会秩序者,可称为公共生活;二是不影响于社会秩序者,则可称为私生活。"警察惟于个人生活有影响社会秩序之时,始得干预之",民众的私生活"不属于警察作用之范围内",但"人类生活之中,熟为私生活,吾人实不易划定其范围"③,警察也不可能完全区分清楚后再进行干预,况且某些看起来是私生活的部分在一定的情况下也会转化为公共生活,因此北洋政府时期警察对民众日常生活的影响和控制也就更为广泛和全面。

(一)生老病死

传统的保甲制度负有调查户口之责,但其所掌握的人口信息比较粗略,近代警察制度建立以后,警察成为人口调查的主力。相比较保甲制度,警察对人口信息的掌握更为全面和准确,北京民众从生到死,包括出生状况、年龄阶段、婚姻情况、患病情况、死亡情况等都在控制范围之内。为使掌握的信息准确、全面,京师警察厅除了在人口调查表中要求民众按规定填写外,还采取多种措施掌握民众生老病死等相关信息。按照京师警察厅的规定,各种公、私立医院及私人行医者对患者的情况均应记录,每月将诊治人数、所患病症、治愈情况以及转诊、死亡原因等"列表报厅",遇有特殊情况,如传染病或疑似传染病者或中毒者应"即日呈报本厅或该管区警察署",违者处罚或

---

① 《日教员来京游历》,《晨报》1918年7月29日,第3版。
② 《交通部致京师警察厅》,《政府公报》第4246号,1928年2月26日,第8页。
③ 赵修鼎:《警察行政》,商务印书馆1927年版,第10页。

停止营业。①因有严格规定,除后果较为严重的传染病外,居民的一些普通病症如头痛、脑疾、目疾、胃病、癣症、腿疾、脚气、内热、伤风等信息也应呈报京师警察厅。②

传统政府很难掌握民众生老病死的相关信息,近代警察制度建立以后,为准确掌控这些信息,避免遗漏,除对各公、私立医院及医生进行条文规范外,还对与民众生死打交道的产婆、阴阳生等行业进行规范,凡为产婆和阴阳生者,都须经过京师警察厅审核批准后方准营业。③孕妇生产不管是采用何种方式,只要是新添人口,都须在警察人员进行调查时主动呈报,有意隐瞒就会被罚。④相比较对出生情况的控制,京师警察厅对死亡人数的掌握更为确切,因埋葬死亡者会经由京师警察厅驻守的城门,灵柩的搬运必须"呈报警察厅查核相符,发给护照,方准起运"⑤,灵柩在城中的运行也受限制⑥。如1928年4月,北京居民王庆和挑担内藏有尸骨,并无护照,被在广安门检查出城行人的巡警查获,"解署提讯"⑦。未经警察厅批准,私抛尸骸者,亦由警察厅惩办。⑧在对死亡情况的掌握中,自杀身亡者也不能自行处理,如1918年5月,内右四区一居民因与人发生口角,自寻短见,其家人没有及时报所管区署,内右四区署长看见报纸登载后"遂即派本段派出所长警前往该胡同调查"⑨。京师警察厅

---

① 《京师警察厅取缔医生暂行规则》、《京师警察厅内外城官医院规则》、《京师警察厅取缔公私立医院规则》,蔡鸿源主编:《民国法规集成》第26册,第60、54、57、45页;《警厅注意死亡人数》,《晨报》1918年2月19日,第6版。

② 具体参见《患病种类》,京师警察厅制:《京师警务一览图表》。

③ 《京师警察厅卫生处关于取缔阴阳生及产婆规则的公函》,1913年9月1日,J181-018-00222。

④ 《李某增人口未报受罚》,《京师警察公报》1927年9月14日,第3版;《茶馆户口不符被科罚杜玉龄漏报人口被罚》,《京师警察公报》1927年9月24日,第4版。

⑤ 《京师警察厅修订取缔搬运灵柩规则》,《京师警察公报》1927年3月1日,第2版。

⑥ 《警厅将限制灵柩穿城》,《晨报》1925年2月15日,第6版。

⑦ 《京师警察厅外右三区区署关于王庆和私运尸骨并无护照一案的呈》,1928年4月1日,J181-021-02800。

⑧ 《警察巧获抛尸犯》,《晨报》1927年12月31日,第7版;《巡逻警巧获抛尸犯》,《晨报》1927年7月16日,第7版。

⑨ 《警区注重报纸》,《晨报》1918年5月3日,第6版。

对自杀身亡的情况非常重视,除了掌握每年的自杀人数外,自杀的原因、年龄、手段以及各区分布等具体情况也会进行详细调查。①

另外,由于北京居民埋葬死者所用棺木"极薄","坑穴太浅","每经暴雨冲露,尸骨散于四处,或有新尸腐烂气味蒸腾,实于卫生有碍,且有伤人道",京师警察厅规定,棺木"一律深埋,至浅须以五尺为限"。②举行丧礼时,北京居民习惯焚化各种冥器,易生危险,为此京师警察厅内、外二十区警察署"各在界内设立焚化所数处,每于焚化之时再由巡警照料,以保公安"③。

(二)个人日常行为

警察制度的建立,在一定程度上可以说是对民众日常生活加强控制的开始,其影响甚至明显地进入民众琐碎的个人行为方面。

对于个人卫生,北京民众很不重视,这是引起各种疾病特别是传染病的一个主要原因。这些方面属于民众的私人行为,京师警察厅多是采取引导为主,更多的是需要民众自觉遵守。还有一些如赤背、随地便溺等,虽也属于个人行为,但因可转化为公共卫生,京师警察厅在劝导的基础上制定了严格的惩罚措施,规定:"凡随意在街道上大小便者,罚洋一元。"④

按照规定,警察对所管地段内居民各家的情况,不论是富和穷还是好和坏,以及各家接交的是些什么人、做的是些什么事、一家有多少人口以及日常生活等情况,都要尽量晓得,这样"倘或有事发生,那是都容易着手进行"。这对于警察来说是"最要紧的一件事",绝不可不注意。⑤既然这样,警察在执警和巡逻时,对于民众生活的各方面都应留意。如小孩儿夏天在河里洗澡,最容

---

① 具体参见《自杀者年龄及原因》、《自杀者手段》,京师警察厅制:《京师警务一览图表》。

② 《取缔浅埋之通饬》,《晨报》1916年8月29日,第5版;《地方近讯·饬令禁止埋浅》,《京兆周刊》第22期,1921年10月1日出版,第24页。

③ 《令设焚化所》,《晨报》1916年10月18日,第5版。

④ 《警厅严禁赤背》,《晨报》1918年6月17日,第3版;《一个筹款方法》,《晨报》1925年12月11日,第6版;《沿街撒尿罚金一元——撒尿者小桃园茶室毛伙》,《京师警察公报》1927年2月5日,第3版;《巡警砍伤便溺人》,《晨报》1926年3月27日,第6版。

⑤ 李万里:《公安警察问答》,第14页。

易发生危险,警察发现后立即禁止,并要告诫他的家属,对其加以管束;①冬季不少人在结冰的河道里溜冰,也会致生危险,各区署"一律添加岗位,以便防止溜冰"②;遇到相互口角或大声喧哗者,警察应婉言劝导,并训诫其将来不再违反,如不服劝,情节严重者,便将其带到区署处罚。深夜行人住户则"一律禁止弹唱"③。还有一些情况,如私锯树木也会受到京师警察厅处罚。1928年3月,北京居民李氏"因无烧柴,遂求得邻人孟继和锯伐自有地内树杈,因未呈报,经警查获带案"④。警察在夜间巡逻时,所注意的情况则更为周详。看出烟气,嗅到烟味,警察要查看是否有火灾发生;住户门窗没有关闭,警察应当敲门唤醒这家,叫其起来查看一切,是不是失贼,并告诫以后要注意门窗关闭;梯子、竹子及扫帚等物,容易成为偷盗上屋的途径或引起火险,也应留心查看;住户门口的灯深夜被风吹灭,警察如身带有火柴,应代为点亮,记明门牌,第二天将此事告知这家人,并使其以后格外留心,如有灯夫管理,就告知灯夫;甚至发现居民晾晒的东西没有收,警察也要进行告知。⑤

对民众个人行为的干涉也包括对其豢养狗的监管。北京住户,"多有喜欢养狗"者,"考其用途,除却豢养为玩物外,大半是用为看守门户,防备盗贼"⑥。但居民所养的狗多不干净,遍身脏毛,"更有因皮毛不洁,生疮破烂蝇蚋群集,见者恶之",有时还出现有一群一群的狗,搏争咬打,甚至噬咬行人,"予公共治安、卫生上多所妨害"。"整顿狗风"亦"由警察负责",为此京师警察厅特制定了取缔畜犬办法,布告周知。按照规定,饲犬的北京住户应到该管区署购买项圈给狗戴上,"无项圈之犬即以野犬论,由警察扑送他处"⑦。对于畜犬的取

---

① 李万里:《公安警察问答》,第43页。
② 《添岗位防止溜冰》,《晨报》1916年12月17日,第5版。
③ 《饬禁夜深歌唱》,《晨报》1917年10月2日,第6版。
④ 《京师警察厅西郊区区署关于秦李氏私锯树一案的呈》,1928年3月1日,J181-021-02793。
⑤ 李万里:《公安警察问答》,第17~18、35、36页。
⑥ 《整顿狗风》,《晨报》1926年8月23日,第6版。
⑦ 《取缔畜犬之布告(京师警察厅布告)》,《晨报》1919年3月24日,第6版。所购"颈圈价目计开:甲种大号项圈每个铜元五十五枚,乙种大号项圈每个铜元四十五枚,乙种中号项圈每个铜元四十枚,乙种小号项圈每个铜元三十五枚"。(《整顿狗风》,《晨报》1926年8月23日,第6版)

缔规定于1918年颁布实行,"但畜犬各家颇多观望,警厅亦未能切实执行",因此京师警察厅1925年10月"又将该项章程,加以修改,再行公布",并令各区署切实执行。①遇有野犬噬人,各区警察署随时防范扑灭。②

(三)家庭内部事务

因"同人民是常直接亲近"③,在所有官方机构中,警察和民众的关系最为紧密,甚至连"清官难断"的家务事,警察也时常进行干涉。从所掌握的史料看,警察干涉家庭内部事务集中在孝顺父母和虐待家庭成员两个方面。

清末民初的警察不仅是执行警务的官方人员,在一定程度上也充当着道德的维护者。例如在1922年7月,一家住户因婆媳矛盾引起争吵,周围邻居叫来警察进行处理。警察到达现场,不问清楚具体原因便训斥了媳妇一番。其实,邻居叫来警察真正的原因是要解决婆婆残害媳妇的问题。这一家的媳妇平时在家如何谨慎都得不到婆婆的欢心,再加上小姑子从中挑拨,媳妇还被赶出过家门,邻居看着不平,叫警察来进行调解,但婆母一看警察来,就变了凶恶模样装可怜,斥责儿子、媳妇不孝,还说媳妇打她。警察不明就里,被婆婆的言行蒙蔽,斥责媳妇。媳妇在警察面前虽然委屈也不敢说,警察走后,婆婆又接着对媳妇大肆蛮横。④警察作为道德的维护者,也并不是都如上则材料那样不问青红皂白完全维护家长。1915年《京话日报》登载居民吴德宽虐待儿媳吴富氏的情况,该管区署看到后饬该路巡官对此事进行详查,询问吴富氏报纸所登是否属实。⑤档案里记载一则事例:以赶车为业的王国荣,素日不供养其母王郑氏,反向其母索要饭食,一日回家因其母未预备饭食,遂向其吵闹,并出言强横,意欲殴打。王郑氏便向外左二区署进行控告。外左二区接到王郑氏的控诉请求,对其子王国荣进行诘讯,虽王国荣称时常给其母钱用,亦无与其争吵,但在王郑氏坚决要求从严惩办的情况下,还是将王国荣发交教养局

---

① 《警厅修订畜犬办法》,《晨报》1925年10月24日,第6版。
② 《京师警察厅训令》,《京师警察公报》1927年9月15日,第2版。
③ 李万里:《公安警察问答》,第13页。
④ 《巡警老爷在"母老虎"家里说孝》,《晨报》1922年7月25日,第7版。
⑤ 《京师警察厅关于查复〈京话日报〉载有注重舆论一则的饬文》,1915年4月1日,J181-018-05910。

管束一个月示儆。同时外左二区署还将与王郑氏早已分家的王国荣之兄王国翰牵涉其中,认为其每日只给其母王郑氏铜元十余枚,"殊为刻薄",对其进行训斥。在警察的训斥和处罚下,王国翰情愿将王郑氏接至家中"小心奉养",发交教养局的王国荣也"深知愧悔,恳求宽恩开释",并出具甘结保证"以后安分不敢再有前情事"。①

京师警察干涉家庭内有无虐待事例,如1915年从报刊上得知有虐待哥哥事件,便派巡警前往事出地点附近调查。警察先是去其邻居王姓住户家询问,得知居民王森于前几日间忽得疯症,时发时愈,发病时,其弟弟用绳子将其手脚捆上,未听说用过手铐脚镣等事。询问完邻居后,警察又往出事家实地进行探询,其家人所说与邻居一致,警察这才作罢。②1924年3月,京师警察厅总监薛之珩得知有潘姓幼女被其母殴伤一事,便令所管区署外左三区查明呈复,该署署长派巡官前往潘姓住家附近进行调查,属实后又传潘姓家长问明情况。③

三、公共娱乐不再自由

近代以后,随着城市近代化的发展,民众的公共生活日益丰富,其载体公共空间也得到了拓展。在城市社会生活中,公共空间承担了城市文化最有生命力的内容,也最能够体现出不同的地方特色。民众走出家门,在公共的生活空间中参与娱乐、政治、经济以及各种社会活动,展现其不同于家庭生活的一面。而对于政府来说,地方社会公共空间是最易凝聚与滋生反对力量的舞台,所以尤为重视对其控制,这也最能考察出政府对社会基层的控制程度。

北京作为国都,民众的娱乐活动一直都比较丰富,各种传统娱乐场所如戏

---

① 《京师警察厅外左二区分区表送王郑氏控送其子王国荣不给养赡一案卷》,1924年4月1日—1924年6月1日,J181-019-42010。
② 《京师警察厅刑事所关于寻找车夫、僧人吸食鸦片、虐待妓女、孀妇堕胎等问题的报告》,1915年2月1日,J181-018-05753。
③ 《警厅为潘幼女伸冤》,《晨报》1924年3月16日,第6版。

园、书馆、茶室、庙会等比较发达，民国以后，一些新式公共娱乐场所如游艺园、电影院、公园等相继出现，得到民众欢迎，迅速发展。这些娱乐场所给北京民众生活增添了不少色彩，但同时这些娱乐场所人员鱼龙混杂，发生各种治安事件的可能性增加。因此，京师警察厅制定了各种规章制度来管理这些公共娱乐场所。

对娱乐场所的管理首先表现在开业方面的限制。京师警察厅规定："开具戏园营业者，须将股东及经理人姓名、籍贯、住址、股份多寡、伙计人数、戏园地址、建筑方法，取具三家妥实铺保禀递本厅，俟批准后发给执照方准营业。""戏园之建造必先禀报本厅，查悉建筑合法方准给照修盖。其赁原有房屋改修者，亦须禀报本厅派员勘定。"1921年1月11日，城南游艺园经理修盖戏园"偷工减料"，"明知楼板太薄，而并不制限售票"，致使"戏楼塌陷，致毙人口，受伤多人"。①管辖城南游艺园的外右五区警察署一面将受伤人送医院救治，一面"函请地方检察厅派员相验已死之燕姑娘委系被砸身死"，同时将"该园经理彭逊初传署讯明"。随后管辖区署又派人"详加勘验该园内他处工程是否坚固，以防危险"。京师警察厅对该园经理进行惩罚后，该园经理又"捐助收养乞丐所经费现洋三千元……以赎前愆"。②发生此次坍塌事件后，京师警察厅深恐另一娱乐场所新世界工程不坚固，发生同样危险，便派员"检验新世界有无失修之处，估量该楼可担若干分量"，并以此"妥定每日售票最多之数"。③

其次，对戏园内客座、票价以及给予小费等也有规定。"戏园内安设客座中间须留纵横两路，宽以二尺为度。两廊亦须宽留便道，以便往来行走。""戏园内，视地方之宽窄定座位之多寡，即预备客票若干。客票上须注明价目若干、茶资若干，不得于定价外任意加价。除设定座位按座卖票外，亦不得随意加票加凳。招揽客坐客位亦不得强令加票加座，以免拥挤而乱秩序。""看座人对待客位须言语和平，并不得于一定戏价茶资外需索分文。其有愿用净面巾，愿取

---

① 《警厅停止游艺园营业》，《晨报》1921年2月16日，第6版。
② 《北平市警察局外右五区区署关于城南游艺园塌陷将游人燕姑娘砸伤致死的呈》，1921年2月1日，J181-031-02843。
③ 《警厅取缔新世界》，《晨报》1921年2月19日，第6版。

戏单者,此项小费各不过铜元一枚。"

再次,对戏园等场所开演时间也有统一的规定。"阳历一、二、三等月每日上午十一钟开演,下午七点止;四、五、六等月每日上午十一钟半开演,下午七钟二刻止;七、八、九等月每日上午十一钟开演,下午六钟一刻止;十、十一、十二等月每日上午十一钟开演,下午六钟止。"为体恤商艰起见,准演夜戏,但"演戏一夜,该园应认捐贫民工厂经费银元十元,每日送交该管区汇送警厅核收。"开演时间有统一的规定,停演也要经过京师警察厅的同意。1920年因"时局纷扰,人心动摇",京师警察厅为维持生活秩序,"通知各戏园一律不准停演,以维现状"。①

各娱乐场所必须遵照上述规定营业,如有违背,警厅依法对其进行处罚,严重者,勒令停业或歇业。②据京师警察厅调查,1917年京师一等戏园4家,二等茶园13家,三等茶棚6家,都由园主呈报警察厅备案。③

在对娱乐场所进行各种严格限制的同时,京师警察厅也负责维持各娱乐场所的秩序。京师警察厅规定,各戏园、游乐园以及电影院等,由该管警察署"拨派巡警分班弹压",各园应"暂设军警长临时弹压座若干,以资镇摄"。如有民众为争座位④或"有意聚众滋闹或抛掷碗盏致出危险者,即由弹压巡警带区罚办"⑤。在中秋、春节等节假日期间,各项娱乐场所及公共地面游人"较平时倍形繁盛",更易出现各种治安事件,各区署、保安队便在人员繁盛地点加派队兵长警"郑重弹压保护,以维秩序"⑥。但如果警察厅对公众娱乐场所管理所用方式方法不当,也会一定程度上影响民众的娱乐。例如,1924年9月的一天,城南游艺园内正值游人拥挤、兴高采烈之际,突然,警察厅督察长王克成、

---

① 《禁止各戏园停演》,《晨报》1920年7月14日,第6版。
② 《京师警察厅重订管理戏园规则》,侯希三:《北京老戏园子》,中国城市出版社1996年版,第175-176页;对各娱乐场所的管理规定大同小异,具体还可参见《修订取缔电影园规定》,中国第二历史档案馆编:《中华民国史档案资料汇编》,第3辑·文化,江苏古籍出版社1991年版,第175~176页。
③ 《限制添设戏园》,《晨报》1917年11月28日,第6版。
④ 《争座挨了打还要带区里去》,《晨报》1921年10月10日,第3版。
⑤ 《京师警察厅重订管理戏园规则》,侯希三:《北京老戏园子》,第176页。
⑥ 《添派队警弹压》,《晨报》1918年9月19日,第6版。

侦缉一队队长高凤林等人带领便衣探兵,约五六十名,蜂拥而入,先将园门派人守住,遂后到该园公事房办公处,"一路大翻,登时各场游艺停止,游人等亦无不惊慌"①。

除了管理固定的公共娱乐场所,对于一些短暂或临时开办的民众娱乐场所京师警察厅也负责进行管理。东便门内蟠桃宫每年旧历三月初一至初五日开办庙会,在开办之前均应呈明京师警察厅批准。管辖区署根据呈请提前拨派夫役对场地进行平垫,并进行场内招商事宜。"每至开会之期,车水马龙,游人如蚁",区署长警负责维持庙会秩序,有时区署长警"不敷分布",京师警察厅也会派保安队或请求"军事各机关(如京畿卫戍司令部、京师军警督察处、京畿宪兵司令部等)届时协助弹压"②。

---

① 《军警搜检游艺园》,《晨报》1924年9月11日,第6版。
② 《警厅筹办蟠桃会》,《晨报》1917年3月28日,第5版;《筹备蟠桃庙会》,《晨报》1919年3月18日,第6版;《警察署筹备庙会》,《晨报》1920年4月2日,第6版;《京师警察厅公函》,《京师警察公报》1927年3月30日,第2版。

第三节 文明风化

民国时期的学者认为,"一切罪恶皆发生于风俗之不良,风俗敦厚,罪恶自能减少,故善导民者,莫不注重风俗"。"警察有维持善良风俗之责",故对于奇装异服、淫词荡曲、沿街叫骂、烟赌吗啡、娼妓乐户等有碍社会风化事宜严格限制。[①]北洋政府时期的北京社会,既有从前清沿袭下来的旧习,也有从欧美学习来的新风,民众生活的选择有了更大范围,但选择旧习还是新风,在这一时期并不完全是个人的事情,它和政府的倡导和倾向有密切的关系,其间虽有净化社会风气的因素,但也和政治原因有关。

一、身体不得自主

民众最基本的自由就是对自己身体的自主,但在刚刚改朝换代的民国初期,民众社会生活很多层面都与政治产生了联系,并被嵌入了政府推动社会改革的风潮中。在这样的环境下,民众身体的自由也在规范之内了。

---

① 汪文玑:《违警罚法释义》,第97页。

(一)"奇装异服"罪

"服之不衷,为身之灾,自好者应知警惕,男女皆然。奇装异服适见其丑……若不加罚,相率竞为诡异,风俗淫靡,为害滋甚。何者为奇装异服,则以是否有碍风化为断要……凡与常用服饰相反,而足以惊骇耳目、有碍风化者皆是。"①缠足、蓄辫等习俗在清末就被有识之士认为应当废除,南京临时政府成立伊始,就发布剪发命令,禁止缠足,袁世凯北洋政府对蓄留发辫和缠足也严厉禁止。1914年《违警罚法》规定:奇装异服有碍风化者,处5日以下拘留或5元以下罚金。②奇装异服不仅包括"男用女装,女用男装",还包括"男用男装,女用女装,而奇形诡制"者,③缠足、蓄辫亦被归为奇装异服类。

传统社会,对于服制规定甚严,民国后社会风气大开,服装色彩、颜色、款式等已不受等级的限制,但对服装的穿着并未完全放开,对于有碍社会风气的衣服式样以及蓄辫等行为,京师警察厅皆按奇装异服罪进行干涉。这在一定程度上来说是干涉民众个人选择的自由,但这种干涉在当时社会中确有一定社会背景。

废除缠足运动在清末就已开始,但直到中华民国成立才由政府正式发布废除命令。缠足陋习"有伤人道抑且于种族强弱有关",这在北洋政府时期已成共识,但缠足习气由来已久,有深厚的民众基础,为此内务部极力要求各地方官晓谕或派员讲演劝诫,以便民众认识到缠足危害。④官方极力倡导,但收效依然有限。到20世纪20年代,受过教育的女学生还有缠足的情况,遑论存有保守思想的民众。⑤为此,内务部命令京师警察厅要充分发挥士绅家长的提倡作用,并对有成效者给予奖励。⑥经过警察厅和地方官署的认真劝禁,京师缠足现象渐渐减少。

---

① 汪文玑:《违警罚法释义》,第106~107页。
② 《违警罚法》,蔡鸿源主编:《民国法规集成》第14册,第31~32页。
③ 汪文玑:《违警罚法释义》,第107页。
④ 《令禁妇女缠足》,《晨报》1918年6月28日,第6版。
⑤ 《禁止女学生缠足》,《晨报》1920年8月29日,第6版。
⑥ 《内务部训令》,《政府公报》第298号,1916年11月2日,第11页。

民国成立后多次下令禁止蓄辫，提倡剪发，但"尚有一部分人民仍未遵行"。蓄辫不仅是个人因守旧习，有碍卫生，政府更是把其上升到国家政治层面上，认为蓄辫"与国家体制不合"，特别是在张勋率辫子军复辟以后，政府对剪发更为重视。①京师为国家首都，但在剪发一事上却有不少"顽固者流念念不舍"，"政府又存姑息之心，不肯从严督促，荏苒五年之久，三令五申，不惟未剪者不剪而已，且复留者甚可叹也"，因此，内务部命令京师警察厅督饬各区署派警，"见有垂发辫者，强迫剪去，以昭大同"。②京师警察厅对仍留发辫者强行剪去，在北洋政府时期的北京街头可见到这样特殊的画面：不愿剪发辫者"一手握辫一手撩衣，力奔而逃"，手执剪刀的警察在后面猛追，"行人及各乐户妓女环而观者"，哈哈大笑。③对于曾经剪去发辫又试图蓄留者，警察厅也饬令各区警士认真调查，遇见此种市民，"即令其剪去，违者则按奇装异服律惩罚"④。蓄留辫者如不自行剪去，警察便会拦住强行将其发辫剪去。⑤警厅自奉内务部强迫剪发令后即饬各区认真照办。截止到1917年5月初，仅内城左二区界内，各段巡逻守望巡警共剪得发辫2.7万余条。该区署长以各警士"颇能尽职"，特呈请警察厅给予奖励。⑥

为多方面限制市民蓄辫，内务部规定，"凡车马夫役之未剪发者由该管警察厅酌定期限，不剪者禁止营业"⑦。京师警察厅积极配合内务部的命令，规定除车马夫役外，内、外城二十区署自1917年10月2日起，所有各区庙会、市场及街市、马路两旁摆设棚摊小贩未剪发者，"一律禁止摆设，否则扭区强剪"⑧。京师警察厅还拟成白话长篇布告四处张贴，将蓄发之弊充分说明，以便

---

① 《又将有剪发令矣》，《晨报》1916年9月16日，第6版。
② 《剪发须强迫实行》，《晨报》1917年1月30日，第5版。
③ 《警察拦路剪辫子》，《晨报》1917年3月28日，第5版。
④ 《取缔蓄留短发者》，《晨报》1917年1月12日，第5版。
⑤ 《警察拦路剪辫子》，《晨报》1917年3月28日，第5版。
⑥ 《近剪发辫两万七》，《晨报》1917年5月3日，第5版。
⑦ 《内务部饬》，《政府公报》第770号，1914年6月28日，第24页。
⑧ 《饬令小贩剪发》，《晨报》1917年10月24日，第6版。

民众了解，并勒令留辫者剪去，未蓄留者不得再蓄。①虽然京师警察厅总监吴炳湘"对于剪发一事极为注意"，各区长警也认真执行剪发命令②，但蓄辫习俗时日已久，加之个人蓄辫原因复杂，仍有部分民众坚持蓄留发辫，即使因此失去工作也在所不惜。《晨报》就曾登载一例：京兆居民王槐荫来京寻找亲戚，经乡友推荐在羊肉胡同纪宅当门役。一日老太太七旬生日，来宾作贺，车马盈门。王槐荫于人众之中往来点烟倒茶，众客见他拖着发辫，无不大笑。主人看不过去，等客散，遂叫他将发辫剪去。他坚决不肯，主人大怒，当即将他辞退。乡友张某劝说，他好不容易寻得工作，不能因留有发辫而失去。王槐荫说："就是回家挨饿去，我也不能剃辫子。"③从这个事例中可以看出蓄辫习俗在民众中的根深蒂固的影响。

传统社会，等级分明，处在不同社会阶层的民众服式有不同的规定。辛亥革命后，社会风气大开，民众的生活选择相对宽泛，其中比较明显的表现就是服式选择较为自由。但北洋政府依然认为，"人民常服制度，虽可听其自择，必苛于限制"，奇装异服应属违警。京师警察厅总监吴炳湘以民初几年剪发风气虽已大开，"而教俗服式仍形混杂，加以匪徒流氓故逞奇异，酿成社会最恶习惯"，特意布告人民："吾国既为共和，宜谋善良风俗，凡以前教俗歧异旧式，混杂种种，炫人耳目之事，自应革除精尽，免滋弊端。"④对于当时奇异的衣服式样和日趋紧小的妇女衣服，负有维持风化之责的京师警察厅认为"尤属不庄"，"若于公共集合场所服之游行，实于风俗、观瞻两有妨碍"，应严厉禁止，如有违抗应按违警律处以拘留或罚金。⑤

京师警察厅多次禁止奇装异服，但仍有犯禁者，为从根本上着手，警察厅对成衣铺及估衣铺进行限制，规定"不得制售短袖坌色衣服，违者重罚"⑥。演员和

---

① 《布告禁止蓄发》，《晨报》1918年7月28日，第6版。
② 《重申剪发禁令》，《晨报》1919年3月12日，第6版。
③ 《宁愿挨饿不肯剪辫子》，《晨报》1921年10月1日，第6版。
④ 《再禁止奇异服装》，《晨报》1917年4月2日，第5版。
⑤ 《禁止奇装异服》，《晨报》1917年9月15日，第6版。
⑥ 《禁衣铺制售异服》，《晨报》1917年2月10日，第5版。

妓女在服饰上最为时髦,常引发普通妇女竞相模仿,京师警察厅对这类人进行了专门的限制,规定所有演戏各坤角,一律不准奇异服装及特别妖艳或不男不女情形招摇过市,倘敢不遵,一经查获,除停其演唱外并加重惩罚。①对于查获奇装异服的妓女除进行科罚外还进行示众,以期引起警惕,并对承制此项服装的成衣庄处10至50元的重罚。②到北洋政府后期,警察厅禁令,"时过境迁,日久懈作","京师社会日趋奢侈","其最堪注目者"则为女子服装。奇装异服者最初多是戏班女伶和乐户妓女,但到此时,"闺阁学校中,亦或尤而效之"。③警察厅的多方限制最终也未能阻挡社会风气的变化。

(二)惩罚赤背和詈骂

每到夏天炎热之时,京师街市便常有赤身露体者。④不仅劳苦穷人为求凉快、图省衣赤背⑤,就是一般市民在茶园、酒肆及公园娱乐之场所也以赤背为消热之法⑥。警察厅以"赤臂游行,不惟于观瞻不雅,且恐侵受暑气,疾病因而发生",饬令所属巡官长警对于赤臂行人严行取缔,如发现赤臂游行街市之人,当即扭区,依照违警法则处以5日以下拘留或5元以下罚金⑦,"以保健康,而重体面"⑧。

京师民众夏季赤背已成习惯,警察厅意识到仅靠厅令的严格禁止很难使其听从,为使普通民众从心理上认识到赤背弊端,专门发布通俗易懂的白话布告,把赤臂行为和个人体面联系起来,更和民众的身体健康联系起来,循循善诱和威吓逼迫并用。从下面的白话布告可以看出京师警察厅取缔赤背的努力。

---

① 《取缔女伶服装》,《晨报》1917年9月25日,第6版。
② 《取缔裁缝衣庄》,《晨报》1918年8月2日,第6版。
③ 《警厅严禁奇装异服》,《晨报》1927年6月25日,第6版。
④ 《取缔赤臂行市》,《晨报》1918年5月8日,第6版。
⑤ 《禁行人赤身露体》,《晨报》1917年5月24日,第5版。
⑥ 《警厅严禁赤背》,《晨报》1918年6月17日,第3版。
⑦ 《违警罚法》,蔡鸿源主编:《民国法规集成》第14册,第31~32页。
⑧ 《取缔赤臂行市》,《晨报》1918年5月8日,第6版。

警厅布告云：

为布告事，查北京地方人民的习惯，要是遇有天热的时候，就将上身的衣服脱去，光着脊梁满街的乱跑，或是在门口坐着，为的是贪图凉快。大家惯了，自己也不觉着憨蠢，但是，你们仔细想一想，这类的事情有一个上等人没有，不说是上等的人，就是稍知自爱的人肯这样儿不肯，可见这光着脊梁是一件不体面的事了。你们做的事业不同，也都是自食其力的正经人，何必要光着脊梁，落个不爱体面的名声呢？要说是因为穿着衣服热，你想夏天不脱衣服的人多着呢，他们又怎样过的呢？可见得这不过是一个坏习惯。你要是不脱，也不见得比光着脊梁的热些了，况且暑热的时候，遍身是汗，太阳地里晒着，不穿着衣服不是更热的厉害了么？要是遇见雨天，没有衣服隔着，被雨一激，便要生病。可见这光着脊梁不单是观瞻上不雅，还要与卫生上有碍呢。至于小孩儿，那更怪了，简直的上下一丝不挂，满地打滚，浑身是泥，你看这种野蛮的现象，那还像个人吗？本厅因恐你们不明白这些道理，再详细说与你们听。你们要是住家儿的家长，督率着他们不要在外面光着脊梁；要是铺子里掌柜的，管着他们在铺面里面总要穿着衣服，不要再有这种野蛮的样子给人家笑话，说我们社会的程度太低，不知道顾惜体面而尊重法律，那才不负本厅这番劝诫的意思呢。要是本厅用好言劝诫，你们依然不听，那就没有第二个法子，只得一经查出，就要按着违警罚法上定的第四十五条第二款"于道路或公共处所赤身露体及身为放荡之姿势者，处五日以下之拘留或五元以下之罚金"，随时重罚你们了。这"裸体"二字恐怕你们不懂，就是光着脊梁，至于小孩儿家，也要惟他的父兄是问的。你们大家经此番劝诫之后，大家都要互相劝导劝导，总要人人都能知道这个道理。大家把这坏习惯改了，都干干净净儿的穿着衣服，让人家瞧着很有文明气象，不但免得受罚，落了好名誉，且与自己身体有益，那多么好呢。特此布告。①

---

① 《夏天勿打赤膊》，《晨报》1918年6月29日，第6版。

警察厅进行了严格限制,也进行了劝导,但夏季赤背者"仍复不少"①,到 1926 年夏季,京师警察厅总监还发现,"不仅车夫赤背通行,甚至乘车者亦尤而效之"。为此,警察厅提高了对执法巡警的要求,"所有各区巡警,或则先由讲习所教练纯熟,然后派差,或则由各区官长直接指示明白,然则出勤",以期巡警"执行职务,遇事认真,则商民违警之事,自然可以减少"。②

　　京师民众遇事,不妥为解决,当众詈骂为常有之事。为引导民众文明行为,《违警罚法》规定:当众詈骂嘲弄人者以及于道路叫骂不听禁止者,处 10 日以下拘留或 10 元以下罚金。③《违警罚法》此款规定以"当众为要件"④,并不是指所有的詈骂行为。

　　不仅民众之间遇见事情常出现当众詈骂的情况,就是执行正常警务的巡警也常遭到民众的詈骂。巡警在指挥交通时,因要求行走车辆遵守交通规则而时常遭到汽车夫⑤、马车夫⑥、电车司机⑦等的詈骂。另外,像巡警干涉行人赤臂⑧、妓女招客⑨、道旁便溺⑩以及拒交警捐⑪等事,也时常因被干涉者不理解而遭到詈骂,甚至在新世界剧场上演的戏剧也出现辱骂警察为"看街狗"的情况⑫。民众詈骂巡警只是表面现象,其中的深层次原因在于民众对巡警执法的不配合

---

① 《警厅禁止赤背》,《晨报》1918 年 7 月 25 日,第 6 版。

② 《警厅严禁赤膊——并令注意公共卫生》,《晨报》1926 年 8 月 10 日,第 6 版。

③ 《违警罚法》,蔡鸿源主编:《民国法规集成》第 14 册,第 31 页。

④ 汪文玑:《违警罚法释义》,第 103 页。

⑤ 《巡警几乎保不住手中枪》,《晨报》1921 年 6 月 27 日,第 6 版。

⑥ 《京师警察厅内左一区分区关于日本少将青木宣纯行车碰伤巡警的呈报》(根据原档题目应改为《内左一区关于青木少将车夫桂芳辱骂巡警罚办的呈报》),1913 年 5 月 1 日,J181-018-00336。

⑦ 《电车司机生昨与巡警大冲突——因干涉连挂三辆电车而起》,《晨报》1926 年 1 月 29 日,第 6 版。

⑧ 《一群赤膊汉殴警》,《晨报》1924 年 8 月 20 日,第 7 版。

⑨ 《妓女大打警察》,《晨报》1924 年 10 月 14 日,第 6 版。

⑩ 《巡警砍伤便溺人》,《晨报》1926 年 3 月 27 日,第 6 版。

⑪ 《京师警察厅内右二区分区关于何醒华拒交警捐并辱骂巡警一案的呈》,1928 年 1 月 1 日,J181-021-01586。

⑫ 《舞台上骂巡警被罚》,《晨报》1921 年 3 月 2 日,第 6 版。

以及对巡警的蔑视。当然,巡警在执行警务时,打骂民众之事也"层出不穷",京师警察厅针对此种情况规定,对于"愚顽之徒",故违警章,不服戒止,理应将其带区照章科罚,不得气愤打骂,损害"巡警名誉,而失人民之信仰"。出现巡警打骂人之事,"即责军棍五百"。①

(三)男女交往受限

传统中国,正常的男女交往一直被"男女授受不亲"的教条所禁锢。民国建立后,自由、民主的思想得到传播,社会风气渐趋开化,男女之间正常的交往增加并逐渐得到社会的理解和认可。但北洋军阀执掌政权后,依然固守传统的封建礼仪,不敢放开对男女正常交往的限制。公共场合的男女交往如何往往在社会中起到示范作用,北洋政府特别警惕公共场合的男女交往。

1912年内务部规定,从阳历8月1日起,各戏班不准男女同台演唱,现有戏班可以改组为女伶戏班。②为对呈报的女戏进行管理,内、外城巡警总厅根据内务部的命令,制定了《管理排演女戏规则》,规定:"教演戏曲,均须用妇女为教师,倘因创办之始,无妇女可聘,必须用男教师时,须择年长老成者报厅候核;所有执事,男子以年在五十岁以上为限,其服役人等一律雇佣女仆;男执事及男教师事毕后即应退出,不得在所内住宿;非有知事,男子不得擅入所内。"③

因"内、外城各戏园后台时有男女混杂情事,深恐日久生事,滋生流弊",总监吴炳湘命令各区署随时派巡警前往各戏园查看,遇有上述事情,立即扭送区署讯办,以防流弊。④除此之外,京师警察厅在管理戏园规则中还规定:"戏园如演坤角,其后台必须另备一室以便装束。配戏时限定坤角与坤角配出,分台开演,不得男女合配。俟此戏演毕,坤角应即出园,不得逗留,以便流

---

① 《巡警打人定有罚则》,《晨报》1926年8月22日,第6版。

② 《内务部关于限制坤角登台演戏令函》(1912年11月),中国第二历史档案馆编:《中华民国史档案资料汇编》,第3辑·文化,第163页。

③ 《内外城巡警总厅拟定管理排演女戏规则致内务部呈》(1912年11月13日),中国第二历史档案馆编:《中华民国史档案资料汇编》,第3辑·文化,第161~162页。

④ 《预防男女混杂之流弊》,《晨报》1916年11月1日,第5版。

弊。"民国后，戏园允许女子进入观看，但对戏园内男女座位的设置却有限制。"凡戏园均准于楼上售卖女座，其座位必须与男座分割，不准搀越女座内。看座及伺候茶水人等均须用女仆。""男女出入亦须分路另门行走，如不能分路行走至园不准售卖女座。"①1919年4月，三庆园演戏武生因与楼上妇女说笑，被巡警查知，将该园主传讯至区，经警察厅吴总监讯明，判罚洋10元，以示惩戒。②新式娱乐场所电影园内，除包厢外，男女亦均分座。③京师城南游艺园新戏场建立后，有包厢男女合座，但警察厅规定，"非携眷者不可"，携带妓女等人入内，"实属有伤风化"，警察厅专门派员监视，进行取缔。④

京师警察厅对男女交往限制范围比较广泛，如剧场排演《娜拉出走》的话剧，警察厅借口该剧有关男女风化问题，禁止演出。⑤当然，警察厅对维护社会风气也起了一些正面作用。京师内、外城各庙会以及各热闹场所，经常有一些不法匪徒在妇女中乱窜乱走，任意起闹，"与风化上大有攸关"，京师警察厅对于这种不法行为，惩罚更为严重。⑥对于这类调戏、轻薄妇女之人，经讯明属实，警察厅定会对其严厉惩罚，有时甚至罚充两个月苦力。⑦1923年12月，有姑嫂二人在东安市场游逛，因其举止活泼，衣着华丽，引起几个警官高等学校学生的注意，他们对这姑嫂二人进行尾随挑逗，姑嫂二人趁机喊叫巡警干涉，警官高等学校的学生也不能被免于讯办。⑧

---

① 《重订管理戏园规则》，侯希三：《北京老戏园子》，第175~176页。
② 《三庆园主被罚》，《晨报》1919年4月24日，第4版。
③ 《京师警察厅修订取缔电影园规则》，中国第二历史档案馆编：《中华民国史档案资料汇编》，第3辑·文化，第174页。
④ 《吴总监注意风纪》，《晨报》1920年5月9日，第6版。
⑤ 缜生：《北京的警察厅真聪敏！》，《晨报副刊》1924年12月20日，第4版。
⑥ 《警察厅维持风化》，《晨报》1916年12月10日，第5版。
⑦ 《警察又替人罚办一个调戏妇女的》，《晨报》1921年7月23日，第6版；《罚兽行者充苦力》，《晨报》1916年9月21日，第6版。
⑧ 《高警学生吊膀失败》，《晨报》1923年12月19日，第6版。

二、影剧、书画与社会风化

(一)取缔淫秽影剧

北洋政府认为,"影剧一事,于社会教育关系綦重,其良者固足转移风俗,裨益社会,而稍涉偏激亦易滋流弊,不可不详加审核"①。影剧不但可以娱乐民众,还可作为宣传、教育、影响民众的工具,所以北洋政府非常重视对影剧的控制。

京师警察厅成立后不久,就拟定了管理戏班规则,对戏班排演戏目内容进行了限定:凡新编之戏,须先开具情节曲词报告警察厅,得许可后方准排演;排演各戏,须取有益于国家社会,不得排演淫邪迷信、有伤风化之剧。"②京师警察厅限制了戏班排演戏剧的内容后,又对上演戏剧的各戏园进行了限制:"凡经禁止淫邪各戏不得演唱,即准演各戏内亦不得演出种种猥亵形状;凡新编之戏,须先开具词曲情状报告警厅,得许可后方准开演;各园每日所演之戏目,须于开演前开报警厅。其报厅之戏目与广告牌报条上务须一律,以备稽查。"③这样就从排演到上演两方面对戏剧内容进行控制,从而尽可能保证上演的剧目符合规定。

京师警察厅总监吴炳湘"以戏曲关系风俗,尽人皆晓"④,对戏剧内容的查处尤为重视。在严格取缔淫邪各戏的同时,对于新排各戏的控制也不放松,要求戏园必须先将新戏全词抄录报厅,对于不遵照办的戏班,科以重罚,"以重风俗"。⑤1919年8月,东安市场吉祥园童伶小翠花与小百岁合演的《董家山》,

---

① 《审核影剧章程》,《政府公报》第3593号,1926年4月13日,第1页。
② 《京师警察厅管理戏班规则》(1913年10月21日),中国第二历史档案馆编:《中华民国史档案资料汇编》,第3辑·文化,第166页。
③ 《京师警察厅重订管理戏园规则》,侯希三:《北京老戏园子》,第175~176页。
④ 《演戏伤风化者重罚》,《晨报》1916年10月26日,第5版。
⑤ 《饬令抄录戏词》,《晨报》1917年9月8日,第6版。

"形容淫亵,有伤风化",巡警查明报区,将该园执事人传区罚款20元。①

除对戏园上演剧目内容限定外,对于和演戏有关的事情,如实属伤风败俗,警察厅也严行取缔。当时,各戏班"伶人多以时装妖态,引诱座客",警察厅对这种情况通告禁止。②当时京中还有一种普遍情况,就是人民遇有丧事,于"接三"之际邀请僧道奏唱小曲,并招引民众阅观、叫好、拍掌。念经的和尚"竟自加添时调小曲种种"。京师警察厅以"淫靡之音用之于'接三',殊属违背孝思"为由,"特请通饬查禁,以维风化",并布告居民,"此后如遇丧事,毋得奏唱曲词",不遵者当即扭区罚办。③

电影是始于西方的新式娱乐方式,传入北京后,在北洋政府时期"日形发达"④,受到了普通民众的广泛欢迎。相比较戏剧,电影的内容活泼,更新较快,宣传力更大,以致后人认为:"一般人习于奢华,女子之烫发与奇装异服,都是归功于电影的指导。"⑤北洋政府看到了电影的宣传作用,更认识到"电影一项,与世道人心,甚有关系"⑥,因此京师警察厅制定了《取缔电影园规则》,规定:"不得开演淫邪迷信、有伤风化等影片;电影园应设循环簿,每日将所演戏目分别填列簿内,呈报于警察厅查核。"各电影园夜间放映一律以十二钟截止。⑦如果"夹杂淫片在内",警察厅就会将电影圈出禁演,"以端风化"。⑧为禁止不良电影,京师警察厅总监还批示从1922年4月15日起,"按日派员轮往

---

① 《演唱淫戏被罚》,《晨报》1919年8月20日,第6版。
② 《演戏伤风化者重罚》,《晨报》1916年10月26日,第5版。
③ 《接三禁唱小曲》,《晨报》1919年8月26日,第6版;《警察厅再申前令》,《晨报》1920年1月30日,第6版。
④ 《京师警察厅修订取缔电影园规则致内务部呈》(1921年5月26日),中国第二历史档案馆编:《中华民国史档案资料汇编》,第3辑·文化,第174页。
⑤ 郑宗楷编著:《现代警察之理论与实际》,正中书局1946年版,第153页。
⑥ 《审核电影员已派定》,《晨报》1928年1月11日,第7版。
⑦ 《取缔电影园规则》、《京师警察厅修订取缔电影园规则致内务部呈》(1921年5月26日),中国第二历史档案馆编:《中华民国史档案资料汇编》,第3辑·文化,第175页。
⑧ 《警察取缔电影》,《晨报》1917年1月7日,第5版。

各该园检查"①。随着电影的迅速发展,教部通俗教育研究会也制定了《审核影剧章程》,对电影内容"迹涉淫亵、有伤风化者以及凶暴、悖乱足以影响人心风俗者",要求该管警察署应行"禁止或剪截止之"。②

影剧不仅是通俗的大众娱乐方式,还被政府赋予了较多的教育功能,这实源于中国社会"文以载道"的传统观念。正因如此,北洋政府时期的各届政府都未放松对影剧的检查和控制。在北洋政府时期,对影剧检查奉行一个基本标准,乃是拿是否"伤风败俗"进行衡量,如影剧内容"有伤风化"便要禁止。以不具备完全影剧常识的警察来决定影剧的取舍,在一定程度上阻碍了戏剧和电影的发展,这种认识在当时就已出现。③以电影为例,当时由教育部通俗教育研究会电影审阅会负责审阅电影内容,各电影院购到新片时,应报该会派员审核,由警察厅负责管理各影院的执行情况。④从1927年12月27日至1928年3月24日这三个月内,该电影审阅会共审阅了北京8家影院115部影片,未发审定证者有《母女争宠》、《蝴蝶争花》、《探亲家》、《代理阔少》(又名《无愁女儿》)等片,其中只有《代理阔少》一片,因秽淫无法裁减,由该会会同警察厅嘱其毋庸映演,其他各片未予说明,据汪朝光估计,应为删剪后上映。在被检查的其他影片中,如出现"有伤风化"类的情节,应被剪去,如《浮花浪蝶》剪去男女泅水一幕,《深宫情侣》剪去长时间接吻二段,《快乐舞女》剪去长时间接吻勾脚二段,《风流剑侠》剪去船中接吻一段。⑤这些在当时看来"有伤风化"的内容,在后人看来也不过是民众情感的正常表现罢了。

(二)取缔淫秽书画

淫秽书画在民间向来就有,一般舆论皆认为"淫亵书画,于社会风化关系

---

① 《京师警察厅行政处关于电影园常演不良影片自民国十一年四月十五日实行检查的函》,1922年4月1日,J181-018-14356。
② 《审核影剧章程》,《政府公报》第3593号,1926年4月13日,第1页。
③ 《电影与社会立法问题》,《东方杂志》第22卷第4号,1925年,第79~80、92、94页。
④ 《审核电影员已派定》,《晨报》1928年1月11日,第7版。
⑤ 《通俗教育研究会审核电影片一览表》,转汪朝光:《民国电影检查制度之滥觞》,《近代史研究》2001年第3期,第220~221页。北洋政府时期的电影审核制度具体可参见汪朝光此文。

重大"①。京师警察厅也一直是严禁严查,多次督饬各区署派警察调查各书摊、画棚,一旦发现有售卖"浪史及奇情小说"或者"各种春册手卷"者,"立即拘送该厅处罚",绝不姑息。②对于固定的书摊、画棚,京师警察厅的严查可以取得一定成效,但对于流动小贩查处却很难。这些流动的小贩夹带小筐,把各种淫秽小说、画册藏于其中,在街头巷尾、茶坊酒肆之间任意兜售,"街之踪迹无定,教之列摊设肆者流布尤广"③,"致使社会风俗日渐颓坠,若不加取缔不足以正风俗",因此警察厅特别注意查处此种小贩。警察厅为随时稽查流动串卖的小贩,还派便服警察到街市小巷进行暗查,遇有售卖危害社会的书画立即禁止。④

淫秽书画"流毒社会",败坏风俗,对青年学子毒害尤大,教育部对淫秽书画查处特别关注。⑤在对淫秽书画查处的过程中,教育部通俗教育研究会起了非常重要的作用。1915年7月,通俗教育研究会在北京成立,"以劝导社会改良为职志"⑥,除教育部、学务局外,京师警察厅也指派人参加⑦。通俗教育研究会成立后,特别注意对淫秽书画的查处,但因其"无检之权"⑧,只能借助警察厅之力。《出版法》规定,出版内容事关败坏风俗者不得出版,警察官署有权对

---

① 《查禁淫邪书画》,《晨报》1916年11月5日,第5版。

② 《发卖淫书者被拘》,《晨报》1916年11月28日,第5版;《派警检查画棚》,《晨报》1918年2月10日,第6版。

③ 《内务部训令》,《政府公报》第298号,1916年11月2日,第11页。

④ 《地方近讯·查禁淫书》,《京兆周刊》第16期,1921年8月20日出版,第15页。

⑤ 《请查禁言情小说》,《晨报》1920年8月1日,第6版。

⑥ 《内务部训令》,《政府公报》第298号,1916年11月2日,第11页。

⑦ 《教育部关于设立通俗教育研究会呈并大总统批令》(1915年7月18日),中国第二历史档案馆编:《中华民国史档案资料汇编》,第3辑·文化,第101~103页。前述对电影的检查中,通俗教育研究会也起了至关重要的作用,对此问题的研究可见汪朝光:《民国电影检查制度之滥觞》,《近代史研究》2001年第3期。

⑧ 《教育部关于取缔不良戏剧、小说致京师警察厅公函》(1920年4月19日),中国第二历史档案馆编:《中华民国史档案资料汇编》,第3辑·文化,第168页。

出版机关进行查处。①通俗教育研究会实感淫秽书画的售卖"于社会教育大有妨碍",多次请求教育部"转饬京师警察厅分别稽查禁止"。②特别是对于刻印淫秽书画的书局与流动贩售的小贩,应"随时监察,遇有违警之……书籍,立即从严查禁",以整风教。在查处淫秽书画的过程中,警察厅和通俗教育研究会通力合作,但二者之间的合作一般是通过各自的主管部门内务部和教育部来共同完成的。通俗教育研究会把查出的不良小说开单通过教育部转给内务部,再由内务部转饬警察厅办理查处。警察厅检查书肆、书摊后,将查禁的各种不良小说抄录数目单函送一份给通俗教育研究会。③但有时教育部不通过内务部也可直接"函致警察厅严行查禁"。④

京师警察厅对印制此类书画的图书局也加强了查处力度。此外,因各区队连年抄获的败坏风俗小说及一切违禁印刷物均在楼内存储,警察厅"深恐看守不严,任人随意阅看",为彻底根除隐患,便查点清楚,汇聚一处,派警察运往天桥先农坛内,监视焚毁。⑤

三、移风易俗

北洋政府认为:"民志未定,宜以守为先,陋俗不除,实为文明之玷。"⑥根据是否有利于其统治和社会秩序稳定,北洋政府对社会习俗持有不同的态度:有保护,有修正,有禁止。

---

① 《出版法》,戴鸿映编:《旧中国治安法规选编》,第126~127页。
② 《内务部训令》,《政府公报》第298号,1916年11月2日,第11页。
③ 《教育部关于取缔不良戏剧、小说致京师警察厅公函》(1920年4月19日),中国第二历史档案馆编:《中华民国史档案资料汇编》,第3辑·文化,第168页。
④ 《请查禁言情小说》,《晨报》1920年8月1日,第6版;《教部请禁不良小说》,《晨报》1928年3月10日,第7版。
⑤ 《警察厅定期焚毁书》,《晨报》1924年6月20日,第6版。
⑥ 《内务部训令》,《政府公报》第649号,1917年11月6日,第5页。

（一）"信教之自由，非以法律不受限制"

中国历朝政府不管采取怎样的宗教政策，都改变不了民间信仰宗教者人数众多的实际状况，在自由和民主思想得到迅速传播的北洋政府时期依然如此。民国建立，阶级废除，宗教信仰更加自由。南京临时政府和历届北洋政府都实行宗教信仰自由政策。《中华民国宪法》明文规定："中华民国人民有尊崇孔子及信仰宗教之自由，非以法律不受限制。"[①]这时的宗教包括民众一般信仰的佛教、道教、回教、基督教，甚至还有政府大力提倡的孔教等。

既然法律规定民众有宗教信仰的自由，那对政府允许的宗教就应该进行保护。北洋政府宗教保护政策不是无原则的保护，而是有所限制的保护。"保护宗教本内务行政之一端，而寺庙与宗教关系至为密切，苟管理不得其宜，即不免扰及宗教。"[②]因此，北洋政府于1915年制定了《管理寺庙条例》，规定寺庙和僧道与普通人民受同等保护。僧道的一切教规从其习惯，但不得违背公共秩序及善良风俗；僧道可以开会讲演，但僧道自己开会讲演或由他人延请讲演时，讲演宗旨要以"阐扬教义"和"化导社会"为限，北洋政府甚至还要求僧道讲演要配合"启发爱国思想"；僧道讲演须于开讲五日以前，将其时间、场所及讲演人姓名、履历禀报该管地方官。[③]北洋政府时期，社会动荡，"人心邪僻"，出现一些各寺僧侣"诵经礼仪时夹唱淫词小曲"的情况，于宗教本旨有玷，对社会风化有害，为此，内务部训令京师警察厅尽力查处，严行禁止。[④]

北洋政府内务部认为，我国旧习向来尊崇宗教，但对于"所有寺庙，往往认为一种公产而任意予以掠夺，实与今日各国文明制度大相违背"[⑤]，也与宗教本身有害。为此《管理寺庙条例》规定："凡著名丛林及有关名胜或形胜之寺庙由该管地方官特别保护；寺庙财产不得藉端侵占。"[⑥]北洋政府时期，"攘夺庙

---

① 《中华民国宪法》，来新夏主编：《北洋军阀》第1卷，第731页。
② 《内务部训令第四五〇号》，《政府公报》第640号，1917年10月28日，第12页。
③ 《管理寺庙条例》，《政府公报》第1249号，1915年10月30日，第7页。
④ 《内务部训令第五百四十四号》，《政府公报》第730号，1914年5月19日，第8页。
⑤ 《内务部训令第四五〇号》，《政府公报》第640号，1917年10月28日，第12页。
⑥ 《管理寺庙条例》，《政府公报》第1249号，1915年10月30日，第5页。

产、蹂躏僧徒之事仍复时有所闻",地方官并未实力保护。①为更好保护京师寺庙财产,内务部把保护事宜交与京师警察厅管理,警察厅按照部令,要求各区署限期将界内庙宇详细情况调查清楚,调查计分四项:(1)类别;(2)名称;(3)僧众;(4)产值。调查完毕列表报厅,以备存查。②除寺庙财产之外,只要是正当的宗教事宜,京师警察厅都竭力保护。1927年夏历四月初八日为释迦如来诞辰,广济寺僧人现明等呈请警察厅禁止屠宰,警察厅准其呈请,通令城郊是日一律禁止屠宰。③京师人文荟集,教派林立,"所有中外教徒,宣传教化,各本真诠,发扬秘谛",应本着信仰自由的原则,和平共处,不得任意诋毁教派信仰,对于利用舆论机关诋毁教派信仰之事京师警察厅严行禁止。④

"国人素尚迷信","尤以妇女为甚","不但自误,而且有关生命"。⑤京师警察厅保护正当宗教信仰的同时对打着宗教旗号的邪教和封建迷信严厉禁止。北洋政府时期,京师寺院神像铸造歧异,有"标奇启人迷信"之嫌,京师警察厅因此规定,"寺院神像须见宗教经典,如神像设置多数以主之神为晰",不得故意出奇造异。⑥京师年关庙会全行开放,京师警察厅深恐各庙宇有"设签散布神方"者,长警弹压庙会时,应随时查禁,违者重罚。⑦不少民众身染疾病时不到医院就医,迷信传统的"扶乩看病"、"画符治病"。有一位大仙姑,据说能知人生死,断人吉凶,远近乡民,趋之若鹜,每日不绝于途。其在家设坛救病,诓骗一般善男信女,"诈骗钱财极多,误人性命无算"。⑧另有一人名牛从厚,据说有"瞧香治病"的本事,每日前去治病的人络绎不绝,尤以妇女为

---

① 《内务部训令第三十七号》,《政府公报》第611号,1914年1月19日,第11页。
② 《通饬请查庙宇》,《晨报》1917年11月30日,第6版;《警厅调查庙宇》,《晨报》1926年1月13日,第6版。
③ 《今日禁屠一日》,《晨报》1927年5月8日,第6版。
④ 《警厅禁止诋教》,《晨报》1926年8月14日,第6版。
⑤ 《地方近讯·严禁妖术惑人》,《京兆周刊》第26期,1921年11月5日出版,第18页。
⑥ 《取缔寺院神像》,《晨报》1917年11月8日,第6版。
⑦ 《禁止散布神方》,《晨报》1919年2月9日,第6版。
⑧ 《警察捕拿大仙姑》,《晨报》1925年3月24日,第6版。

多。①此类迷信事情一经调查属实,警察厅立即对其进行查处。此外,凡是"荒诞迷信""有碍风俗"的"上界真人"、"卖卦相面"、"画符妖人"等,京师警察厅一概严查重罚。②

(二)传统习俗"折衷至当"

袁世凯上台后,大力提倡"孝悌忠信礼义廉耻",要求人民不必"墨守旧说",但仍要"恪循礼法"。③特别是对有助于其统治的孔教以及相关传统礼仪和习俗,袁世凯政府以及之后历届政府皆根据实际情况"折衷至当"④,有选择地进行了保留。京师警察厅是政府意愿的具体执行者。

北洋政府时期,孔子诞辰和忌日,全国各学校放假一日⑤,政府也会举行春、秋丁祀典礼。在举行丁祀典礼之前,京师警察厅按照内务部的指令,安排好典礼沿途的一切警备及交通事项,并在典礼时负责弹压暨登记职名等事。参与祀典的警察官员按照规定,穿着警察礼服,佩戴勋章。⑥除了继承传统的礼仪和习俗外,民国成立后,还根据实际情况,制定了新的礼仪。在推行新式礼仪的过程中,京师警察厅起到了至关重要的作用。为纪念武昌首义成功,民国成立后规定每年的10月10日为国庆纪念日,是日全国举行各种各样的庆祝活动。国庆纪念日的庆祝与封建传统的皇帝诞辰庆祝不同,但还是要举行一些庆祝活动,固定一些庆祝仪式。京师作为中华民国的首都,对国庆纪念日庆典尤为重视。政府在每年的10月10日都会举行盛大的国庆典礼,与祀孔典礼一样,京师警察厅要负责典礼的警备和相关交通事项。

因施行时间较短和民众认识有待提高,民国政府提倡的纪念日、节日及庆

---

① 《京师警察厅内右三区关于牛从厚画符治病一案的呈》,1928年3月1日,J181-021-02822。
② 《上界真人被拘到区》,《晨报》1923年7月8日,第6版;《警察厅取缔星相》,《晨报》1928年1月11日,第7版;《警厅昨日复讯妖人》,《晨报》1928年4月2日,第7版;《京师警察厅内右一区分区关于石广田散放相面传单一案的呈》,1928年4月1日,J181-021-02836。
③ 《通令国民尊崇伦常文》(1912年9月20日),来新夏主编:《北洋军阀》第2卷,第1359页。
④ 《饬照古义祀孔令》(1913年6月22日),来新夏主编:《北洋军阀》第2卷,第1378页。
⑤ 《庆祝孔子圣诞》,《晨报》1917年10月12日,第6版;《孔子忌日放假》,《晨报》1918年3月8日,第6版。
⑥ 《内务部令第十二号》,《政府公报》第239号,1916年9月1日,第5页。

祝日要想得到民众的认可和支持，并融入民众生活当中，需政府机关的强制推行。内务部"以国旗为国家标志，对外有表示一国之精神，对内引起爱国之思想，故国民对于国旗，宜特别尊重"。在国家大典庆贺等时期，应悬挂国旗。京师警察厅各长官，劝令商民各备国旗一面，以备庆贺纪念时悬挂。① 商民自备国旗，尺寸多不统一，"有碍观瞻"，京师警察厅通告商民统一按照"横八尺纵五尺"的标准来制作。② 每届国庆之前，京师警察厅就会"传谕各商铺，悬旗一日，并饬所属各机关，悬旗结彩，籍资点缀，而表纪念"③。国徽和国旗一样，同"为国家代表"，商民应当尊重，京师警察厅对此也进行了规定，如"养马者嗣后毋得再以五彩绸布拴系马尾并旁附小旗，以示尊重而正习俗"；"日后制造各货，不得擅用国徽"，违者查出惩罚。④

民国以后，政府为改变民众按照夏(旧)历生活的种种旧习，极力倡导按照阳历生活。每年节日日期由教育部中央观象台负责推算，民众不准私造历书，也不准使用与观象台所制历书有悖历书。⑤ "历书例由国家机关刊行"，商家私行印售应予禁止，故"教育转行内务部通饬警察各机关预行通告各商家自民国七年起不得私自刊印、发售或代售，如经查出照章科罚"。⑥ 传统中国民众最重视的节日当数夏历新年，京师各商铺每逢旧历正月初一均闭门休息数日⑦，民众也有各种各样的庆祝活动。为引导民众按西历生活，京师警察厅令内、外城二十区警察署派警传知各商民住户，自西历12月31日起至第二年1月2日止，"一律悬挂国旗三日，以庆新年"⑧。同时京师警察厅还在天安门前支花

---

① 《地方近讯·劝人尊重国旗》，《京兆周刊》第11期，1921年7月16日出版，第19页；《吴总监催备国旗》，《晨报》1917年8月23日，第6版。

② 《通告国旗尺寸》，《晨报》1917年9月30日，第6版。

③ 《地方近讯·通饬各商店国庆悬旗一天》，《京兆周刊》第22期，1921年10月1日出版，第25页。

④ 《布告尊重国徽》，《晨报》1920年3月10日，第6版；《警厅注意国徽》，《晨报》1920年11月29日，第6版。

⑤ 《禁止代售私历》，《晨报》1916年10月27日，第5版。

⑥ 《预禁私刊历书》，《晨报》1917年9月29日，第6版。

⑦ 《禁止旧年停业》，《晨报》1918年1月28日，第6版。

⑧ 《饬悬国旗庆新年》，《晨报》1916年12月18日，第5版。

彩庆祝。①京师警察厅规定民众按照要求可以庆祝阳历新年,到夏旧历新年便不应再有各种旧习,"各铺商不准关闭,必须照常营业"②。这种硬性改变民众生活习惯的方式最终效果非常有限,但通过京师警察厅的强制和引导,部分民众开始认识并接受新式生活。

(三)社会陋俗"从严究办"

当时的报刊说,"京都赌风日之炽","实属不成事体"。③《晨报》上曾经报道,有办丧事时,抬杠的杠夫把黄色大皇杠摆在景山以东马路中间,而杠夫却在路旁大赌特赌。④北洋政府对于禁赌一事非常重视,大总统曾亲自传见京师警察厅总监询问京师禁赌事宜,要求京师警察厅"无论何人犯赌,务望从严究办,切勿稍有瞻徇"⑤。京师警察厅也把破获赌犯作为重要警务,一经侦悉何处有赌博事情,便前往抄捕。赌博一般发生在宅内,警察巡逻很难发现,京师警察厅便派巡警身着便衣暗中寻访调查,特别注重对经常有赌博事情的乐户、小班、茶室等加强调查。⑥京师"赌博日盛",京师警察厅每月各区所获赌博案件"竟有百十起之多"⑦,有时一次就能抓获赌犯17人⑧。对于抓获的赌犯,除没收赌局和赌资外,严重者送往地方法庭审判,轻微者由警厅罚充苦力。⑨除了抓捕赌犯,对于贩卖赌具、提供赌博场地以及从事"转糖抓牌"等类似赌博者,京师警察厅亦一律取缔。⑩

---

① 《内务部对于新年之筹备》,《晨报》1917年12月16日,第6版。
② 《禁止旧年停业》,《晨报》1918年1月28日,第6版。
③ 《大总统注意禁赌》,《晨报》1921年4月11日,第3版。
④ 《共和国的怪现象》,《晨报》1921年5月16日,第3版。
⑤ 《大总统注意禁赌》,《晨报》1921年4月11日,第3版。
⑥ 《派警暗查》,《晨报》1916年11月5日,第5版;《妓寮居然开赌》,《晨报》1917年7月31日,第5版;《禁止乐户赌博》,《晨报》1918年3月11日,第6版。
⑦ 《警厅查禁各区赌博》,《晨报》1922年2月5日,第7版。
⑧ 《破获赌犯十七人》,《晨报》1916年10月21日,第5版。
⑨ 《罚抽签赌博者充苦力》,《晨报》1916年11月18日,第5版。
⑩ 《卖赌具者被拘》,《晨报》1916年10月31日,第5版;《京师警察公报》,《警察严禁类似赌博之商业——转糖抓牌等项一律取缔巡守长警注意干涉》,1928年2月2日,第3版。

京师民众除了赌博外,还有吸食鸦片和扎吗啡等滥用毒品的陋俗。"鸦片之祸,尽人皆知。约计数十年中消耗金钱无虑八千兆,戕害生命奚啻千万人,一为所染,则志气颓靡、形骸枯槁,寿者以夭,富者以贫,乃至奸宄丛生,职业废弛,人种衰弱,道德沦亡,凶于而家,害于而国。"①清朝末年,政府就已对鸦片严行禁止。民国初元,社会秩序动荡不安,致使禁令废弛,沾染鸦片者人数众多,严重影响社会治安和民众生命,为此北洋政府把禁烟作为当时急务,多次下令要求各地方官厅厉行严禁②,内务部还制定了严厉的惩办烟犯条例,"私贩、私售、私运者均受死刑",私吸者也会被判处十数年不等的徒刑。③因政府对禁烟"督查甚严",认为禁烟一事"警察责任攸关",京师警察厅总监"对禁烟之事极其认真"④,要求各区巡警对烟犯"务须注意,严密访查"⑤,严厉打击售卖、私运鸦片烟之徒,并对药房出售药用鸦片严格管辖,将各辖区内"所有中外商人西药经营者之字号、姓名、家数,并有无出售药用鸦片一律切实调查"⑥。京师警察厅对烟案的查处取得一定成效,1919年1月12日至4月底,共查获烟案45起,除了作为人犯证物送交到法庭以外,共收缴"烟土、膏料、跑烟、灰烟叶等物,连皮共计三千零六十两零五钱,烟具大小共计十九件"。为对吸烟者起警示作用,京师警察厅在先农坛支搭棚席,"设立监视、参观各席,将此项烟土、烟具等物悉数焚毁",还特邀京中各机关所派人员到场监视,陆军部、司法部、交通部及步军统领衙门皆派重要人物到场。除此之外,京师警察厅还要求《晨报》把焚烟事情"代登报端,俾社会各界人周知"⑦。

"警察厅拿获吸食鸦片之罪人,判罚释放后仍多吸食"⑧,为防止抓获的烟

---

① 《大总统申令》,《政府公报》第1081号,1915年5月12日,第3页。
② 《通饬注重禁烟》,《晨报》1918年12月10日,第6版。
③ 《内部重定惩办烟犯条例内容》,《晨报》1919年5月27日,第6版。
④ 《总监禁烟加紧》,《晨报》1916年8月16日,第5版。
⑤ 《黑藉人之离关》,《晨报》1917年10月20日,第6版。
⑥ 《内务部训令第七七八号》,《政府公报》第535号,1913年10月30日,第6页。
⑦ 《警厅定期焚土》,《晨报》1919年5月10日,第6版;《监视焚土人员》,《晨报》1919年5月12日,第3版。
⑧ 《警厅添修养病室》,《晨报》1916年11月21日,第5版。

犯流入社会复吸，应对其进行医治，但不少吸食者"无医药之资"。京师警察厅自1913年至1915年，破获的此类案件"已不下千百起"，需要医治救助的吸食者很多。为此，警察厅于外城官医院"左近空地添盖房屋十余间为特别养病室"①，"收容是等犯罪之人，须俟烟瘾戒断后，始行释出"。特别养病室设立以后不久，就人满为患，京师警察厅不得不另择地方再行添设。②到1916年8月，京师警察厅内、外城设立的戒烟所已增至3处，"戒烟癖者不下万人"③。1922年经京师警察厅总监批准，特别养病室改为验治局，扩大了收容范围，还收容妇女习工厂原收病人④，但主要还是收容戒烟人犯。京师警察厅派巡官1名、巡警11名专门负责监管。由于戒烟人犯"有增无减"，警察不敷分布。而"监督不严，易滋流弊"，验治局特意呈请京师警察厅增设巡长1名、巡警6名。同时在验治局救治的烟犯1925年时有六七十名⑤，后有所增加。据京师警察厅统计，1927年1月，送交验治局戒烟人数为96名⑥，同年2月，送交验治局戒烟人数为101名⑦。

"吗啡一物，较比鸦片为尤烈"⑧，但"人民皆以吗啡为顶灵妙药，严禁之令不啻三令五申，而锥打者悍不省悟"。北洋政府时期，扎打吗啡人数迅速增加，"吗啡案不可胜数"⑨。1919年3月28日，京师警察厅内、外城区队共抄获

---

① 《京师警察厅关于设立特别养病室辅助禁烟问题给内务部的详报》，1915年1月1日，J181-018-05971。

② 《警厅添修养病室》，《晨报》1916年11月21日，第5版。

③ 《总监禁烟加紧》，《晨报》1916年8月16日，第5版。此报道记述，京师警察厅"在内外城设立戒烟所三处，凡关于烟犯先送戒断，然后罚办。自成立以来，戒烟癖者不下万人"。这里的戒烟所应该就是指1915年设立的特别养病室，其说戒烟癖者不下万人应是估计数字。

④ 《京师警察厅总务处关于奉令特别养病室改为验治局未迁新局之前仍照旧章办理的函》，1922年1月1日，J181-018-14611。

⑤ 《验治局呈请添长警及开差警士呈请复差的文件》，1925年1月1日至1925年9月1日，J181-017-02985。

⑥ 《送交验治局戒烟人数》，《京师警察公报》1927年3月4日，第3~4版。

⑦ 《送交验治局戒烟人数》，《京师警察公报》1927年3月6日，第4版。

⑧ 《地方近讯·重奖令缉吗啡犯》，《京兆周刊》第17期，1921年8月27日出版，第23页。

⑨ 《内部重颁吗啡禁令》，《晨报》1918年7月25日，第6版。

吗啡犯380名之多①，同年4月份，京师警察厅仅西郊抄获吗啡案共达120余起②。扎吗啡者如此之多，如不设法禁止，不仅危害民众生命③，还于社会治安有害④。北洋政府在1914年就已颁布《吗啡治罪法》，对吗啡的制造、贩卖处以重刑，并对扎吗啡者处四等以下有期徒刑或者拘役并科300以下的罚金。⑤对扎吗啡者科罚不可谓不严厉，但"一经判罚完虽一时稍知敛迹，而日久仍不免重整旗鼓"，京师警察厅规定从1918年4月1日起，对抄获的吗啡初犯，照章科罚，"再犯者监禁二年"。⑥

"烟、赌犯罪为警察等行政人员发觉送交司法衙门惩办者所在多有，当兹严禁烟赌之时，各该员办事勤劳，自应酌给赏金以资鼓励。"因此内务、司法两部门共同制定了《烟案罚金及赌案没收钱财充赏办法》，规定了对巡警奖励的具体细则，以免发生争议。⑦根据实际情况，在上述章程的基础上，京师警察厅制定了厅内适用的《巡官长警击获烟赌各案奖赏章程》。此章程规定，缉获烟赌各案送交法庭后，烟案的处罚金和赌案的没收钱财由法庭按照充赏办法提成移送警厅后，警厅另给奖励；凡是烟案未处罚金或虽处罚金但因无力缴纳改作拘役者以及赌案无钱财可没收的情况，所有获案出力人员由警厅分别给

---

① 《日获吗啡犯何多》，《晨报》1919年3月29日，第6版。
② 《吗啡案何多》，《晨报》1919年4月25日，第6版。
③ 《扎吗啡的又死一个》，《晨报》1921年6月9日，第6版。
④ 《吗啡瘾逼得做贼》，《晨报》1924年8月29日，第7版。
⑤ 《吗啡治罪法》，蔡鸿源主编：《民国法规集成》第31册，第272页。
⑥ 《吗啡再犯改章》，《晨报》1918年3月23日，第6版。
⑦ 《内务部训令六百六十号司法部训令三百三十七号》，《政府公报》第735号，1914年5月24日，第16~17页。《烟案罚金及赌案没收钱财充赏办法》："第二条：烟案之处罚金者或赌案之有没收钱财者得以该罚金之一部或该钱财之全部或一部赏给发觉各该案之警察等行政人员。第三条：充赏数额以各该案罚金及没收钱财之多寡为等差，分定于左：甲烟案罚金项下：二十元以下六成充赏，五十元以下五成充赏，五百元以下四成充赏，千元以下三成充赏；乙赌案没收钱财项下：二十元以下全部充赏，五十元以下六成充赏，五百元以下五成充赏，千元以下四成充赏，千元以上二成充赏。第四条：京外各级检察厅应于各该同级审判庭受理烟赌案件判决确定后将警察等行政人员发觉烟案之经判处罚金或赌案之经没收钱财者按照前条规定分别核算充赏成数随时或汇案移送各该原办衙门赏给警察等原发觉人员作为赏金，以免于月终将各案充赏数额列表公布。"

予酌奖。①除此之外，京师警察厅还规定各区应认真查拿吗啡案，"每区每月能于一月内破获十案以上者，奖洋十元；破获二十案以上者，特别奖励"②。

在京师警察厅的督促和奖励下，北京警察对烟赌各案的抓捕取得了一定的成效，查看当时的报纸，可以看到时常有警察人员抓获烟、赌案的报道。但同时也看到，警察对烟赌的禁止成效有限。京师高官显宦较多，居住深宅大院，知其嗜好鸦片警察官吏也不敢贸然前去抓捕；即使对其进行抓捕，也是"今日拿办，明日保释，仍复旧业"，这些吸食鸦片者是"饬拿不胜"。③史料曾显示：清辅国公溥光因吸食鸦片曾被警察厅拿获。④但在史料上未发现有更多身份显赫之人因吸食鸦片而被警察厅拿获，不妨这样理解：清辅国公溥光是过期的没落显贵，警察厅顾忌较少，而对当政的官宦，警察厅却不敢造次抓捕。一些贩卖鸦片者因有势力作依靠，明目张胆出售鸦片，警察人员"畏彼族之势力"，不敢对其查拿。⑤另外，还有一个原因是警察厅人员本身有纵容赌徒、包庇烟贩的情况，甚至出现警察人员擅自放走烟、赌徒的情况。⑥除此之外，京师烟、赌人员较多，警察负责事情广泛，没有更多警力专门负责此事，在抄获烟赌案件时，有时会因巡警人少而使犯者逃走，严重者还会出现犯者打倒巡警

---

① 《京师警察厅单行警察章程第三号》，《政府公报》第1173号，1915年8月13日，第37~38页；《巡官长警击获烟赌各案奖赏章程》："第二条：击获烟赌各案者照左列给奖：一提成充赏，二酌奖，三特奖。第三条：凡击获烟赌各案送交法庭后烟案之处罚金者赌案值有没收钱财者由法庭按照充赏办法提成移送本厅后，本厅另为核奖成数如左：烟案项下：六成充赏者给奖五成，五成充赏者给奖四成，四成充赏者给奖三成，三成充赏者给奖二成。赌案项下：全部充赏者给奖六成，六成充赏者给奖五成，五成充赏者给奖四成，四成充赏者给奖三成，二成充赏者给奖一成。第四条：前条充赏额数除给奖外，下余成数贮存本厅专备酌奖之。第五条：凡烟赌各案由侦探发见会同巡官长警缉获者，由本厅于给奖成数内酌提二成奖赏先发见之侦探。第七条：凡烟案之未处罚金或虽处罚金因无力缴纳改作拘役者暨赌案之无钱财可没收者，所有获案出力人员由本厅贮存项下分别酌奖之。"

② 《地方近讯·重奖令缉吗啡犯》，《京兆周刊》第17期，1921年8月27日出版，第23页。

③ 《严行查禁鸦片》，《晨报》1916年8月19日，第5版。

④ 《清贵吸烟被获》，《晨报》1917年11月1日，第6版。

⑤ 《仗势贩卖烟土》，《晨报》1916年9月22日，第6版。

⑥ 王纯根：《百弊放言》，大众文艺出版社2003年版，第36页；《警察为什么放走赌犯》，《晨报》1922年11月2日，第7版。

的情况。①

四、管控娼妓

娼妓问题被看做是最难解决的社会问题,在大城市里表现尤为突出。娼妓所带来的危害有多种,最直接的就是玷污道德风纪、破坏家庭和平、影响妇女生育,并可上升到妨碍女权、影响民族的层面。②社会各界对如何解决娼妓问题提出了不同的看法,但在娼妓业合法化的实际情况下,如何更好地对其进行管控才是最有效的方法。在清末民初很长一段时间内,警察是娼妓管理制度最重要的制定者和管理措施最直接的实施者。

(一)娼妓业概况

北京作为清朝国都,娼妓业的发展在清朝前中期相对来说控制比较严格。据史料记载,在道光以前,京师"绝少妓寮",至咸丰之时,才"妓风大炽"。③京师娼妓至咸同之时兴盛起来的原因除了清廷日益腐败、管理废弛以外,更重要的原因在于同治年间修订了《大清律例》。此次修订一方面保留了嘉庆朝禁止卖良为娼和禁止文武百官宿娼或者娶娼的律例,另一方面删除了关于"京师内外拿获窝娼至开设软棚日月经久之犯""照例治罪"的内容,实际上等于默认妓院存在的合法性。④1905年清廷设立巡警部,为广开财源,进一步放宽娼妓业的政策。据《国闻备乘》记载:"北京罢巡城御史,设工巡局,那桐主之。局用不敷,议推广税务,遂及戏馆、娼寮。"⑤1905年12月,内、外城巡警总厅取

---

① 《赌徒群殴巡警》,《晨报》1924年10月24日,第6版。

② 参看北平特别市社会局编:《北平特别市社会局救济小史》,北平特别市社会局1929年版,第69页。

③ 徐珂:《清稗类钞·娼妓类》,海南国际新闻出版中心、诚成文化出版公司1996年版,总第1818页。

④ 参看邵雍:《中国近代妓女史》,上海人民出版社2005年版,第105~106页;王书奴:《中国娼妓史》,上海三联书店1988年版,第285~286页。

⑤ 胡思敬:《国闻备乘》卷2,中华书局2007年版,第80~81页。

代工巡局后,接管抽收妓捐的任务。按月缴捐者为官妓,反是者为私妓。至此,京师官妓已为法律所默许,康熙、嘉庆年间处置开设妓寮及冶游娼寮的重典已不适用。妓捐的征收可以说是促进清末京师娼妓业发展的又一重因。妓捐的征收标志着政府对娼妓业正式承认,得到政府允许缴纳妓捐的娼妓被称作"公娼",其余从事卖淫服务的娼妓则被称作"私娼"、"游娼"或"暗娼"等。公娼制度的推行,一定程度上推进了娼妓业的发展,但同时也意味着自古以来处在不明不白地位的娼妓业被纳入了官方日常管理的范围,由政府负责对其管理和控制。由于政府社会管理职能很不健全,实际上,清末民初很长一段时间内警察才是娼妓管理制度最重要的制定者和管理措施最直接的实施者。袁世凯上台后,把从前清延续下来的京师内、外城巡警总厅合并为统一指挥的京师警察厅,继续负责对娼妓进行全面管理。

北洋政府时期,京师作为国家首都,军政各界人物多聚集此处,这些人常出入各种妓院及娱乐场所,在一定程度上带动了娼妓业的发展。再加上可以公开营业,京师的娼妓业空前繁荣。①据统计,1918(民国七年)为京师妓女的全盛时期,"妓院增至四百零六所,而妓女增至三千八百八十七人。在这点更表示北平妓女与政界变动的影响,因为当时政治舞台最热闹的时候,政客若多,妓女的营业也跟着发达,若是将每年妓女人数的增减来参考,不难反映出当时政治的趋势"②。

妓院和妓女分为四等,一等妓院称为清吟小班,二等妓院称为茶室,三等妓院称为下处,四等妓院称为小下处。③

除了在京师警察厅注册的妓院和公娼外,当时京师未获特许的妓院称"暗门子",数量也在迅速上升。从事暗娼的实际人数无从得知,但据甘博北京社会调查估计,大概有7000人之多,远多于正式纳捐的妓女人数。公娼加上暗

---

① 参见中国人民政治协商会议北京市委员会文史资料研究委员会:《北京往事谈》,北京出版社1988年版,第386~392页。

② 麦倩曾:《北平娼妓调查》,《社会学界》第5卷,1931年,第115页。

③ 《管理娼妓规则》,田涛、郭成伟整理:《清末北京城市管理法则》,燕山出版社1996年版,第501页。

娼,数量达到万人,京师当时每 81 人中便有一个妓女,或每 21 个妇女中便有一人当妓女,这远远高于世界其他大城市的妓女比例。①

当时京师有三个主要的妓院区:一个在南城东南部,是三四流的下等妓院区;一个在前门向南不远,前门大街以东;还有一个是前门再往南一些路西。后两个大多是一二等的高级妓院。著名的八大胡同,地处远离市区的城西南部。②"暗门子"分布没有专门的集中区。

北洋政府时期,京师警察厅负责娼妓业的管理。由于此时妓院和娼妓都处于繁荣时期,相应地,京师警察厅承担的管理任务也就加重了。

(二)管理妓院和妓女

京师警察厅对娼妓业的管理包括两部分,一是控制和保护向政府缴纳乐户捐的妓院和缴纳妓捐的公娼,二是取缔和限制未经警察厅允许的私开妓院和暗娼。

妓院管理。清末《管理乐户规则》规定,一等清吟小班以 78 家为限,二等茶室以 100 家为限,三等下处以 172 家为限,四等小下处以 23 家为限。③民国以后,京师警察厅还是按照这个标准实行,民国时期妓院实际数字虽与清末规定稍有差别,但基本上还是与规定的数字相当。妓院区由警察厅划定,位于特殊地段的妓院必须经过警察厅批准。超过警察厅规定的数量,不得再开办新妓院。④京师妓院主要位于上述三个区域,这三个区域紧邻商业区和旅馆区,位置十分有利于妓院营业。香厂建立后,京师警察厅曾计划把一部分妓院迁到香厂,还想在此地开设新的妓院,但这几个区域的妓院老板和附近商户以违背定制和影响前门外商业为由强烈反对,警察厅的设计最终没有实现。⑤

妓院开办必须到警察厅呈请,批准后方能开办。妓院迁址或更换名称,也

---

① [美]西德尼·D.甘博:《北京的社会调查》(上),第 261 页。
② [美]西德尼·D.甘博:《北京的社会调查》(上),第 260 页。
③ 《管理乐户规则》,田涛、郭成伟整理:《清末北京城市管理法规》,第 511 页。
④ 《警察厅关于妓女和妓院的管理条例》,[美] 西德尼·D. 甘博:《北京的社会调查》(下),第 566 页;《制限妓馆之增加》,《晨报》1917 年 3 月 8 日,第 5 版。
⑤ [美]西德尼·D.甘博:《北京的社会调查》(上),第 262 页;《香厂设乐户之反对》,《晨报》1921 年 2 月 20 日,第 6 版。

必须向警察厅申请,并须有三家同行担保,同时交还原营业执照,由警察厅发放新的营业执照。妓院修建新房或对旧房进行修缮须向警察厅报告修缮规划,警察厅接到申请后派人进行调查,按照规定,修缮规划里不能包括临街开玻璃窗和造门廊,也不能对妓院进行过分装饰。

妓院里所有妓女和女仆的姓名和籍贯都应汇册报告警察厅,其人数增减应马上进行报告。严禁妓院购买良家妇女,如出现逼良为娼或者诱良为娼的行为,警察厅将立即关闭妓院。为避免此类情况,对于妓院新增加的妓女,警察厅要对其进行调查,没有违规问题,警察厅才会发给相应证书。妓院不准虐待妓女和强迫妓女接客,也不准向妓女借衣物及索要嫖客给妓女的钱物。如果妓女想转到别的妓院,或想从良,或到济良所①,妓院不得阻拦。妓女患有性病时,妓院老板应立即将其送医院救治,并同时向辖区警察署报告。妓院夜里零点必须关门。妓院白天在大门上方必须悬挂标志牌,夜间必须悬挂玻璃灯,注明妓院名称和妓女的等级。出现嫖客醉酒、形迹可疑、欠钱、携带枪支或其他凶器、打架、出事、死亡等事时,妓院应及时向警察厅报告。如有人在妓院寻衅滋事,警察厅对妓院有保护责任。②妓院老板必须在每个房间里悬挂妓女遵守的管理条例和妓院条例。妓院老板不得向嫖客过度收费或非法收费。非妓院人员不得在妓院临时居住,游娼更不准居住在妓院。每日午夜妓院关门后,老板必须向警察厅汇报情况。③

违反上述规定,妓院将会被处以罚金或监禁,罚款为 5~10 元,拘留 5~10 天不等;严重者或屡次犯规者,妓院将被强制关闭。④甘博在其《北京的社会调查》中说,据一般的观察,警察厅的条例似乎是得到了贯彻。妓院建筑物严格遵守条例的规定,妓院老板每天都向警察局汇报情况。⑤

---

① 济良所为京师警察厅辖属的救助妓女的慈善机构,具体见本书第四章妇女救助一节。
② 《醉徒捣毁娼寮》,《晨报》1925 年 3 月 6 日,第 6 版;《搅扰娼寮被罚》,《晨报》1918 年 3 月 4 日,第 6 版。
③ 《警察厅关于妓女和妓院的管理条例》,[美]西德尼·D.甘博:《北京的社会调查》(下),第 566~578 页。
④ [美]西德尼·D.甘博:《北京的社会调查》(上),第 262 页。
⑤ [美]西德尼·D.甘博:《北京的社会调查》(上),第 262 页。

妓女管理。愿意为娼者必须在警察厅进行登记注册,提供必需的个人资料,这些个人资料包括姓名、籍贯、居所及出生年月日;有无亲族夫家;家中历来做何生计或依他人而做何生计;因不得已而自愿为娼妓的原因;搭住或卖身于领家其身价几何;现从何处来;为何等之娼妓及所住之姓名。另外,还必须提供照片。经警察厅检查符合要求后发给营业执照。妓女不愿为娼或愿入济良所以及嫁人时,如遭到妓院阻拦,可直接向警察厅求助,也可投寄书信进行说明。妓女在妓院如受到虐待或想转换到别家妓院受阻时,也可通过上述方式向警察厅求助。①妓女从良受阻可向警察厅求助,强迫妓女从良京师警察厅也会干涉。抢夺妓女从良这种恶习从清末到北洋政府时期一直存在。例如,北洋政府时期,有军人凭借特殊地位强迫妓女从良,警察厅对此会进行干涉。②

在警察厅备案发给执照成为公娼后并不意味着为娼者的行为不受限制,为维持风化,警察厅对营业的妓女行为进行了限制:不准设局诓骗客人;不准倚立门前;不准强拉行人设计引诱;不准逛庙及烧香和在烟馆茶馆内吸烟;身染传染病不准留客;不准效仿女学生装束;不准接待穿着学校衣服的学生及未成年之客。③警察厅人员如发现有上述情况,应立即向警察厅汇报。1916年10月,京师警察厅督察员发现各娼寮门外有妓女倚门卖笑,招摇生事,遂把此事报告警察厅吴总监,因"此事关系风化",吴总监命令娼妓所在警察署巡警严厉查禁,按照违警律处以10元以下的罚金或半个月的拘留。④

"限制娼妓之年龄一项,本以发达体育、注重人道起见",清末就已规定未满16岁者不准为娼,京师警察厅也多次下令取缔幼女为娼⑤,但此规定"日久生弊","乐户既阳奉阴违,而该管亦漫不加察"。京师警察厅在检查妓院时"见各娼寮多有不满十五六岁之髫龄弱女为娼并强迫令留宿客"的情况,"于管理

---

① 《管理娼妓规则》,田涛、郭成伟整理:《清末北京城市管理法规》,第502~503页。
② 《营兵迫妓从良》,《晨报》1918年7月29日,第3版;《军人强接迫妓女从良》,《晨报》1925年11月23日,第6版。
③ 《管理娼妓规则》,田涛、郭成伟整理:《清末北京城市管理法规》,第503~504页。
④ 《查禁倚门卖笑者》,《晨报》1916年10月16日,第6版。
⑤ 《取缔幼女为娼》,《晨报》1917年9月17日,第6版。

定章不合,亦殊失人道",下令将各区所辖境内各妓院详细查明,对于稚龄娼妓除按照管理规则罚办外,还禁止其营业,"以符定章而重人道"。①

京师警察厅对妓女不仅负有管理和控制之责,在一定情况下还负有保护之责。北洋政府时期,京师"各妓馆掌班及附近商店往往将妓女押账,积至数百元之巨"。这种押账在妓女从良时易发生债务纠葛,影响妓女从良。京师警察厅为避免这种债务纠葛起见,将妓女押账最多金额进行了规定,其规定金额如下:小班百元;二等茶室五十元;三等十五元。②警察厅的这种规定承认了妓女押账的合法性,虽押账弊端不能立刻根除,但这种规定在一定程度上也确为保护妓女从良考虑。虽然妓女靠出卖身体为生,但对于不按规定引诱妓女者,京师警察厅也会对其严厉处罚。1920年9月,有一唱新剧人刘鹃魂,因"引诱妓女,奸宿于旅馆",被警察查获,用绳子把其捆绑结实,带往城南游艺园示众,并在其身上写明犯罪原因。③还有一些情况,如妓女遭人毒打或是生命出现危险时,所管警察署也会对其进行保护或救治。④

正式营业的妓院要和其他的营业商店一样纳税,不同的等级缴税从3~24元不等;在警察厅呈报的妓女也要根据等级缴纳0.5~4元不等的税。警察厅给纳过税的妓院和妓女出示收据,并在警察厅备案。⑤如果说京师警察厅对纳过税的妓院和妓女既负有管理之责,也负有保护之责,那么对未在警察厅备案和缴纳捐税的"暗门子"和"暗娼",警察厅的态度就是严格限制并禁止。

北洋政府时期,一些女性"不搭乐户,不纳妓捐",寄宿在栈房或旅馆"操暗娼之生活","败坏风俗已极",为严格查处,京师警察厅各区署派警察密查

---

① 《取缔稚龄娼妓》,《晨报》1918年5月17日,第6版;《京师警察厅外右五区分区表送王云亭家隐匿军装等并妓女王金花年龄不足违章为娼等情一案卷》,1925年4月1日,J181-019-46115。

② 《限制妓女押账》,《晨报》1918年12月28日,第6版。

③ 《奸妓女犯罪游街》,《晨报》1920年9月29日,第6版。

④ 《铺陈市巡警为一个妓女大忙特忙》,《晨报》1922年6月16日,第7版;《讨账人毒打妓女》,《晨报》1925年12月24日,第6版。

⑤ 《妓院纳税条例》,[美]西德尼·D.甘博:《北京的社会调查》(下),第569页。

所有栈房、旅馆有无此种游娼。①对于查处的暗娼一律驱逐境外,"倘再有操贱业生涯者,即行抄办送交济良所择配"②。还有一些娼妓不在固定场所营业,常到诸如东安市场内人员较多的茶棚、酒肆及杂技场等处勾引游人,京师警察厅对此严重取缔,并添派便衣巡警随时到各繁盛场中巡查,"以维风化"。③一些良家妇女被私娼勾引秘密卖淫,"流毒社会",京师警察厅针对这种情况,要求各警察署严查本管境内住户,"见有形迹可疑者,即当注意查拿"。④京师较多贫困人家,因生活窘迫,一些良家贫寒妇女"被暗娼勾引而操皮肉生涯者日多","若不严加取缔则风俗势必江河日下",京师警察厅对此拟定了取缔办法,即凡暗娼被抄获三次者,应饬赴妓捐局,照纳妓捐。⑤京师警察厅想通过这种方法控制暗娼的扩展,同时妓捐局也可多获得捐税。

　　北洋政府时期娼妓业的发展和京师警察厅的管理、控制分不开,但其对妓院和娼妓的管理效果如何,目前来看有不同的观点。据甘博的社会调查可见,京师警察厅对管理妓院和娼妓的条例执行很严,一经发现,便逮捕并罚款。⑥这里暂且不谈京师警察厅对娼妓业的管理效果如何,从甘博在《北京的社会调查》中设计的卖淫问题问卷中,可以看到有五个问题是直接问警察和卖淫业的关系,这一点可以说明警察和娼妓业的管理确实有紧密联系。⑦

　　京师警察厅的职权范围几乎涉及社会生活的方方面面,从社会安全、娱乐、商业、金融、防火、社会习俗到个人的吃、穿、住、行,直至家庭内部道德的教化等,可以说,警察机构的职能已经远远超出了维护公共安全和社会秩序的基本职能,是在进行全方位的社会管理。从近代专业化分工发展的角度来说,多重职能使京师警察厅承负过重,角色定位不清,从而影响其效率。但如

---

① 《饬各区查禁游娼》,《晨报》1917年4月21日,第5版;《秘密卖淫被拘》,《晨报》1918年5月4日,第6版。

② 《警厅驱逐暗娼》,《晨报》1918年6月19日,第6版。

③ 《市场取缔流娼》,《晨报》1918年6月18日,第6版。

④ 《查禁私娼勾引良家妇女》,《晨报》1916年10月10日,第6版。

⑤ 《警厅取缔暗娼法》,《晨报》1917年6月21日,第5版。

⑥ [美]西德尼·D.甘博:《北京的社会调查》(上),第270页。

⑦ 《卖淫问题问卷》,[美]西德尼·D.甘博:《北京的社会调查》(下),第633~634页。

果从长时段来看，警察机构对社会生活的管理改变了传统多个部门分散管理的状态，并使来自政府的权力渗透进民众生活的各个角落。警察机构对民众社会生活的控制加强了，政府的社会影响力就得到了增强。警察机构对社会生活的管理，民众有接受也有抗拒，这主要取决于他们的个人利益是否受到影响。警察机构改变了民众原本比较自我的生活状态，引起反对是自然的，但不管如何反对，这种趋势是难以改变的。

第四章 CHAPTER FOUR

京师警察厅与北京市政

"'市政'两个字，范围很广，如赋税、学校、救济、警察、工程等等，都是市政中应办的事。"①广义的市政基本上包括与市民生活相关的一切，狭义的市政主要是指与市民生活密切相关的基础工程设施及公用事业。本书采用的是狭义的市政。在清末以前，北京没有正式的市政管理机构。北京作为清统治者的都城，其城市管理包括维护治安、修建道路、整修沟渠、赈贫救困、救火防灾等，由步军统领衙门、刑部、工部以及顺天府等多个部门协同完成②，这种状况一直持续到清末近代北京警察制度的设立才发生改变。

义和团运动的冲击和八国联军的占领，使北京处于严重的混乱状态之中，但同时也促使北京迈出了建

---

① 《论说·市政整理之次序与工程之筹备》，《市政通告》第3期，1914年12月10日出版，第15~16页。

② 参见刘子扬：《清代地方官制考》，紫禁城出版社1988年版，第231~244页。

立市政体制最初试验性的几步。与西方列强在1901年议和后,清政府在之前安民公所的基础上设立了北京善后协巡总局,"这是第一个负责首都市政管理事务的政府机构"①。八国联军撤出北京后,作为权宜之计的善后协巡总局被工巡局取代。与善后协巡总局相比,工巡局的职权范围要大很多,除了基本的治安管理外,工巡局还负责经营土木工程、修整街道等市政事务,是市政、司法和警察合而为一的机关。现在看来,工巡局不仅为清末京师警察的发端,京师市政也发轫于此。1905年,工巡局被职权更为广泛的内、外城巡警总厅所取代。巡警总厅负责保养道路,规划、审批市政工程,修缮沟渠,管理公共卫生等,并为扩充警政和维修道路工程开始征收铺捐、车捐,使城市管理有了专门的款项。巡警总厅的设立使北京有了专门的城市管理机构,在清末最后几年的市政管理中起着重要的作用。

民国成立后,在清末内、外城巡警总厅的基础上改组的京师警察厅接管前警察机构的治安责任,同时也接管了许多市政责任。因此京师警察厅虽为治安机构,但其职责范围要比专职的警察机构广泛得多,公共工程、公共卫生、公众健康、收捐办税等原本属于市政的职能在北洋政府时期很大一部分是由京师警察厅负责。京师警察厅直接隶属于内务部,是事实上的京师地方管理机构。至1914年京都市政公所成立前,京师警察机构一直是北京全城的综合管理机构。北京城市的管理权由原来更高级别的政府机构(工部、刑部、顺天府、步军统领衙门等)移交给地方警察组织是城市管理的合理化,反映了当时政治事件和西方范例的影响,是近代化发展的必然趋势,同时也是北京人口与经济变革的必然要求。②

市政公所成立时说:"自创办警政以来,市政未能专设机关经理,所有一切事宜,不过归警察兼办,数年经营,成效固无不可观。"③但至民国建立后,人口增长和商业发展使北京成为一个日益复杂的大都市,原有的城市公共设施已经不能满足实际的需要,京师警察厅在维护复杂社会秩序

---

① 史明正:《走向近代化的北京城:城市建设与社会变革》,第28页。
② 史明正:《走向近代化的北京城:城市建设与社会变革》,第29~30页。
③ 《论说·市政与国家及人民之关系》,《市政通告》第1期,1914年11月20日,第3页。

的同时，很难再分出过多精力去承担全部市政管理职能。在这种情况下，时任内务总长的朱启钤认为有必要建立专门的北京市政机构，提议设立京都市政公所。①朱启钤曾经担任巡警总厅的总监②，深知警察机构不能取代专门的市政机构，因此他要求建立一个既有别于中央机构又不同于警察机构的专门市政机构。在袁世凯的支持下，1914年6月，京都市政公所成立。③

京都市政公所主要办理北京市政，有统辖全市市政管理之权，是办理全市市政的统筹机构。京都市政公所的管辖范围最初仅限于划定的区域，此后逐渐扩展，至1918年1月钱能训任督办时，"行政规模渐具，遂推广及于全城，时逾五载"④。"市政督办一职与内务行政有密切关连"⑤，故市政公所督办由内务总长兼任⑥。1917年7月，增设会办一职，"襄同督办办理一切事务"⑦。京师警察厅成立在先，为之前唯一市政管理机关，市政公所成立之后其还是直接管理着交通、户政、公共卫生等和市政紧密相关的事宜，"且警察耳目众多，消息灵敏，于办理卫生、取缔营业建筑等事，最为合宜"⑧。市政公所编辑的《京都市政汇览》中明确提出："恐民意之未通也，凡有巨工大役，又联合警署咨询商情始克举办，亦以市政民意两无所阻耳。"⑨市政公所要想有效开展工作，协调整个市政，必须依助于京师警察厅。故专设会办一职由警察总监兼任，这是迫于形势的进步改革。警察总监兼会

---

① 京都市政公所编：《京都市政汇览》，京华出版社1919年版，序言第1页。

② 朱启钤曾于1907年（光绪三十三年）4月任外城巡警总厅总监。蔡恂：《北京警察沿革纪要》，第16页。

③ 京都市政公所编：《京都市政汇览》，第1页。

④ 京都市政公所编：《京都市政汇览》，序言第1页。

⑤ 《督办京都市政事宜朱启钤呈恳辞督办差使并请简官接办文》，《政府公报》第118号，1916年5月3日，第18页。

⑥ 《京都市政公所暂行编制》，《政府公报》第707号，1918年1月10日，第8页。

⑦ 《京都市政公所暂行编制》，《政府公报》第707号，1918年1月10日，第10页。

⑧ 白敦庸：《市政举要》，大东书局1931年版，第35页。

⑨ 京都市政公所编：《京都市政汇览》，序言第3页。

办襄助市政督办,有利于两个机构的沟通和统一行动,同时也使京都市政公所的职能范围更趋于全面、完整。市政公所第一任会办是时任京师警察厅总监的吴炳湘。① 久任市政公所坐办的陈时利在《京都市政汇览》序言中对吴炳湘任职公所有很高的评价:"吴公炳湘存心平恕,体物周详,久历任所兼长警监,设施之际无不辅助执行,以致政行令举。"②

京师警察厅对于北京市政的重要作用,最早提议设立市政公所的朱启钤认识非常清楚,他在1916年5月辞去市政公所督办职位一文中明确提出,市政"一切改良之计划、执行之手续……皆惟警察是赖"③。正是由于一切市政,不论工务、公用、土地、财政还是卫生等"无不赖公安行政为之协助"④,所以"各市市政,能否办理尽善尽美,要以警察之能否得力"⑤。1928年6月,国都南迁后,京师警察厅改为北平市公安局,仅负责治安和维持秩序,其余职责大都转给了新成立的社会局、卫生局等其他局。但此时学人仍然认为,"其他市行政,能否收效,仍以公安局协助之力为何如。是以公安局,于一市政府行政所占之地位,至为重要"⑥。

不论时人观点,就从现存史料来看,京师警察厅确实在当时承担了重要的市政管理职能。实际上,"从1914年至1928年,北京的市政管理体制由两个官僚机构组成,即京都市政公所和京师警察厅。它们彼此独立,地位平等,分别负责城市治理的不同方面,又都向内务部汇报工作。两家市政机构在许多项目上进行合作,但又有划分明确的职责范围。市政公所负责城市的总体规划和基础设施,如道路和沟渠的建造和维修。京师警察厅集中负责维持秩序、征收捐税、人口调查、消防和商业管理。这两大政府机构协同工作,对北京城市生活的主要方面都产生了重大影响"⑦。

---

① 《京都市政公所会办吴炳湘就任日期通告》,《政府公报》第588号,1917年9月4日,第21页。
② 京都市政公所编:《京都市政汇览》,序言第3页。
③ 《督办京都市政事宜朱启钤呈恳辞督办差使并请简官接办文并批令》,《政府公报》第118号,第1916年5月3日,第18页。
④ 董修甲:《京沪杭汉四大都市之市政》,大东书局1931年版,第117页。
⑤ 董修甲:《对于我国市公安行政之我见》(1927),《市政研究论文集》,第340页。
⑥ 董修甲:《京沪杭汉四大都市之市政》,第117页。
⑦ 史明正:《走向近代化的北京城:城市建设与社会变革》,第31页。

第一节 道路为市政之重点

市政内容广泛,但依照当时市政组织和财政情况,不得不进行变通,确定重点。当时北京"顶急的是要整洁道路,便利交通",所以道路工程在北京市政中应是重点。对于道路如何能够整洁、交通如何能够便利,当时的人认为,不和当时世界其他著名的都市相比,仅就北京而言,至少可以做到让街道无论是大雨滂沱还是阳光普照,"均可步行,不愁泥泞,不遭坎坷的苦痛,不受臭味的熏蒸"[①]。"为了应对人口的增长和迅速的商业化所带来的街道交通的急剧膨胀,城市改革家们将铺设和更新街道作为他们考虑的第一个重点。"[②]另外,公共道路一旦建成,维修便成为重要问题。道路的维修不仅包括对马路本身的维修和保护,还涉及对侵占公用道路的房屋进行管理和规范。

一、整修道路,改善交通

清末以前,北京城内有几条大路用石板和石条铺设,但绝大多数道路是未加铺设的土路。北京的主要道路一般分为三部分,中间最宽的部分称甬道,约

---

① 《论说·市政整理之次序与工程之筹备》,《市政通告》第 1 期,1914 年 12 月 10 日,第 4 页。
② 史明正:《走向近代化的北京城:城市建设与社会变革》,第 80 页。

比两边路面高,车马多行于甬道。两侧道路的宽度不足甬道的一半,两边商铺林立。商铺外沿甬道旁有卖饮食品和杂货等小摊及说书的棚子等,行人多在其间行走。①北京街道多是土路,由于土质松散易干以及行人、商贩不加保护,出现了"无风三尺土,有雨一街泥"②的情形。到20世纪初,在常年滥用和缺乏维修的情况下,北京的道路状况更加恶劣。义和团运动后设置的工巡局注意对道路进行整修和保护。工巡局的翻修将原有甬道翻起,使中间及两侧均成同一高度,中间为人行道及轻便车道,左右两侧为重车道,中间左右设沟,以便排水,中间用条石及水泥固定路面,左右种植杨柳,安设路灯,撤销全部小摊,每隔一二百米配备巡捕,维持交通和保障安全。这次重修,一定程度上改善了北京恶劣的道路状况,"是北京道路的一个新纪元"③。

京都市政公所成立之前,道路的修建和维修主要是由警察机构负责,1914年6月市政公所成立时,设立工务科,专门负责"道路桥梁之实施兴修事项"④,但这些离不开京师警察厅协助,京师警察厅仍对北京路政负有重要责任。

(一)保护道路

1904年至1929年的25年间,北京共修筑了96.7公里长的碎石路和8.27公里长的柏油路。⑤因为柏油路成本比较高,新修道路多是碎石路面。道路建成后,维修便是最重要的问题了,"道路维修费用占去了用于改善道路状况专项资金的大部分"。除去自然磨损外,这一时期北京最常见的道路类型——碎石路明显不如柏油路耐用。修路时节省成本却造成了维修费用的高昂,"市政

---

① [日]服部宇之吉等编:《清末北京志资料》,第20页。

② 邓云乡:《燕京乡土记》,河北教育出版社2004年版,第573页。"无风三尺土,有雨一街泥"又叫"无风三尺土,有雨墨盒子"。

③ [日]服部宇之吉等编:《清末北京志资料》,第21页。

④ 《京都市政公所各处分科办事细则》,京都市政公所编译室编:《京都市法规汇编》,市政公所编译室1925年版,第5页。

⑤ 《北京特别市工务局公务特刊》1929年,第59页,转引史明正:《走向近代化的北京城:城市建设与社会变革》,第80页。

公所多年因修补马路所耗已属不赀"①，1914年至1918年间，市政府共花费173 000元对相当于10公里的街道进行维修，大约占全部公共工程拨款的60%。②

"修治道路，原为运输便利起见。其运输器具之构造重量大小，均与道路之建设有密切关系。"③京师商民搬运货物，大多数使用旧式窄输大车往来装载。在之前未修马路时，这种重载大车往返于土道上"尚无大碍"，但在北京主要大街和住户繁盛之巷碎石马路多已修筑后，这种旧式窄输重载大车对道路的损坏便明显起来。这种大车"轮辐坚重"④，新修的碎石马路一经轧压，"立见坑坎之状"，"往往上月甫经修好，下月已形损坏，此处尚未竣工，彼处更需翻修，修路经费，耗去无数，各处马路，迄未平坦，究其原因，实以旧式窄输重载大车轧压所致"⑤。

为保护新铺设的道路，京师警察厅对载重大车进行了严格的限制。在《改良大车车轮办法》未颁布之前，京师警察厅就已要求各区署巡官长警严格限制重载大车的运载数量，规定"单套车如逾五百斤，双套车如逾一千二百斤，三套车如逾一千六百斤，并即将车夫带区罚办，不得姑宽"⑥。市政公所对于大车车轮也加以改良，规定车轮厚度至少不得在四寸半以下，不符合要求的车辆，不许通行马路。⑦市政公所和京师警察厅对各区重载大车往来规定绕道路线，并在各马路交通地点由守望长警注意看护，遇有重载大车随时指导制止⑧，如违背规定，守望巡警应"切实禁止，勿得漠视"⑨。但直到1925年，京师

---

① 《市政公所取缔大车》，《晨报》1921年10月23日，第7版。
② 史明正：《走向近代化的北京城：城市建设与社会变革》，第83页。
③ 张柏如：《修治道路与改良车辆》，《自觉月刊》第1卷第4期，1920年，第36~37页。
④ 京都市政公所编：《京都市政汇览》，第227页。
⑤ 《改良大车车轮办法》，《晨报》1925年11月21日，第6版。
⑥ 《取缔重载大车》，《晨报》1918年1月8日，第6版。
⑦ 《市政公所取缔大车》，《晨报》1921年10月23日，第7版。
⑧ 《京都市政公所致京师警察厅公函》，《政府公报》第3355号，1925年8月4日，第15页。
⑨ 《京都市政公所致京师警察厅公函》，《政府公报》第3421号，1925年10月10日，第10页。

街道上仍有不少"旧式重载大车任意经行"①。为护养京师道路，京师警察厅与市政公所进行多次协商，确定"根本办法，确在改良大车制度"，并于1925年11月会同订定改良大车办法六条，"最要之点，在加宽车轮，减少马路承受轧力，其宽轮尺寸，系经详细研究，暨轮边之宽为四寸（中国营造尺）"。自新定车轮式样公布之日起，各车铺不准再制造旧式车轮，各用户旧有大车，限于半年内一律改换新式车轮。先换者酌予免捐，逾期者照章处罚。为便商民周知，京师警察厅和市政公所将改良大车车轮办法六条登报公布，并将新订车轮式样绘图说明。②

市政公所和京师警察厅对京师大车车轮的改革，取得了很好的效果，旧式车轮大车在北京城内遭到禁止，只能在郊外乡村道路上使用。政府的干预减少了车辆对道路的损害，一定程度上延长了道路的寿命，减少了维修，降低了成本。③对于重载大车在马路行驶，市政公所和京师警察厅进行了严格的限制，但仍不能完全避免人为因素对道路的破坏，特权阶级的存在是一个主要原因。这一时期军人拥有特权，京师"街市间逐日必有身著军队制服之人督押大车行走马路，守望警察无法禁止，遂不得不出于放任"，这对于"马路之保护，市政之整齐，均大有妨碍"④。对于军用大车行走马路，市政公所虽函请"各军事机关一

---

① 《京都市政公所致京师警察厅公函》，《政府公报》第3421号，1925年10月10日，第10页。

② 《改良大车车轮办法》，《晨报》1925年11月21日，第6版。改良大车车轮办法六条（1925年11月7日公布）："1.由京都市政公所绘改良大车车轮图样，附以说明，会同京师警察厅布告内外城各车铺，一体遵照。嗣后制造大车，即照图改做新式宽轮，如仍行私制，每车一辆，罚洋十元，再犯者除罚洋十元以外，车辆充公。其在新订宽轮式样公布以前，已造未售之车轮，应限令于两个月内改换新式款轮，不得藉故延迟。2.各用户旧有大车，应自新订宽轮公布之日起，限于半年内一律改换新式车辆，如违，届期将车扣留充公。3.新式车轮公布以后，在一个月内照式改做者，准免捐三个月。在两个月内照式改做者，准免捐二个月。在三个月外五个月内，照式改做者，准免本月之捐，以资奖励。4.旧车车轮于新式车轮公布之日起，届三个月期限，不改换新式车轮者，按照原捐加征一倍，藉示寓禁于征之意。5.凡改换新式车轮之大车，随时由警厅验讫，一律发给准予通行马路牌照，概不收费。6.由郊外进城之大车，如系新式宽轮，日捐照原章减收一半，旧式者车辆暂免充公，惟日捐应照章加收一倍，以示限制。"

③ 史明正：《走向近代化的北京城：城市建设与社会变革》，第84页。

④ 《公牍·致王景韩司令函》，《市政月刊》第8期，1926年8月，第21页。

体查禁","并函知警厅通饬各区申明旧案切实办理",①但直到1927年,仍时有军用大车在限制路线通行,对于守望巡警的禁阻置若罔闻。②

保护道路,还应限制商民随意对道路进行刨挖。市政公所规定,北京商民"凡有因公拟刨马路者,不论区域大小均须先报明警厅,由厅函转本公所查明核准后方准开工"③。如自来水公司"有增设或修理地管及当街售水龙头等工作"④时,应事先预计工程大小及所需时间,先呈报警察厅,由警察厅转报到市政公所,由市政公所进行核定,核准后,仍由警察厅转知自来水公司进行施工。施工的具体日期由警察厅回复市政公所。如果一星期内还未接到开工时日的回复,市政公所可向警察厅询问情由。⑤

(二)鼓励民间修路

政府修路资金有限,北京需要修筑的道路又很多,为缓解政府财政困难,市政公所鼓励发挥民间修路的积极性,并颁布了成文的条例进行规范。京师内、外城各区市民如有集资或独资修治本街道路者,首先应禀报京师警察厅,由京师警察厅详报给市政公所,公所派员会同警察厅暨原发起人进行具体查勘、绘具线路图及估计修造工价;兴修时如所集经费不敷使用,市政公所根据工程具体情况酌量补助三分之一或四分之一,"以成义举";兴工之后所有指挥车马、暂时交通暨弹压工人各事均由警察署负责办理;全路完竣后仍由发

---

① 《公牍·致王景韩司令函》,《市政月刊》第8期,1926年8月,第21页;《公牍·函京师警察厅现查内外城各马路时有军用大车通行函请转饬各区查照前案切实办理由》第8期,1926年8月,第23页;《公牍·直鲁联军总司令部、京师宪兵司令部、京畿卫戍总司令部、镇威军第三四方面军团联合总司令部函请通饬所属嗣后凡有因公需用重载大车务须按照各区绕道路线及就马路两旁便道行走勿再直行马路以维市政由》第8期,1926年8月,第24页。

② 《市政进行纪要·会衔军警各机关布告禁止重载大车通行马路》,《市政月刊》第18、19期,1927年,第1页。

③ 《因工刨路规则》(1921年4月),京都市政公所编译室编:《京都市法规汇编》,第1页。

④ 《自来水地管及售水龙头安设规则》(1917年9月公布,1925年8月4日修正),京都市政公所编译室编:《京都市法规汇编》,第1页。

⑤ 《考工科办事细则》(1918年3月27日核准,1925年7月25日修正),京都市政公所编译室编:《京都市法规汇编》,第4~5页。

起人具报市政公所派员查验接收，交由京师警察管理。①为表彰民间铺路行为，捐款1000元以上者，由大总统亲自授予光荣匾和金质或银质奖章；捐款不足1000元者，由内务总长颁发此类奖励。

京师警察厅在鼓励民间修路过程中起到了重要的联系作用，如上文所述，北京市民不管是独资还是集资修路，都是首先禀报本管警察区署，由警察区署会同市政公所进行具体商议执行。市政公所资金缺乏，需要民间协助修路，在没有市民主动提出集资时，也是由各区长警负责约集绅商铺户，商讨筹款修路事项。②在京师警察厅的协助下，1914年至1918年，北京民间共集资修建碎石街道1442米，总耗资是13 701元。③

（三）协助修治道路

市政公所开工修筑道路时，涉及交通秩序维持和材料安放等事，需要京师警察厅进行协助。如1919年3月，市政公所改修正阳桥工程时，特地请"该管署派员到所当面接洽规定办法"，并要求"派警随时妥为照料，以重公务而利行人"。京师警察厅按照市政公所的要求，派员前往市政公所共同议定了工程内临时指挥车马通行办法九条，并负责广贴布告，告知过往商民知晓工程期间具体交通规定，以便商民通行。在工程地点，京师警察厅还加派队警协助巡守长警进行指挥照料。④京师警察厅指挥工程修建车马通行的办法具体可参见下文：

改修正阳桥工程期内临时指挥车马通行办法

一 该桥桥面原分东、西、中三桥，现议定工程分两段先后兴修，修东桥时西面照后列办法酌量通行，修西桥时亦如之，但中间桥面因拆卸及半，工程上恐有为限，应由区设椿栏绳禁止通行，并于南北两端树立指挥牌以资指导。

---

① 《公修道路简章》（1914年6月17日），京都市政公所编译室编：《京都市法规汇编》，第1~2页。
② 《劝绅商修筑马路》，《晨报》1917年9月30日，第6版。
③ 京都市政公所编：《京都市政汇览》，第375~376页。
④ 《京师警察厅布告》，《晨报》1919年3月18日，第6版；《京师警察厅布告》，《政府公报》第1123号，1919年3月21日，第13页。

二　工程期内,汽车、马车、轿车、人力车等均由酌留通行之处照旧通行,但人力车空车一律禁阻通过。

三　工程期内,正阳门东西两边门洞酌留一边通行车马,修东桥时限定由西门洞出入,不得走东门洞,修西桥时限定由东门洞出入,不得走西门洞,但赴东西车站马车得由城内绕行出入。

四　工程期内由车站至南城一带车马,除重载大车等照后列办法外,其汽车、马车、人力车等项,亦应绕行。修东桥时,东车站往南,车马应进东门洞绕由西门洞行走;修西桥时西车站往南车马应进西门洞绕由东门洞行走。

五　工程期内所有重载大车(轿车、装货者认为重载大车)及骆驼均应限定,绕由崇文门、宣武门两门出入,正阳门东西门洞一律禁阻通行。

六　重载大车及骆驼如系由车站运载货物至南城一带,除西车站应由货厂装运往西绕行外,其东站运货往南须由正阳桥迤东京奉路局新建之铁桥绕行。

七　排地车运送行李赴东西车站,或由东西车站运送进城,仍准照旧通行,但由车站运送行李至南城一带之地排车应照普通车马绕行办法办理,运送货物至南城一带之地排车应照运货大车及骆驼绕行办法办理。

八　工程地点须加派队警协助巡守长警指挥照料,以期周密。

九　本办法俟工程完竣即行取消,在工程内如有应须变更之处,得随时酌量变更。①

(四)栽种树木和安设路灯

清末工巡局翻修北京道路时,为保护道路和维护安全,已开始在新修整道路左右种植树木,安设路灯。北洋政府时期,由京师警察厅负责路街树木的种

---

① 《京师警察厅布告》,《晨报》1919年3月18日,第6版;《京师警察厅布告》,《政府公报》第1123号,1919年3月21日,第13页。

植事宜。1914年,京师警察厅于先农坛内辟地收养贫民,教以树艺技能,1924年9月,改称贫民教养院第二附属教养院。①京师警察厅栽种树木工作主要由收养的贫民承担。新修道路需要栽种树木时,京师警察厅先呈报内务部,请内务部与农商部进行协商,农商部同意后,饬本部林业试验场拨给,再由京师警察厅派员"前往运取,允配种植"。1917年3月,府右街等处马路拟种洋槐树1120余棵,即是按照上述程序进行。②同年3月,正阳门内外等处马路两旁所种洋梧桐树多有枯萎,京师警察厅请补种177株,其具体过程也是按照上述程序进行。③京师警察厅不仅负责栽种马路两边树木,还负责对所种树木进行保护。如1916年,内、外城马路旁栽种的树木"被雨冲刷,土壤甚浅",到10月份,天气渐寒,冬季"不无冻伤之虞",京师警察厅为保护起见,特意通告各区署转饬清道夫,"速将路旁树株加以培护,以免冻伤"。④

北京马路旁边所载种树木除由农商部林业试验场拨给外,还有一部分由京师警察厅负责购买,所需费用在内务部承领,有时实际费用超过承领金额,所缺余额京师警察厅也会负责筹备。如1916年,京师警察厅负责正阳门花木的种植,共计用2758.8元,而在部所领款银只有2000元,不敷的数目由警察厅"种树项下开支,不再请领"⑤。1917年全年,京师警察厅临时支出种树费有1736元,所付工役费用为232元。⑥京师警察厅栽种树木所用工役一般是由其收养的贫民充任,因收养贫民有流动性,其树艺科工夫人数也不确定,以1927年3月为例,树艺科工夫人数为49人、41人、42人不等。⑦

甘博在社会调查中说,到1918年左右,北京主要街道和部分非主要街道依靠公共资金安装了电灯,照明情况良好。其余街道使用煤油灯照明,煤油灯

---

① 蔡恂:《北京警察沿革纪要》,第55页。
② 《内务部指令第六二号》,《政府公报》第415号,1917年3月8日,第12页。
③ 《内务部咨农商部据警厅呈请补种正阳门等处马路树株可否饬林业实验场照拨请查酌见复文》,《政府公报》第427号,1917年3月20日,第16页。
④ 《保护马路树木》,《晨报》1916年10月23日,第5版。
⑤ 《内务部指令》,《政府公报》第271号,1916年10月5日,第11页。
⑥ 《警察经费》,京师警察厅制:《京师警务一览图表》。
⑦ 根据《附载》,《京师警察公报》1927年3月6日至1927年4月3日统计。

的亮光仅够让人看清路上是否有行人。非主要街道的照明费由沿街居民负担,有专门的人负责看管路灯,这些人归警方管辖。①虽然主要街道在民初几年已安设了路灯,但就整个城市而言,未安设路灯的街道仍有不少。1916年北京市政"一切应行举办要务仍有不齐备者,而路灯尤甚"②。未安设路灯各街巷,"不惟交通不便,且黑暗之处藏匪徒",因此京师警察厅各区署要求地方巡官长警调查未燃路灯的街巷胡同,并"速劝令安设,以重公益"③。路灯安设"不惟与交通有益,且免许多匪盗",所以京师警察厅和一些热心绅商都很愿意安设路灯,京师不少路灯的安设也是得益于二者的协助。如1916年12月,前门外草厂六条至十条胡同并与兴隆街一带,夜晚十分黑暗,左一区巡长便会同各巷热心公益的绅士,"劝办路灯多支",当月便得到实施。④京师路灯的安设得益于热心绅商的襄助,也离不开警察的积极劝办。⑤京师警察厅为了鼓励警察人员劝办公益电灯,对劝办出力的警察人员给予一定的物质奖励。⑥

京师警察厅除积极劝办路灯外,还负责调查各警察署界内应安设而未安设电灯之处,以便报呈内务部。⑦京师一些路灯使用煤油照明,有时因煤油涨价,一些街巷路灯停点,京师警察厅为避免停点电灯,令各区署"就近逐日巡查,若有停点者,务须令其续点"。如经费"果然不敷",警察厅可"酌量增补"⑧。路灯安设以后,保护也很重要。对于故意破坏路灯的行为,一经京师警察厅查获,便会"解送区署罚办"⑨。

京师警察厅接管了路灯管理工作之后,为劝办和保护路灯做了不少工作。

---

① [美]西德尼·D.甘博:《北京的社会调查》(上),第119页。
② 《劝办兴隆街路灯》,《晨报》1916年12月25日,第5版。
③ 《饬警劝设路灯》,《晨报》1916年11月14日,第5版。
④ 《劝办兴隆街路灯》,《晨报》1916年12月25日,第5版。
⑤ 《阜外关厢安设公益电灯——警察劝办不遗余力绅商赞襄告厥成功由黑暗变为光明商务交通两有裨益》,《京师警察公报》1927年5月18日,第4版。
⑥ 《京师警察厅指令》,《京师警察公报》1927年4月17日,第3版。
⑦ 《添加水月电灯》,《晨报》1917年10月29日,第6版。
⑧ 《各路灯勿得停点》,《晨报》1917年3月7日,第5版。
⑨ 《砸毁路灯的被拿》,《晨报》1922年9月16日,第7版。

当时佛教改革协会负责人表示,"他感觉警方对这项工作管理得很好"①。北洋政府时期,北京的路灯有不少是靠点燃煤油照明,煤油灯的亮光有限,甘博的调查中对其描述说,"远远望去,盏盏油灯就像是路边闪烁着点点微弱的星光",这种描述感觉很美妙,但对于实际上要靠路灯照亮行走的行人来说却没有那么美妙了。这种煤油路灯一直到20世纪20年代末在北京仍有很多。这种暗暗不明的路灯,行人走路常感不便,虽然个个胡同里总有那么几盏,但总不能把路上照得透亮,不少市民认为"和虚设竟差不多"。并且北京的路灯总是悬得很高,使本来就很微弱的光亮照到地上更显分散。这种路灯光亮如同萤火,"以致车马行人,时出危险"②。不少市民从交通安全和减少窃贼藏身隐匿两方面考虑,要求改革路灯,安设电灯。③

经过市政公所和京师警察厅的努力,北京路况得到了很大改善,至1929年止,北京的全部重要街道皆被改成碎石路和柏油路,许多街道得到了加宽和拓展,改善了交通状况。④不少马路两边种上了树木,安设了路灯,美化了城市环境,方便了民众出行。然而,这种改变对于整个北京城来说是有限的。首先,道路修筑范围有限。从清末到民初,京师碎石马路和柏油路的修建都是集中在内、外城商业区和富人居住区,外城明显较少⑤,这对主要生活在外城的普通民众来说,并没有享受到多少道路改变所带来的优惠福利。当时的市民深有体会:"修理路政,竟修了那儿啦?原来光修理了那繁华的地方了,和那'洋鬼子'居住和常走的地方。"⑥其次,道路修筑不坚固。北京的马路,除去几条比较讲究的,差不多都是用碎石块堆积而成。"在修筑马路之时,不过是铺满了石块,用汽碾在道上走几个来回就完了。"刚修之时,看起来异常平坦而且坚实,但"马路新修不过一星期,原来凸凹的现象依然露出来,数月之

---

① [美]西德尼·D.甘博:《北京的社会调查》(上),第119页。
② 《走马路留神坎坷》,《晨报》1921年5月11日,第6版。
③ 《北京的路灯》,《晨报》1925年9月11日,第7版。
④ 史明正:《走向近代化的北京城:城市建设与社会变革》,第96页。
⑤ 参看《各城区街道铺设的类型》,史明正:《走向近代化的北京城:城市建设与社会变革》,第98页图表;《市政公所不得不为阔人修路》,《晨报》1921年12月日,第12版。
⑥ 《两老者的市政谈》,《晨报》1925年12月17日,第6版。

后……连山路也不如了"。尤其是在大雨之后,马路经过冲刷,本来面目立刻现了出来。之所以会出现这种情况,修筑马路时"敷衍了事"即是一个重要原因。①再有就是,道路维修不善。道路修筑后,维修费用昂贵。新修的碎石马路比较容易损坏,需要时常翻修,旧有道路因长期使用也需要整修,但因资金困难,不少需要翻修的马路未得到及时修整。如安定门大街附近马路,"永年不翻修",马路中间坑洼不平,路旁所砌的砖,亦残缺不齐,白天尚可行走,一到夜间,"行人裹足"。②还有不少交通繁盛的街道,道路高低不平,往来车马,稍不注意,"即有倾翻之险"。③虽有这些问题,但考虑当时的社会和政治环境,北京路政取得有限的成绩也属不易,这其中离不开京师警察厅的极力参与。

二、规范建筑,禁止占路

民国之前,清政府规定,房地产必须登记入册,但人们经常逃避有关规定,致使北京的房地产市场比较混乱无序,经常是新建的房屋并未在政府记录中注册,已拆除的房屋也并未从政府档案中勾销。投机行为以及非法转让或销售甚嚣尘上,有关房地产的诉讼也日益增多。购买者或出售者都几乎丝毫不了解自己的法律权利和责任。④商民私搭乱建、侵占街道在北京成为常见现象,破坏了原本比较整齐的城市空间。北洋政府时期,北京市政机构为规范杂乱无章的城市空间,制定了有关住房建设和房地产出售与转让的一系列法规,这些法规的制定和市政机构的严格执行,取得了一定的效果,到1928年北京改为北平之时,"自封建帝制末年以来一直构成北京之特征的混乱无序的城市发展开始呈现出合理化的趋势"⑤。

---

① 《北京的马路》,《晨报》1925年9月3日,第7版。
② 《走马路留神坎坷》,《晨报》1921年5月11日,第6版。
③ 《要路应加整修》,《晨报》1916年11月2日,第5版。
④ 史明正:《走向近代化的北京城:城市建设与社会变革》,第94~95页。
⑤ 史明正:《走向近代化的北京城:城市建设与社会变革》,第95页。

(一)房屋修建

针对之前京师商民建筑混乱的状况,为维护建筑秩序,京师警察厅制定了呈报建筑规则。该条例规定,凡新建房屋或改建房屋外观,均须在动工前将建筑情形详细呈报京师警察厅,取得警察厅的许可方准动工。警察厅在每星期一接受申请,一般情况下,在下星期一就可给予申请人准驳批示。京师警察厅最初规定,只有在出现火灾或阴雨毁损房屋亟待修理时才准随时到厅呈报,但到1925年,为便利商民起见,京师警察厅修改了呈报时间,规定"所有人民呈报修缮建筑工程……除每星期一日照常收受外,其他各日均可随时来厅呈报"①。呈报维修建筑时呈报人应携带契纸呈验。京师警察厅查验契纸是为考察所报建筑丈尺是否与原契纸相符,以防侵占公共街道。新建房屋时也要在呈纸上注明与左右邻墙距离尺寸,并取具保证无有侵越四邻的妥实铺保。为保证公共交通,京师警察厅有权令呈报建筑者退让房屋界限。如果私有空地内有"久已成通行道路之处",即使地主呈报圈地建房,警察厅也可令其将通行道路让出。如果契纸在外省或抵押人手中一时无法取回提交时,申请人申明理由并取具妥实铺保后,警察厅也可酌情核准。空地新建房屋,不能堆放影响公共道路的物品,所有砖瓦木料应堆放在警察署指定地点。得到批准后三个月没有动工修建,该管警察区署将批文追缴注销。竣工后,还应到该管区署呈请复查并交回原领批文。为规范房屋修建,京师警察厅还在《违警罚法》中分专条对未经准许私自兴建、不按报定图样修建、在私有地界外修建、损毁路上植木或路灯、堆放木石不设防等情况进行了科罚规定。②

由于市区一些街道,特别是那些经过改造的街道边界已发生变化,警察厅特别注意正在施工的建筑,以确保公共街道不被侵占,并监督拆迁建在公用土地上的房屋。市政公所特别注意妥善维护道路的拐角,因为车辆需要从拐角处通过,拐角应该是缓形而不是直角,所以规定"凡在市政区域内各街

---

① 《京师警察厅布告》,《政府公报》第3270号,1925年5月9日,第7页。
② 《京师警察厅呈报建筑规则》,蔡鸿源主编:《民国法规集成》第14册,第113~116页。

巷,无论公署、商场、住户、铺户临街表面建筑工程,均由本公所查核"①。这些位置的房屋修建者申请程序和上述有所不同,应先呈报京师警察厅,警察厅将申请转呈市政公所,由市政公所调查后批准。如在改修房屋时得到警察厅的准许,但经市政公所核定发现侵占了官道,市政公所有权令其拆毁。②市政公所审核申请不会耽误警察厅给申请人批示,"至多不得过三日,查覆核定后,即将调查情形连同调查表函知警厅转批原呈报人"③。如果呈报人因房地纠纷卷入诉讼,应由市政公所查核办理,只有载明房屋在某一地段所处位置并经市政公所盖章的房契才可作为最终凭证,京师警察厅的准许不能作为最终的产权凭证。④

建筑规则制定后,得到了较好的执行,京师警察厅为使商民遵守建筑规则以及加强监督起见,对于商民到厅呈报核准的建筑案件在《政府公报》和相关报纸上予以公布通知。如 1925 年 10 月 6 日,《政府公报》上刊登了警察厅由 9 月 21 日至 9 月 27 日核准建筑的通知共 112 单。⑤1927 年 5 月 20 日,《京师警察公报》上刊登了 5 月 12 日至 15 日核准建筑的通告共 112 单。⑥

北京每到夏季,"阴雨时行,各住户房屋墙壁每有倾圮之虞,若必遵照定章,于一星期内呈报建筑行查发批",必定给商民生活带来极大不便,甚至造成危险。⑦碰上"大雨连绵,经旬不止"的情况,"各区界内坍塌房屋不计共数"⑧,京师警察厅"为格外体恤起见",对商民呈报建筑程序予以变通,规定住铺各

---

① 《修正建筑管理办法》(1918 年 2 月 28 日,1925 年 7 月 27 日修正),京都市政公所编译室编:《京都市法规汇编》,第 1 页。

② 《市政公所无理取闹》,《晨报》1924 年 5 月 16 日,第 6 版。

③ 《修正建筑管理办法》(1918 年 2 月 28 日,1925 年 7 月 27 日修正),京都市政公所编译室编:《京都市法规汇编》,第 1 页。

④ 《京师警察厅呈报建筑规则》,蔡鸿源主编:《民国法规集成》第 14 册,第 113 页;[美]西德尼·D.甘博:《北京的社会调查》(上),第 69 页。

⑤ 《京师警察厅通告》,《政府公报》第 3417 号,1925 年 10 月 6 日,第 10~11 页。

⑥ 《京师警察厅通告》,《京师警察公报》1927 年 5 月 20 日,第 3 版。

⑦ 《警察体恤商民——呈报修理房屋墙垣之变通》,《晨报》1917 年 6 月 22 日,第 5 版。

⑧ 《警察厅饬修房屋》,《晨报》1917 年 7 月 29 日,第 5 版。

户因阴雨导致房屋坍塌,欲及时照原样修理者,"准就近赴该管警察署随时呈报,便于勘查,如无窒碍纠葛,由区领取临时执照,即可开工,以期便利,而免稽延"①。上文述及临街的建筑修建不仅要先呈报警察厅,还须经过市政公所的审核批准方准动工,但对于夏季雨水多发的情况,市政公所也进行了变通,会同京师警察厅制定了《夏令建筑暂行变通办法》,规定:"凡临街房屋墙垣因雨坍塌或因雨发生危状,势将坍塌者,若照原状修复之工程,应由区署查勘批示,勿庸表送公所,以省手续,但须按旬列表送本公所备查。"②京师警察厅和市政公所对于夏季商民建筑施行的变通办法具体施行时有所限制,必须是因"雨倒塌急不可待,并照原基毫无变更","其他建筑工程及座落市政公所基线内项所列者",仍须按照前文程序进行呈报。③京师警察厅在夏季阴雨之时,分派长警详细调查,除查找因雨倒塌房屋外,遇有房屋倒塌危及人民生命情形时立即随时进行救护。④每年夏季建筑变更办法的具体施行时间根据情况由京师警察厅规定,并广贴布告晓谕商民。1924年施行时间是夏历五月十五日至八月十五日⑤,1926年是夏历五月一日至七月三十日⑥。

(二)房地转移

传统北京商民房地征信依据可分为:(1)人民互相转移者则有国家印契;(2)官产或清内务府产转归私有者则有执照;(3)寺庙私相转移者则有帖单类。以上三种情况"皆只载房间数目、院落四至、面积大略而已,至若临界尺度以及原有或新建房间之增减,多阙而不备或载而不详,在官厅固属无从稽考,在私家更属迭起轇輵,甚至重复顶冒、架空典卖,弊端百出,争讼时兴,是人民权利之不确定莫甚于此"⑦。市政公所整顿市政,在具体执行过程中如改修道

---

① 《建筑领照变更办法》,《晨报》1924年6月14日,第6版。
② 《夏令建筑暂行变通办法》(1918年6月4日函京师警察厅公布),京都市政公所编译室编:《京都市法规汇编》,第1页。
③ 《建筑领照变更办法》,《晨报》1924年6月14日,第6版。
④ 《京师警察厅训令》,《政府公报》第3349号,1925年7月29日,第8页。
⑤ 《建筑领照变更办法》,《晨报》1924年6月14日,第6版。
⑥ 《夏季修房变通办法》,《晨报》1926年6月10日,第6版。
⑦ 京都市政公所编:《京都市政汇览》,第268页。

路、整顿街道时，涉及收用民房，但由于所收用的民房具体"丈尺之标准无从着手，至感不便"，于是在内、外城先指定一区域，试行规范房地产的转移，后随着市政区域推广至全城，房地转移规范化也相应推广至全城。①

市政公所"为尊重市民权利暨整理市政起见"，会商京师警察厅制定《发给房地转移凭单规则》，规定凡是北京市民典卖房地均按照此规则办理。北京市民所有关于房地转移的事情，应由转业人及承业人双方遵照市政公所颁发的转移报告表填载典售价值、年月日以及一切重要事项，并附有平面图式，呈由京师警察厅初勘有无缪辄，再由警察厅转给市政公所复勘。市政公所收到警察厅所送报告表即派人按照表列各项逐一详查，如确无缪辄并与契纸符合，填给凭单送回京师警察厅转发承业人。凡典卖地基经市政公所发给凭单者，建造房屋应于建筑完工后一个月内填表呈报京师警察厅转送公所换发凭单。②按照规定，北京房地转移，先由新旧业主于房地买卖成立契约后先行呈报京师警察厅，俟警厅查勘相符后将原报转移表转给市政公所，市政公所接到转移表后传知该户在一定时间内持契来所查验，如契纸相符，即发给房地转移凭单，但不少商民误认为只要警察厅验明，房地买卖即成立，或不在规定的时间内到市政公所查验。市政公所对延迟查验又屡传不到的案件名单，登载《政府公报》，如若再不呈验便将原表送回京师警察厅，将原案撤销。③业主呈报后，警察厅把相关契据转到市政公所审核，市政公所在审核中发现"契据不全，恐有他项纠葛"时，会要求警察厅派人进行详细调查，并把调查结果回复市政公所。④在房产凭单丈尺出现错误时，业主也是要先呈报京师警察厅核办，再由警察厅转给市政公所核查。⑤

根据上文房屋建筑和房地转移规定，市内房地产要经京师警察厅和市政公所勘查发给凭单，各户自有房产面积、丈尺，"均已经一度之踏勘明晰"，但

---

① 京都市政公所编：《京都市政汇览》，第268~270页。
② 《发给房地转移凭单规则》，京都市政公所编：《京都市政汇览》，第270~272页。
③ 《督办市政公所通告》，《政府公报》第3374号，1925年8月23日，第9~10页。
④ 《公牍·函电·函京师警察厅查刘俊卿等购置房产一所因契据不全恐有他项纠葛请予饬属调查以凭核办并希见覆文》，京师税务公署：《京师税务月刊》第32期，1926年2月，第18页。
⑤ 《京师警察厅批》，《京师警察公报》1927年4月16日，第3版。

如"不有登记,仍恐漫无稽考",且"种种改良计划之实施,莫不有赖有详密精确之登记,俾得有所凭藉"。①市政公所遂于1918年7月制定了《房地转移登记暂行规则》,把所有房地转移情况按照警区分册登记在案,遇有房地转移"门牌变更或分并时,应查照警察厅函知重行登记"②。

(三)规划房基线和房地收用

北京作为首都,在最初规划时,街道比较宽阔笔直,也很整齐,但历经岁月变迁,"经途变易,侵占冒越,所在皆是",结果便造成了"衢路迂逼,房屋参差,错乱无序"的情况,"匪特不足以成良好之市街,而妨碍交通与商业之发展者亦甚巨"。③市政公所成立后,对北京进行分区规划,作为合理城市规划的必要步骤,修建道路、整顿市街是市政进行的首要工作。为此,市政公所和京师警察厅制定了有关住房建设和房地转移的相关规则。为保证街道的整齐与清洁,任何建筑都必须遵守规定,不能侵占公用空间,妨碍公共设施或阻碍交通。在修建道路时对房屋占用街道勒令退让时,市民时常"任意延迟观望",不甚配合,或经市政公所批示"规避变更"而"市民不能预知,似觉漫无遵守",造成具体施行时苦难尤多。④"整理市街之始,要定取缔建筑,而厘定房基线,实为取缔之标准"⑤,所以市政公所特对房基线测定的先后及工程拆让的期限以及拆让范围"准情酌势,详细规定,以为人民遵守之标的,且以为所司办理之依据"⑥。《京都市房基线施行规则》首条规定也明确了这一点,"京都市政公所为改正市区、扩充道路起见,分期测定市内各街巷房基线,其施行办法均照本规则规定办理"。

房基线规则规定,分期测定每路房基线,测定后所有路幅的狭窄、基线的划定,依各该道路程度由市政公所根据情况实施。核定后的房基线图应制备

---

① 京都市政公所编:《京都市政汇览》,第280页。

② 《房地转移登记暂行规则》(1918年7月5日),京都市政公所编:《京都市政汇览》,第281~282页。

③ 吴廷燮纂:《北京市志稿·建置志、前事志》,第330页。

④ 京都市政公所编:《京都市政汇览》,第262页。

⑤ 吴廷燮纂:《北京市志稿·建置志、前事志》,第330页。

⑥ 京都市政公所编:《京都市政汇览》,第262~263页。

两份,一份存市政公所第二处查照执行,一份送京师警察厅备查。妨碍房基线房屋门牌、户名、丈尺明细表及拆让年限由市政公所刊登公布在《市政通告》中。房基线拆让年限自公布日起扣足日期计算,届期前六个月由市政公所通知警察厅转令该管区署传知遵照丈尺拆让,并令定期兴工。凡勒令退让房屋在兴工中及工竣后由市政公所会同该管警察区署进行复查。①

市政公所在规划街市、厘定房基线时,对于部分房屋在线内的令其拆除退让,对于房屋全部应行退让者参酌《北京房地收用暂行章程》办理。②京师市政在便利交通、推广商场、整理房基时涉及的收用房地分为三种:国有、公有和民有。从规定上看,市政公所似乎可以不经过法庭诉讼程序而自行宣告征用房屋和土地。收用国有房地不给补偿,收用公有和民有房地按照征用的数量和财产损坏程度给予一定的购置费、迁移费及补偿费,其所支付的总额并非依据对财产的估价,而是依据一个固定的比率确定。房屋整齐,工料坚固,深在一丈四尺以上、宽在一丈以上的房屋为一等,购买费每间200元,迁移费减半,补偿费根据具体情况由市政公所酌给,但其数目不能超过购买费、迁移费的最低额。③

市政公所对于收用的房地"经批准后交由第二处勘核科分别调查并函达京师警察厅查照",调查人员前往收用房地地点调查时应会同警察区署人员。调查完竣后,按户填明收用单,交由京师警察厅该管区署执行,并将具体收用价格核算回复市政公所,再由原调查人员查明是否符合房地收用规定。收用价格核定明确后,由京师警察厅"饬区腾清",并将相关券据移送回市政公所。④

---

① 《京都市房基线施行规则》(1918年8月7日公布,1925年7月27日修正),京都市政公所编:《京都市政汇览》,第263~267页。

② 《京都市房基线施行规则》(1918年8月7日公布,1925年7月27日修正),京都市政公所编:《京都市政汇览》,第266页。

③ 《修正北京房地收用暂行章程》(1920年9月京都市政公所评议会议决由公所函送京师警察厅于10月公布),京都市政公所编译室编:《京都市法规汇编》,第1~5页。

④ 《房地收用办事规则》(1918年11月6日公布),京都市政公所编译室编:《京都市法规汇编》,第1~2页。

从上文规定可以看出,整顿房基线过程时,在涉及市民房屋退让和房地收用问题中,京师警察厅起着非常重要的作用,可以说,和市民直接打交道的相关事情主要是由警察厅来负责。由于京师警察厅负责新建房屋的审批,如新报修建的房屋影响房基线,京师警察厅负责其房屋的退让事宜。1927年,京师市民戴孔昭向警察厅呈报在新鲜胡同建造房屋,市政公所复勘后认为其所建房屋"与房基线有碍","应由西首退让陆寸贰分,往东取成直线"。按照市政公所的规定,由京师警察厅负责监管其房屋的修建,并在月终汇报给市政公所。①旧有房屋的退让和收用具体事宜,京师警察厅也负责。1917年1月,市政公所测量各街道,确认阡儿胡同门牌22号与椅子胡同北口赵姓房屋有碍交通,通知该区警署转告业主拆让。②1919年2月,北新华街马路将要修理完竣,南新华街北段亟待兴修,按照市政公所测量的房基线标准,所有北口西河沿一带凡临街3丈以内的房屋共7处应予拆毁收用,京师警察厅限这几处住户两个月内迁往他处,并负责交涉相应拆让收用事宜③,其中包括收用房屋价格的核定和费用的发放。

除协助市政公所管理房屋退让和收用事宜以外,京师警察厅还负责协助其他部门和机构的相关事宜。1916年9月,京师模范小学需要收用民房民地,在具体收用过程中,有门牌四号、五号两户未按照规定让出,内务部交由京师警察厅负责这两户的迁让事情。京师警察厅与这两户房产所属的镶蓝满旗督统署接洽商议迁让事宜,催其速让,不要妨碍兴工,并将教育部所送收用房地购买补偿等费共计银3944元发交该户具领。④1917年,北京医学院专门学校学生增多,教室及实习室均不够使用,想收买东面房屋60间,用以增添教室,其具体收用该处房屋事宜,如查明具体情况、确定迁移费等级及数目,亦是由警察厅联系业主进行办理。⑤

---

① 《京师警察厅指令》,《京师警察公报》1927年4月15日,第2版。
② 《买拆民房利交通》,《晨报》1917年1月20日,第5版。
③ 《饬拆碍路房屋》,《晨报》1919年2月21日,第6版。
④ 《内务部训令第七十二号》,《政府公报》第266号,1916年9月30日,第14页。
⑤ 《内务部训令》,《政府公报》第415号,1917年3月8日,第11页。

第二节　协助办理税收

市政公所成立后,大张旗鼓地开始了市政建设,而市政建设首先需要为人力物力支付大笔费用。街道的拓展和铺设、沟渠的修理、城区的规划、卫生的整顿以及其他改善城市环境的大型工程,常常要占用城市财政的最大部分。北洋政府时期,城市财政收入主要来源于各种捐款和税收。[1]京师警察厅不是专门的税收机构,但由于这一时期北京税收"经征权限之不统一"[2],其也承担部分捐税征收工作,同时对于其他税收机构的工作也给予了很大程度上的配合和支持。

一、北京政府税收概况

北洋政府时期北京市的收入分为两部分,一是中央政府的拨款,二是北京市的税收。中央政府每年给北京市的拨款比较少,仅占北京市全部收入的10%

---

[1]　这时期的捐款如乐户捐、妓捐等名为"捐",实际上也是政府用强制手段迫使人民必须交纳的款项,其性质等同于市民必须交纳的税款。

[2]　雷辑辉:《北平税捐考略》,第112页。

左右。北京作为首都,地位重要,可以向政府申请特别工程拨款,但这种拨款数额有限,其需要的经费最主要还是由北京市自己通过不同渠道筹措。① 如下表所示,北京市政收入大部分来自铺捐、戏捐、车捐、乐户捐及妓捐等商业捐税,还有很少一部分来自房地转移时契税所收费用。其中,直接税占市政总收入的 3/4 还要多,牌照费和特别货物税所占不到 10%,内务部的拨款以及铺设街道的专门拨款也只有 10% 左右。这些捐税和收费以及拨款支撑了北京市政建设的各项工程和项目。②

北洋政府时期,北京税收分国税和市税两大部分,税收征收机关权限不统一,主要由下面四种机关征收:(1)京师税务监督公署③(直辖崇关和左右翼);(2)京兆财政厅;(3)京都市政公所;(4)京师警察厅。④ 京师税务公署主要负责崇文门关税(简称崇关税)的收入。崇关税本应是北京地方税收,但因北京长期作为国家首都,崇关税收"向充国税",民国建立后,归财政部支配。每年财政部再按照北京地方需求,回付很少一部分给北京进行市政建设和维持社会治安。因此北京市民认为,"是独令一地居民,多负担政府一般经费,原属不公之举"⑤。市政公所 1925 年共收入 788 517 元,而从 1913 年至 1921 年,每年崇关税收入均在百万元以上。自 1922 年开始,由于薛笃弼任税务监督力加整顿,崇关税收入开始激增,最多的年份 1926 年超过了 300 万元。

以 1925 年作对比,市政公所的收入为 788 517 元,而崇关税的收入为 2 935 005.741 元,是市政公所收入的近 4 倍,如崇关税作为地方收入归北京市支配,将会大大缓解市政经费紧张的问题。北洋政府时期,北京市政建设虽然取得了一些成效,但需要改进的地方仍有很多,很大程度上是受市政经费不足的限制,这和北京地方税收统归中央支配而不是直接归北京地方支配有很大

---

① 史明正:《走向近代化的北京城:城市建设与社会变革》,第 39 页。
② 史明正:《走向近代化的北京城:城市建设与社会变革》,第 40 页。
③ 京师税务监督公署在民国时期名称几次发生变化,1913 和 1914 两年称为北京商税征收总局,1915 年更名为京师税务监督公署,1916 年 12 月又改称为监督京师税务公署(简称京师税务公署),1928 年秋更名为北平税务监督公署。(雷辑辉:《北平税捐考略》,第 6 页)
④ 雷辑辉:《北平税捐考略》,第 112 页。
⑤ 雷辑辉:《北平税捐考略》,第 6 页。

关系,因此北京市民屡次请求把崇关税改为市税。在北洋政府最后几年,军阀战乱,商业萧条,市政收入减少,各项市政工程大受影响,而此时北京市民仍要负担国家税收,这引起了北京市民的广泛不满,他们更加强烈要求崇关税划归市有。这种要求在北洋政府时期一直没有实现,直到北伐成功,首都南迁,市民再次积极推进取消崇关税运动,推举代表多方请求,在当时政府取消厘金的大背景下,崇关税才最终结束了四百年划归国家所有的命运,收归地方所有。①

在整个北洋政府时期,崇关税由京师税务公署征收,统归财政部所有。除了崇关税,税务公署还负责印花税、验契费、烟酒税等国税的征收以及牲畜费、屠宰费、契税等市税的征收。北洋政府时期北京捐税征收时间及其征收机关具体见表16。

表16 北洋政府时期京师主要捐税征收时间及其征收机关表

征税机关	税　种	启征时间	备　注
京师税务公署	崇关税	1494年	
	烟酒税	1909年	
	印花税	1913年3月1日	
	验契费	1913年11月	
	牲畜税	清末	
	屠宰税	清末	
	契税	元代	
京兆财政厅	出口邮包税	1927年9月12日	委托邮政局代征。
	牙税	清代以前	1915年划归大宛牙税局管理。
	当税	1664年	
市政公所	车捐	1908年	
	铺捐	1907年	
	乐户捐	1905年	
	妓捐	1905年	
	贫民捐	1911年	
	戏艺捐(戏捐)	1908年	
	电车市政捐	1926年4月	

---

① 雷辑辉:《北平税捐考略》,第6~7页。

续表

征税机关	税　种	启征时间	备　注
京师警察厅	卷烟吸户捐	1926年1月26日	初办时由京兆财政厅和京师警察厅合办,同年11月归京师警察厅独办,1927年7月由财政部接管。
	牲畜检验费	1926年9月6日	
	房捐	1927年6月	
	四项加一捐	1926年10月	1927年7月,张作霖下令停办。
	弹压费	1910年	
	慈善捐	清末	
	广告捐	1913年7月	
	自治公益捐	清末	

资料来源:雷辑辉:《北平税捐考略》,第5~102页;《财政部改京师卷烟吸户捐归财政部署管理呈暨大元帅指令》(1927年7月28日),中国第二历史档案馆编:《中华民国史档案资料汇编》第3辑·财政2,第1680页;蔡恂:《北京警察沿革纪要》,第64页。

　　名为地方治安机关,但由于其职能广泛,以及民初税收经征权不统一,京师警察厅也负责部分地方税收,同时,京师警察厅也向京师税务公署和市政公所提供有关税收事宜的帮助。由于税务公署的税收主要归中央政府财政部支配,京师警察厅对税务公署的税收协助很难直接体现其协同市政的职能,但这种协助在一定程度上也间接支持了市政建设。如上文述及在市政建设中规范房屋修建,凡是房屋建筑必须呈报京师警察厅,核发执照后,方准兴工。工竣后三个月内,应当到税务公署纳税领契,而北京民间习惯,"往往逾限延税",税务公署没有建筑清册,查催不易,只有按照建筑执照才能分别进行查催,令市民交纳契税,完善房屋修建步骤。为此,税务公署和京师警察厅协商,要求其"每月呈报建筑户名清册,按月抄送过署,以凭催税"①。对于拖欠建筑

---

① 《函电·函警察厅请将每月呈报建筑户姓清册抄送过署以凭催税文》,《京师税务月刊》第10期,1924年4月,第42~43页。

税款的情况,京师警察厅也负有协助追缴的责任。1924年,中央饭店建成,耗费建筑工料费3万元,应向税务公署交契税1800元,但中央饭店竣工后没有按时交纳,任意拖欠,京师警察厅按照税务公署的规定,勒令该饭店经理将所欠契税尽快交纳。①

另外,税务公署崇关负责外地进京货物税收,但偷税漏税情况较多,仅汽车一项就很严重,"影响于税收者甚大"。外地新购汽车为避免纳税,安钉旧牌号,假充旧汽车,税务公署"查获较难,不得已而借助警厅"②,请求其将北京当时所有汽车行汽车及人民自用的汽车数目并牌号清册,开一份与税务公署,以便从事调查。还请求警察厅,嗣后凡有汽车到警厅呈报车捐时,要以税务公署所出税单为凭据,没有税单者,不准报捐。在警察厅收汽车捐时,要求车行将税单到税务公署呈验,杜绝漏税。③为鼓舞警厅人员实力协助查获偷税漏税,税务公署将查获偷税漏税的罚款"全数充赏,以五成给予警厅协助出力人员"④。

北洋政府时期,"京师商民遵章纳税,固居多数,而奸刁者玩命抗公,亦所难免"。京师警察厅是和民众联系最为紧密的官方机构,税务公署对于不遵章纳税的商民进行强制处分,只有"藉警察权力协助执行"才能取得较好成效。所以税务公署不管遇有商民何种违章漏税情况,对其进行处分时,便会派税务人员"知会该管警署,派警协同严催,或协传到署,按章处办,以免违抗"。京师警察厅对于税务公署协同稽查税务的要求一般会"认真协助办

---

① 《函电·函京师警察厅中央饭店拖欠建筑税款请传案追缴文》,《京师税务月刊》第14期,1924年8月,第48页。

② 《呈文·呈财政部呈明汽车漏税请由警察厅协助取缔并将罚款全数充赏文第》,《京师税务月刊》第3期,1923年9月,第4页。

③ 《呈文·呈财政部呈明汽车漏税请由警察厅协助取缔并将罚款全数充赏》,《京师税务纪实》第19期,1925年1月,第4页。

④ 《呈文·呈财政部呈明汽车漏税请由警察厅协助取缔并将罚款全数充赏文》,《京师税务月刊》第3期,1923年9月,第4页。

理"。①

二、协助征收捐税

北京市政建设所需经费主要靠市政公所自己筹措，政府的拨款和其他渠道获得的经费所占比例很少，和协助京师税务公署工作相比，京师警察厅对市政公所税收的协助更能体现出其协同市政的职能。

清末警政创办以后，管理项目繁多，需大量专用经费。徐世昌在奏折中提出，"京师警政亟宜推广，百废待兴，用款浩繁"，如要开展筑路、架桥、修理、清道、卫生、慈善救助等项，必须设一机构，专办款项事宜。他认为，应设工巡捐局将原工巡局所掌车、铺、妓等捐归于统一办理，掌收商民开市、失照、歇业、收捐、罚款等事。②民政部成立后，清政府于1907年（光绪三十三年）正式开办工巡捐局作为京师的地方税收机关。清末未设专门市政机构，由警察机构负责所有市政项目，工巡捐局所收各捐款俱归警察机构支配。1910年，民政部把捐税并入内、外城巡警总厅办理，由其负责捐税的征收和支配。这种情况延续至民初京师警察厅改组时。在市政公所未成立前，北京车、铺等捐税仍由京师警察厅负责征收。1914年1月，由于时局变动，车捐漏收及车户抗捐严重，内务部还明确训令京师警察厅，要求"该厅责成各该区署切实整顿，无任偷漏，以重捐款"③。1914年6月市政公所成立，内务总长朱启钤依据京师商民习惯，参考西方各国成规，认为"捐局收纳商捐，原系以地方之财办地方之事，其措施一切自属于市政范围，从前隶属部厅，虽亦以此项收入扩充地方公益之用，而国家行政经费与地方行政经费混而不分，遂使政府注重市民之盛心不足……京都市政已设机关，自应将原设工巡捐局之地方收益事项划归管理，俾

---

① 《函电·函致京师警察厅请分行各区协助稽查员办理文》，《京师税务月刊》第1期，1923年7月，第38页；《公牍·杂项·函京师警察厅请会衔出示谕禁商民及印刷商铺不得承刊新式戳记式加盖伪戳文》（4月11日），《财政月刊》第124号，1924年4月，第7页。

② 《开办京城车、铺捐日期并收捐弟等数目折》，徐世昌撰：《退耕堂政书》卷8，第421~422页。

③ 《内务部训令第四十八号》，《政府公报》第613号，1914年1月21日，第15页。

一事权而资引导",请将工巡捐局划归市政公所直接经管。但同时,由于警察机构和商民联系紧密并有办理捐税的经验,朱启钤也明确提出,工巡捐局划归市政公所后,"其催收捐款一切执行手续仍由京师警察厅及各该管区署照旧办理"①。1925年,工巡捐局改为城市市政捐局时又明确提出,铺捐、车捐、戏捐、乐户捐及其他杂捐的征收事项虽由市政捐局办理,"但得斟酌情形,暂行分别委托各警察署代行之,所收捐款按月解交捐局,汇解公所"。各代收捐款的警察署可根据情况从所收捐款中酌留经费,并按照收入成数提成津贴。②

划归市政公所管理后,工巡捐局负责征收的"车、铺、戏园、乐户四种捐呈准永归市政之用"③。在北洋政府时期,这四种捐税是京师市政建设最主要的资金来源,在最初几年"市政经费仅有铺、车、乐户、妓女四项捐款"④。1914年下半年市政公所支出为104 650元⑤,而当年全年这四种捐税总收入为307 618.83元,从这两个数字的对比中可看出工巡捐局这几种捐税收入在市政建设中的作用。

(一)确定上捐资格和等级

工巡捐局办理各项捐税,要确定上捐的单位是否有上捐资格以及确定上捐等级,这是具体税收工作的第一步。

工巡捐局规定,凡北京各种营业铺户除特许暂时免捐外,均应纳缴铺捐。新开、复开以及迁移各铺先经警区勘准后,由工巡捐局派员调查营业情形核定捐等发给定捐凭单,再由该铺持凭单赴警察厅换领营业执照后方准开市营

---

① 《内务总长朱启钤呈京师公巡捐局拟请划归市政公所管理并请将从前部厅借用捐款如数拨还以维信用文并批令》,《政府公报》第772号,1914年6月30日,第17页。

② 《京都市城郊市政捐局组织章程》(1925年8月31日公布),京都市政公所编译室编:《京都市法规汇编》,第2~3页。

③ 《市政公所宣布征捐及修房——为拒绝警饷提用捐款》,《晨报》1928年3月8日,第7版。

④ 京都市政公所编:《京都市政汇览》,叙言第1页。

⑤ [美]西德尼·D.甘博:《北京的社会调查》(上),第60页。

业;①工巡捐局派调查员调查铺户营业情况时如区域较远不能到局时可由随同调查的巡警代交回局。警察厅规定,铺户应定期禀报营业情况,在禀报时警察厅将所收禀件一面发回该管区署查勘,一面分区汇列总表送交工巡捐局,由捐局分交各调查员将区署查勘拟准的禀件核定捐等给予原报商户。②戏捐属于铺捐,凡在京师开场演剧或男女清唱及电影技术等,无论昼夜,均应纳缴公益捐款,定名戏捐。但经警察厅特许,专为地方公益或因济赈灾荒特别筹款纯粹义务性质的演出准予免捐。③铺户、戏园捐照如果遗失,必须先呈报所管警察区署后再到工巡捐局补领。④

凡在北京及由北京界外进城车辆除定有专条特许及应行免捐者,均应纳缴捐款。新报捐的各项车辆无论自用还是营业,均须先赴本管警察区署报明辆数、营业者,并须加具铺保领取凭单,再到收捐处按照规定数目纳缴捐款,才能换领执照。新报捐的车辆除纳捐领照外,还须在本管区署购钉警察厅制定的许可牌照,方可驶行。特许免捐的府、署、军队车辆数目由各该管警察区署切实查明,报给工巡捐局发给特制圆式免捐牌照。免捐及暂行免捐车辆除脚踏车外,也应赴本管警察区署陈明,听候示期,并烙盖免捐火印。⑤各项车辆如有迁移,由原住警察区署报告到工巡捐局,由其送到移入区署。京师警察厅

---

① 《京都市内外城铺捐章程》(1920年3月17日修正),京都市政公所编译室编:《京都市法规汇编》,第3~4页。铺捐分为月捐、季捐两种,具体等级如下:"特等月捐银元二十元以上,壹等月捐银元十四元,贰等月捐银元十元,肆等月捐银元六元,伍等月捐银元四元,陆等月捐银元三元,七等月捐银元二元,八等月捐银元一元,九等月捐银元半元,元等季捐银元一元,享等季捐银元八角,利等季捐银元六角,贞等季捐银元四角。"

② 《工巡捐局调查规则》(1914年8月18日核布),京都市政公所编:《京都市政汇览》,第35页。

③ 《京都市内外城戏捐章程》(1914年10月核定),京都市政公所编译室编:《京都市法规汇编》,第1~2页。

④ 《京都市内外城市政捐局各处办事细则》,京都市政公所编译室编:《京都市法规汇编》,第11页。

⑤ 《京都市车捐章程》(1920年4月修正),京都市政公所编译室编:《京都市法规汇编》,第1~3、6页。

行政处每月将汽车牌照表列单送交工巡捐局审核,以便按照表单查催捐款。①1925年,工巡捐局改为内、外城市政捐局及四郊市政捐局后又规定,凡未在北京城郊纳捐的车辆,应于进入四郊辖境照乡车入城征收日捐。日捐由四郊市政捐局征收,但"委托该管警察署择扼要地方分驻所代办"②。1924年12月,北京电车正式运行后,京都市政公所、京师警察厅及北京电车公司为相互利益,公司应纳捐税并担负马路一部分修养费,公所赞助公司建设计划,警厅担任保护公司营业免致损失责任,订定三方合同,规定电车公司除交纳铺捐外,还应专门交纳公益捐和市政捐。市政捐按每日所进毛利(指售票及广告费而言)交3.25%(即每100元交捐3.25元),于次月上旬交纳。③市政捐归市政公所和警察厅均分。④

1912年6月,外城巡警总厅为加强对乐户、娼妓的管理,设立收发乐户执照所,专管乐户和娼妓的"查考准驳事宜"⑤,后归京师警察厅管辖。收发乐户执照捐所配有巡长1名、巡官2名,1917年全年开支1323元。⑥京师乐户家数受京师警察厅限制,其等级亦由警察厅确定。得到许可开业的乐户必须执警察厅收发乐户执照所发给的营业执照,才能赴工巡捐局缴纳户捐,未纳捐者不能先开业。各等乐户如欲迁移或租倒、替换、接开或更换字号、姓名,也须警察厅许可,换给营业执照后,才能赴工巡捐局缴纳户捐。各等乐户如关门闭业也必须在关闭之日呈报警察厅后,才能到工巡捐局请求停止纳捐。各等娼妓未经警厅许可,或曾经许可调换乐户未换执照或冒用别的妓女许可执照,和

---

① 《京都市内外城市政捐局各处办事细则》,京都市政公所编译室编:《京都市法规汇编》,第11页。

② 《京都市城郊界外车辆入郊进城收捐办法》(1915年12月公布),京都市政公所编译室编:《京都市法规汇编》,第1页。

③ 《市政公所京师警察厅与电车公司相互利益合同》(1926年3月31日),北京市档案馆、中国人民大学档案系文献编纂学教研室编:《北京电车公司档案史料》,第91页。

④ 雷辑辉:《北平税捐考略》,第91页。

⑤ 蔡恂:《北京警察沿革纪要》,第63页。

⑥ 《警察配置》、《附属支出》,京师警察厅制:《京师警务一览图表》。

虽经警厅发给许可执照后未赴局缴捐一样,各乐户不能营业。①娼妓和乐户一样,必先经警察厅许可并确定等级,方准纳捐。各等娼妓如要退捐,须将厅发许可执照缴销,领取销据,才能赴工巡捐局销捐,将警察厅发的许可执照缴销后,应立即移出搭住乐户,不得逗留。②

除了上述几种最重要的捐税外,工巡捐局和京师警察厅还根据情况变化增添税种。因北京地面各类脚踏汽车"为数甚多",京师警察厅和市政工巡局于1920年2月"特会同商定,征收捐款,以裕税收",其具体办法是每辆脚踏车每月征收捐银2元,同年3月1日施行。③

根据情况变化,市政公所如欲对确定的捐税等级进行修订,也须"商明京师警察厅,通令各区署照章协助"④。甚至捐税所收币种的变化也须京师警察厅协助。工巡局1920年之前征收捐税时,铺户捐率不及1元者及人力车捐每月所收币种为铜元,铺户捐率1元以上的捐款收受币种为京钞。但到1920年,商民交易大都以现洋计算,别的征收机关所收捐税也多为现洋,工巡捐局认为"征收京钞不独与各征收机关事出两歧义,而暗中亏耗,实于市政进行多所窒碍",所以援照当时常例,对于车铺捐改收现洋。此次改收,涉及面大,工巡捐局为改收顺利,特请京师警察厅转令各区署协助办理。京师警察厅为使商民配合工巡捐局改收现洋的决定,广贴布告,向商民详细说明改收原因及实际情况,以便商民理解并予以配合。⑤

---

① 《京都市内外城乐户捐征收细则》(1920年9月修正),京都市政公所编译室编:《京都市法规汇编》,第1~3页。各等乐户每月每户应纳捐数如下:"一等乐户三十二元,二等乐户十六元,三等乐户八元,四等乐户四元。"

② 《京都市内外城妓捐征收细则》(1915年1月改定),京都市政公所编译室编:《京都市法规汇编》,第1~2页。各等娼妓每名每月应纳捐数如下:"一等娼妓月捐四元,二等娼妓月捐三元,三等娼妓月捐一元,四等娼妓月捐半元。"

③ 《征收脚踏汽车捐》,《晨报》1920年2月4日,第6版。

④ 《市政公所修订车捐率——十七年一月一日起实行》,《京师警察公报》1927年12月4日,第3版。

⑤ 《车铺捐改收现洋》,《晨报》1920年5月21日,第6版;按:所有乐户、妓捐自1918年7月1日起已经一律改征现洋了。见《妓捐征纳现款》,《晨报》1918年6月18日,第6版。

(二)查追市政捐税

北京商民按章纳税虽占多数,但偷漏税者亦不可避免,为规范商民交纳税款行为,市政公所规定了商民交纳税款的限制日期和处罚规则,如铺捐、月捐以每月末日为限,季捐以每季末月为限,过期限不缴纳者除应缴本月或本季捐款外,应再罚缴捐各1倍。具体处罚由工巡捐局会同警察厅该管区署执行。因商民对工巡捐局人员不甚惧怕,市政公所对拖欠捐税商户的处罚交由"警察厅区强制执行"。①征收车铺各捐多借京师警察厅的协助,为"稽核征收捐款有无拖欠",市政公所和京师警察厅共同制定了《各区警察署经征车铺各捐比较成绩奖罚章程》,以奖惩征收捐税的警察人员。②

市政公所查追偷漏捐税须借助京师警察厅之力,京师警察厅对于此项事务也多用心。1916年,市面银根吃紧,"各乐户欠缴花捐非常之多",工巡捐局呈报警察厅"请示办法"。京师警察厅按照工巡局的报告"令各乐户从速缴清",对于玩延不交者,停止其营业。③同年,内、外城商铺也"多有延不缴纳月捐",各区署长督饬长警挨户调查,"倘有延宕抗不缴捐者,即将该铺拿带区罚办,以重捐款而儆效尤"。④京师妓女纳捐之前,先在警厅领取执照,再持执照到工巡捐局纳捐,"每月照章纳捐者固多,而漏捐者亦复不少",警察厅为防漏捐,加强了对娼妓执照的管理,于1918年6月10日将娼妓执照分类按名核计,分四项:(1)由他处移来者;(2)歇业后复旧业者;(3)初级上捐者;(4)病愈后复旧业者。⑤

对于查处不纳车捐的情况,更需借助警察厅之力。1918年,内左一区界内有未遵章纳捐汽车15辆,为迫其纳捐,工巡捐局通电警察厅禁止通行,警察厅

---

① 《京都市内外城铺捐罚则》(1914年4月核定),京都市政公所编译室编:《京都市法规汇编》,第9页。

② 《各区警察署经征车铺各捐比较成绩奖罚章程》(1914年10月核准),京都市政公所编:《京都市政汇览》,第41~42页。其奖励分为下列五项:奖章、奖金、记大功、记功、嘉奖;惩罚也分五项,为:惩戒、罚俸、记大过、记过、申饬。

③ 《催饬乐户缴花捐》,《晨报》1916年12月26日,第5版。

④ 《查追商铺月捐》,《晨报》1916年11月6日,第5版。

⑤ 《查验妓女执照》,《晨报》1918年6月6日,第6版。

接到电报后,通令各区转饬岗警,遇有未纳捐汽车"行使马路即禁阻",并将此15辆汽车号数公布报端。①到北洋政府后期,京师汽车通行"日见增多,而纳捐实数只居其半,是漏捐者较其他车辆为多",况且"汽车纳捐者其负担之力实较其他车主为优",为查处漏捐汽车,工巡捐局要求警察厅各区署按照警察厅发给的牌照,将已发牌未纳捐的汽车彻底清查。②1924年,因工巡捐局提高车捐,引起人力车行同盟罢捐六七个月,两任警察总监薛之珩和张璧,都曾与京师总商会进行接洽,最终商定仍按每月40枚补捐,但"各车户以数月未纳,认为成例,故仍存观望",京师警察厅为此严厉查拿漏捐车辆,解厅罚办,除要求补还7个月捐款外,另罚1个月的捐款。警察查拿漏捐尽心尽力,以致"两三日以来已由各区讯送交警厅车辆,约在四千"③。在市政各捐中,"惟车捐一项人力车之自用、营业者遗漏甚多",京都市内、外城市政捐局为查禁人力车漏捐,请求警察厅各警察署维持协助,"如有人力车辆未经缴纳市政捐款而无捐照者一并严查,随时处罚"。为鼓励并答谢协助警察区署,市政捐局声明"所有罚款概归贵署支配办理"④。

据民国雷辑辉推算,各种车捐月平均收入逾万⑤,而北京电车公司一家自开车日至1926年3月底,应纳市政捐27 084.37元,但因"军人任意蹂躏,营业困难不堪,公司不能履行合同,遵缴捐款",后经协商,将上述应捐之款分30年,每年缴900元。⑥但从1926年4月起至8月底,又计5个月"未交纳分文",按照规定此捐款有半数应由电车公司直接交到警察厅。市政公所未收到捐款,屡次催缴,仍未见电车公司交纳,也只能请警察厅协助,将"应交本公所一

---

① 《禁止汽车通行》,《晨报》1918年5月6日,第6版。
② 《命令·督办市政公所训令》,《市政月刊》第9期,1926年9月,第9~10页;《呈文·内外城市政捐局呈为遵查未上捐汽车缘由呈覆并请将汽车捐款办法六条抄示由》,《市政月刊》第9期,1926年,第13页。
③ 《警察大拿人力车》,《晨报》1924年11月29日,第6版。
④ 《京师警察厅各区署关于协查各城门商铺卷烟吸户捐及奖罚规室查获人力车夫善荣漏捐等案的函》,1927年8月1日至1927年9月1日,J183-002-03658。
⑤ 雷辑辉:《北平税捐考略》,第33页。
⑥ 雷辑辉:《北平税捐考略》,第91页。

半,速为切催照缴"①。

除协助查追工巡捐局各项捐税外,京师警察厅还协助市政公所办理其他清缴事宜。天兴银号曾亏欠市政公所公款共计洋 45 478.439 元,市政公所请求警察厅代为追缴,经警察厅催缴后,天兴银行归还部分欠款,剩余亏欠部分,仍由警察厅代为清缴。②工巡捐局所收铺捐,以二成提作公积金,存入银行,专备地方特别紧急之需,平时不得挪用。③市政公所曾存入豫丰银号捐款及公积金 38 万余元,但豫丰银号因故停业,所欠市政公所钱款未能偿还,后豫丰银行申请复业,市政公所为收回存款,要求京师警察厅在其未还清欠款之前,"饬区传知该银号不得径行复业或开业"。京师警察厅按照市政公所的要求,"令该管区署传知该银号,迅与公所戳商,俟解决后再行复业"④。

(三)办理免税

在协助市政捐税过程中,京师警察厅也负责协助市政公所办理免税事宜。和协助上捐、确定捐税等级以查追偷漏捐税相比,京师警察厅对免税事宜具有较多主动性,主要原因是京师警察厅和商民联系比较密切。

1915 年冬天,天气奇冷,贫民堪怜,人力车夫境况尤为可怜,大总统饬令京师警察厅和工巡捐局商议救助办法。京师营业人力车中,以车厂车主出赁者居多,自行购车营业者为数甚少,体恤人力车夫较好的办法即是给予免捐优惠。京师警察厅和工巡捐局根据实际情况,呈报豁免人力车捐一个月,其免捐各款按

---

① 《公函·函京师警察厅函请转催北京电车公司本年四月至八月应缴捐款由》,《市政月刊》第 9 期,1926 年 9 月,第 15 页;《公函·函北京电车公司函请从速缴纳市政捐暨拨还工费现款由》,《市政月刊》第 6 期,1926 年 6 月,第 7 页。

② 《公函·函京师警察厅催天兴银号欠交各款请严饬该号速为清缴查照复由》,《市政月刊》第 9 期,1926 年 9 月,第 20~21 页。

③ 《内务总长朱启钤呈京师公巡捐局拟请划归市政公所管理并请将从前部厅借用捐款如数拨还以维信用文并批令》,《政府公报》第 772 号,1914 年 6 月 30 日,第 17 页。

④ 《公函·函内务部京师警察厅为豫丰银号定期复业请饬其先行清理欠款勿准开业由》,《市政月刊》第 18、19 期,1927 年,第 15 页;《公函·函京师警察厅为豫丰银号欠款迄未解决办法应饬其速清理债务清查照办理见复》,《市政月刊》第 18、19 期,1927 年,第 18 页。

照上个月车捐实收数目从工巡捐局公积金内拨补。①人力车夫多系贫民,遇有战事或天气严寒、酷暑之时,处境更加可怜,在北洋政府时期的十数年间,京师警察厅对人力车夫多有体恤,多次向工巡捐局提议减免人力车捐。②有时为减轻人力车夫负担,京师警察厅还要求各车主减收人力车租数目至少应在月捐以上,如有车主对减租一事阴奉阳违,一旦由车夫指名告发,警厅即给严惩。③

北洋政府时期,时局不靖,时常会影响商业,造成市面萧条。1920年,京师近畿发生战事,影响市内商业,京师总商会向京师警察厅呈请"豁免铺捐,以苏商困",警察厅体恤商艰,根据总商会的呈请,和市政公所协商,将所有营业戏园、电影馆、车厂等一律免捐两个月。④因时局影响,商民困苦,生计艰难,不少商摊也向京师警察厅请求减免捐税,警察厅对于"商摊请求减捐免捐一事,极为注意"⑤,根据情况酌量应允商摊免捐要求。1924年11月,市面萧条,警察厅不仅协商工巡捐局免除所有各戏园、电影院、商场等捐款,还免除了厅内自身收取的戏园弹压费及各区昼夜市浮摊弹压费。至12月初,商业状况和小民生计仍未恢复原状,京师警察厅将所有以上捐款和弹压费,继续豁免一个月,"以示格外体恤,而维市面"⑥。

京师警察厅除办理免捐事宜外,在出现特殊情况时也有权办理加捐。1920年11月,京师警察厅殷鸿寿为筹集京畿一带粥厂经费起见,决定将所有自用及营业汽车,每月加收捐款2元,所加捐款,悉数充作粥厂经费。为使车主遵照实行,警察厅还专门派人进行通知。⑦

---

① 《内务部呈奉谕豁免车捐一月遵已照办谨拟具拨补款暨免捐办法缮单请示文并批令》,《政府公报》第984号,1915年2月3日,第14页。

② 《拟免车捐一月》,《晨报》1920年2月5日,第6版;《拟请免捐两月》,《晨报》1920年8月23日,第3版;《京师警察厅布告》,《京师警察公报》1927年8月4日,第2版。

③ 《公函·函京师警察厅请饬区布告各营业人力车主减收车租由》,《市政月刊》第18、19期,1927年,第25~26页。

④ 《拟请免捐两月》,《晨报》1920年8月23日,第3版;《浮摊免费两月》,《晨报》1920年8月15日,第6版。

⑤ 《警厅豁免地捐》,《晨报》1927年8月2日,第7版。

⑥ 《杂捐又免一个月》,《晨报》1924年12月3日,第6版。

⑦ 《汽车加收月捐》,《晨报》1920年11月5日,第6版。

从上文可知，京师警察厅对市政公所征收捐税在诸多方面都进行了有力的协助，甚至到 1925 年以后，四郊市政捐局所征收各项捐款均归四郊警署长警代征。同时，市政公所也给予了京师警察厅相应的帮助。在北洋政府后期，京师警察厅经费支绌，警饷拖欠严重，1923 年曾向市政公所借款 43 万元进行周转，后由财政部转账拨还。①

毋庸置疑，京师警察厅在市政公所捐税征收过程中发挥了重要的作用，但不能否认其对市政公所的捐税也有负面的影响。1925 年 12 月，市政公所拨借京师警察厅 6 万元助其济急，原本应尽先归还，但到 1926 年 6 月警察厅仍因经费困难，未能归还。②1926 年，市政公所总支出为 735 457 元，借与警察厅的 6 万元，占其总支出的 8.1%，是一笔不小的支出。③京师警察厅迟迟不归还市政公所的借款，在一定程度上影响了市政公所资金周转，致使"市政有停顿之虞"④。

另外，警察厅对市政捐税负面影响比较严重的是四郊警署代四郊市政捐局征收捐税。"军兴以来，四郊商务凋敝，影响及于捐局，以致收入锐减，每月解款为数甚少。"军事影响是市政捐税收入锐减的一个原因，但如果办事人员整顿得法"亦未始不可补救"，而此时负责代征四郊捐税的各郊区警署，"以地方多故，疲于应付"⑤，再加上本身薪饷未能按月发放，积欠累累，各郊区警署无法维持，警察厅"不得已始有以扣借车、铺等捐"行为，连续几个月扣留，四郊市政捐局"屡催罔应"。⑥至 1928 年 8 月，警察厅积欠市政公所捐款已达 44 万余元，虽由财政部出面说明此项欠款作为市政公所代部垫拨的警察厅经费，

---

① 《命令·函财政部为前警卫总司令部借款请转账迅即归还由》，《市政月刊》第 6 期，1926 年 6 月，第 6~7 页。

② 《公函·京师警察厅函复前借六万元俟财政部拨款或由厅筹得款项即行归还请查照由》，《市政月刊》第 6 期，1926 年 6 月，第 12 页。

③ 史明正：《走向近代化的北京城：城市建设与社会变革》，第 46 页。

④ 《公函·京师警察厅函复前借六万元俟财政部拨款或由厅筹得款项即行归还请查照由》，《市政月刊》第 6 期，1926 年 6 月，第 12 页。

⑤ 《呈文·四郊市政捐局呈为呈报整顿局务情形所派各员清折请备案由》，《市政月刊》第 8 期，1926 年 7 月，第 12 页。

⑥ 《呈文·四郊捐局呈为划定清道经费以维捐款而清权限请备案由》，《市政月刊》第 8 期，1926 年 8 月，第 13 页。

由部设法筹还,但财政部也经费支绌,警察厅所欠捐款偿还困难。由于警察厅积欠捐款,以致市政公所"应办之市政多苦无款可以兴作",其"预订各项工程不克进行"。①市政捐局为改变这种状况,主观上认为订定奖励办法可以整顿捐务,"代征者尤必须设法以奖励之也",所以参照从前内、外城工巡捐局给奖章程另订专条进行奖励,"期人人自奋,在在认真"。②但市政捐局的这种奖励政策并未取得成效,郊区警察署代征的各项捐款"虽经一再严催,缴送过局者仍不踊跃"③。四郊警察署截留捐款的情况一直未得到改善,根本原因在于警饷无着,可以理解,但实际上确实于市政大有影响,市政公所呈报大元帅,又经和警察厅商议,于1927年8月收回自征,之后京师"基本财源,稍觉安定"。市政捐款,在代征时期,仅4万元有余,且往往扣借,不能按月清款,收回自征后稍有好转,月收捐款"比昔略增"。④

虽然四郊市政捐款曾被警察署大量截留,但这并不意味着市政公所不再需要警察厅的协助。1927年8月,市政公所收回四郊警署的代征权,在此之前,内、外城市政捐局所收捐款锐减(1926年6月收45 000余元,7月收3万余元,8月仅收2万多元),而当时"市政应办之事至为繁赜","正苦收入之款不足应付,倘再捐收骤绌,尤为困难",在这种情况下,市政公所仍须继续借助警察厅的力量,不得不请求警察厅饬知各区警察署"认真催收捐款解局,俾资应用"。⑤警察厅对市政公所的请求尽力给予相应的协助。⑥

---

① 《公函·函财政部函请将警察欠款迅即设法归垫俾应急需查照见复》,《市政月刊》第8期,1926年8月,第18页。

② 《呈文·四郊市政捐局成为拟定奖励收捐办法请鉴核指令遵行由》,《市政月刊》第9期,1926年9月,第11页。

③ 《呈文·内外城市政捐局呈为造送各警区欠捐情形表请鉴核文》,《市政月刊》第9期,1926年9月,第14页。

④ 《市政公所宣布征捐及修房——为拒绝警饷提用捐款》,《晨报》1928年3月8日,第7版。

⑤ 《呈文·函京师警察厅函请饬知各区警察署认真催收捐款接局俾资应用由》,《市政月刊》第9期,1926年9月,第14页。

⑥ 《公函·京师警察厅函为开速饬各区署催收捐款已通令各区遵照办理由》,《市政月刊》第9期,1926年9月,第23页。

第三节　公共卫生为首要之政

"公共卫生一端,人民生命之所系,尤当列为首要之政焉。"①"民生之道,民命为首,公共卫生云者,保护公众生命之谓也。"②故遏制一切病原,以保护人民健康为目的的医疗卫生、饮食卫生以及街道、房屋卫生皆属公共卫生范畴。中国传统上并没有公共卫生的概念,近代意义上的公共卫生起源于1902年袁世凯在天津巡警所内创办的卫生行政。1905年巡警部警保司设立卫生科,负责卫生的考验和给凭、清洁、检疫以及医学堂的设置等一切卫生保健事宜,是全国卫生行政的开始。次年卫生行政改到民政部,成为卫生司。③北京和全国一样,"一般居民没有公共卫生的观念"④,其公共卫生最早由内、外城巡警总厅辖属的卫生处负责,卫生处下设四股:清道股、防疫股、医学股和医务股,奠定了民国时期北京公共卫生的基础。

民国成立后,改组的京师警察厅接管了有关公共卫生事宜,成立了专管公

---

① 《中国卫生刍议》,《京师警察公报》1927年8月13日,第4版。
② 《中国卫生刍议》,《京师警察公报》1927年8月13日,第4版。
③ 余协中:《北平的公共卫生》,李文海主编:《民国时期社会调查丛编》(社会保障卷),第339页。
④ 余协中:《北平的公共卫生》,李文海主编:《民国时期社会调查丛编》(社会保障卷),第337页。

共卫生的卫生处。①京都市政公所成立前,京师公共卫生由警察机构负责,市政公所成立后,分担了部分公共卫生事务,但京师警察厅仍在公共卫生事务中起着重要的作用。关于二者在公共卫生事务中的作用,民国时期余协中认为,京师警察厅起着主导作用,市政公所的卫生科及其所管的几个医院帮助警察厅办理公共卫生。②

警察厅卫生处是北京公共卫生管理的主要职能部门,但其职员人数有限,1917年时只有23人③,只能对公共卫生管理进行行政上的指导和监督,不可能负责具体的检查、取缔以及处罚等工作,这些日常工作是由普通警察来完成的。据统计,在警察处理的违警案件中,妨碍卫生是其重要一项。1913年,北京受"身体及卫生之违警罚"的人数为473人,占全部违警人数的7.77%;④1917年,受"妨害卫生违警罚"的人数为2289人,占全部违警人数的10%。⑤从统计数字可以看出,因卫生相关事项受到处罚的人数明显呈上升趋势。同时期,公共卫生管理最先进的城市是上海,1913年其工部局卫生处处理的相关案件是4242件,1917年处理的案件是3652件。⑥仅从这两组数字可以看出,在公共卫生管理方面,警察厅和同时期的上海工部局相比还有一定的差距,但

---

① 京师警察厅卫生处具体分科执掌如下:第一科掌管公共道路清洁、清道夫役配置、公厕设置和修缮、公共沟渠管理、住户卫生检查、私有沟渠水井检查、公共厕所便池清洁消毒及交纳租捐、废料搬运晾晒管理等;第二科掌管医疗行业的管理、制药业检查、毒药限制、饮食物品及制造场所检查、娼妓健康诊断、屠兽场检查、公共娱乐场所卫生管理、传染病种痘预防检查、棺尸停放及墓地管理等;第三科掌管巡官长警体格检查、患病人犯诊治、巡官长警因公负伤鉴定、公立私立医院视察、微生物检查、饮食物品器具化验、药品化验、化妆品化验等。

② 余协中:《北平的公共卫生》,李文海主编:《民国时期社会调查丛编》(社会保障卷),第339页。

③ 《京师警察厅内外部组织》,京师警察厅编:《京师警务一览图表》。

④ 据京师警察厅总务处编纂:《中华民国元年京师内外城巡警总厅统计书》,撷华印刷局1917年版,ZQ012-002-0030统计。

⑤ 据《违警处分人数》(京师警察厅编:《京师警务一览图表》)统计。

⑥ 陆文雪:《上海工部局食品卫生管理研究(1898—1943)》,《史林》1999年第1期。

也可以看出这种差距是在逐渐缩小。①民国后,随着社会环境的进步,警察机构深化了对公共卫生的认识,已经不再局限于单纯从防疫需要出发来管理饮食卫生,而是更多地考虑保护民众身体的健康,以及对整个公共卫生事业前途的影响。

一、环境卫生:"京城街巷,向欠洁净"

义和团运动后,北京带着满目疮痍进入了20世纪。这时北京的城市环境惨不忍睹。行走在北京,在"无风三尺土,有雨一街泥"的街面上,随处可见人畜粪便和各种生活垃圾,两旁露天水沟里散发出难闻的气味,大雨过后地下阴沟里的臭水浸漫到街面上来,经过阳光的烤炙,更加腥臭不堪,天长日久,北京市民也习惯了,感觉这一切很自然。但对于刚进入北京的外来人来说,这些却是那么不堪忍受,用英国立德夫人的话说:"每次呼吸都让人感到那是不讲公共卫生的时代。"②清末京师近代警察机构设立后,在改善城市环境卫生方面做了一些努力,但成效有限。民国后,京师警察厅为改变这种状况,针对不同的情况制定了多方面的应对措施。

(一)街巷清洁

"公共卫生,第一要保持道路清洁,京城街巷,向欠洁净。"③北京95%的马路,都是污秽不堪。天晴时,风与车轮转动使得尘土飞扬,顷刻之间,行人的脸上和街边的食物盖满了灰土。这些污黑的灰尘中,包含了不少的粪质,对于一般人身体健康的坏处不言而喻。因北京一般居民没有公共卫生的观念,所以他们便有了许多不卫生的习惯,如向马路上抛弃各种脏物及用污秽的煤渣填地。因为这些不卫生的习惯,城市环境便有了一种最有害的轮回,那便是:人

---

① 因公共卫生有关的统计数据没有具体细分,不能看出各类卫生管理的人数和案件具体在整个公共卫生案件中所占的比重,但随着社会对公共卫生的重视,不难推断对各类卫生的管理在北京和上海均应有所加强,两地公共卫生管理的差距也应在逐渐缩小。

② [英]阿绮波德·立德著,刘云浩、王成东译:《穿蓝色长袍的国度》,第1页。

③ 《京师警察厅示》,《政府公报》第199号,1916年7月24日,第5页。

从屋内输脏物于道路,风由道路又将脏物输回。尘土因为这种轮回,便继续存在。在小胡同和不通行的大院里,其不卫生的情形,又远甚于马路。①住户将扫除的垃圾,全部倾倒于门外,煤渣炉灰、瓷碎瓦屑等,"堆如山积,街道高于屋者至有丈余,入门则循级而下,如落坑谷"②。这种肮脏不堪的状况,"实于卫生,大有妨碍"③。

北京最早的清道队是1907年(光绪三十三年)在内、外城巡警总厅招募夫役的基础上改编而成,1908年改隶内务部路工局管理,1909年(宣统元年)仍归两厅办理,酌设名额分配,具体执行清道事宜,由各区属派警察进行管理。④清道夫一经设立,便取得了明显的成效,有竹枝词称赞说:"不教路上起尘埃,清道人夫日泼街。大似一番春雨后,十分得用是皮鞋。"⑤由于清道夫的明显作用,民国建立后,其继续存在,并于1913年隶属于改组后的京师警察厅。在清末的基础上,京师警察厅于1913年10月改定了清道管理规则,以改善街巷恶劣卫生状况。

《京师警察厅改定管理清道规则》⑥规定,清道夫分隶各区警察署,执行清道事务。根据各区地面区域不同,酌情分配清道夫名额,额定的清道夫役内城应设800名,夫头40名;外城应设690名,夫头36名,不得超过此限定数额,如有紧要工程,各区的清道夫应不分畛域互相协助。在夏、冬两季,额设夫役不敷分布时,可临时添雇。实际上,北洋政府时期,京师清道夫役人数常常没有达到规定的最高额数,如1917年,清道夫人数为1518人。⑦由于警察区署不同,雇有清道夫役实际人数有30名或40名,甚至五六十名不等。由于工作量

---

① 余协中:《北平的公共卫生》,李文海主编:《民国时期社会调查丛编》(社会保障卷),第337~338页。

② 李家瑞编:《北平风俗类征》(下),第413页。

③ 《京师警察厅示》,《政府公报》第199号,1916年7月24日,第5页。

④ 蔡恂:《北京警察沿革纪要》,第60页;《改定清道章程》,田涛、郭成伟整理:《清末北京城市管理法规》,第3~5页。

⑤ 杨米人等著、路工编选:《清代北京竹枝词:十三种》,第128页。

⑥ 《京师警察厅改定管理清道规则》,蔡鸿源主编:《民国法规集成》第14册,第101~110页。

⑦ [美]西德尼·D.甘博:《北京的社会调查》(上),第118页。

大，夏天忙的时候，各区都得临时添雇清道夫。平常清道夫忙不过来的时候，贫民队前去帮忙。①清道夫在"街巷服役，众目所观"②，为整齐起见，京师警察厅给其配备统一服装：毛蓝衣裤和同色的靴子、帽子，但服装费用由警察厅分期在该夫役工饷内扣除。所用器具以及雇人所需经费由京师警察厅提供，夫头每人每月工钱现洋8元，夫役每月现洋6元。③

为使清道夫认真工作，各区每日轮派巡官或巡警进行监督指挥，遇有清道夫故意溅湿行人衣服或车马、以污秽水土垫泼道路、不避让车马行人以及所穿衣服污秽不堪等情况时，监管巡警应进行干涉。清道夫工作时间在当年9月份至次年3月份为上午7时至11时，下午1时至6时，4至8月份为上午6时至11时，下午1时至7时，每日都应按照负责路线从事泼洒、扫除、平垫、疏通沟渠、拉运秽水秽土等工作。正常情况，一天泼两次街，天气炎热及大风之日，要泼三四次；下雨时不能正常清扫街道，但得出去查看界内沟渠的排泄疏通情况；道路出现洼坑，还应撒土垫道；遇上下雪天，清道夫还应负责打扫积雪，推车运雪。除了上述规定工作，遇有一些特殊情况，清道夫的工作量还会增加。如1927年5月，市政公所新修马路，时值夏季，"如不及时泼洒，必致灰尘满目，责难纷来"，特向京师警察厅请求"特别注意，勤加泼洒、扫除，以昭清净而重卫生"。而此时清道夫役人员不足分布，为维持路政和公共卫生，警察厅特将夫役"招募足额"，并认真督察其洒扫清除工作。④另外，由于北京道路多为碎石马路，加上北京雨水相对较少，如不勤加泼洒，路身会因"缺少水分致沙石……松动"，严重者还会导致碎石外露，致使路政"前功尽弃"，市政公所特请求京师警察厅对碎石马路"特别添派水夫，逐日勤加泼洒，以资维护"。⑤规定的工作本身就不堪重负，再加上额外增加的工作，"所以清道夫是

---

① 李幽影：《北京劳动状况》，《新青年》第7卷第6号（劳动节纪念号），第21页。
② 《请发清道夫官衣》，《晨报》1918年5月27日，第6版。
③ 李幽影：《北京劳动状况》，《新青年》第7卷第6号（劳动节纪念号），第21页。
④ 《京师警察厅公函》，《京师警察公报》1927年5月14日，第2版。
⑤ 《公函·函京师警察厅为函请对于西郊马路特别添派水夫逐日勤加泼洒以资维护由》，《市政月刊》，第18、19期，1927年，第13页。

很劳累的"[1]。

工作任务重,薪饷少,导致清道夫时常消极怠工,甚至有时将扫除的尘土、淤泥散布在道路上,将瓦砾和其他秽土铺垫道路或用沟渠坡塘及其他污秽泼洒道路,不仅没有起到清洁道路的作用,反而有损清洁。为此,京师警察厅多次要求各区署对于所辖地段,"所有道上污秽尘芥,均应一律注意饬夫认真扫除平垫",其"拉运秽水土车辆,应察酌街巷繁简,划分路线,核定时间,饬夫以次迅速除运,勿得故意延宕终日,致妨工作",清道管警应会同该管路段长警严行查察,各区署长负督率之责。[2]总的来说,在京师警察厅严格的监督和管理下,各区清道夫对于界内清道事宜还算认真,并取得了一定成效,"各该区界内专办清理事项……已日进有功"[3],特别是在通衢大街成效更是明显,时人评价"均属整洁"[4]。

经过清道夫洒扫和警察人员督管,北京"通衢均属整洁,惟小巷仍觉污糟"[5],其原因之一为清道夫人员有限,不敷分布,以及各区署专办清洁事项的警察人员"对于较僻处所,尚未能十分注意",以致偏僻道路上"尘芥污秽,仍所难免";[6]另外,还有一个主要的原因是,北京"铺住户不知公共卫生,不但门前道路不肯扫除,并经秽物沿街倾倒,以致肮脏不堪"[7]。北京地面广阔,小巷住户众多,保持小巷清洁,仅靠数量有限的清道夫很难取得满意的成效。要想保持偏僻地方和小巷清洁,除京师警察厅自身努力外,更需要京师居民的积极配合。为此京师警察厅除要求各警察区署对于所辖地段"无论卫要偏僻,所有道上污秽尘芥,均应一律注意饬夫认真扫除平垫"[8]外,还从日常生活上对市民的卫生习惯进行正确的引导和教育,以使市民养成良好的公共卫生

---

① 李幽影:《北京劳动状况》,《新青年》第7卷第6号(劳动节纪念号),第21页。
② 《警察注意清洁道路》,《晨报》1925年10月4日,第6版。
③ 《警察注意清洁道路》,《晨报》1925年10月4日,第6版。
④ 《警厅令清理小巷》,《晨报》1916年10月23日,第5版。
⑤ 《警厅令清理小巷》,《晨报》1916年10月23日,第5版。
⑥ 《警察注意清洁道路》,《晨报》1925年10月4日,第6版。
⑦ 《京师警察厅示》,《政府公报》第199号,1916年7月24日,第5页。
⑧ 《警察注意清洁道路》,《晨报》1925年10月4日,第6版。

习惯。

对市民养成良好公共卫生习惯的引导应首先从和市民切身利益相关的方面入手，京师警察厅正是抓住了这一点。京师警察厅发布的告示中明确向市民宣传"各项垃圾，存留地面，最易发生病症"①，通衢大道由清道夫扫除，对于清道夫顾及不到的"僻静小巷，即责成住户清理"②。住户所有秽物脏水，不准再倒在门外，应在院内置一土筐、水桶，固体垃圾放于土筐中，再由清道夫土车拉运，脏水倾倒在沟内。对于土车照顾不到的地方，应倾倒于警察厅指定处所。对于清理的垃圾不能长期积存，务须随时清除倾倒，其倾倒地点应遵照警察厅指定处所，"不准任意延宕或违章倾泼"③。指定倾倒垃圾的处所，由京师警察厅制定倾倒秽土牌，以示标识。④京城广阔，土车难免照顾不到，或离指定倾倒处所较远，京师警察厅对此进行变通，号召各家凑点钱，共同置办公益土车，以备倒土方便。各家门前街道，也应扫除洁净，有钱的住家可以凑些钱，共同雇几个夫役；没有钱的，自己每日或早或晚，清闲的时候，将自己门前打扫打扫。"家家如此，则合街一律清洁，大家受益不浅。"⑤京师警察厅的这种宣传给住户描绘了一幅美好的愿景，并希望通过自己的宣传使市民都认识到公共卫生的重要性，把这样一幅描绘的愿景变成现实。

但对于北京居民来说，这些有害卫生的习惯已成为生活的一部分，短时间内很难改变，京师警察厅旨在改善公共卫生的规定并未得到很好的响应。"通衢大道，都知遵守禁令，不敢违犯，乃偏僻地方，仍有将秽物任意倾倒情事。"⑥到1925年，京师警察厅清道规则颁布十余年后，仍有不少市民任意向门外道路倾倒脏物、秽水，甚至还有住铺户将所养家畜任意拴置门外，"奔驰悬突，尤属狼籍不堪"。为此京师警察厅认为，"对于人民应劝惩并施，则事半功倍，收效

---

① 《取缔倾倒垃圾》，《晨报》1918年6月28日，第6版。
② 《警厅令清理小巷》，《晨报》1916年10月23日，第5版。
③ 《取缔倾倒垃圾》，《晨报》1918年6月28日，第6版。
④ 《京师警察厅批》，《京师警察公报》1927年5月12日，第3版。
⑤ 《政府公报》，《京师警察厅示》第199号，1916年7月24日，第5页。
⑥ 《政府公报》，《京师警察厅示》第199号，1916年7月24日，第5页。

自易",因此在向市民强调公共卫生重要性的同时,对不讲公益,仍旧随便倾倒秽物的市民按照违警律进行严厉惩罚。①

"卫生事项,首重清洁,而清洁之能否实行,要以督察之疏密为断。"京师警察厅除督管清道夫认真清洁街巷,劝诫并引导市民养成良好卫生习惯外,还加强对管理卫生的巡警的督察。1925年,曾任司法总长的朱深出任警察厅总监以后,对北京内、外各区公共卫生进行了详查,其结果仍然表明,"各区卫要地方随时保持清洁者固多数,而偏僻街巷污秽杂沓,未能充分整理者亦在所不免"。朱深从京师警察厅自身内部寻找原因,认为这主要是由于"主管官警未能随时随地加以注意之过也"。他认为解决之法在于厘定考核清道赏罚规则,"明定赏罚不足,以昭惩劝而利进行"。②所有清道事宜应由各警察署随时认真督察,并按月将主管官警员名及办理情形报厅考核,酌予奖惩。清道赏罚规则规定了赏例(嘉奖、记功、奖金、记名升补提、提升)和罚例(申斥、记过、罚饷、降调、开除),并详细规定了赏罚的具体条件。③

---

① 《警察注意清洁道路》,《晨报》1925年10月4日,第6版;《政府公报》,《京师警察厅示》第199号,1916年7月24日,第5页;《取缔在道路倾泼秽水——恐结冰危及行人并饬夫分巷铲除违者带区罚办》,《京师警察公报》1927年12月8日,第3版;《向警行贿加重科罚——任意倾倒秽水致违警章》,《京师警察公报》1928年2月5日,第3版。

② 《京师警察厅训令》,《政府公报》第3438号,1925年10月第9日,第5页。

③ 《京师警察厅训令》,《政府公报》第3438号,1925年10月第9日,第5页。其具体赏罚如下:"卫生处处长依据稽查卫生事项规则之规定,对于各区清道事项,应按日派员轮班抽查;各员稽查时,应随时遵照管理清道规则第三十八条所列各事项注意查察列表详报,由卫生处处长汇总总监核阅,如有违犯该条所列各款情事,行区切实整理,并限期派员覆查;如覆查时仍无进步可言,应将主管清道巡官长警暨该管段长警予以申斥或记过,仍限期整理再查。覆查至三次,仍无进步者,应酌情形重轻将管理清道巡官或巡长巡警罚饷或降调,并将该管路段巡官长分别记过罚饷;覆查至五次,仍无成绩者,应将管理清道巡官或巡长巡警开除,并查酌情形将该管路段巡官长罚饷或降调,该管署长暨经管卫生署员以废弛职务论;稽查至二次均无违犯管理清道规则第三十八条所列各款情事者,该管清道巡官或巡长暨该管路段巡官长分别嘉奖,覆查三次仍未懈驰者,酌予记功或奖金,其成绩昭著、始终不懈者,该管管理清道暨该管路段巡官长警分别记升或提升,该管署长暨经管卫生署员并得酌予奖叙。"

京师警察厅对北京街巷卫生比较重视，这从其支出的清道费用也可得到证明。1917年，京师警察厅为其附属机构①共计支出221 626元，其中清道队费用就有136 579元，占附属机构总支出的一半还多。②即便京师警察厅"对于清洁事项，竭力整顿，不啻三令五申"③，并为此支付了较多的款项，但北京街巷卫生仍未取得根本性的改善。造成这种状况的原因之一是京师居民顽固的生活习惯短时间内难有效改变，还有一个原因为相关机构配合不力。京师街巷道路多有坎坑，这些坎坑积有污水，于公共卫生很有妨碍，这就需要市政公所的配合。北洋政府后期，由于道路使用日久，破坏严重，北京街巷道路坎坑增多，京师警察厅请市政公所"将所有马路坎坑各处迅予设法翻修，合力进行，庶于路政、清洁两有裨益"④。京师各处堆积的秽土较多，京师警察厅又缺少载重汽车，曾请求市政公所"拨派重载汽车，协助各区拉运"，但市政公所对于此种要求配合不力。⑤

　　除去上述两个原因外，还有一个原因是经费的限制。这个原因在北洋政府后期尤为突出。北洋政府后期，军阀交战等影响京师警察厅经费来源，警察人员薪饷经常被拖欠，1927年上半年财政部5个月仅发给警察厅经费一次，且与实际需要支出饷额相比，"尚不足十分之一"。⑥警察被长期拖欠薪饷，各区署"对于公共卫生，均属漫不经心，虽经迭令整顿，然言之谆谆，听之藐藐，敷衍塞责，徒拖一纸空文，言不愿行"⑦，致使"舆论指摘，时有所闻"⑧。为此京师警察厅在1927年再次加强了对各区街巷卫生的管理，制定了《整顿各区清洁办法》，要求"各段长警按日督率夫役扫除一次，免贻人民口实"。至于经费不

---

① 京师警察厅经费附属支出机构包括内外城官医院、清道队、收发乐户执照所、内外贫民所、教养院、教养局、午炮台、钟鼓楼、济良所、崇善女养济院、商水会教养工厂、博济工厂，共计13处。
② 《警察经费》，京师警察厅制：《京师警务一览图表》。
③ 《京师警察厅训令》，《政府公报》第3652号，1926年6月11日，第1页。
④ 《京师警察厅公函》，《京师警察公报》1927年5月14日，第2版。
⑤ 《京师警察厅公函》，《京师警察公报》1927年5月15日，第2版。
⑥ 《我闻如是之警捐实情》，《京师警察公报》1927年6月19日，第4版。
⑦ 《警厅注意街市卫生》，《晨报》1927年10月14日，第7版。
⑧ 《京师警察厅训令》，《政府公报》第3652号，1926年6月11日，第1页。

足的问题,京师警察厅"责成长警催劝捐款"。同时又"由收入捐款内酌予提出百分之五,作为该路段长警奖金,以示鼓励"①。

(二)粪尿清理

时人总认为公共卫生的首要任务是保持街巷、道路清洁,其实,保持厕所清洁卫生,对粪尿进行及时彻底的清理对公共环境卫生的改善也很重要。这不仅在于厕所卫生、粪尿清理本身就是公共卫生重要的组成部分,更重要的在于其和民众日常生活更加密不可分。市政公所甚至认为:"公共卫生允为市政先务,而市内之最碍卫生厥惟城内粪厂之任意设置及运粪之毫无取缔也。"②"本市习惯,住铺户院多不设私厕,或仅女而无男。故公厕斑斓,触目皆是,随地便溺,成为固习。"③公共厕所的设立虽早已有之,但在清末之前,无专门负责其卫生管理的官方机构,公厕的卫生状况非常糟糕,有竹枝词形容为:"粪盈墙侧土盈街,当日难将两眼开。"④因厕所多未能认真清理,污物流溢,且公厕数量有限,居民如厕受限,便养成了"北京人随地便溺的恶习惯"⑤,于城市公共环境卫生大有影响。民国以后,京师警察厅负责各项官立、公立厕所的管理,但在接管初期,京师内、外城街巷所设厕所依然"多未能认真粪除,秽气熏蒸,行路掩蔽",这种状况"既碍观瞻且易发生疫疠",因此京师警察厅对厕所卫生进行了专门整理,并制定了《管理官立公立厕所规则》。⑥

此规则规定了京师警察厅在厕所卫生事项上应做的工作,具体包括:(1)厕所内外应由该处清厕夫、粪夫及土车夫等随时扫除,不得堆积污秽渣滓;(2)厕所内每晚宜备置灯支,方便居民夜晚如厕;(3)厕所内墙垣不得有坍塌污秽;(4)用砖石或洋灰砌成的厕所应常用水洗涤;(5)掘地为池的厕所前

---

① 《京师警察公报》,《京师警察厅训令》1927年10月10日,第2版。
② 《文牍·公函·函师警察厅筹商取缔粪业及改良粪车请见复由》,《市政通告》(季刊)第6期,1922年,第3页。
③ 吴廷燮纂:《北京市志稿·民政志》,第231~231页。
④ 杨米人等著、路工编选:《清代北京竹枝词:十三种》,第127页。
⑤ 《恶势力和怪现象》,《晨报》1925年9月16日,第7版。
⑥ 《管理官立公立厕所规则》,《政府公报》第427号,1917年3月20日,第5~6页。

面宜敷设砖石,以便立足,并应将池掘深,避免便溺外溢;(6)厕所每日应由该处清厕夫及粪夫于清晨及正午扫除两次,并用石灰末撒布周围,消除秽气;(7)粪夫除粪时,所有尿池积尿均须用桶挑运,不能将粪尿泼洒厕所内外。此外,如厕之人也应注意保持厕所卫生,不得在粪坑尿池外便溺或在尿池内大便。为使规定得到落实,京师警察厅还派稽查厕所人员"随时向该管厕所内外时加巡视",如发现有违反规定者,轻者立加申斥,重则按照《违警罚法》第49条规定处以5元以下的罚金。①为使市民和清理厕所各粪夫等知晓此项规定,京师警察厅还将此项"管理规则择要悬示,俾资遵守"②。

　　警察人员有限,"为力求清洁,注重卫生起见",京师警察厅把管辖的官立、公立厕所交由各粪夫包租,按月纳捐。其包租厕所的粪便,统归粪夫售卖,旁的粪夫不得来此厕所偷粪。偷取他人经管厕所内的粪便,经查实确有实据者,"可由准本人扭控于该管警察署迅明罚办"。粪夫售卖粪便可得盈利。为规范粪夫包租厕所行为,京师警察厅要求承租厕所各粪夫,应首先向该管区署声明,并"取具妥实保结",听候批准,并规定了统一的承包价格,头等厕所月纳2元,次等1元。租款应按期缴纳,不能迟延拖欠,违者追缴后即行革退。承租的粪夫,应按照京师警察厅的要求对厕所勤加打扫,要"把那厕所洒扫的干干净净的"。京师警察厅把厕所包租给粪夫后,对承租人负有管理监督之责,由各区署巡官长警对所管地段厕所进行稽查,如发现管辖厕所不干净,就报告到区署,对承租粪夫进行相应惩罚。③"夏日厕所卫生尤为重要",其"不净之处最易发生瘟疫",京师警察厅卫生处专门派卫生巡警对各区厕所"详细查考",并把考察情形报回卫生处,对不注意厕所卫生的主管区署进行惩办。④

---

① 《违警罚法》,蔡鸿源主编:《民国法规集成》第14册,第33页。
② 《内务部训令》,《政府公报》第427号,1917年3月20日,第5页。
③ 《规定厕所租价》,《晨报》1917年9月3日,第6版;《京师警察厅管理粪业简章》,《政府公报》第1044号,1915年4月5日,第34页;李幽影:《北京劳动状况》,《新青年》第7卷第6号(劳动节纪念号),第20页。
④ 《卫生处饬查厕所》,《晨报》1918年6月21日,第6版。

北京几乎所有的厕所都是由京师警察厅建立，甘博对北京进行调查时，北京共有528所公共厕所，京师警察厅每月从这些包租的厕所可得超过700元以上的租金。①这些租金对于改善京师公共卫生来说作用显然有限。为引导北京市民养成良好的公共卫生习惯，减少随地便溺行为，京师警察厅在自身资金有限的情况下，通过多种方式筹设增加新厕所。其中，1918年外右五区在天桥兴建的厕所比较有代表性。1918年时，由于天桥游客和商民日多一日，原有厕所已不能满足需要，外右五区为保证天桥公共卫生，筹设建立两座模范厕所。因无多余资金，京师警察厅面向社会征集，其具体做法是：由外右五区负责规定厕所的做法，绘具图式，建筑费由承领厕所者承担，建成后该厕所及扫除粪污均由该承领人主管，作为回报，该承领人享有这两座厕所肥料的所有利益。京师警察厅9月16日进行公开招标，一个月后，由在天桥做生意的王柄林以1500元中标。②除向社会公开招标外，京师警察厅各区署还积极向绅商进行劝募，由绅商捐助工料和公款修建公共厕所。③在京师警察厅的努力下，北京公共厕所的数量有了明显的增加，到北洋政府结束时，"公共厕所虽然是不够用，却还是到处都有……这些马路附近的厕所，道上的行人都能看见"④。

　　厕所的建造只是给保证城市公共卫生提供了一个基本的物质基础，怎样保持厕所清洁，把厕所的粪尿运输出去，便成了紧接着的另一个重要问题。

　　长期以来，京师普通居民家中很少修建厕所，而公共厕所状况又很不好，久而久之，京师居民便养成了随地便溺的恶习。受环境影响，外地人到北京生活一段时间后，也习以为常了。这种恶习存在时间长久，在不少京师居民心中

---

① [美]西德尼·D.甘博：《北京的社会调查》（上），第117~118页。
② 《外右五区警察署民国七年开办天桥临时市场来往文件收支租款报告书》，北京外右五区警察署编：《外右五区警察署办理天桥等项民国七年收支各款报告书》，出版机构不详，1919年版。
③ 《阜外关厢添置洒水车建筑厕所——警署劝办绅商赞襄一为清洁道路二位注重卫生》，《京师警察公报》1927年5月22日，第4版；《整理清洁勤修公益厕所——经王署长分署长督催巡官长光裕等劝办》，《京师警察公报》1927年6月10日，第4版。
④ 余协中：《北平的公共卫生》，李文海主编：《民国时期社会调查丛编》（社会保障卷），第338页。

已成自然，以致到民国后，虽增加了厕所的修建，注重了厕所的清洁，京师警察厅也加强了对民众的宣传，但因"商民程度不齐"①，积习难改，仍时有市民在"道旁墙阴处所任意便溺"②，恶劣者还有市民在街心甚至行人路边随意便溺。

随地便溺已成为北京居民的生活习惯，要想根除还须依靠居民的自觉，但长期养成的习惯很难在一时之间完全改变。京师警察厅要求各区署巡警"应先妥慎劝诫"，如执意不听，再照章进行罚办，"务使商民人人自重"。③劝导对于改变此种恶习往往收效甚微，京师警察厅只能要求各区清道夫对厕外的便溺多加清扫，同时要求各区署巡警加强对随地便溺行为的惩处。④按京师警察厅的规定，凡随意在街道上大小便者，一般罚洋1元。⑤但这项规定在实际执行过程中往往会遇到困难，一是因为居民养成习惯，对于警察的干涉不理解，更不配合，甚至还有巡警在制止此种行为时遭到行人的辱骂⑥；二是巡警对此种行为见怪不怪，认为并无什么大碍，遇见时也装作看不见，甚至巡警自己也随意小便。⑦

对公共场合遗留下来的便溺进行清理主要是由各区署清道夫负责，而居民家中的粪便却是由专门的粪夫来进行收集。除了收集粪便，粪夫也负责对居民家中厕所进行打扫。"京师粪夫，由来已久，其初散漫，略无挟制。"但到1906年（光绪三十二年），粪业人在京成立了肥业公会，负责对北京粪业进行管理。⑧清末以前，粪夫为谋利，各自划分区域，对于这种情况，官府并未追究，

---

① 《警厅严禁赤膊——并令注意公共卫生》，《晨报》1926年8月10日，第6版。

② 《警察注意清洁道路》，《晨报》1925年10月4日，第6版。

③ 《警厅严禁赤膊——并令注意公共卫生》，《晨报》1926年8月10日，第6版。

④ 《张某在通衢便溺拘罚》，《京师警察公报》1927年11月29日，第4版；《京师警察公报沿街撒尿罚金一元——撒尿者小桃园茶室毛伙》，《京师警察公报》1927年2月5日，第3版。

⑤ 《一个筹款方法》，《晨报》1925年12月11日，第6版。

⑥ 《警察持刀砍人》，《晨报》1926年5月4日，第6版。

⑦ 《警察也在街上随意小便》，《晨报》1922年7月5日，第7版。

⑧ 吴廷燮纂：《北京市志稿·民政志》，第235~236页。

直到清末最后的时间,政府机构才开始介入粪业的管理。民国以后,京师警察厅对粪业的管理有所加强,并制定了《管理粪业简章》,要求开设粪厂者应将厂址、厂主姓名以及同业三家保结等禀报京师警察厅,由京师警察厅查明情况后发给执照方准开业。①

　　北京人口增多,原来住户稀少的地带在北洋政府时期也逐渐繁盛了起来。如宣武门外南下洼子一带、黑窑厂四平园一带,原先"地势荒僻,住户稀少",有粪厂21家,统由警察厅征收捐款。但到20世纪20年代左右,此处附近住户"日见繁多",粪厂卸粪晾晒,"与卫生大有妨碍",②甚至还出现过粪厂晾晒稀粪过多,差点淹死儿童的情况③。粪厂运粪、晾粪秽气冲天,影响卫生,也于附近居民生活大有影响,为此附近居民60余家,联合呈请京师警察厅要求将粪厂迁出城外。京师警察厅总监朱深"为注重卫生,保持清洁起见",在城外为各粪厂寻觅合适地点,命令该处主管外右五区署,"限日劝令各粪厂一律迁出城外,不得延宕"。此次限令迁移,遭到了各粪厂的强力抵制,几经波折,经过京师警察厅的强制执行,各粪厂最终还是迁到了城外。④京师警察厅经过不断努力,终于在20世纪20年代末,把粪厂基本都迁到了外城。⑤即使在外城,京师警察厅也要求各粪厂注意公共卫生,其存晾粪物应在京师警察厅指定的地点,不得在厂外任意摊晒。⑥

　　相比较对粪厂晾晒粪便的管理来说,对粪夫应注意的卫生事项管理较难掌控。粪夫是把粪便从居民家中运出去的直接执行者。每天清早,粪夫挨家挨户收集粪便,再把粪便运至城外。⑦居民要依靠粪夫来家中运走粪便,粪夫便

---

① 《京师警察厅管理粪业简章》,《政府公报》第1044号,1915年4月5日,第34页。

② 《昨天粪厂罢业》,《晨报》1925年5月10日,第6版。

③ 《儿童几被粪淹》,《晨报》1918年6月16日,第6版。

④ 《昨天粪厂罢业》,《晨报》1925年5月10日,第6版;《粪厂又闹风潮》,《晨报》1925年7月24日,第7版。

⑤ 林几:《对北京市政卫生改良之管见(二)——是有望于卫生委员会者》,《晨报》1928年4月10日,第7版。

⑥ 《京师警察厅管理粪业简章》,《政府公报》第1044号,1915年4月5日第34页。

⑦ [美]西德尼·D.甘博:《北京的社会调查》(上),第116页。

显得很重要,虽然粪夫与居民已就费用达成了一致,但"若是住户稍有惹恼了他,便能两三天不来打扫厕所,弄得臭气满庭"①。粪夫便经常摆架子,并动不动就加钱和要钱,市民若是说半个不字,他便不辞而去,无形罢工,给市民生活造成不便,也影响了京师卫生。②

粪夫影响公共卫生更甚的还是粪便的运输过程。运输的起点是粪夫把粪便从居民家中收集出来,"他们一肩扛着粪桶,一肩背着粪抄,每日至各家挖厕所及倾倒马桶。粪桶充满了,他们便倾入土车上能容50咖伦的藤筐中。为方便的缘故,他们把粪车停放在一个合适的地点,俟装满后,才推出城"③。因要集中运输,有时粪夫把收集的粪便暂时存储在某处,但粪夫"所存储大粪之处多与人家接近"④,影响卫生;粪夫一般是在独轮车上置一藤筐装运粪便,"荆筐或遮盖不严秽物外溢,或并无掩盖尤为触鼻"⑤,此种粪车"通行市街,污秽触目,臭气扑鼻,非但有碍卫生,抑且减损市上美观"⑥。

针对粪车装运过程中出现的有碍公共卫生之状况,京师警察厅制定了相应取缔措施,具体内容为:(1)地点。粪夫应"选择旷野地点存储"⑦粪便,"不准在城里头集存粪,随时打扫"⑧。(2)时间。粪便随时运出城外,但必须于早11时以前晚6时以后行人较少之时始准推运。⑨粪夫刷倒各户便桶,亦须于上午11时以前,不得逾越。⑩(3)路线。粪夫运粪不得在马路及热闹地方行

---

① 《北京之五夫》,《晨报》1926年11月2日,第6版。
② 《拉屎问题(小时论)》,《晨报》1925年8月16日,第7版。
③ 余协中:《北平的公共卫生》,李文海主编:《民国时期社会调查丛编》(社会保障卷),第338页。
④ 《取缔粪夫办法》,《晨报》1918年5月30日,第6版。
⑤ 《文牍·公函·函京师警察厅筹商取缔粪业及改良粪车请见复由》,《市政通告》(季刊)第6期,1922年,第4页。
⑥ 《处置粪车之办法》,《晨报》1919年11月21日,第6版。
⑦ 《取缔粪夫办法》,《晨报》1918年5月30日,第6版。
⑧ 李幽影:《北京劳动状况》,《新青年》第7卷第6号(劳动节纪念号),第18页。
⑨ 《取缔粪夫规则》,《晨报》1918年6月16日,第6版。
⑩ 《京师警察厅管理粪业简章》,《政府公报》第1044号,1915年4月5日,第34页。

走。①但遇不能绕越,必须经行马路时,得由该管警察署特许②,并指定"阜成门及朝阳门之南关一城洞专为粪车出入之路"③。(4)工具。装粪工具如粪筐、粪桶必须盖盖④,且粪桶"上车后,必刷洗清洁,方准推行"⑤。

京师警察厅和市政公所制定了取缔措施,但在实际推广执行的过程中却遭遇了种种困难和阻挠。1914年,京师警察厅"就曾倡议改良粪具,但议而未行"⑥。1916年市政公所又有改良运输工具的提议,但"以事中缀"。⑦《晨报》上也记载:有一次,京师警察厅"同粪厂主商量,打算命粪夫制一种盖子,将桶盖起,免得臭味遍布,有碍卫生,谁知粪夫竟严词拒绝,并大罢工数日,当局无奈,只得取消原议,向粪夫赔罪,于是粪夫才复工"⑧。到1925年,京师南城方面开始改制木桶代替荆条框,还用单轮推车运输,但"推行仍觉费力"。⑨1926年,京师警察厅和市政公所才在全城推行将粪筐改为有盖木桶。⑩

对粪具的改良阻力重重,要求粪夫运送粪便过程中注意公共卫生的规定执行起来也很困难。粪夫运输粪便使用的粪筐、粪桶"多是没有盖掩,沿途不免有粪溅出,警察对之亦是无可如何"⑪。即使有警察人员发现粪流满地,臭气

---

① 《取缔粪夫规则》,《晨报》1918年6月16日,第6版。
② 《京师警察厅管理粪业简章》,《政府公报》第1044号,1915年4月5日,第34页。
③ 《处置粪车之办法》,《晨报》1919年11月21日,第6版。
④ 李幽影:《北京劳动状况》,《新青年》第7卷第6号(劳动节纪念号),第18页;《市政公所限制粪车》,《晨报》1926年3月8日,第6版。
⑤ 《市政公所限制粪车》,《晨报》1926年3月8日,第6版。
⑥ 《社会杂相述闻》,全国政协文史资料委员会编:《文史资料存稿选编精选》第10册,中国文史出版社2006年版,第133页。
⑦ 《文牍·公函·函京师警察厅筹商取缔粪业及改良粪车请见复由》,《市政通告》(季刊)第6期,1922年,第4页。
⑧ 《北京之五夫》,《晨报》1926年11月2日,第6版。
⑨ 《社会杂相述闻》,全国政协文史资料委员会编:《文史资料存稿选编精选》第10册,第133页。
⑩ 《市政公所限制粪车》,《晨报》1926年3月8日,第6版。
⑪ 余协中:《北平的公共卫生》,李文海主编:《民国时期社会调查丛编》(社会保障卷),第338页。

四溢,上前拦阻,不对其进行处罚,仅要求粪夫将其打扫干净,粪夫也态度强硬,不情愿打扫。①正因粪夫"藉端把持,积习已久"②,京师警察厅和市政公所对粪夫的各项管理一直未取得良好效果,到1927年,仍有"粪夫每日赴铺住各户掏粪,或稽延是日、勒索钱文,或把持粪道、任意居奇,甚或不法之行为",致使"居民啧有烦言,报纸屡次指摘"。京师警察厅认为"若长此放任,殊非保持公安之道",遂决定加大对粪夫的管辖力度,发给粪夫许可证及木牌,以便控制。许可证等项"概不收费",同时"各该区署官长务各详细晓谕,免滋误会而肇事端"。③事实上,在此之前,京师警察厅和市政公所为规范粪夫行为,也采取了不少行动,如饬令各区署路段巡官长警按户通知铺住各户,遇有粪夫"把持刁难之时,即行报警,揪区重办"④;严格要求巡官长警对过往粪车按照前述取缔措施执行,如发现"长警不加干涉,一经查觉,除将该巡守长警严行惩处外,并惟该管署长是问"⑤。

至京师警察厅改为北平市公安局时,京师粪业仍存在诸多有碍公共卫生的事项,但经过京师警察厅不断努力,到1928年上半年,北京粪厂"刻已迁在城外","以车运粪,招摇过市,臭气熏天"现象也在"街中颇少"了。⑥

(三)沟渠疏通

北洋政府时期,"北京市政机构认为可靠的排放污水网络对公众健康和北京的正常运作至关重要,遂在承担街道清扫和维修责任的同时承担起负责排放污水管道的责任"⑦。北京的排污系统与北京城本身一样古老,北洋政府时期仍在发挥作用的污水沟渠有很大一部分是明朝修建的。明式沟渠系统使用青砖和石板作为基本的建筑材料,高度和宽度皆不过3至4尺,主要是为排

---

① 《警察打倒粪夫》,《晨报》1926年7月25日,第6版。
② 《警厅取缔水夫粪夫》,《晨报》1927年7月17日,第7版。
③ 《京师警察厅训令》,《京师警察公报》1927年12月6日,第2版。
④ 《警厅取缔水夫粪夫》,《晨报》1927年7月17日,第7版。
⑤ 《京师警察厅训令》,《京师警察公报》1927年8月21日,第3版。
⑥ 林几:《对北京市政卫生改良之管见(二)——是有望于卫生委员会者》,《晨报》1928年4月10日,第7版。
⑦ 史明正:《走向近代化的北京城:城市建设与社会变革》,第102页。

放雨水设计的,无法容纳大量的污水。在历史上,这种排污系统曾起过非常重要的作用,但随着城市人口的迅速增长,污水量达到史无前例的水平时,容量有限的地下沟渠便成了十分严重的城市问题。这些沟渠使用时间长久,而修理又很受限制,致使部分沟渠老化,失去了排污作用。据甘博估计,除了河道,北京的污水渠总长度约为145英里。① 这一时期排污问题严重的另一个重要原因还在于沟渠的设计是为排放污秽液体,不能容纳固体垃圾,但长久以来,不少市民养成习惯,将废水随便泼洒在街道上,而将固体垃圾倒入污水管道,结果造成沟渠的堵塞,使沟渠的清理工作更困难。种种原因加速了民初北京城市排污系统的崩溃。②

20世纪初期,前来北京参观的游客最为不满的是两件事,即灰尘和臭味。灰尘来自北京许多未加铺设的街道,臭味则是来自污水沟渠。③ 对游客来说,北京城的臭味虽很可恶,他们也只是暂时忍受,而对长期生活在北京的商民来说,"沟渠之修理及建筑所关至重","凡商民日用之水量,夏冬雨雪之水量,以至营业制造排泄之水量,均以沟渠为尾闾,宣泄不畅,滞积甚虞",④ "每值大雨时行,沟水泛滥,一遇夏令,秽气蒸腾,有害卫生",不仅沟渠"附近居民均以为苦",⑤ 全城居民都深受其害,一些营业和机构也受其影响。如1926年8月21日夜晚,北京暴雨如注,只半个小时,各条马路上已有水满之患,严重者竟积水一尺左右,这种情况"系沟道泄水不畅所致"。来往车辆和电车公司电车等行驶都很困难,马路经过雨水长时间的浸泡"亦受损甚巨"。⑥ 北京有多处沟渠,"久未掏挖,淤塞不通",大雨不仅致使马路积水,影响交通,还会导致许多

---

① [美]西德尼·D.甘博:《北京的社会调查》(上),第116页。
② 参看史明正:《走向近代化的北京城:城市建设与社会变革》,第102~107页。
③ 史明正:《走向近代化的北京城:城市建设与社会变革》,第116页。
④ 京都市政公所编:《京都市政汇览》,第467页。
⑤ 《电车公司致外左四区警察署》(1925年8月24日),北京市档案馆、中国人民大学档案系文献编纂学教研室编:《北京电车公司档案史料》,第107页。
⑥ 《公函·函京师警察厅为电车公司请掏全城各路水道以利交通》,《市政月刊》第8期,1926年8月,第19页。

沟渠附近房屋潮湿,"甚且浊气薰人,殊于卫生大有妨碍"。①

解决北京城市沟渠排污问题的根本途径是对沟渠进行全面整修,这种解决方法在当时情况下显然有很大困难,京师警察厅和市政公所只能从多方面着手。其中一个方面就是从对居民劝导入手,以期使其养成良好的倾倒秽水和固体垃圾的习惯。

排水沟附近的很多住户房屋都和污水管道连接,以便雨后能够迅速将院落中的积水排出去。街道设置的下水口能够排放路面的积水,没有和沟渠接通的住户可以通过它排走自家的污水。通常是各家用木桶将废水收集起来,再运到户外倒入街边的污水沟。但不少市民为省事,将废水直接倒在街道上,而不是将废水倒入污水沟内。这使街道肮脏不堪,行人难走。为此京师警察厅多次要求市民将废水倒入污水沟,不得泼洒在街上。②粪夫也被限制将粪水秽水倾倒在指定沟眼内。③

因临近的公共沟渠堵塞,或者没有和公共沟渠接通,从清末开始,每年春夏之交,北京市民就多"或修暗沟以通官沟,或掏旧沟、筑明沟以资宣泄",但这些行为"率皆自由建造",政府"不加干涉",因此市民多根据自己需要,没有统一标准,结果所造沟渠"往往容量不足,积水难泄,侵及临近墙宇街道,阻断官沟,甚至臭味外达,有碍卫生"。④市政经费有限,沟渠问题又很严重,为改善公共卫生状况,京师警察厅和市政公所因势利导,鼓励北京市民修筑和掏挖沟渠,但鉴于之前市民的此种行为没有规范,有时反而会适得其反,在1914年就制定了《京师警察厅公修沟渠简章》,首先规定,凡欲建筑新沟或掏修旧沟者,无论独资、集资,应先由本人或发起人拟定办法呈请警察官厅立案再行办理。为鼓励市民建筑新沟或掏修旧沟,京师警察厅给予大力协助。在市民兴工时如所募工人不敷工作时,京师警察厅会根据情况"酌拨沟工队及挑选贫民

---

① 《公函·函复北京邮务管理局掏挖户部街官沟业转函警察厅办理由》,《市政月刊》第8期,1926年8月,第25页。

② [美]西德尼·D.甘博:《北京的社会调查》(上),第116页。

③ 《京师警察厅管理粪业简章》,《政府公报》第1044号,1915年4月5日,第34页。

④ 京都市政公所编:《京都市政汇览》,第467页。

若干以助工作",如需要掏沟器具,也会把厅内官有器具"酌量拨用"。在市民兴工时"所有指挥车马、弹压工人及窄小胡同应行禁止交通等事"亦均由警察厅该管区署协助办理。另外,为引导市民积极修挖沟渠,京师警察厅还把公修沟渠的发起人、赞助人、其里居名氏、捐输数目等登载《内务公报》及《市政通告》上进行表扬。独自捐修在 500 元以上者,京师警察厅和市政公所召开市民公会,"赠予纪念物品,以彰荣誉"。捐修资金特别巨大的,京师警察厅呈请大总统给予奖励。①

随后,京师警察厅和市政公所在整理市政的过程中又于 1918 年 2 月颁布了《修正建筑管理施行办法》,规定市民建筑沟渠与兴修房屋一样,应由市民报该管区署呈厅,再由市政公所派员前往勘验,"视其与市政计划及临近房屋有无妨碍,分别准驳复厅"②。京师警察厅极力鼓励和支持市民修挖沟渠,在 1918 年一整年,北京全市经过呈报审批的修挖沟渠数只有 73 处,这其中,掏挖暗沟 46 处,添筑暗沟 6 处,掏挖官沟 2 处,接修官沟 19 处。③这组统计数字反映了利用民间资金修挖沟渠的大概情形。很明显,对于近百万人口的大城市来说,这些数字可以说是微不足道。这组统计数字也显示出,即使出资修挖沟渠,市民也首先是关注自家污水的排放问题,因为在总共 73 处中,掏挖和接修官沟只有 21 处。同时,从只有 73 处的统计数字中也能推测出,仍然有不少北京市民未经政府同意,继续私自掏挖或修筑沟渠,这对北京城市公共卫生来说并不完全是有益的。

京师警察厅和市政公所对民间修理沟渠的规范有助于沟渠的保护,也在一定程度上减少了对沟渠未经许可的使用,但是很显然,效果甚微。要想从根本上解决北京的恶臭问题,对沟渠进行大规模整修是不可避免的。作为修葺沟渠的前提性工作,必须要对北京城的沟渠现状进行全面调查。1916 年 9

---

① 《京师警察厅公修沟渠简章》,京都市政公所编:《京都市政汇览》,第 467~468 页。
② 《京师警察厅公修沟渠简章》,京都市政公所编:《京都市政汇览》,第 467 页。
③ 《七年度一月至十二月市民修建暗沟户数表》,京都市政公所编:《京都市政汇览》,第 469~470 页。史明正:《走向近代化的北京城:城市建设与社会变革》,第 116 页记述为"43 户是新安装家用下水道,仅 17 户是对公用沟渠进行修理"。此处统计数字与《京都市政汇览》原出处有误,疑似抄录错误。

月，市政公所对北京城的沟渠进行了全面的调查，京师警察厅和步军统领衙门进行了协助。调查发现，北京城只有不到10%的沟渠能够正常运转，而且这些沟渠大多数位于富人和有权阶层居住的内城；大约5%的沟渠已经完全废弃，因为多年来这些管道已被房屋和其他随意性的土地使用行为所破坏；绝大多数即85%的沟渠部分或完全被堵塞。①这意味着北京城处理废水和雨水的机制几乎已停止运转，沟渠的最初功能已经废止，反而成为延长的污水池。这也难怪北京城的公共卫生受到多方责难。

因水源匮乏、资金限制、技术落后以及别的一系列问题，采用西方先进的污水排泄方法显然超出了当时政府的能力。但对沟渠的整修却迫在眉睫，根据情况，选择性地进行整修成为当时比较现实、较为可行的办法。市政公所认为如改善全城沟渠，必须先修各干道。北洋政府批准了市政公所这一提议，并调拨了专用资金用于三大沟渠工程的维修。这三大工程为：内外城之间的护城河内城西部的大名壕沟和外城的龙须沟。除了这三大沟渠工程，不少地方性的小型的沟渠也应清理和维修。对沟渠小规模的修理由京师警察厅和市政公所共同负责。从1916年开始，市政公所每年拨出7000元资金资助沟渠的修理和建设②，京师警察厅沟工队负责具体工作。

警察厅沟工队成立于1913年7月③，"原系收养贫民性质"④，主要的工作是将沟渠内的淤泥挖掘和清理出去，在沟渠内修筑砖墙，以减少坍塌和垃圾淤积。京师警察厅出动沟工队主要有两种情况，一是应市政公所的要求出工。如1917年夏，北京大雨数日，"内、外城沟渠坍塌淤塞之处甚多"，市政公所派员分区调查后，请京师警察厅按照调查结果"派拨工人前往掏挖修理"。⑤另外，市政公所接到商铺住户掏挖沟渠呈请后，也会转请京师警察厅派沟工队

---

① 《北平特别市工务局工务特刊》，第88~119页，转史明正：《走向近代化的北京城：城市建设与社会变革》，第117页。

② 京都市政公所编：《京都市政汇览》，第569页。

③ 蔡恂：《北京警察沿革纪要》，第61页。

④ 《公函·京师警察厅函为函开电车公司请掏各处沟渠除派工掏挖外函复查照由》，《市政月刊》第8期，1926年8月，第27~28页。

⑤ 《公所派员查沟渠》，《晨报》1917年7月29日，第5版。

出动到相应地点。如 1926 年 8 月,北京邮务管理局呈请市政公所掏挖户部街官沟,市政公所把此呈请转给京师警察厅,由警察厅派沟工队前去掏挖。①另一种情况是应市民的直接要求出工。如 1918 年 6 月,安定门内大方家胡同一带,沟渠年久失修,异常淤塞,影响附近住户卫生,所管内左三区警察署根据各住户的请求,派沟工队进行掏修。②京师警察厅沟工队进行的都是小规模的沟渠整修,但也颇有成效。仅 1917 年,沟工队就整修明暗沟渠 59 处,总长度计 12 907 丈(约合 25 英里);1918 年掏挖、修砌沟渠 77 处,总长度计 9826 丈(约合 19 英里)。根据情况,每次出工人数从 10 人到 100 人不等。③从这两年的统计数字可以看出,京师警察厅沟工队出动人数和次数都比较多,取得的成绩也很可观,但到北洋政府后期,由于京师警察厅资金受限和"军事关系拨调修垫"等原因,沟工队"不免消形停顿",④这在一定程度上对京师沟渠的整修工作产生不利影响。

从 1900 年至 1930 年的 30 年间,北京共实施了 449 条沟渠的修理工程,其中从 1916 年至 1925 年,所修沟渠占总修沟渠的 52.6%。至 1930 年,北京将近 80%被淤塞的沟渠恢复了正常营运状态,这与 1916 年市政公所调查时的情况相比,无疑是一个巨大的进步。⑤由于市政公所和京师警察厅对沟渠的改造和整修,北京的空气比之前较为清新。沟渠的整修与其他公共卫生建设,如传染病控制、街道清洁等共同改善了北京城的城市卫生状况,使得传染病和其他疾病对公众健康发生威胁的机会明显减少。一位旅行者在 1923 年写道:"10 年前到过北京的人或许对这个城市当时破敝不堪的景象仍历历在目。街道上布满了污泥……河流像污水沟一样散发出难闻的气味。卫生的概念尚不为人

---

① 《公函·函复北京邮务管理局掏挖户部街官沟业转函警察厅办理由》,《市政月刊》第 8 期,1926 年 8 月,第 25 页。

② 《呈请掏修沟道》,《晨报》1918 年 6 月 2 日,第 6 版。

③ 吴廷燮纂:《北京市志稿·建置志、前事志》,第 305~318 页。

④ 《公函·京师警察厅函为函开电车公司请掏各处沟渠除派工掏挖外函复查照由》,《市政月刊》第 8 期,1926 年 8 月,第 28 页。

⑤ 史明正:《走向近代化的北京城:城市建设与社会变革》,第 122~123 页。本小节未注明处多参考史明正:《走向近代化的北京城:城市建设与社会变革》,103~127 页。

所知。"但是他马上接着说:"如果10年前到过北京的这个人今日重访北京,他会感觉自己到了一个完全不同的城市,他简直无法把北京与昔日那个老城市联系在一起。"①从外人的角度来观察北京,虽不那么深入,也许还有所夸大,但其所发现的最外在的变化还是能说明些许问题:北京的环境卫生在北洋政府时期确实得到了某些改善。

二、医疗卫生:"提倡之中加以限制"

清末以前,普通北京人看病没有专门的医疗机构,一般是到医生家中或开设的医馆看病,有钱人家也可请医生到家中。医生都是中医,无医生考核制度,医生的从业资格和等级分类没有明确的规定和限制,以致造成传统北京医疗队伍参差不齐。这种状况一直延续到京师近代警察制度建立才发生大的改变。北洋政府时期,在清末医疗卫生发展的基础上,京师警察厅和市政公所继续从医疗机构、从业人员以及药商管理等多方面进行改进和规范。

(一)医疗机构

"诊疗机关与社会健康关系甚巨,是以东西各国莫不于提倡之中加以限制,使有进步而无流弊。"②当时北京的医疗机构主要分为京师警察厅辖属的内、外城官医院和社会上设立的公、私医院两类。

"中国历来无医院"③,清末始有中国人自己设立的医院。1906年(光绪三十二年)、1908年(光绪三十四年),民政部奏设成立内、外城官医院,1909年(宣统元年)交内、外城巡警总厅管理,后归京师警察厅指挥监督。④内、外城官医院是中国政府在北京设立的最早面对普通民众的官方医疗机构。内、外城官医院初设时,清政府规定其纯属官立性质,所有到院诊治病人除住院诊治

---

① 周建英:《北京城的公共工程》,《中国社会与政治科学评论》(1923年),第102页,转史明正:《走向近代化的北京城:城市建设与社会变革》,第15~16页。
② 《京师警察厅训令》,《京师警察公报》1928年1月8日,第2版。
③ [日]服部宇之吉等编:《清末北京志资料》,第452页。
④ 《内外城官医院规则》,《政府公报》第272号,1916年10月6日,第23页。

者须纳饭食费外,"概不收费"①,京师警察厅接管后,延续了此项规定。清末,内、外城官医院设立后,"于卫生大有裨益,人皆称便",时人有竹枝词称赞:"一从新立官医院,大益人民在卫生。不见荒榛与沟堑,果然沧海有时平。"②

京师警察厅接管内、外城官医院后,设院长一人,由京师警察厅卫生处处长兼任,管理员、医长、医员由院长呈请警察厅派充,其经费按月由厅请领。1917年,京师警察厅拨付内城官医院经费30 974元,外城官医院经费29 960元。③京师警察厅接管后,对内外城官医院开诊时间、病房卫生等方面进行了进一步的规范。内、外城官医院开诊时间一年分为两个时间段,具体为3月1日起每日上午7时至12时,9月1日起每日上午8时至12时。星期日及每日停诊后有值班医生在院,以便随时处理急剧病症,如病情严重不能到院诊治也可经由厅区"电请医员赴诊"。由警察厅各区署或各官署送往内、外城官医院诊治的无依病人或受伤人住院医治所需饭食费用由原送各署承担。由于内、外城官医院属于官立性质,在遇见特殊情况时,警察厅也承担部分病人饭食费用。住院死亡者如无亲属具领葬埋,由警察厅发给棺木送往外城埋葬,并确立标记。为保证住院病人的卫生和休息,警察厅加强了病房管理,要求每日清早、午后洒扫两次,不得于痰盂外任意涕唾,被褥稍有污坏应即洗涤,不得高声喧嚷,每晚10时一律熄灯等。④

内、外城官医院设立后,由京师警察机构"派拨巡长、巡警数名常川驻院守卫"⑤。1917年,京师警察厅派驻内城官医院巡长、巡警6名,外城官医院13名,⑥负责两处官医院的守卫巡逻事项。内、外城医院一设立就取得了较好的成效,据统计,在最初开办5个月里,就医者达到三四万人,徐世昌称:"考之舆论,咸谓该监督等择方审慎,用药精良,务体人情,不染官司,是以就医愈众,全济愈多,受诊之人以辩证之明,起疴之速,且有登报致谢者,此医院

---

① 《内外城官医院章程》,田涛、郭成伟整理:《清末北京城市管理法规》,第103页。
② 杨米人等著、路工编选:《清代北京竹枝词:十三种》,第126页。
③ 《警察经费》,京师警察厅制:《京师警务一览图表》。
④ 《内外城官医院规则》,《政府公报》第272号,1916年10月6日,第23~26页。
⑤ 《内外城官医院章程》,田涛、郭成伟整理:《清末城市管理规则》,第108~109页。
⑥ 《警察配置》,京师警察厅制:《京师警务一览图表》。

开办渐著成效之实在情形也。"①京师警察厅接管后,开设医疗种类更为丰富,每月就诊人数有所增加,以1918年5月统计为例:内科4217名,外科2794名,妇科2182名,儿科2141名,眼科569名,耳科275名,喉科115名,花柳科97名,共计12 390名。②在京师警察厅的管理下,内、外城官医院"于兹数载,贫民颇以为佳"。1921年,京师警察厅又进行了改革,两所官医院"改为完全不要钱",仅收取少量挂号费。③1924年京师警察欠薪问题也波及了内、外城官医院,警察总监薛之珩恐中西医员"以积欠薪俸为辞,不肯到差,以致贫民有病,无人医治,医院等于虚设",亲自到内城官医院抚慰鼓励,并"谓行医系属慈善事业,虽说薪俸不足,亦当体念穷病人之苦,万不可因噎废食,致失……救济贫民之本旨"。④在京师警察厅的管理和重视下,内、外城官医院在未合并⑤前受到时局影响较少,前往就诊人数一直呈上升趋势,至1927年3月,每日诊治人数已达600人左右,如3月3日这一天,内城官医院中医诊治142人,西医诊治192人;外城官医院中医诊治73人,西医诊治188人。⑥按平均数计算,这比1918年5月的诊治人数增加了近一倍。

北洋政府时期,面对普通人看病的公私医疗机构增多,且"中外参半","无取缔规则,难免流弊滋生,亟宜防范",⑦京师警察厅在注意直辖内、外城官医院管理的同时,也开始规范社会各种公私医疗机构的审批、设立和开诊等事项,制定了《京师警察厅取缔公私立医院规则》。取缔规则规定,在京师地面开设公私立医院须将下列各项禀报警察厅,警察厅批准发给证书后始准设立:(1)院长、医生、药剂师、看护产婆等员姓名、年龄、籍贯、履历、毕业

---

① 《官医院渐著成效设法推广并将就医人数缮单具陈折》,徐世昌撰:《退耕堂政书》第7卷,第390页。

② 《呈报就医人数》,《晨报》1918年6月5日,第6版。

③ 《官医院添挂号费》,《晨报》1923年10月2日,第6版。

④ 《薛之珩调查官医院》,《晨报》1924年4月4日,第6版。

⑤ 因经费支绌,欠饷严重,1927年8月,京师警察厅将内、外城两处官医院合并为一处。《京师警察厅训令》,《京师警察公报》1927年8月19日,第2版。

⑥ 《附载》,《京师警察公报》1927年3月6日,第3版。

⑦ 《取缔医院规则》,《晨报》1917年9月12日,第6版。

文凭及行医执照须呈验,如系聘用外人并须呈验合同;(2)医院的地址及房屋图式;(3)拟定该院章程;(4)该院现备诊治器械及药品的种类、数目。公立医院除前列各项外,并须将下列各项一并具禀警察厅:(1)总理及其他职员的姓名、年龄、籍贯、职业;(2)捐助开办经费常年经费数目;(3)募捐方法及收捐处所。在呈报开业各项中,医生的技术水平审查最为严格,如果允许"无学术的医生开设医院,实于人民生命大有妨碍",为慎重民命起见,京师警察厅于1921年加强了对开设医院医生的限制,规定嗣后医生"倘非富有经验者,一律批驳,不准立案"。①设立分院或停止营业亦须呈报警察厅批准。1920年4月,外城官医院因西医诊治所就诊人数日见增多,准备添设一西医分诊所,也向警察厅进行了禀报。②警察厅批准给予证书时,公私立医院应交证书费10元,但具有慈善性质的医院予以免收。如1918年,瘟疫流行,中国红十字会为"保护贫民生命起见",在崇文门内设立救济贫民时疫诊疗所,呈警察厅批准时就可免交证书费。③

京师警察厅在规范公、私立医疗机构审批程序时,为保护民众权利和生命,重点对医院的诊治时间、费用和所开药方进行了限制:要求医院诊治的科目与门诊出诊时间及所收诊费、药费、手术费、住院费等必须在该院章程内详细规定,其诊费不得于原定数目外任意需索。所用药方必须两联单,医院、病人各存其一,药方单上必须将病人姓名、年龄、住址、病状、药剂用法等项分别注明,以备查考。医院每月诊治人数也应分科目列表禀报警察厅,遇有紧要传染病时亦应禀报警察厅或该管警察署。其刊登的广告只准据实记载,不得杂以诓骗浮夸之词。④

在公私立医院获准设立后,为对其进行监督,京师警察厅卫生处可随时派员前往对一些相关事项进行查验,在检查时尤为注意下列各项:(1)所用医生、药剂师、看护产婆等员是否与原报相符;(2)院内房屋设置及一切办法有

---

① 《地方近迅·严禁不学无术的医生开医院》,《京兆周刊》第19期,1920年9月10日出版,第25页。
② 《添设西医诊治所》,《晨报》1920年4月3日,第6版。
③ 《设立贫民诊所》,《晨报》1918年6月24日,第6版。
④ 《京师警察厅取缔公私立医院规则》,蔡鸿源主编:《民国法规集成》第26册,第44~45页。

无违反取缔规则;(3)手术、候诊、养病各室有无男女混杂及污秽不洁;(4)治疗方法及配制药剂有无不合;(5)有无暗行委任堕胎及其他医药上不法营业。另外,各警察区署对于所管界内公、私立医院亦可依职权或特别委任前往检查,检查时如认为有"紊秩序、害风俗及其他特别事件",可命该院院长设法整理,其情节较重者报厅核办,除负检查之责外,各区署对公、私立医院亦应"随时照料保护"。①1916年,京都市政公所在香厂设立仁民医院,警察厅便拨派巡警4名进行照料。②

(二)医疗从业人员

"医学一道,关系人生命。"③传统中国无医师制度及医师开业执照考试,充任医师者除一些读过医术、通晓医学大意者外,还有不少仅记病名、会写处方者便开业看病了,到清末时期,"医道之衰颓、医风之堕落,可谓已达极点"④,这种情况"难保无医学不慎误人病症情事"⑤。因此京师警察厅制定了取缔医生规则,并规定凡在京师警察厅所辖地界挂牌行医者应到警察厅呈请,听候考验批示,给予行医执照才准开业行医;在国内外医学专门学堂3年以上毕业者免考验,但须将文凭交警察厅呈验。北洋政府时期,"京中向例,非经警厅考验,不准挂牌疗病,以杜庸医杀人之弊"⑥。京师警察厅辖属的内、外城官医院医官也须"一律加以考试,合格者留任,其不合格者,一律撤差"⑦。一般情况下,警察厅每年都会根据呈报情况定期举行几次考试,并事先将考试时间、地点等相关信息布告通知,有时也会在报刊上登载。⑧报考时须携带四寸半身相片一张,填具姓名、年纪、详细住址以及所考医科,按照警察厅指定的

---

① 《京师警察厅取缔公私立医院执行细则》,蔡鸿源主编:《民国法规集成》第26册,第59页。
② 《仁民医院已开诊》,《晨报》1916年11月11日,第5版。
③ 《地方近迅·警厅甄别医官》,《京兆周刊》第17期,1921年8月27日出版,第23页。
④ [日]服部宇之吉等编:《清末北京志资料》,第446页。
⑤ 《订定试医条例》,《晨报》1918年6月30日,第6版。
⑥ 《警厅招考女医士》,《晨报》1924年7月28日,第7版。
⑦ 《地方近迅·警厅甄别医官》,《京兆周刊》第17期,1921年8月27日出版,第23页。
⑧ 《警厅考试医生》,《晨报》1923年5月4日,第6版。

时间报考,过期不录。①如 1918 年 1 月,有西医蒋维一等 6 名呈请考试,警察厅于 1 月 8 日在厅内对其进行了考试,②并在同月揭晓考试成绩,录取 5 人,被录取后 5 人按照要求还应到警察厅内进行复试。③警察厅举行的考试并无固定人数,依据报名人数而定,上文 1918 年 1 月 8 日的考试只有 6 人,而 1917 年 2 月 21 日举行的女医生考试则有 62 人④。

经过初试和复试考试合格的医生,被京师警察厅卫生处派到内、外城官医院实习一个星期,实习期满,考查其诊治病症、所用药品是否合格,由院长开具试诊成绩呈送警察厅,根据成绩可以胜任者发给执照,准其行医。⑤"中国女医甚少"⑥,"历来女界患隐疾者,多报无女医之惧"⑦,京师警察厅为改变这种状况,认为女医生"不但于妇女有益,而看香求神业即可无形消减"⑧,对报考女医生者"极力提倡"⑨。初为鼓励女医生报考,警察厅对其采取优惠政策,"准免发往医院试诊"⑩。后随着报考人数增加,招考的女医生也须到女子职业团等实习一个月,才能挂牌行医。⑪对于一些特殊的医科如骨科,京师警察厅对其考试资格的审查更为严格。警察厅认为正骨医生,必须熟悉骨骼,手术精通,方能行医。但北京有一些人仅恃药物,就再三呈请行医,警察厅特规定:"凡正骨医生,断非仅恃药力即有把握,嗣后如非专门及有经验医生、研究有素者,勿再虚言尝试,免费周折。"⑫

---

① 《警厅考试医生》,《晨报》1923 年 5 月 4 日,第 6 版。
② 《定期考试西医》,《晨报》1918 年 1 月 7 日,第 3 版。
③ 《考取医生揭晓》,《晨报》1918 年 1 月 24 日,第 6 版。
④ 《女医生考期已定》,《晨报》1917 年 2 月 20 日,第 5 版。
⑤ 《传领行医执照》,《晨报》1918 年 6 月 7 日,第 6 版;《分派大批医生》,《晨报》1918 年 6 月 30 日,第 6 版;《警厅医生揭晓》,《晨报》1918 年 12 月 17 日,第 6 版。
⑥ 《警厅考准之女医》,《晨报》1920 年 8 月 23 日,第 3 版。
⑦ 《警厅招考女医士》,《晨报》1924 年 7 月 28 日,第 7 版。
⑧ 《警厅考准之女医》,《晨报》1920 年 8 月 23 日,第 3 版。
⑨ 《警厅考准之女医》,《晨报》1920 年 8 月 23 日,第 3 版。
⑩ 《传领女医执照》,《晨报》1918 年 12 月 19 日,第 6 版。
⑪ 《警厅招考女医士》,《晨报》1924 年 7 月 28 日,第 7 版。
⑫ 《警厅注重医学》,《晨报》1921 年 11 月 20 日,第 7 版。

随着北京医生日渐繁多,京师警察厅认为其原定的医生考试条例"一切规定过于太宽,常此施行恐于医学进步有碍",便于1918年将医生考试条例加以修正,对于报考资格及考试科目"均取绝对严格主义"。①医生考试制度"一般庸劣医生虽嫌不便,然于人民生命实不啻增加一保障也"②。京师警察厅考试医生条例的施行取得了不错的成效,京郊大宛县也呈请京兆尹公署,要求效仿施行医生考试制度。在京师警察厅医生考试制度的严格控制下,1917年北京共有1098名医生,其中中医989人,西医109人。③

经过考试和实习获准执照的医生在领取行医执照时,每人应交执照费2元及半身相片一张。考准行医者所取得的行医执照并不是终身有效,应按照要求按季到警察厅进行审查更换。④这对医生来说是多了一层限制,但对患者来说却是多了一层保障。

行医者诊治病人是否收费,以及收费若干,也应先呈报警察厅备查。在诊治病人时应按照规定式样自备两联单,将年月日、医师姓名、病人姓名、年龄、药名、分量、用法等项详细填写,并自盖名戳,一联给病人,一联备查。如有药方不符医治,出现错误,经警察厅查实者,立即追缴其执照或停止行医。行医者每月应将诊治人数分治愈、转治、死亡三项列表报警察厅,遇有传染病或疑似传染病或中毒者时,当日就应呈报警察厅或该管警察署。停止行医时应将执照交回警察厅。如违背规定,警察厅分轻重按照《违警律》处罚或将其送司法衙门办理。⑤医生迁移或行医处所发生变化时也应在一定时间内呈报警察厅。超过期限迁移不报私自行医售药之人,一经查见,即撤销其行医资格。⑥

对于医生有碍诊治的其他事项,京师警察厅也会根据情况另行制定相关

---

① 《改定试医条例》,《晨报》1918年8月19日,第3版。
② 《订定试医条例》,《晨报》1918年6月30日,第6版。
③ [美]西德尼·D.甘博:《北京的社会调查》(上),112页。
④ 《饬医生更换执照》,《晨报》1917年8月26日,第6版;《行医执照更换》,《晨报》1918年6月13日,第6版。
⑤ 《京师警察厅取缔医生暂行规则》,蔡鸿源主编:《民国法规集成》第26册,第60页。
⑥ 《医生迁移须呈报》,《晨报》1916年12月5日,第5版。

政策。京师医生为病人开写药单常用铅笔,"笔画明了者,尚无遗误之事;潦草者,药铺每每辨认不清,误检药材,害人不浅",警察厅曾专门就此出示禁止,要求各区署认真查禁。①北洋政府时期,京师街巷门牌更换牌时房屋号数发生变化,医生原报居住地址可能会发生变化,京师警察厅要求各区署界内居住的医生查明执照上地址门牌号数与变化后的是否相符,如不符应即更换。②京师警察厅卫生处随时派员对医生是否遵照取缔规则、医生所开药方字迹是否清楚、医生有无冒名顶替及借行医执照在外诈骗等项进行稽查。③

(三)产婆

产婆,北京称之为"姥姥",又名"收生婆"、"稳婆"。充任产婆者,大都是无知的妇人,毫无一点产学(文字都不识),但"一般无知的愚人,信如天神"④。旧式产婆很少有人接受过现代接生法的训练,接生时用传统手法甚至借助迷信手段,常常致使产妇危险。"助产业务,关系妇婴生命,至为重要"⑤,原本早就应制定行业规则进行规范,但在民国以前的很长时间内一直没有统一的行业规则,仅靠产婆自身的约束。民国以后,有医院设立产科,但因旧式产婆存在时间长久,产妇生产多依赖产婆,此种状况短时间内很难改变。针对这种情况,京师警察厅因势利导,对产婆行业进行规范,在1913年改组伊始就制定了《京师警察厅暂行取缔产婆规则》。

取缔规则规定,凡是在京师为产婆营业者均须将其姓氏、年龄、夫或子姓名、籍贯、住址、保证、充当产婆年数、收费数目等项呈报警察厅,考核批准才能发给营业执照,并收执照费1元,超过一个月未领执照者,原案注销。1917年,在警察厅注册的产婆有140人。⑥未获警察厅所发执照不准充任产婆,违者罚办。经批准注册的产婆方能在门前悬挂木牌标志,一般上写"某氏收洗"、

---

① 《再禁铅笔开药单》,《晨报》1917年2月25日,第5版。
② 《饬查医生门牌》,《晨报》1918年4月30日,第6版。
③ 《京师警察厅稽查卫生事项规则》,蔡鸿源主编:《民国法规集成》第26册,第73页。
④ 《旧式产婆》,《晨报》1926年10月13日,第6版;李家瑞编:《北平风俗类征》(上),第180页。
⑤ 《京师警察厅训令》,《京师警察公报》1927年12月23日,第2版。
⑥ 《医士稳婆人数》,京师警察厅制:《京师警务一览图表》;甘博调查的稳婆数字为184人,其中包括16名外国人。见[美]西德尼·D.甘博:《北京的社会调查》(上),第112页。

"快马轻车"、"吉祥姥姥"等类字样。①移居时亦须呈报各出入该管辖警察署。歇业、外出或病故均须将执照缴销,老、废、疾、病等不堪任业者由警察厅主动追缴执照。所领执照不能卖与或赠送他人,如有损毁、遗失可以呈请补发。为保护妇婴生命,京师警察厅重点限制了产婆的下列行为:(1)非有特别重要事不得不应招请;(2)不得需索重资;(3)不得打胎;(4)不得危害产妇及生儿;(5)不得换掉、买卖男女婴孩;(6)有难产时须令本家请求医生,不得以非法下胎;(7)不得妄称神方及用其他俗传方药与产妇及生儿服食;(8)不得与产妇及生儿妄施针灸;(9)产奇形謍状时须呈报官厅,不得妄为处置;(10)不得宣布产妇之秘密隐私及挟持需索。凡产婆经手接取的婴儿须将其地址、门牌、户主、姓名、男女、出生月日及有无死亡等详细情况列表报给该管警察署,月终汇总呈报警察厅。按照汇总京师警察厅的统计,1927 年 1 月,京师地面产婆经手接取男女婴孩共计 153 名。②违反规则者,警察厅给予处罚或追缴执照。③

京师警察厅颁布的取缔规则在一定程度上对产婆行业进行了规范,但仍难改旧式产婆的传统接生手法,这是造成京师产妇死亡数字在北洋政府时期居高不下的主要原因。据甘博统计,1917 年有 325 名产妇死亡,即每 29 名产妇中便有一名死亡。这种状况有所改变,但改变的速度比较缓慢。④在北洋政府时期,虽然"医院西医多有代收生者"⑤,京师产妇仍多信产婆,其原因之一在于民众积习难改,很难接受并相信新式产科医生;其二在于旧式产婆对于西医收生,"造出种种无稽之谈,住户之妇女亦皆深信不疑,故对于新式产婆多扰缩不前";其三在于新式收生医生,"车费过多"⑥,一般民众难以承受,"虽有

---

① 《旧式产婆》,《晨报》1926 年 10 月 13 日,第 6 版;《稳婆》,《晨报》1927 年 7 月 13 日,第 5 版。

② 《中华民国十一年六月京师地面产婆经手接取婴孩事项表》,《京师警察公报》1927 年 3 月 31 日,第 4 版。

③ 《京师警察厅暂行取缔产婆规则》,蔡鸿源主编:《民国法规集成》第 26 册,第 69~70 页;《京师警察厅卫生处关于取缔阴阳生及产婆规则的公函》,1913 年 9 月 1 日,J181-018-00222。

④ [美]西德尼·D.甘博:《北京的社会调查》(上),112 页。

⑤ 《稳婆》,《晨报》1927 年 7 月 14 日,第 5 版。

⑥ 《稳婆》,《晨报》1927 年 7 月 14 日,第 5 版。

产科医之设立,也不过是为贵族人而立"①,所以直到北洋政府后期,产婆在北京仍广有市场。

"旧式产婆墨守成规,仅恃固有经验而乏学识,遇事恐有措置适当之虞。"②1926年10月,京师居民张杰臣之妻生产,请产婆白氏接生,但白氏手术不良,误伤产妇,致使产妇血流满地,立即昏迷过去。张杰臣赶紧将一新式接生医生请来,该医生认为产妇流血过多,无法挽救,当天产妇便死于家中。张杰臣虽欲将白氏送交警区罚办,但周边人认为产妇生产死亡有别的原因,进行劝阻,张杰臣遂将白氏放走。③旧式产婆除缺乏科学的接生知识外,还常在收洗之时趁机"大诈其财",并且"其诈财之法,以有师傅传授"。④有鉴于此,1927年12月,内务部特制定《管理旧式产婆暂行规则》,"以资取缔,而重民命"。此项规定再次强调了警察机构对产婆的管理责任,规定了警察厅应分期或分区举办或委托公、私立医药机构办理临时产科讲习所,经警察厅核准的旧式产婆应于规定期限在产科讲习所练习1至2个月,妊妇保护法、产褥妇保护法、初生儿脐带固扎法、初生儿养育法以及清洁消毒大意为其学习的主要内容。练习期满,成绩优良者,警察厅发与修业证书,并呈请内务部发给其简易助产执照;其成绩拙劣者,警察厅应撤销核准的产婆执照。⑤

(四)药商

按照《管理药商章程》规定,"凡药店卖药、行商制药者均谓之药商"⑥。"药品为人生所需"⑦,药商制售药品,不仅可以"谋营业之发展,亦所以便市民"⑧,但"偶有服用失宜,危害殊深"⑨。因此北洋政府制定了《管理药商章程》,规定

---

① 《旧式产婆》,《晨报》1926年10月13日,第6版。
② 《京师警察厅训令》,《京师警察公报》1928年1月11日,第2版。
③ 《产婆害死了产妇》,《晨报》1921年10月16日,第7版。
④ 《稳婆》,《晨报》1927年7月13日,第5版。
⑤ 《内外部管理旧式产婆暂行规则》,《政府公报》第4190号,1927年12月23日,第6页。
⑥ 《管理药商章程》(1915年10月15日),蔡鸿源主编:《民国法规集成》第26册,第29页。
⑦ 《取缔售卖野药》,《晨报》1918年3月13日,第6版。
⑧ 《京师警察厅布告》,《京师警察公报》1927年8月28日,第2版。
⑨ 《取缔售卖野药》,《晨报》1918年3月13日,第6版。

凡为药商者,须开具姓名、年龄、住址及营业牌号、地点,禀请官厅注册给予执照始准营业。京师药商的开业呈报和营业管理由京师警察厅负责。

中药店所用店伙须熟习药性,西药店则须聘有药剂士,其聘用的药剂士须在本国或外国药学校或医学校毕业领有文凭或有药学经验禀经官厅考试给予证明书。中药店需开具店伙数目,西药店须将药剂士姓名、履历及资格证书禀报官厅,核准备案。药店接受医方配药时应注意药名、分量及病人姓名、年龄、住址及医士的姓名钤章,如有疑窦时应当问明开方医士,并有证明书,没有不能为之配药。药店药品均应按法贮藏,如因气泄而性味已失原质者,不得售卖。毒剧药售卖的量数及剂数须有医士署名钤章的药方始能授予,并应有药剂士钤章,且将该方保存十年,如无医士的药方或售买者年龄幼稚及形迹可疑,均不得售卖。药商购买、存贮毒剧药品,须将品目、量数详载簿册,以备官厅派员查验。制药者制出各种药品,应随时呈送该管官厅查验,如系毒剧各药,须按月将所出量数报告该管官厅。药商配制丸散膏丹药、饼药、药水等,如不是按照成方配制,应将药品连同药方禀请该管警察官厅查验,批准始准售卖。药品经卫生人员查验,认为有害卫生、有伤风俗等,该管官厅可以禁止制造、贮藏,并有权将违禁药品销毁处置。①

京师警察厅根据北京情况,为更好地对药商进行管理,在政府颁布的《管理药商章程》的基础上又制定了《京师警察厅取缔制药规则》。此规则规定,京师内、外城地面,所有制药、售药者除遵照《管理药商章程》禀报注册领照外,须将制药品禀请警察厅查验。京师警察厅卫生处第二科专门负责制药的检验。未经化验许可私自出售的药品,京师警察厅称之为"野药",时常见于人员聚集的庙会和市场,于"服食有损"。京师警察厅通令各警察区署界内如发现有售卖野药者,务令其呈验所售药品,经化验许可后发给执照,始准营业。②凡制药商人领有允许执照后,在售卖时须遵章请领零售药商注册执照,并须携带制药允许执照,以备查验,遇有警察厅人员及本管巡警调查时,应立即呈

---

① 《管理药商章程》(1915年10月15日),蔡鸿源主编:《民国法规集成》第26册,第29~34页。
② 《取缔售卖野药》,《晨报》1918年3月13日,第6版;《取缔售卖野药》,《晨报》1918年5月26日,第6版;《地方近讯·取缔药品条例》,《京兆周刊》第10期,1921年7月9日出版,第13页。

验,不得隐匿。①未取得执照擅自售药的情况,警察查处后除将药品没收外,还将售药者按照《违警律》处以拘留示惩。②

按照《管理药商章程》和《京师警察厅取缔制药规则》,京师警察厅对药商进行了严格的控制。

"镪水一物,毒极剧烈"③,京师"藉以自尽者,时有所闻,究其原因盖系取得较易之故"。京师警察厅为控制镪水销售,规定各药房出售镪水除医生用作药材按照管理规则办理外,各商铺购买须盖水印,常人购买须出具保结,且都用原装瓶罐,不得改用别的器皿盛置。④鸦片、吗啡危害身体尤重,应严行禁止,但有时作为药用又不可缺少,因此北洋政府规定,药店、药行及制药者购买药用鸦片、吗啡等品及施打各种器具以备医疗之用时,须将所需数目报告该管警察官署核给执照,始准输入售卖,并将每月售出的药用鸦片、吗啡数目报告该管警察官署,以备查验。在售卖时应按照医士所开药方上所载分量授予,如无医士药方,不得私行售卖。⑤规定虽很严格,但京师有些奸商,"往往巧立药名,行其骗术,名为购戒烟药丸,其实内含鸦片、吗啡毒质甚多",致使吃药之人大受其害,对于此类药商,京师警察厅一旦查获,即给予重惩。⑥

除严禁售卖有毒药物,京师警察厅还对既败坏风俗又有害卫生的药品如春方药、堕胎药等严行禁止。此种药品"尤为社会人群之魔障"⑦,虽经再三申令各区严行禁止⑧,仍有不法奸商"袭用洋货招牌",或者将药品"改换名目",在各处售卖,甚至有批准售卖的药物附带各种未化验的药品及一切禁方、春药的情况,稍有疏懈便会"于人道之安泰大有妨害"。京师警察厅为查处此类

---

① 《京师警察厅取缔制药规则》,蔡鸿源主编:《民国法规集成》第 26 册,第 38 页。
② 《京师警察厅外右三区分区表送徐振元售药并无执照一案卷》,1927 年 8 月 1 日,J181-019-56383。
③ 《取缔镪水》,《晨报》1916 年 9 月 28 日,第 6 版。
④ 《警厅取缔售镪水》,《晨报》1917 年 4 月 20 日,第 5 版。
⑤ 《限制药用鸦片吗啡等品营业章程》(1915 年 10 月 15 日),蔡鸿源主编:《民国法规集成》第 26 册,第 36~37 页。
⑥ 《取缔含有鸦片吗啡药品》,《晨报》1921 年 5 月 12 日,第 6 版。
⑦ 《重禁有伤人之药》,《晨报》1916 年 10 月 14 日,第 6 版。
⑧ 《饬各区调查药房》,《晨报》1916 年 12 月 8 日,第 5 版。

行为,除通令各区警察署严加查禁外,还遴派便衣警员多名,分赴各区市场及药摊秘密调查。① 另外,警察也负责查禁伪造药品的售卖,其情节严重者会被警察厅送往京师地方审判庭接受审判。1926年,郭顺于持伪造鹿茸在街售卖,要价80大洋,希图骗财,被警察查获,因其情节严重被送往京师地方审判庭判处徒刑两个月,由京师地方检察厅送监执行,并声明该犯期满后仍受监视。②

另外,京中向来各药铺"遇有购药者,说明病症,即可代其指点药品购服,往往误人",京师警察厅为避免此种情况,命令警察区署,传知各药铺,只准遵照古法炮制药料售卖,"不得代人立方,及指服药品",违者从重处罚。③ 京中药铺都有一定的营业时间,非营业时间到铺购药者虽属紧急之需,药铺亦有不随时售药,以致贻误病情。京师警察厅认为根据购药者的需要随时售药,"此实人类公德",要求各药商无论何时遇有急病购药者均应随时发售,不得拒绝,并派各区署随时考察各药店执行情况。④

三、传染病控制:"强制执行之权"

"卫生行政不一端,而传染病之预防尤关紧要。"⑤"盗贼行劫,所损失者不过资财。水火为灾,亦仅及一隅而止。若传染病不加防闲,则散布于四方,交通愈便利者,则其被祸愈速而愈巨。诚以其能于短时间,遍及多人也。资财之损失,犹可恢复原状;生命之丧亡,则不能图复于万一。"因此各国对于传染病防治皆是不遗余力,"盖不独所以增进其国民之康健,而亦所以保持社会之安宁

---

① 《警厅将取缔假药》,《晨报》1917年3月27日,第5版;《春药宜加禁止》,《晨报》1918年5月20日,第6版;《调查卖药营业》,《晨报》1918年6月17日,第3版;《京师药商之取缔》,《晨报》1918年7月22日,第3版。

② 《京师警察厅内左一区分区表送郭顺于售卖伪造药品骗财一案卷》,1926年3月1日,J181-019-49147。

③ 《地方近讯·不得指服药品》,《京兆周刊》第11期,1921年7月16日出版,第21页。

④ 《京师警察厅布告》,《京师警察公报》1927年8月28日,第2版。

⑤ 《公牍·内务总长京师传染病医院开院训词》,《市政通告》第23期,1915年10月,第136页。

也"。①传统中国,灾疫流行,则认为是鬼神肆虐,起灭任其自然,无法制止。随着科学知识的传播和普及,各种病原病理,已多验明。引起灾难的可怕传染病,如鼠疫、霍乱、天花痘、肺痨、花柳病等,已查明多是细菌的作用,如能事先预防,必能控制蔓延。

北京在清末之前无专门的传染病医院,1910年(宣统二年)关外鼠疫延至京畿,威胁北京民众生命,内、外城巡警总厅为隔绝鼠疫,下令捕鼠,加雇清道夫,严行扫除,并督饬内、外城官医院添置防疫药品和器具。同时清政府又仿照日本经验,在内城官医院设立京师防疫局,负责全城鼠疫的检疫和防治工作。②这是北京最早设立的专门防疫机构。

传染病严重威胁京师民众的生命安全,据内务部统计,1912年,京师患8种传染病③死亡者,内城有1394人,外城有751人。④"疫疠流行于繁庶之区,尤甚要在防遏得宜,以杜滋蔓。"⑤京师作为首都之地,人口繁密,更应重视防疫事务,未雨绸缪,设立专门医疗机构。北洋政府也认识到了此点,在内务部的批准下,1915年开办了京师传染病医院,1916年8月划归市政公所,内置治疗、预防、检察、消毒四科,专司各种传染病治疗、预防之法及医药行政事宜。⑥

我国医学不发达,民智闭塞,"一遇疫疠盛行,不谙救治之术,甚或迎神送疬,祈祷无灵辄又归之天灾"。政府为保证多数人健康,在疫病发生时不得不限制少数人的自由,因警察与民众直接接触最多,所以"督查劝导家喻户晓之斯……警察之责也"。京师传染病医院虽隶属于市政公所,但因其处理的是传染病,在传染病蔓延不能及时扑灭时必须"请求京师警察厅协助"。⑦内务总长朱启钤在京师传染病医院开院的讲话中也明确了京师警察厅对防疫的重要作用:"京师地面不幸有传染病发生,预防诊治之术固应赖富有经验之医士,而

---

① 黄新彦:《传染病与公安》(下),《社会学杂志》第1卷第1期,1922年,第1页。
② 吴廷燮纂:《北京市志稿·民政志》,第218页。
③ 八种传染病具体为:霍乱、赤痢、伤寒、痘疮、疹热症、猩红热、白喉症、黑死病。
④ 内务部统计科编制:《内务统计·民国元年份京师人口之部》第1册,第21~22页。
⑤ 京都市政公所编:《京都市政汇览》,第61页。
⑥ 京都市政公所编:《京都市政汇览》,第61页。
⑦ 京都市政公所编:《京都市政汇览》,第63页。

强制执行之权又必寄之于直接人民之警察。"①可见,京师警察厅对京师传染病的控制负有重要责任。

(一) 事先预防

"防患贵于未然,有备始能无患。"②传染病因有传染性质,和别的病症不同,发作以后进行控制实为消极应对,病发前的预防才是控制传染病最有效的方法。因此,北洋政府时期对北京传染病的控制重点便在预防上面。朱启钤在京师传染病医院开院时讲,预防诊治之术要靠有经验的医生,强制执行之权依赖警察,而史料显示,传染病的预防也要靠警察之力。1916年10月,为预防冬季疫病发生,京师警察厅提早进行防备工作,除要求各区署随时认真切实查报外③,还函请京师传染病医院为防疫做好准备,将其"筹备各药品务作严重之检查"④,及"所有检验、消毒等事务……速予严重施行"⑤。传染病盛行不仅危害民众生命,亦"危及人民之公安"⑥,这是促使京师警察厅对传染病预防主动出击的主要原因。京师民众对京师警察厅传染病预防工作也抱有期望,在气候变化、疫病极易发生之时,社会民众在报纸登载消息,"望警厅速设法防止,以免传染,而保生命"⑦。

京师传染病的发作原因复杂,除外部传入外,还和以下几种原因有关:(1)春秋降雨稀少,冷热无常;⑧(2)暑热蒸熏;⑨(3)冬季雨雪稀少,风干气燥;⑩

---

① 《公牍·内务总长京师传染病医院开院训词第》,《市政通告》第23期,1915年10月,第136页。
② 《京师警察厅布告》,《晨报》1918年1月15日,第6版。
③ 《京师警察厅训令》,《政府公报》第288号,1916年10月22日,第16页。
④ 《严防瘟疫流行》,《晨报》1916年10月25日,第5版。
⑤ 《京师警察厅致传染病医院院长公函》,《政府公报》第287号,1916年10月22日,第22页。
⑥ 《防疫院渐腐败》,《晨报》1916年12月12日,第5版。
⑦ 《望警厅设法防疫》,《晨报》1916年11月29日,第5版。
⑧ 《本月流行之病症》,《晨报》1917年5月24日,第5版。
⑨ 《警厅预防时疫法》,《晨报》1917年6月25日,第5版。
⑩ 《真性霍乱预防法》,《晨报》1926年7月11日,第6版。

(4)饮食失慎;①(5)卫生环境恶劣。②

根据北京环境和民众生活情况,警察厅有针对性地进行了多方面预防。当北京周边发生传染疾病时,京师警察厅对其演变状况积极关注。1918年初,绥远等地发生鼠疫,为防止传入京师,京师警察厅先在郊区进行调查,并在北京城内严行防范。③

针对京师传染病的预防,主要分为两个方面,首先是警察厅本身所做的预防工作,其次是警察厅要求民众的预防事项。

京师警察厅及其卫生处针对京师传染病发作的情况,议定的方法有如下几种:(1)清扫街道,打扫厕所,保持城市环境卫生。街巷、厕所污秽不堪,在夏季容易滋生苍蝇,传染疾病,京师警察厅饬各区夫役清洁道路,派警察详细考查各处厕所,发现不洁厕所速报卫生处,并给予该管区署惩办。④另外,警察厅还积极组织市民参与灭蝇。⑤(2)取缔不洁食物及饮料。京师夏季炎热,人民饮食稍有不慎,就容易发生各种病症。京师警察厅要求各区警察署,按照管理规则严格查处,并要求住铺各户,对于食物清洁"务须格外慎重",不可疏忽,致染各病。⑥(3)发制防疫药品。京师警察厅每到夏季即预制防疫及防暑药品、药水,分给各区警察署储存备用,遇有人民患病,验明施送,以免危险。⑦冬季温暖异常或天气不正、冷暖不均时,疫病最易发生,每届此时,京师警察厅也会准备防瘟药水,要求各区署到警察厅承领,"滴洒要路去瘟"。所领防瘟药水,

---

① 《警厅预防时疫法》,《晨报》1917年6月25日,第5版;《本月流行之病症》,《晨报》1917年5月24日,第5版。

② 《卫生处饬查厕所》,《晨报》1918年6月21日,第6版。

③ 《调查四郊鼠疫》,《晨报》1918年1月27日,第6版。

④ 《警厅预防时疫法》,《晨报》1917年6月25日,第5版;《卫生处饬查厕所》,《晨报》1918年6月21日,第6版。

⑤ 《灭蝇会昨行闭幕式》,《晨报》1927年5月29日,第6版。

⑥ 《批示·警厅慎重卫生示》,《市政通告》第23期,1915年10月,第94、95页。

⑦ 《颁发各区药水》,《晨报》1918年6月7日,第6版;《颁发各区药水》,《晨报》1918年6月16日,第6版。

也备各区界内商民取用。①(4)编著白话卫生浅说通告市民。京师民众对于传染病多认识不清,要使民众也参与预防,首先就是要让民众对各种传染病有正确的认识,为此京师警察厅广泛宣传有关传染病的知识。为便于一般民众阅读,京师警察厅在刊发预防信息时,避免采用深奥的专业术语,多采用浅显易懂的白话语言②,如1926年8月,为防止发生时疫,警察厅特编订简易健康浅说布告,广贴街市,所用语言如"极寒之水勿饮,生硬菜品勿食"等,皆是明白晓畅。③京师警察厅的上述几种预防方法,都会以布告或登载报纸的方法告知市民,以扩大宣传面,使市民加强传染病的预防意识。④

北京市民发生病症时,除去官医院就诊外,还可到私人诊所诊治。为及时掌握传染病症情况,京师警察厅要求各注册医生每10日填写异症表呈报警察厅备案。⑤另外,警察厅还要求各警察区署,"凡遇居民声报死亡时,于所患病症,务须特别注意,倘有急遽之症类似传染病发生……由厅通知传染病医院,立派医员前往检查"⑥。传染病造成的后果严重,北京居民对传染病往往心怀恐惧,当气候不正,疫情容易发生之时,"无知愚民往往听信谣言,异常惊恐",影响社会治安。京师警察厅为维护社会治安和传达正确的疫情信息,要求"各区界内死亡人数均须汇志报厅,官业医生诊治病症亦有月表呈报,由厅随时宣布有无时疫传染"⑦。

公众卫生事项由京师警察厅和相关部门负责,但传染病的预防仅靠京师警察厅和相关政府机构的努力显然不够,还需要京师民众的积极配合。对民众而言,预防传染病最主要的措施就是注意自身的饮食和卫生,减少细菌传

---

① 《洒药水以防春瘟》,《晨报》1916年12月19日,第5版;《制配避瘟药水》,《晨报》1919年4月6日,第6版;《警厅须发防瘟疫药水》,《晨报》1921年2月19日,第6版。

② 《警厅防春瘟办法》,《晨报》1916年12月23日,第5版。

③ 《警厅刊布简易健康浅说》,《晨报》1926年8月5日,第6版。

④ 《警厅防春瘟办法》,《晨报》1916年12月23日,第5版;《警厅预防时疫法》,《晨报》1917年6月25日,第5版。

⑤ 《饬医生预防秋疫》,《晨报》1917年9月6日,第6版。

⑥ 《内务部训令》,《政府公报》第718号,1918年1月21日,第5页。

⑦ 《警厅禁止疫谣》,《晨报》1917年10月4日,第6版。

染的可能。京师居民的生活习惯长期保持不变，即使知道某些生活习惯有碍卫生，一时之间也难以改变，且其自身又缺乏科学的防疫知识，这就需要京师警察厅对其进行正确的指导和引导。除自身示范和宣传相关防疫知识外，京师警察厅加强普及和民众生活密切相关的卫生常识，在选择宣传载体的时候，京师警察厅多采用民众比较容易理解和接受的白话文，并通过张贴布告和在报刊上刊登的形式扩大宣传面。

在京师警察厅的引导下，京师民众应注意的个人卫生主要有：(1)房屋院宇卫生。房屋庭院应随时扫除清洁，常撒石灰，冰雪秽物、脏水应随时除却，不要堆积屋内，桌椅、痰盂、灰槽等物及厨房所用器具，应每日清洗，室内炉火温度不可过高，窗户宜常通日光空气，不要紧密。不要存储陈旧腐烂的物品，厕所沟渠最要清洁，常撒石灰炭屑以免污秽。(2)身体卫生。衣服宜常洗换，不能积有泥垢；被褥宜常晾晒，不可有潮湿气味；身体应常沐浴，并早晚勤加运动，吸收新鲜空气，切勿畏寒，终日蛰居室内。(3)饮食卫生。食品务须煮熟，陈腐物品切勿食用，特别注意不要食用苍蝇爬过的食物，饮料必须滚水，避免微生物存活有害。切忌生食瓜果蔬菜。① 为使民众掌握各项清洁卫生的正确方法，京师警察厅还进行详细指导，主要有：(1)院宇清洁法。每日扫除两三次，加洒清水，再加石灰、碳酸水布洒一两次更好。(2)厕所清洁法。每早清除刷洗干净，以石灰、碳酸水或石灰面扫除，并及时更换新灰，厕所还应与厨房远离。(3)沟渠清洁法。每日应进行疏通，沟口四周撒以石灰、碳酸水或石灰面，及时更换。(4)宿舍空气流通法。每日开放各房屋窗户，使空气流入，不要因少有风凉，使屋内暑热蔽塞，空气窒遏。②

北京无业贫民众多，在天气炎热之时，无处安身的贫民多在街巷铺户门前席地而卧，"不独有碍观瞻，且易染受时疫"。还有一些市民因夏季屋内闷热，为图凉快，也在街边、院内露宿，易感时疫。因此京师警察厅要求各区署，随时注意，见有临街睡卧者，应即解区罚办。③ 另外，发现一些奇异情况，如河鱼大

---

① 《京师警察厅布告》，《晨报》1918年1月15日，第6版。
② 《警厅刊布简易健康浅说》，《晨报》1926年8月5日，第6版。
③ 《禁止贫民露宿街坊》，《晨报》1924年7月3日，第6版；《警厅布告预防时政》，《晨报》1927年6月21日，第6版。

量死亡等,民众也应及时报告警察厅,以便检查是否出现疫情,防止感染。①

(二)种痘

人为的各项预防措施虽为积极,但从医学上来讲,种痘是预防传染病的最佳方法。随着西方医学知识的传入,北洋政府时期,不少市民对通过接种方式预防传染病有了一定的认识,但仍有很多市民对种痘缺乏正确的认识。这从甘博《北京的社会调查》中的一个例子可以得到证实:有位妇女在被问及是否出过天花或是否做过预防接种时回答:"我都28岁了,还问我出过天花没有?出过,我当然出过了!"她的回答清楚地表明了北京市民对天花的态度。②从报纸上登载的京师警察厅预防传染病布告所用的"劝诱"性语言,如"接种时并无半点痛苦,接种后亦无微些不快,须知本厅与中央防疫处之所不惜重资劳道员司者,分言之,所以保个人之康健,合言之,即以谋公共之卫生也。发良意美,孰逾孰斯,合亟布告,仰即通知,遵时前往,勿事犹豫,有厚望焉"等等来看,也能揣度出民众的传染病预防知识亟须提高。③但通过相关医学知识的广泛传播和京师警察厅的引导,通过种痘接种方式预防传染病的民众数量在北洋政府时期还是有了显著的增加。

"儿童种痘,生命攸关,稍一不慎,死伤随之。"④北洋政府时期,"各处医生设立之种痘处所,日见甚多"⑤。1917年,官立、公立、私立及外国人所立种痘局所共有66处,中西种痘医生89人。⑥种痘局所、医生增多,京师警察厅深恐种痘医生出现"购用劣败之牛痘浆或仍用传染之法,有害儿童"等事,特制定了《京师警察厅管理种痘规则》⑦,以规范种痘事宜。种痘规则规定,无论善堂或医生,凡开局种牛痘者都需开具下列事项到京师警察厅呈报,俟批准后始行开种。1927年,京师公益产科医院,对于产妇义务接生,为恐天花传染,在院施

---

① 《河鱼或亦发瘟耶》,《晨报》1917年4月18日,第5版。
② [美]西德尼·D.甘博:《北京的社会调查》(上),第110页。
③ 《警厅预防霍乱病》,《晨报》1922年8月24日,第7版。
④ 《禁止劣败牛痘浆》,《晨报》1917年2月19日,第5版。
⑤ 《取缔医生种痘》,《晨报》1918年5月26日,第6版。
⑥ 《医院及种痘局所》,京师警察厅制:《京师警务一览图表》。
⑦ 《京师警察厅管理种痘规则》:蔡鸿源主编:《民国法规集成》第26册,第67~68页。

种牛痘。①此类公益性质施种局亦应按照要求报厅批准。医生应呈报地址、姓名、号资、痘浆、日期。1917年3月,市民杨赞诸在西四牌楼设立施种牛痘所一处,聘请专业医生担任,即是呈报警察厅批准后才开业的。②

各种痘局每月接种完后须按照规定表式把接种情况呈报警察厅备案。所有种痘处所,无论善堂或医生,均应受警察厅巡警官吏的检查。私人种痘局种痘所需号资,不准于批准呈报之外另向民众索要。种痘安全最为重要,京师警察厅也最为关注此点,在《京师警察厅管理种痘规则》中进行了规定:小儿有病者不得种痘,痘苗需用新制痘浆,如用传浆时不得取有病小儿之浆;传取痘浆时不得有损小儿之身体。但因内、外城各处引种牛痘,"向用传浆法引种痘,一有不洁,最易传染病症"③,另订《取缔医生种痘章程》五条,对种痘的方法以及所用痘浆规则进行了改进:(1)不准用传浆法引种;(2)痘浆须用最清洁、最新者;(3)引种后须施以保护;(4)第一次引种不出须再种;(5)天气过暖或过寒不得引种。④虽定有专条,但一些种痘医生"狃于积习,每有用人化痘浆与人接种",这种人化痘浆含有病菌,较易传染,"轻则溃烂,重则危伤生命",京师警察厅为"保护人民健康,防范疫疠传播起见",对于各处种痘的医生严格检查,特派稽查员随时密查有无偷用人化痘浆的情况,同时还令各区署传知各接种医生严格遵照定章。⑤

在规范社会上各接种事项的同时,京师警察厅内、外城官医院也进行接种,但"京城地方宽大,又兼两医院距离稍远,于施种殊难周遍",京师警察厅"为便利人民起见",⑥根据情况在内、外城设立分所,派遣精通医学官医分驻各分所种痘,凡是北京人民,无论贫富,均可携带幼孩,到各分所接种,"不取分文",在规定的时间内随到随种。⑦1917年春,京师警察厅在内、外城共开设

---

① 《公益产科医院施种牛痘——十九日起》,《晨报》1927年2月11日,第6版。
② 《设立施种牛痘所》,《晨报》1917年3月6日,第5版。
③ 《禁止传浆种痘》,《晨报》1918年3月8日,第6版。
④ 《取缔医生种痘》,《晨报》1918年5月26日,第6版。
⑤ 《京师警察厅训令》,《京师警察公报》1927年5月11日,第2版。
⑥ 《京师警察厅布告》,《京师警察公报》1927年5月1日,第2版。
⑦ 《警厅设局种痘》,《晨报》1918年3月21日,第6版。

接种分所 8 处,其中内城 4 处:钱粮胡同、鼓楼大街、骑河楼、新街口;外城 4 处:梁家园、广安门、珠市西口、花市。①从 1918 年开始,接种分所逐渐固定为内城官医院、外城官医院、内城报子胡同内右四区警察署、外城花市大街路北火神庙 4 处。②接种季节一般为春秋天气不冷不热之时,具体时间由京师警察厅确定。1924 年春季各分所接种时间,内城的两处每星期一、三、五施种,外城的两处每星期二、四、六施种,均为下午 1 钟至 3 钟进行。③京师警察厅在开设分所接种之前,一般都要印发布告,"派警择要张贴",广为宣传,俾使民众周知,积极前去接种。④

北京为国家首都,北洋政府对传染病的预防也很重视,有时中央防疫处也开设种痘处所,为京师居民施种痘苗,但中央防疫处的种痘需要京师警察厅的协助。1927 年中央防疫处预防天花,设处种痘,为进行宣传,使民众前来施种,印发了种痘传单 5000 张,列明种痘地点及日期,请京师警察厅各区署"按户分送,以期普及"⑤。

(三)诊治控制

"卫生之道,无一事无一时不应注意,果人人能力加讲求,一切疫症自应无从发见。"但传染病蔓延传播迅猛,防不胜防,"倘或不甚发生时疫,应立时延医诊治,不可耽误"。⑥

京师警察厅辖属的内、外城官医院不是专门的传染病医院,但在预防时疫的过程中也发挥了积极的作用。京师设有专门的传染病医院,但在设立初期,民众对其不甚满意,认为其"防疫养病概属虚语,有其名而无其实,一般医官更无实力可言",因传染病被送院者感觉"极不安稳"。1915 年冬瘟盛行时,"病

---

① 《种痘局八处地点》,《晨报》1917 年 1 月 30 日,第 5 版。
② 《警厅设局种痘》,《晨报》1918 年 3 月 21 日,第 6 版;《警察厅施种牛痘》,《晨报》1924 年 4 月 3 日,第 6 版;《京师警察厅布告》,《京师警察公报》1927 年 5 月 1 日,第 2 版。
③ 《警察厅施种牛痘》,《晨报》1924 年 4 月 3 日,第 6 版。
④ 《京师警察厅布告》,《京师警察公报》1927 年 5 月 1 日,第 2 版。
⑤ 《京师警察厅训令》,《京师警察公报》1927 年 9 月 26 日,第 2 版。
⑥ 《京师警察厅布告》,《晨报》1918 年 1 月 15 日,第 6 版。

家皆威慑不前",认为"尚不如内、外城官医院"。①在1915年京师发现猩红热时,京师警察厅为控制传染,要求内、外城官医院积极防治,并在内、外城官医院设立临时防疫处,办理防疫事宜。②在传染病发生时,京师传染病医院因和市民接触较少,虽负有预防控制传染病之责,也只能"函致各区署,界内如有商铺住户倘有发生瘟疫者,务令迅速来院诊治"③。可见京师警察厅的防疫控制措施比较积极有效。

据甘博调查,在北洋政府时期,北京民众已经认识到传染病的严重性,知道要把患者送往医院,但是天花和猩红热患者只有在病情已十分严重时才去医院。④还有不少市民,不了解这几种传染病的厉害,"往往有因循自误的",还有一些医生"狃于习惯,不研究妥善的治法,往往误用温补各药",以致"因时疫身故的,日见其多"。⑤北京市民对传染病的错误态度不仅于患者自身有害,更严重地影响了对传染病的预防和控制。为控制传染病的传播,保护市民生命,京师警察厅多次要求市民感染疫症或疑似时疫时应即时到医院进行确诊⑥,如因贫困"无力延医"者,可到免费的钱粮胡同内城官医院或梁家园外城官医院香厂西医诊治所等处就诊。⑦

鉴于此时民众对传染病的态度还有待提高,传染病出现时,仅靠民众自觉就诊和控制显然不够,还需要京师警察厅和相关防疫机构主动采取相应的强制性措施。因各区署最了解自己界内情况,京师警察厅规定,各区"遇有此等时疫,随时呈报"⑧,并派内、外城官医院医员,遇有传染病症"一经区署报告,

---

① 《防疫院宜早裁撤》,《晨报》1916年9月8日,第6版。

② 《公牍·内务部饬警派员会同该厅卫生处长先行在内外城官医院设立防疫机关文》(2月6日),《市政通告》第10期,1915年2月20日,第51页。

③ 《预防时疫传染》,《晨报》1918年6月15日,第6版。

④ [美]西德尼·D.甘博:《北京的社会调查》(上),第110页。

⑤ 《京师警察厅关于住户及店铺预防传染病及救治方法的告示》,1916年2月1日,J181-018-06158。

⑥ 《本厅保民生饬防冬瘟——患者即赴医院就诊并将布告人民周知》,《京师警察公报》1927年12月22日,第3版。

⑦ 《京师警察厅布告》,《晨报》1918年1月15日,第6版。

⑧ 《饬各区呈报时疫》,《晨报》1917年3月29日,第5版。

立即分赴各病家竭力诊治"①。到内、外城各医院及各医生处就诊的病人,"经医生认明系传染病或疑似传染病者,应即时送至东四牌楼北十条胡同传染病医院诊治,俾免传染"。京师警察厅责令"医院或医生负报告之义务","患病人之家长亦应随时报告,万不可延迟隐匿,贻患他人"。②

即便京师警察厅"不惮烦琐,详细劝告各住铺户人等益当自重生命,加意防维,不得漠视"③,一旦染有疫症应即时到专门医院诊治,但仍有一些市民习惯使然,不愿去医院就诊,只按照传统药方,到药铺随意抓几副药在家煎熬,以致常常出现药不对症的情况。京师警察厅采取相应引导措施,按照疫症流行的具体情况,将警察厅内"各医生诊治时症论说及治疗有效各方案以及宜用、忌用各药,分别开示"④,广为布告,以便患病市民在家能对症用药。

传染病蔓延迅速,控制稍忽,便呈一发而不可收拾之势。京师警察厅为提高传染病控制的效率,制定了厅内专门应急对策,配备了相关救护设备。传染病虽发病迅猛,但"赶紧医治,即可望痊愈"。京师警察厅"诚恐贫苦住户无力延医,致误生命……由厅内选派医员在厅昼夜轮值,并备救急成药,另行指定内外城药肆数处,凭医员药房付予汤剂,药价概由本厅支付"⑤。市民患有急性传染病时,尤须快速救治,京师警察厅"深恐贫民临时救护延迟,危及生命"⑥,由厅特备汽车,凡有急症者,即由警察厅派医生乘汽车赶往诊治,并及时施给药品。⑦另外,警察厅还预备卫生床,分交各区署,并饬知内、外城官医院,每晚

---

① 《京师警察厅关于住户及店铺预防传染病及救治方法的告示》,1916年2月1日,J181-018-06158。

② 《京师警察厅布告》,《晨报》1918年1月15日,第6版;《警厅预防冬疫》,《晨报》1917年11月11日,第6版。

③ 《京师警察厅布告》,《晨报》1918年1月15日,第6版。

④ 《京师警察厅关于住户及店铺预防传染病及救治方法的告示》,1916年2月1日,J181-018-06158。

⑤ 《来函照登》,《晨报》1919年8月22日,第6版。

⑥ 《卫生处注重民命》,《晨报》1924年7月2日,第6版。

⑦ 《地方近讯·警厅重视疫症》,《京兆周刊》第2期,1921年5月14日出版,第10页。

酌留医生住宿。遇有传染时疫者,可立即报告本区署,由警察区署用卫生床抬往就近官医院调治,所用中西医药,均由医院拨给,不准向病人索取分文,且着重规定应随时前往救治,"无论如何,不得推诿,以重生命"①。为使市民树立遇有急性疫症时及时求助警察厅的观念,京师警察厅特意在报纸上登载了厅内预备的各项应急措施。②

京师警察厅对传染病的控制比较认真。1918年3月,一位人力车夫在大街上吐血而死,因此时北京有疫症出现,所管区署左一区立即向警察厅报告,通知京师传染病医院前去取血检验,虽未验出真正疫菌,但为慎重起见,还是将与此车夫同居的十余人送往天坛留置所诊断。③学校人员集中,加上学童抵抗力较成年人低,发生疫症最易传染。为防止学校学童感染流疫,京师警察厅内、外城各区警察署要求各街巷岗警,遇有距学校较近的食物摊棚立时令其移开,提篮卖食物者也一律不准到校址附近及校门外售卖。④京师警察厅规定,发现疫症时各医生应及时呈报,为慎重起见,在疫症结束后,京师各医生也应进行报告,以确保疫症的确被消灭。⑤

(四)娼妓传染病

花柳病、梅毒等病主要通过娼妓传染,不属政府规定的八种传染病之内,但因其具有极强的传染性,仍应重视。民国以后,北京娼寮和娼妓"日渐加多","好游者实繁有徒,每致受染毒气""生花柳病者……日甚"。1917年,据川田医院人称,"该院就诊之人大抵以毒柳病居十分之七八"。花柳病由娼妓传染给宿娼男子,男子再"传染疮毒,贻害其妻者",危害生命和家庭严重。⑥花柳病患者因为特殊的致病原因,羞于去正规医院诊治,多去市井游医处私自配

---

① 《卫生处注重民命》,《晨报》1924年7月2日,第6版。
② 《来函照登》,《晨报》1919年8月22日,第6版。
③ 《警厅防疫认真》,《晨报》1918年3月27日,第6版。
④ 《公牍·咨京师警察厅》(1月24日),《京师教育报》第5卷第3号,1918年,第4页。
⑤ 《报告疫症销灭》,《晨报》1917年11月23日,第6版。
⑥ 《拟派医检验妓女》,《晨报》1917年4月1日,第5版;《拟办诊妓医院》,《晨报》1918年5月17日,第6版。

药,而市井庸医唯利是图,"妄施顶药"①,致使患者得不到正确的医治,危及性命。有鉴于此,京师警察厅认为"保全人民健康,实为卫生警察第一要政,而检验娼妓,尤为保卫一般健康、预防传染病之最妙良策"②。

京师警察厅"为预防娼妓花柳病传染起见,早欲设立诊验所"③,然虽"早有提议",但"因事繁琐,于风化、习惯均不相宜",④提议屡次中止,到1927年才设立正式的检验机构。在未设立检验娼妓事务所之前,京师警察厅也开展过不同形式的控制花柳病、梅毒等行动,如派医生"赴妓院检查"⑤,"每年春季实行调查、检验治疗一周"⑥,甚至"拟定药方,印为传单,分送八埠各娼寮,令其按法配制,如遇妓女染受梅毒,即按法服药"⑦等。警察厅采取这些措施的同时,也要求娼妓进行定期健康检查,但据当时的调查,这一点并未认真执行。许多需要治疗的娼妓分散在全城各医院就诊,这种非专业性的治疗效果并不理想,娼妓无疑是花柳病等性病的发源地。⑧花柳病症等"日见蔓延"⑨,甚至有传闻说警察厅调查1919年医表,"花柳病竟居三分之一"⑩,情况如此严重,已经到了必须要控制的地步。

即便如此,正规的娼妓检验机构直到1927年1月才由警察厅呈准内务部就外城官医院地址创办,初名为检验娼妓事务所。⑪检验娼妓事务所自开办以后,对于"检验上之一切,无不施于相当之手术,毫无苛行之举,以维人道"。对经过检验确实患有花柳病者,根据其病症轻重,施以相当治疗方法,治愈后再进行复验,以确保完全治愈。为保持娼妓的营业,"候检时间及传发

---

① 《拟办诊妓医院》,《晨报》1918年5月17日,第6版。
② 《病妓丁菊仙违规留客》,《京师警察公报》1927年9月13日,第4版。
③ 《将设娼妓诊验所》,《晨报》1917年1月23日,第5版。
④ 《检察妓女之拟议》,《晨报》1920年9月26日,第6版。
⑤ 《拟派医检验妓女》,《晨报》1917年4月1日,第5版。
⑥ 《检察妓女之拟议》,《晨报》1920年9月26日,第6版。
⑦ 《警厅防范梅毒》,《晨报》1920年10月21日,第6版。
⑧ [美]西德尼·D.甘博:《北京的社会调查》(上),第267页。
⑨ 《又说要检验妓女》,《晨报》1921年10月30日,第7版。
⑩ 《检察妓女之拟议》,《晨报》1920年9月26日,第6版。
⑪ 蔡恂:《北京警察沿革纪要》,第58页。

通知，皆以和平"①。对于此项检验，各乐户和娼妓大都能遵照办理，但也出现一些不配合的情况，如"每日所传各等娼妓内有临时声明销捐或因病未到者"，检验所对此种情况"是否属实，有无藉故规避，或私自营业情事"随时调查。②

京师警察厅规定，各等娼妓经过医生检验，患有花柳病者在其恶疾未治愈之前，绝对不准再留客，必须在相当时间内将所患疾病诊治痊愈，经检验所再次检验确实无病后，始准再照常营业。③对于违章留客的妓女，京师警察厅给予严厉处罚。④如警察查得元合下处妓女高红宝身患花柳病私自留客属实，将高红宝带区罚办，并处罚金3元。⑤正因检验娼妓严格，而各乐户和患病妓女又不愿因此耽误营业，社会上就出现了打着检验所名义宣称可以"请托免检或检验有病各妓而能以疏通留客"的情况。为防止各乐户和娼妓通过各种途径妄图疏通留客，检验所专门发出布告宣布，在执行检验时"一切事物，均照章办理"，对于向娼妓宣传可以"发言请托"或"藉端行骗之事"，各乐户执事人或各娼妓应随时告发，扭交岗警，送区讯办。对于隐匿不报的乐户和娼妓，一经查觉，必定照章处罚。⑥

事实上，在对娼妓检验的具体执行中，京师警察厅并未做到对所有的娼妓一律平等检验。警察厅检验所开始检验娼妓后，一等乐户清吟小班代表向警察厅呈请免验一等娼妓。警察厅举办检验，原为预防花柳、梅毒传染，但其认为"所有二等以下娼妓患花柳病症者较多外，一等娼妓患病者，数目尚较少"，于是进行变通，对各小班妓女，特另定免验办法，令每人每月出具保证书一次，附交保证金10元，再由各该班执事人出具切结保证。⑦警察厅对小班妓女

---

① 《京师警察厅检验娼妓事务所通告》，《京师警察公报》1927年7月30日，第4版。
② 《京师警察厅训令》，《京师警察公报》1927年3月3日，第2版。
③ 《病妓丁菊仙违规留客》，《京师警察公报》1927年9月13日，第4版。
④ 《妓女违章留客被罚》，《京师警察公报》1927年4月17日，第4版。
⑤ 《京师警察厅东郊分区表送妓女高红宝违章营业一案卷》，1927年9月1日，J181-019-56452。
⑥ 《京师警察厅检验娼妓事务所通告》，《京师警察公报》1927年7月30日，第4版。
⑦ 《警厅优待小班妓女》，《晨报》1927年3月20日，第6版。

的变通办法,虽有部分实际原因,但仍不免让人认为其目的是为收取保证金。另外,这种免检变通办法也为别的患病娼妓找门路进行通融留下了空间。根据后人回忆,乐户老板可以通过行贿送礼给检治所等方式使其免发禁止留客的通知。①事实上,这种通过检验就想控制性病传染的办法在娼妓制度合法存在的社会里是不可能实现的。

虽然娼妓检验所存有诟病,但在娼妓合法化的社会里,对娼妓进行定期检验也不啻是一个控制性病传染的办法。实际上,娼妓检验所开办以后,还是取得一定的成效的,据京师警察厅统计,在1927年3月,基本上每天到所接受检验的娼妓都超过100人,从3月3日到31日(3月13日、27日两天停诊)共检验了2999人次,最多的一天检验140人。②

据京师警察厅统计,1917年共有8794人接种各种防疫疫苗。③同年,患8种传染病的人共有2691人,其中有288人死亡,死亡率为25.6%。④而在1913年,患这些传染病的人数是4744人。不仅患病人数大幅下降,死亡人数及比例更是大幅减少,1917年传染病致死人数仅为1913年的1/4。虽然死亡人数仍旧不少,但在短时间内能取得这样的成效,甘博认为"这是一个了不起的进步"⑤。

1919年,廊坊发生霍乱,京师警察厅恐传染至京师,选派中、西医员携带药品前往该处设立临时施药处,"每日疗治均达百人以上,死亡数目不过百分之二三,其余均获全活"⑥。京师警察厅预防和控制传染病的努力得到了社会的认可,如在华美国公使就曾称赞说:"北京警察对于防止虎疫(霍乱)事宜,办理异常认真,成效卓著。经巡警晓谕,居民皆不露食物于外,加以盖藏,复注

---

① 中国人民政治协商会议北京市委员会文史资料研究委员会编:《北京往事谈》,第392页。

② 《附载》,《京师警察公报》1927年3月25日,第4版。根据《附载》(《京师警察公报》1927年3月6日至4月3日)数字统计。

③ 《医院及种痘局所》,京师警察厅制:《京师警务一览图表》。

④ 《患八种传染病及死亡者比较》,京师警察厅制:《京师警务一览图表》。

⑤ [美]西德尼·D.甘博:《北京的社会调查》(上),第110页。

⑥ 《来函照登》,《晨报》1919年8月22日,第6版。

意一切卫生,故北京能免此恶疫,巡警之力为多。"①

从上文的具体史料、统计数字和评价可知,北洋政府时期京师对传染病的预防和控制取得一定的成效是不可否认的事实,而在承认这些进步的同时,必须要认识到京师警察厅在其中起到了相当重要的作用。

四、饮食卫生:管束与宣传

"东西各国,以饮食问题与卫生最有关系。"②但"'卫生'这两个字,在中国人的脑中,其印象实在是太浅了",在旁人看来不清洁的行为,在不清洁的人本身"并无丝毫不觉得他们是不清洁的"。③所以在清末民初的北京街头,经常可以看到不少人坐在路旁吃着盖满了灰尘的各色食物,喝着颜色或鲜亮或混浊的各种饮料,如果再进一步到居民的家中看看,便可以看到不少家庭的水桶或水缸里盛着的水也是混浊的,如果再有幸品尝一下的话,便会发现那些水基本上都是苦的。除了客观的自然地理原因外,居民的饮食观念和政府的管理不善是造成上述现象的主要原因。在所有卫生各项中,饮食卫生不仅和民众生活联系最为密切,更和医疗卫生息息相关,"稍有不慎,就容易发生各种病症","轻则腹泻,重则成了瘟痢各症",④甚至在很大程度上也会影响到市民对公共环境卫生的态度。正因饮食卫生如此重要,亟待解决的问题又很突出,主管公共卫生的京师警察厅对于饮食卫生的管理非常重视,卫生处专设化验室"化验民间日用之饮料、食品,以免毒质细菌之伤人"⑤。北洋政府制定的《违警律》第47条也明确规定了售卖有害卫生的饮食物应处10日以下拘留或10元以下罚金。⑥

---

① 《京师警察厅防疫得力》,《晨报》1919年9月11日,第6版。
② 京都市政公所编:《京都市政汇览》,第226页。
③ 余协中:《北平的公共卫生》,李文海主编:《民国时期社会调查丛编》(社会保障卷),第337页。
④ 《京师警察厅示》,《政府公报》第199号,1916年7月24日,第5页。
⑤ 《警厅设立化验室》,《晨报》1917年3月12日,第5版。
⑥ 《违警罚法》,蔡鸿源主编:《民国法规集成》第14册,第32页。

北京警察对饮食卫生的日常管理事务较多,主要体现在以下几个方面。

(一)对饮食经营场所和经营者领取执照进行限制

在饮食卫生管理各项中,对各种饮食经营场所和经营者领取执照的限制是第一步。警察厅规定,受其管辖的饮食业种类有四:"1.饭庄、饭馆、酒铺及零售饮食物者;2.大小旅店之供人饮馔者;3.摆列摊棚售卖饮食物者;4.挑担售卖饮食物而游行无定者。"①基本上涵盖了与售卖饮食相关的各业。上述营业场所和营业者,在呈报营业执照时,警察厅会酌情考虑其卫生状况,对卫生有特别要求的,如汽水业、牛乳业、羊肚作坊以及剔骨肉作坊等,除了遵照普通的营业规则呈报开业外,还应遵守警察厅制定的单行开业规则。

汽水业。清末民初,"汽水营业系指制造及贩卖供人饮用之汽水、果实水、苏打水与其他含有碳酸水之营业"②。这些营业既包括新出现的汽水、苏打水等碳酸水,也包括传统的果实饮品如酸梅汤等。清末之前,传统饮品虽存在,但北京并未对其卫生状况予以重视,直到清末汽水等新式饮品出现并在民众中广有市场,内、外城巡警总厅才在1909年制定了《各种汽水营业管理规则》。③每到夏季,北京民众"总要贪些凉的,如酸梅汤、汽水、冰水"④等,其成为"夏日饮料一大宗",进入民国以后,"此项营业日渐发达",制造不良,不仅"于人民健康妨碍甚大"⑤,"若任其自便",亦"于卫生前途大有妨碍"⑥。警察厅"为保持人民健康起见"⑦,"对于汽水之业,甚为注意"⑧,在1916年8月重申了《各种汽水营业管理规则》,要求"制造各种汽水营业者于开市之前须呈请警察厅派员检查制造厂之构造及用水,并须遵照普通营业规则办理。本年营业毕,次年复继

---

① 《警察厅管理饮食物营业规则》,《政府公报》第519号,1917年6月21日,第23页。
② 《各种汽水营业管理规则》,《政府公报》第227号,1916年8月21日,第8页。
③ 《中国城市管理走向近代化的里程碑——新发现的清末北京城市管理法规(1906—1910)》、《各种汽水营业管理规则》,田涛、郭成伟整理:《清末北京城市管理法规》,第7、135页。
④ 《京师警察厅布告——望铺佐各户慎重清洁及饮食物等》,《晨报》1917年6月17日,第5版。
⑤ 《京师警察厅布告》,《政府公报》第227号,1916年8月21日,第9页。
⑥ 《警厅取缔汽水公司》,《晨报》1926年5月13日,第6版。
⑦ 《京师警察厅布告》,《政府公报》第227号,1916年8月21日,第9页。
⑧ 《警厅取缔汽水公司》,《晨报》1926年5月13日,第6版。

续营业时,亦须报厅照章检查,不更易号牌者,得免缴营业照费"①。

虽有定规,但警察厅"诚恐商人牟利,仍有私行制造贩卖"②,以及"有假冒商标未经化验即行私售"③的情况,对于汽水行业呈验开业一事非常重视,除由厅"随时派员前往各厂检查外",各警署也应"派警不时考查"。④汽水行业新开、继开者都须于"未发售汽水之前呈送各种汽水各二瓶到厅,听候检验","并由该署查填各厂说明书",⑤合格者始准营业售卖。为促使各汽水厂每年开市前呈验汽水,警察厅要求各区署对辖区内的汽水厂进行"传知"⑥。从史料可知,几乎每年临近汽水销售旺季,警察厅都会要求汽水商家在未开张之前呈验本年所售汽水,"经许可复,方准销售,否则按律处罚,以重卫生而保安全"⑦。如1915年泰源汽水厂滥用玉泉山汽水公司之名销售汽水被罚,1919年8月又冒用临记洋行之名销售被罚。⑧1928年4月,玉泉山汽水公司所呈验的汽水尚未批准就开始营业,亦被警察厅查获处罚。⑨除了对汽水行业获许开市营业严格限制外,警察厅还将当年注册化验的汽水营业牌号、出售区域、制造种类以及经厅批准售卖者批发、经售处所"列表详细布告,俾购饮者得知所适从"⑩。如1916年,警察厅通过登报和贴布告的形式向民众公布了准售的26个品牌的汽水相关信息。⑪

---

① 《各种汽水营业管理规则》,《政府公报》第227号,1916年8月21日,第8页。
② 《京师警察厅布告》,《政府公报》第227号,1916年8月21日,第9页。
③ 《公布化验汽水》,《晨报》1918年7月20日,第6版。
④ 《京师警察厅训令》,《政府公报》第3253号,1925年4月22日,第10页。
⑤ 《京师警察厅训令》,《政府公报》第3253号,1925年4月22日,第10页。
⑥ 《令各厂呈验汽水》,《晨报》1917年4月26日,第5版。
⑦ 《检查汽水》,《晨报》1923年5月5日,第6版。
⑧ 《京师警察厅卫生处关于临记洋行等称泰源汽水厂滥用水瓶请传讯的公函》,1919年8月1日,J181-018-11010。
⑨ 《京师警察厅北郊区区署关于玉泉山汽水公司违章营业一案的呈》,1928年4月1日,J181-021-02860。
⑩ 《公布化验汽水》,《晨报》1918年7月20日,第6版。
⑪ 《京师警察厅布告》,《政府公报》第227号,1916年8月21日,第9页;《公布化验汽水》,《晨报》1918年7月20日,第6版。

牛乳业。随着城市近代化的发展,部分原有的商品价值发生了变化,原有作为自产或仅在集市上用于交换的牛乳,随着商品化生产过程的转变,逐渐产生了专门经营牛乳的行业。①特别是进入民国后,牛乳对身体健康的益处逐渐得到了民众的认可②,牛乳行业在市场上不断扩大。对于这种从传统产品中变化推出的新兴行业,亟须根据实际状况对其营业进行规范。

因牛乳业为新兴行业,《管理牛乳营业规则》首先对这个行业的范围进行了限定。凡是以牛乳营业者,不管是牛乳场、奶茶铺,以及制卖牛乳制成品的营业,皆属于牛乳业。牛乳行业者想要进行营业,必须和普通行业一样,向警察厅呈报开业,但除了呈报基本信息外,还应附具"畜牛舍宽广丈尺"、"乳牛(即榨取牛乳之牝牛)、种牛(即牡牛)及犊牛之头数",以及"约计每日榨取牛乳若干"等条款。情况如有变更或歇业时必须于5日内呈报警察官署。警察官署在得到上述所有呈报后,派员前去检查,合格者给予执照始准营业。③

羊肚和剔骨肉作坊。羊肚和剔骨肉作坊均属传统行业,但因这两种行业"有碍卫生",特别是与防疫事项联系密切,警察厅卫生处专门制定了规范这两种行业的单行规则《取缔羊肚作坊规则》和《取缔剔骨肉作坊规则》。

《取缔羊肚作坊规则》规定,凡是羊肚作坊,除遵照普通营业规则呈报开业外,"新开羊肚作坊者只准于空旷地方营业,其人烟稠密之处概不准设","旧有作坊之设在通衢者,须勒令其量移空旷处所"。④剔骨肉作坊亦"只准于空旷地方营业,人烟稠密之处概不准设"。另外,由于天气炎热时,剔骨肉易腐朽变质,滋生细菌,警察厅还限定了剔骨肉行业的营业时间以"阳历十月至次年三月为限,逾期停业"⑤。警察厅卫生处的检查中,剔骨肉作坊有无在歇业期内营

---

① 《中国城市管理走向近代化的里程碑——新发现的清末北京城市管理法规(1906—1910)》,田涛、郭成伟整理整理:《清末北京城市管理法规》,第8页。

② 《汽化牛乳不易腐败》,《进步》1914年第6卷第5期,第9页;陈绣贞:《牛乳与卫生》,《女子世界》1915年第5期。

③ 《管理牛乳营业规则》,京师警察厅编:《京师警察法令汇编·卫生类》。

④ 《京师警察厅卫生处关于取缔羊肚作坊规则请备案的函》,1914年3月1日,J181-018-02778。

⑤ 《京师警察厅卫生处关于取缔剔骨肉作坊规则请备案的公函》,1913年1月1日,J181-018-00224。

业是重要的巡查项目。①

不按相关规定开业者,警察厅查处属实,即酌情令其停业或歇业。如1913年,郭子厚曾租姚永泰的房屋开设羊肠作坊,未经批准即开张营业,被警察厅外左三区警察查获解厅处罚,郭子厚递交甘结将羊肠作坊牌号去掉,"情愿改做生意",房主姚永泰也被一并处罚。②1925年,刘林子私自设立汤锅售卖病死骡马等肉,警察查获,除将刘林子拘留处罚外,将其所有生熟肉二百余斤"深为掩埋",所有检出的铁锅、刀斧存放区署。③

(二)对饮食物原材料卫生进行控制

饮食物原材料的新鲜清洁是保证饮食卫生的基础。整个饮食卫生过程的管理中,应首先注意原材料的卫生状况。《管理饮食物营业规则》中,警察厅对不适合食用的饮食物原材料进行了限定,包括各种病死的禽兽之肉、腐败的鱼虾、污秽不洁的浆酪和饮料、颜色不正有臭味的过宿生熟食品等。④在所有饮食物品中,肉类食品和各种浆酪、饮料水是销售颇广而又极易从原材料引发卫生问题的两大类,警察厅对此进行了针对性的管理。

肉类食品。"牲畜肉类为日食所需,而有病之肉,食则足以传染病疫、妨害健康,甚至有危及生命之虞。各国对于供人食用之牲畜,莫不设有屠宰场,专司检验,以资取缔"⑤。天津、上海等城市在民国初期均已设有屠宰检验所,但北京向于"卫生多不讲求",并因屠宰检验所的设置涉及牛猪羊行业的利益,"非得牛猪羊三行商会之同意,则阻梗甚多,亦诚不易办理也"。警察厅虽久拟办理,但直到1926年才最终建成。⑥

在屠宰检验所办理之前,警察厅为保证饮食业肉质安全,制定了《取缔各

---

① 《稽查卫生事项规则》,京师警察厅编:《京师警察法令汇编·卫生类》。

② 《京师警察厅外左三区区署关于郭子厚私自开设羊肠作坊的呈》,1913年3月1日,J181-019-02988。

③ 《京师警察厅西郊区区署表送刘林子私设汤锅售卖病死骡马等肉一案卷》,1925年1月1日,J181-019-47682。

④ 《京师警察厅管理饮食物营业规则》,《政府公报》第519号,1917年6月21日,第23页。

⑤ 《京师警察厅布告》,《政府公报》第3558号,1926年3月8日,第5页。

⑥ 《检验屠宰所将成立》,《晨报》1924年11月29日,第6版。

项肉质规则》,规定凡贩卖的各项肉品不得掺杂其他种肉质,不得加颜料混淆肉质,不得用秽冰及含有毒质的防腐剂;皮肤肿胀、脓溃、异常变质者,禁止贩卖,并须销毁或掩埋;所有鸡鸭及水族等肉"除原含毒质者应绝对禁止外,其有自死已久、色臭皆恶者不得贩卖";所有酱卤肉有变色或奇臭者不得贩卖;所有腌、熏肉及罐肉出现朽蛀或腐烂不得贩卖。违章出售上述肉品,按照《违警罚法》第47条第2款处罚。①1914年6月,内右一区巡警在街上发现赵永清推手车摆摊售卖猪肉,其猪肉中掺杂有驴肉,即刻将其带区,处以罚款5角,令其"当堂呈缴","驴肉埋销"。②

在屠宰检验所开办之前,在北京贩卖的各种肉质受屠宰场管理规则及《管理饮食物营业规则》的限制。《拟定屠售场规则》规定,所有禽兽未经医员检查不得进行屠宰,出现有病的异样情况时不允许屠宰售卖。警察厅在各行业每个屠宰场派驻巡长1名、巡警6名。③派驻的长警在各屠宰场主要"掌维持场内外秩序及督饬夫役保持清洁之事务",无权检查所屠宰牲畜是否患有病症不合食用,以致北京肉类的屠宰场"向由各行自行宰杀,于卫生多不讲求"④,到1926年屠宰检验所设立之前,"已死之肉、不洁之物,仍复充牣市场"⑤。

"为预防有病肉食妨害人民健康起见",警察厅经过长时间筹备,几经波折,于1926年3月设立了屠宰检验所,专办检验牲畜事宜。屠宰检验所设立后,所有牛猪羊屠宰前必须先经检验所检验,确系无病后,由所加盖戳记,才准许各屠宰场屠宰售卖。外地已屠宰牲畜也应送检验所检验,并照章交费。每次检验所收费用为:牛每头1元,猪每头4角,羊每头3角。检验后认为有病的牲畜应当进行医治,病愈后才能重新送检,之前不得屠宰;已屠宰者如有病

---

① 《取缔各项肉质规则》,京师警察厅编:《京师警察法令汇编·卫生类》。

② 《京师警察厅内右一区区署关于查获赵永清售卖驴肉的送案表》,1914年6月1日,J181-019-06858。

③ 《拟定屠售场规则》,京师警察厅编:《京师警察法令汇编·卫生类》。

④ 《检验屠宰所将成立》,《晨报》1924年11月29日,第6版。

⑤ 王兆麒:《速办肉品检查之刍言与欧美各国肉品检查之经过》,《清华周刊》1926年纪念号增刊,第153页。

肉,应进行掩埋,不准售卖。屠宰检验所每日派稽查员轮流前往各商铺检查,如有漏检或私自售卖有病牲畜肉者,分别给予处罚。①屠宰检验所设立之后,对于肉类从源头上保证清洁卫生有积极的作用。虽未发现检验所每月所检验牲畜的数量,但从所收屠宰检验费的数量可以推断其每月所检验的牲畜可谓不少。从1926年9月开始检验至1928年3月改收检验费止,共收382 327.81元,1927年全年共收239 314.6元,其中所收检验费最多的一个月超过了3万元。②

汽水。各种汽水"如果选用材料不求纯良,制造方法不能清洁,于卫生大有妨害"③。但进入民国后,各种汽水商人"唯利是图,不顾害人与否",经常"制卖不良之汽水,有害公共卫生"。④《管理饮食物营业规则》明确规定,饮食物中不得加以染色及含有毒质的颜料⑤,但每到夏季为销售旺季,一些小贩由洋行购买糖精混入冰水内作为汽水售卖,其所购买的糖精含有毒质,购买者饮用后影响身体健康。⑥还有一些小摊贩售卖掺入颜料的汽水,如1917年6月,崇文门外三里河有小摊,售卖一种颜料水,绿黄不一,用小玻璃瓶盛着,每瓶仅售铜元一枚,购买者多为小学生。这种颜料水其实就是凉水掺颜料,或加少许橘皮水,尤其对儿童身体健康有影响。⑦酸梅汤是北京居民喜欢的传统饮料,原料水应该是开水。据记载,早先北京有名的酸梅汤,西单牌楼邱家做得最好,准保是开水,后来人心越来越诈,不少商铺都是弄点儿酸梅卤兑糖,再拿生凉水一放宽汤就成,喝了就会出现跑肚拉稀的状况。⑧

针对这些状况,警察厅曾于1916年重新颁布了《各种汽水营业管理规则》,对各种汽水所用原料进行了详细的规定,包括:制造用水应用洁净而度

---

① 《京师警察厅屠宰检验所简章》,《政府公报》第3558号,1926年3月8日,第5页。
② 雷辑辉:《北平税捐考略》,第73页。
③ 《京师警察厅布告》,《政府公报》第3253号,1925年4月22日,第11页。
④ 《令各厂呈验汽水》,《晨报》1917年4月26日,第5版。
⑤ 《警察厅管理饮食物营业规则》,《政府公报》第519号,1917年6月21日,第23页。
⑥ 《警厅禁售糖精》,《晨报》1918年5月5日,第6版。
⑦ 《假汽水应即查禁》,《晨报》1917年6月25日,第5版。
⑧ 待馀生:《燕市积弊》,北京古籍出版社1995年,第42页。

数在九十度以上者,果汁须用新鲜者,糖须用洋水或车糖,颜料须用果汁或菜汁,不得使用含有毒性的香料、颜料及防腐剂等。①上述各款在当时来说还是比较详细具体的,但因各汽水商贩贪图利益,不愿严格遵守,警察厅每届夏令汽水销售旺季,便"通令各区对于此项营业小贩严加取缔"②。1915年,警察厅外左五区警察发现泰源荷兰汽水厂所制汽水"异常污浊,内有多足虫、兽毛、沉淀等物,于卫生实有妨碍",将汽水厂带区罚办。因该汽水厂为再犯,警察厅对其从严处罚,应罚10元,加重罚款12.5元。贩卖不洁汽水店铺广兴隆油盐店亦被一并处罚,罚款为2.5元。③虽将所制《管理各种汽水营业规则》多次布告周知,但"诚恐各厂商日久玩生,不能切实遵行",警察厅在1925年4月汽水销售旺季来临之前,又将所定规则发交各警察区署,令其转发给界内的各汽水厂遵照施行。警察厅"随时派员前往各厂检查",各警察区署亦要"派警不时考查"。④同时,对用有害物质掺杂汽水中进行销售的汽水厂和各商铺加重惩罚力度,"一经查觉,定行严惩,绝不姑宽"⑤。

经警察厅严格限制,汽水卫生一项应该说取得了一定的成效,不仅市民加深了对相关卫生知识的了解,制售汽水的厂商也大都遵照规定呈验制成的汽水,在汽水销售旺季,报刊上可看到不少向警察厅呈验汽水的请示。⑥当时报刊评价说,北京各汽水公司,"对于材料之选择、配合之手续、厂内之清洁,认真者固多"⑦。

(三)对饮食生产及经营场所环境卫生进行规范

要保证饮食物品达到一定的卫生标准,仅控制饮食原料的卫生远远不够,还应注意饮食物品在流动过程及生产和经营场所的环境卫生。警察厅规定,

---

① 《各种汽水营业管理规则》,《政府公报》第227号,1916年8月21日,第8页。
② 《取缔售卖酸梅汤》,《晨报》1918年6月11日,第6版。
③ 《京师警察厅外左五区分区关于魏德富贩卖污浊的泰源荷兰汽水的详》,1915年7月1日,J181-019-10804。
④ 《京师警察厅训令》,《政府公报》第3253号,1925年4月22日,第10页。
⑤ 《警厅取缔汽水公司》,《晨报》1926年5月13日,第6版。
⑥ 《京师警察厅批》,《京师警察公报》1927年5月7日,第3版。
⑦ 《警厅限制售卖不良汽水》,《晨报》1921年5月9日,第3版。

所有饮食业的厨房不得接近便溺处,以免沾染秽气;泔水桶及泄水处所应勤加冲洗;水缸须每日洗刷一次;所用刀、勺、锅盖及其他铁器,必须勤加拂拭,不能任其生锈;所用瓦器、瓷器等物不能积有垢腻,竹木各器更须注意清洁;所有熟食不能以铅质器具煮卖。① 夏季天气炎热,食物容易腐败变质,滋生蝇虫,环境卫生更需注意,警察厅每年天气炎热时,便饬令各区署传知售卖饮食物营业,"一律添制纱罩"②,各摆摊商贩,必须添置商棚,"以资覆盖售品,俾免受日光作用改变味色,以碍卫生"③。对于汽水、牛乳业以及羊肚、剔骨作坊,警察厅另有单行规定。

汽水、牛乳业。警察厅规定,在保证原料卫生的基础上,各汽水厂所用的各种器具必须洗涤干净,厂内应勤加扫除,并使空气流通,制造工人的衣服等亦须洗涤清洁。此外,不能雇用患结核类病及其他传染病之人在厂内工作。④ 牛乳饮料厂制造牛乳时亦应遵守上述相关卫生规定,除此之外,还应注意牛舍和产乳之牛的卫生。牛舍建造时,必须在周围开设窗户,使空气流通;牛舍内应挖掏小沟,使尿水由小沟流到舍外五尺以外,尿桶上必须放置桶盖;牛舍内所铺垫的蒿草应勤加更换;所饲养的牛必须每日进行清洁;乳牛的乳房及周围必须洗涤洁净,不能使污物混入乳内。⑤

羊肚、剔骨肉作坊。警察厅规定,羊肚作坊"逐日所余血料或灌入猪脬者,须即日运出城外晒晾,不得悬诸院内,致碍卫生";"所有羊肠、肚血等类不得收买色恶、臭恶及陈腐物,并须从连煮售,以防朽坏";"晾晒生羊肠者一律迁出城外营业"。⑥ 剔骨肉作坊"所收之骨不许久积不煮,至迟不得过两日,须一律出售卖,以防腐朽";"燃煮时须用正当柴火,不得以马粪、枯骨等物作为燃料,其赤足践踏等事亦应禁止";"已经剔过之骨,务须于当日运出,不得存积

---

① 《各种汽水营业管理规则》,《政府公报》第 227 号,1916 年 8 月 21 日,第 8 页。
② 《饬添食物纱罩》,《晨报》1918 年 5 月 22 日,第 6 版;《警厅饬添食品纱罩》,《晨报》1927 年 6 月 12 日,第 6 版。
③ 《通令添设商棚》,《晨报》1918 年 6 月 2 日,第 6 版。
④ 《各种汽水营业管理规则》,《政府公报》第 227 号,1916 年 8 月 21 日,第 8 页。
⑤ 《管理牛乳营业规则》,京师警察厅编:《京师警察法令汇编·卫生类》。
⑥ 《京师警察厅卫生处关于取缔羊肚作坊规则请备案的函》,1914 年 3 月 1 日,J181-018-02778。

铺中,免致熏臭"。①违背上述规定,经警察人员干涉不遵者,按照《违警罚法》第33条第1款违背法令章程营业处15日以下拘留或15元以下罚金,屡犯不改则勒令歇业。

很少看到警察厅对饮食业环境卫生进行严厉查处的案例,这绝不是当时饮食业环境卫生做得很好,而是表明饮食营业者和警察厅本身皆不重视此点。

(四)对饮食营业销售卫生进行稽查

作为饮食卫生管理的重要内容,稽查售卖有违饮食卫生规则的饮食物是警察厅管理饮食业的最后一个程序,也是警察日常饮食卫生工作着力最多的部分。按照《管理饮食物营业规则》,只要出现腐败、朽坏及含有毒质颜料等对人体有害的饮食物皆严禁出售。②此外,警察厅还对运输、出售禁止食用的马、驼、猫、狗等肉以及毒害此类牲畜等事项进行重点稽查。

腐败、病坏肉品。警察厅卫生处认为,"腐败食物,最为有碍卫生,且易传染疫症"③。《管理饮食物营业规则》制定后,多次公告宣示,禁止出售此类食物。但为谋利,"供人食物之营业者,率多阳奉阴违,不重他人之卫生"④,私自出售各种腐败饮食物品。警察厅除通告人民注意外,多次命令各区署"对于售卖腐败食物者,务当严行查禁,倘不服从或有阳奉阴违情事,即应按照《违警律》科罚,并停止营业"⑤。在"时令不正,寒暖瞬变"或"天气干燥"等细菌易滋生之时,警察厅会有针对性地加大稽查取缔力度。⑥1916年冬季,天气严寒,警察厅"深恐冻化之物,既多掺杂,殊于卫生大有妨碍",特饬令内、外城二十警

---

① 《京师警察厅卫生处关于取缔剔骨肉作坊规则请备案的公函》,1913年1月1日,J181-018-00224。

② 《警察厅管理饮食物营业规则》,《政府公报》第519号,1917年6月21日,第23页;《各种汽水营业管理规则》,《政府公报》第227号,1916年8月21日,第8页。

③ 《禁售腐败食物》,《晨报》1918年1月30日,第6版。

④ 《腐败食物之取缔》,《晨报》1917年2月7日,第5版。

⑤ 《禁售腐败食物》,《晨报》1918年1月30日,第6版。

⑥ 《取缔腐败食物》,《晨报》1918年5月27日,第6版;《腐败食物之取缔》,《晨报》1917年2月7日,第5版。

察署,自11月15号起,每日各派长警4名,前往本管城内,对各食铺严查有无腐败食物发售。①1918年春天,"疫症流行",各种腐败食物最易沾染传染病菌,警察厅各区署"随时查禁"。②有虫病的猪羊牛肉以及骨头,不准各饮食业购买,更不准售卖。③为预防饮食营业售卖病死各肉,各警区注意调查。1916年11月,警察厅听闻内右四区西四牌楼隆泰汤锅有售卖病死猪肉的情况,查明情况后,将该汤锅经理解厅罚办。④

禁食肉类。马、驼、狗、猫等动物之肉,"所含病菌极多,食之极易生病"⑤。警察厅为注重饮食卫生,曾制定《取缔肉行规定》,强调"非食物之禽肉(如驴、马、骆驼),不准售卖"⑥。但北京街市不少饮食营业场所仍有以死猫、烂狗、瘟驴、病马之肉冒充牛、羊、猪肉的情况,严重影响市民身体健康。特别是在疫症流行之时,"商民贪图小利宰杀售卖,致人民食后发生疫症"⑦。警察厅为禁止此类极不卫生的食物出售,除布告商民周知,不要出售、购买此类肉品外,多次要求各区署"一律认真查禁,不得视作具文,以害公共卫生"⑧。对于查获违禁售卖者,立即处罚。

从目前所见档案看,北京警察对稽查禁食肉类一项还是颇为注意的,档案保存不少有关案例。如1914年,内右一区的巡警在界内发现赵永清用手推车摆摊售卖猪肉,经过检查,发现掺杂有驴肉。经过询问,赵供认不讳,最终对其处罚金5角,并令出具甘结,表示以后"再不敢违章"。⑨同年,警察厅外左五区刘杜氏从乞丐手中用铜元50枚买得死狗一条,打算煮熟挑往天桥售卖,被警

---

① 《调查腐败食物》,《晨报》1916年11月12日,第5版。
② 《查禁腐败食物》,《晨报》1918年2月20日,第6版。
③ 《取缔肉行规定》,《晨报》1917年9月25日,第6版。
④ 《售卖死猪者被罚》,《晨报》1916年11月24日,第5版。
⑤ 《警察厅重申禁令》,《晨报》1916年9月16日,第6版。
⑥ 《取缔肉行规定》,《晨报》1917年9月25日,第6版。
⑦ 《取缔售卖兽肉》,《晨报》1919年8月30日,第6版。
⑧ 《警察厅重申禁令》,《晨报》1916年9月16日,第6版。
⑨ 《京师警察厅内右一区区署关于查获赵永清售卖驴肉的送案表》,1914年6月1日,J181-019-06858。

察查获。"狗肉为有害卫生之食物",在禁售之列。鉴于刘杜氏已 55 岁,且查获时狗肉正在锅内,还未煮熟售卖,便对其免究责任,将"狗肉掩埋"。①1927 年 8 月,警察厅外左四区闻得界内卖杂货人吴玉山"有煮卖死猫、狗情事",便派长警前往调查是否属实。经过稽查获知,吴玉山租赁王祖训一间房屋,专门煮售驴、猫等肉。警察厅将起获"猫、狗肉大小计二十五块派警饬夫掩埋",将吴玉山按律处罚,赶出承租的房屋。"包租房人王祖训,徇隐不报,亦属不合",一并处罚,并令其出具甘结,"以后不敢再容留此类人等租房"。②

禁售的各种肉类,如系毒害致死,"好人吃了此肉,毒入肺腑,准有性命之忧"③。为从源头控制禁止食用的肉类售卖,警察厅对毒害、贩卖、运输此类牲畜的行为也进行严格稽查。1913 年 1 月,汤福长马肝铺用银 10 元从姚都宽处买得死骡一头。汤福长被罚,姚都宽"亦敢以死骡价卖于人,不顾人民食之有害卫生",一并被罚。④1914 年 9 月,马锡春从小红门用钱 70 吊买来已宰死马肉共 120 斤、油肠半洋桶,打算挑进城卖给饮食行,被警察发现,所运之肉埋弃,马本人被处以拘留 10 日。⑤1916 年,警察厅总监吴炳湘听闻宽街北边口袋胡同住户张文庆独门专造熏骡马毒药,"以此为业,治死各粮店骡马甚多",专门派所管区署详查。张文庆毒害牲畜方法为,"遣人在各停车及有骡马之处,若车夫稍一疏神,即乘隙将药散在水草之内,俟骡马毙后,即使往购买"。张曾于 1914 年毒死荫昌的骡马被该宅头告发,判罚进习艺所一年,至 1915 年 5 月期满释放后仍旧从事毒毙骡马旧业。因张屡犯不改,故除对其进行处罚外,吴总监亲自批示"该管区监视"其日常行为,再"查有前项不法行为,送署究办"。在警察厅严厉处罚下,张文庆于 5 月 19 日迁至东直门外居

---

① 《京师警察厅外左五区区署关于刘杜氏售卖狗肉一案的呈报》,1914 年 2 月 1 日,J181-019-06859。
② 《京师警察厅外左四区分区表送吴玉山收买死猫狗煮肉售卖一案卷》,1927 年 8 月 1 日,J181-019-56489。
③ 《京师警察厅外右三区区署关于界内住户张文庆即张永顺以药毒死骡马意图买肉请查禁的密报》,1916 年 4 月 1 日,J181-018-06727。
④ 《京师警察厅外右五区区署关于查获汤福长购买死骡肉欲卖一案的呈》,1913 年 1 月 1 日,J181-019-03201。
⑤ 《京师警察厅外右四区区署关于马锡春贩运马肉的送案表》,1914 年 9 月 1 日,J181-019-06857。

住,其居住地不属于当时警察厅管辖范围内,为此,所管区署还"函知东直汛署,继续监视"。①

为保证饮食物品,特别是各种肉品符合食用卫生,警察厅采用了多种方法,如要求各肉行不准任意涨落价钱;各肉行互相检查,发现有违反规定的情形,准直接向警察厅呈报;售卖者须向警察厅呈报姓名、住址及在何处售卖等。②即便警察厅对此做出不少努力,也取得了一定成效,但"各街巷售卖各种腐食者,仍属不少"③,这其中有很多社会原因,以致警察厅感慨道,"售卖似此类之肉(驼、骡、驴、马等肉),内外城到处皆是"④,防不胜防。

(五)井水卫生管理

水质出现问题或饮用不慎,"民命攸关",但民国之前,市民所饮各种水"原质若何,适用与否,从未有所检验,殊无准量"⑤。民国后,随着对饮食卫生的重视,饮用水作为其中一项也得到了主管机构警察厅的重视。

民国的建立并未从多大程度上改变北京市民的饮水状况,到1925年,装设自来水的家庭也仅有7000余户,不过北京全部户数的二十分之一,⑥绝大多数居民仍依赖井水。因此,对井水卫生的管理便成了警察厅管理饮水卫生的重点。

北京的水井不管是属水商承包还是居民私有,都有一个普遍的特点,就是对水井的卫生注意不够。因未对水井进行检测,也没确定是否适合饮用的标准,一些仍在使用的水井因为年久失修、久未掏挖等原因其水质已不适宜饮用。有鉴于此,1917年警察厅和市政公所协商,调取北京境内各种饮水地点、

---

① 《京师警察厅外右三区区署关于界内住户张文庆即张永顺以药毒死骡马意图买肉请查禁的密报》,1916年4月1日,J181-018-06727。

② 《取缔肉行规定》,《晨报》1917年9月25日第6版。

③ 《查禁腐败食物》,《晨报》1918年2月20日第6版。

④ 《京师警察厅外右五区区署关于钱德贵贩卖骆驼肉一案的呈》,1913年1月1日,J181-019-03200。

⑤ 京都市政公所编:《京都市政汇览》,第224页。

⑥ 《重要公牍·公函·自来水公司来函遵函整顿情形并抄警察厅令文及意见书函覆查照由》,《市政季刊》第1期,1925年11月,第28页。

数目表册，交由工商业改进会①进行检验，评定等级，"最适用者定为上等，其次定为中等，不适用者定为下等，均于取水之处分别标明，俾便市民一览而知，亦尊重公共卫生之一端也"②。对饮水地点进行调查，步骤具体为：先由警察厅派员前去调查，把调查结果编列号表，再通知改进会备案，并由改进会派员会同各区警察人员前往调查地点采取样本进行检验，居民专有私井"亦须一并调查"。居民呈请开凿新井时亦应先呈报警察厅，由警察厅将其地点通知改进会派员会同各该区警察前去调查。改进会裁撤后，开井和检验水井全由警察厅负责。③检验后，将结果登载政府报刊，各区警察署也进行备案，并按照"成绩优劣"，分为"适用、不适用或经煮沸后适用"几个等级，各区警察人员按照表列成绩分别在井旁"易见之处"钉定火印木牌，"以便识别"。在对水井等进行检验时，除"用化学方法考验成分外"，警察厅还注意"水源之周围状况，以便设法改良建筑，防止污染"。④

井水质量如何，是否适合饮用，除由本身的水质决定外，对水井的保护以及水井周边的环境也起着重要作用，而北京居民对此并不重视，常有附近儿童向井内抛扔砖瓦、污秽泥土等物⑤，甚至还出现"内、外城水井内时常发现婴孩尸体"⑥的情况。一些水井因所处位置不当易被污染，例如有些水井旁边就是公共厕所。⑦北京的土质松散，厕所粪尿秽水通过渗透流入水井或随大雨积水流入井中，致使井水受到污染，居民饮用污染过后的井水，易"患头晕腹泻之症"。⑧警察厅除"派贫民队将各区境内之官井一律掏修"⑨外，还制定了针对

---

① 工商业改进会为市政公所辖属机关，1920 年裁撤。《京都市政公所暂行编制》，京都市政公所编译室编：《京都市法规汇编》，市政公所编译室 1925 年版，第 3 页。

② 京都市政公所编：《京都市政汇览》，第 224 页。

③ 《京师警察厅指令》，《京师警察公报》1927 年 4 月 17 日，第 3 版。

④ 《检验饮料水规则》，京都市政公所编：《京都市政汇览》，第 225~226 页。

⑤ 《警政一束》，《晨报》1918 年 5 月 22 日，第 6 版。

⑥ 《警厅饬安井盖》，《晨报》1921 年 1 月 24 日，第 6 版。

⑦ [美]西德尼·D.甘博，《北京的社会调查》（上），第 113 页。

⑧ 《水井不洁有碍卫生》，《晨报》1924 年 8 月 31 日，第 7 版。

⑨ 《警政一束》，《晨报》1918 年 5 月 22 日，第 6 版。

各街市水井暨私有水井的保护规则,如"井沿安置高石以避秽水流入,夜间加设井盖以防行人危险,井旁力求清洁,不得堆积秽尘,并井旁之水槽安设覆盖,时常冲刷,不得积存宿水等项",并饬令"各区署实行取缔","布告商民一体遵照"。①

警察厅和市政公所加强了占居民饮用水比重最重的水井水质的监管,但因其化验方法"较为繁难",至北洋政府结束还是未能制定专门的化验方法。②这也说明,北京居民的总体饮水卫生仍须大力改善。

(六)饮食卫生指导和宣传

北洋政府时期,北京民众缺乏基本的卫生知识,警察厅不能对民众进行强制性干预,较好的方法是让民众对各种饮食卫生及不良饮食习惯产生的后果有正确的认识,养成清洁健康的饮食习惯。在当时情况下,将"关于卫生事宜,编成白话布告,晓谕人民注意"③,是一种相对有效的方法。针对各种不良的饮食卫生现象,警察厅卫生处制定专门的布告,"布告通衢"④。为照顾到一般民众的阅读水平,警察厅刊发的布告,避免使用深奥的专业术语,多采用浅显易懂的白话语言,明白晓畅。如1917年夏季,疫症流行,警察厅为使民众从饮食上进行防范刊发的白话布告如下:

> 照得现在时令与往年不同,未到夏至,已炎热异常,人民的饮食起居稍有不慎,就容易生病。以近来发现的病症而论,种种不一,有患吐泻的,有患烧冷身痛的,有患红白痢疾的,及一切暑热等症,很多很多。考求发生的原意,大略不过数端。一则因饮食不慎。凡人到了天热的时候,总要贪些凉的,如酸梅汤、汽水、冰水、瓜果等类。近日且有小贩由药房买来一种糖精(译名山克林,其中略含毒质),暗行掺入冰

---

① 《重要公牍·公函·京师警察厅覆函准函已令自来水公司极力改善并谐戒注意水井清理由》,《市政季刊》第1期,1925年11月,第27页;《警厅饬安井盖》,《晨报》1921年1月24日,第6版。

② 《重要公牍·公函·函京师警察厅请饬各区注意水井清洁事项以重卫生由》,《市政季刊》第1期,1925年11月,第26页。

③ 《取缔饮食营业》,《晨报》1918年5月9日,第6版。

④ 《警厅刊布·简易健康浅说》,《晨报》1926年8月5日,第6版。

水售卖。这些饮食物都是人喜欢吃的,但洁净与否、腐败与否,大都不慎理会,稍一调查,不及售者,未肯抛弃,购者率尔以食,哪里晓得人的脏腑里头本蕴蓄着有许多热,这些饮食物一入了肠胃,是不容易克化的,轻则腹泻,重则成了痢疾各症。……凡此种种,一有不慎,小则害及个人,大则波及社会。本厅有保卫健康的责任,除各项饮食物营业及清洁等事分别令知各警察署按照管理规则随时严重取缔外,为此布告各铺住、各户对于清洁及饮食物等务须格外谨慎,切不可仍旧疏忽,致染各病。物此布告。①

警察厅经常刊发此类布告,一般来说,从疫病危险的角度入手更易使民众接受。如1919年8月,因廊坊驻扎的军队发现霍乱,警察厅为预防时疫,布告民众注意各种卫生事项,其中重要一项就是劝导民众注意饮食卫生。②1921年夏季,北京的猪出现了一种"最危险的天然瘟症",经警察厅医官检查属实。警察厅对于"检查猪肉一事,颇为认真",除派警严查外,"再发布告,警示大众";③1927年夏季,天气异常,"人民多染腹泻、痢疾等症",警察厅"特布告人民,令慎饮食"。④警察厅希望通过布告宣传,使民众对于饮食卫生有正确的认识,如"人人能力加讲求,一切疫症自无从发见"⑤。

除了刊发布告,警察厅也注意利用报刊等舆论工具宣传饮食卫生规章和相关知识。1917年6月,警察厅颁布《管理饮食物营业规则》。从当年开始,此项规则几乎每年都会在《晨报》上重刊,有时同一年还会刊登两次。⑥当时的报刊也很注意警察厅发布的相关布告,对一些与民众生活有影响的布告进行转

---

① 《京师警察厅布告——望铺佐各户慎重清洁及饮食物等》,《晨报》1917年6月17日,第5版。
② 《京师警察厅布告》,《晨报》1919年8月9日,第6版。
③ 《谨防吃著(着)瘟猪肉》,《晨报》1921年8月1日,第6版。
④ 《警厅布告预防时政》,《晨报》1927年6月21日,第6版。
⑤ 《京师警察厅布告》,《晨报》1918年1月15日,第6版。
⑥ 《饮食物营业规则》,《晨报》1917年6月17日,第5版;《饮食物营业者注意》,《晨报》1918年6月30日,第6版;《饮食物营业规则》,《晨报》1918年7月12日,第6版;《管理饮食物营业规则》,《晨报》1919年5月25日,第6版;《饮食物营业之规则》,《晨报》1920年5月20日,第6版。

载。①如 1926 年,警察厅为"防止发生时疫起见,特编订简易健康浅说",劝导民众慎重饮食,8 月 5 日的《晨报》进行了重点节录刊登。②此外,警察厅还通过和社会组织共同举办一些卫生活动,如灭蝇大会等来宣传有关饮食卫生的知识。③

警察厅通过广贴布告、报刊刊登等方式向民众宣传饮食卫生的基本知识,扩大了宣传面,虽从防疫的角度考虑较多,但对促进民众对饮食卫生的认识有一定积极作用,在公共卫生出现问题时,北京民众也知道向警察厅提出意见并敢于进行抨击了。如 1917 年 4 月,北京河里发现有死鱼出现,不确定是否死于发瘟,为防止有人食用,一市民"据情报告警厅"。④1927 年市民强运开的仆人何玉山在北京大药房购买一瓶牛肉汁,回家后启封,闻有酸味,怀疑购买的牛肉汁腐坏,便向所在内右四区区署控告了北京大药房。⑤

影响北京居民公共卫生不仅在于前文所述奸商投机谋利、自然环境和技术限制、相关机构监管不力等因素,还在于市民对待公共卫生的态度和方式,这一点在食物本身安全卫生的情况下尤为重要,但也就是在这个方面改变起来难度最大。如天气炎热的夏季,居民为了解渴解热,多直接饮用凉水。这些从井中直接汲取的凉水含有细菌,经过煮沸便可使细菌含量大大减少,降低居民感染疾病的几率。虽对此类问题多次进行宣传,但仍改变不了居民饮食习惯,京师警察厅的相关警察人员所能做的也只能是"婉言劝导"而已。⑥习惯一旦形成,已不仅是生活的一部分,而是生活本身了。

京师警察厅和市政公所为改善京师公共卫生制定了大量规章条例,但只有少数能够付诸实施。负责公共卫生的卫生处人员大多不具备医学和专业卫

---

① 《警厅防春瘟办法》,《晨报》1916 年 12 月 23 日,第 5 版;《警厅预防时疫法》,《晨报》1917 年 6 月 25 日,第 5 版。

② 《警厅刊布·简易健康浅说》,《晨报》1926 年 8 月 5 日,第 6 版。

③ 《灭蝇会昨行闭幕式》,《晨报》1927 年 5 月 29 日,第 6 版。

④ 《河鱼或亦发瘟耶》,《晨报》1917 年 4 月 18 日,第 5 版。

⑤ 《京师警察厅内右四区分区表送强运开函控北京大药房售卖坏牛肉汁将孙秀生送请讯办一案卷》,1927 年 8 月 1 日,J181-019-56491。

⑥ 《禁止人民吃饮凉水》,《晨报》1918 年 5 月 29 日,第 6 版。

生知识方面的经验,而所有的条例都需要由普通的警察人员去具体执行,但这些招募来的普通警察一般对卫生工作缺乏理解,因为他们本身在公共卫生方面的认识也并不比普通民众要好多少,而大众本身又因为缺乏知识也认为没有必要为保持清洁、保护出售的食品这类事情给自己添麻烦。尽管如此,城市卫生还是有了很大的进步,主要街道的路面被打扫得干干净净,公共厕所也不那么难找了,在卫生出现问题时,广大民众也知道并敢于发表言论进行抨击了……对于卫生管理机构来说,也许在当时最紧迫的问题不在于筹集资金进行技术和知识方面的改进,而在于如何教育民众,使他们认识到公共卫生的重要性。在这一点上,仅靠个别行政机构的努力显然不够。

北洋政府时期,北京的公共卫生事务由警察机构承担,反映了近代警察机构功能的扩大,也表明原本不受政府关注的公共卫生领域得到了政府的重视,有了警察机构进行正规化管理并常态化,标志着公共卫生事务管理走向了正规化,反映了近代化过程中专业化分工的发展趋势,也更适应城市近代化发展初级阶段的实际需要和操作。由警察机构来兼管公共卫生,与当时的政治、社会环境具有适应性,但在一定程度上削减了其治安职能的执行力。历史也证明,警察机构兼管公共卫生职能只是在城市近代化过程中阶段性的过渡体现。但同时也应看到,北洋政府时期警察机构对公共卫生的倡导对近代中国民众的生活影响很大,虽在当时还未完全看出显著的改变,但对中国社会的持续影响一直延续至民国中后期。公共卫生的进入和推进,对中国社会从传统生活形态进入现代形态有更深刻而长远的意义。同接受许多新事物的过程一样,中国民众对政府推进公共卫生活动的反应也是充满了矛盾,有抗拒也有接受,有误读也有理解。这种矛盾复杂的过程,反映出时代的局限性,但也是社会进步的体现,是现代化过程中必然要经历的阶段,并且这个过程持续至今。

第五章 CHAPTER FIVE

京师警察厅与北京慈善救济

北洋政府时期的北京,"贫困是仅次于愚昧的最为严重的社会问题"①。虽然几千年以来,贫困问题一直存在,但北洋政府时期天灾人祸频仍,贫困问题尤为突出,"人民生计艰难,无衣无食者触目皆是"②。"据警察方面的登记和分类,有 96 850 人,也就是总人口的 11.95%,被列为'贫困'和'赤贫'。其中有 31 416 人被划分到贫困阶层,另外的 65 434 人被划分为'赤贫'阶层。"③1925 年,京师警察厅对京师贫困人口再次进行了统计,其中内城极贫和次贫人口总计为 141 133 人,外城极贫和次贫人口总计为 98 135 人,内、外城贫困人

---

① [美]西德尼·D.甘博:《北京的社会调查》(上),第 16 页。
② 《本京贫民实数》,《晨报》1919 年 1 月 7 日,第 6 版。
③ [美]西德尼·D.甘博:《北京的社会调查》(上),第 289 页。按:此时的统计数字,只限于京师内外城二十个警区;《本京贫民实数》,《晨报》1919 年 1 月 7 日,第 6 版。

口占总人口 140 余万人的 1/6，即平均每六人之中有一个穷人。①从上面的统计数字可以看出，贫困人口问题严重，所以贫困问题一直是北洋政府需要解决的重要问题。

  人数众多的北京贫民居无定所，生活无着，境况极其窘迫，夏天"多在街巷铺户门前，深夜露宿"②，冬天则更为可怜，"冻死者时有所闻"③。"无恒产者无恒心。苟无恒心，放辟邪侈，无不为已。"④处在社会最底层的群体，不管是那些失去职业者还是不事生产、不劳而获的乞丐和游民，抑或是无以为活的老弱病残者，对于社会秩序和公共安全都是潜在的威胁。从当时的档案和报刊记载可以看出，游民、乞丐强索强要、搅扰营业、勾结宵小等事时有发生，严重扰乱了城市社会秩序。为求生存，贫困人口多聚集在北京城最热闹的地方，前门外、天桥附近、朝阳门外是最主要的生活集中地，而正是这几个地方被公认为北京城"犯罪的发源地"。⑤对于处在社会最底层的群体（游民、乞丐、失业者等）来说，没有固定的收入来源和生存技能，"犯罪不过是借以活口的唯一活路"⑥而已。相比较愚昧和无知，贫困一向被认为是犯罪最主要的根源。⑦"1/3 的犯罪者过的是贫困生活"⑧，

---

① 《北京穷人数目的调查》，《晨报》1925 年 11 月 12 日，第 6 版；陶孟和认为："极贫户，指的是毫无生活之资者；次贫户，指的是收入极少，不赖赈济则不足以维持最低生活者。"（陶孟和：《北平生活费之分析》，第 8 页）甘博认为："当中国人说某个家庭是'贫困'的时候，就说明它需要救济。"（[美]西德尼·D.甘博：《北京的社会调查》（上），第 286 页）按：此时的统计数字包括京师内、外城二十个警区和原本归步军统领衙门管辖的四郊，所以人口统计数字明显增加。

② 《禁止贫民露宿街坊》，《晨报》1924 年 7 月 3 日，第 6 版。

③ 《日前冻死之贫民》，《晨报》1916 年 12 月 25 日，第 5 版。

④ 《孟子·滕文公上》。

⑤ 严景耀：《北京犯罪之社会分析》，《民国时期社会调查丛编》（底边社会卷）（上），第 227~229 页。

⑥ 严景耀：《中国的犯罪问题与社会变迁的关系》，第 26 页。

⑦ [荷]冯客著，徐有威等译，潘兴明校：《近代中国的犯罪、惩罚与监狱》，江苏人民出版社，第 88 页。

⑧ 张镜予：《北京司法部犯罪统计的分析》，《社会学界》第 2 卷，1928 年 6 月，第 238 页。

北京司法部的这一犯罪统计数字从事实上支持了上述观点。

为维护北京城市的社会秩序,保障普通民众的正常生活,怎样解决贫困人口问题显然成为当时政府迫切关注的一个重要问题。解决贫困问题是一个复杂的社会系统工程,其中慈善救助是最直接、效果最明显的方法。在传统的中国社会,"北京的慈善救济事业很差,它几乎全部是由个人或者民间组织主持进行的"①,但辛亥革命以后,"政府已经开始意识到他与公民的新型关系,而致力于在越来越多的地方实施救济,建立救济组织机构"②。在这种情况下,"北京的慈善事业几乎全部由政府接管,大部分由警察主持",因为从1914年开始,京师警察厅负责人口调查,在调查时警察能比较准确地掌握每个家庭的贫富状况,并将每个家庭按照收入的多寡注明了贫富等级。由此可以认为,"警察机构与百姓的关系最密切,因而也最能了解哪些人需要救济或值得救济"③。虽然同时期也存在大量的民间慈善事业,但这些组织或个人也"一般与警察有密切的合作"④。其他的官方机构如步军统领衙门和京兆尹公署等也负责部分慈善事业,但它们的救济活动要很大程度上依赖京师警察厅的统计和调查,也可以说,它们的救济活动离不开京师警察厅的协助。

作为北京城的社会管理机构,京师警察厅的职责已不仅仅局限于维护公共安全和社会秩序,其在政府的授权下承担着重要的慈善救助工作,负责给贫困民众施粥发衣,满足其基本的生存需要。在救济衣食的同时,京师警察厅还立足于贫困民众的长远生活,重视教养结合,使其获得继续生存的基本技能。此外,尤值得一提的是,京师警察厅很重视对女性这一弱势群体进行救助。

---

① [美]西德尼·D.甘博:《北京的社会调查》(上),第285页。
② [美]西德尼·D.甘博:《北京的社会调查》(上),第285页。
③ [美]西德尼·D.甘博:《北京的社会调查》(上),第285页。
④ [美]西德尼·D.甘博:《北京的社会调查》(上),第285页。

第一节　施舍衣食
——救助贫民基本生存

一、施放贫民棉衣裤

　　北京的冬天极其寒冷,民众必须依靠厚实保暖的衣服来抵御寒冷。众多的贫苦民众没有能力购买保暖的衣服,以致北京冬天的街头时常有人冻死。①《晨报》上登载的社会调查生动记述了贫苦民众冬天无衣御寒的凄惨状况:"二九天气,水已结冰,而四处还有人穿着单衣夹衣的;即便是棉的,也无非是五光十色的百结衣;这样还不稀奇,甚至于有赤身露体的。"②在这种情况下,无衣御寒的贫苦民众最迫切的就是想要得到施衣的救助。这样的状况每年冬天都会出现,因此"长期向贫困者施舍衣服便成了一种固定的救济方式"③。以施舍衣物来救助贫民是一种比较直接、能够立竿见影的方式。

　　需要施舍衣服的贫民人数很多,据李景汉的研究,在北京仅能生存或处

---

①　《贫民冻死之可惊》,《晨报》1923年11月9日,第6版。
②　《朝阳门外左营河阳汛贫民现状》,《晨报》1922年1月7日,第5版。
③　[美]西德尼·D.甘博:《北京的社会调查》(上),第304页。

在半死不活生活程度的人约有10万人，其中包括警察厅列为极贫的4万多家庭，这些人生活凄苦，吃喝已成问题，做衣服的钱更是没有，"也只能有时买些旧的，或得些施舍的，补了又补"①，对付着穿。另外，警察厅列为次贫的2万余户和下户的1/3计4万余户，"全家（按五口计算）全年只能添衣服费10元左右，自然这是不够用的"②，因为"给成年人置一身棉衣的花费，大概是2.75元"③，因此他们御寒的主要指望就是慈善机构的赈济。警察厅在进行人口统计时有较为详细的贫富等级记录，对北京城的贫困问题比较了解，因此，不管是官方还是社会慈善团体，在进行衣服赈济时，都要依赖和借助警察厅。

　　贫民冻死问题严重，引起北洋政府重视，其最常见的救助方式就是赈济棉衣，这种赈济一般交由京师警察厅来办理。1916年冬，"庶务处拨洋两万元"，交警察厅"预备施放棉衣"。警察厅领取资金后代为制成棉衣，但为免"贪利之徒得以冒领，十分寒苦者实不能受惠"，派专人按区对贫寒户进行调查，按照调查结果再进行酌量发放。④警察厅的调查在一定程度上减少了冒领的可能，保障了真正贫寒的民众能够领到衣服。北洋政府时期，每年冬天政府施放棉衣票都要借助京师警察厅的分区调查，从下表中可以看出具体分区施放情况。

　　在直接执行政府命令给贫寒民众施放棉衣的同时，京师警察厅还积极协助其他官方和社会慈善机构的施衣活动。贫寒民众无钱购置新棉衣，为了御寒，他们常常捡拾或低价购置破旧军衣，为避免引起混乱，救助贫寒民众，京畿卫戍总司令购置新棉衣数套，函告警察厅使其饬令各区转告贫民，"凡有穿用军衣者，可以随时赴司令部取棉衣一套"⑤。警察厅通过人口调查掌握着各区居民的贫富情况，在一般情况下，社会慈善团体如果想要救助贫民，赈济衣物，就必须依靠警察厅的协助。例如，顺直助赈局为了救助无棉衣的贫民，"派员赴警所请派警察同赴各街巷调查此等贫民人数"，以便按照调查的情况筹

---

① 李景汉：《北平最低限度的生活程度的讨论》，《社会学界》第3卷，1929年9月，第3页。
② 李景汉：《北平最低限度的生活程度的讨论》，《社会学界》第3卷，第5页。
③ [美]西德尼·D.甘博：《北京的社会调查》（上），第305页。
④ 《清贫民施送棉衣》，《晨报》1916年11月10日，第5版。
⑤ 《地方近讯·旧军服换取新棉衣》，《京兆周刊》第31期，1921年12月10日，第18页。

措钱财购置棉衣。①这种协同调查,不是全面调查,而是在之前警察厅掌握的贫民范围中再进行具体人数、等级调查。除了请求警察厅协同调查外,也有一些慈善团体自行调查需要救济的贫寒户,但这种调查也是在警察厅造具好的"贫民册中选极贫之户"来进行的复查。②北京户民众多,重新全面的调查对于一般的慈善团体来说是不可能实现的。更有一些社会慈善团体直接把征收或购买来的赈济衣服"发交"警察厅进行施放。1917年大灾过后的冬赈期间,督办京畿一带水灾河工善后事宜处就按情形直接发交京师警察厅单夹衣裤4500件,托其按照具体情况进行施放。③警察厅不仅协助官方和社会慈善团体调查贫寒住户和施放衣服,还派员对施放棉衣的现场进行监督,以免秩序混乱或有人冒领。④由于需要救助寒衣的贫民为数众多,购置衣服需要钱款"甚巨",而政府拨款和社会捐助又很有限,警察厅还想办法从厅内"正款项下拨给若干,分办棉衣",由区署长酌量散发给贫困民众,⑤以及从军装库中取出残存的旧军衣、旧皮鞋分给贫民穿用⑥。

赈济棉衣可以解决贫民一时的御寒需求,但相比较长时间挨饿的痛苦,这些贫民有时宁愿选择受冻⑦,他们把救济的衣服典当或者卖掉,以换取少量的饭食。经常同贫民打交道的警察很熟悉这种情况,为使贫民日后免于受冻,警察厅屡次下令禁止买卖赈济的衣服。⑧为禁止贫民售卖所领的衣服,警察厅下令"贫民如售赈衣即扭区讯办,买者亦将依法科办"⑨。惩罚虽然严厉,但仍时

---

① 《调查无棉衣贫民》,《晨报》1916年12月23日,第5版。

② 刘锡廉编辑:《京师公益联合会纪实》,1924年6月版,第210页。

③ 《督办京畿一带水灾河工善后事宜熊希龄呈大总统汇报收发棉衣情形检同清册呈鉴核文(附清册)》,《政府公报》第924号,1918年8月21日,第11、30页。

④ 《派员监放棉衣》,《晨报》1918年12月21日,第6版。

⑤ 《殷总监注重民生》,《晨报》1920年9月11日,第6版;[美]西德尼·D.甘博:《北京的社会调查》(上),第305页。

⑥ 《吴总监恤贫寒》,《晨报》1916年10月22日,第5版。

⑦ [美]西德尼·D.甘博:《北京的社会调查》(上),第305页。

⑧ 《禁止领衣售卖》,《晨报》1919年1月8日,第6版。

⑨ 《取缔各贫民私售赈衣》,《京师警察公报》1927年12月22日,第3版;《京师警察厅内左四区区署关于赵福永违章收买官发棉衣一案的呈》,1916年1月1日,J181-019-14080。

常出现生活困难的贫民"私将标印去销或将衣服拆分"①变卖的情况。

二、开设粥厂

上文提到,和长时间挨饿相比,贫民们宁愿选择受冻。这就要涉及另外一个重要问题,食物救助。

对北京贫民来说,生活费中"最要紧"的就是"食物费"。按照李景汉的统计,在各种主要生活费中食物费的分配最多,为68.8%。②即使大多数的收入用在食物消费上,贫民的饮食也非常差。一般情况下,贫民"早晨打粥喝,晚上弄点烂菜叶,讨点生冷剩饭吃。若能吃顿杂货面、小米面,强似过年;遇着阴天下雨,只有'枵腹而待旦'"③,更不要说在物质匮乏、谋生不易的寒冬了。对于贫民的这种凄惨状况,当时的政府和社会慈善团体也在想办法进行救助,其中设立粥厂施粥是较直接有效的方法。

赈粥在中国历史上由来已久,战国时期已开始出现,至明万历年间已出现较有规模的粥厂④,清沿袭之。民国时期,有人认为,粥厂的设置为"治标方法,徒事耗费,男女混杂,易传染疾病,而使贫民有依赖之心"⑤,不赞成用设立粥厂的办法来救济贫民。但在当时,政府和社会根本不可能救助数量如此庞大的贫苦民众,而粥厂"每日一杓之粥实能活一人一日之命","其功效和使命谁曰不为重大"?⑥北洋政府时期,粥厂的设置得到了众多贫民的欢迎,甘博在社会调查中有过生动的描述:"在每一个寒冷的早晨,人们都可以看到一群一群的人聚集在北京城内外大约12个中心地区……所有的人手里都拿着一只碗或一个桶或一个空罐头盒,或者挎着一只篮子,他们都是为了要去粥厂分得

---

① 《禁止领衣售卖》,《晨报》1919年1月8日,第6版。
② 李景汉:《北平最低限度的生活程度的讨论》,《社会学界》第3卷,1929年9月,第3~5页。
③ 《朝阳门外左营河阳汛贫民现状》,《晨报》1922年1月7日,第5版。
④ 张金陔:《北平粥厂之研究》,李文海主编:《民国时期社会调查丛编》(社会保障卷),第404页。
⑤ 张金陔:《北平粥厂之研究》,李文海主编:《民国时期社会调查丛编》(社会保障卷),第400页。
⑥ 张金陔:《北平粥厂之研究》,李文海主编:《民国时期社会调查丛编》(社会保障卷),第400页。

一碗无偿施舍的热粥。"①

民国以前,对贫民的这种施舍和救济多是由民间慈善机构或者寺庙进行,但到北洋政府时期,北京城的施粥工作已几乎全部由政府接管,主要是由京师警察厅、步军统领衙门和京兆尹公署或者市政公所负责。②北京城政府设立的粥厂主要分布在城内外的12个地方。这12个粥厂中,京师警察厅负责7个,步军统领衙门负责3个,京兆尹公署负责2个。③

粥厂多设于冬天,但何时开始,要以天气寒冷的程度为准。如果天气冷得较早,则提前设厂放粥。粥厂何时关闭,亦以天气为准,如果天气寒冷延续时间较长,则粥厂放粥也会相应展期。一般情况下,粥厂的设立期限约自旧历十月十五或十一月初至翌年二月中旬或二月底,少则开放三个月,多者四个月。④在1916年,粥厂从十二月一日开始发放,⑤本拟在第二年"旧历二月初旬即将粥厂停办",但因"天气尚形严冷",粥厂如果停办,则"贫民仍不免有冻饿毙命之惨剧发生","故拟酌量展期停办,以恤民命"。⑥在1918年冬,粥厂的施放时间更长,从十二月一日开始煮放⑦,一直到第二年的四月一日才停办,但因"各善士捐款较多",步军统领衙门的粥厂延期至四月十六方才停办。⑧可见,各粥厂的停办时间相对来说比较灵活,但一般情况是到"春天天气日见晴和,贫民谋生较易"⑨时。

---

① [美]西德尼·D.甘博:《北京的社会调查》(上),第297页。
② [美]西德尼·D.甘博:《北京的社会调查》(上),第299页。
③ 根据以下资料统计:《统计·京师警察厅七处粥厂逐日煮米数目及就食人数统计表》、《统计·京兆尹公署二处粥厂逐日煮米数目及就食人数统计表》、《统计·步军统领衙门三处粥厂逐日煮米数目及就食人数统计表》,《市政通告》第3期,1917年5月,第2~15页。
④ 张金陔:《北平粥厂之研究》,李文海主编:《民国时期社会调查丛编》(社会保障卷),第407页。
⑤ 《来朔开办施粥厂》,《晨报》1916年11月11日,第5版。
⑥ 《各粥厂施粥展期》,《晨报》1917年2月9日,第5版。
⑦ 《咨京师警察厅京兆开办粥厂地点日期请查照文》,《京兆公报》第72期,1918年12月17日,第9页。
⑧ 《粥厂消息两则》,《晨报》1919年3月23日,第6版。
⑨ 《粥厂消息两则》,《晨报》1919年3月23日,第6版。

粥厂施放的食物是由大米和小米熬成的热粥，其中 7/10 是小米，3/10 是大米。①粥厂施粥"每名放粥一铁杓，约两大碗有余"②，虽然仅靠两大碗热粥很难度过饥饿的一整天，但对于难以觅食的贫民来说仍然"受惠良多"③，他们中的许多人就是靠着粥厂每天的施舍来熬过整个冬天的。所以每到施粥时间，贫民领粥都"颇为踊跃"④。

粥厂设立，本意是为济贫。为了防止不是贫民者领粥饲猪喂犬，京师警察厅制定了严格的惩罚措施，一经查明有这种情况，即刻将其带到警察署"判罚小米十石"⑤，以儆效尤。除了严格的惩罚措施外，警察厅还令内、外城二十区署，按户调查人口数目，以贫困程度"分为极贫、次贫，凡属极贫者，按人口多寡，发给红色牌照，其次贫者发给白色牌照，均盖有火印，以防假冒"⑥。如果没有木质领粥牌照，就"不得入厂领粥，以杜弊端"⑦。为防止冒领，警察厅还规定各粥厂放粥时"均令贫民就地食用，不准携出场外，以期贫民得沾实惠"⑧。警察厅的这些措施在一定程度上保障了真正的贫民能够在粥厂得到救济。

除制定严格措施防止冒领外，因"每日领粥贫民甚多"⑨，有时一个粥厂领粥之人竟达五六千人，"异常拥挤"⑩，时常发生挤伤人的事件，特别是身体柔弱的妇女和儿童，更容易在拥挤的领粥人群中发生意外。⑪粥厂所在地的各区

---

① [美]西德尼·D.甘博：《北京的社会调查》（上），第 300 页。
② 《地方近讯·粥厂贫民领粥统计》，《京兆周刊》第 29 期，1921 年 11 月 26 日，第 13 页。
③ 《调查粥厂人数》，《晨报》1918 年 12 月 20 日，第 6 版。
④ 《地方近讯·粥厂贫民领粥统计》，《京兆周刊》第 29 期，1921 年 11 月 26 日，第 13 页。
⑤ 《取粥喂犬被罚》，《晨报》1918 年 1 月 30 日，第 6 版。
⑥ 《地方近讯·官立粥厂发放领粥牌照》，《京兆周刊》第 28 期，1921 年 11 月 19 日，第 13 页。
⑦ 《将设施粥牌照》，《晨报》1920 年 10 月 24 日，第 6 版。
⑧ 《防止领粥喂牲畜》，《晨报》1917 年 1 月 7 日，第 5 版。
⑨ 《勉力维持粥厂秩序——休息长警各加勤务一班》，《京师警察公报》1918 年 2 月 3 日，第 3 版。
⑩ 《粥厂挤死少妇》，《晨报》1920 年 11 月 3 日，第 6 版。
⑪ 《京师警察厅外右五区区署关于张赵氏赴永定门外粥厂领粥被挤抬回家身死的报告》，1918 年 2 月 1 日，J181-018-09634。

警察署"每日抽警前往弹压",有时该管区署长还会亲自前去查看。①为保障粥厂秩序,在弹压长警人数不够的情况下,外右四区署长还曾规定"无论区署与各路段,所有休息长警,均须于当日午前,赴粥厂弹压完毕,方准回去休息"②。在施粥期间,各粥厂一般是先派长警到粥厂布置完毕,才开始放人。上午9时开始放粥,领粥的男女,依次排齐,按牌施放,再陆续而出,11时左右放完。③在施粥时,为保证秩序井然和怀抱幼孩的妇女及幼童能顺利领到施粥,警察厅还规定"分栏领粥",共分六栏:"一、老弱废疾;二、怀抱子孩之妇女;三、未怀抱子孩之妇女;四、女孩;五、男孩;六、男丁。"这样,即使领粥贫民较多,也尽可能保证粥厂秩序有条不紊。④领粥贫民生活凄惨,在冰天雪地里仍有不少人身着单衣。为了能够当天领到施舍的热粥,贫民早早就来到粥厂门口等待,进入粥厂院子后还要排长长的队伍再进行等待,境况可怜。鉴于这种情况,警察厅粥厂命令巡官"每于放粥之时,特将最贫之人,令置屋内以避风雪,并皆先放出"⑤,算是稍稍改善了一下贫民的悲惨状况。

开办粥厂实为"维持贫民生计,俾免冻饿之虞"⑥,但各粥厂仍偶有"盗米熬稀等弊端"⑦。为避免"办理人员或有徒从中渔利,刻苦贫民情事",京师警察厅总监特派"人员专司稽查各粥厂人员一切办理是否合法"⑧。在"明派专员稽查"的同时,警察总监还"遣暗探逐日侦察一切,以杜流弊"⑨。除派员稽查粥厂弊端外,警察总监和各署长还时常亲自赴管辖粥厂查看和监视,尽量杜绝办

---

① 《外右四区粥厂开办》,《晨报》1923年11月16日,第6版。
② 《勉力维持粥厂秩序——休息长警各加勤务一班》,《京师警察公报》1928年2月3日,第3版。
③ 《参观西便门粥厂放粥记——樊分署长亲往监临指挥一切厂内布置完备秩序井然》,《京师警察公报》1927年11月9日,第4版。
④ 《勉力维持粥厂秩序——休息长警各加勤务一班》,《京师警察公报》1928年2月3日,第3版。
⑤ 《西便粥厂就食者情况》,《京师警察公报》1927年12月9日,第3版。
⑥ 《防止领粥喂牲畜》,《晨报》1917年1月7日,第5版。
⑦ 《侦查粥厂流弊》,《晨报》1918年12月10日,第6版。
⑧ 《派定粥厂稽查》,《晨报》1918年12月2日,第3版。
⑨ 《侦查粥厂流弊》,《晨报》1918年12月10日,第6版。

理不善事宜①,最大限度保障贫民得到实惠救助。

在北京城内外,官方设立的粥厂有12处,京师警察厅负责的最多,有7处,步军统领衙门负责3处,京兆尹公署负责2处。在1915年末至1916年初的冬季,京师警察厅负责的7个粥厂每月施粥总数都在30万人次以上;步军统领衙门所管理的3个粥厂在1916年2月施粥较多,为15万人次;京兆尹公署负责的2个粥厂每月施粥在七八万人次。相比之下,京师警察厅的施粥数量最多,其承担救助贫民的任务也最重,在1915年的冬季,有超过100万人次的贫民得到了警察厅的救助。在其救助的贫民中,男丁人数相对较少(12.21%),女丁(43.72%)和幼孩(44.06%)占绝对数量,②这是由于成年男性谋生较易的缘故。

维持粥厂正常运作的费用很大程度上取决于到粥厂领粥的贫民数量,京师警察厅负责的粥厂最多,花费也最高,其每年的全部花费都会超过1万元。③以1915年1月到4月为例,京师警察厅的7家粥厂共施粥963 201人次,所用米石数为1723.17石,米石总花费为8788.167元,加上其他各项经费,其全部费用为10 640.604元(不包括警察的奖励费用)。④在京师警察厅总开支中,除了米石费用和添置家具、柴薪、粥夫工食、杂项用款外,对于所有"在厂驻守,弹压出力巡官长警"给奖共计620元,以示鼓励和酬谢。⑤

同年,步军统领衙门的3个粥厂总花费为4238元,京兆尹公署朝阳门外观音寺一个粥厂的总花费为1381.9元。⑥

---

① 《署长监视放粥》,《晨报》1918年2月1日,第6版;《总监视查厂粥》,《晨报》1918年12月15日,第6版。

② 另见[美]西德尼·D.甘博:《北京的社会调查》(上),第301页;张金陔:《北平粥厂之研究》,《社会调查丛编》(社会保障卷),第411页。

③ [美]西德尼·D.甘博:《北京的社会调查》(上),第301页。

④ 《报告·京师警察厅办理各粥厂领粥人数及收支款目报告表》,《市政通告》第22期,1915年6月中旬,第40~41页。

⑤ 《报告·京师警察厅办理各粥厂领粥人数及收支款目报告表》,《市政通告》第22期,1915年6月中旬,第41页。

⑥ 根据甘博的统计,京兆尹公署的两个粥厂共花费大致是2500元。[美]西德尼·D.甘博:《北京的社会调查》(上),第302页。

据京师警察厅统计，其经费的主要来源为官方，另外还有少量的社会捐款。①具体经费来源如下：

图1 京师警察厅1915年冬季粥厂经费来源

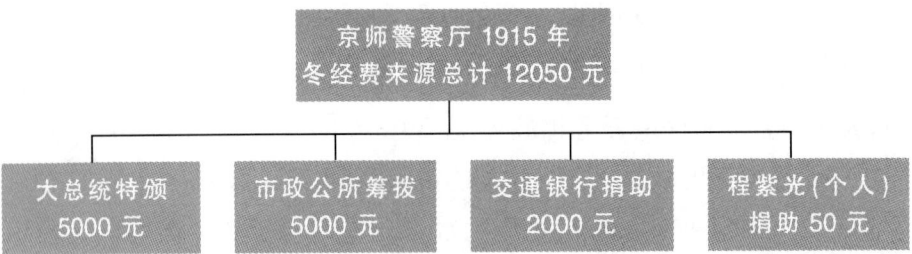

资料来源：《报告·京师警察厅办理各粥厂领粥人数及收支款目报告表》，《市政通告》第22期，1915年6月中旬，第40~41页；京都市政公所编：《京都市政汇览》，第233页。

在收到官方拨款和社会捐款后，京师警察厅为了保障"慈善信用"，在天气转暖粥厂停办之后，会将各警区"经理各粥厂用过米石及银元数目造具清册，汇齐编订"成征信录，"分交各机关，以供众览而昭大信"。②

京师警察厅粥厂经费主要来源于官方拨款和私人团体或个人捐助，但有时贫民领粥需求量大，所收资金不能满足粥厂的开支。在这种情况下，警察厅或求助财政部给予拨款③，或通过增加汽车捐款④等方式来解决。有时，一些区

---

① 甘博所著《北京的社会调查》（上）第302页记述警察厅1915年经费来源为五部分：总统府5000元，内务部2000元，市政公所5000元，交通银行2000元，民间或私人来源50元，总计12 050元。译者在中文版第302页注1中认为甘博统计错误，应为14 050元。译者是直接按照甘博英文原书第279页的数字翻译的。查阅第二十二期《市政通告》，可知没有内务部拨款2000元这一项。另，《市政通告》还显示，1915年京师警察厅粥厂全部费用为10 640.604元，加上奖励警察620元，其总计共支出11 260.604元，除开支外实际存银789.397元，实际总收入为12 050元。这也可以证实甘博原书中统计经费来源总数是对的，但其在计算具体来源的时候，多列了内务部的2000元。疑是甘博记录错误。

② 《警厅编订征信录》，《晨报》1920年6月17日，第6版。

③ [美]西德尼·D.甘博：《北京的社会调查》（上），第302页。

④ 《汽车加收月捐》，《晨报》1920年11月5日，第6版。

的警察署还会自筹款项购买玉米票,在贫民中进行散放,以解决贫民一时所需。①

除了官方设立的粥厂,还有一些社会慈善团体也为贫民提供免费食物。但这些施食的慈善团体需到警察厅备案,得到批准方准开设。②社会慈善团体的粥厂被批准开设以后,在每年开厂之前还会与当地警察署接洽,"请代维持厂中秩序"。在放粥的时候,当地警察署派警官带领警士4至15人到厂维持秩序。所派警士人数多少,皆依照粥厂的大小与领粥人多少而定。一般情况下,各粥厂门外设有巡官1名,巡长、巡警各1名,其余几名在厂内弹压。③这些警察厅的弹压员没有薪金而有些许车马费,但也有为义务不接受的。实际上,各厂都会给予少许以犒劳碌,表面上是义务,实际为半义务。弹压警察每日约可得8~12枚(铜元)不等。④各社会慈善团体粥厂秩序须依赖警察的维持,除此之外,它们其他的散食方式也须借助警察署的帮助。例如,北京临时窝窝头会,每到冬令,就会由发起人向各慈善家劝募捐款,以购买玉米面救助贫民。其购买的玉米面不是直接发放给贫民,而是"分送各区(警察区署)",使其"代散与无食之民"。⑤

对于众多的北京贫民来说,寒冷的冬天是他们最难熬的一段时间。自身素质的低下、就业机会的不足以及个人身体的原因,迫使这些本来就处在贫困生活线以下的民众在冬天经常因冻饿而毙命。在这种情况下,救助贫民首要的目标就是使其活命。虽然施救衣食仅为一时的权益之计,但如果得不到及时的衣食救助,"冻饿毙命之惨剧"必然会更加频繁发生。北洋政府时期的北京,京师警察厅既是官方的授权机构,又和民众关系最为紧密,因此在这些衣食救助活动中,其发挥的作用最为突出。

---

① 《警署散放面票》,《晨报》1921年1月5日,第6版。

② 《第一施粥厂成立》,《晨报》1927年11月1日,第7版。

③ 《参观西便门粥厂放粥记——樊分署长亲往监临指挥一切厂内布置完备秩序井然》,《京师警察公报》1927年11月9日,第4版。

④ 张金陔:《北平粥厂之研究》,李文海主编:《民国时期社会调查丛编》(社会保障卷),第408页。

⑤ 《贫民注意》,《晨报》1923年11月13日,第6版。

第二节 收容与教养结合
——传统慈善向近代慈善的转变

衣食救助,终究只是权宜之计。对于贫民来说,棉衣和热粥能使他们勉强度过寒冷的冬天。天气转暖,那些身体不错的贫民也许会找到一些临时性的工作,养活自己,但是,对于很多身体虚弱的妇女、老人、孤儿、残疾废病者以及找不到工作无法生活的赤贫者来说,没有了冬天的衣食救助,生活会更加困难,很多人不得不沦为乞丐和游民。这对政府来说,是令人担忧的治安隐患。为尽可能消除这种隐患,需要一些常设性的救助机构来进行收容和帮助。京师警察厅负责最重要的一些常设性救助机构,主要分为两种:一种是专为没有劳动能力或者失去劳动能力者设立的纯粹收容式的救助机构,如育婴堂、疯人收养所、孤儿院、老人院等;另外一种是为有一定劳动能力而暂时需要教养者提供的救助机构,如习艺所、教养局、贫民教养院、贫民半日学校等。

一、收容救助孤寡病残

传统中国社会,"政府一般不从事收容式的救济活动",北洋政府时期依

---

① [美]西德尼·D.甘博:《北京的社会调查》(上),第284页。

然如此。但因社会上存在不少无力谋生的老幼废病者,纯粹收容式的慈善救助必不可少。在中国传统社会,对于孤寡老人和丢弃幼孩的救助主要靠宗族和地方士绅,这在一定程度上减少了政府的压力。进入民国后,特别是在城市里,这种状况发生了改变。

(一)育婴堂

为了便于照管那些被父母抛弃的幼孩,京师警察厅把育婴堂从私人手中接收了过来。① 民国以后,生活费用日高,"贫苦婴孩抛弃失养者"日有所闻,之前的育婴堂已不能满足收容的需要。1917 年,在京师警察厅总监吴炳湘等人的号召下,京师绅商积极捐款,在"崇文门外放生池地方"正式设立"育婴堂一所",以便收养"孤苦无依之婴儿,以全生命而重人道"。②

在 1917 年之前,京师警察厅从私人手中接收的育婴堂收容能力很有限。据警察厅的统计,截止到 1917 年底,育婴堂共收有 6 岁以下婴孩 52 名,其中男婴 7 名,女婴 45 名。③ 1917 年以后,京师警察厅号召绅商设立的育婴堂收容能力得到了扩展。据甘博的统计,到 1918 年 4 月 30 日,共有 130 名婴儿被送到了育婴堂。④ 虽然仍有不少婴儿在育婴堂死亡,但在警方的努力下,育婴堂的环境有了改善,孩子们也得到了比以前更好的照顾。⑤

警察厅对育婴堂负有主要责任。一些"无人认领"、"迷路"或被"抛弃"的幼孩一经发现,都会由警察厅负责送往育婴堂安置,并"通令所属一体布告招

---

① [美]西德尼·D.甘博:《北京的社会调查》(上),第 306 页。
② 《募捐设立育婴堂》,《晨报》1917 年 5 月 1 日,第 5 版。
③ 《救济事项》,京师警察厅制:《京师警务一览图表》。
④ 另见《育婴堂周年纪念》,《晨报》1918 年 6 月 4 日,第 6 版载有育婴堂"收容婴儿计达数百名以上"。
⑤ [美]西德尼·D.甘博:《北京的社会调查》(上),第 308~310 页。

领"以及"通缉抛弃"幼孩之人。①这些被安置在育婴堂的幼孩,一部分是巡警平时站岗、巡逻过程中捡拾或发现的,另一部分是社会民众发现被遗弃的婴孩交到警察署请警察署代为安置的。②从这一点也可以看出,社会民众对警察厅管理育婴堂的认同。如果有家庭想领养育婴堂的幼孩作为子女,必须向警察厅呈请,得到批准后才能进行领养。③即使是亲生父母想把送入育婴堂的幼孩领回去,也必须向警察厅做出满意的保证,并证明自己有能力照顾孩子,才允许领走。幼孩如果死亡,育婴堂必须通知警方,在警方进行尸体检查后才能进行埋葬。④

育婴堂是由当时的警察总监号召绅商设立,所以育婴堂的经费主要来源于警察厅和私人捐款。截止到1918年4月30日,育婴堂的总收入是39 006.48元,其中18 093元来自警察厅,10 106元来自私人捐助,市政公所补助4000元,以及举行义演募捐到的少量款额。警察厅对育婴堂的财政收入和支出负有监督责任,育婴堂每月都要向警察厅上交财务报告。⑤

民国以后,京师警察厅也接管了一部分私人设立的老人院。⑥后由于京师"无衣无食"贫苦老人日见增多,其境况"实堪怜悯",警察厅又在西城石碑胡同设立"养老院一处",专门收养"贫苦无依"的老人。⑦老人院的食物主要是小

---

① 《京师警察厅外右一区区署关于捡拾无人认领幼孩暂送育婴堂安置的呈》,1920年1月1日,J181-018-11708;《京师警察厅外右五区区署关于查见迷路幼女李小焕暂送育婴堂抚养情形的呈》,1921年3月1日,J181-018-12792;《京师警察厅外右五区区署关于查见抛弃婴女一名已送育婴堂收养请查缉人犯的呈》,1922年2月1日,J181-018-14300;《京师警察厅外左四区区署关于查见女孩一口送往育婴堂收养并通缉抛弃之人的呈报》,1916年9月1日,J181-018-06567;《招领·京师警察厅布告》,《京师警察公报》1927年8月14日,第4版。

② 《京师警察厅东郊区署关于赵康氏将遗弃女婴送育婴堂收养的呈》,1917年7月1日,J181-018-20369;《京师警察厅内左二区区署关于巡长捡拾男婴送育婴堂收养的呈》,1919年9月1日,J181-018-21598。

③ 《京师警察厅批》,《京师警察公报》1927年4月16日,第3版。

④ [美]西德尼·D.甘博:《北京的社会调查》(上),第310页。

⑤ [美]西德尼·D.甘博:《北京的社会调查》(上),第310页。

⑥ [美]西德尼·D.甘博:《北京的社会调查》(上),第311页。

⑦ 《将设贫民养老院》,《晨报》1920年11月18日,第6版。

米粥和咸菜,有时也加一些大米,由警察厅负责供应。老人院除了警察厅提供的费用外,也要靠私人捐助。老人院的名额有限,想要进入老人院,必须经过警察厅的认可,这与警察厅负责的其他慈善机构类似。一旦进入老人院,老人们便可以在那里终其余生。①虽然生活简陋,但对贫苦无依的老人来说,要比上街乞讨好得多。

(二)疯人院(疯人收养所)

在中国传统社会,基本没有收治疯人(习惯上也称作精神病人)的专门机构。直到1908年(光绪三十四)才由内城巡警总厅在教养院内附设一所疯人院,专门"收留疯人"。②1913年,内、外城巡警总厅改为京师警察厅后,相应接管疯人院。疯人院最初设立宗旨为"收留疯人,勿使外出致生命危险",所以"凡系疯人一律收入",可由警察人员"强制执行"入院,也可由其家属呈送入院。③疯人入院时经由医生诊治,症状轻者对其进行诊治,重者收入院内供养。疯人病愈后,经医生验明并询问"有无独立生业",如有"独立生业"则"准其出院";没有"独立生业"的"老弱废疾"则收入教养院。④

民国后,疯人院附设于教养院"殊不相宜",所以在1918年京师警察厅决定将疯人院从教养院分出,迁至德胜门宝抄胡同玉皇庵,并改名为疯人收养所。⑤迁到新址后,疯人收养所的实际情况比以前有所好转,床位达到了80张,患者也得到了较好的照顾。疯人收养所对于入所的疯人按照病重的程度进行分类,在1919年8月下旬,疯人的分类和具体人数如下:已愈1人;渐愈10人;时发时愈20人;疯病重18人。⑥这种分类治疗,取得了相当不错的疗效,1918年大约有30名患者痊愈出院。⑦

---

① [美]西德尼·D.甘博:《北京的社会调查》(上),第331页。
② 《附设疯人院章程》,田涛、郭成伟整理:《清末北京城市管理法规》,第269页。
③ 《附设疯人院章程》,田涛、郭成伟整理:《清末北京城市管理法规》,第269页。
④ 《附设疯人院章程》,田涛、郭成伟整理:《清末北京城市管理法规》,第269~270页。
⑤ 《疯人院将迁移》,《晨报》1918年5月1日,第6版;《疯人院迁地改名》,《晨报》1918年6月4日,第6版。
⑥ 《疯人收养所关于民国八年八月疯人情况统计的呈》,1919年9月1日,J181-018-10684。
⑦ [美]西德尼·D.甘博:《北京的社会调查》(上),第120页。

疯人收养所为疯人提供了一个去处，同时在很大程度上也减轻了其家庭负担，特别是对一些贫困家庭来说，衣食难保，更不用说对疯病人进行救治了，有时只能任其流落街头或把其锁在家里。但是，甘博在他的社会调查中认为，北京民众"迟迟不愿利用"疯人收养所是由于时人普遍认为，病人的一切应该由家庭照顾，而不应把他们送入收养所。①根据档案看，甘博的认识也许不太准确。从档案可以看出，北京的普通民众在处理疯病人时，把其送入疯人收养所已成为较为普遍的认识。就拿甘博调查期间的1918年左右来说，就有母亲将其子、丈夫将其妻、儿子将其母、兄长将其弟、丈夫将其妾，甚至还有疯人被其友人代为送入疯人收养所的记录。②疯人收养所（包括改名前的疯人院）自设立以来，"成绩颇佳"③，不仅在北京内、外城，就是在北京城郊各县也有一定的影响，顺义县一疯人就曾经两次被其亲属送至调治。④疯人时常有暴力倾向，对周围的人有一定危害性，除了家属主动把疯人送入疯人收养所调治收养外，各警区巡警在街上巡逻时如发现无人监管的疯人，也有责任把其

---

① ［美］西德尼·D.甘博：《北京的社会调查》（上），第120~121页。

② 《京师警察厅内左三区区署关于吴德氏请将其子吴秉杰送入疯人院办理情形的呈报》，1918年4月1日，J181-018-09308；《京师警察厅内左三区区署关于张玉山请将其妻张玉氏送入疯人院办理情形的呈报》，1918年4月1日，J181-018-09311；《京师警察厅内左三区区署关于刘恒俊请将其母刘郭氏送入疯人收养所医治情形的呈报》，1918年6月1日，J181-018-09316；《京师警察厅内左三区区署关于李恩华请将其胞弟李恩惠送入疯人收养所办理情形的呈报》，1918年6月日，J181-018-09318；《京师警察厅内右二区区署关于柯钟秀请将其友尚耀宋送疯人所的函》，1918年4月1日，J181-018-09380；《京师警察厅内右二区区署关于林联盛呈报其妾刘氏素患疯症业送疯人收养所调治的公函》，1918年6月1日，J181-018-09388。

③ 《疯人院将迁移》，《晨报》1918年6月10日，第3版。

④ 顺义县人王恒福，因患精神病，被疯人收养所收养后医治痊愈，由家属领回家中。不久，王恒福旧病复发，比以前更严重，"被其殴伤者日有数起"，顺义县警察事务所与其家属商量设法安置，其家属仍愿意送往疯人收养所安置医治。王恒福被顺义县警察和其家人送往疯人收养所，当即被再次收所医治。《京师警察厅疯人收养所关于疯人王恒福收所医治的呈》，1928年1月1日，J181-020-00749。

送入疯人收养所。①由于警察厅的努力和疯人收养所实际疗效不错,民众对疯人收养所的认识逐渐提升。1918年疯人收养所收容了23名男子和9名女子,共计32人。②到1927年,原来的80个床位已远远不能满足需要了。据京师警察厅统计,在1927年3月期间,疯人收养所收养男、女疯人最多的是3月21日,达到了139人,其余每天也都超过了100人(因有治愈出院者和不断入院者,有一定流动性)。③

疯人收养所完全由警察厅负责管理,警察厅不仅指定所长、副所长、医师和看护人员,而且支付全部费用。除去医生和看护警察的工资,收养所总费用一年约2400元。疯病人入所需要上报各区警察署,得到批准后方可被收养所收容。被收容后,男、女疯人分别住在不同的院落,由收容所提供食物,并根据情况予以诊治,疯病人得到了很好的照顾。如果经过治疗痊愈出院,警察会送其回家。④对于"年岁籍贯无从询悉"的疯人,警察厅"通饬各区出示招领"。如疯人在无人招领的情况下救治无效死亡,经检察厅验明后,警察厅会备置棺木"抬往德胜门外校场义地埋葬,并立石碣标志以备查验"⑤。

京师警察厅对幼孩、老人和疯病人等进行收容救助,给他们提供住房和食物,对其进行照顾和治疗。虽然警察厅提供的收容救助与社会的实际需要相比只不过是杯水车薪,但这种收容救助却实实在在地使部分人免于流落街头,得以活命。

---

① 《疯汉咬掉巡警中指》,《晨报》1925年4月25日,第6版;《京师警察厅内左三区区署关于查获在街盘旋的无姓氏疯妇并送入疯人院通令招领的呈》,1919年7月1日,J181-018-21599;《京师警察厅内右二区分区表送疯妇张氏于道路揪打行人请送入疯人收养所医治一案卷》,1927年3月1日,J181-019-55181。

② [美]西德尼·D.甘博:《北京的社会调查》(上),第120页。

③ 根据《附载》(《京师警察公报》,1927年3月7日至1927年4月3日)的统计数字得出。

④ [美]西德尼·D.甘博:《北京的社会调查》(上),第120页。

⑤ 《京师警察厅布告》,《京师警察公报》1927年4月6日,第4版;《京师警察厅内左二区区署关于查获疯妇王田氏送疯人院的详报》,1914年1月1日,J181-018-02532。

二、教养结合，以教为主

对于有完全劳动能力和部分劳动能力者，"养而不教，终非良策"①，比较好的解决办法就是"教以工艺，便他学成一技"②，使其能自谋生计，这样"既可免无业游民流为盗贼，复可使懒惰恶习化为勤勉，且于地方清洁亦不无裨益"③。所以对政府来说，教养结合、以教为主的救助才是根本之计，正因为如此，相比较纯粹收容式的救助，政府更重视这种救助方式。

（一）教养局

在京师警察厅负责管理的教养结合式救助机构中，教养局是比较特殊的一个。教养局始设于1905年（光绪三十一年），1909年（宣统元年）改定规则，"专司感化拘留人犯，俾使改过，并教工艺以便谋生"，"免致再犯"。同时，教养局还"附设第二局，专收贫民"④。从其规定可以看出，教养局是一个混合型的救助机构，一部分是犯了轻微罪过的人，其刑期一般不会超过1年；⑤另一部分是收容的贫民。救助轻微犯人，这是其和其他救助机构不同的地方。

京师警察厅成立伊始即接管了教养局。教养局所收人员由两部分组成，其来源也就有所不同。那些因形迹可疑、持刀行凶、买卖人口、窃窃、窝藏等事被获之人，如果其刑期不超过1年，就可能被司法部门送到教养局管束教育。⑤还有一些被司法部门判处徒刑之人，在服完监狱刑期以后如认为其还应接受道德教育，也可能被送往教养局。这里有一个案例：一个名叫王德的人，偷了一件皮夹克之后，被捕判刑，但判得不是很重。不过警察认为王德是一名"惯

---

① 《各地杂粮·京兆·乞丐幼童之收养》，《大公报》（天津）1919年11月6日，第2张。
② 《京师警察厅内左一区分区关于将游荡无业贫民编入贫民队工作的呈报》，1913年3月1日，J181-018-00359。
③ 蔡恂：《北京警察沿革纪要》，第54页。
④ [美]西德尼·D.甘博：《北京的社会调查》（上），第321页。
⑤ 《京师警察厅司法处关于教养局贫民院将贫民张全胜等分别安置的函》，1915年2月1日，J181-018-05644；《京师警察厅教养局关于人犯勾万恒管束期满的呈》，1924年2月1日，J181-019-40103。

偷",要求他在监狱服完刑后被送到教养局,在那里再进行两个月的管束。因为警察认为,监禁的惩罚不能把愧疚灌输到王德的脑子里,于是他在1918年3月4日被送往教养局,接收感化。在1918年5月5日管束结束的时候,教养局局长赵安国向警察厅总监亲自汇报了王德的看管执行情况,并说其在管制的约束下走向了正途。①从王德这个例子可以看出,京师警察厅在负责公共安全的同时也承担着道德教化的职责。有时,这种道德教化已经深入到了民众的家庭纠纷中。这里也一个案例:一位妇人王郑氏,有两个儿子王国翰和王国荣。大儿子早年与王郑氏分居另过,每日只给其少数铜元。王国荣以赶车为业,素日不供养赡,反而还向其母索要饭食。一日王国荣回家,因其母没有预备饭食,遂向其吵闹,并出言强横,还欲打其母。王郑氏将其子王国荣告往外右二区警察署,经过调查,情况基本属实,警察署遂将王国荣发往教养局管束一个月,同时也对王郑氏分居在外的大儿子王国翰进行了教育,使他愿意接母至家中,小心奉养。王郑氏二儿子王国荣经过教养局的教育和管束,在教养期满后,表示了悔改,承诺以后再也不敢有前项情事,并呈递了甘结。②

除负责收容被司法部门送往教化的轻微犯罪人犯外,教养局还负责收容贫民。收容贫民的方法有两种:一是"呈请入局";一是"拘送入局"。"呈请入局"是指一些"不服家训"、"不守家规"、"忤逆不孝"、"不务正业"、"行为不法",甚至"浪费"、"扎吗啡"者,一般由其家长主动呈请该管区署送入教养局管束习艺。③除了家长为教化其子"呈请入局"外,还有一些教育机构为严惩不

---

① [荷]冯客著,徐有威等译,潘兴明校:《近代中国的犯罪、惩罚与监狱》,第92页。
② 《京师警察厅外左二区分区表送王郑氏控送其子王国荣不给养赡一案卷》,1924年4月1日—6月1日,J181-019-42010。
③ 《孔陈氏关于其子孔昭龄不服家训请求送入教养局管束的呈》,1921年1月1日,J181-018-12962;《许善廷关于其子许成不守家规请教养局管束的呈》,1925年3月1日,J181-018-18100;《谭嘉祥关于其子忤逆不孝并扎伤吗啡请送教养局的呈》,1920年2月1日,J181-018-22244;《京师警察厅内右三区区署关于许宝元呈诉他儿子许祖魅向来不务正业行为不法恳送教养局严行管束的呈》,1918年6月1日—1919年1月1日,J181-019-21630;《张少棠呈为生子张鸿俊忤逆浪费求送教养局惩戒卷》,1924年8月1日,J181-019-42019。

守校规的学生而把学生送入教养局以及自己主动请入教养局的情况①,但相对较少。"拘送入局"指的是一些贫民游手好闲、不务正业、破坏秩序,由相应部门拘送入局,进行管束。在"拘送入局"的情况中,除了对一般贫民的管束外,还有对警察和军人群体的管束。作为原本是管束者的警察,如果有上班时间"出入民宅"②或者假公济私、"任意诈财"等违禁的情况,也要被发交教养局管束,以示警戒。③北洋政府时期,军人作为特殊的群体,享有很多特权,致使不少贫民出于羡慕或妄图从中获利而假冒军人"看戏冶游"、"伙同诈骗"以及进行"绺窃"等。这些假冒军人者一旦被查获,除了被游街示众外,还要发交教养局进行管束。④虽然惩罚不谓不重,但仍时有冒充军人事件发生。对于真正的军人,如果出现"强掠民财"、"讹索"以及无故扰民等情况,被查获后,也要被相应的军警机构送往教养局管束,甚至私自潜逃的士兵被抓回后也会被送往教养局。⑤警察厅规定,一旦被发交教养局,在"习工尚未期满"的情况下,这些人就很难被保释出局。⑥

当然,教养局除了收容需要被教育和感化的贫民外,也相应收容一些纯粹想

---

① 《北京感化学校关于学生徐敬年私自由校潜逃待找回时请求发教养局严惩的函》,1926 年 7 月 1 日,J181-018-21912;《京师警察厅外左五区区署关于幼童程狗儿自请入教养局的呈》,1917 年 1 月 1 日,J181-019-17295。

② 《京师警察厅内左四区区署关于李德福殴打巡警的呈文及该署派出所勤务一览表》,1913 年 1 月 1 日,J181-019-02941。

③ 《巡警诈财坠法网》,《晨报》1925 年 10 月 13 日,第 6 版;《警察向商店诈财》,《晨报》1926 年 1 月 20 日,第 6 版。

④ 《谁教你冒充军人》,《晨报》1920 年 11 月 1 日,第 6 版;《京师警察厅教养局关于人犯沈金明管束期满的呈》,1923 年 1 月 1 日—1924 年 6 月 1 日,J181-019-37091;《军警联合办事处关于于振和送交教养局管束的函》,1928 年 1 月 1 日,J181-020-01021。

⑤ 《警联合办事处关于将强掠民财的军人于秀峰送交教养局管束五个月的函》,J181-018-21189,1927 年 1 月 1 日;《军警联合办事处关于将私抓民夫大车的军人王凤山二人交教养局管束三个月的函》,1927 年 1 月 1 日,J181-018-21198;《军警联合办事处关于将逃兵焦彦富二人交教养局管束三个月的函》,1927 年 1 月 1 日,J181-018-21205;《京师军警督察处函送架使军人讹索钱财人犯郑福山名请发教养局管束一案卷》,1926 年 7 月 1 日,J181-019-51107。

⑥ 《京师警察厅指令》,《京师警察厅公报》1927 年 4 月 23 日,第 4 版。

学技艺的贫民和身体有疾病的贫民。①甚至一些因欠钱款无力偿还者有时也会被送到教养局以做工来抵欠钱。②可见,教养局的收容范围相对来说比较广泛。

教养局收容这些贫民,目的是根据情况传授工艺,或施以教育,以便其将来能各自谋生,不致为违法之事,所以进入教养局的人一般都要学习技艺或做工。技艺一般有织布、织带、制毡毯、制绳、鞋科、圈底和缝纫。③贫民工作有报酬,罪犯们只供给衣服和食物。缠纱锭的男孩子、织布的男人以及那些做裁缝的人一律按件计酬,其他人则按月领报酬。工资一般每人每月3~6元不等。④因有流动自新和出所之人,教养局每天的人数可能会有不同。据京师警察厅统计,在1927年3月每天的人数大致都保持在180人左右。

京师警察厅派人具体负责管理教养局,在1917年,教养局共驻有1名巡官、3名巡长和41名巡警。不包括警察们的薪饷,教养局每月经费支出600元,全年共计7200元。⑤这比1912年的5032.8元已有所增加。⑥

(二)贫民教养院

贫民教养院于1908年(光绪三十四年)初设于京师内城。⑦北洋政府时期继续沿设,由京师警察厅总监兼任该院监督,总理该院一切事宜。⑧和教养局收养的侧重点不同,贫民教养院以"收留贫民""兼施教养勿任失所"为宗旨。其所收贫民不限男女,包括年老者、幼弱者、痴者、盲者、瘖者、聋者、有废疾者,也就

---

① 《京师警察厅内左一区区署关于文绍祥因半身不遂在街上倒卧已送教养局安置情形的详》,1916年4月1日,J181-018-06274。
② 《地方审判厅关于李子和欠债无力偿款依法改折工作四月请发教养局工作的函》,1922年1月1日—1923年4月1日,J181-018-14758。
③ 《教养局教养事项月别表》,《京师外城巡警总厅第一次统计书》(光绪三十二年),1907年版。
④ [美]西德尼·D.甘博:《北京的社会调查》(上),第322页。
⑤ 《总务事项》,京师警察厅制:《京师警务一览图表》。
⑥ 京师警察厅总务处编纂:《中华民国元年京师内外城巡警总厅统计书》,撷华印刷局1917年版,ZQ012—002—00307。
⑦ 《创办京师内城贫民教养院章程》,田涛、郭成伟整理:《清末北京城市管理法规》,第241页。
⑧ 韩延龙、苏亦工:《中国近代警察史》(上),社会科学文献出版社2000年版,第342页。

是说只要是无衣无食、流浪北京的贫民，皆在其收养范围之内。①上述贫民可以自愿入院，警察当局也可以强迫他们入院。②想要进入贫民教养院的贫民，必须首先经警方的调查核实，符合条件才能被接受。贫民教养院为他们提供衣服和食物，虽然相当简单，但和流浪乞讨相比，一些贫民还是觉得待在那里比较好。③不过从史料看，有不少自行入院者，但警察强迫入院者亦有较多。贫民教养院在设立时，虽然提出是为了施惠"流离"，但其根本的目的却是"以肃治化"④，因此，警察厅在这个过程中就承担了较多的责任。

北京的贫民很多不知道有贫民教养院这类慈善机构，即使有的贫民知道这类机构也缺乏相应的求助意识，他们经常选择的生存方式就是在大街上流浪、乞讨。在这种情况下，京师警察厅就要求各警察区署主动调查需要救助的贫民，一旦"遇此项贫民"，"应即送交"贫民教养院。⑤特别是在严冬期间，缺乏衣食，沿街乞讨的贫民人数更多，警察厅就会要求各警区巡逻的长警在巡逻的时候留心注意此等贫民，一经发现，"调查实系贫寒者"，就会将其送往贫民教养院。⑥一旦北京周边发生灾害，流落到北京的受灾贫民就会大量增加。1917年秋，天津水灾，各地受灾"贫民来京避难者甚多"，因没有固定住所和衣食来源，他们只能"露宿街头"，忍受饥饿。为"抚恤起见"，京师警察厅总监"督饬各路巡官长警将所有来京之难民姓名开列清册"，以便送往贫民教养院救助。⑦除将这些无家可归的流浪贫民送入贫民教养院外，京师警察厅还会将一些自杀获救者或者受伤害者收入贫民教养院进行暂时的救助。⑧熟知京师警

---

① 《创办京师内城贫民教养院章程》，田涛、郭成伟整理：《清末北京城市管理法规》，第241~242页。
② 《创办京师内城贫民教养院章程》，田涛、郭成伟整理：《清末北京城市管理法规》，第242页。
③ [美]西德尼·D.甘博：《北京的社会调查》(上)，第326页。
④ 《创办京师内城贫民教养院章程》，田涛、郭成伟整理：《清末北京城市管理法规》，第242页。
⑤ 《查无归宿之贫民》，《晨报》1916年12月24日，第5版。
⑥ 《收养贫寒妇孺》，《晨报》1918年2月5日，第6版。
⑦ 《饬查被灾人民》，《晨报》1917年10月8日，第6版。
⑧ 《京师地方检察厅关于送判决被害幼女华顺儿一口请转送贫民院收养的函》，1914年6月1日，J181-019-05624；《京师警察厅内右一区区署关于将救获的投井者吕文阶送入教养院详》，1915年1月1日，J181-019-09985。

察厅的这种救助功能,一些相关官方机构如京畿宪兵营、步军统领衙门等在发现"无依无靠"的贫民时,为免除地方危害,也会把其交到警察厅请代为转送贫民教养院。① 甚至京师地方检察厅也会时常把审理案件中暂时不能安置的受害者送往贫民教养院。② 而对一些追随车辆或在铺户门前强行乞讨者,警察厅更是重视,一经发现即"扭送"至贫民教养院,"以肃恶风"。③ 在1916年,北京内、外城贫民教养院共有804人,其中内城男贫民392人,女贫民96人;外城男贫民263人,女贫民53人。④

一旦进入贫民教养院,就不能任意出入。⑤ 即使是贫民亲属想把其领回也要经过警察厅的严格审核,如果调查"不符所请",就不能得到批准。⑥ 在贫民教养院,所有有劳动能力的人都要做工、习艺,并可以取得少量报酬。那些丧失劳动能力不能工作的贫民,就只能靠贫民教养院提供的简单衣食来打发日子了。⑦ 除了做工和习艺,那些年龄尚小的贫民幼童还可以上课学习。在1927年3月,据京师警察厅统计,贫民教养院收容贫民具体分类如下:

表17 贫民教养院收容贫民具体分类(1927年3月3日)

类别 人数	上课 学童	习艺 工徒	树艺科 工夫	贫民 夫役	住号男 贫民	住号女 贫民	随带 幼孩	总计
人数	60	370	49	40	12	36	5	572

资料来源:《附载》,《京师警察公报》1927年3月6日,第3版。

---

① 《京畿宪兵营关于将无依无靠贫民王葛氏等二口转送贫民院函》,1915年4月1日,J181-019-09975;[荷]冯客著,徐有威等译,潘兴明校:《近代中国的犯罪、惩罚与监狱》,第89页。
② 《京师地方检察厅关于送于瑞祥贩卖人口案内被害人王杨氏一口请转送贫民院收养的函》,1914年7月1日,J181-019-05639。
③ 《警厅取缔乞丐》,《晨报》1918年4月22日,第6版。
④ 《教养院贫民之统计》,《晨报》1916年10月24日,第5版。
⑤ 《京师警察厅关于内城贫民院收养贫民不得听其任意出入的饬》,1914年8月1日,J181-018-02479。
⑥ 《京师警察厅批》,《京师警察公报》1927年4月27日,第3版。
⑦ [美]西德尼·D.甘博:《北京的社会调查》(上),第327页。

贫民教养院院长由京师警察厅总监任命并对其负责。为更好地管理贫民教养院,维护其安全,警察厅在这里派驻了10名警察人员。①贫民教养院所需费用由京师警察厅提供。在甘博调查期间,警察厅报告中声称每年为贫民教养院支出的费用是3473元,但甘博怀疑这不是其全部的费用。②仅就目前所见京师警察厅的统计材料来看,在1917年警察厅每月给其支付300元,全年共3600元。③这和甘博调查采用警察厅报告所称数字基本吻合。贫民教养院贫民吃饭每月费用便达1000元④,所以警察厅全年支付3600元显然是不够。这里有一则材料可以佐证甘博的怀疑是有道理的:北京电车公司电车在通行的时候须经过"该院(贫民教养院)管业地界",为此,电车公司自1924年按年补助贫民教养院经费500元,但贫民教养院声称"本院收容乞丐已达千人,食指众多,粮价常苦不给",希望电车公司"将补助费增加",使贫民教养院"得以维持"。电车公司后将补助改为"每月捐洋一百元",全年共计1200元。⑤这则材料显示,除了京师警察厅的正常拨款,贫民教养院也积极通过别的方式筹集经费,以补不足。

三、教育救助,授以知识

由京师警察厅负责的教养局和贫民教养院是教养结合的救助机构,而游民习艺所和贫民半日学校则纯粹是以教育为目的的救助机构。

(一)游民习艺所

相比较上述救助机构,京师警察厅对游民习艺所的接管比较晚,但在接管

---

① [美]西德尼·D.甘博:《北京的社会调查》(上),第328页。
② [美]西德尼·D.甘博:《北京的社会调查》(上),第328页。
③ 《总务事项》,京师警察厅制:《京师警务一览图表》。
④ [美]西德尼·D.甘博:《北京的社会调查》(上),第328页。
⑤ 《北京电车公司关于补助警察厅贫民教养院经费和准许电车经过该院管界的函及京师警察厅贫民教养院的复函》,1923年12月1日—1925年4月30日,J011-001-00017。

之前，京师警察厅就已实际介入习艺所的管理了。①

1906年（光绪三十二年），习艺所由民政部在神机营胜字队操场设立，最初设计是"收取轻罪人犯并酌收贫民使作工艺"，其本意是"重在惩罪囚，以工作教贫丐以技能"，使之"俾生悔过迁善之心，皆有执业谋生之路"。②这种收容的范围和教养院类似，都包括轻罪人犯和贫民。民国以后，"划分司法行政权限，将收容罪犯改隶法曹"，习艺所更名为"游民习艺所"，直隶于内务部，"专收幼年"，其"性质为之一变"③。1917年3月，内务部把游民习艺所交由京师警察厅管理。④

进入民国后，内务部对游民习艺所进行了改革，主要从增收名额、变通年龄、扩充学额、扩充工艺四个方面着手进行。游民习艺所最初设立时，收受名额有限，仅为400名。经过清末民初的变乱，京师失去生计者"实繁有徒"，原有收受规模已不能满足需要，所以扩充屋宇，增加收受名额至800名。1918年期间，游民习艺所的收受人数已达到660人。⑤游民习艺所原定"收容游民年龄以十岁以上二十岁以下为限"，但由于其以"灌输知识为目的"，所以应"择尚未成年者施以教育，陶甄较易"。改革后游民习艺所只收"八岁以上，十六岁以下"之男童⑥，"其不合于此项年龄及有疯癫、残缺者概不收入"，"以示与其他济贫厂院有别"。至于女童的教养，暂时没有专门的救助机构；游民习艺所所收游民，凡是年龄较幼者，"概令就学"。原来设四个班级，后又增加两个班，

---

① 《游民习艺所章程》第18条：设巡官2名，巡长3名，巡警15名，专司看守、巡逻、门卫及差遣事项。《内务部呈报扩充游民习艺所办理情形拟具章程请训示文并批令（附单）》，《政府公报》第1302号，1915年12月22日，第16页。

② 《民政部习艺所试办章程》（附原奏），田涛、郭成伟整理：《清末北京城市管理法规》，第423~424页。

③ 《内务部呈报扩充游民习艺所办理情形拟具章程请训示文并批令（附单）》，《政府公报》1302号，1915年12月22日，第13页。

④ 蔡恂书中记载是1917年交由警察厅时才改名游民习艺所，但《政府公报》上载1915年就已改名，疑是蔡恂记载错误。蔡恂：《北京警察沿革纪要》，第53页。

⑤ [美]西德尼·D.甘博：《北京的社会调查》（上），第315页。

⑥ 甘博在《北京的社会调查》中直接把其命名为男童习艺所是有一定道理的。

分为甲、乙、丙、丁、戊、己六班。甲班为高等小学,其余为初等小学,除了共同学习国文、修身、读经、习字、算术(珠算、笔算两种)、图画、风琴、唱歌、体操外,高等课程中还添设了历史、地理、英文、物理、商业各功课,"期与教育部直辖学校程度相等","俾学成出所时于生转学级有衔接之便利"。初等班级收受年龄在10岁以内的幼童,以四年为限;高等班级收受"具有相当程度或在所初等毕业者",以三年为限。1918年,所内660名男童中有170人分别在上初等、高等课程;①除了就学的男童,那些"年龄较长及不堪就学者",游民习艺所按照其性质分别"拨令习艺",主要是"以日用品之易于销行者为主"。原来设有织布、打带、制帽、制胰、毛巾、印刷、洋钱、缝纫毡物等科,改革后添设木工、石工、刻字、制鞋、抄纸、煮染等科。设立多种科艺,目的是根据所收男童的特点使"人各一长",以便出所后能凭借所长自谋生计。学习技艺的孩子可以根据其劳动结果每月得到20至60个不等的铜板作为微薄的报酬,这些报酬一部分送给孩子的家长,还有一部分允许孩子们自由支配。②游民习艺所"习艺者不兼就学,就学者不兼习艺,以期专一"。但为了便于其出所后经商,特地"于晚间另设补习一班,择其习艺年长者授以修身、习字、珠算三种"③课程。

和其他救助机构相比,游民习艺所有一个明显的特点,即专门收容"贫苦无依"和"性行不良"的幼年男童,进行教育和感化,使其获得"普通知识"和"谋生技能"。游民习艺所不仅收容贫苦无依想要学习技艺以谋生计的男童,还收容一些性行不良需要教育改造的男童,所以比较重视基础的感化教育。像国文课,不仅初等和高等班级的孩子都要学习,就是那些专门学习技艺的孩子,也要在游民习艺所设立的夜间补习班进行这门课的学习。除此之外,游民习艺所还专门开设了音乐科,"期以美感的教育,陶冶儿童之心性"④。

孩子进入游民习艺所主要通过两种方式:一种是家长主动呈送,另一种是

---

① [美]西德尼·D.甘博:《北京的社会调查》(上),第315~316页。
② [美]西德尼·D.甘博:《北京的社会调查》(上),第316页。
③ 《内务部呈报扩充游民习艺所办理情形拟具章程请训示文并批令(附单)》,《政府公报》第1302号,1915年12月22日,第13~17页。
④ 《内务部呈报扩充游民习艺所办理情形拟具章程请训示文并批令(附单)》,《政府公报》第1302号,1915年12月22日,第13~14页。

警察发现交送。一些贫困家庭因生计艰难、家计窘迫,无力抚养孩子,遂主动将其送往游民习艺所攻读习艺,父母双亡、孤苦无依的孩子可由亲属代为送往习艺所。①还有一些孩子因不服教育、性行不良、家长无力管束而把其送入习艺所,期望其受到教育感化,改过迁善。②除了被家长主动呈送入所外,另有一些孩子是被警察发交入所的。警察负有安置贫民的责任,所以在辖区内如果发现迷路幼童、流浪幼童特别是沿街乞讨的幼童,应把其送入游民习艺所,"教以工艺",使其"学成一技,将来不致流入流民",危害社会。③不管是主动入所还是被发送入所,进入游民习艺所的前提条件是先向警察厅提出申请,警方对其家庭、住址、个人情况进行一番调查后,情况属实,得到批准方可进入。④进入习艺所后,因"特别事故,中途请愿出所"者,也可出所,但一般情况下,如果没有孩子的家庭前去领走并证明有能力对其抚养,这些孩子会待到18岁。孩子18岁出所以后,警察厅还要为他们的生计打算,为他们寻找一份工作,并做担保,使他们走出习艺所后能够自谋生计,开始新的生活。⑤

习艺所交由京师警察厅负责后,所长由警察厅任命并对警察厅负责。除了习艺所任命、雇用的管理人员外,警察厅还派40名警察负责监督孩子们的行

---

① 《李石头关于为家计艰难恳予送入习艺所习艺的呈报》,1918年7月1日,J181-018-09793;《王以佐关于家计艰窘请求将其子王常堡送入习艺所工读的呈》,1921年6月1日,J181-018-12960;《赵德氏关于伊夫兄及嫂均故遗子成厚等无力抚养恳请送入习艺所习艺一案的呈》,1918年1月1日,J181-019-21394;《张凤鸣关于表侄应荣谦孤子无依恳请发交习艺所司艺情况的呈》,1923年1月1日,J181-018-21645。

② 《于盛茂关于其子于英才不守家训恳请送入数养局习艺所的呈》,1917年6月1日,J181-018-08525;《陈范氏请求将其不服教育之子送入习艺所的呈》,1916年1月1日,J181-019-13729;《京师警察厅外右二区区署关于丁马氏控告其子丁龙儿偷窃家中财物请送习艺所的详》,1917年1月1日,J181-019-14874。

③ 《京师警察厅外右五区区署关于查获迷路幼童乔丑牛已函送习艺所安置请通饬招领的呈报》,1916年1月1日,J181-018-06713;《各地杂粮1京兆·乞丐幼童之收养》,《大公报》(天津)1919年11月6日,第2张。

④ [美]西德尼·D.甘博:《北京的社会调查》(上),第315页。

⑤ 《内务部呈报扩充游民习艺所办理情形拟具章程请训示文并批令(附单)》,《政府公报》第1302号,1915年12月22日,第15页;[美]西德尼·D.甘博:《北京的社会调查》(上),第315页。

为及"巡逻、门卫及差遣事项"①。习艺所提供给孩子"每日两餐"和"冬、夏单棉衣以及被褥、鞋袜"。虽然都很简单,但孩子们也能勉强生活。遇有月初、中节令及庆祝等日,习艺所也会酌情给"面食肉菜",进行改善。孩子们学习所用的"书籍、纸张、笔墨以及其他关于教育用品",由习艺所完全制备。为使孩子们养成勤劳的习惯,习艺所的一些杂务(如理发、入浴、厨房操作、病室看护等)都是由孩子们"自行充作",这同时也节省了习艺所的开支。②

由于习艺所全权负责入所孩子们的衣食住用,加上管理人员的薪饷,其每月的开支总费用达到3000元。③费用较高,往往支出见绌,警察厅和习艺所想尽一切办法筹措资金,弥补缺额。孩童习工时制造的一些产品如果没有及时处理掉,大量积压,习艺所会呈请警察厅派员对其进行估价,然后招商拍卖,获取资金。④有时,为筹集资金,警察厅也会允许派驻习艺所的警察协助售卖所制物品。例如,在1918年5月,习艺所巡警亲自"率领生徒沿街售卖"其制造的肥皂,购者踊跃,销路极好,"每日足能销至五千块",所收资金一部分用来购买原料,一部分用来弥补资金缺额。⑤此外,若还有缺额,则由警察厅想办法提供。⑥京师警察厅本身经费来源亦很有限,只能通过积极开办义务戏筹款或在"警捐项下垫拨"款项等方式来解决习艺所资金短缺的问题。⑦

相比较其他救助机构,游民习艺所的"工作是出色的"⑧。那些孩子如果不进入习艺所,或者会因为家庭的贫困不能学到以后生存的技能,成年以后生

---

① [美]西德尼·D.甘博:《北京的社会调查》(上),第318页;《内务部呈报扩充游民习艺所办理情形拟具章程请训示文并批令(附单)》,《政府公报》第1302号,1915年12月22日,第16页。

② 《内务部呈报扩充游民习艺所办理情形拟具章程请训示文并批令(附单)》,《政府公报》第1302号,1915年12月22日,第16~17页。

③ [美]西德尼·D.甘博:《北京的社会调查》(上),第318页。

④ 《习艺所拍卖存货》,《晨报》1917年5月19日,第5版。

⑤ 《游民习艺所成绩》,《晨报》1918年5月26日,第6版。

⑥ [美]西德尼·D.甘博:《北京的社会调查》(上),第318页。

⑦ 《义务戏尚有一天》,《晨报》1927年3月27日,第6日;《游民习艺所服装费——部令由警捐项下垫发》,《晨报》1927年11月21日,第7版。

⑧ [美]西德尼·D.甘博:《北京的社会调查》(上),第318页。

活毫无保障;或者会因为家长无力管束而沾染不良习性,祸害邻里,危害社会;或者会因为长期流浪乞讨,不愿或不能融入社会,正常生活。通过习艺所的学习,孩子们可以得到最基本的生活知识和技艺训练,这使他们成年步入社会后能够适应社会,自力更生。

(二)贫儿半日学校①

除了管辖政府交由负责的救助机构外,京师警察厅还主动根据贫民状况设立相应的救助机构,贫儿半日学校就是典型代表。北京贫困家庭众多,在北京的学龄儿童中,有三四成男孩没有机会上学,为救济失学儿童,京师警察厅在1915年通报北京二十个警区,为贫困男孩建立了贫儿半日学校。②

贫儿半日学校由京师警察厅自行创办,其经费主要来源于警察厅所收浮摊捐款③,其余不敷之数采取各种方式多方筹集。京师警察厅在最初通报各警区建立贫儿半日学校时,各区警察署基本上都是约集绅商共同创建,其最主要目的就是向绅商募集半日学校经费。事实上,各区半日学校的设立和运作经费也确实"多系绅士捐助"④。京师警察厅对慷慨捐助的绅商往往登报表扬⑤,这种舆论的宣传既扩大了贫儿半日学校的影响,又提高了各绅商的名望,同时还可以向社会募集更多的办学经费。由于京师警察厅的号召和舆论宣传,社会各界对贫儿半日学校的发展比较关注。当时最著名的新世界游艺场就曾多次向贫儿半日学校捐票价款,仅1918年7月,就把"阴历六月初一至初三日"的"所

---

① 1919年1月,京师警察厅奉内务部指令把贫儿半日学校"销去'贫儿'两字",改为半日学校。《贫民改名照准》,《晨报》1919年1月15日,第6版。

② [美]西德尼·D.甘博:《北京的社会调查》(上),第146页。甘博的社会调查显示,贫儿半日学校只招收男孩。没有直接的材料证明不招收女孩,只有《晨报》1922年9月6日第7版《各区将设半日女学》记载:"京师警察厅现拟仿照各区贫儿学校办法,在内外城各区界内再设半日女学,每区一处,刻正在筹备中。"其具体筹备结果因未见到后续材料,情况不得而知。但这则材料可以作为旁证,证明京师警察厅设立的贫儿半日学校确实不招收女童。

③ 蔡恂:《北京警察沿革纪要》,第50页。

④ 《准予拨款补助小学》,《晨报》1916年11月20日,第5版。

⑤ 《来函照登》,《晨报》1919年7月25日,第6版。

有票价尽作"半日学校经费。①贫儿半日学校由各区警察署具体办理，所以各警察署也要积极想办法筹款，通用的方式就是演义务戏，把票款捐作学校经费，有时一场义务戏就可得上千元②，能很大程度上补助半日学校的经费。当时，各警察署为筹办本区半日学校经费，常请社会知名演员演义务戏扩大影响，增加票款收入。不少社会知名人士也热心慈善，积极配合警察署的捐款活动。1919年10月29日，著名演员梅兰芳就应内左一区警察署长邓宇安的邀请为区内贫儿半日学校筹款演义务戏《嫦娥奔月》，这次义务演出不仅戏票悉数卖出，还引得外交次长及中国银行总裁等不少社会知名人士到场观看，取得了很好的实绩和宣传效果。③在京师警察厅的努力和各绅商及社会各界的捐助下，半日学校学生成绩"颇有可观"，为了回报社会各界的慈善行为，各学校在周年纪念日的时候会邀请捐助人员到校参观，举办成绩展览，并由巡官"率领学生在场演习各种技艺"。④这种社会互动活动扩大了半日学校的影响，同时也为继续劝募捐款打下了较好的基础。

京师警察厅及各警察署积极筹款，但随着入学贫困儿童的增加，半日学校经费还是常常入不敷出。鉴于这种情况，一些官方机构对其进行经费补助，从1918年开始，市政公所每年补助贫儿半日学校京钞3000元。⑤在依靠捐款和外力补助的同时，各区警察署也联合辖区半日学校自筹经费，组织半日学校学生乐队遇有社会"集会与婚丧等事""前往奏乐"，并酌情收取费用，既补助了学

---

① 《捐助贫儿经费》，《晨报》1918年7月6日，第6版；《新世界之善举》，《晨报》1918年12月7日，第6版。

② 《半日学校义务夜戏之结果——系内右一区界内绅商发起实得一千一百余元》，《京师警察公报》1928年2月19日，第3版。

③ 《义务夜戏批准》，《晨报》1918年12月15日，第6版；《平安义务戏记略》，《晨报》1919年11月2日，第6版。

④ 《半日校展览成绩》，《晨报》1917年5月1日，第5版；《贫校开会至盛》，《晨报》1918年5月23日，第6版。

⑤ 《补助贫儿学校》，《晨报》1918年3月28日，第6版；京都市政公所编：《京都市政汇览》，京华书局1919年版，第233页。

校经费，也顾及了贫困儿童的生计。①

半日学校最初设立之时，因"捐助经费有限，无力聘请教职各员，凡各课教员"，多在"巡官、巡长中挑选学术相当者充任"，虽然这些巡官、巡长很优秀，但不是专业的教师，不能达到教学的要求。②后经警察厅改革，对学校全体教师进行考核，重新组织师资力量，聘用那些经由竞争考核的教员。③半日学校招收学生程度不一，入校后经过统一考试，按照程度高低，使聘请教员分班授课，"以免程度参差不一，而有过与不过之弊"。贫儿半日学校的课程设计类似于初等小学，学科包括国文、修身、习字、作文、尺牍、珠算、体操等，而"尤趋重国文、习字、珠算等科"，"以期毕业后，而得实用，免致所学非所用"。经费拮据，但学生学习所用书籍纸笔等项，各警察署和半日学校也"免力撙节筹办"，不让贫困入学儿童有"自行花费之事，以符本旨"。④

警察厅创办半日学校本旨不为不善，但实际情况却不尽如此，在办理过程中还是出现了一些弊端，如一些警区半日学校因经费短缺，时常会出现为节省教员薪饷，把程度不同的学生统归一班集中授课的情况，有时还令学生自备书籍纸笔⑤，以及令学生在冬天售卖烟卷货物等情况⑥，甚至还有不称职教员责打学生致使贫儿纷纷退学的情况⑦。

虽有上述不良情况，但半日学校自从创办以后，由于各区警察署长对"贫儿教育，极为注重"，半日学校得到很快的发展，并根据贫儿增多的情况陆续

---

① 《音乐队招聘广告》，《晨报》1920年5月4日，第3版；《通信·警察署致本校函》，《北京大学日刊》1918年10月22日，第3版。

② 《教员虐待贫儿》，《晨报》1923年7月12日，第6版；《添设贫儿学校》)，《晨报》1918年8月28日，第6版。

③ [美]西德尼·D.甘博：《北京的社会调查》(上)，第146页。

④ 《署长整理半日学校——符警厅创设之本旨为贫儿之福星》，《京师警察公报》1928年1月28日，第3版。

⑤ 《署长整理半日学校——符警厅创设之本旨为贫儿之福星》，《京师警察公报》1928年1月28日，第3版。

⑥ 老舍：《赵子曰》，人民文学出版社1986年版，第233页。

⑦ 《教员虐待贫儿》，《晨报》1923年7月12日，第6版。

进行了增设。①到1918年设立三载之时，贫儿半日学校总数已达到53所，在校就读男童有4000余名，②以致有报刊评论其"一切成绩，颇为优美"③。贫儿半日学校成绩显著，得到了贫民家庭的欢迎，入学人数显著增加，到1919年初，贫儿半日学校已达56所，入学人数共计达到了5860名。④贫儿半日学校为大量的贫困儿童提供了基础教育，增强了其生存的能力。一些知名的人士幼时也曾参加过贫儿半日学校的学习，如北京市戏曲学校奠基人沈玉斌在6岁时就进入陶然亭贫儿半日学校学习。

京师警察厅创设贫儿半日学校，原本为救助无力上学的贫困儿童，但这些学童毕业后，"年尚幼稚，自无谋生能力"，为此京师警察厅总监又四处募捐，在内、外城筹设工厂4处，专门收半日学校毕业的学童，"授以相当工艺"，使其可以自谋生计。⑤半日学校学生家庭都很贫苦，对于那些毕业后想要继续学习者，"自谋升学本属无力"，但就此中止"殊属可惜"，外右五区警察署为毕业学生深造考虑，约集绅商捐款筹设高等小学，使半日学校毕业学生升入，继续学业。⑥由此可见，京师警察厅不仅重视贫困儿童的初等教育，还关注这些贫困儿童毕业后的长远生计问题。

京师警察厅设立的贫儿半日学校在北洋政府时期得到了较快的发展，取得了不错的成绩。1928年北京改为北平特别市后，京师警察厅相应改为北平市公安局，贫儿半日学校遂被改组为民众学校，以政治训练主任兼任校长，各区署所设各校均改称为分校，至1932年共有分校40处，计有学生4522人。⑦相比较北洋政府时期贫儿半日学校的鼎盛时期，改组后的学校和在校贫儿学生数量均无明显发展。1936年，民众学校又移交社会局管理。

---

① 《拟增设贫儿学校》，《晨报》1917年1月18日，第5版。
② [美]西德尼·D.甘博：《北京的社会调查》（上），第146页；京都市政公所编：《京都市政汇览》，第233页。
③ 《贫儿学校总数》，《晨报》1918年6月19日，第6版。
④ 《贫儿学校近况》，《晨报》1919年1月8日，第6版。
⑤ 《总监为贫儿谋生计》，《晨报》1920年12月4日，第6版。
⑥ 《游艺园捐券助学》，《晨报》1919年9月9日，第6版。
⑦ 蔡恂：《北京警察沿革纪要》，第50页。

京师贫民众多,如若对其救助,需设立多个救助机构。对于失去劳动能力的贫民来说,只养不教可以从根本上解决其生活问题;但对于大部分有完全或部分劳动能力的贫民来说,有养无教却不是根本救助之计。"京师官立、公立各厂院收养贫民大都为济贫而设,固有养无教者盖居其半。"[①]那些有养无教的救助机构在救济贫民时,没有努力去培养他们自谋生计的本领,仅仅是提供给衣食住用,这对于很多有劳动能力的人来说,也许在一定程度上纵容了他们的惰性,但对于那些待在救助机构能够自强自立的贫民来说,只要给他们进行基础的技能训练和培训,他们便能离开救助机构自力更生。从长远来看,这有助于减少需要救助的贫民数量,同时也可以把救助机构里的位置留给那些真正需要帮助的贫民。实际上,因为经费的限制,政府不可能对所有需要救助的贫民施以救助,这就需要把救助方式从有养无教转变为教养结合、以教为主。在北洋政府时期官方的救助机构中,京师警察厅在这种救助方式的转变过程中起了重要的作用,像上述论及的贫民教养院、教养局、游民习艺所和贫儿半日学校就是典型的教养结合、以教为主的救助机构。

---

① 《内务部呈报扩充游民习艺所办理情形拟具章程请训示文并批令(附单)》,《政府公报》第1302号,1915年12月22日,第13页。

第三节 救助女性
——近代慈善的亮点

在贫困群体中,女性比较特殊。传统中国,女性的社会地位低下,一般不会离开家庭到社会上进行工作。如果家庭遭遇灾难或经受贫困,因缺乏自食其力的基础和身体本身的限制,女性的处境相比男性更为悲惨(从上文中粥厂施粥妇女领粥人数占绝对多数也可得到证明),因而也就需要更多的社会救助。由于复杂的社会原因,不管是政府、社会团体还是个人,对于女性的救助始终重视不够。这种状况一直延续到北洋政府时期,像上文述及的教养局、游民习艺所和贫儿半日学校等救助机构就明确规定只收男性,贫民教养院虽然男女贫民兼收,但女性人数也不到收养总数的 10%,这和实际的情况形成了强烈反差。虽然如此,北洋政府时期北京对女性的救助相比清末以前来说还是有明显进步的,主要体现在京师警察厅负责的济良所和妇女习工厂方面。

一、济良所:救助娼妓

据京师警察厅统计,在 1917 年,北京市有 811 556 人,其中男性 515 535 人,占总人口的 63.5%;女性 296 021,占总人口的 36.5%。在某些警区,男性的比例高达77%,尤应注意的是,男性人口中相当大的一部分(61.7%)年龄在35岁以下。① 大量年轻男性在北京独自生活,很多年轻女性又不能找到正当的谋生之路,加上当时社会风气的影响,共同促进了娼妓业的繁荣和发展。但如果从女性自身方面来看的话,"经济压力可能是卖淫的主要原因"②。中国女性社会地位低下,女孩在家庭中往往不受重视,特别是在贫困家庭中。对很多贫困家庭来说,为了维持家庭生计或更好地抚养男孩子,抛弃或者卖掉家中的女孩是很正常的事。在北京,大批的妓女都是在她们很小的时候被自己的父母卖给妓院的,这对她们来说是没有办法选择的。还有很多妓女是从受灾的地区被人贩子贩卖到妓院。这些女子出身贫寒,本身又缺少社会生存的技能,即使脱离了烟花之地,她们也很难生存下去。因此,就需要设立专门针对她们的救助机构,济良所就是这样一个机构。

(一)京师济良所的设立

济良所并非中国传统的救助形式,它最初出现是和晚晴基督教在中国的传播有关。清末,美国包慈贞女士来华在上海传道,"因见娼妓卖淫之可怜,即与同道西女五人集会祷告,共谋救济"。1899年耶稣诞辰日,包慈贞"游行虹口,见美国士兵多就草棚狎妓,于是创办济良所之志益决,与五人同志四出募捐。次年10月,赁西(熙)华德路(今长阳路)圣公会老牧师吴宏玉先生住宅为会所,收养迷路落魄及不愿为娼之女子,衣食教诲,颇著成效,华人闻之,多捐款相助"。1901年,包慈贞"鉴于沪市陷于罪恶中女孩为数颇广,亦有自幼失怙,擅自走迷,若不予以救济,则将永沦于惨痛之中",在熙华德路正式发起成立上海济良所,专以救济不幸女子为目的,是为济良所正式设立。包慈贞等人创设的济良所最初设在上海东北部熙华德路上,距离妓院区较远。一开始,很少有妓女主动前来寻求庇护。上海济良的管理主要由西人负责,但亦有华人的参与。1905年,严信厚等士绅13人为了扩大济良所的影响和方便妓女投

---

① 《行政警察》,京师警察厅制:《京师警务一览图表》;[美]西德尼·D.甘博:《北京的社会调查》(上),第6~7页。甘博统计数字中女性为296 921人,实为296 021人,疑是抄写错误。

② [美]西德尼·D.甘博:《北京的社会调查》(上),第258页。

所,筹设济良分所,并号召有能力之士踊跃捐助。经过筹备,于当年租下上海福州路181号,建立起济良分所。①

北京作为清朝国都,其娼妓业的发展在清朝前中期相对来说控制比较严格。据史料记载,在道光以前,京师"绝少妓寮",至咸丰之时,才"妓风大炽"。②京师娼妓至咸同之时兴盛起来的原因除了清廷日益腐败、管理废弛以外,更重要的原因在于同治年间修订了《大清律例》。此次修订一方面保留了嘉庆朝禁止卖良为娼和禁止文武百官宿娼或者娶娼的律例,另一方面删除了关于"京师内外拿获窝娼至开设软棚日月经久之犯""照例治罪"的内容,实际上等于默认了妓院存在的合法性。③1905年清廷设立巡警部,为广开财源,进一步放宽了对娼妓业的政策。据胡思敬《国闻备乘》记载:"北京罢巡城御史,设工巡局,那桐主之。局用不敷,议推广税务,遂及戏馆、娼寮。"④1905年12月,内、外城巡警总厅取代工巡局后,遂接管抽收妓捐的任务。按月交捐者为官妓,反是者为私妓。至此,京师官妓已为法律所默许。康熙、嘉庆间处置开设妓寮及冶游娼寮的重典已不适用了。妓捐的征收可以说是促进清末京师娼妓业发展的又一原因。民国以后,妓捐由京都市政公所负责继续征收。⑤

妓捐的征收使娼妓业开始走向合法化。公娼制度的推行,一定程度上推进了娼妓业的发展,但同时也意味着自古以来处在不明不白地位的娼妓业被纳入了官方日常管理的范围。在清末北京,娼妓业的管理是由刚刚设立的警察机构来负责。妓捐征收后,有社会人士在报纸上呼吁应设立妓女救济机构。⑥以征收妓捐为契机,设立专门救助妓女的慈善机构遂被提上了议事日程。

---

① 邵雍:《中国近代妓女史》,第101~103页。

② 徐珂:《清稗类钞·娼妓类》,海南国际新闻出版中心、诚成文化出版公司1996年版,总第1818页。

③ 参看邵雍:《中国近代妓女史》,第105~106页;王书奴:《中国娼妓史》,第285~286页。

④ 胡思敬:《国闻备乘》卷2,中华书局2007年版,第80~81页。

⑤ 雷辑辉:《北平税捐考略》,第39~40页。

⑥ 《收妓捐为何不设济良所》,《京话日报》1906年3月7日,第4版。

和上海济良所浓厚的基督教色彩不同,京师济良所是由"外城巡警总厅申明前巡警部督同绅士创办"①,其实际的设立是由一个在当时影响很大的事件引起。当时北京有一个恶霸人称张傻子,开办玉莲清吟小班,逼良为娼,虐待妓女。著名报人彭翼仲在1906年3月7日的《京话日报》登出《张傻子恶贯满盈》一文,把张傻子的罪恶在报纸上揭发出来,引起了社会的公愤。后由巡警部协巡营帮统杨钦三讯究结果,制裁了张傻子,将其游街示众,并定永远监禁罪名。鉴于各小班"虐待妓女,暗无天日,其情可悯",杨协巡商同彭翼仲等士绅,仿照上海成例在京创办济良所,"俾受虐待之诸妓女能有活路"。②1906年4月3日,在外城巡警总厅和地方绅士的共同努力下,京师济良所正式设立。③1913年1月由京师警察厅接管。④京师警察厅接管后全权负责济良所的管理,其经理由京师警察厅任命,必须是警察厅下属警区的警长或副警长。经理负责其他人员的选用,但正式聘用前须经警察厅批准。⑤

济良所开办的地点与妓女能否顺利"逃出"以及得到救助有很大的关系。上海济良所最初所设地点离妓院区较远,这对身体受到限制的妓女来说,前去寻求庇护会遇到困难。京师济良所的初创人员认识到了这一点,所以京师济良所最开始的房产是在八大胡同之一的椿兴胡同附近⑥,以便"不愿为娼之妓女就近投入,意至善也"⑦。济良所正式开办后不久,便迁移到前门外大栅栏地区西南部的五道庙(现在叫五道街)。五道庙离八大胡同咫尺距离,创办济良所的绅董之一彭翼仲创办的《京话日报》社址也在此处。1915年济良所从五

---

① 《重订济良所章程》,田涛、郭成伟整理:《清末北京城市管理法规》,第451页。
② 侠公:《北京济良所创立之始末》,《警声》(又名《警声杂志》)1941年第2卷第4期,第62页;梅兰芳:《舞台生活四十年》,中国戏剧出版社1987年版,第212页。张傻子事件造成的社会影响很大,1913年梅兰芳将其改编为新剧《孽海波澜》,对这一事件进行了真实演绎。
③ 《济良所已经开办》,《京话日报》1906年4月3日,第3版。
④ 蔡恂:《北京警察沿革纪要》,第54页。
⑤ 《北京济良所管理条例》,[美]西德尼·D.甘博:《北京的社会调查》(上),第572页。
⑥ 《济良所的房屋有了着落》,《京话日报》1906年3月20日,第3版。
⑦ 《济良所行将迁移》,《晨报》1921年1月25日,第6版。

道庙迁至东四牌楼十一条胡同,1916年又迁至西城石牌胡同。这两次迁移的地址离妓院集中区较远,不便妓女投所。1921年,时任京师警察厅总监的殷寿鸿为改变这种状况,在南新华街附近寻觅地方,准备将济良所迁移至距前门外妓院区较近的地点。经过协调,京师警察厅于1922年将济良所迁至前门外梁家园。①

1928年6月后,北京改称北平,成立社会局,专门负责救济事业。济良所于1928年8月21日由北平市公安局(原京师警察厅)移交社会局管理。社会局经过考察,将济良所与另一妇女救助机构妇女习工厂进行合并,改组为妇女救济院和妇女习艺工厂。前者位于石牌胡同,主要收容不能工作的女性,下设临时收容部、残老部、工作部、儿童部、济良部,其中济良部专门收容曾为娼妓的妇女,教养择配,迁善自立,与之前的济良所性质相同;后者位于梁家园,主要收容可以工作的女性。后因娼妓请求救济者增多,社会局将济良部改名为救娼部。②"济良"的名称自此在北京不再使用。

(二)济良所的经费来源

京师济良所创办之初,缺少经费来源,亦无收容处所。经过京师警察机构和士绅的努力,同仁堂药店同意将原有的水会公所房产一处捐助。查封的张傻子玉莲班及张的住房,亦充作济良所公产,暂时解决了济良所容纳被虐妓女的地方问题。至于经费一项,由当时《京话日报》馆主编彭翼仲提倡,将所有玉莲班6名妓女定出身价,任人择配后,其价捐助济良所,充作开办费用。③同时,《京话日报》还积极劝募慈善家施助。在舆论的鼓吹下,一些社会人士认识到办济良所是"极文明的事,可喜可敬",对于《京话日报》的提倡积极响应,进行捐款,还在报上共同号召"急公好义的众同胞""量力捐助,成此义举"。④由

---

① 北平特别市社会局编辑:《北平特别市社会局救济事业小史》,北平市社会局1929版,第13页;《济良所行将迁移》,《晨报》1921年1月25日,第6版;《济良所行将迁移》,《晨报》1921年1月25日,第6版。

② 北平特别市社会局编辑:《北平特别市社会局救济事业小史》,第19、21、29、34、36、71页。

③ 侠公:《北京济良所创立之始末》,《警声》1941年第2卷第4期,第62页。

④ 《劝慈悲人捐助济良所》,《京话日报》1906年3月17日,第5版。

此，才共同准备了济良所最初的开办经费。

　　经过一年多的初办，济良所取得了一定的成效。到1907年，外城巡警总厅制定了更为详细的《重订济良所章程》。为保证济良所的运营，在重订的章程中明确规定了济良所经费来源主要由下列五部分组成：(1)工巡捐局拨款(当时每月银100元)；(2)领取者的捐助(无定数)；(3)特别捐助(无定数)；(4)原济良所房屋一处的租金；(5)不足时巡警总厅临时补助(无定数)。①从这个章程的规定可以看出，工巡捐局每月100元的拨款是重要的经费来源，给济良所的运营提供最基本的资金保障。但全年1200元的拨款对于济良所的实际运作是远远不够的，因此还需要大力借助各项捐助。根据统计，在民国元年，济良所的开支总共4568.26192元，其中教养费2007.48872元，具体包括教育228.79672元，衣食1696.452元，治疗82.24元；管理费2562.7632元，具体包括薪1625.218元，食138.64元，杂支798.9052元。②

　　1913年初，内、外城巡警总厅改为京师警察厅，接管了原本隶属于外城巡警总厅的济良所。③京师警察厅接管济良所后，工巡捐局④仍按每月100元的数额向济良所拨款。相比较清末有一点不同的是，济良所从1914年每月从政府机构领米20石。除此，济良所的经费来源大致和清末相同。在济良所所有经费来源中，除工巡捐局的定期拨款外，与济良所所女结婚者的捐款是比较重要的经费来源。京师警察厅规定，男子同济良所所女结婚，除警察厅特许，都应向济良所捐献一笔款项，其具体数目依据男子的支付能力和对所女的满意程度而定，交纳捐款后，济良所出具官方收据。⑤一般情况下男子的捐款数额

---

　　① 《重订济良所章程》，田涛、郭成伟整理：《清末北京城市管理法规》，第451~452页。

　　② 京师警察厅总务处编纂：《中华民国元年京师内外城巡警总厅统计书》，撷华印刷局1917年版，ZQ012-002-00307。

　　③ 蔡恂：《北京警察沿革纪要》，第54页。

　　④ 1914年6月，市政公所成立，工巡捐局划归市政公所管理，其每月应拨济良所的100元费用先送交京师警察厅，再由京师警察厅拨给济良所。其具体拨款程序和清末不同。

　　⑤ 《北京济良所管理条例》，[美]西德尼·D.甘博：《北京的社会调查》(下)，第571、576页。

从10元到200元不等①,偶尔也有慷慨捐助500元者。对那些数额比较大的捐助者,京师警察厅会登报通告进行褒扬。②济良所女在所内制作一些产品卖出去后,扣除成本费用,其余额全部付给该产品的生产者,不会作为济良所的补贴经费。③所女随身所带物品在入所时会被记录在册,出所时可以随身带走,也不会被拍卖补助济良所经费。④据京师警察厅统计,1917年济良所的支出如下⑤:

教养费支出　　　　　　　管理费支出

教育 459.366 元　　　　　薪 3240 元

衣食 4376.423 元　　　　　食 466 元

疗治 638.956 元　　　　　杂支计 3043.180 元

计 5474.745 元　　　　　　计 6749.180 元

济良所 1917 年全年支出共 12 223.925 元,但据京师警察厅统计,全年固定拨款总共才 1200 元。根据济良所章程的规定可以推测,其全年支出的大部应来自领取者的捐助、士绅及社会人士的捐助、济良所房屋租金以及警察厅的临时补助。京师警察厅 1917 年所进行的统计中显示,济良所经费中官费为 11 836 元,公费没有列明。⑥因未见相关具体史料,暂时不清楚官费 11 836 元的具体来源,亦不清楚官费和公费的区别,但可以肯定的是,政府的固定拨款远远不能满足济良所的全部开支。

从上述统计数字可以看出,不管是在清末还是在民国初期,政府机构固定拨款只占济良所实际开支的很小一部分,其大部分经费还是要依靠各种捐

---

① [美]西德尼·D.甘博:《北京的社会调查》(上),第 279 页。
② 《捐巨款助济良所》,《晨报》1917 年 3 月 20 日,第 5 版。
③ 《北京济良所管理条例》,[美]西德尼·D.甘博:《北京的社会调查》(下),第 574 页。
④ 《京师警察厅济良所关于所女刘翠宝存储单储桌椅磁器等项家具数目清册》,1922 年 8 月 1 日,J181-031-02869;《北京济良所管理条例》,[美]西德尼·D.甘博:《北京的社会调查》(下),第 576 页。
⑤ 《救济事项》,京师警察厅制:《京师警务一览图表》。
⑥ 《行政事项》、《救济事项》,京师警察厅制:《京师警务一览图表》。

助、自筹以及京师警察厅的补助。随着收容规模的扩大，济良所所需经费也大量增加，但政府机构的拨款数却是固定的，没有随之增加，这对主管济良所的京师警察厅来说，无疑是增加了维持运营的艰难。

（三）京师济良所的管理和运营

虽是仿照上海济良所办理，但京师济良所与上海济良所还是有很大的不同，最明显的即是京师济良所是由当时的警察机构外城巡警总厅督同绅士共同创办，带有"官督绅办"的色彩。在创办时对此有具体规定，"所中事务由绅士经理，由警厅督率监察"。经理绅士以一年为一任，由市政公议会投票公举。满任绅士得票多数者可以连任，如果经理绅士尚未满任时查出有舞弊及违反章程的情形，可由巡警总厅撤销，另行投票公举。所中收支的款项亦由绅士按月造具清册，呈报巡警总厅查覆批准。①济良所第一任名誉所长由《北京女报》社长张筠担任，彭翼仲之嫂为义务教习。②在所中任职的人员除了经理绅士外，还有女董事一人、女检察一人、男司事一人及一定数量的教习，这些人皆由经理绅士商明巡警总厅聘用。③由此可见，在创办之初，济良所的具体管理是由公举的绅士负责（对京师济良所创办作出过贡献的《京话日报》主编彭翼仲就曾被推举为经理④），警察机构立于监督地位。

济良所这种经理绅士具体负责、官方机构立于监督地位的状况在民国建立后发生了变化。在传统中国，北京的慈善救济事业很差，它几乎全部是由个人或者民间组织主持进行的，这是济良所借助绅士力量，具有"官督绅办"色彩的原因之一。但自北洋政府成立后，"北京的慈善事业几乎全部由政府接管"，其中"大部分由警察主持"。⑤济良所也从原来"官督绅办"的状况改为纯粹由官方办理，隶属京师警察厅，成了警察厅的一个附属单位。京师警察厅接

---

① 《重订济良所章程》，田涛、郭成伟整理：《清末北京城市管理法规》，第453~454页。
② 章芝：《彭翼仲年谱》，南昌大学2006年硕士学位论文，第23页。
③ 《重订济良所章程》，田涛、郭成伟整理：《清末北京城市管理法规》，第452~455页。
④ 梁漱溟：《记彭翼仲先生——清末爱国维新运动一个极有力人物》，姜纬堂、彭望宁、彭望克主编：《爱国报人、维新志士彭翼仲》，大连出版社1996年版，第16页。
⑤ [美]西德尼·D.甘博：《北京的社会调查》（上），第285页。

管济良所后，全权负责对其进行管理，改变了原本由绅士具体负责管理的状况。此时的济良所亦有经理一人、女董事一人、女检查一人、男司事一人，以及教习若干人。但其经理是由京师警察厅任命，由警察总监遴派警正或者警佐兼任，不再由公举的社会士绅担任。经理负责其他人员的选用，但正式聘用前须经警察厅批准。①

京师济良所虽因救助娼妓而设，但从设立之初其收养的范围就不仅仅局限于妓女。如民国元年济良所收容的就有无宗亲可归依的妇女15人。②北洋政府时期，按照京师警察厅制定的济良所管理条例，女性必须符合下列条件，经法院和警察厅审查之后，才可以由警察厅送到济良所：(1) 被逼为娼的妇女；(2) 被妓院老板虐待并失去人身自由的妓女；(3) 愿意从良的妇女；(4) 无处容身及无依无靠的妇女。③管理条例虽然没有规定入所女性的年龄限制，但一般是16岁至30岁左右，同时济良所也收容一些被拐卖到妓院的女童。④符合条件的女性想要进入济良所可以亲自或者写信向警区警官递交申请，也可以向值班警察申请，还可以直接到济良所去。⑤济良所的位置有限，只有在有空缺的时候才能被允许进入。据说，申请的人数有时会超过容量的两倍。⑥济良所设立以后，得到了时人的认同，有竹枝词为证："几人本意乐为倡（娼），立所于今有济良。但出污泥即不染，莲花万朵在池塘。"⑦这从民初报刊时常登载妓女向警察求救请入济良所的消息也可得到部分证实。⑧另外，从当时保存下来的京师警察厅档案也可看到，被虐不愿为娼或生计艰难的女性不少人愿意

---

① 《北京济良所管理条例》，[美]西德尼·D.甘博：《北京的社会调查》（下），第572页。
② 京师警察厅总务处编纂：《中华民国元年京师内外城巡警总厅统计书》。
③ 《北京济良所管理条例》，[美]西德尼·D.甘博：《北京的社会调查》（下），第571页。
④ [美]西德尼·D.甘博：《北京的社会调查》（上），第276~277页。
⑤ 《北京济良所管理条例》，[美]西德尼·D.甘博：《北京的社会调查》（下），第573~574页。
⑥ [美]西德尼·D.甘博：《北京的社会调查》（上），第278页。
⑦ 杨米人等著，路工编选：《清代北京竹枝词：十三种》，第127页。
⑧ 《妓女求投济良所》，《晨报》1922年7月20日，第7版；《李美玉厌倦烟花》，《京师警察公报》1927年4月23日，第4版；《凤为鸨虐投入济良所求偶》，《京师警察公报》1927年8月26日，第4版。

投入济良所。①根据管理规定,只有符合上述四个条件才被允许进入济良所,但实际情况却相对比较复杂。据档案记载,不时有丈夫呈请将"不守家规"、"不安于室"的妻妾发交济良所择配的情况②,还有因与丈夫发生口角自愿请入济良所的情况③,以及将"不服管束"的使女发交济良所的情况④,甚至还有将"不守清规"的尼徒送入济良所另行择配的情况⑤。有时,京师警察厅也将查获的重操旧业的暗娼"抄办送交济良所择配"。⑥所以,从济良所实际的收容情况来看,它的救济范围是在逐渐扩大。

进入济良所的女性一般较为年轻,很多所女都是自小"误入娼寮",对于"教育持家一道多不了然"⑦,如果任其"闲坐无所事事,殊非正当办法"⑧。因此京师警察厅特在所内开设了国文、道德修养、算术、美术、绘画、体操和音乐等课程,让所女们每天学习6个小时⑨,以"开女子知识"⑩。为她们出所后的生计

---

① 《妓女金花关于生活艰难请送济良所的函》,1926年1月1日,J181-018-19494;《京师警察厅外右二区区署关于妓女凌云阁控告被其父勒索钱文不愿为娼并请求入济良所一案的呈》,1913年3月1日,J181-019-01448;《京师警察厅外左五区区署关于妓女姚桂仙控告受养母虐待不愿为娼并请求入济良所一案的呈》,1913年6月1日,J181-019-01466。

② 《段宏业关于其妾不守家规、请送济良所择配的函》,1917年2月1日,J181-018-08521;《胡玉缙关于其妾冯氏不安于室请送济良所管束的呈》,1922年1月1日,J181-018-14489。

③ 《京师警察厅受理杨翠珍因与其夫夏子伦口角仍请送济良所一案卷》,1926年3月1日,J181-019-50834。

④ 《交通部办事员马步荪关于使婢玉兰凶悍难训不服管束请发济良所择配的呈》,1920年1月1日,J181-019-29085;《京师警察厅内右一区区署关于水瑞元请将使女翠香送入济良所的详》,1916年8月1日,J181-019-13158。

⑤ 《尼僧续常关于尼徒本修不守清规请求送入济良所另行择配的呈》,1923年1月1日,J181-018-15671。

⑥ 《警厅驱逐暗娼》,《晨报》1918年6月19日,第6版;《暗娼解京择配》,《晨报》1918年12月31日,第3版。

⑦ 《京师警察厅济良所工厂出品广告》,《京师警察公报》1927年3月1日,第3版。

⑧ 《所拟添设课艺》,《晨报》1918年6月1日,第6版。

⑨ 《北京济良所管理条例》,[美]西德尼·D.甘博:《北京的社会调查》(下),第574页。

⑩ 《京师警察厅济良所工厂出品广告》,《京师警察公报》1927年3月1日,第3版。

考虑，京师警察厅又专门教授"刻绣、挑花、缝纫、烹饪"等实用课程。①虽然形式上开设了这些课程，一些人也认为这些课程的开设使"所女受益非浅"②，但这些课程是否全部真正开设以及开设的实际效果如何，还是令人怀疑的。进入济良所的女性最好的出路便是进行择配，所以相比较上述课程，济良所更重视传授给所女们"持家、敬长、相夫之道"③。京师济良所和上海济良所创设宗旨相同，但因创设人不同，对于入所妓女的教育有很大的差别。最重要的一项即是上海济良所在识字教育和技能培训之外安排宗教教育，并且这种宗教教育是贯穿始终的。④

一般情况下，这些女性进入济良所后不能随意出入，只有她的亲属愿意收留她或者择配结婚才能出所，其中，择配出所的情况居多。如1913年出所人数共计64人，其中61人是婚配出所，其余3人为死亡出所。⑤济良所里的女性，除不到结婚年龄的，都必须照相。相片连同姓名和编号，都挂在济良所的相片陈列室内，目的是供前来领娶所女的男子挑选。⑥一旦有到结婚年龄的所女，京师警察厅就会在相关报刊上发布类似这样的通告："京师警察厅因近查济良所现有应行择配妇女张翠喜、金凤云、张红喜等二十名，凡欲领作妻室者，须年龄在四十岁以下，有三家妥实铺保，均可具领到厅，并无费用。核准后即可领去，并由该所发给婚书。"⑦这种发布在报刊上所女择配的通告，在扩大济良所宣传的同时，重点向民众说明了领娶所女的条件，以便更多人了解济良所，到所领娶所女进行婚配。事实证明，京师警察厅对济良所的宣传确实起到了一定的作用，有不少男性愿意到所领娶所女。如果有男子想从济良所领娶女子结婚，他应先去相片陈列室挑选出合意的女子，然后把他选中的相片和

---

① 《京师警察厅济良所工厂出品广告》，《京师警察公报》1927年3月1日，第3版。
② 《所女添设课艺》，《晨报》1918年4月27日，第6版。
③ 《京师警察厅济良所工厂出品广告》，《京师警察公报》1927年3月1日，第3版。
④ [法]安克强著，袁燮铭、夏俊霞译：《上海妓女——19—20世纪中国的卖淫与性》，上海古籍出版社2004年版，第380~381页。
⑤ 京师警察厅总务处编纂：《中华民国元年京师内外城巡警总厅统计书》。
⑥ 《北京济良所管理条例》，[美]西德尼·D.甘博：《北京的社会调查》（下），第575页。
⑦ 《通告所女择配》，《晨报》1918年7月2日，第6版。

编号交给经理。随后,该男子会被引到秘书办公室,再被领到接待室,女检查此时也将被选中的女子领到接待室,这样男女双方便有机会见面,讨论结婚事宜。如果双方满意,男方必须填写申请表,其中包括男方姓名、年龄、籍贯、亲属、地址、职业等,此外还要说明是否已结过婚,是否有妾,娶该所女是为妻还是为妾。申请表连同该男子的两张四英寸照片,要上交警察厅办理官方手续。此外,男方还必须出具三家商号的担保书,担保该男子是出于诚意,且所填写内容皆为事实。如果事后查明所填并非事实,或者把所领所女转手卖掉,这三家商铺要承担一定的责任。警察厅在接到申请后,抄制一份,并保存两张照片,对申请人所填写情况进行调查,如果调查属实,警察厅就会批准该项结婚。①警察厅鼓励所女择配出所,对于所女出所之事"极为认真,每有领者必先调查一次,以防舞弊",如果调查发现有"托辞冒领所女"或弄虚作假者,其会被送交警察厅进行惩罚。②警察厅对所女择配之事"极为认真",不仅表现在查明领娶者信息真假这一方面,对于领娶者的资格审查也是如此。虽未明确规定,但考虑到所女出所后的生计问题,警察厅一般会要求领娶者"家资尚足储蓄"③,如果领娶者"薪金太少",领娶后恐怕难以维持生计,警察厅就会"批驳不准"④。而对于那些"年龄相差过远"⑤以及曾经领娶所女有虐待情况致其逃去者再提出领娶⑥,警察厅也会"批驳不准"。

济良所的女子出所结婚后,如果需要,京师警察厅会继续给她们提供帮助和保护。1915年,张荣黼因无子嗣领娶济良所女孟彩仙为妾,但领娶后经常对其进行殴打虐待,孟彩仙无奈,又向京师警察厅求助,请求再回济良所。几经波折,京师警察厅协助孟彩仙脱离张荣黼,重新回到了济良所。⑦还有少数情

---

① 《北京济良所管理条例》,[美]西德尼·D.甘博:《北京的社会调查》(下),第575页。
② 《查究冒领所女》,《晨报》1920年6月2日,第6版。
③ 《局员请领所女》,《晨报》1918年6月5日,第6版。
④ 《续志部员领女》,《晨报》1918年5月21日,第6版。
⑤ 《京师警察厅批》,《京师警察公报》1927年3月13日,第3版。
⑥ 《续志部员领女》,《晨报》1918年5月21日,第6版。
⑦ 《判词·内务部受理诉愿人张荣黼因孟彩仙喊告虐待请求发交济良所一案不服京师警察厅之处分具状诉愿决定书(诉字第一号)》,《政府公报》第1025号,1915年3月17日,第31~32页。

况是一些投机男子利用社会对女子的救助,到济良所领娶择配所女为妻,然后转手卖掉,从中盈利。1918年5月,北京成衣铺商人宋金栋到济良所领娶20岁的所女丁吴氏为妻。父母去世后,丁吴氏年龄尚轻,以充当使女为生,后嫁给怀鹿县知事丁子余为妾,因经常受正妻虐待,遂投奔京师济良所,后被宋金栋领出为妻。宋金栋将丁吴氏领出后带到天津,先逼迫其在法租界为娼,获洋100元,后又将其带到红叶村鑫有堂为娼作为抵押,又获洋140元。丁吴氏被逼为娼后,写信向京师济良所求助。济良所接到求助信后呈报了京师警察厅,同时派人到天津进行调查。经调查属实,京师警察厅判决宋金栋游街示众,并发教养局管束,三家铺保人因滥行出具铺保与宋金栋一同游街,作为惩罚。丁吴氏仍旧发回济良所。①

(四)京师济良所的利弊和社会影响

济良所的设立原本是为保护受虐女性这一弱势群体,但其宗旨多大程度上被执行,其设立的主观意图和客观效果之间存在多大的背离,还需要用具体史料来做进一步考察。

从清末初建到北洋政府时期,京师济良所都受到警察机构的重视,特别是划归京师警察厅全权负责后,择配是济良所所女最重要的事,京师警察厅"以防舞弊",对济良"所女择配一事极为认真",②并制定了较为严格的管理条例。即便如此,种种弊端仍时常出现。京师所设济良所,原为救助妇女的"慈善之举",社会人士对此多有理解,但仍有"浮薄子弟及拆白党徒,藉择配为名,任意出入,视如公娼,评头品足,任意嘲笑,日往缠扰",致使那些真正想领娶者"望门却步"③。这种情况如不设法限制,不仅影响所女择配,还会影响济良所和所女的声誉。为此京师警察厅加强了济良所的管理,特通饬该所,"不论何人士,如未有警厅执照,该所不得接待,以重所章,而免流弊"④。因领娶所女需

---

① 《济良所所长张文浩关于宋金桔(栋)先领济良所女吴氏为妻后送津后逼迫为娼一案的呈(1)》,1918年9月1日,J181-019-21022。
② 《查究冒领所女》,《晨报》1920年6月2日,第6版。
③ 《管理济良所者注意》,《晨报》1920年12月8日,第6版。
④ 《济良所整顿规章》,《晨报》1920年10月22日,第6版。

要出具三家殷实铺保,"以防冒领转售之弊",一些投机奸商趁机"专售此项铺保"获取利益,警察厅虽制定了严格的惩罚措施,但此项弊端仍未完全杜绝。①

京师警察厅对所女择配非常重视,但其所拟请领手续,"或未能缜密,或违背潮流",与"救济及保护女权之意,殊有不合"。如所定请领手续,未以财产、职业、身体或住址为请领者的必要条件。财产不足以养家,职业不足以谋自立,身体不健康,住址不确定,皆对所领妇女出所以后的生活和幸福影响很大。因为审查不严,经常出现下列情况:狎客怂恿妓女投所,旋领旋弃,用以敲诈所女金银饰物;请领出厂之后,请领者仍蔑视妇女以往的人格,将其虐待或转卖;或者被领所女在请领者家内受到冻馁虐待,严重者致死。以致有评论说:"妇女出厂所之日,即重罹惨境之时。"②

京师警察厅制定的请领规则对于请领者应交纳捐款没有明确规定,这就为向请领者任意索要捐款留下了空隙。按照规定,请领者不必支付所领妇女在所所用费用,但济良所有时会向请领者索偿妇女的这部分费用,并且"无相当之限制,索取数额,任意高低"。另外亦有一种情况是,济良所"居奇高索"。如张海晴欲领娶条件较好的所女李小顺,济良所让其交纳 500 元的捐款,否则不许指配。正因济良所领娶所女规则有诸多缺点,"以致不愿为娼之妇女,裹足不前"③。

此外,济良所内的"种种黑暗"也时常被登诸报端。如《晨报》上有载:"济良所任用私人(所长史恩庆、女董事王学高、稽查岳书年、会计庶务王某、招待陈某概系天津人,都串通一气),办理不善,已入所者瘦毙时闻,而受领家虐待之娼妓闻济良所三字,几视为地狱。""妓女入所后,多年只有随身衣服,所中并不为之添制,以致破烂不堪,无衣替换,并且无论冬热均须十四人一床,冬日犹可忍受,夏日则蚊虫成群,人人体无完肤,加以无衣替换潮气熏蒸,恶臭难闻。平素饮食,又粗糙异常(多吃窝窝头),颇难下咽。因此所女时常发生疾病,辗转求死。主管者见之又并不为医治,即偶尔延医一观,则药饮乱投,一榻

---

① 《查禁奸商卖保结》,《晨报》1916 年 10 月 28 日,第 5 版。

② 北平特别市社会局编辑:《北平特别市社会局救济事业小史》,第 58 页。

③ 北平特别市社会局编辑:《北平特别市社会局救济事业小史》,第 58 页。

呻吟，无人看视，其状殊为哀惨，不堪目观。""至于所女出嫁，更不自由，欲嫁之人，每每所长，不许其领取。而伧父走卒、老迈龙钟之辈，则或以利诱，或以威迫，所长为维持饭碗计，即所女不愿意，亦向警厅假报已得同意，故所女出嫁后，聪明者即谋逃亡，笨拙者仍跑入所中，请求离异。此种案件已发生多次。"①

除去本身存在的种种弊端，济良所收容能力有限也影响了其社会影响的发挥。据统计，1906年济良所初设时共收容妇女58人②，民国元年收容人数增加到68人③，至1917年底收容人数有所增加，在所人数达到了123人④。虽然收容人数有所增加，但相比较需要救助的妓女人数来说，显然是非常有限。以1917年为例，交纳妓捐的公娼有3887人，加上数量更大的私娼，北京娼妓的数量不下一万人⑤，而济良所当年年底在所人数仅有123人，这其中还包括部分不是从事娼妓业的女性。

从上述具体史料可以看出，济良所确实存在许多"不良"之处，京师警察厅对此也有所察觉，并采取了一定措施进行改善，但实际效果还是不尽人意。这些弊端的暴露，既在一定程度上影响了济良所的声誉，也在一定程度上打击了女性求助的热情。追其原因，主要有以下两点：（1）经费限制。济良所经费主要来源于政府拨款和社会捐助。到北洋政府后期，时局动荡，财政支绌，政府拨款不能保证，本无定数的社会捐助亦受到影响，以致到1928年8月移交社会局时，济良所在所人数只有7人。（2）归属不当。济良所隶属京师警察厅，而"警厅职责重在公安，事事繁剧，慈善机关归其管辖，势难祥为规划"⑥。济良所收容的妓女，无独立处置权，如有娼妓到所请求救济，必须呈报京师警察厅

---

① 《不良的济良所》，《晨报》1921年10月25日，第7版。

② 《京师外城巡警总厅第一次统计书》（光绪三十二年），出版地点不详，1907年出版。

③ 京师警察厅总务处编纂：《中华民国元年京师内外城巡警总厅统计书》。

④ 《救济事项》，京师警察厅制：《京师警务一览图表》；《北京济良所管理条例》，[美]西德尼·D.甘博：《北京的社会调查》（下），第577页。

⑤ [美]西德尼·D.甘博：《北京的社会调查》（上），第260~261页。

⑥ 北平特别市社会局编辑：《北平特别市社会局救济事业小史》，第13、15~17、19页。

批准，否则不得收容，这在一定程度上限制了妓女的求助。

虽然有上述种种弊端和需要改良之处，但我们不能因此就否认京师济良所在女性救助上所做出的努力和体现出的近代慈善事业发展的进步趋势。事实上，从清末到北洋政府时期，济良所的收容规模逐渐扩大，也逐渐得到社会的关注和认同，其社会影响力不断增加。这其中，京师警察厅对济良所的宣传起到了一定的作用。京师警察厅时常在《晨报》和《京师警察公报》等报刊上登载济良所所女择配的有关事宜，号召符合条件的男性进行领娶。①在领娶的男性中，既有普通商人和店员②，也有一些国家公务人员③。这在一定程度上反映了社会对妇女救助的正面态度。对于所女生产的产品，京师警察厅也经常登报做宣传④，这在扩大了救助机构影响的同时，也在一定程度上改善了社会民众对被救助女性的认识，促使社会更加关注女性救助。在京师警察厅的宣传和济良所实际功效的影响下，不少社会人士了解了济良所，并认识到了济良所对社会的重要性。如李大钊在1919年发表的《北京市民应该要求的新生活》一文中列举了北京市民应改良的地方，扩充济良所就是其中重要的一项。⑤梁漱溟在《忆往谈旧录》中回忆彭翼仲时，也评价其参与创建的济良所"确实救了一些人"⑥。这一点从当时报纸上期望济良所管理者注意济良所弊端的呼吁中也可反映出来。⑦

---

① 《招配济良所女》，《晨报》1918年3月12日，第6版；《招领济良所女》，《晨报》1918年4月2日，第6版。

② 《商人迎娶所女》，《晨报》1920年9月17日，第6版。

③ 《部员再领所女》，《晨报》1918年5月17日，第6版。

④ 《京师警察厅济良所工厂出品广告》，《京师警察厅公报》1927年3月1日，第3版。

⑤ 中国李大钊研究会编注：《李大钊全集》第3册，人民出版社2006年版，第52页。

⑥ 梁漱溟：《记彭翼仲先生——清末爱国维新运动一个极有力人物》，姜纬堂、彭望宁、彭望克主编：《爱国报人、维新志士彭翼仲》，第16页。

⑦ 《管理济良所者注意》，《晨报》1920年12月8日，第6版。

二、妇女习工厂：救助贫民妇女

1908年（光绪三十四年）内城巡警总厅设立内城贫民教养院，凡老弱残疾男女贫民，一律收养。①进入民国后，由京师警察厅总理该院一切事宜。从前文可知，贫民教养院男女贫民兼收，但主要是以男性为主。京师少有专门针对女性贫民的救助机构。民国以后，"无告妇女日渐增多"，原有兼养贫困无依妇女的贫民教养院"限于房舍，额少易盈"，致使很多急需救助的贫困女性求助无门，又加上贫民教养院对于女性"工艺一门，未能兴举"，"收容妇女率皆有养无教"，于其长久谋生不利，京师警察厅"深以为憾"，决定在原教养院基础上"添造工场房间，购备各种缝纫机件，次第扩充"，改设为妇女习工厂，"专收无告妇女，授以工艺，期收实效"。②

1917年12月，经内务部批准，妇女习工厂正式设立，京师警察厅负责所有经费和其他一切事宜③，并派有28名巡官、长警具体维持习工厂秩序④。"与济良所不同"，妇女习工厂收养的女性以"良家贫苦之妇女"为主⑤，其收容妇女具体分为下列三类：（1）应行择配之妇女。妇女习工厂应行择配的妇女与济良所应行择配的妇女有所不同，其主要不是从良妓女，而是"年龄在十六岁以上，无家可归、无亲属可托"的贫困女性。（2）应行安置之妇女。对于那些不能自力更生、无可依靠，年龄超过50的老年妇女或年龄未满16岁的幼女，妇女习工厂可对其进行安置收养。（3）应行感化之妇女。教养局收养感化的是一些刑期不超过一年的轻微犯罪人员⑥，妇女习工厂与之不同，其进行管束感化的

---

① 《创办京师内城贫民教养院章程》，田涛、郭成伟整理：《清末北京城市管理法规》，第241页。
② 《文牍·公函·京师警察厅函为该厅设立疯人收养所业经成立请查照文》，《市政通告》第11期，1918年3月，第17页。
③ 蔡恂：《北京警察沿革纪要》，第55页。
④ 《总务事项》，京师警察厅制：《京师警务一览图表》。
⑤ 《取妾的添了一处限制》，《晨报》1921年11月18日，第7版。
⑥ [美]西德尼·D.甘博：《北京的社会调查》（上），第321页。

是那些由京师警察厅讯明"无刑事关系"、"性情不良、家属无法约束"的妇女。①

妇女习工厂设立以后，主动要求入厂和被其家属送入厂中的妇女皆不在少数。主动请入的主要是一些"孤苦无依"、家庭贫寒、无法生活的妇女。②被其家属送入妇女习工厂的主要是一些"不服管束"、"不守家规"、"不安于室"、"行为不正"、"家务不合"的妻妾③，以及"不服家规"、"性情恶劣"或者"潜逃"被获的使女④。除了这两大部分以外，还有少数的妇女被送入厂是因为其夫要和她断绝婚姻关系⑤，请求将其另行择配；或者是受丈夫虐待不敢回家，求助安置⑥；或者是被人诱惑后无处安身，只有进入妇女习工厂暂时安置⑦。在1927年3月13日，

---

① 《京师警察厅妇女习工厂收容章程》，《京师警察公报》1927年4月13日，第4版。
② 《牛云阶关于姜氏孤寡无依请求送入妇女习工厂安置的呈》，J181-018-16633，1924年3月1日；《伯婧关于孤苦无依恳请送入习工厂作工的呈》，J181-018-21650，1923年9月1日；《京师警察厅内右一区区署关于大四眼井地方卧于总监汽车前的妇人已经讯明送妇女习工厂暂收一案的呈》，J181-018-07827，1917年3月1日。
③ 《殷公望关于小妾刘玉宝嗜好甚深不守家规请送习工厂管束并追还衣食等情的呈（一）》，J181-018-20718，1927年1月1日；《岳文轩关于其妾马素卿不安于室请送妇女习工厂的呈》，J181-018-19584，1926年1月1日；《萧恒江呈为伊妾金聚不服管束恳求送入习工厂卷》，J181-019-35457，1922年7月1日—1923年2月1日；《京师警察厅内右二区分区表送康希明控伊妾康翁氏行为不正请送入妇女习工厂等情一案卷》，J181-019-38565，1923年4月1日；《京师警察厅内右三区分区表送管郑氏因家务不合请转送妇女习工厂安置一案卷》，J181-019-41796，1924年4月1日至1924年5月1日。
④ 《王辅廷关于使女王妹不服家规请送妇女习工厂习艺的呈》，J181-018-16724，1924年9月1日；《京师警察厅关于收到闫泽溥为婢女红燕性情恶劣恳准送妇女习工厂习艺的呈》，J181-019-32501，1921年1月1日—1924年7月1日；《京师警察厅内右一区分区呈送潜逃之使女王姑娘现已寻获请送交习工厂工作并请销案卷》，J181-019-35454，1922年2月1日至1923年1月1日。
⑤ 《许升关于为家主陈仲启因向南与妾周瑞子双方商妥断决关系恳请将周瑞子发交习工厂由官择配的呈》，J181-019-32560，1921年3月1日。
⑥ 《宛平县函送被诱人张徐氏无依请转送妇女习工厂安置卷》，J181-019-35444，1922年1月1日至1923年5月1日。
⑦ 《北平市警察局内右二区区署关于廖宋氏告其夫廖守仁虐待不敢回家愿入妇女习工厂习艺的案表、呈》，J181-033-01181，1922年5月1日。

其具体收养类别和人数如下：习工妇女53人，管束妇女5人，贫民妇女79人，随带幼孩11人。①

除了没有劳动能力的女性外，进入妇女习工厂的女性，"年岁较小者，授以小学知识"，年龄"较大者学习相当工作"，工厂"延聘专门技师教以缝纫、手工、毛巾、扣花、挑花、刺绣、烹饪各科"。妇女习工厂开设工艺各科目的"不在营利"，一方面是为了使贫困妇女学习技艺，用以谋生；另一方面则是通过劳动教育感化性行不良的妇女。②虽然妇女习工厂的收容范围和目的与济良所不同，亦开设了工艺各科教授厂女技艺，但对于厂女来说，除去一小部分纯粹是被送入进行教育感化外，大部分的妇女出厂后其生计同样没有保障，因此，择配也成为她们较好的出路。京师警察厅对厂女的择配事宜亦相当重视，专门制定了较为详细的择配规则。其具体领娶程序和领娶济良所女类似，稍有不同的是领娶男子和所领厂女还须共同出具切结书一纸，以示保证。③为妥善安置厂女，京师警察厅规定，妇女习工厂应行"择配之妇女只准领娶为妻"，但已有妻室者"因求嗣续起见"领娶厂女为妾"亦可照准"。另外，厂女"本为人妾者"也可请领为妾④。这种规定为不符合要求的男子领娶厂女为妾提供了可乘之机。实际上，领娶为妾者远远多于领娶为妻者，其中不乏蒙混冒领的情况。这种情况增多，引起了京师警察厅的关注，其特意声明"请领厂女多有作妾"与规定"殊属不合"，以后呈领，如有妄图蒙混者，"一概批驳"。⑤除了对领娶为

---

① 《附载》，《京师警察公报》1927年3月16日，第3版。

② 《京师警察厅妇女习工厂启示》，《京师警察公报》1927年3月1日，第3版。

③ 其结书大概如下："为领金喜出厂具结事。今何有美，年三十九岁，湖南醴陵人，现住宣武门外北半截胡同，门牌五十一号。前因由厅呈请领娶妇女习工厂女金喜为妾，今蒙警察厅批准，于本月十九日将金喜由厂领出，并愿捐助洋五十元。自领出厂后若有别故或有虐待等情形，有保证人与何有美承当担负完全责任，为此以具领结是实。中华民国十二年九月十九日具结人：何有美 金喜。"（《京师警察厅妇女习工厂关于何有美领娶厂女金喜为妻的呈》，1925年5月1日，J181-019-37139）

④ 《京师警察厅妇女习工厂启示》，《京师警察公报》1927年3月1日，第3版。

⑤ 《取妾的添了一处限制》，《晨报》1921年11月18日，第7版。

妾者进行严格的审查外①，京师警察厅对于领娶者的另外相关情况审查也较为严格。如果经警察厅调查，领娶者与所领者年岁"不相符"，在北京没有固定住址，生活"仅能糊口"，"不足以养赡家室"，或者"所取铺保不能直接负责"，其呈请领娶厂女往往会被批驳不准。②不仅对申领者严格审查，对于厂女是否达到择配标准京师警察厅也会认真考察，例如厂女赵双喜虽有愿意领娶者，但因其"身体尚未完全发育"，警察厅要求延缓一年，察看情况后再行择配。③除了择配出厂外，厂女也有机会通过被领作养女出厂④，但这种机会很少。和别的救助机构一样，妇女习工厂也存在某些弊端，致使偶有厂女逃走情况发生。⑤针对厂女逃走的情况，不是严查拿获和加强管理可以解决的，亦不是许以择配可以解决的，最根本的方法是发挥妇女习工厂的长远救助功能，使入厂女性从心底明白习得一技之长出厂后才能够自食其力的道理，但限于各种社会原因，这种根本的解决方法在当时不可能实现。

除了济良所和妇女习工厂，针对贫困女性的救助机构还有崇善养济院。设立于清末的崇善养济院在设立之初专门收养老弱废疾的女性，1906年（光绪三十二年）共收养了五十岁以上老弱者23人，废疾者9人。⑥民国以后京师警察厅接管，进行改进，"并养老幼"，但"规模偏隘"（京师警察厅每月仅支付其93元，全年为1116元⑦），更"无工艺之可言"⑧。相比济良所和妇女习工厂，其

---

① "呈悉查该具呈人原籍尚有妻室，与原报不符，所请领厂女李云为妻之处，应不准行。"（《京师警察厅批》，《京师警察公报》1927年9月2日，第3版）

② 《京师警察厅批》，《京师警察公报》1927年3月13日，第3版；《京师警察厅批》，《京师警察公报》1927年3月22日，第3版；《京师警察厅批》，《京师警察公报》1927年8月15日，第3版。

③ 《京师警察厅批》，《京师警察公报》1927年3月13日，第3版。

④ 《京师警察厅批》，《京师警察公报》1927年5月19日，第3版。

⑤ 《厂女四人钻穴同逃》，《晨报》1926年1月29日，第6版；《京师警察厅妇女习工厂呈厂女继周氏等四口乘夜深挖穴逃走请转饬各区队严拿务获卷》，1926年1月1日，J181-019-52096；《王周氏关于从妇女习工厂逃走的供词》，1926年2月1日，J181-019-52097。

⑥ 《恤养老弱废疾事项年计表》，《京师外城巡警总厅第一次统计书》（光绪三十二年），1907年版。

⑦ 《总务事项》，京师警察厅制：《京师警务一览图表》。

⑧ 《内务部呈报扩充游民习艺所办理情形拟具章程请训示文并批令（附单）》，《政府公报》第1302号，1915年12月22日，第13页。

救助能力和社会影响力都极有限。

对实际需要来说,北洋政府时期京师警察厅对女性的救助显然不可过高评价,上述有限的几个针对女性的救助机构虽然给部分女性提供了救助,但其救助能力和实际需要相比,还有很大的差距。尽管如此,这些机构毕竟对一些贫困无依的女性提供了暂时的安身之地,并对其进行照顾和教养,还能为其考虑出路,这在一定程度上确实起到了救助的作用。京师警察厅对济良所和妇女习工厂的一些宣传也扩大了女性救助影响,引起了社会更多的关注。京师警察厅时常在《晨报》和《京师警察公报》等报刊上登载济良所所女和妇女习工厂厂女择配的有关事宜,号召符合条件的男性进行领娶。①在领娶的男性中,既有普通商人和店员②,也有一些国家公务人员③。这在一定程度上也反映了社会对妇女救助的正面态度。另外,对于所女和厂女习得工艺生产的产品,京师警察厅也经常登报做宣传④,这在扩大了救助机构影响的同时,也部分程度上改善了社会民众对被救助女性的认识⑤,促使社会更加关注女性救助。

根据京师警察厅的统计和分类,民初的北京有 96 850 人,也就是总人口的 11.95% 被列为"贫困"和"赤贫",其中有 31 416 人被划分到贫困阶层,而另外的 65 434 人被划分为赤贫阶层。⑥这些数量众多的贫民是社会秩序潜在的威

---

① 《招配济良所女》,《晨报》1918 年 3 月 12 日,第 6 版;《招领济良所女》,《晨报》1918 年 4 月 2 日,第 6 版。

② 《商人迎娶所女》,《晨报》1920 年 9 月 17 日,第 6 版。

③ 《部员再领所女》,《晨报》1918 年 5 月 17 日,第 6 版。

④ 《京师警察厅妇女习工厂启示》、《京师警察厅济良所工厂出品广告》,《京师警察公报》1927 年 3 月 1 日,第 3 版。

⑤ 如妇女习工厂因经费短缺,京师警察厅创办义务戏,得到了社会的大力支持,"上座极佳"。(《义务戏尚有一天》,《晨报》1927 年 3 月 27 日,第 6 版)1927 年冬天,天气寒冷,妇女习工厂无钱做棉衣发给厂女,"京师华商电灯公司暨各大善士等先后捐助银洋二百四十一元","购做棉衣等物分给各厂女服用,藉得御寒",京师警察厅为此特登报表示感谢。(《京师警察厅妇女习工厂启示》,《京师警察公报》1927 年 12 月 24 日,第 3 版)

⑥ 《本京贫民实数》,《晨报》1919 年 1 月 7 日,第 6 版。

胁，正常情况下，他们可以想方设法勉强维持生计，但他们的承受能力非常脆弱，一旦出现些许天灾人祸，就难以生存，沦为游民或者乞丐，从潜在的威胁转变成了直接的威胁。因此，如果不对这些贫民进行救助，北京的社会秩序将会受到很大影响。正因为如此，原本应该只是维持社会治安的京师警察厅，就承担起了对贫民的慈善救助功能。

根据前文所述，京师警察厅管理的粥厂、贫民教养院、教养局、济良所等机构发挥了具体的慈善救助功能，改善了贫民自身的处境。大量贫民得到了衣食救助，熬过了最难过的严冬；一些贫民特别是没有劳动能力者，在无所依靠、走投无路的情况下可以得到暂时或长久的食宿救助；更重要的是一些没有生存技能的贫民在京师警察厅的慈善救助中学到了一些劳动技能，为他们继续生活提供了基本的保障。改善了贫民的处境，在一定程度上就等于减少了乞讨、流浪甚至偷盗、抢劫等社会不稳定因素，也就为稳定社会秩序创造了条件。同时，对于改善北京"首善之地"的城市形象也起到正面作用。

虽然如此，京师警察厅管辖的慈善机构所进行的社会救助相比较整个北京城贫民实际需要的救助，还是远远不够，具体表现在以下几个方面：首先，救助能力有限。北京贫民众多，平时生计就难以维持，在寒冬情况更为恶劣，虽然京师警察厅每年天气寒冷之时都会施舍棉衣和热粥，但毕竟数量有限，不能保证每个贫民都得到救助，所以还是时常会出现"贫民饥寒待援"[1]的情况，甚至时常会出现因未及时得到救助而有贫民冻死的情况[2]。这种施舍衣食的周期性短暂救助在天气转暖之时就会结束，这对于不少依靠救助生活的贫民来说无疑是更加苦难的开始，因为他们或者没有劳动能力，或者没有技艺找不到工作。京师警察厅设立的常设性救助机构名额都很有限，容纳不了大量需要救助的贫民。特别是在北京及周边地区遭遇灾害的时候，贫民的数量会比平时显著增加，仅靠常设性的救助机构更显不足，京师警察厅和相关社

---

[1] 《贫民饥寒待援》，《晨报》1920年1月16日，第6版。
[2] 《昨早冻死之贫民》，《晨报》1925年12月11日，第6版。

会机构应根据情况多设立一些临时性、有针对性的救助机构。①其次,救济不当。在当时"只有警方能够说明哪些家庭需要或不需要救济",但"警方并没有能力做得十分详备"。②由于负责调查的警察没有受过专门的训练,又没有一个规范的标准,以致警察们在调查的时候主观性很强,那些真正贫困需要救助的人有时反而得不到救助,而那些不需要救助的人有时却会得到救助。另外,警察在调查时不能仔细发现贫民贫困的根源,不能对其进行有针对性的救助,帮助其长远生活的改善。除此之外,对贫困程度不同的民众提供的救助也没有区别。再次,出路不甚理想。京师警察厅管理的慈善机构救助贫民较多采用的救助方法就是施舍衣食,提供住宿,解决其一时之难。虽然这些救助机构也教授了贫民一些技艺,但这并不是最好的救济途径,最好的救济方法应该是避免使他们沦为需要救济的人,这就需要警察事先做好细致的调查工作。虽然在慈善机构中能够渡过暂时的困难,一些贫民也习得了一些技艺,但出去以后的生活依然困难,不少贫民又再次沦为乞丐和游民,期待着再次被收容救助。特别是对于一些需要救助的女性来说,京师警察厅为她们设计的最好出路就是择配,但择配出所的女性生活并不都是一帆风顺,有不少女性遭到领家的打骂,甚至还有被转手卖入娼寮的情况。正因为如此,一些需要救助的贫民不愿意进入这些救助机构。③最后,管理出现弊端。京师警察厅负责管理的几个下属慈善机构在管理上制定了严格的管理规则,对于救助对象的进入、安置、食宿、教育、习艺、探视等都做了具体规定,但由于具体管理不善

---

① 《将设难妇收养所》,《晨报》1920年10月23日,第6版;《警厅赈济灾民》,《晨报》1918年2月17日,第6版;《各难民所收容已满》,《晨报》1926年5月4日,第6版。在难民大量涌入北京城之后,京师警察厅和相关社会机构也设立了一些救助难民的临时性机构,但显然不能满足救助需要。

② [美]西德尼·D.甘博:《北京的社会调查》(上),第335页。

③ 警察厅进行救助的主观愿望是好的,但由于救助的方式出现问题,或者对于救助的宣传不到位及别的社会原因,不少人对这种救助产生抵制。曾有报道说,一名十四岁男孩在街乞讨,警察发现后对其进行询问,但这名男孩愿意乞讨,不愿被送入工厂安置,为了逃避安置,这名男孩竟然假装迷路糊弄警察。(《幼年乐丐遇警装迷路——瑞警士尽职查其隐情带署由署送入工厂真可谓指其迷途矣》,《京师警察公报》1927年5月12日,第3版)

和警察厅监管不力，致使部分管理规则形同具文，甚至出现了种种弊端。①这些弊端的暴露，既在一定程度上影响了这些慈善机构的声誉，也在一定程度上打击了贫民求助的热情。

京师警察厅负责管理的慈善机构存在这些问题，原因很复杂，除去慈善机构本身管理方面的问题和京师警察厅的监管不力之外，经费问题是制约其救助能力的重要方面。北洋政府从建立之始就面临经费紧张的问题，到20世纪20年代各派混战，中央经费更为支绌，主要经费来源于财政部拨款的京师警察厅时常面临经费短缺的问题，其所管辖的各个慈善机构也面临着同样的问题。京师警察厅为辖属慈善机构筹款做了不少努力，但毕竟所需款项数额较大，而社会捐助有限，在警察厅自身运作都受到影响的情况下，无暇再去扩展辖属慈善机构的救助规模。到1927年8月，警察厅财政异常困难，为减少开支，把一些辖属机构进行了合并，如济良所和妇女习工厂归并为一处，内、外城收养贫民所与贫民教养院归并为一处。②这种因经费问题而产生的合并很明显会影响到其收容能力。

民国建立后，北洋政府接管了几乎全部原有的私人慈善机构，其中京师警察厅接管负责最多。京师警察厅接管以后，在不少方面进行了改善，也开办了一些新的慈善机构，但毕竟需要救助的贫民数量众多，状况又很复杂，仅靠某个政府机构不可能达到完全救助的目的，这就需要发展社会慈善事业。北洋政府时期政府对慈善事业的管理较清末严格，私人慈善事业的发展未得到应

---

① 1921年10月25日《晨报》第7版曾登载一篇报道《不良的济良所》，具体描写了济良所内的种种黑暗，具体见前文；《晨报》1921年5月11日第6版亦有一篇《不良的济良所》新闻，详细讲述了某人去济良所领娶所女所遭受到的不正常阻挠；另外，育婴堂由于管理不善死亡率很高，1917年终育婴堂有婴孩52名，但这一年死亡的婴孩就达到20名。（《救济事项》，京师警察厅制：《京师警务一览图表》）甘博在其调查中也提到"育婴堂里婴儿的死亡率特别高"，但其听到的传说是，在1918年育婴堂有196名孩子，其中死去了195人，这显然不太可信。不过，从他听到的这个传言中可以推断出，当时育婴堂的声誉在社会上非常不好，这大大影响了育婴堂对婴孩的收容救助。（[美]西德尼·D.甘博：《北京的社会调查》（上），第309页）

② 《京师警察厅训令》，《京师警察公报》1927年8月19日，第3版；《警厅亦行减政》，《晨报》1927年8月20日，第7版。

有鼓励,这在一定程度上制约了社会对贫民的救助,同时也加大了政府机构救助的压力。总之,在北洋政府时期整个社会运行机制没有发生根本性改变的情况下,京师警察厅以及别的社会机构慈善救助不可能达到理想目的。警察厅承担了大量救济贫民事务,反映了近代警察机构功能的扩大,也反映了原来主要是民间进行的慈善救济和官方临时性救济贫民事务,有了警察厅这样的政府机构进行正规化管理并常态化,标志着慈善公益事业走向正规化的开始。

第六章 CHAPTER SIX

警察与社会：认知与境遇

　　从清末到北洋政府时期，城市社会管理得到了一定的发展，但仍处于探索阶段。警察机构作为一种新生事物，从清末出现伊始，便表现出了与传统政府管理机构不同的特点，承担了多重社会管理职能，警察制度的发展也得到了政府和相关人士的推动。但在执行具体职能的过程中，因涉及各方权益，加上自身不完善，警察受到了来自政府层面的制约、普通民众的责难、利益相关者的阻挠，其在社会上的评价一直处在褒贬不一、毁誉参半的状态。而作为与社会联系比较密切的新兴群体，警察对自己的认识不仅来自机构架设时职能规划的赋予，亦有对社会各方不同评价的反应。本章围绕着警察与民众的关系，意图回答下面几个问题：一般社会人士对警察有什么样的认识和期待？警察怎样自我认识，亦即如何理解自己的职业定位和社会地位？警察的出现,对民众的社会生活带来了什么样的改变?警察自身的生活状况、社会境遇又是怎样?通过对这些问题的分析,将警察放置到具体历史场景中,理清作为新生事物的警察在自身发展的初期过程中遇到的境况,从而进一步探究警察与社会之间的关系。

第一节 警察的社会评价与自我认识

警察机构与传统社会的管理机构有诸多不同,除了所管理事务的范围大为增加外,维持社会秩序的手段和方式、执行职务的出发点和理念、政府以及其对自身性质的定位等皆有不同,而这些不同最终又都指向了一点,即警察和社会的关系。警察出现以后,通过站岗、巡逻、深入调查等方式,密切了与社会之间的联系。警察控制职能范围如此广泛,和社会的联系如此密切,但社会对于警察的认识怎样呢?影响这种认识的因素很复杂,主要取决于警察对警务的处理情况,但也受传统思想的影响,同时也和民众的个人认识以及社会综合环境有关。社会对警察的认识和造成这种认识的原因一样复杂。

一、各方的称赞

"北京堪称东方各国城市中治安最佳的城市。"这是甘博在20世纪初对北京进行社会调查后的看法。之所以得出此结论,甘博认为主要得益于北京警察的努力和效率。作为一个外来者,他甚至认为北京的市民应该和他一样,"会为警察工作范围之广、效率之高而惊叹"[1]。甘博的这种认识并不是一家之

---

[1] [美]西德尼·D.甘博:《北京的社会调查》(上),第60~61页。

言,近一个世纪以后,荷兰的历史学者冯客通过对大量档案的查阅,对甘博的认识进行了呼应,认为"晚清改良之后产生的北京的现代警察力量是东亚最有效率的警察之一"①。对于外人来讲,在进入一个全新的、完全不同于本土的社会环境时,其对事物的认识和评价往往带有人性的宽容。实际上,北京近代警察在建立以后,其在社会中所起的作用究竟如何,还得还原于北京社会中以当时居住在北京的市民的观感来衡量。

(一)应对乱局

政局发生大的变化时,社会秩序往往随之发生大的动荡。如1912年,北京发生兵变,士兵大肆劫掠商铺,大栅栏商铺去者十九,居民"惶恐震骇","兵变后五六日间,街市白昼如黑夜,鸡犬无声"②。为稳定局势,内、外城巡警厅守望巡警加强防护。③虽然站岗警察亦有被杀者,但内、外城各巡警及警卫、消防各队仍竭力维持秩序,并清查商店、居民实际损失。④从3月1日至3月23日,巡警总厅连续多次发布告示,安抚商铺,筹给抚恤,辟除谣言,进行戒严,缴获枪支,限制粮价,豁免捐税,加派巡逻,严加防卫。⑤在巡警总厅、步军统领衙门等相关机构的维持下,北京秩序逐渐恢复。其中,巡警总厅的多方努力得到了社会的认可,绅商各界人士上书大总统指出,"京师……地面之事,责成巡警办理,秩序渐复,人心渐渐定",对于大总统将召兵入京一事表示强烈反对,恳请大总统"仍责成巡警"保卫地面,并认为只要辅以步军统领衙门和毅军已"绰有余裕"。⑥这可以说明,在社会秩序动乱时,巡警总厅的维持比较有效,并取得了市民的信任和支持。

改组为京师警察厅后,北京警察力量依然在政局大变中对稳定社会秩序发挥着积极的作用。1917年7月,张勋率辫子军入京,"初尚稍守风纪。自宣统

---

① [荷]冯客著,徐有威等译,潘兴明校:《近代中国的犯罪、惩罚与监狱》,第89页。
② 国事新闻编辑部:《北京兵变始末记》,京华印书局1912年版,第9、10、12、28页。
③ 国事新闻编辑部:《北京兵变始末记》,第73页。
④ 国事新闻编辑部:《北京兵变始末记》,第28、56页。
⑤ 国事新闻编辑部:《北京兵变始末记》,第79~92页。
⑥ 《北京绅商各界人士上袁书大总统呈》,国事新闻编辑部:《北京兵变始末记》,第96页。

复辟后，若辈即故态复萌，终日三五成群，游行街市，购买物件，强不给资，攫之而去。肆伙向其理论，则遭批颊，其或以枪支痛击周身"①。再加上共和军围剿辫子军时，城内的游民土匪等皆趁机出动，大肆抢掠。内、外城各商铺，因避兵乱及匪徒抢掠，多闭门停业，以致"京师风声鹤唳，人情汹汹"，秩序大乱。京师警察厅总监吴炳湘自认地方吃紧，必须以警察维持，商民方可获安宁，因此在辫子军入京后即发布紧急厅令，要求各区署长进行地方戒严，并告谕商民不要惊恐。同时，为稳定市面，通知各区署长督饬巡官警长，劝各商铺照常开市营业。经过警察"迭次劝告"，秩序才定，各商铺照常营业。正因警察维持得力，在复辟兵战中，北京所有繁盛区域得以保全，未受抢掠。②当时的报刊也评价说："战线以外区域也由于警察'极力维持秩序'尚且'安谧'。"③复辟事件过后不久，时人在回顾复辟期间北京社会状况时对北京警察进行了如此评价："自此次政变以来，该警察对于维持京城秩序，不遗余力……故数日以来，辫兵不敢公然抢劫者，警察之力也。"④1927 年，京畿一带，战事迭起，京师警察厅对维护当时北京秩序"格外慎重，以免惊慌"，警察加班巡逻。警察总监陈兴亚还亲自查夜，"京城治安，极形稳固，中外人民均无惊惶之色"⑤。

在一些大的社会运动或军事行动之际，北京警察所起的作用也是值得称赞的。例如不少著作、回忆录在对五四运动的记述中，把 5 月 4 日的北京学生游行描绘成了一幅血雨腥风的冲突场面，认为学生在游行过程中遭到大批反动军警的残酷镇压，学生被打伤，不少学生被警察逮捕。后人对 5 月 4 日当天的印象正是来源于这样的描述。但综合多方资料可以发现，其实在当时，警察对待学生的行为是理解的，甚至是同情的，态度比较温和，某些程度上还有些许纵容，而不是想象中的蛮横无理、面目可憎。学生在游行时，警察"护送"在游行队伍的两旁，作为维持秩序的官方力量，这些警察虽有着随时逮捕学生

---

① 天忏生：《复辟之黑幕》，中华书局 2007 年版，第 74 页。
② 国事新闻编辑部：《北京兵变始末记》第 149、45、64、11、48、125、172、149 页。
③ 《北京专电》，《晨报》1917 年 7 月 13 日，第 1 版。
④ 天忏生：《复辟之黑幕》，第 115 页。
⑤ 《京师治安——当局极为注意》，《晨报》1927 年 10 月 17 日，第 7 版。

的权力,但却没有"认真"履行这种权力,反之,他们与游行学生的相处还算融洽。在火烧赵家楼后,一些学生被捕,在监狱里也并未受到警察的残酷对待。有记载,学生在监狱的待遇还算可以,警察总监吴炳湘还亲自前往慰问,还备有报纸以供阅读,伙食和警察厅科员待遇相同,也可有慰问者前往探视。①当时的报刊也印证了参与者的这些事后回忆。5月4日学生游行后,5月8日《晨报》上有一篇报道对警察厅的行为有这样的评价:"此次逮捕学生一事,警厅举动极为文明,待遇亦佳。逮诸人释放后,北京全体学生联合会特派代表一人持函前往致谢。并闻6日逮捕学生在厅与人接见,谈及国事痛哭失声之际,各守卫警察亦为之流涕。今日使馆西人来探访释出各学生时,得闻诸事,咸交口称赞不止。"②

(二)处理紧急事件

在遭遇各种自然灾害和突发事件如水火灾害、瘟疫等紧急情况之时,警察的正面积极作用表现得更为突出。

在所有的卫生行政中,因危害民众生命最为严重,传染病的防治尤为紧急。传统中国,遇有瘟疫蔓延之时,民众多归于天灾,不积极进行救治反而求神祈祷。民国以后,对传染病的认识较之前有了更加科学的态度,但不少社会民众对传染病的认识还停留在传统阶段。在传染病爆发时,"国家为谋多数人之健康,不得不限制少数人之自由",但强制执行之权,必须依靠警察。③在京师警察厅多种措施下,北京传染病得到了明显的控制。从1913年到1917年,身患8种传染病的人数从4744人下降到了2621人,下降率为43%。死亡率也有了显著的下降,1913年的死亡率为59%,而到1917年仅为25%。④对传染病的防治

---

① 具体参见陈占彪:《五四细节》,《新文学史料》2009年第3期;叶曙明:《重返五四现场》,中国友谊出版社2009年版。

② 《北京警察之爱国》,《晨报》1919年5月8日,第6版。

③ 《公牍·内务总长京师传染病医院开院训词》,《市政通告》第23期,1915年10月中旬,第136~138页。

④ 据《患八种传染病五年比较》、《患八种传染病五年死亡者比较》,京师警察厅制:《京师警务一览图表》统计;[美]西德尼·D.甘博:《北京的社会调查》(上),第110页。

取得这样明显的进步,主要得益于京师警察厅各种有效的防治措施。不仅甘博这样认为,当时的美国公使也有同样的看法。①1926 年公共卫生事务所试办一年后,在对卫生事业进行总结时美国公使满含深情地对京师警察厅给予了高度评价:"一年以来,业务之推行无阻,成绩之逐渐以彰,实赖警察遇事倡导之功,首屈一指,上至历任警察总监、行政、卫生各处长以迄巡官长警,上下一心,尽力维护,而内左二区警察署员司匡扶赞助,谊同手足,固又均为同人。"②

"火患之起,原因至多","防止祸患方法,无论如何神妙,火患终不能尽免"。③火灾一旦发生,蔓延迅猛,仅靠失火之家和传统水会落后的救火设备很难及时有效地扑灭火灾。在火灾发生的紧急时刻,携带专业消防器具、受过专门操练的消防警察起到了重要的作用。当时的报刊如《晨报》上时常有火灾的记载,在对这些火灾扑救的状况进行描述时,常见有这样的评价:"幸有消防队赶到尚早,竭力扑救,随即熄灭,仅烧去东房三间,且未伤及人畜云"④、"巡警竭力扑灭……损失甚微"⑤、"幸经消防各队及各水会闻警赴至,将火扑灭,未延烧他处"⑥、"消防队水会赶到……扑救,幸未延及他处"⑦、"幸经外左二区巡警会同新开路普善水会竭力扑救,不久即息"⑧、"发见火警,当即电报消防各队,旋有汽车队及兴善、同仁各水会先后赶到扑救……并未死伤人口"⑨,等等。对于规模较小的火灾,京师警察厅消防队的扑救很有成效,对于一些特别重大的火灾扑救,消防队所起的作用也比较明显。1923 年 6 月,故宫发生特大

---

① 《京师警察厅防疫得力》,《晨报》1919 年 9 月 11 日,第 6 版。

② 《京师警察厅试办公共卫生事务所第一年年报》,京师警察厅试办公共卫生事务所 1926 年,第 41 页。

③ 董修甲编:《市政问题》,青年协会书局 1929 年版,第 213~214 页。

④ 《恒兴铺房屋失火》,《晨报》1916 年 11 月 25 日,第 5 版。

⑤ 《外部沐浴室起火》,《晨报》1917 年 4 月 26 日,第 5 版。

⑥ 《北城火警扑灭》,《晨报》1919 年 2 月 17 日,第 3 版。

⑦ 《火警何其多也》,《晨报》1920 年 3 月 19 日,第 6 版。

⑧ 《前夜打磨厂之火警》,《晨报》1921 年 1 月 7 日,第 6 版。

⑨ 《京师警察厅外右三区分区关于姚希增不戒于火延烧铺店一案的呈》,1928 年 1 月 1 日,J181-021-02743。

火灾,消防队携带各种消防器具前去扑救,在卫戍司令部、步军统领衙门和附近意大利使馆消防队的共同努力下,花费六小时将大火扑灭。①虽然此次火灾损失惨重,但京师警察厅在此次救火过程中的积极表现还是得到了认可。事后,溥仪拿出 6 万元奖励参与救火各机构和人员,其中京师警察厅独得 2.3 万元。②

警察和消防队在火灾出现时"奔驰援救,弹压意外,极为得力",不仅受灾之家异常感激,③火灾周邻也常因警察救火得力免遭危险而心存感激。1927 年 8 月,劝业场发生大火灾,场内损失较重,但在警察总监、消防处长、外右一区王署长以及各署员、巡官长警到场指挥扑救下,劝业场周边各商户才得以保全。事后,劝业场周边商户鼎和、复瑞、天聚兴、宝恒祥等商号为感谢警察及相关人员"大德",特登报鸣谢。④步军统领衙门也认为京师警察厅"救火甚为得力",向京师警察厅学习,"以防四郊火警"。⑤20 世纪 40 年代,研究警政的学者汪侠公在回顾京师警察厅时对消防队的评价也很高,认为其"为中国救火警察之模范"⑥。

(三)执行日常警务

"警察为庶政之本。"⑦局势动乱与火灾、瘟疫等紧急情况毕竟不是常态,对警察来说,日常的琐碎警务所占比重才是最重的,而对这些警务的处理得到怎样的评价才最能反映出社会的普遍态度。"北京为首都重地,区域甚广,杂处极多,其得以安居乐业者,无不称颂军警维持之力也。"⑧这是 1924 年众议院议员万钧等为增开警捐一事第一次质问政府书中对京师警察的评价。这

---

① 《清宫空前之大火火光照耀满盛延烧六小时之久中正殿减河宫顿成焦土历代珍藏版本悉付一炬焚烧宫殿楼阁一百三十余所损失估计在一千万元以上》,《晨报》1923 年 6 月 28 日,第 6 版。
② 王老诚:《末代皇帝因火"亲政"》,《上海消防》2003 年第 1 期,第 82 页。
③ 《昨晨法文报火警》,《晨报》1922 年 2 月 16 日,第 7 版。
④ 《感谢军警大德》、《鸣谢军警水会》,《京师警察公报》1927 年 8 月 30 日,第 1 版。
⑤ 《四郊新设救火分队》,《晨报》1923 年 6 月 27 日,第 6 版。
⑥ 汪侠公:《警政旧闻·北京消防队》,《警声》第 3 卷第 5 期,1942 年,第 50 页。
⑦ 《众议院议员万钧等为警捐质问政府书·第一次质问书》,陈震异:《警捐与市政》,第 69 页。
⑧ 《众议院议员万钧等为警捐质问政府书·第一次质问书》,陈震异:《警捐与市政》,第 69 页。

种评价是不是得到社会的广泛认可,还须用史料中的事实来进行验证。

在当时的报刊如《晨报》上,每天都登载有警察处理警务的各类报道,其中有不少报道反映了社会对警察的认可和称赞,有些报道仅从标题上就可以看出这一点。如《巡警尽职可嘉》①、《巡警可谓称职》②、《一个真尽职的巡警》③、《好巡警救一群苦女子》④、《一群警察奋勇追贼》⑤、《警察尽职遭马践踏》⑥、《警察跳城奋勇救人》⑦等等。还有一些报道虽不能从标题上直接看出社会对警察处理警务的正面评价,但从标题中的措辞也可揣测出其对北京警察的认可,如《险些又跑死一个洋车夫——幸遇岗警和行人救治》⑧、《谁家憨女在外流离失所遇巡长送厅——幸经巡逻长李悟查见保护已由警署送厅安置并布告招领矣》⑨、《军警竭力维持治安》⑩、《警厅为潘幼女伸冤》⑪等等。另外,还有一些报道,从标题中对被警察处理人员的称呼中也能推测出社会民众对警察的认可,如《"皇上"也被严拿》⑫、

---

① 《巡警尽职可嘉》,《晨报》1918 年 6 月 2 日,第 6 版。
② 《巡警可谓称职》,《晨报》1918 年 6 月 11 日,第 6 版。
③ 《一个真尽职的巡警》,《晨报》1920 年 12 月 18 日,第 6 版。
④ 《好巡警救一群苦女子》,《晨报》1925 年 2 月 20 日,第 6 版。
⑤ 《一群警察奋勇追贼》,《晨报》1926 年 2 月 6 日,第 6 版。
⑥ 《警察尽职遭马践踏》,《晨报》1927 年 5 月 24 日,第 6 版。
⑦ 《警察跳城奋勇救人》,《晨报》1927 年 8 月 31 日,第 7 版。
⑧ 《险些又跑死一个洋车夫——幸遇岗警和行人救治》,《晨报》1921 年 8 月 12 日,第 6 版。
⑨ 《谁家憨女在外流离失所遇巡长送厅——幸经巡逻长李悟查见保护已由警署送厅安置并布告招领矣》,《京师警察公报》1927 年 8 月 16 日,第 4 版。
⑩ 《军警竭力维持治安》,《晨报》1923 年 6 月 16 日,第 6 版。
⑪ 《警厅为潘幼女伸冤》,《晨报》1924 年 3 月 16 日,第 6 版。
⑫ 《"皇上"也被严拿》,《晨报》1923 年 7 月 23 日,第 6 版。崇文门外一市民名为单四,素日强梁霸道、诱良为娼,附近人民都不敢惹他,呼他为"单皇上"。单某罪恶满盈,警察厅连接几封群众反映的信,述说他的恶劣行径。"薛总监以警察有除霸安良之责,岂容若辈匪人信意滋搅",通知该管各区队,将其拿获。

《巡警拿捕"阎王"》①等。

　　报纸上的报道仅从标题上就能看出社会民众对警察的认可态度毕竟还占少数，对警察处理警务的正面评价更多的还是体现在具体报道中。北京交通，平日依靠警察指挥，"一般车夫，皆稍知恪守定规，不敢出乎范围"，但在1923年6月，警察因"索薪罢岗"时，"所有重载大车及粪车向走便路者，均忽然乱行马路之间，任意奔驰，漫无限制，而皮车亦到处随便停放，虽有碍交通，亦无人过问，且任意争吵，肆无忌惮。此种下等社会之恶现象，顿见于街市之上"。社会各界和民众对这种状况非常担忧，但报纸紧接着用赞许的语言称："幸是晚军警岗位立时恢复原状，一切秩序安谧如常，而各车夫均敛迹如恒。"②

　　北京地面辽阔，居人众多，每日所发生之事，不可胜计。如案情稍重者，自由法庭办理；一些小事，如车夫斗嘴、行人碰撞等，若亦由法庭办理，未免繁杂，可由警察随时和解。但人在生气时皆极力争执，各不相让，此时如何解决，全靠警察的方法和技巧。当时有记者留意，知道警察多用和事方法进行解决。例如甲乙因互撞产生争执，警察知其情况，即向二人劝导："没有关系，不用多说，各自走，看开就完了！"如二人不听，警察"即手挽一人令速去"。若有两位警察，便一人拉走一个。通过此种方法，"雀鼠争斗，即可解决"。记者对于警察这种解决冲突的方法大加赞赏，认为"大足减少麻烦"，并号召社会上各种问题的解决也大可"效法警察"的此种方法。③

　　正是由于警察设立后，"平日于盘察奸宄，保护商民……十分认真"，而每到局势动乱和紧急时刻，"更添加巡警岗位，或是派人昼夜巡逻"，所以时人"实事求是"地评价说"决非昔年腐败政治可比"，还对怀疑以及不认可警察成

---

① 《巡警拿捕"阎王"》，《晨报》1926年4月4日，第6版。京师住户张小峰，素以放高利贷为生，该处居民，因惧其讨债横恶，皆以"张阎王"呼之。"张阎王"因联络一般地痞，为其放债取账，于是狐朋狗友越聚越多，遂在家内附设赌局聚赌。该管派出所亦稍有耳闻，是以巡官长警极为注意。一日，该区巡长带警正在该处巡逻，忽闻"张阎王"院内争吵，并有砍人之声，冯巡长带警拥入，将众人连同账簿赌具一并带区询问罚办。

② 《军警罢岗中之车夫》，《晨报》1923年6月12日，第6版。

③ 《警察和事方法》，《晨报》1926年5月4日，第6版。

效的市民劝告说:"不信请大家想想,从辛亥以来……京师地面添了多少失业的贫民,更加以坏人引诱,倘非警察得力,大家能过安顿日子吗?"①

二、批评的声音

近代警察作为新生事物,至北洋政府结束时期也只存在了不到三十年的时间,可以说依然处在不成熟的发展阶段,不可避免存在某些弊端。在论述社会对警察的认识时,既能看到社会民众对警察认可的方面,又能看到警察的哪些方面社会不满意,这才是客观的评价态度。

"警察之行使其权利,不外为保持公共之利益起见",为维护公共利益,势必会对民众的行为有所限制,从而迫使民众改变从传统中继承下来的个人自由生活方式,"故常易为众怨之所集",甚至"公共之利益未见而个人之怨愤已盈"②。"为众怨之所集,而求克尽其职务,恐有所不易矣,故警察平日应当异常自爱,不可有一毫致干物议之处。"③但对警察自身而言,做到这点只是警政学者的理想而已。事实上,当时的史料在记载了社会民众对警察正面评价的同时,也不乏很多讽刺抨击的言论。

(一) 放弃职守

"马路边挤满了黄包车夫、小贩和看热闹的人,小车和骆驼挤满了人行道,人们骑着无视警察规定的没有车灯的自行车,冒着生命危险来回穿梭着,汽车以非常危险的速度行驶在许多人的街道上,汽车上往往没有车灯,或只有一个车灯。黄包车、汽车、马车挤满了十字路口,法律的执行者们(警察)木然地站着,一点也不愿意去清理交通。"④美国人阿灵顿在进入北京后,在街头看

---

① 《论说·市政之与冬防》,《市政通告》第5期,1914年12月30日,第25~26页。
② 郭公阙编:《警界必携》,第15页。
③ 郭公阙编:《警界必携》,第15页。
④ [美]刘易斯·查尔斯·阿灵顿著,赵晓阳译:《古都旧景:65年前外国人眼中的老北京》,经济科学出版社1999年版,第166~167页。(本书英文版为 ArlingtoL.C(1859—1942):*InSearch of Old-Peking*,上海华北日报出版社1935年版)

到了如此景象。警察负有维持交通秩序和协助路政建设之责,北京的街道上虽然有"数量庞大的交通警察","在繁忙的大道上每隔数百码就有一名警察",①但北洋政府时期北京的交通状况依然很糟糕,以致外国人称北京的马路为"尖刀"。②警察不能很好地履行维持交通的职责是造成这种状况的原因之一。

在北洋政府初期,北京汽车横驰街衢,屡有撞伤行人、碰损车辆之事,巡警从不过问,这种情况引起内务部的重视,认为警察负有保卫生命安全、防止危害之责,曾饬令京师警察厅进行整顿。③但这种整顿并未切实进行,仍时常出现交通肇事事故而警察不管的情况。1922年7月,《晨报》曾在同一天登载两则汽车肇祸警察不管的报道。④其他如出现马车和人力车发生碰撞⑤、坐车人和人力车夫发生争执⑥、人力车夫之间产生纠纷⑦等情况时,警察也时常只是"呆呆地看热闹"⑧,或者根本就"置若罔闻"⑨,恶劣者甚或对遇事求救的车夫进行"斥责"⑩。对于管理交通和车辆的各项规章制度,警察也未能认真执行,如规定人力车夫年龄至小必须到18岁,但北京的街头常常发现十三四岁的儿

---

① [美]西德尼·D.甘博:《北京的社会调查》(上),第60~61页。

② 《洋车夫也来争地盘》,《晨报》1925年9月18日,第7版。

③ 《内务部呈遵谕呈明饬厅取缔汽车情形谨将现定管理规则缮单呈请鉴示文》,《政府公报》第1226号,1915年10月6日,第16页。

④ 《三百五十四号汽车真威风——司机生在菜市口挥拳打得人力车夫倒地巡警老妇袖手看热闹》、《北大生代行巡警职务——又是汽车欺负人力车伤人要想灭灯脱逃北大生散布遇见抱不平上前拉下司机生送区去》,《晨报》1922年7月20日,第7版。

⑤ 《马车肇祸巡警不管》,《晨报》1921年3月20日,第6版。

⑥ 《白坐洋车倒打人——警察原是势利鬼》,《晨报》1921年11月13日,第7版;《警察袖手旁观看热闹》,《晨报》1925年9月7日,第7版。

⑦ 《两个倒霉的车夫》,《晨报》1920年11月22日,第3版。

⑧ 《警察袖手旁观看热闹》,《晨报》1925年9月7日,第7版。

⑨ 《马车肇祸巡警不管》,《晨报》1921年3月20日,第6版。

⑩ 《两个倒霉的车夫》,《晨报》1920年11月22日,第3版。

童拉车,巡警也不过问。①对于破坏道路的情况,警察也未认真干涉。如1919年9月,京师电话局因改设地下线,在各处通衢大道挖了无数深坑,但对于所挖深坑夜间竟不安设号灯,行路的人因此失足受伤者不少,但警察厅不加干涉。②马路修理好后,经常出现时修时坏的状况,主要是旧式重载大车任意行使的缘故,守望巡警对于大车任意通行马路本应切实禁止,但警察对此事常常漠然视之。为此,京都市政公所不得不多次致函京师警察厅请求协助。③

不少史料和著作都记载了北京公共卫生的糟糕状况,民国以后,北京公共卫生有所改善,但仍有诸多需要改善之处。作为主管机构,京师警察厅在处理公共卫生事务方面显然还需要改进。土车与秽水车全归警察办理,但土车夫时常将从住户中运出来的秽土倒在街心,将街道高高垫起,臭味难闻。又加上秽水车夫将从住户中运出来的秽水一泼,此种臭气可想而知。虽然住户每月按期向警察交纳公益捐钱,但那些警察却是抱着得过且过的心,任他们秽水泼街也好,秽土垫道也好,概不过问,这才致使秽水车夫等胆大妄为起来,北京居民真是苦不堪言。④警察对此种随处倾倒秽水的情况熟视无睹,不加干涉,引起居民不满,有居民曾向中一区警署去信,请其禁止,但该区署仍是置若罔闻。⑤北京居民对于公共卫生很不讲究,特别是随地便溺的恶习本应该禁止,但警察经常不去干涉。⑥还有一些如住户擅自在院内开设皮局致使烟气熏天⑦、发现霍乱病人⑧、厕所中尿屎满坑⑨、沿街饭摊乱摆⑩等警察理应干涉却

---

① 李景汉:《北京人力车夫现状的调查》(下),《社会学杂志》第2卷第4期,1925年,第16~17页。
② 《编辑余谭》,《晨报》1919年9月24日,第7版。
③ 《京都市政公所致京师警察厅公函》,《政府公报》第23421号,1925年10月10日,第10页。
④ 《北京之五夫》,《晨报》1926年11月2日,第6版。
⑤ 《警察漠视公共卫生》,《晨报》1921年11月25日,第7版。
⑥ 《恶势力和怪现象》,《晨报》1925年9月16日,第7版。
⑦ 《警察理应干涉》,《晨报》1923年8月5日,第6版。
⑧ 《巡警该管的是什么事》,《晨报》1922年8月31日,第7版。
⑨ 《北京不清洁之原因》,《晨报》1925年9月12日,第7版;《一个筹款方法》,《晨报》1925年12月11日,第6版。
⑩ 《警厅宜注意饭摊》,《晨报》1926年5月9日,第6版。

不管的情况，也是时常出现。

警察没有尽到应有的职责，这一点京师警察厅自身也有认识。1927年8月，京师警察厅在对内、外城各区署的训令中明确提出了批评："长警仍多不加干涉，殊属玩忽功令，放弃职责。"①20世纪30年代初，研究公共卫生的学者胡鸿基也认为，北洋政府时期公共卫生事业的管理权，由警察机关兼管"非卫生进行之正规"，警察人员对公共卫生的管理"多属消极方面之取缔事项"，并未"积极方面之建设"。②曾参与公共卫生事务所的协和医院医务人员在新中国成立后也曾回忆说："主管卫生行政的警察局只管收取卫生费，从不关心环境卫生的改善。"③

在另外的日常警务中，警察未尽到职责的情况也比比皆是。如某慈善家筹集数千元以赈济贫民之用，但到警察厅捐献被"白眼相加"④；街市有人抢小孩衣服，"小孩哭告警察，而警察疑信参半"⑤；有市民在马路边上"大赌特赌"，"加岗的警察仿佛不曾看见似"⑥；商家拒收中交票，市民求告警察，"警察也说要么打折扣，要么兑换再来买"⑦；东安市场铺伙毒打学生，"警察先生远远的瞪着眼睛望着"，不加制止⑧；街头乞丐，横七竖八，污秽不堪，吵闹惹事，破坏秩序，"警察不管"⑨；协和医院教员违章燃放大宗烟花，警察"居然不闻不问"⑩等等。在遇见警察不尽职责时，有个别市民试图和警察进行理论，结果还遭到警察斥责。1921年7月，一个30多岁的疯子，在街上逢人便打，"一个学生似

---

① 《京师警察厅训令》，《京师警察公报》1927年8月21日，第3版。

② 胡鸿基：《公共卫生概论》，商务印书馆1929年版，第61页。

③ 陈志潜：《丙寅医学社》，《话说老协和》，中国文史出版社1987年版，第442页。

④ 《警厅不热心慈善》，《晨报》1920年2月27日，第6版。

⑤ 《警察放弃职守》，《晨报》1921年2月26日，第6版。

⑥ 《共和国的怪现象》，《晨报》1921年5月16日，第3版。

⑦ 《警察不尽维持市面之责》，《晨报》1921年11月25日，第7版。

⑧ 《东安市场之警察》，《晨报》1925年10月6日，第6版；《要这巡警干吗用？》，《晨报》1923年5月26日，第6版。

⑨ 《警察责任是什么？》，《晨报》1926年8月23日，第6版。

⑩ 《外国人任意放爆竹》，《晨报》1923年7月7日，第6版。

的先生……恭恭敬敬的问(肩章为一三八的外右三区)警察道:'先生,那可是一个疯子吗?'警察说:'不错,干么哪?'这位先生说:'那么,你们警察责任攸关,应该想个法,或者送他疯医院去。难道不理会他,任他横冲直撞,去打人好些吗?刚才……'话还没说得完,那位警察便把他的西式枪一指,声色俱厉的说:'你管得着吗?走罢,走罢!'那位学生似的先生,倒还见机,晓得警察不可理喻,只得长叹而去"①。

(二)警务处理方式不当

警察在处理警务中,如若采取方式不当,不仅会直接影响警务处理的效果,还会影响市民的正常生活,招致不满和抨击。"警察非依法律,不得入人家宅",但警察在处理警务过程中,经常擅自侵入市民家宅,一般市民亦不敢反抗。1920年10月,前门外三眼井某成衣铺报告警察丢失衣服多件,右一区巡长顾奎昌,擅自进入其邻舍院中强制搜查,倒箧翻箱,结果毫无证据,警察也未给这家任何交代。②警察对游艺园负有检查之责,但在进行检查中常不顾及游人感受。1924年9月的一天,城南游艺园内,正值游人拥挤、兴高采烈之际,突然有警察厅督察长王克成、侦缉一队队长高凤林等带领便衣警察五六十名,蜂拥而入。他们先将园门派人守住,后至该园公事房办公处,一路大翻,并将该园经理捆走,顿时各场游艺停止,在院游玩的游人等"无不惊慌"。③北京赌风盛行,警察抓赌也颇为认真,但因抓赌不分昼夜,常有因抓赌扰民之事。1925年5月25日早2时许,警察厅侦缉队协同该段警察,将宣武门内裘家街张姓住户门院围住进行抓赌。因在夜间,警察的行动招得鸡鸣犬吠,人声吵嚷,该处居民皆由梦中惊醒,以为有危险事情发生。④

民国后,按警律规定,警察应对随地便溺者进行干涉。在制止居民随地便

---

① 《好一个不爱管闲事的巡警——看着疯子随便打人还不许别人抱不平》,《晨报》1921年7月1日,第6版。
② 《莽警察扰害居民》,《晨报》1920年10月8日,第6版。
③ 《军警搜检游艺园》,《晨报》1924年9月11日,第6版。
④ 《黑夜抄赌惊动街坊》,《晨报》1925年5月26日,第6版。

溺行为时应首先进行劝告,劝告不听者可罚款1元。但警察遇见市民此种行为少有耐心进行劝导,多是直接罚款了事①,如市民态度稍有不满,便可能会招致警察的打骂,严重时还有将便溺者打伤的情况②。人力车夫因常在街市行走,是和警察打交道最为频繁的人群之一,为了抢拉客人,无视交通规则,对警察的干涉也时常不予理会,警察对于引导人力车夫遵守交通规则也缺乏耐心,时常发生警察殴打、砍伤人力车夫的事情,甚至还出现多个警察群殴车夫以及人力车夫并非违反警章而遭毒打的情况。③事隔多年,萧乾在《北京城杂记》中回忆了警察和人力车夫的紧张关系:"那时候管警察叫巡警。经常看到他们跟拉车的作对,嫌车放的不是地方,就把车垫子抢走,叫他们拉不成。"④其他如警察强行检查邮件时殴打邮差、⑤检查月捐执照时责打摊贩、⑥规范运水行业时打骂水夫⑦等亦时有发生。

　　民众对警察随意打人非常不满,常借报刊等舆论工具表达自己的感受,同时还在报刊上对警察发出奉告,要求警察处理警务采用手段应"总以和平为是"。⑧执行警务时有打人事情,招致舆论攻击,京师警察厅也认识到了这点,多次下令进行禁止。⑨另外,在处理一些稍作排解便可解决的日常琐碎小事如

---

① 《一个筹款方法》,《晨报》1925年12月11日,第6版。

② 《巡警砍伤便溺人》,《晨报》1926年3月27日,第6版;《警察持刀砍人》,《晨报》1926年5月4日,第6版。

③ 《巡警群殴苦车夫》,《晨报》1921年4月16日,第6版;《一个可恨可怜的巡捕》,《晨报》1923年3月10日,第7版;《警察挥刀砍车夫》,《晨报》1924年8月29日,第7版;《巡警怒打洋车夫》,《晨报》1925年2月22日,第6版;《警察群殴车夫》,《晨报》1923年5月14日,第6版。

④ 萧乾:《北京城杂记》,人民日报出版社1987年版,第31页。

⑤ 《警察殴打邮差》,《晨报》1924年10月22日,第6版。

⑥ 《这警察未免鲁莽》,《晨报》1923年6月26日,第6版。

⑦ 《好威风的一个巡警》,《晨报》1923年7月9日,第6版。

⑧ 《警察岂能任意打人》,《晨报》1923年6月25日,第6版。

⑨ 《警厅令严禁巡警打人》,《晨报》1920年11月10日,第6版;《取缔岗警殴打车夫》,《晨报》1918年6月26日,第6版;《巡警打人定有罚则》,《晨报》1926年8月22日,第6版。

行人斗嘴、轻微碰撞时,警察也往往缺乏耐心和技巧①,以致时人评价说:"警察本乏明智之士,因难洞察其曲直,而引起较大纠纷者,常常有之。"②

(三)惧强凌弱

北京地面,官衙林立,高官显宦自然比别处多些。且莫说真正的高官显宦时常气焰逼人,就是通过各种关系与高官显宦有点拉扯的一般平民也常"开口不是国务院……就是总统府,借着这些名词,去做那些欺强凌弱的事"③,警察在处理与之有关的警务时"不敢造次"④,因稍有不慎便会丢官受罚。如1922年5月,有一件因租房发生的纠纷案,当事人号称是总统府秘书的亲戚,警察畏总统府秘书亲戚的威力,不敢惹他,只能"没有什么关系似的"在站立旁边。⑤还有一些人仗势贩卖烟土,吸烟者纷纷购买,络绎不绝,门庭如市,而竟未见该区署警察查禁,亦是"畏彼族之势力耶"⑥。即使一些高官显宦被警察拿获,也是"今日拿办,明日保释,仍复旧业,是饬拿不胜"⑦。因此警察在处理警务时也就尽量避让高官显宦。⑧

在军阀强权政治时期,本没有公正可言。以汽车为例,公府汽车均用红色号牌黑字,外国自用汽车均用绿色号牌白字,普通汽车均用白色号牌黑字。⑨这种以乘车人地位区别车辆的情况在清末已出现,如当时的竹枝词生动地描绘道:"马车势比轿车加,人力车还避轿车。到底京都讲名分,看他一线不容差。"⑩不遑是警察,即便是普通市民也知其中区别,注意避让。另外,各机关长

---

① 《小孩子不怕巡警的威风》,《晨报》1921年9月3日,第6版。
② 《警察和事方法》,《晨报》1926年5月4日,第6版。
③ 《警察不敢干涉的两个行凶者》,《晨报》1922年5月28日,第6版。
④ 《严行查禁鸦片》,《晨报》1916年8月19日,第5版。
⑤ 《警察不敢干涉的两个行凶者》,《晨报》1922年5月28日,第6版。
⑥ 《仗势贩卖烟土》,《晨报》1916年9月22日,第6版。
⑦ 《严行查禁鸦片》,《晨报》1916年8月19日,第5版。
⑧ 《警察只会拿小赌》,《晨报》1923年12月15日,第6版。
⑨ 《区别汽车牌号》,《晨报》1918年6月6日,第6版。
⑩ 杨米人等著,路工编选:《清代北京竹枝词:十三种》,第133页。

官及军界长官汽车均有卫兵随车,岗警一望即可知晓是军警长官乘坐,对于此种汽车不敢切实稽查、随时纠正乃是正常。①因乘坐者地位不同,总是汽车比马车占优势,马车又比人力车占优势,所以时人说,在"车马填塞"街巷时,警察所采取的排解办法"不过汽车先走,马车次之,那平民拉车的人力车,却要对不起放在末后了"②。"在街道上往来巡逻的警察先生们,大都是抱定这个方针,主张公道。"③

史料上也确实有不少这样的记载,如某司长的汽车碰伤行人,警察不干涉,反帮着肇事司机说话;④军用运物大车把人力车轧为两截,守望的警察始终并不敢上前,好像没有看见似的⑤,等等⑥。1921 年 12 月 7 日,报纸上登载了记者一次亲身经历,更是验证了警察在处理交通事故时对待不同类型车辆截然不同的态度。记者坐了一辆洋车,被汽车撞到车轮,警察深怕惊动了汽车内的人,赶快跑过来对他说:"你们洋车瞧见汽车来,就应该早往北让开才是。"还说:"没有把你们的车撞坏,就很便宜了,你们赶快拉走吧。"所以当时有人评论说:"京城里的巡警,别样本事都没有,那恭维汽车、洋车夫的手段倒个个都会几手。"⑦

事件中的双方,总有强弱不同,既然惧强,相应就多凌弱。有不少史料记载了在同一案例中警察面对普通民众和势力官长"前倨后恭"⑧的态度。1923 年 3 月的一天,一位站岗的警察,因自己不善指挥,致使车夫难以躲避,该警察将车夫毒打,当时有一队意国兵出操路过此地,见该巡捕"如恶蛇当道",为首的

---

① 《京师警察厅训令》,《政府公报》第 3664 号,1926 年 6 月 24 日,第 1~2 页。
② 侣庐:《一个户部街的巡警》,《星期》第 43 期,1922 年,第 1 页。
③ 《威风凛凛的汽车几乎撞祸——警察也是庇护强者》,《晨报》1921 年 12 月 9 日,第 7 版。
④ 《善事贵人的巡警》,《晨报》1925 年 9 月 12 日,第 7 版。
⑤ 《军用车肇祸不生问题》,《晨报》1921 年 4 月 10 日,第 6 版。
⑥ 《司机生仗势欺人》,《晨报》1922 年 3 月 20 日,第 4 版;《警大爷不敢惹汽车夫》,《晨报》1922 年 10 月 8 日,第 6 版;《毕竟是军人硬气》,《晨报》1921 年 5 月 2 日,第 3 版。
⑦ 侣庐:《一个户部街的巡警》,《星期》第 43 期,1922 年,第 3 页。
⑧ 《探警前倨后恭》,《晨报》1924 年 3 月 17 日,第 6 版。

兵大声进行呵斥,该警察赶紧退去。① 有一日在前门车站,有一乡人向警察询问火车何时开,"警察不耐烦",又有一个连长来问,"警察就回答得很礼貌"。② 外地人或乡下人初到北京,不识路径,向警察请教,警察说不知道,或者是用手乱指一通。按了解内情的北京人的说法是:"北京警察的阶级甚高,乡人问他,均须呼为'老爷',否则夫子不答。""老爷"二字,竟是北京警察指路的先决条件。③

京师警察厅在1928年准备编练模范警察时就总结道:"(警察)于勤务时,对待平民……多失当。"④警察厅的这种总结虽还客观,但毕竟还顾及颜面,没有道明警察对待普通民众真正恶劣的态度。此点亦有不少史料可以证实。京师兑换所人群拥挤,为维持秩序,警察多到场弹压,因前去兑换者多为贫民,警察对待兑换者"叱咤威吓,直无异外国人之待猪仔"。⑤更有甚者,有警察对待贫困的水夫直呼"畜类"。⑥对于进京的乡下人,警察态度更为恶劣,打骂是常有之事。⑦还有一些情况,如穷人被警察轰来轰去,想在公园找一片坐处也很难;⑧小贩怕巡警轰,丢了东西也不敢声张。⑨

"警察办理职务必时时以公正为心,然后乃可以折服人心,减少阻挠之力。"⑩正因对势力官长和普通民众态度如此不同,警察称谓之前常被冠以四个字——被称为"狗仗人势"的警察⑪,而对于京师警察厅颁布的各项法规制度,

---

① 《一个可恨可怜的巡捕》,《晨报》1923年3月10日,第7版。
② 《这是什么缘故?》,《晨报》1925年10月6日,第6版。
③ 《北京警察之尊大》,《晨报》1925年11月24日,第6版。
④ 《警厅拟编模范警察》,《晨报》1928年3月10日,第7版。
⑤ 《铜元兑换所》,《晨报》1916年8月30日,第5版。
⑥ 《好威风的一个巡警》,《晨报》1923年7月9日,第6版。
⑦ 《巡警只会欺负乡民》,《晨报》1921年6月9日,第6版;《劣警欺压乡民》,《晨报》1923年6月7日,第6版;《巡警助殴乡人》,《晨报》1924年8月15日,第7版。
⑧ 《穷人找了一片坐处也难——巡警直轰来轰去》,《晨报》1921年10月12日,第7版。
⑨ 《小贩丢了东西不敢声张——怕的是巡警轰》,《晨报》1921年9月23日,第6版。
⑩ 郭公阙编:《警界必携》,第16页。
⑪ 《游大红门漫画》,《晨报》1921年4月6日,第7版。

市民也多不遵守,以致在当时北京有一句流行的俗语:"告示烂,官事散。"①

(四)维持秩序者破坏秩序

"警察不仅有执法的义务,也有守法的义务。"②对于肩负维持社会秩序责任的警察来说,即使是恪尽职责,也会因限制了民众部分自由而招致不满,如果在维持社会秩序的名义下反而去破坏秩序,那这种反面作用的社会影响就会更大,所以相比较普通民众来说,警察人员更应该遵守社会秩序。同时,警察还应该在执行警务时遵守纪律,因为"警察最重要的是纪律!若自己在职务上的时候,还做出这些吸烟吃酒等等事情出来,就是自己扰乱纪律!不但在外观不雅,而且对于应尽的职务上,也有妨碍,必为人所轻视,更何以管理人呢"③?

北洋政府时期,因警察素质普遍不高、监管不力等原因,警察人员"挟私图报、栽诬敲诈者,亦实繁有徒"④。如1925年10月,中二区第三分驻所警察赵荣普,素行无赖,品行恶劣,吃喝嫖赌,无所不为,所领薪饷不够支出,便私刻图章戳记,在界内铺住各户假借区署名义敲诈钱财进行挥霍。⑤1926年1月,东郊一名警察滥赌,亦借修理清洁道路名义向商店索财。⑥此外,私吞赌资⑦、"抄赌诈财"⑧、"私放水帐"⑨、"保险暗娼藉端诈财"⑩、"勾串舞弊及招摇撞骗"⑪、"私卖官

---

① 《外国人任意放爆竹》,《晨报》1923年7月7日,第6版。
② [美]罗伯特·兰沃西、[美]劳伦斯·特拉维斯:《什么是警察:美国经验》,第6页。
③ 李万里:《公安警察问答》,第20页。
④ 《取缔侦探条例》,《晨报》1917年8月8日,第5版。
⑤ 《巡警诈财坠法网》,《晨报》1925年10月13日,第6版。
⑥ 《警察向商店诈财》,《晨报》1926年1月20日,第6版。
⑦ 《赌钱入巡警荷包》,《晨报》1925年12月7日,第6版。
⑧ 《京师警察厅西郊分区表送唐玉麟藉警察名义在外招摇一案卷》,J181-019-53728,1927年3月1日。
⑨ 《警厅惩一以儆百》,《晨报》1916年12月22日,第5版。
⑩ 《巡长违法讯办》,《晨报》1918年3月12日,第6版。
⑪ 《巡长畏罪潜逃》,《晨报》1918年5月15日,第6版。

地"①、"为小绺护符"②、"侵吞关税"③、盗用区署木料私建房屋④等情况时有发生。甚至还有一名警察吴占鳌,吃喝嫖赌,薪饷不敷使用,不仅将京师警察厅所发值勤的服装、被褥、雨衣全部典当,还蒙骗同僚,以致"同寅被其朦骗者甚多"。1924年9月,他甚至在警察欠薪严重之际将所属分驻所扣留还给米粮店米粮钱携走。⑤不仅是普通巡官长警,甚至高级警官也有此类违法事情,如1920年京师警察厅司法处长王维翰,就以"受贿被控"。⑥

京师警察厅内部档案上详细记载了一例"广安市场驻警舞弊"案件。广安市场驻守巡警白德泉因修理秽水池,会同场内商人向场内外各铺户募捐。场外所募的捐均有细账,场内因浮摊、肩挑各商贩捐款零星,未立有清单。秽水池修理完工后,除开支外还余钱168吊,场内商人陈启元为讨好驻守巡警,提出将余钱分一部分给白德泉等人以为酬劳,驻守巡警每人分得钱25吊。京师警察厅在处理此事时认为,白德泉等分得捐款,"虽系出于场商酬劳之意,究属不知检束",还是理应对其进行处罚。⑦

仅靠报纸杂志或民众私下传播,警察人员出现的营私舞弊现象还不能被完全披露出来,但即使是有限的披露,社会民众已颇有非议。对于警察的诸种不端行为,京师警察厅自身也有认识。1925年初,新任总监朱深上台后,在整顿警政的过程中即"访闻"到了"京师警察诸多腐败"⑧。作为比较"熟悉民国初年官场情况及官僚丑态"⑨的费行简(沃邱仲子),给后人提供了这一方面的印证。按他的说法,不管是总务处、行政处还是卫生处,各处署员借办理警务之

---

① 《东安市场浮摊罢市——巡警舞弊》,《晨报》1921年11月13日,第7版;《激起东安市场浮摊罢市之巡警》,《晨报》1921年11月16日,第7版。
② 《西安市场巡警为小绺护符》,《晨报》1923年11月20日,第6版。
③ 《巡警侵吞关税破案》,《晨报》1924年5月9日,第6版。
④ 《警署办事员营私被革》,《晨报》1921年3月12日,第6版。
⑤ 《巡警拐款潜逃》,《晨报》1924年9月9日,第6版。
⑥ 《警厅处长被控拘押》,《晨报》1920年12月29日,第6版。
⑦ 《密名函报广安市场驻警舞弊情形请惩办卷》,J181-019-49415,1926年7月1日。
⑧ 《朱深将整顿警政》,《晨报》1925年2月6日,第6版。
⑨ 沃邱仲子:《民国十年官僚腐败史》,整理说明第3页。

机大肆敛财的贪婪状况"实可骇人闻听"。而各区警署亦常借用各种手段大肆敛财,如烟窑营业者"必与警探通气";警察抓获贩卖烟土者也是"多数报官,少数入己";开设赌馆者也时常雇警察"为司风递信";警察截获贼赃也有"隐瞒不报者";另外还有"其他规费大约有(由)头目人取之人民,而后分之众警者"。① 但同时,费行简从个人认识角度出发也明确表明,京师警察厅位居京师首善之区,"为中外观瞻所系,枉法舞弊之事,自较外省为少"②。这种看法是通过事实比较得来还是仅凭个人臆测,无充分证据,后人不得而知,但从同时期王纯根所编的丛书《百弊放言》中可看到,当时全国警察人员普遍存在种种不端和腐败行为。③

三、警察的自我认识

京师警察厅是北洋政府时期直隶于内务部的官方机构,警察总监直接向内务总长负责,经费由中央财政部直接拨发。不管是警察厅高级警官的任命还是对日常警务的处理,京师警察厅都在内务部的严格控制和密切监督之下。可以说,京师警察厅主要向中央政府负责,而不是对北京社会民众负责,但并不能据此就说警察是完全为政府利益服务而无社会服务的意识,从史料上看,显然不能得出这样的结论。警察机构作为官方机构,应和政府的利益保持一致,但其毕竟不同于传统的军队,特别是在中华民国成立后,自由、平等、民主等新思想得到一定程度的传播,整个社会,不管是中央政府还是社会民众,对警察的认识都有所进步。置身于近代大环境中,警察对自身的认识和定位也和传统治安力量——军人有所不同。

目前所见,虽然少有普通警察自我认识的直接史料,但从当时的报刊以及有关警察的著作中能发现一些侧面的史料,综合起来,还是可以对此问题进

---

① 沃邱仲子:《民国十年官僚腐败史》,第102~103页。
② 沃邱仲子:《民国十年官僚腐败史》,第101页。
③ 具体参见王纯根:《百弊放言》,大众文艺出版社2003年版,第60~91页。按:此书是王纯根1919年12月所出《百弊丛书》的节录。

行一个初步的梳理。

"警察者,为防止公共安宁幸福之危害,而直接制限个人自由之权力作用也。"①这是当时警政学者赵修鼎对警察的认识。但另一位警政学者李万里则认为,"警察本来以保护民众为职志","警察的宗旨是除人民危害底;保护地方安宁底;同人民是常直接亲近底",限制民众自由只是一种手段,其最终的目的还是维护社会秩序,为人民谋福利,所以,如果民众的行为不利于社会秩序或违反了警章,必须用和平的方式进行处理。在其所编训练警察的教材《公安警察问答》里,李万里对于警察提出来的问题"警察对待人民,在什么地方注意呢"给出了如下的回答:"警察是人民的保护人:第一心里要存慈爱、坚忍、恳切、温和的种种意思。第二形容要严肃!切不可稍有傲慢或狎亵的心理。第三言语要和平,切不可稍有粗暴,或轻侮意思。第四当处理人民的时候,必然要忍耐,如有恶言,不可介意;或者争论的时候必须慢慢的劝他,叫他自己知道是错。"②在北洋政府时期,李万里的这种认识可以说是比较有代表性,之前也有警政学者如郭公阙提出了类似的看法,认为警察要自爱,最重要应从五个方面着手:公正、谦和、谨慎、耐苦、廉洁。③

京师警察厅的认识倾向于李、郭的观点,其在发给厅内各处、各区署、各督察长的训令中曾明确提出"警察之设,所以诘奸禁暴,保卫闾阎,弭祸患于无形,纳群黎于正规,职责綦重,实于人民休戚息息相关",警察官吏"从事警务与其他官署不同,事无问于钜微,时无分于昼夜,稍有懈怠,弊即随之",所以警察人员应尽心职守,不得疏忽。④《京师警察厅公报》上也曾登载文章,专讲警察的义务,认为警察"负地方治安之全责",是"为人民谋福利而防止危害",所以应"无时无地"为其职责服务,有时甚至要求警察"不眠不休"。"其负担义务之繁,教其他官吏为尤甚"。"官吏为人民表率,而警察官吏尤接人民,果边幅不修、内行不检,非独玷污身份,且有失官署之威严及信用,而间接更损国

---

① 赵修鼎:《警察行政》,第4页。
② 李万里:《公安警察问答》,第4、13、16页。
③ 郭公阙编:《警界必携》,第16~17页。
④ 《京师警察厅训令第四五九号》,《政府公报》第3189号,1925年2月16日,第6页。

家之名誉",所以警察官吏更应从多方面严格要求自己。①

京师警察厅在向社会发布的通告中多次强调自己的职责在于"维持社会秩序,保护人民安宁"②,并要求各区署在执行警务时具体贯彻。同时,对于和保护人民有悖的各种严重事件,京师警察厅也会进行专门的处罚。如一些警察,在执行警务时方法不当,时常出现打骂的情况,京师警察厅多次"通令各区署,转饬所属长警,不得遇事擅作威福,轻率打人"③。警察总监李寿金还曾因"巡警打人骂人之事,层出不穷,极为震怒",特意训令各区署"警察执行职务,原为保卫人民……有故违警章,不服戒止,理应将其带区照章科罚,不得气愤打骂,致伤巡警名誉,而失人民之信仰"。为严格限制此种不当行为,还规定"有以上行为,即责军棍五百,以戒将来"④。

"警官在警察组织内工作,组织本身有助于解释警官的行为。""组织的政策、程序和体制既影响警官的选择,也影响警官作出某种选择的机会。"⑤经过京师警察厅的多次强调和严格的处罚措施,一些普通警察已从内心认识到自己的职责是维护社会秩序、保护人民安宁。这种认识也贯彻到了具体警务的处理过程中。这里有个具体的例子,从中我们可以看出警察对自己职务的认识。1917年张勋复辟期间,辫子军聚集街市购买东西不给钱,如有铺员或店伙与其理论,则遭毒打。警察出面进行干涉,辫子兵则强不讲理,警察知其势力强大,不可理喻,便对受损店铺进行安慰。甚或还有警察对扰乱治安的辫子军曰:"诸君不能侵犯吾侪职守者,亦犹吾侪不能干涉君等之自由。今而后,君等保护皇帝,吾侪保护商民,各有权限,不复相扰,可乎?"⑥

在平时处理警务过程中,警察时常会遇到不听从指挥者,面对这种情况有警察严格按照职权行事,还会向违章者讲明道理。1922年3月27日,前门外

---

① 《警察之义务》,《京师警察公报》1927年4月17日,第4版。
② 《京师警察厅通告》,《政府公报》第4198号,1928年1月7日,第11页。
③ 《警厅令严禁巡警打人》,《晨报》1920年11月10日,第6版。
④ 《巡警打人定有罚则》,《晨报》1926年8月22日,第6版。
⑤ [美]罗伯特·兰沃西、[美]劳伦斯·特拉维斯:《什么是警察:美国经验》,第26页。
⑥ 天忏生:《复辟之黑幕》,第74、115页。

大栅栏东口,有两辆人力车要进珠宝市后面,因此处空车不准往北,该处岗警将车拦住。车夫说:"我爱往北,你管得着么?"巡警见其蛮横,便向其讲明维持交通是警察的职权,警察有权对违反者进行管理。①1924年9月,城南游艺场夜晚闭场时,人员争先出门,门前车马塞途。有一张姓人力车夫将车横在路中间,招揽坐客,妨碍交通。岗警周文启看见,婉言劝其挪移,该车夫不但不挪,还说巡警爱管闲事,并扬言是拉某位科长的,以威胁巡警。面对该车夫的威胁,周巡警说:"我不管你拉谁,车在妨碍交通之处,我就叫挪开。别的话不用讲,这是国家差事。"②有时,在面对高官权势时,警察也敢正面向其言明自己的职权。1923年7月的一个星期天,顺治门外有一辆号牌为734的汽车将一辆人力车撞倒,人力车夫要求赔偿损失,巡警上前排解。汽车内坐的一位张姓众议院议员,当场发威,骂车夫讹人,还骂巡警多事。巡警虽不敢得罪该议员,但也向其讲明自己的职权,说:"您是一位议员,是最高尚的人,警察系国家所设,非我个人私事,假如我照样骂您,行不行?再说,若是您的车被人闯坏,我若含糊了结,您能答应吗?"警察的一番道理讲得张议员闭口无言,当即令跟车的随从随车夫和巡警一同往外右三区进行解决。③

从这些事例可以看出,有一些警察对自己的职权有比较清晰的认识,并能认真处理警务,遇见不守秩序者刁难之时能正面进行解释,这不能不说是警察自身认识的提高。正因如此,北洋政府时期,有人评价北京警察"向称为全国之冠,其中尤多深明大义之士"④。

这一点也可从老舍的小说《我这一辈子》中得到印证。据老舍的儿子舒乙考证,《我这一辈子》的主人公确有生活原型,为老舍大舅的二儿子马海亭。⑤

---

① 《洋车夫逼令警察行使职权》,《晨报》1922年3月30日,第7版。
② 《顽车夫殴警》,《晨报》1924年9月23日,第6版。
③ 《罗汉向警察发威》,《晨报》1923年7月10日,第6版。
④ 天忏生:《复辟之黑幕》,第115页。
⑤ 具体可见舒乙:《有人情味的爪牙——老舍笔下的巡警形象》,《中国现代文学研究丛刊》1993年第2期。老舍在作品中对马海亭的事迹进行了文学加工,但文学作品来源于生活,很大程度上是真实生活的提升和再现。因此,不妨把其拿来和历史史料进行对照,这样反而更有可能增加历史的生动性。

《我这一辈子》的主人公不做裱糊匠后,想要换一份工作养家糊口。但适合他做的工作很少,也就是拉人力车、当兵和当巡警。他因好着点面子,不愿去拉车。在当巡警和当兵之间进行选择时,主人公最终选择了做巡警,用他自己的话解释说:"当兵比当巡警有起色,即使熬不上军官,至少能有抢劫些东西的机会……当兵要野,当巡警要文明;换句话说,当兵有发邪财的机会,当巡警是穷而文明一辈子。"①主人公因生性善良最终选择了穷而文明一辈子的巡警生活,而舍弃了可以捞得发财机会的野蛮军人生活。

当然,还有数量很多的史料毫无争议地显示着警察的种种不端行为和各种恶习,前文也有不少论述,在这里之所以专门辟文来写警察对自身的认识,是想提出一个问题,就是在描述警察的社会角色时,仅从社会和周边民众的观点来考察是不全面的,还应把警察对自己的认识考虑进去。

---

① 老舍:《我这一辈子》,《月牙集》,河北人民出版社1981年版,第121页。

第二节 警察的出现与民众社会生活的变化

ERSHI SHIJI ZHI ZHONGGUO

清末北京城市社会管理最重要的进步之一，是近代警察机构的设立。最初，近代北京警察设立最直接的任务是为应对庚子之变社会的混乱局面，但实际上，一经设立和发展，其所起的作用便超出了最初设想。在近代警察机构设立之前，北京内、外城的住户，分别旗汉被编入保甲制度，以确保地方控制和安全，并未从事城市管理和行政的专门地方机构。实际上，京师社会职责长期是由步军统领衙门、五城兵马司和顺天府等共同承担。在传统的城市生活中，和民众联系比较紧密的许多方面如慈善救济、救火等是由地方精英以及各种地方机构如会馆、行会、水会等承担，官方直接参与的较少。这种状况在北京设立近代警察机构之后发生了改变，但由于最初没有正式的市政机构，在警察机构设立后，其所承担的社会职能范围不仅包括最基本的维持社会秩序，还负责进行市政管理和慈善救助，这不仅改变了北京传统的社会管理模式，也在一定程度上改变了民众的社会生活以及和民众社会生活息息相关的城市区域划分。

一、社会治安模式的改变

根据目前对治安的定义，治安是国家依靠警治禁卫力量，依照法律对社会实施的权威管理，其任务是保卫和维护国家的良性政治秩序，建设并维护社会的正常生产生活秩序，防范对人身权利和公共财产的不法侵害。①治安是国家政权稳定的基础，是民众社会生活的保障，任何政权都对社会治安问题非常重视，但在近代复杂的社会环境下，就需要依靠维持社会治安的中坚力量——警察。中国近代警察制度是在清末才出现的，但这并不是说清末之前中国没有从事治安管理的机构。反之，我国官方的治安管理可以追溯至夏商时期，并在随后各朝代的发展过程中逐步得到发展并完善，到明清时期，已经形成了一套成型的治安管理体制。②

清代相比明代来说，北京的治安管理职权进一步加强，设立了步军统领衙门、五城兵马司和顺天府共同负责北京治安。步军统领衙门是以八旗和绿营官兵为核心而组成的半军半警性质的地方治安机构，主要负责北京市内和近郊地区的卫戍、警备和治安；五城兵马司全面负责京城的社会治安；京城远郊区域的治安则由顺天府率大兴、宛平二县掌管。上述三个机构侧重点各有不同，但皆维持北京治安，彼此之间存在相互协作、相互监督的关系。有案件发生，三者互相通知，协助缉捕，形成了一个比较庞大的治安网。

仅靠步军统领衙门等官方机构很难做到稽查周全，因此清政府还比较重视利用民众自身进行管理，保甲制度便是重要方式之一。编练保甲不是纯粹的官方行为，也不是民众的自觉行为，它是由官方出面，令人民按照一定的规则组织起来，进行自身治安管理的形式，可以说是政府意愿和民众行为较好的结合。保甲制度的职能，包括社会治安、户籍编查、赋役征收，但其最重要的

---

① 陈鸿彝主编：《中国治安史》，中国人民公安大学出版社2002年版，引论第2页。

② 陈鸿彝主编：《中国治安史》，中国人民公安大学出版社2002年版；朱绍侯：《中国古代治安制度史》，河南大学出版社1994年版。

职责从一开始就是警卫之事。①北京保甲的编练主要由步军统领衙门、五城御史及顺天府协同办理。

1862年（同治元年），因各地办团练维持地方秩序颇有成效，清廷决定采取变通措施，在京城办"团防保甲"。内、外城仍分别由步军统领衙门及五城察院办理团练。②办理团防之后，北京治安仍未明显好转，因缺少新式治安管理方式，同治帝仍然依赖传统的治安管理模式，认为保甲为良法，行之不善，全在五城未实力奉行，专门谕令"步军统领衙门会同五城认真整顿，并著循旧章，申明夜禁，营、汛等官兵各回汛地，以专责成"③。

虽有步军统领衙门等机构以及保甲制度维护北京治安，但到光绪时期北京社会治安仍未好转，"京师及附近抢劫之案层见叠出"，以致社会状况"不成事体"，其原因之一即是步军统领衙门和五城兵马司"平日巡缉不严，以致奸宄易于混迹，甚至窝藏盗贼、包庇分赃，地方漫无觉察"④以及"具有同等权力且掌同一种事务之机关有若干，彼此不相联络，因此权限逐渐混乱，互相推诿，业务上不免有很大障碍"⑤。庚子之变后，北京的社会治安状况更加恶劣，旧有的保甲制"防盗不足，扰民有余"，传统的维护社会治安的机构和手段已渐失功效，因此"不得不改弦更张，转而从事于巡警"。⑥

"传统中国的城市秩序和治安的控制，更注重依靠社会力量，衙门在这些方面显得尤其无能为力。当19世纪城市人口大量增加的时候，城市控制的滞后，成为社会失控的主要原因。"⑦清末以前，中国无警察制度，只有军或兵，在治安问题严重时，往往是军或兵出动应对。而北京警察机构一经设立，便承担了重要的治安职能，并采用了与传统有别的治安方式。警察机构初设时，首次出现专门在街头固定位置站岗维持治安的巡捕，一度被误认为是监督百姓，

---

① 闻钧天：《中国保甲制度》，民国丛书·第4编·第23辑，上海书店1992年版，第260页。

② 《钦定大清会典事例·户部·户口》（光绪重修本）卷158。

③ 《钦定大清会典事例·都察院·五城》（光绪重修本）卷1033。

④ 《钦定大清会典事例·都察院·五城》（光绪重修本）卷1033。

⑤ [日]服部宇之吉：《清末北京志资料》，第225页。

⑥ 《创设保定警务局并添设学堂拟定章程呈览折》，天津图书馆、天津社科院历史研究所编：《袁世凯奏议》（中），第604页。

⑦ 倪瑞英、赵克立、赵善继编译：《八国联军占领实录——天津临时政府会议纪要》，导言第5页。

但却是警察以"站岗"的方式维持交通、治安的肇始。①清末民初北京的警察机构由最初的善后协巡总局、工巡总局发展到内、外城巡警总厅再到京师警察厅,其职能范围和机构设置已基本确立并得到了很大发展。相比较传统的治安方式来说,警察制度设立后,北京治安方式主要发生了如下变化:

（一）专职机构和人员维持治安

清末以前,步军统领衙门、五城兵马司和顺天府等都对北京治安负有责任。原则上来说,多个机构共同维护,彼此之间协助得力,可颇得成效,但事实上往往是负有同一责任的机构越多,越容易产生彼此推诿的情况。北京的状况即是如此。再加上随着社会各方面的发展,原有分散的治安机构已不适应近代城市社会的需要,必须设立专职的警察机构来维护社会治安。

警察机构初设时,其招收的警察人员一部分是由绿营兵转化而来,但还有一小部分是从巡警学校毕业的人员。北洋政府时期,对于普通巡警的招募更为规范,所招募的巡警不仅要通过身体检查,还要经过文字试验和口头问答,这与传统军队招募军人有很大不同。治安的维持,配备一定数量的警察人员是保障。1911年时,北京警察人员总共有6472人,1913年改组京师警察厅后,警察数量有了显著增加,1917年有8590人,到1925年增至13 192人。②以1917年为例,北京当年总共有普通警察8590人,再加上消防处、侦缉处的警察,京师警察厅总共有警察人员9789人。据甘博统计,每1000个北京居民中有12名警察人员。各区因人口、经济状况不同,警察配制也有区别,内左四区每1000名居民仅有3名警察,而中二区每1000名居民有19名警察。③1910年纽约有居民4 766 883人,警察人数只有9255人,平均515人才有1名警察;而1917年北京市居民有811 556人,警察按9789算,平均83人即有1名警察。④

---

① 倪瑞英、赵克立、赵善继编译:《八国联军占领实录——天津临时政府会议纪要》,导言第6页。
② 《京师布置巡官长警累年比较》,《中华民国十六年京师警察厅统计图表》,ZQ012-002-00264。
③ [美]西德尼·D.甘博:《北京的社会调查》(上),第62页。
④ 据[美]西德尼·D.甘博:《北京的社会调查》(上),第62页;《人口·北京和其他城市的人口性别》,[美]西德尼·D.甘博:《北京的社会调查》(下),第468页;《京师人口累年比较》,《中华民国十六年京师警察厅统计图表》,ZQ012-002-00264统计。

很明显,北京的警察人员配置较为充足,这对维持北京社会治安起到了积极的作用。

(二)派出所分段管理

北京地面广阔,事务繁杂,为遇事时警察能迅速到达,警察机构设立之初对各警区进行分段管理。1910年(宣统二年),内、外城巡警总厅在各区分段之下又设立了派出所,初设时,内城巡警总厅设置204处,外城巡警总厅设置136处。至1925年,由于增设和接管北京四郊警务,北京24区署所设派出所已达468处。[①]

这种派出所一般设置在重要及偏僻处,清末民初时民众称其为"巡警阁子"。这种巡警阁子隔成前后两间,内外打扫干净,裱糊漂亮,里间为卧室,外间置一八仙桌,壁上悬挂各种簿册,并且备有电话,经常有人担任守卫,随时受理人民告诉。站岗巡逻的警察,都是一身黄布制服,腰系宽皮带,散腿裤子大皮鞋,手持警棍,身配东洋刀和捕绳、哨子,碰到泼洒洗衣刷锅水时,巡警马上干涉;看见小孩在街上大小便,就打门叫大人出来,告诫一番,责成自行打扫干净;深夜发现有未关大门者,就指指门环提醒人家……民众酣睡醒来时,听到巡警腰上刀铄碰击的哗啦哗啦声,自然会有一种安全感。[②]派出所是常设的固定警察机构,是和民众联系最为紧密的基层单位,发现治安问题可及时进行处理,倘若民众遇见了紧急事情,不能及时找到巡逻的警察时,可直接到遍布各处的派出所寻求帮助,这对于政府来说,无疑是伸向民众可随时进行掌控的最灵活触角。

(三)维持治安有法可依

警察机关和警察人员执行任务和行使职权,必须依照法律进行,故必须制定相应的法律、法规。在清末之前,历朝历代也都有不同的治安体制以及相应的管理法规,不过那些治安法规一般是包含在通用法规之中,很少颁布单行治安法规。以清朝为例,其治安法规和条例即是包含在《大清律例》、《大清会典》等法典中。随着社会的发展,这种立法状况逐渐显现出弊端。清末警察制

[①] 蔡恂:《北京警察沿革纪要》,第19页。
[②] 罗炳绵:《中国警察制度的产生及发展》,《食货月刊》复刊第10卷第8期,第15页。

度设立时,有人上书警务大臣徐世昌专门指出了这个问题:"中国法律向无巡警专门,保甲、缉捕诸法貌虽近似而不合不完,殊多疏略。日本尤重巡警,其宪法之组织实于兵政、刑法、工程、户口、铁路、邮电、保险诸端皆有密切之关系,分纲列目至为周详。今立法伊始,非监彼成宪,取益师资,不能为完全之警律;非有完全之警律,不足范围全国之巡警事务。"①专门的警察法规是伴随着警察制度的建立而出现的。"我国自清光绪三十一年颁行巡警部官制,三十四年颁行违警律起,才有警察专用之法典。"②清末民初中央及地方在设立警察机构之前,大都是以警察立法为先导进行。

北京作为"首善之区",其立法工作备受清廷重视。北京第一个警察机构善后协巡总局创办时,首先制定了该总局的现行章程;随后工巡捐局创立时,也制定了工巡捐局章程;内、外城巡警总厅设立后,除了制定总厅的办事规则外,更是制定了不少分类法规。"民国成立后,警察法规渐为增繁。"③1913年初,京师警察厅在内、外城巡警总厅的基础上改组而成,其除了执行全国统一行使的法规如《违令罚法》、《治安警察法》、《预戒法》、《违警罚法》等以外,还有权在不违背这些法律的基础上制定适合北京实地情况的地方法规。为更好地维持北京治安,京师警察厅不仅清晰地规定了辖属各组织、机构以及警察人员的执掌规则,还详细地规定了民众应遵守的各项条例。在整个北洋政府时期,京师警察厅所颁布的各项治安规则多达上百条,从社会生活的各个方面对民众的行为进行了规范,这在一定程度上利于维护社会稳定,同时也为依法行政打下了基础。④

(四)规范户口调查方式

历朝历代都对调查户口非常重视,清代的户口管理继续采用明朝的保甲

---

① 《袁崇镇条例》,转韩延龙、苏亦工:《中国近代警察史》(上),第258~259页。
② 陈立中:《警察法规通论——警察行政法》,第57页。
③ 陈立中:《警察法规通论——警察行政法》,第57页。
④ 清末和北洋政府时期京师所颁布治安法规可参见京师警察厅编:《京师警察法令汇编》,撷华书局1916年版;王皓等编:《中华法令汇纂》,广义书局1918年版;内务部警政司编:《现行警察例规》,内务部警政司1918年版;印铸局经理科:《法令辑览》,印铸局官书科1917年版。

制,北京和全国各地一样,编练保甲负有"户口迁移登记"事宜。① 在保甲制度推行之初,保甲对于户口登记、调查事宜还较为积极,但到清晚期,城市人口增加迅速,流动频繁,保甲制度已很难掌控当时较为复杂的户口状况了。掌控户口的变化情况不仅对维护社会治安至关重要,在清末内忧外患的情况下,更关系着清政府的社会统治,为此清政府颁布了《调查户口章程》,废除了传统保甲体制,以巡警参与户口调查。

北京的户口调查起步较早,在全国普遍开展户口调查之前,内、外城巡警总厅就已从监督和具体执行两方面参与了北京人口的调查。清末以警察参与人口调查,是对传统保甲制度的突破,对中国来说是一种全新的户口调查方式。这次人口调查的方式和方法、对象和范围、内容,甚至动机和目的都与传统的保甲制度人口调查明显不同,所取得的人口数据也较为准确和全面。清末人口调查还有一个显著的意义,就是开创了我国以警察调查户口的先河,并奠定了警察管理户口的基础。民国成立以后,警察成为户口调查和管理的唯一合法官方人员。为推进警察人员对户口的调查管理,北洋政府颁布了详细的《警察厅户口调查规则》。从清末警察开始参与户口调查和管理以后,对户口的调查就成为警察的固定警务工作,北京警察机构每年都会定期进行一次普遍性的户口调查,所调查的内容也逐渐详细,从京师警察厅所制 1917 年警务一览图表来看,所调查的内容包括户数、男女人口数、新出生婴儿存活和死亡数、人口年龄分段、人口婚姻状况、人口职业分布以及寄居在京的外国人相关具体信息。② 正因北京警察调查户口的努力,甘博在北京的社会调查中评价说:"北京的人口普查是相当符合实际也相当精确的。"③

(五)通过社会救助消除治安隐患

为增强治安管理的实效,尽可能消除潜在的治安隐患,必须设立一些常设性的救助机构来进行收容和帮助。作为维持治安的官方机构,清末民初北京警察机构在政府的授权下陆续负责了重要的一些常设性救助机构,这些救助

---

① 《钦定大清会典事例·户部·户口》(光绪重修本)卷 158。

② 具体参见京师警察厅制:《京师警务一览图表》。

③ [美]西德尼·D.甘博:《北京的社会调查》(上),第 82 页。

机构分为三种：一种是专为没有劳动能力或者失去劳动能力者设立的纯粹收容式的救助机构，如育婴堂、疯人收养所、孤儿院、老人院等；另外一种是为有一定劳动能力而暂时需要教养者提供的救助机构，如习艺所、教养局、贫民教养院、贫民半日学校；还有一种是对传统政府不重视的妇女群体的救助，如设立妇女习工厂和济良所。警察负责的慈善救助机构，在一定程度上有助于减少乞讨、流浪甚至偷盗、抢劫等社会不安定因素，为稳定社会秩序创造了条件，其根本目的是服务于维持社会治安的基本职能。

除了上述几点外，近代警察制度设立后，北京治安方面的变化还有改变了原来城坊制，进行分区管理以及在维持治安过程中所采取的具体执行手段和方法的变化等。

二、对于城市区划的影响

城市因人员集中、商业繁荣，社会状况远比乡村更为复杂。在清末以前，为维护城市秩序，在进行管理时往往把城市分成不同的区域。可以说，分区制度是维护城市治安的基础。但古代的分区制度与近代以来城市的分区概念有很大的不同。很长一段时间内，特别是在唐朝，"坊"是中国城市居民社会聚居和政府对城市居民实行有效管理的基本单位。"坊"是一个相对封闭的单位，这种封闭的状况被宋朝商业经济的发展逐渐打破，但"坊"作为一个城市基本单位仍然在以后城市社会中扮演着重要角色，近代警察制度建立之前的清朝北京也采用了"坊"这个分区概念。

清朝定都北京后，实行了少数民族色彩很浓的八旗分区驻防制度，把北京分为东、南、西、北、中五个部分，这从一定程度上来说是对传统城市里坊制度的突破。按照最初的规定，各旗人必须按其所属不同的旗而居住在其所属旗管辖的区域之内。但随着旗人人口的繁衍以及社会、经济等各方面的发展，墨守此制度给北京民众带来诸多不便，到清朝末年，八旗分布制度虽仍存在，但旗人的居住已十分杂乱。旗人居住内城，汉人居住外城，不允许汉人购买内城旗人的房产，这条禁令已成一纸空文。①

北京内城除按八旗划分外，还沿袭明代旧制的五城之制。五城兵马司把北京分为五个部分：东、南、西、北、中。中城管辖仅限于京城之内，其他四城各辖城内、城外一部分。②五城又划作十坊，每城两坊，由各城的兵马司副指挥、吏目分别掌管一坊，称作"司坊官"，专门负责本坊的捕盗、治安诸事。③据清末日人的调查，"五城的市街本来各有坊名，但现在已不用，而用大街、胡同之名"④。

1900年义和团运动时八国联军入侵北京，"一向掌管警察事务之衙门官吏即刻纷纷逃散，官署一空"，各国于各自占领区内设立安民公所，以定秩序。⑤1901年和议已成定局，清廷在各国安民公所的基础上设立善后协巡总局，效仿西方的警察制度，引入了严格划分区段驻守巡逻的制度。之后工巡局设立了分局，并在分局下划段，其区域划分对五城旧制有一定的继承，但与八旗驻防不同，是近代城市警区划分的重要一步。改为内、外城巡警总厅后，下设分厅，分厅辖警区，每区之下设有巡警分所不等。后清政府为直接加强对北京地面的管理，减少层叠机构和财政开支，陆续将各分厅及下辖警区适当裁减归并，至1910年内、外城共有二十警察区署，并最终确定了总厅、区署、派出所三级制度，其中警察区署是最重要的警区机构。北洋政府时期，京师警察厅沿袭了这种三级制度和厅区分划。1928年10月，北平市将内、外城20个区归并为15个，其中内城10个区并为6个，外城10个区并为5个，京师警察厅更名为北平市公安局后，警察署改名为公安分局。⑥这次北京城市的区域划分具有重大意义，之前城市区划主要是以区署为依据的城市警政区划，是通过最高警察机关颁布的命令来实现的，1928年的这次城市区域划分虽然也是以北洋政

---

① [日]服部宇之吉等编：《清末北京志资料》，第15~16页。
② 《钦定大清会典事例·都察院·五城》（光绪重修本）卷1031。
③ 《钦定大清会典事例·都察院·五城》（光绪重修本）卷1032。
④ [日]服部宇之吉等编：《清末北京志资料》，第17页。
⑤ [日]服部宇之吉等编：《清末北京志资料》，第229页。
⑥ 蔡恂：《北京警察沿革纪要》，第8页。

府时期警察厅的警区划分为基础,却是由北平市政府下发的命令。这反映了以警政区划代替城市区划的状况已经发生变化,从这一点也能看出近代警政的发展对城市发展的贡献。①警区的划分完全取代了传统城市的保甲制度、司坊制度和八旗分区驻防制度,和城市社会生活息息相关,并在很大程度上影响了民国中后期甚至新中国成立后的北京城区划分。

在北洋政府时期,以警政区划代替城市区划的状况表现最为明显,不仅京师警察厅处理警务是以警区为单位,北京民众也被划分在不同的警区内,不管是商业经营还是日常生活,都与警区密切相关。

京师警察厅的警务中,人口调查是按照警区划分进行的规模最大的一项。京师警察厅成立后,每年都会对北京居民进行一次普遍性的人口调查,这项调查是由北京二十个警察署分别具体执行,各自调查所管界内的人口信息,再汇送至京师警察厅总厅进行统计造册。②仅以京师警察厅 1917 年所制《京师警务一览图表》来看,除了和人口调查有关的警务,保护集会结社、救护民众、救护火灾、宗教信仰、抢劫盗窃案、检举遗失物、医院及种痘等警务,对医士、稳婆人数、患八种传染病及死亡的调查等都是以警区为单位进行的,京师警察厅内部的警察配置、警察人员职务上死伤情况以及警察人员赏恤情况等,亦皆是以警区为单位进行统计。③在另外一些统计图表中,北京逮捕犯罪分子人数、查获的违警人数等,也是按照警区为单位来进行统计。④此外,如发放人力车号牌数⑤、修理沟渠数⑥等警务的统计,亦是按照警区为单位进行统计。

---

① 参见公一兵:《北京近代警察制度之区划研究》,《北京社会科学》,2004 年第 4 期。

② 《北京户口数目》,《晨报》1917 年 9 月 19 日,第 6 版;《最近北京人口调查》,《晨报》1923 年 7 月 3 日,第 6 版。

③ 具体可见京师警察厅制:《京师警务一览图表》。

④ 《中华民国十一年京师警察厅统计图表》,ZQ012-002-00261;《中华民国十四年京师警察厅统计图表》,ZQ012-002-00262;《中华民国十五年京师警察厅统计图表》,ZQ012-002-00263;《中华民国十六年京师警察厅统计图表》,ZQ012-002-00264。

⑤ 《京师警察厅训令》,《京师警察公报》1927 年 5 月 26 日,第 3 版。

⑥ 《民国六年份京师警察厅沟工队工作成绩表》、《民国七年份京师警察厅沟工队工作成绩表》,吴廷燮纂:《北京市志稿·建置志·前事志》,第 305~319 页。

北京被划分不同的警区后,方便了社会管理,同时,北京民众因被划分在不同的警区内,不管是进行商业活动还是日常生活,都与警区脱不了干系。北京商户在开始营业之前,都应按照京师警察厅的规定到厅进行呈报,呈报后由"厅饬区查验",查验合格后方发给执照。[1]北京居民的日常生活,如出生[2]、结婚[3]、死亡搬运灵柩[4]等事都应按照所属警区呈报本管区署。正因警察区署和北京民众日常生活息息相关,在北洋政府时期,"区"这个概念已深入人心,不直接言明,民众也明白"区"指的是各个警察区署,或者指的是这个警区的地面管辖范围,以致当时报刊上新闻消息标题直接把"警察区署"省略为"区",如"右一区抄获大赌局"[5]、"外右二区昨早开会"[6]、"外右三区善举"[7]等等。

　　近代警察制度建立后,为便于迅速直接处理警务,北京被划分为不同的警区,这在城市民众的社会生活中首次引入了现代城市中所具有的分"区"概念。在此之前,中国城市没有这个概念,"区"的概念的引入是近代警政发展的直接产物。也可以说,"区"的引入是现代化过程中城市发展的进步。清末以后,随着人口大量增加和流动的频繁,城市社会生活也发生了很大的变化,原有的城市管理模式已不能适应当时社会状况的需要,旧有的城市管理机构和管理模式已不能照顾到日益复杂的社会生活的众多方面,因此需要将城市大的区域划分为单位更小的区域来进行直接的管理。北京城市的分区管理就是直接借助了警察机构的警区划分。近代警区的划分为后来城市引入现代化的"区"这个概念作为正式的基层行政单位奠定了基础。"区"从最初的警务区划

---

[1]　《京师警察厅呈报营业规则》,蔡鸿源主编:《民国法规集成》第14册,第117页。
[2]　《中华民国十六年一月京师地面产婆经手接取婴孩事项表》,《京师警察公报》1927年3月31日,第4版。
[3]　《娶亲者请注意报区》,《晨报》1922年8月23日,第7版。
[4]　《京师警察厅修订取缔搬运灵柩规则》,《京师警察公报》1927年3月1日,第2版。
[5]　《右一区抄获大赌局》,《晨报》1923年7月30日,第6版。
[6]　《外右二区昨早开会》,《晨报》1926年5月20日,第6版。
[7]　《外右三区善举》,《晨报》1918年5月4日,第6版。

最终发展为现代城市基层的行政单位，地理空间的人为划分随着警政和社会的发展在城市分区的过程中起了重要的作用。

三、"有困难，找警察"

身穿统一制服、手执警棍的警察在站岗和巡逻时向社会民众传递了一个信号：遇见不测的情况出现时，可随时向警察进行求助。另外，警察向社会民众提供各种综合服务，不仅救民众于危险，也帮助排解纠纷和冲突，甚至是家庭矛盾，随时应民众的需求前去解决。警察出现以后，通过站岗、巡逻、深入调查等方式，密切了与民众之间的联系。这些方式的采用，产生了警察无处不在的社会影响，使警察和当地民众的接触非常密切，甚至可以说"警察对自己的辖区情况了如指掌"①。

警察社会职能不是单一地进行社会管控，还有一项任务也很重要，就是提供社会服务，保护民众安全。北洋政府明确提出："警察官吏负有保护人民专责。"②这种认识得到了北洋政府时期警政研究者的普遍认可，李万里的《公安警察问答》中有一首爱护民众歌比较有代表性："警察的薪饷经费／——出自民／民竭脂膏供给我／他便是主人／看守门户防盗贼／责任在吾身／愿我长警齐努力／爱国先爱民。"③事实上，除了在遭遇突发事件时警察能够显示出重要性外，在社会日常生活中的方方面面，民众也能得到警察的救助和保护，这使民众初步树立了"有困难找警察"的观念。

（一）煤气中毒之救护

北京冬季天气严寒，商住各户皆添设煤火，稍有不慎，即受煤毒。④每年冬

---

① [美]西德尼·D.甘博：《北京的社会调查》（上），第82页。
② 《内务部训令》，《政府公报》第1869号，1921年5月7日，第10~11页。
③ 《警察十二要》，李万里：《公安警察问答》，第99页。
④ 《预防煤毒火灾》，《晨报》1916年12月4日，第5版。

季因煤毒死亡者都为数不少。①为保护民命,每届冬令,京师警察厅对此种危险尤为重视。为减少此种危险,京师警察厅采取了多种措施进行预防。首先,由卫生处将注意预防煤毒方法编成白话布告,张贴于街市,通告商民注意;②其次,各区署饬警挨户警告提防煤毒,以保生命;③再次,印刷小布告数千张,派警挨户递送,劝告住户对于煤毒格外谨慎;④最后,由卫生处研制中药预防方法,告知民众。⑤

煤毒危险防不胜防,每年入冬以后,因煤毒毙命者"时有所闻"。⑥京师警察厅对解救中煤毒者也采取了一些措施,主要是由卫生处特制各种解煤毒药品发给内、外城各区署,传知各住铺户如有染受煤毒者,随时可到区领取。⑦遇有紧急情况时,京师警察厅也会派警携药前往救护。⑧因中煤毒人数较多,对于一些情况较轻者居民可在家自行救治,京师警察厅为提高居民自行救治的能力,教授了居民一些简单的救治方法,如灌服酸菜汤、辣菜汤,或用通关散、卧龙丹、皂角末吹入鼻孔,还可用凉水喷洒等。⑨

(二)交通事故救护

清末以后,交通工具的数量迅速增加,在道路条件有限的情况下,交通事

---

① 《五人同受煤毒几乎死》,《晨报》1916年11月24日,第5版;《被煤熏死一览表》,《晨报》1920年2月29日,第6版;《煤毒消息一束》,《晨报》1921年12月7日,第7版;《昨晨煤毒熏毙三命》,《晨报》1926年12月22日,第6版;《煤毒熏毙白老妇》,《晨报》1927年11月21日,第7版。

② 《布告注意煤毒》,《晨报》1917年10月27日,第6版。

③ 《预防煤毒火灾》,《晨报》1916年12月4日,第5版。

④ 《警署注意煤毒》,《晨报》1921年12月7日,第7版。

⑤ 《预防解救煤毒法》,《晨报》1916年12月18日,第5版。

⑥ 《警厅预防煤毒》,《晨报》1917年12月18日,第6版。

⑦ 《警厅预防煤毒》,《晨报》1917年12月18日,第6版;《颁发煤毒药酒》,《晨报》1917年11月9日,第6版;《本厅预防煤毒之良药——印刷救治方法说明书特制中西药品发交各区存储备用》,《京师警察公报》1927年12月6日,第3版;《解煤毒药品发交各区——每区药粉四十包药水十瓶》,《京师警察公报》1927年12月9日,第3版。

⑧ 《煤毒又熏死二人》,《晨报》1916年12月3日,第5版。

⑨ 《预防解救煤毒法》,《晨报》1916年12月18日,第5版。

故频发在所难免,"其因交通事故而罹死伤者,徵诸事实,实属不乏惊人之数"①。警察在维护交通的同时,对于因交通事故受伤的民众也会进行救护。在出现交通事故时,警察赶到后察看情况,如肇事车辆和车祸受伤者达成协议自行解决,警察也听之。如1923年11月,国务院参议员张厚毅的汽车轧坏小学生,张厚毅下车查视后拿出现洋20元给受伤学生,使其自行医治,受伤小学生也无异议。②如果车祸双方不能自行达成协议,或伤者伤势严重,警察就会进行干涉。1922年10月,一辆汽车将人力车撞倒,连累附近一个十三四岁的小孩受伤,警察赶到问明原委,鸣警笛唤来几个同伴,一面将司机及人力车带往区署,一面将受伤小孩抬往附近医院救治。③1923年12月,交通部公用汽车将一名十岁小孩陈琦撞伤,伤势严重,内右四区巡长将汽车及时拦住,派巡警将陈琦抱到警署车辆上,送至中央医院调治,并将汽车司机拘留该区署。④

有时警察不能及时发现交通事故,事故周围之人也多知求助警察进行处理。1926年4月的一天,有两辆自行车比赛,行走如飞,将一老妇撞倒,血流不止,老妇不能动弹,聚集之人见此情形代喊警察。警察赶到后,将老妇送往医院进行救治,对骑自行车之人进行了处罚。⑤对于一时之间不能找到肇事司机进行赔偿的情况,警察会直接将受伤者送回家中。1915年3月,内右一区巡警王永禄发现有一辆汽车将一捡粪幼童碰倒轧伤腿部,便去追截汽车,但未能截住,自己亦摔倒,肇事汽车逃跑。该段巡官杨肃便派警察将幼童送回家调养,同时访询碰人汽车姓名。最终经过调查,得知该汽车是国史馆副馆长杨度之车,杨肃便带警前去查询,经过争取和交涉,杨同意给受伤儿童银洋20元作为医养费,由警察代为送达。⑥

① 刘垚、谈凤池编:《中国都市交通警察》,第6页。
② 《张厚毅汽车轧坏小学生》,《晨报》1923年11月20日,第6版。
③ 《好一个胆大的汽车夫》,《晨报》1922年9月10日,第7版。
④ 《交通部汽车撞人》,《晨报》1923年12月24日,第6版。
⑤ 《赛跑自行车惹祸》,《晨报》1926年4月29日,第6版。
⑥ 《京师警察厅内左一区区署关于俄兵滋事并用刀将巡长常福手指划伤的详报》,1914年1月1日,J181-018-03988。

(三) 救助贫民

北京贫民众多,仅靠京师警察厅和相关机构所设立有限的慈善机关进行救助,显然不能满足需要。京师警察厅在行使内部慈善机构救助职能的基础上,还采取了多种方式对贫民展开救护。

在京的贫民中,除了部分北京本地人,外来人员占据比较大的比重。这些外地来京的贫民因家乡遭受各种天灾人祸,被迫到京寻找生路,一旦家乡局势有所好转,不少贫民还是情愿回到原籍,但因缺少资费,不能回乡。京师警察厅的慈善机构安置能力有限,为使贫民免遭流离失所之苦,往往在天气转暖之际,派警察将情愿回乡贫民"查收一处,以便定期送回原籍,而免流离失所"①。京师警察厅将难民送归原籍主要采用三种方式:(1)"允许难民免票,车载运回籍。"这需要京师警察厅和交通部进行沟通。1918年3月,吴炳湘总监与交通部商妥,确定当月30、31两日京汉路加2次列车专载难民,不售客票,并"出示布告难民,是日莫误"。(2)派警"护送难民回籍"。对于籍贯相对集中的难民,京师警察厅会专门派警察进行护送。1918年4月,京师警察厅派保安队30余名送男女难民420名前往河间等处原籍。②(3)资助路费回籍。因冬季在家乡谋生困难,民国以后,每届冬季,各省难民纷纷来京,请求京师警察厅"资遣回籍,已成惯例"③。相关机构多方阻止难民入城,仍不能有效禁止。京师警察厅费用有限,只能进行有限的资助。1919年10月,贫民黄王氏请求回宿迁县原籍,但路费不足,请求"由厅筹贷助现洋六元,以资补助",为此京师警察厅总务处还专门发函商议。④

在京的贫民,除少数可以进入慈善机构得到救助外,大部分的贫民得不到救助,生存状况艰难。特别是贫民"一经患病,无力调治,势将坐以待毙,殊为

---

① 《筹送难民回籍》,《晨报》1918年4月3日,第6版。
② 《护送难民回籍》,《晨报》1918年4月8日,第6版。
③ 《取缔难民来京》,《晨报》1917年11月16日,第6版。
④ 《京师警察厅关于陈阿妮暂由妇女习工厂安置的训令》,1919年1月1日—1920年5月1日,J181-031-00180。

可怜"①，京师警察厅卫生处于内、外城选择合宜地点，设立贫民养病所数处，专门收治无力延医的贫民。②贫民极多的内右四区，也特在北新桥报恩寺设立贫民医院一处，由警察厅卫生处选派医官为院长。③另外，为帮助贫民谋生，京师警察厅一些区署还办理贫民借本处，使"一般贫民受惠良多"④。

  北京贫民众多，仅靠一己之力救助显然成效有限，为此，对于北京地面设立的各种社会慈善团体，京师警察厅给予积极协助，这在一定程度上可以说是对贫民进行间接的救助。1922年4月，京师公益联合会成立之时，延聘京师警察厅保安队督察长曼德为保卫股主任，管理所有该股训练事务，延聘京师警察厅总务处处长邓宇安为贷款委员会办长。公益联合会在内、外城所设救济妇孺分所46处，各该管区署"随时保护"；所设的17所感化学校也由京师警察厅每处加派驻警2名，进行保护。公益联合会的其他事宜如赈款现洋出境、召开会议等，京师警察厅均给予了积极的协助。⑤凡到京避难的孤苦无依之人投奔救助机构，"如地理不熟"，问巡警就可知道。⑥1917年京畿"水灾奇重"，各界人士在中央公园筹办急赈会，总监吴炳湘为发起人之一。急赈会事务所设在京师警察厅内，社会各界如有意捐献物品者即送到厅内的京畿水灾游艺助赈会，所收的物品亦由京师警察厅保安队在公园看守。"除由发起人量力捐资外"，京师警察厅还"发交各区捐启多份，令即派员向各铺户劝募赈款"。吴炳湘作为发起人之一，前后三次捐献了不少物品，从《京畿水灾助赈会征信录》上查看，吴是捐献物品较多的人员之一。⑦另外，为保证慈善团体的救助活动

---

① 《地方近讯·设立贫民医院》，《京兆周刊》第22期，1921年10月1日出版，第23页。
② 《设立贫民养病所》，《晨报》1916年9月17日，第6版。
③ 《地方近讯·设立贫民医院》，《京兆周刊》第22期，1921年10月1日出版，第23页。
④ 《扩充贫民借本处》，《晨报》1919年3月8日，第6版。
⑤ 刘锡廉编辑：《京师公益联合会纪实》，京师第一监狱1924年版，第9、93、22、27、69~70、85页。
⑥ 刘锡廉编辑：《京师公益联合会纪实》，第33页。
⑦ 《京畿水灾助赈会征信录》，第1~2、13、49~50、53、54页。吴炳湘捐献物品计有：雍正豆青瓷瓶一对，乾隆雕瓷水仙花盆一对，带座豆青双耳方瓷瓶一件，二等色提花衣料三件，三等色灰被料三件；《警厅募捐赈灾》，《晨报》1917年10月6日，第6版。

和贫民真正得到救助，京师警察厅对各项慈善活动管理甚严，对于打着慈善招牌行骗的更是严密查缉。①

（四）各种日常救护

对于警察来说，其所进行的救护更多是体现在平时巡逻、站岗时所处理的日常事务中。警察的站岗和巡逻，主要集中在热闹市街和商住相对集中的地段，因此道路附近的救护所占比重较大。人力车夫作为社会最底层的劳动者，酷暑寒冬都在外工作，劳动量大，体力透支，易生危险。作为交通管理者的警察，在维持车辆秩序的同时，对出现危险状况的人力车夫要时常进行及时的救护。1921年8月，因天气炎热，一人力车夫在拉车途中中暑晕倒，附近站岗的巡官拿出铜元叫巡警买来仁丹、保丹灌下，仍不见效，又派巡警乘车到区取来急救药水，依法灌下。经过几次救治，人力车夫状况得到好转，之后，巡官还叫了一辆洋车派警察将车夫送回家。②

其他市民遇有危险情况时，警察也是一样进行救护。1918年6月，一市民在街道忽患腹痛，倒地不起，该处岗警周某即用自己的钱在附近洋货铺购买一包仁丹，使其服下，还询问其住址，代雇洋车送其回家。③1925年2月，外右五区冯姓巡警在前门外牛血胡同附近站岗，听见一家妓院内有女子哭叫声，遂报告署长，将妓院老板抄办，并将受难女子解救出来。④碰见外国人危害民众安危，警察有时也敢于进行处理。1914年10月，在苏州胡同有一名醉酒的俄国兵在该处各铺户滋闹，巡长常福发现上前阻拦，该俄兵不听劝阻，仍奔入砖瓦铺及猪肉等铺内肆闹，巡长多方解说，始将该俄兵劝出。行至崇文门内大街船板胡同西口外，俄国兵反复不依，将佩刀拔出任意砍扎，势甚汹汹，巡长恐其伤人，一面指挥行人，一面阻止俄兵，致被该兵将右手中指划伤。⑤警察在

---

① 《地方近讯·警厅整饬挂慈善招牌的骗匪》，《京兆周刊》第29期，1921年11月26日出版，第15页。
② 《险些又跑死一个洋车夫——幸遇岗警和行人救治》，《晨报》1921年8月12日，第6版。
③ 《巡警尽职可嘉》，《晨报》1918年6月2日，第6版。
④ 《好巡警救一群苦女子》，《晨报》1925年2月20日，第6版。
⑤ 《京师警察厅内左一区区署关于俄兵滋事并用刀将巡长常福手指划伤的详报》，1914年1月1日，J181-018-03988。

站岗或巡逻中,发现特殊情况时,为防止危险发生,还会主动查明情况。1921年8月,西单牌楼附近乔姓住户,因家中有人生病,无钱看病,其妻借来一件大衣交与其儿子和女儿到当铺当了12元钱,不料姐弟二人在街上观看散布传单时把当票弄丢了,回家后,其母大怒,令二人寻找。二人转来转去找不着,到当铺询问,大衣已被人赎走了,二人情急之下买了两盒洋火吞服。站岗的巡警见二人神色不好,上前盘问明白,赶紧送他们回家进行灌救。①

在市民生命遭受紧急危险如自杀等情况时,警察也发挥了救护的作用。1916年9月,有市民在前门东河沿投河自尽,巡警赶紧进行捞救,自杀市民始得保命。②1927年8月,外右五区警察胡某在永定门东城墙上巡查,见一妇人投河,正在河中挣扎,紧急之下,该警察遂由城墙上跳下,幸落在干草堆上,并未受伤。正是由于该巡警的紧急施救,自杀中年妇女才得救。③外右三区顺治门外护城河内水势汹涌,来此投河自尽者时有发生,河道管理处曾将此处水位放浅,但到此投河自尽者仍有不少,外右三区署长张润泽知此情况特意备制救生钓竿30余副,以便救助自尽者时使用。④

在遇见一些非人为因素造成市民生命发生危险时,警察也会及时进行救护。1918年5月,德胜门内有一棵老枯树,突然被大风刮折,正砸在行人李某身上,李某伤及头部,血流不止,该段巡警赶到将张某带走调治。⑤民国以后,电灯发展很快,以致电线密布,时有人民触电毙命,推其缘故,主要是民众不明电学,京师警察厅为遇见市民触电时警察人员能正确施救,由各区选拔巡警80名,送内务部学习触电救护新法,以随时救护。⑥同时,京师警察厅还向市民普及防电知识,出示布告晓谕人民,免遭危险。⑦

---

① 《为一张当票险些逼死两姐弟》,《晨报》1921年8月18日,第6版。
② 《投河自尽遇救星》,《晨报》1916年9月29日,第6版。
③ 《警察跳城奋勇救人》,《晨报》1927年8月31日,第7版。
④ 《外右三区善举》,《晨报》1918年5月4日,第6版。
⑤ 《大树折断伤人》,《晨报》1918年5月20日,第6版。
⑥ 《地方近讯·警士学员触电救护法》,《京兆周刊》第33期,1921年12月31日出版,第15页。
⑦ 《须谨防触电殒命》,《晨报》1917年5月30日,第5版;《分送触电救法》,《晨报》1918年3月25日,第6版。

京师警察在站岗和巡逻时对市民进行的救护范围很广，在民众中产生了一种影响，逐渐使民众形成了初步认识，即有困难找警察来进行解决。

1917 年京师警察厅救护事项①

斗殴杀伤	1561 人
自杀	85 人（包括 1 名外国人）
中毒	150 人
醉人	212 人
老弱废疾	77 人
迷弃小儿	466 人
道路危险	274 人
其他危险	358 人

四、推进风俗改良

"风俗一端，与社会道德最有关系，风俗一坏，则民德日下而至于不可救"②，"欲正人心，先端风俗，风俗既正，地方自安"③。传统中国的历代统治者都认识到了这一点，所以一直比较重视利用社会风气来稳固政治统治。中华民国建立的虽为共和政体，但历届政府利用社会风气维护统治这一点依然未变。

为改善北京社会风气，京师警察厅针对有关的社会陋俗制定了严格的取缔措施。居民长期养成的习惯一时之间难以改变，仅靠严厉的处罚很难从根本上解决问题，为此，京师警察厅采取了多种手段。首先，广贴白话布告，宣传陋习的不良影响。这种白话布告避免使用生僻词句和官方语言，采用明白晓畅、通俗易懂的词句，先从影响居民切身利益方面入手，便于居民接受。如京师警察厅关于居民夏天勿打赤膊的布告，首先就是要居民知晓"光着脊梁是

---

① 《救护事项》，京师警察厅制：《京师警务一览图表》。
② 郭公阙编：《警界必携》，第 112 页。
③ 《公牍·李总监详请开办济良所拟呈章程规则请立案文》，《江南警务杂志》1910 年第 2 期，第 20 页。

一件不体面的事",再从卫生和法律方面进行劝诫。①其次,要求巡官长警严厉执行取缔措施,对规劝或布告后仍有违反者处罚。北洋政府后期,"社会日趋奢侈","其最堪注目者,则为一般号称交际明星,时髦女子之服装,往往奇装异服,袒胸露肘,在广众娱乐之场,扬扬自得,大出风头",更甚者"闺阁学校中,亦或尤而效之","有识者引为风俗深忧"。对于此种奇装异服,京师警察厅贴布告严行禁止,并规定"自示之后,如再有奇装异服,招摇过市"者,"一经查觉,即照律定从严惩处不贷"。②再次,对于屡劝不遵者强制执行。民国成立后,政府对于剪发一事三令五申,但仍"顽固者流,念念不舍",蓄留发辫。内务部有鉴于此,采用强制手段,要求京师警察厅各区署派警,"分头照办,见有垂发辫者,强迫剪去"。③最后,对于顽固陋俗者断其生计。对于蓄辫、奇装异服等社会陋习,京师警察厅采取了多种取缔措施,结果仍有顽固不遵者。为迫使京师居民根除此种陋习,京师警察厅采用断其生计的手段,规定市场及街市马路两旁摆设棚摊小贩未剪发者一律禁止摆设④,所有车马夫役超过酌定期限不剪者亦禁止营业⑤,各坤班所有演戏各坤角奇异服装及特别妖艳者一经查获除加重惩罚外也停止演唱⑥。

进入民国后,一些习俗已不合时宜,需要改进。民国后,国民举行婚丧大礼及当差应役仍有用前清仪制,如一些轿夫仍戴清制缨冠⑦,与民国所推崇的社会风气有悖,且与国体不符,内务部为此命令京师警察厅在京内将前清旧制一律废除⑧,并由礼俗司采集东西各国现行通例及中国历来的礼制及习惯,拟

---

① 《夏天勿打赤膊》,《晨报》1918年6月29日,第6版。

② 《警厅严禁奇装异服》,《晨报》1927年6月25日,第6版。

③ 《剪发须强迫实行》,《晨报》1917年1月30日,第5版;《警察拦路剪辫子》,《晨报》1917年3月28日,第5版;《近剪发辫两万七》,《晨报》1917年5月3日,第5版。

④ 《饬令小贩剪发》,《晨报》1917年10月24日,第6版。

⑤ 《内务部饬》,《政府公报》第770号,1914年6月28日,第24页。

⑥ 《取缔女伶服装》,《晨报》1917年9月25日,第6版。

⑦ 《地方近讯·轿夫不准带清制缨冠》,《京兆周刊》第28期,1921年11月19日出版,第13页。

⑧ 《统一婚丧礼制》,《晨报》1917年10月5日,第6版。

定与社会发展相符的统一规定。①传统中国民众结婚时多不到官方备案,导致因婚姻问题出现诉讼时"无从考查",这种状况沿袭至北洋政府时期。为规范婚制,京师警察厅规定以后民众结婚,再有隐匿不报者,一经查出,一律处以10元以上60元以下的罚金。②

传统中国民众习惯采用夏历纪岁,中华民国建立后,为消除封建帝制思想在民众中的影响,同时和国际上普遍采用的阳历纪年相适应,1912年孙中山就任大总统后即要求全国各省均采用阳历。在推行之初,因照顾到民众长期采用夏历生活的习惯,并未立即废除阴历。北洋政府为推进阳历在社会生活中的普遍运用,大力提倡各种阳历节日,其中最重要的阳历节日便是阳历新年(元旦)。③北京商户按照旧例向于阴历十二月除夕至正月初五停止营业,京师警察厅为配合政府对阳历的提倡,要求各商铺应过阳历新年,旧历年间不准关门歇业,必须照常营业。④阴历元宵节商民"争悬灯彩"的习惯亦被认为"无谓",政府曾提议设法阻止各商店遵从俗例。⑤在对民众进行限制的同时,京师警察厅也通过自身的活动积极引导阳历的应用,如在阳历新年的时候,京师警察厅总厅及其辖属的各个部门皆在报纸上登载大幅恭贺新禧的广告,以引导民众对阳历新年的重视。⑥

阴历不仅与普通民众的日常生活密不可分,更与民众的一些重大活动如婚丧嫁娶、祭祀拜祖等紧密联系,因此,仅靠政府机关的官方条文和强制命令并不能从根本上改变民众使用阴历的习惯。京师警察厅也逐渐认识到了这一点,进行了适当的变通。如在民国建立之初,人民于阴历年关沿袭旧历燃放花

---

① 《会定婚丧礼节》,《晨报》1918年6月19日,第6版。
② 《娶亲者请注意报区》,《晨报》1922年8月23日,第7版。
③ 民初推行阳历而不废除阴历所造成的"二元社会"可参见左玉河:《从"改正朔"到"废旧历"——阳历及其节日在民国时期的演变》,《民间文化论坛》2005年第2期。
④ 《禁止旧年停业》,《晨报》1918年1月28日,第6版;《饬铺户照常营业》,《晨报》1917年1月16日,第5版。
⑤ 《禁止元夜悬灯》,《晨报》1921年2月20日,第6版。
⑥ 《恭贺新禧的京师警察厅具体部门》,《京师警察公报》1927年12月31日,第1版。

炮①,警察厅为破除旧习、减少危险,规定冠婚丧祭以及过节,均不许放鞭炮。②但商民"狃于习惯",在阴历新年及婚丧等日仍按惯例燃放鞭炮,京师警察厅也认识到燃放鞭炮不能绝对禁止③,为"维持舆论,注重民情"起见,对于人民要求新年燃放花炮一事,进行变通办法,允许人民燃放鞭炮,但限制在旧历十二月二十三日、除夕及元旦、元宵4日。④

和许多同时代的公共运动一样,京师警察厅对社会风气的管理明显地带有时代的特色:进步和保守并存。正常的男女交往应是社会的正常现象,但限于"男女授受不亲"的旧习,即使民初有自由、民主思想的传播,京师警察厅仍对男女在公共场合的正常交往限制较严。如戏园可以售卖女座,但其座位必须与男座分开,男女看客出入亦须分路另门行走,不能分路行走的戏园不准售卖女座。⑤新出现的娱乐场所电影园,除包厢外也须男女分座。⑥京师警察厅本身的一些活动也明显地带有传统的守旧因素。1923年8月,报刊上曾有京师警察厅祭祀火神的记载。按照例年旧历,在阴历六月二十三日祭祀火神"已成牢不可破之刻板"⑦。当日警察总监薛之珩带领各督察长以及内、外城二十区署长、署员等纷纷到场参与祭拜。⑧1927年5月,北京久旱无雨,为求雨,京师警察厅专门发函邀请京畿卫戍司令部、京兆尹公署及京师总商会等到地坛"虔诚祈祷三日"。⑨

按照政治统治和社会的需要,京师警察厅针对不同的社会习俗制定了不同的管理措施,但不管其采取怎样的措施,都不能逆转和阻挡总体的发展趋

---

① 《禁止双响花炮(京师警察厅布告)》,《晨报》1919年3月27日,第6版。
② 《禁止乡民放鞭炮》,《晨报》1917年1月22日,第5版。
③ 《警察许市民放鞭炮》,《晨报》1926年2月6日,第6版。
④ 《本月四天可放花炮》,《晨报》1928年1月13日,第7版。
⑤ 《京师警察厅重订管理戏园规则》,侯希三:《北京老戏园子》,第176页。
⑥ 《京师警察厅修订取缔电影园规则》,中国第二历史档案馆编:《中华民国史档案资料汇编》,第3辑·文化,第174页。
⑦ 《军警要人祭火神》,《晨报》1923年8月4日,第6版。
⑧ 《军警长官恭祭火神》,《晨报》1923年8月6日,第6版。
⑨ 《京师警察厅训令》、《京师警察厅公函》,《京师警察公报》1927年5月26日,第2版。

势,那就是社会风气的整体改革。处于那个时代,京师警察厅的活动不可能从时代中剥离出来,带有保守特点在所难免。

五、民众与警察的关系

警务在一定程度上反映了警察与民众之间人际关系互动的结果,因此,警务处理的情况如何是直接决定警察和民众关系的重要因素。京师警察厅的职能非常宽泛,相应地,警察的日常警务也就比较多。在对这些内容广泛的日常警务处理过程中,有些方面的警务处理成效显著,获得民众比较多的认可;而另外一些方面的警务却毫无成效,民众一致持批评态度;还有一些警务所规定的限制内容给部分民众的社会生活带来了不便,引起不满,而未受到限制的市民却从中得到了益处,表示感激;还有一些因素如警务实施的时间、地点不同以及民众的感受不同,民众的反应也可能截然不同。另外,"人,是影响警察实践的一个重要因素"①,警察人员和处理事件中的人也会影响事件的处理,从而影响到双方的关系。对警务的处理应遵循一定的规则,但警察在实际执行过程中还是具有一定灵活性的,有时警务过程中任何一个因素发生变化,都有可能影响警察和民众之间的关系。同时,还应考虑的重要一点就是警察机构以及警察人员所处的场域。在北洋政府时期,北京城这个小社会以及中国这个大环境都对北京警察警务的处理以及警察和民众之间的关系产生着多多少少的影响。综上,仅用一两句简单的结论来概括北洋政府时期北京警察和民众之间的关系显然是不现实的,但通过史料的整理,还是能触摸到双方之间复杂关系的一些脉络,下面分述之。

(一) 惧恨和抗拒

前文不少事例已证实,警察在处理警务时出现不少问题,如放弃职权、处理警务方式不当、对待民众态度恶劣以及警察自身对秩序的破坏等,这些问题不仅招致社会民众对警察出现不满和批判的言论,更甚者还会导致民众从心底对警察产生痛恨和惧怕的情绪。这种情绪一旦出现并蔓延,不仅不利于

---

① [美]罗伯特·兰沃西、[美]劳伦斯·特拉维斯:《什么是警察:美国经验》,第24页。

双方之间关系的调整,还会使民众对警察产生抗拒,影响正常警务处理的成效,以致出现恶性循环。

清末警察制度设立以后,呈现出了与传统社会管理模式诸多不同的表象,虽有不少方面还不完善,但当局对此抱有很大希望,甚至将其作为革新政治的基础。后人对清末北京近代警察也多有好评,如台湾学者罗炳绵在对整个近代警察制度进行考察时就说:"晚清北京的巡警是较获好评的。"①但同时罗炳绵也说,即使"北京警察虽教可取,却也不令予以讽刺抨击的言论"。北京警察制度刚开始发展时期,在光宣年间,北京民众中就已流传有所谓的"十大恨",包括恨大臣卖国、恨外强悍、恨钱铺坑人民等,而第十大恨则为"巡警管洋车不管马车"。②把对巡警的恨和对大臣卖国、外强入侵并列为"十大恨",可见北京民众对巡警执法不公、执法不严的痛恨程度,同时也可看出巡警的这种行为在社会中造成的影响多么恶劣。

民国以后,经京师警察厅的改组和整顿,北京警察在处理警务过程中仍时常出现令人不满的情况,最令社会民众痛恨的当数警察随便打人、惧强凌弱。警察在执行警务时,对有违规定的人力车夫、乡民等经常"不按章管理,任意打骂"③,甚至有市民没有违反规定也无故遭受警察毒打④,严重者,还曾出现警察将人力车夫用指挥刀打伤致死的情况⑤。对警察随意打人的情况,北京民众非常不满,经常借助报刊媒介进行"舆论攻击"⑥,直接表达自己的痛恨情绪。⑦警察执行警务时惧强凌弱的截然态度也使北京民众颇为不满,特别是在某一事件中同时出现这两种态度,更让人气愤和痛恨。在当时的报纸上,亦常

---

① 罗炳绵:《中国警察制度的产生及其发展》,《食货月刊》复刊第10卷第8期,第29页。

② 罗炳绵:《中国警察制度的产生及其发展》,《食货月刊》复刊第10卷第8期,第29页。

③ 《逞淫威巡警打车夫》,《晨报》1922年6月25日,第6版;《巡警助殴乡人》,《晨报》1924年8月15日,第7版;《取缔岗警殴打车夫》,《晨报》1918年6月26日,第6版。

④ 《警察无故打人》,《晨报》1921年1月28日,第6版。

⑤ 《总监替巡警赔命价》,《晨报》1920年11月23日,第6版。

⑥ 《警厅令严禁巡警打人》,《晨报》1920年11月10日,第6版。

⑦ 《警察岂能任意打人》,《晨报》1923年6月25日,第6版。

见民众表达这种情绪的报道①,有的标题上就直接表达出民众的痛恨,如《一个可恨可怜的巡捕》②。还有更多的报道是选用讽刺和贬义的词语来进行表达,如《探警前倨后恭》③、《白坐洋车倒打人——警察原是势利鬼》④、《威风凛凛的汽车几乎撞祸——警察也是庇护强者》⑤、《劣警欺压乡民》⑥、《善事贵人的巡警》⑦、《警大爷不敢惹汽车夫》⑧等。

警察处理警务时的种种不轨行为和对待普通市民的恶劣态度,使得一些民众心怀恐惧,把其看成"狼"和"豺"⑨,唯恐避之不及。这从民众对警察的一些称谓中也能反映出来。北洋政府时期,不少民众沿袭传统上对军人的称谓,称呼警察为"老总"⑩,这虽有军警不分的意味,但也反映出部分民众的惧怕心理。还有沿袭传统上对官员的称谓,称呼警察为"老爷",这也反映出"北京警察的阶级甚高",普通民众在其面前低人一等的实情。⑪虽然北洋政府时期的警察仍被称为"老总"和"老爷",但对普通民众来说,口头上的称呼并不代表

---

① 《北京大学学生周刊》上曾有一篇报道生动地描绘了警察的惧强凌弱和民众心中的不满:"二月二十九日那天,北京城南开国民大公会,人山人海,正在讲演到痛快掌声如雷的时候,忽来了一大队武装警察,横冲直撞,逢人便打,把那庄严有秩序的会场都冲散了。当这个时候,那班警察个个真是耀武扬威,不由分说,把拉人力车的车夫,拳打足踢……正在打得落花流水的时候,不提防举手一棍打在一个丘八大爷的身上,激怒了那位丘八爷的三尺无名火,拔出剑来,要和那班警察比武,警察见了,登时脸无人色,就如同耗子见了猫儿一般,连声赔不是了。"(《近事批评·"车夫"、"军人"和"警察"》,《北京大学学生周刊》第10号,1920年,第10版)

② 《一个可恨可怜的巡捕》,《晨报》1923年3月10日,第7版。
③ 《探警前倨后恭》,《晨报》1924年3月17日,第6版。
④ 《白坐洋车倒打人——警察原是势利鬼》,《晨报》1921年11月13日,第7版。
⑤ 《威风凛凛的汽车几乎撞祸——警察也是庇护强者》,《晨报》1921年12月9日,第7版。
⑥ 《劣警欺压乡民》,《晨报》1923年6月7日,第6版。
⑦ 《善事贵人的巡警》,《晨报》1925年9月12日,第7版。
⑧ 《警大爷不敢惹汽车夫》,《晨报》1922年10月8日,第6版。
⑨ 《近事批评·军警的威风》,《北京大学学生周刊》第7号,1920年,第15版。
⑩ 凌霄汉阁:《主警察史料·军警》,《警声》第1卷第5期,1940年,第49页。
⑪ 《北京警察之尊大》,《晨报》1925年11月24日,第6版。

心里的认同。随着整个社会环境的变化和发展，不少民众在遭遇警察不公对待时，已经知道并敢于进行抗拒了。下面有几个实例可以证实这一点。

1923年6月，一位少年在宣武门外摆摊营业，警察在查其是否购月捐执照票时，该少年回答稍慢，警察便朝其面部猛击一掌，致使少年当场晕倒。其母见子被打，不省人事，将巡警扭住不放，并且大骂不休。随后其母又到所管派出所大闹，经巡长等说了许多好话，又经旁人进行排解，其母始"愤怒而出"。①同年的7月8日早上，在外左三区界内，一名水夫将车停在当道，岗警一眼瞥见，喊水夫道："畜类！""水夫以巡警不当骂人，当面诘问"，导致该巡警恼怒将水夫揪倒，连打带踢，打得水夫满脸流血。水夫不服，"要跟他打官司"。路旁有行人见状，也表示自己的不满。②1924年8月，听闻有住户李某可能售卖烟具，巡警入室查抄，开箱启柜，检查一小时之久，亦未搜出违禁之物。该巡警"自觉冒失，竭力安慰"，但李某眷属大怒，非要起诉不可，邻居亦调停无效，李某遂在警察厅将该段警察控告。③1925年3月，有一位卖菜者摆摊卖完菜后，返回时沿途捡拾粪土，遇到巡警，该巡警一言不语，伸腿便踢。卖菜者反抗说为什么踢自己，巡警回答说："踢你是好的，还要打你哪！"卖菜者怒声说："你是保护人民的，要打人民，哼哼，我有点不信。"该巡警见卖菜者反抗，更加恼怒，将其打得头破血流。后该区署将打人警察讯办。④有时，连小孩子都不怕警察的威风，知道抗拒。1921年9月，一位人力车夫将一十岁小孩碰伤，小孩子与车夫讲理，车夫倒打小孩子。该段巡警前去排解，小孩子受屈不依，非要打官司。巡警怕给自己的地面上找麻烦，以为小孩子一定怕巡警的威风，就拿枪戳小孩子，还用言语进行恐吓，不料该小孩毫不惧怕，说："你当巡警的，不问情由就打人吗？好，非得上区不可。"旁边还有人帮忙说："你们巡警本不应该打人，何况又不是小孩的不是。"后经多人劝解，这小孩才肯了结。⑤

---

① 《这警察未免鲁莽》，《晨报》1923年6月26日，第6版。
② 《好威风的一个巡警》，《晨报》1923年7月9日，第6版。
③ 《查烟具警察被控》，《晨报》1924年8月26日，第7版。
④ 《巡警打人出血》，《晨报》1925年3月5日，第6版。
⑤ 《小孩子不怕巡警的威风》，《晨报》1921年9月3日，第6版。

还有不少民众因不服京师警察厅的处分敢于上诉请求更正的情况。1917年有蒋云卫、王朗声等四人，对京师警察厅不问缘由将其兜售的公债砸毁一事不服，到内务部进行上诉，经京师检察厅检查后，内务部令京师警察厅将其处分进行了变更。[1]民众不服京师警察厅判决和处分进行上诉的事情登载《政府公报》上为数不少[2]，这说明民众不仅能当面反抗京师警察厅的不公处理，还知道用行政手段来维护自己的权益。

另外，还有一些因警察行为不端招致民众殴打的事件。1913年，内左四区巡警永斌常在值勤时出入市民李德富家和其妹接谈，李德福认为永斌借机调戏其妹，将永斌殴打。[3]正因执行警务出现种种不端行为引起民众反感，有时即使警察在正常执行警务，也得不到民众的配合和支持，甚至还会招致故意刁难，严重者，还有民众殴打正常执行警务的警察的情形。如1924年4月，有一人力车夫调戏过路妇女，被警察发现进行干涉，车夫不听劝告，将该巡警揪住大打，还将其衣服撕毁，旁边还有许多人力车夫跟着叫好起哄。[4]1925年6月，有拉粮大车在大街上行走，阻碍交通，附近巡警前去干涉，但被一个车夫不由分说按住揪打，其他车夫不仅不劝解，还跟随而上，一起围打巡警。[5]

(二) 理解和蔑视

除少数民众对警察正常执行警务不予配合外，大多市民还是能够从整个社会秩序的角度站在警察的立场上对其工作表示理解和同情的。警察是一种新生事物，传统中国无警察制度，到北洋政府时期警察制度还不完善，人民依赖警察保护财产、生命安全的观念还很淡薄。另外"还有一等不明事体的痞棍，因为曾受过警察的处分，积恨在心，就常常只想将警察破坏。似此情

---

[1] 《内务部决定书》，《政府公报》第390号，1917年2月10日，第11~12页。

[2] 《平政院裁决书》，《政府公报》第362号，1917年1月12日，第17~18页；《平政院长夏寿康呈大总统本年四月分本院受理已结未结各案列表·崔秀峰陈诉京师警察厅规划市场收用铺房不服内政部之决定提起诉讼》，《政府公报》第870号，1918年6月26日，第9页。

[3] 《京师警察厅内左四区区署关于李德福殴打巡警的呈文及该署派出所勤务一览表》，1913年1月1日，J181-019-02941。

[4] 《顽车夫殴警》，《晨报》1924年4月6日，第6版。

[5] 《车夫居然殴警》，《晨报》1925年6月2日，第6版。

形,想要警察极端发达,也就很难"。明识之士认为,之所以出现这种种情形,"大概都是不明白警察与人民的关系所致"。①因此,他们在当时的报纸杂志上发表言论对警察的工作进行宣传,以使民众对警察的工作多有了解,进行支持。

　　普通民众的接受能力较低,明识之士通过演讲的方式,采用通俗晓畅的语言劝告民众,如:"警察的天职,专在维持秩序,以保卫安宁,警察既担了这个维持秩序、保卫安宁的担子,就不得不事事查察,有一不合宜的,就不得不加以干涉……他们既要详细查察,就不免涉于繁琐苛细,人民不察,以为他们是多管闲事,因此对于警察的感情非常薄弱。其实他们如此繁琐苛细,无一不是在维持秩序、保卫安宁上做功夫,就无不是替我们百姓出力,在预防危害上做功夫,我们百姓,就自当与警察互相联络,互相维持,以收那维持秩序、保卫安宁的效果。"警察管理事务"繁琐苛细",为使民众对此接受和理解,演讲者还列举了西方国家警察所管各项事务,说:"各国警察初办的时候,一般人民,也间有不以繁琐苛细为然的,后来确实知道了繁琐苛细的益处,就不仅并不反对,且大家极力赞助起来,因此警察得以尽他的职务,人民也就享受了无穷的利益。"明识之士试图通过这种对比的方式增加对民众的说服力,使民众真正明白"人民与警察,实有密切的关系,不能脱离","如果想要安宁幸福"就必须以"维持警察为起点"。②

　　通过多种方式宣传,社会民众对于警察执行警务的意义有了更深的认识,同时,对于执行警务的警察也多了一些理解和支持。如对学生游行演讲等事,京师警察厅限制较严,引起学生和社会民众诸多不满,但同时也有对京师警察厅的限制表示理解的言论,认为学生聚众游行,"交通为之阻隔,商业为之停滞","地方官厅为维持秩序、保卫治安计不得不为相当之干涉"。对于警察的干涉,竟出现学生"肆意谩骂"甚至于"严打"警察的状况,亦有同情者认为,警

---

①　《说警察与人民的关系》,《京兆讲演汇编》第 22 期,1917 年 8 月,第 7 页。
②　《说警察与人民的关系》,《京兆讲演汇编》第 22 期,1917 年 8 月,第 7~11 页。

察"承令奉公被其侮辱或不得不有正当之防卫"。①对于北京市民多有指责的警察指挥交通和办理公共卫生不力的问题，也有表示理解的声音。如当时有市政学者指出："警察奉行警律，执法不阿，虽能维持秩序，然行人车马究居多数，警察究居少数，警察不能步行随行人车马而行，故欲徒恃警刀，以实行警律，则不免有罔漏吞舟之患，而蔑法之人，仍将滔滔皆是。""是故行人与车马别途，不能防止街衢上意外之祸也。警察实力奉行衢街交通规则，亦不能完全防止街衢上意外之祸也。须人民恪守街衢规则，与警察合作，而后街衢上意外之祸，乃可以完全免除。"②北京的公共卫生状况一直引人关注，警察机构成立后负责公共卫生事务的管理，采取不少整治措施，但收效有限，至北洋政府后期仍被评价"污秽程度，实为中国第一"，并把此归结为京师警察厅办理不善。对此，也有市民通过客观分析，认为造成这种状况的原因复杂，不能仅归咎于某一机构，"况警察职权有限，安能塞此根深蒂固之臭源耶"③？

北京民众对警察的理解在京师警察厅征收警捐问题上表现较为明显。京师警察厅经费向由中央财政部直接拨款，自1920年以后，中央财政支绌，以致警饷往往延期④，不少市民对警察的此种状况表示了同情，如众议院议员继孚等在关于警捐的建议案中就说道："哀此警士，披风宿露，终日出勤，而不谋一饱，甚有全家待哺嗷嗷，穷无所出。"⑤就连强烈反对征收警捐的学者陈震异也对警察表示了同情，认为"警员栉风沐雨，职尤辛劳"⑥。甚至还有署名"市民一份子"者为使市民减少对征收警捐的怀疑，理解京师警察厅征收警捐的行为，把自己了解的详情登载报端，并在报刊上强烈呼吁："我京师市民自可不必怀疑矣……此项警捐系维持警察、保卫地方，取诸市民还为保卫市民之用，吾辈

---

① 《本校布告·顷奉教育部第六五号训令内开准京师警察》，《北京大学日刊》1920年2月13日，第1~2版。

② 白敦庸：《市政述要》，商务印书馆1928年版，第50~51页。

③ 《北京不清洁之原因》，《晨报》1925年9月12日，第7版。

④ 《警捐之建议案——京师各项捐款充作警饷不敷之数再由市民摊捐》，《晨报》1924年6月3日，第2版。

⑤ 《众议院议员继孚等关于警捐之建议案》，陈震异：《警捐与市政》，第73页。

⑥ 陈震异：《警捐与市政》，著者自序。

市民亦当所共谅焉。"①报纸上曾登载一则事例：佟祥保当警察十多年，因月饷延期发放，全家生活无法维持，只能靠借外债为生，他自己因生病死亡时连棺材都没有。家属报知本管区署后，才由区署借给其妻十元购买棺材。知晓这个事例后，有市民发出如此感慨："服务警界十数年，竟落如此末运，殊为可怜。"②

对警察的处境和警务的繁多，不少市民表示了同情和理解，但也正是因警察的处境殊为可怜，以及如此可怜的警察竟然还借着"执法者"或"国家公务"的名义欺压民众，北京市民对警察便又生出一种普遍的蔑视态度，将警察称为"看街狗"，警察值勤时所携带的警棍也被戏称为"哭丧棒"，法绳被称为"白带子"。③"警察"称谓之前也时常被冠以"狗仗人势"几个字。④还有市民半讽刺半蔑视地将巡警们叫作"马路行走"、"避风阁大学士"和"臭脚巡"。⑤更有市民直接表达蔑视之意，将称其为"贱骨头的警察"。⑥

在看待北京警察时，理解、同情、可怜、痛恨、讽刺、蔑视等情感纠结在北京市民的心头，很难说清楚究竟哪一种情感占据主要地位。也许在当时的情况下很难说得清楚，或许本不能说得清楚。当时有一首北京歌谣，也许可以帮后人更好地了解民众对警察的复杂感情："一什么一？当巡警不容易。二什么二？黑夜扛枪白天拿棍儿。三什么三？提着口袋打房捐。四什么四？不当巡警就没事。五什么五？不给房捐带本署。六什么六？黑夜白天站的好难受。七什么七？不开警饷干着急。八什么八？不当巡警就无法。九什么九？巡警不如看街的狗。十什么十？不当巡警没饭吃。"⑦

① 市民一份子：《我闻如是之警捐实情》，《京师警察公报》1927年6月19日，第4版。
② 《警察渡不过年关》，《晨报》1925年1月10日，第6版。
③ 方彪：《京城百怪》，第244页。
④ 《游大红门漫画》，《晨报》1921年4月6日，第7版。
⑤ 老舍：《我这一辈子》，《月牙集》，第121页。
⑥ 《随感录·贱骨头的警察》，《北京大学学生周刊》第12号，1920年，第9版。
⑦ 李家瑞编：《北平风俗类征》（上），第183页。另外还有两首："小巡捕儿不得迭儿，出门站岗夹黑棍儿。""御苑禁城修马路，马路旁边栽柳树，柳树底下站巡警，夹着黑棍抹黑油，穿洋靴，戴洋帽，身穿一件狗皮袄，月月口分开不少，除去吃喝一大剩不了。"据李家瑞的注释："二十年前，北平警察持黑色长指挥棍。"

(三)依靠和反对

虽然对警察的感情很难达成一致,但有一点得到了社会民众的广泛认可,那就是警察对于社会秩序的维护必不可少,并和每一位市民有切身的利害关系。即使是强烈反对征收警捐的北京各区自治联合会也承认:"国家设立警察,原为治安保障,社会不可一日无秩序,即国家一日不可无警察。"[1]

"警察对于人民的关系最为密切,举凡人民所与官方接触的一切莫不经过警察的媒介。"而事实上,在社会生活中,民众确实在方方面面都离不开警察,有后人回忆当时的情况说:"娶妻、生子、搬家,甚至在大街上因为一言不合而揪起来,那也是叫警察的时候多。"[2]认识到了这一点,除了警察根据警章主动承担各种防范危险的警务,如注意户口异动、检查旅馆客栈、指挥监督交通、检查各种公共娱乐场所、注意水火消防、取缔枪弹火药等外,社会民众在遇见危险或需要解决问题之时往往也会主动求助于警察。如1922年7月,在前门外珠市口,一位妓女跑到巡警跟前说自己在妓院吃不饱,还挨打,不愿再为娼了,请求巡警将自己送往济良所。[3]1924年8月,有一位中年妇人领着一个幼孩,到煤市街南口外右一区警署,哭诉自己不幸遭逢及度日的艰难,求巡警代为设法找回其携款出走的丈夫。这母子二人孤苦伶仃,已经断炊两日,中年妇人还请求警察代想办法,先给其夫写信说明情况,请其寄钱回来。[4]有时,事故当事人不能前去求助警察,周边民众还会代喊警察前去处理。甚至曾出现接亲轿夫在接亲时不知谁家姑娘出嫁便到附近巡警派出所探问的情况。[5]

民众在危险或需要帮助之时求助警察,在发现一些原本属于警察职务范围内而警察忽视或处理不善的事情时,也会主动向警察进行反映,要求或督促其履行职责。如1916年冬季,气候变化异常,瘟疫较易发生,民众饮食起居稍不慎重,便被传染。鉴于此种情况,有市民便在报纸上呼吁"警厅速设法防

---

[1] 《京师各区自治联合会反对警捐呈文及请愿书》,陈震异:《警捐与市政》,第78页。
[2] 《警察的今昔》,《警声》第1卷第5期,1940年,第68页。
[3] 《妓女求投济良所》,《晨报》1922年7月20日,第7版。
[4] 《穷妇赴警署寻夫》,《晨报》1924年8月31日,第7版。
[5] 《抬花轿寻觅新娘》,《晨报》1917年9月6日,第6版。

止,以免传染,而保生命"①。公共卫生与市民生活息息相关,1918年在东城一个名为骆驼坑的地方,每当下雨之后,各处流泄之水便积成一片汪洋,加上"附近居民再向内倾倒秽水,无处消泄","复为烈日蒸晒,腥气不堪,殊属与街卫生有碍"。该处住户为整修骆驼水沟"联名呈请该管警察署拨派贫民队将该坑平垫"。②北京各庙会、夜市摆设饭摊较多,但对于摊设卫生多不注意,"因铜子关系,警察对于浮摊,但愿其多,至于利害,遂无暇过问"。有市民感慨"饮食之物,与人康健,有直接关系",便在报纸上请求警察厅对饮食卫生应特别关注,不要因多收几个管理费而置市民健康于不顾。③有市民在看到豢养的狗遍身脏毛、彼此撕咬时也会想到对于整顿狗风"应当有警察负责"。④除了直接或通过舆论途径向警察反映问题外,写信也是一种常用的方式。如1924年6月,外左三区界内扎吗啡者增多,而被警察抓获者"甚稀"。一日,该区署长在署内接到一函,署名为"警界一份子","信内报告本区界内扎吗啡针者日见增多,并指称此项违禁生意,以上唐刀胡同门牌十一号回民马敬文害人尤多"等等,请求侦查。⑤还有一则事例:崇文门外有一市民单某,强梁霸道,诱良为娼,罪恶满盈,附近居民接连几次向警察厅去信告发他的恶行。⑥市民通过写信方式向警察机构反映的问题,有些还是能得到重视,如上面反映扎吗啡事,该区署见到反映信后,派员进行秘密调查,"果系实有其事",便于6月28日早晨派警察前往抄办,当场扭获扎针者3名。崇文门恶贯满盈的单某也在薛之珩总监的亲自督饬下被抓获。⑦不管是直接求助警察还是通过间接方式要求警察履行职责,都是民众对警察抱有很大期望的体现。

经过广泛宣传和实践说明,到北洋政府后期,社会民众对于警察的重要性

---

① 《望警厅设法防疫》,《晨报》1916年11月29日,第5版。
② 《请填骆驼水坑》,《晨报》1918年7月15日,第3版。
③ 《警厅宜注意饭摊》,《晨报》1926年5月9日,第6版。
④ 《整顿狗风》,《晨报》1926年8月23日,第6版。
⑤ 《一封匿名信的效力》,《晨报》1924年6月29日,第6版。
⑥ 《皇上也被严拿》,《晨报》1923年7月23日,第6版。
⑦ 《一封匿名信的效力》,《晨报》1924年6月29日,第6版;《皇上也被严拿》,《晨报》1923年7月23日,第6版。

已经有了比较深入的认识,也普遍知晓了警察与人民的密切关系,并且明白警察不能正常发薪饷将会影响社会秩序,并危及市民的切身利害。①但在京师警察厅征收警捐等问题上,北京民众却还是表现出强烈的反对。1924年,因财政支绌,警察欠薪严重,积欠甚至长达七八个月,京师警察厅警饷无着,遂筹议以户为单位,征收警捐。按照京师警察厅警捐章程规定,最高额定为月收20元,最低额定为税收5角,"其税额之重,单位之高",被认为"可谓通古今中外未有其匹者也"。②此次收捐办法,涉及北京所有商铺住户,增加了市民负担,特别是对于一般贫民生计影响"甚大"③,再加上"政府平时不能见信于人民,财政向不公开,恐警捐之收入,移作别用,且恐此捐一行,其他近畿军队,亦假筹饷为名,别立名目,纷纷效尤,以重累吾民",所以北京民众"群起反抗,誓不承认"④。

从京师警察厅提议筹设警捐开始,各方面就"反对甚烈",北京二十区还公推代表表达市民强烈的反对态度,并号称坚决反抗到底,到国务院、众议院两处,面递呈文请愿书,表示市民反对警捐的公意。⑤试办警捐以后,北京民众的反对更加强烈。前门内大四眼井住户张承荫,在警捐章程颁布之后,即召集市民会,讨论坚持反对的种种办法,还准备具呈内务部及警察厅,被该管内右一区警署获知,呈请警察厅,将该市民会解散。但该会发起人张承荫自该会解散后,即用个人名义,具呈平政院,表达警捐万不能办的理由。⑥经过北京民众各种途径的强烈反对,1924年的警捐试办仅一个月左右即"无形停顿"。⑦

到1927年,京师警察厅因警饷积欠,亟须筹款,再次呈请举办警捐。⑧此次

---

① 陈震异:《警捐与市政》,著者自序。
② 陈震异:《警捐与市政》,第9页。
③ 《京师各区自治联合会反对警捐呈文及请愿书》,陈震异:《警捐与市政》,第78页。
④ 《众议院议员继孚等关于警捐之建议案》,陈震异:《警捐与市政》,第69页。
⑤ 《市民请愿撤销警捐》,《晨报》1924年5月20日,第3版。
⑥ 《警捐施行后之反响——张承荫等呈控内务部平政院昨已批示受理》,《晨报》1924年7月15日,第6版。
⑦ 《警捐问题——内务部答辩之措词》,《晨报》1924年7月25日,第7版。
⑧ 雷辑辉:《北平税捐考略》,第74页。

举办警捐经批准强制施行，但没有征得北京民众一致认同，以致不少民众"意存观望，延不交纳"。为此，警察厅制定了抗捐处罚规则，并订定了补缴欠捐期限，布告各欠捐住户。①即使京师警察厅制定了严格的处罚规则，并下令各区警察署认真催征②，仍有不少民众采用多种方式抗捐不交。如内右二区市民何醒华拒纳1928年1月份警捐，警察多次前往该户催缴，其均不理，后巡官前往该户劝解，他仍拒不交纳，还向巡警辱骂不休。③像这种抗捐不交并辱骂甚至打骂催捐警察的事时有发生④，据保存下来的京师警察厅档案记载，在1927年10月21日，仅内左四区警察署从下午1时到8时就有6人因欠警捐被拘留，10月22日下午又有10人因欠警捐被拘留，⑤10月23日、24日处理的拖欠警捐者分别为9人和10人。⑥从这些案例和数字可以看出，警捐征收引起北京民众强烈反对。

上文能够证明一个问题，即社会民众和警察之间的关系比较复杂。不同的情境之下二者之间的关系表象也有不同，仅用一两个简单的词汇很难完全概括，之所以选用上文的几组词汇，也只是希望能够对理解二者之间的关系稍起帮助而已。虽然二者之间关系很复杂，也很难理清，但有一点很清楚，即警察本就是社会民众中的一员，不管是直接与人民打交道的下级警吏还是高级警官。来自于普通社会，警察对处于危难境地的民众不乏同情之心，在民众遭

---

① 《警厅追缴警捐》，《晨报》1927年9月14日，第7版。

② 《京师警察厅训令》，《京师警察公报》1927年9月8日，第2版。

③ 《京师警察厅内右二区分区关于何醒华拒交警捐并辱骂巡警一案的呈》，1928年1月1日，J181-021-01586。

④ 《京师警察厅内右一区区署关于水育水（平）抗捐并打骂巡长一案的呈》，1928年4月1日，J181-021-02858；《京师警察厅内左四区区署关于吴（闻）忠义抗捐一案的呈》，1928年5月1日，J181-021-02856；《京师警察厅外右三区分区表送黄玉岐私改警捐执照一案卷》，1927年1月1日，J181-019-53507。

⑤ 《北平市警察局内左四区警察署一九二七年十月下旬关于拖欠警捐案件登记表》，1927年10月1日—1927年10月31日，J183-002-03792。

⑥ 《北平市警察局内左四区警察署关于一九二七年十月二三、二四日拖欠警捐案件的登记表》，1927年10月1日—1927年10月31日，J183-002-03878。

遇欺负或灾难自己无力解决时,不是完全坐视不理,也还能站在民众的角度上给其抚慰①,甚或还有面对民众的苦难无力解决时难过流泪的情况②。因欠饷严重开办警捐时,也有警署官吏为民着想,认为"税额太高",要求减少捐额。③在警捐开办以后,京师警察厅并不是只管征收警捐,不顾民众感受,在遭遇强烈反对时,仍想取得"一般社会所共谅解"④,不仅将"易滋误会各点"多次"详加解释,俾知明瞭"⑤,各巡官长警在征收警捐之时也"亲向各该户主人解释官厅征收警捐之不得已苦衷"⑥。而社会民众对警察的工作也多有同情之心,认为:"夏则骄阳暑气之下,冬则冰天雪地之中,以个人计,每日不分昼夜,须负十二小时之勤务,服务之痛苦,孰有过乎是者?"至于"警察之月饷微薄"和"国库支绌……拖欠积累",更是"人人所共知"。正是这份理解和同情,警捐开征虽增加了民众的生活负担,但以总体"市民之意向"看,仍然是"概多乐为输将"。⑦在此,不妨怀着美好的愿望推测,如果警察和民众皆怀有对对方同情的理解之心,那才能如当时人感慨的那样:"则警察幸甚,吾市民幸甚!"⑧

---

① 天忏生:《复辟之黑幕》,第74页;《抚慰被焚商铺》,《晨报》1920年6月3日,第6版。
② 《巡警对难民流泪》,《晨报》1921年1月12日,第6版。
③ 陈震异:《警捐与市政》,第10页;《各署长请减警捐额》,《晨报》1924年5月12日,第5版。
④ 《警厅征收营业加一捐》,《晨报》1926年10月2日,第6版。
⑤ 《京师警察厅布告》,《京师警察公报》1927年9月22日,第2版。
⑥ 《市民热心赞助警捐略请志——外右三区白署长认真劝谕征收故该管区署之商民皆踊跃轮将》,《京师警察公报》1927年10月7日,第4版。
⑦ 燕彬:《我为警捐之忠告》,《京师警察公报》1927年6月22日,第4版。
⑧ 燕彬:《我为警捐之忠告》,《京师警察公报》1927年6月22日,第4版。

第三节　影响警察制度的不利因素

"作为一种社会制度,警察并不是生活在真空的,而是由其所服务的社会的价值观与态度塑造的。"①在不同的时期,因社会价值和态度等因素发生变化,警察所呈现出来的表象也不尽相同。警察的任何方面,包括警察人员的素质、民众对警察的认识、警察和民众的关系以及警察执行警务的成效等等,都和其所处的社会大环境息息相关,甚至可以说"警察组织是其所处社区的政治文化的产物"②。北洋政府时期正处于从传统向现代转型的重要阶段,不管是国家政治还是社会生活,都明显带有新旧交替时的过渡痕迹,身处其中的北京警察自然也就具有这种过渡时期的种种特点。不同阶段促使警察发挥积极作用的原因都是相似的,但制约警察发挥作用的原因却各有各的不同,这就要考察警察生存的社会境遇。

一、政府的限制

北洋政府时期的警察是在承继清末警察的基础上发展起来的。清末警察

---

① [美]罗伯特·兰沃西、[美]劳伦斯·特拉维斯:《什么是警察:美国的经验》,第16页。
② [美]罗伯特·兰沃西、[美]劳伦斯·特拉维斯:《什么是警察:美国的经验》,第24页。

的设立虽只有十年左右时间,但在省会、商埠及繁盛城镇方面,却已"大体规模已具"①,特别是作为国都的北京,其警察制度各方面的发展更是起模范带头作用。按理说,封建专制的清王朝结束以后,所建立的民主共和社会应更适合警察制度的"继续推广改进,使之能达到现代警察的水准"②,可是当时的政治和社会状况在不少方面不仅不利于警察的推进,反而起到了相反的作用。清政府最初办理警政,固然是为直接应对当时混乱的社会秩序,但更深层的是作为挽救清政府命运的"新政"的一部分,因此当局对警察非常重视,甚至将其视为"内治根基,民事总汇"③。"京师商民辐辏,事类繁多",警察"尤应组织完全,以为自治基础"。④可是至民国初年,北洋政府却"将宪政破坏,自治停办,警务的发展亦随之受到极大的影响"⑤。

民国成立以后,警察划归为内务行政。"内务行政之总目的,在维持国内之公益",警察行政,应"基于此种目的而为活动",为"谋公益之保持"而努力。⑥由于警察行政在政府行政中非常重要,甚至直接和政府的统治联系在一起,袁世凯一直相当重视警察建设,谋得政权后,更是将警察权控制于中央,规定北京及各省省会、商埠地方的警察厅,均须秉承内务长暨该地行政长官的命令办理。北京因地位重要,所设立的京师警察厅直接隶属于内务部,不受地方政府管辖,向内务部和大总统负责,而不是主要对北京民众负责。为保证北京秩序和政府所在地的稳定,京师警察厅还处在内务部严格控制和密切监督之下,只要事关北京稳定,京师警察厅必须向内务部甚至大总统直接汇报工作。如因北京"无告妇女日渐增多",京师警察厅认为仅靠收容不能解决这些妇女长久的生活问题,便向内务部呈请设立妇女习工厂,授其技艺。经过内务部核

---

① 王家俭:《清末民初我国警察制度现代化的历程:1901—1928》,第131页。
② 王家俭:《清末民初我国警察制度现代化的历程:1901—1928》,第131页。
③ 《奏定巡警新章(附市政公议会、习艺所章程)》,京都北新译书局1906年版,第20页。
④ 《奏定巡警新章(附市政公议会、习艺所章程)》,第66页。
⑤ 王家俭:《清末民初我国警察制度现代化的历程:1901—1928》,第131页。
⑥ 《王莜侯先生讲演录·论警察与国家之关系》,《京兆警务会议辑览》,第100页。

查批准后,京师警察厅才于1918年筹建设立。①另外,像设立粥厂施救贫民事宜,大总统还指令京师警察厅和相关机构每年办理完竣后,必须向其和内务部报告,具体办理情况应制成征信报告书一并呈报。②其他事宜如总监的任命、内部机构的设立和调整、警察人员薪饷的增减以及有关北京社会秩序的各种问题,也多受到内务部和大总统的直接控制和监督。可以说,身处首都的京师警察厅虽然名义上是一个地方机构,但其实际功能却大大超出了一个地方机构所应承担的范围,它不仅是国家权力向地方的延伸,更在某种程度上分担了原本属于中央机构的责任,这种沉重的负担对于京师警政自身的发展是一种限制。

"警察官吏,直接人民保卫安宁,维持秩序,综其职员,实教普通行政官吏为重要,自非久于其任,不足以长养服务精神。"③但在北洋政府时期,京师警察厅总监除吴炳湘任期长达八年比较稳定外,在其他八年的时间换了13任。总监的换届往往伴随着政局的变动,如1920年吴炳湘的离任即牵涉于安福系倒台;1924年冯玉祥发动"北京政变",总统曹锟被囚,在曹锟任上担任总监的薛之珩随之离任。此后政局变动更为频繁,警察总监变换也随之更为频繁。警察总监的变换虽然只是"易一长官",但实际上"所属职员,亦多随同更调"。④如1924年11月5日张璧接任总监后,立刻特派前京都市政公所工巡局局长侯德山为外城右路勤务督察长,原任外右路勤务督察长汪鸿瀚为内城左路勤

---

① 《文牍·公函·京师警察厅函为该厅设立疯人收养所业经成立请查照文》,《市政通告》第11期,1918年3月,第17页。

② 《大总统指令》,《政府公报》第2672号,1923年8月20日,第2页;《京畿卫戍总司令王怀庆、步军统领聂宪藩、京师警察厅总监薛之珩、京兆尹刘梦庚、呈大总统呈报京畿粥厂筹办处结束完竣并附征信报告书》第2723号,1923年10月13日,第4页;《大总统指令》,《政府公报》第2761号,1923年11月21日,第4页;《大总统指令》,《政府公报》第2770号,1923年11月30日,第4页;《临时执政指令》,《政府公报》第3257号,1925年4月26日,第4页;《临时执政令》,《政府公报》第3497号,1925年12月7日,第10页。

③ 《内务部保障警官任用》,《晨报》1922年10月3日,第3版。

④ 《内务部保障警官任用》,《晨报》1922年10月3日,第3版。

务督察长,同时派王承勋为总务处第二科科长。①甚至还出现"甲所长莅任,立即对前任乙所长所属职员,均予免职,而以私人补用"的情况。这种警察总监更换频繁以及下属职官随之变动的情况使"警察人员,恒视长官之好恶为转移"②,"有职者视同传舍",根本无暇"尽心地方"③。"警察行政之适宜与否,悉视地方情形熟悉与否以为唏,苟或不计久远,更调频仍,罪操切以图功,即隔膜以误事,勘虞警政进行,多生阻碍。"④而所任警察长官即使谋求发展,也因任期时间较短而不能施展。如1925年1月29日曾任司法总长的朱深上任后,"闻京师警察诸多腐败",力求整顿,上任伊始即着手筹议"切实整顿办法","决定先将厅中各处科实行整顿,然后再及于内外城各区署"⑤。后因朱深任期不到一年,其计划的整顿自然也多无下文。

人际关系的亲疏较个人能力、思想主张更为重要,警察机构的人事变动与人脉关系对于政策措施的制定及施行会发生重要的作用。正因如此,民国后期有学者在总结我国警察应改善的诸方面时说,在军阀专政、政局跌宕的北洋政府时期,"以警察而言,已失去警察之目的,非只不能尽其保护人民之职责,且反为有力者之爪牙,为虎作伥,是以民国二十余年,警察一项,非但无进步可言,且有失当时创立之本旨。换言之,当时之警察,乃为一党一派,或某一私人之警察"⑥。

二、警察素质欠缺

到北洋政府后期,京兆地区召开警务会议对当时警政进行总结时仍认为:"吾国警察制度,推行久矣,然迄今成效仍未大著,比之欧美列强,警务发达程

---

① 《总监易人之后之警厅——每日召集将官会议出示招募巡警焚毁违禁物品预防冬令风灾》,《晨报》1924年11月6日,第6版。

② 《王静庵先生讲演录》,《京兆警务会议辑览》,第80页。

③ 《内务部保障警官任用》,《晨报》1922年10月3日,第3版。

④ 《内务部保障警官任用》,《晨报》1922年10月3日,第3版。

⑤ 《朱深将整顿警政》,《晨报》1925年2月6日,第6版。

⑥ 赵溥珍:《对于中国警察改善之我见》,《警声》第2卷第12期(特辑),1941年,第21页。

度,相去远甚,而警察智识之幼稚,种种设备之未完,尤为普通缺点。"①警察知识的提高则主要依靠警察教育。

  中国的警察教育起步很早,几乎和创设警察机构同步。②因感觉警察人才缺乏,早在1901年(光绪二十七年)清政府就命全权大臣庆亲王奕劻与顺天府日本警务衙门事务长官日本人川岛浪速订定合同,以川岛为监督,开办警务学堂,训练巡警。所订合同以5年为期,专以训练巡警为事,训练时间为3个月,1903年改为6个月毕业。除招考外,由步军衙门各营、八旗各衙门保送。后又设高等科,以专门教练警官为目的,训练时间较短,目的在于为刚刚设立的警察机构输送具备初步警察知识的官吏。1905年巡警部成立,因警务学堂权操外人,亟应收回,且与川岛所订合同期满,遂由巡警部向日人交涉收回,由清政府自办。当时适值清政府积极推进警政,急需警察专门人才,而原来的警务学堂程度较低,遂于1906年(光绪三十二年)春,奏准开办高等巡警学堂,培植干部人才。京师高等巡警学堂于是年9月成立,招考人员资格以时任警官和举人、拔贡、生员、监生等为限。当时应考人数,共有6000余人,取录者不过340人,可见录取筛选颇为严格。民国成立后,于1912年11月改为警察学校,同时京师高等巡警学堂停办。京师高等巡警学堂自成立至结束,历时6年,计有10班,毕业人数共612人。1910年,高等巡警学堂附设有巡警教练所,选送在勤巡警入所训练,以三个月为期,毕业后仍回原处供职,至1914年2月交由京师警察厅接办,共计开办31班,毕业学警3840名。③总的来说,清政府对于

---

① 《京兆警务会议辑览》,叙言。

② 对于中国警察教育的开始,一般皆认为是始于1901(年清光绪二十七年)奕劻与川岛浪速订定办警务学堂合同。但《清末北京志资料》显示,早在1900年,顺天府日本警务衙门就已对所招募的巡捕实施了速成教育,最早的一批40人于1901年1月毕业任职,再招募的50人,如同前期,依然实行速成教育。其后,当联军即将撤退之时,庆亲王奕劻为立即培养日后能成为北京警察之人才,委托警务衙门对警察官吏进行教育。于是,改修神机营兵厂(后警务学堂所在地),取名为警察教育所,可容纳340名学生,进行教育。实际毕业人数为264名。其后不久,撤销警务衙门,才有兴办警务学堂之事。具体参见[日]服部宇之吉等编:《清末北京志资料》,第238~239页。

③ 陈允文:《中国的警察》,第81~82页;蔡恂:《北京警察沿革纪要》,第44页。

警察教育还是比较重视的，也培养了一批具有一定警察知识和业务水平的警察人员，从而为北洋政府时期警政建设奠定了相当的基础。①

清政府在北京所办警察教育虽"内供京城选用，外应各省取求"②，但所训练的警察、警官以任职北京为多，这从北京市档案馆所藏《京师警察厅职员录》上记载总厅和各局署职员任职简历可以得到证明。此书记载，到1922年左右，京师警察厅各区署署长以及办事署员有不少是从京师高等巡警学堂和巡警教练所受训毕业的学员。③虽然清末的警察教育为北京输送了一批受过训练的警察人才，但由于条件简陋，当时的警察教育很不规范，效果并不是很理想。有批评者就认为，当时的教育水平太低，培养不出合格的人才来，且"期限大促，程度不高，仅能养成巡兵资格"④。而事实确如所说。有史料记载，民国初元，守望北京的警察身穿制服，手执黑色警棍，长约二尺有余，因"警士未有深刻训练，时以警棍作戏舞之具"，因此北京民众戏谑称之为"小棍兵"。⑤

北洋政府时期，北京普通警察除了少部分在前清受过短期训练外，所增加的警察基本上是由普通民众中直接招募，"而应募者之中，多杂有被裁营兵与市井无赖，其中多无身家之人，旧日沾染恶习已深，并不知有表率人民之重大责任，故于巡逻、守望时既无庄严之姿势足使人民敬畏，而于遇事时非放弃职守即鲁莽乖谬，以致奸民无所畏而良民不之敬警察威信"⑥。为此，1917年全国第一次警务会议在讨论巡警招募方法时提出，所招募的巡警素质低下是造成当时"警察进步迟缓之一原因"。⑦京师警察厅根据内务部决定，"体格与学问

---

① 韩延龙、苏亦工：《中国近代警察史》（上），第254页。
② 《本部奏开办高等巡警学堂情形折》，转韩延龙、苏亦工：《中国近代警察史》（上），第241页。
③ 京师警察厅总务处编：《（伪）京师警察厅职员录》，撷华印刷局出版，1922年9月1日，J181-017-02881。
④ 《袁崇镇条议》，转韩延龙、苏亦工：《中国近代警察史》（上），第246页。
⑤ 藐公：《警政沿革纪略》，《警声》第2卷第4期，1941年，第69页。
⑥ 《拟请规定改良警察办法以收实效案》，内务部编：《内务部第一次警务会议汇编·第三编·议决录》，第193页；还可参见方彪：《京城百怪》，第72~73页。
⑦ 《注重巡警招募方法案》，内务部编：《内务部第一次警务会议汇编·第三编·议决录》，第52页。

并重"①,制定了招募巡警条例,除了规定应募者应具备的身体素质外,还要求必须"粗识文字","言语应对明瞭"。②

"选募巡警考验其先导也,教练其后劲也。"③随着民国社会的发展,警察应是适应社会状况的适当人才,所以仅具备体格等基本条件,还不足以应对变化发展的社会状况,为此还必须注重所募警察的教育和训练。民国以后,北京警察教育主要是由京师警察厅自己所设各种训练机构承担。与全国别的地方不同,京师警察厅设立了募警讲习所,专门训练"各区溢额募警及嗣后新招募警"。但募警讲习所学制仅为两周,学习科目也仅限于勤务须知、职务语言和兵操三门。④相比之下,京师警察厅1914年3月接管的前清巡警教练所从训练时间和科目上更加规范。巡警教练所主要训练"现充募警未经教练者",学制为三个月,学习科目有时行法令、刑法大意、勤务章程、警察要旨、行政警察大意、违警律等十二门,考试及格者发给毕业证书。巡警教练所学警毕业后,作为三等巡警分发各区服务,成绩优异者,还可擢升。⑤另外,京师各区署巡官巡长未经入过警察学校肄业者较多⑥,京师警察厅还设立了巡官巡长讲习所,专为增长学识,将各区巡官长轮流入所受训学习职务上必要之学科及实务。巡官长学习时间为10日,学习科目包括勤务章程、警察手眼、调查户口法、违警律略释、兵操等六门。⑦同时设置两个初等警察训练机构,还设立了巡官巡长讲习所,表明处于首都的京师警察厅对警察素质的提高非常重视,但从其设立的这些机构训练时间和训练科目来看,显然很难取得大的成效,如募警的训练时间仅为两周,巡官巡长的训练时间更短,只有10天,在这短短十数天的时间内,不可能习得多少警务知识,想要靠此来提高警察素质显然是不

---

① 《募警放榜日期》,《晨报》1918年3月19日,第6版。
② 《京师警察厅招募巡警条例》,蔡鸿源主编:《民国法规集成》第14册,第60页。
③ 黄鸿寿:《论说·论选募巡警宜注意考验与教练》,《江南警务杂志》第2期,1910年,第1页。
④ 《京师警察厅募警讲习所章程》,蔡鸿源主编:《民国法规集成》第14册,第53页。
⑤ 《京师警察厅巡警教练所章程》,蔡鸿源主编:《民国法规集成》第14册,第55~59页。
⑥ 《传知巡官入学》,《晨报》1918年3月16日,第6版。
⑦ 《京师警察厅巡官巡长讲习所章程》,蔡鸿源主编:《民国法规集成》第14册,第50~51页。

现实的。另外,还应注意,即使设立了这些机构,也未能普及警察教育,加以"巡警随时革换,比较上未经教育者总占多数","已受教练者尚不免有蔑弃警章之行为,则未受教练者其胸中更不知警章为何物"。①

"警察、官吏如同手足,缺一不可。"②"警察官吏与普通官吏不同,尤需专门之学识技能,始能胜任愉快。"③北洋政府时期,我国"高等警察知识之人才甚少,非设校从事培植,必不足以振兴高等警察行政"④。经过警察学校和地方警察传习所的过渡,根据第一次警务会议的决议,内务部决定从1917年以后,荐任一些职员必由警察学校毕业人员充当。⑤为此,内务部于1917年9月开办了警官高等学校。该校为当时全国警察最高教育机关,"以教授警察实地应用各学科,养成警察管理高等学识为宗旨"⑥。按照规定,该校学生在北京招考三分之一,其余在全国各省区依格考选,再呈报内务部复验后才能入学。⑦招收报考者必须具备下列各项资格之一才能录取:法政学校一年半以上毕业或警察学校一年以上毕业者;陆军中学校及陆军预备学校毕业或陆军中学校以上毕业者。警官高等学校不仅在招生方面优先北京,还规定该校学生于毕业前

---

① 《拟请规定改良警察办法以收实效案》,内务部编:《内务部第一次警务会议汇编·第三编·议决录》,第193页。

② [日]服部宇之吉等编:《清末北京志资料》,第238页。

③ 《内务部训令案据警务会议议决警察官吏概用警察学校毕业人员充任一案兹经本部核定通行一体遵照文》,《京兆公报》第16期,1917年11月5日出版,第6~7页。

④ 《办警官高等学校》,《晨报》1917年1月11日,第5版。

⑤ 《内务部训令案据警务会议议决警察官吏概用警察学校毕业人员充任一案兹经本部核定通行一体遵照文十月二十日》,《京兆公报》第16期,1917年11月6日,第6~7页。荐任委任警察其任命程序,"荐任警官由内务总长呈请大总统任命之,如京师警察厅之都尉,警正,计正,各地方警察厅水上警察厅之厅长,警正,计正等是;委任警官由内务部知行该管最高长官,令行该厅、局、所,委任之,如各警察厅之警佐,技士,县警察所警佐等是。至民国六年十月二十日内务部通咨各省区,各地方警察机关以后遇有荐委任警官缺出,均应优先遴选警察学校毕业人员,按资录用,以期得人,而谋进步"(尧峰:《二十年来之警官任用待遇状况及其将来》,《现代警察》第1卷第1期,1933年,第40页)。

⑥ 《警官高等学校章程》,《政府公报》第404号,1917年2月25日,第16页。

⑦ 《兼署内务总长范源廉呈大总统拟办警官高等学校培养警察全才缮具章程请核示文(附章程)》,《政府公报》第404号,1917年2月25日,第15页。

应轮流派赴京师警察厅署实习勤务一个月。①据1933年的统计,在当时已毕业的警官高等学校学生中,分发北京的人数最多,占11.56%。这种倾斜表明北洋政府对北京警政的重视。

表18 警官高等学校毕业学员分发北京市人数统计表

期 别	班 次	分发年月	分发北京人数	总 数	百分比
第一期	正科第一、二班	1920年9月	14	178	7.87%
第二期	正科第三、四班	1921年7月	10	77	12.99%
第三期	正科第四、五班	1924年8月	21	215	9.77%
第四期	正科第六、七、八、九班	1927年9月	32	276	11.59%
第五期	正科第十、十一、十二班	1927年9月	7	45	15.56%
第六期	正科第十三班	1929年5月	5	115	4.35%
第七期	正科第十四班	1929年9月	7	99	7.07%
第八期	正科第十五班	1930年5月	9	75	12.00%
第九期	正科第十六班	1931年3月	15	91	16.48%
第十期	正科第十七班	1932年6月	19	63	30.16%
第十一期	正科第十八、十九班	1932年10月	24	119	20.17%
正科卫生班		1928年3月	6	19	31.58%
指纹、警犬专科班		1932年8月	17	237	7.17%
总计			186	1609	11.56%

一、建筑、电气两科因前内务部将卷遗失,无从查考,故未能列入。
二、指纹、警犬两科同时毕业并案呈请分发,无从查分,故列一格。

资料来源:据《警高毕业学员分发人数统计》,《现代警察》第1卷第1期,1933年,第126~128页。可以看出,总计分发浙江145人,甘肃15人,四川28人,辽宁67人,吉林60人,黑龙江47人,广西15人,山西53人,陕西35人,安徽57人,山东109人,察哈尔17人,湖南41人,江西97人,云南4人,贵州6人,江苏68人,热河39人,河南83人,河北113人,湖北95人,广东27人,绥远22人,新疆4人,福建43人,首都(南京)48人,北京86人,上海11人,青岛9人,天津36人,汉口13人,哈尔滨27人,威海卫2人,总计分发1522人。

① 《警官高等学校章程》,《政府公报》第404号,1917年2月25日,第16页。

不可否认，由于京师警察厅自身的努力和北洋政府的重视，北京警察的素质在全国来说应该是比较好的，但即使这样，警察连自身所应具备的最基本的警务知识也很难达到，时常受到社会民众的批评和非议。如警察执行警务，对于人民应能执行警章，这就需要熟悉警章内容才能判定民众是否有违警章，但一般警察多有"对于人民之举动或不知其为违警而视若罔睹，或以为事属轻微而置诸不问"①。"究其勤务怠废之由，未始非因于知识之欠缺"②，如有警察看见有市民随意在街上小便，只装作看不见，甚至自己也随意小便。③警察不仅要明白自己的职务究竟包括哪些，还应能遵守警规，对于这一点，北京的警察亦饱受批评。从史料看，时常会发现有警察站岗时聚集闲谈、手攀路树④、与妇女调笑戏言⑤、打盹丢刺刀⑥，以及值勤时闲坐聊天⑦等情况，以致 1921 年内务部"因内、外城各区巡官长警等，资格不符者太多"，命令京师警察厅将各区巡官长警等严格进行甄别。⑧京师警察厅亦认识到了这些问题，考虑到警察素质普遍较低，将警察勤务上"最切要章程演成白话，并将违警罚法增入"，编成一册发给各警察每人一本，"俾知对于己须遵守警规，对于人须执行警章先教之而后则以实行，庶获简易之效，以免丛脞之虞"。⑨经内务部督促和京师警察厅自身反省，以上诸种情况并未彻底好转，到北洋政府的最后时期，据京师警察厅督察处督察得知，各区仍有多种违背警规的情况，如"各区望警间有服装不整或不带警笛"⑩。

---

① 汪文玑：《违警罚法释》，自序第 2 页。
② 汪文玑：《违警罚法释》，自序第 2 页。
③ 《警察也在街上随意小便》，《晨报》1922 年 7 月 5 日，第 7 版。
④ 《取缔岗警聚谈》，《晨报》1918 年 6 月 13 日，第 6 版。
⑤ 《巡警与妇女交谈记革》，《晨报》1921 年 2 月 18 日，第 6 版。
⑥ 《岗警打盹丢刺刀》，《晨报》1926 年 1 月 17 日，第 6 版。
⑦ 《京师警察厅外左三区分区表送查获崇喜家内烟案时适有本区巡警朱嵩龄于职务时在彼闲坐一案卷》，1920 年 1 月 1 日，J181-019-57051。
⑧ 《各区长警将受甄别》，《晨报》1921 年 2 月 19 日，第 6 版。
⑨ 《巡警勤务须知》，《京师警察公报》1927 年 4 月 18 日，第 4 版。
⑩ 《京师警察厅训令》，《京师警察公报》1927 年 9 月 30 日，第 2 版。

普通警察人员素质较低，那是不是受过高等学校教育的警官具备相应的高等警察知识呢？没有直接的史料，但从现有的史料推测，还是可以得出粗略的判断。警官高等学校的招生资格有一定的规定，但因民众对警务不甚了解，报考者多是没有别的更好谋生途径才选择投考，按当时报纸上的说法，"报考各生，其中寒酸颇多"①。这不是说贫寒之士就不能成为优秀的警官，但可以说明一个问题，就是报考者多是迫于生活无奈，这在一定程度上不利于对警察这一职业的正确认识。另外，在校警高学生也时常被报纸披露出一些扰乱社会秩序的案件②，如比较有影响的1925年警高学员因不买票引发的砸电车案件③。警官学员大规模参与打砸电车事件从侧面说明了这样的学员毕业分发各地成为警官，其对警察工作的认识很难达到较高的水平，政府最初通过警官高等学校培养"警察管理高等学识"者的希望恐怕要大打折扣了。北洋政府结束之际，有学者评价说，我国设立的"警察官学校，培养警官人才，法至善也。惜其办理多不认真，以致有名无实。人多藉此混一警官资格。对于警官学识，不一定有研究。以至我国警察管理，毫无进步，殊可叹惜"④。

"巡警学识，与警察之前途，关系匪浅，并以社会人民程度日高，警察服务，苟无想当之学识，处事难免完善。"⑤这是京师警察厅总监陈兴亚因经费支绌将巡警教练所停办后复又兴办时的认识。这种认识可谓相当精准，但也只是停留在认识层面上而已，实际的贯彻却是另一回事。民国后期，有学者在回顾北京警政时有如此评价："京师自举行警政以来，日有起色，所未能推行尽

---

① 《警高考试无定期——报考寒士大狼狈》，《晨报》1917年6月4日，第5版。

② 《高警学生吊膀失败》，《晨报》1923年12月19日，第6版；《警高学员又不购票》，《晨报》1925年4月26日，第6版。

③ 《二百高警学员砸电车——结对而行见车就砸各人手执黄色校旗为护符司机售票各一人受重伤行凶之起因为不购票》，《晨报》1925年3月14日，第6版；《警高学员砸电车案》，《晨报》1925年3月28日，第6版。

④ 陆丹林：《市政全书》，中华全国道路建设协会1929年版，第443页。

⑤ 《陈总监注重警察学识——毕业学警前十名已破格提升以期学警注生各自奋勉前进》，《京师警察公报》1927年11月4日，第4版。

利者,即巡官长警,未能得循序渐进之教育耳。"①

三、民众认识偏颇

"近世各文明国家,没有不极力注意警察,就是各国人民,对于警察,也极为信用,极为崇仰,这都是晓得警察与人民实有密切关系的缘故。"但北洋政府时期,中国的警察"还没有发达,一般人民,对于警察,不仅不甚信仰,并且还多有反对的,以致警察,每每为所掣肘,不能够行使他的职权"。警察的职责在于维持秩序以保卫安宁,既然担负这个责任,就"不得不事事查察,有一不合宜的,就不得不加以干涉"。②警察的种种干涉对于习惯"自助"管理的中国民众来说很难一时之间完全理解并接受,特别是那些营生受到干涉的民众,警察规范性的控制给其社会生活带来了极大的不便,相应地,警察执行正常警务工作所遭遇到的来自这些民众的阻碍也就更为突出。

从现有史料看,很少有普通民众直接表达阻碍警务的言论,但通过史料的解读和分析依然能够得出本书的结论。行为是态度最好的说明,从民众对待警察的各种态度中,不难推断出社会民众对警察认识偏颇确实是当时影响正常警务的一个不可忽视的因素。当时报刊上连篇累牍的相关报道给我们提供了这方面的确凿证据。

前文在论及民众对警察的负面评价时提到,因警察实力抵不过高官显宦的势力,在处理相关的警务时不能公平对待,引起普通民众的批评和不满。不仅不敢公平处理,在遇见此类警务时,警察人员还常常被所应处理的人仗势欺负。军人是势力群体中阻碍警务最为突出的一类,如1920年8月,在宣武门外菜市口有一辆汽车,在街道上行走如飞,该段巡警见该车未有车牌,当即上前拦阻,不料跨车的卫兵不由分说将巡警饱打一顿,驾车离去。③公府、议员的

---

① 汪觉黎:《警察史料·觉黎散记·训练募警之由来》,《警声》第2卷第5期,1941年,第52页。
② 《说警察与人民的关系》,《京兆讲演汇编》第22期,1917年8月,第7页。
③ 《巡警拦车被殴》,《晨报》1920年8月7日,第6版;《赶大车的丘八殴警》,《晨报》1924年7月20日,第7版。

汽车违规，汽车司机不听警察处理反仗势将警察踢倒、打伤的情况亦是常见。①外国人因仗着享有特权将处理警务的警察打伤也屡见不鲜②，甚至为外国人服务的中国民众也仗着外国人的势力欺负警察。如1925年9月，在前门外东车站附近，有两个为外国人遛马的中国人拉着马匹在街上往来，因马未驯服，将卖豆腐脑的摊子踢翻打碎，摊主要求赔偿，遛马人异常蛮横，拒不赔偿，巡警赶至调解，马车夫竟责备警察无理取闹，还大骂不止。③一些手中有钱的阔人虽不能享有特权，但对于警察的正常警务也很不配合，有时反而更加过分。如1921年6月，在西四牌楼附近，有一位阔人将汽车停在马路当中，该处守望巡警，以其有碍交通，令其稍移道旁，该汽车夫闻言大怒，开口便骂，巡警与之理论，阔人汽车夫竟指挥其同行数人，将巡警毒打一顿，并将其枪支夺去，还扬言非区长来领不给。④

　　享有权势之人毕竟是少数，对于警察来说，每日处理警务面对最多的还是普通民众。如果说警察受到权势之人的欺压还能求得一丝自我解嘲的话，那么众多普通民众的肆意侮辱和打骂却是使警察疲于应付、自暴自弃的一个重要因素。

　　早在1900年八国联军占领北京时期，庆亲王奕劻为培养日后北京的警察人才，委托日本警务衙门对警察官吏进行教育。受教育的学生身穿制服在街上行走，"当时中国人不解何为警务，常常笑骂学生"⑤。因警察值勤时要站在固定的岗位和四处巡逻，至民国时期，北京警政已经进行了十数年，民众在言及警察时还多轻蔑地称其为"看街狗"，甚至还认为"巡警不如看街的狗"。对

---

①《司机生仗势欺人》，《晨报》1922年3月20日，第4版；《议员的车夫殴警》，《晨报》1924年6月15日，第6版；《议员车夫欺负警察》，《晨报》1924年10月14日，第6版；《议员的车夫打巡警》，《晨报》1924年10月12日，第6版；《汽车夫恃势殴警》，《晨报》1925年4月1日，第6版。

②《意人殴伤巡警》，《晨报》1920年2月7日，第6版；《美国兵酗酒伤巡长》，《晨报》1923年7月13日，第6版。

③《两军人为巡警解围》，《晨报》1925年9月29日，第7版。

④《巡警几乎保不住手中枪》，《晨报》1921年6月27日，第6版。

⑤ [日]服部宇之吉等编：《清末北京志资料》，第238页。

于巡警身穿制服、手拿警棍站岗的情形,民众有这样的描述:"夹着黑棍抹黑油,穿洋靴,戴洋帽,身穿一件狗皮袄。"①正因常被骂为"看街狗",一些警察心里非常郁结和自卑,从而对于市民随意骂"野狗"也就非常敏感。如1924年9月,在东直门北新桥附近一间切面馆,伙计康进忠夜间在店看门,因门外有几只小狗叫个不停,影响其睡眠,康某打开门朝外叫骂:"这群野狗崽子,在这儿乱叫。"当时在此处巡逻的两个警察听见康骂"野狗",便怀疑是嘲骂自己。虽经康进行解释,两个巡警仍然不听,揪着康说:"我当的是国家的差事,你骂我们是'野狗',反正欠八个月的饷,差事不当了。"②从这个事例中可以看出,警察被民众称为"看街狗"导致其心理上非常自卑,再加上长时间欠薪,警察心里更加郁积,偶然听到有人骂"野狗"便借机发泄。民众轻蔑的态度仅靠强制手段是不能制止的,这种辱骂对于北京警察来说时常发生③,警察自身也很清楚自己在民众心中的形象。不能从工作中得到尊敬,反而经常遭受辱骂,难免会影响警察对待工作的态度和方式。

民众对警察报以轻蔑的态度,从内心瞧不起,对警察的正常警务工作自然也就不会按规定配合。如1914年7月,巡长亨福巡逻至煤市街北头,见一辆人力车在道路盘旋,招揽客坐,该处守望巡警指挥,但该车夫不但不服,反以恶言相抗,巡长亨福等前去制止,该车夫"尤形蛮横,势将动武"④。不仅不予正常配合,民众反而时常对正常执行警务的警察大肆殴打。

"巡警和洋车是大城里头给苦人们安好的两条火车道。"⑤同为穷苦人,但警察和人力车夫身处不同位置,双方之间经常会因道路秩序问题发生冲突。作为维持秩序的警察虽有法定的权力,但对于机动灵活的人力车夫却很难使

---

① 李家瑞编:《北平风俗类征》(上),第183页。
② 《骂野狗惹恼巡警》,《晨报》1924年9月11日,第6版。
③ 《舞台上骂巡警被罚》,《晨报》1921年3月2日,第6版;《骂警罚拘五天》,《晨报》1924年7月27日,第7版。
④ 《保安二队关于车夫赵廷士不服指挥给警察总监的详报》,1914年7月1日,J181-018-02679;《京师警察厅警察第二队关于将先农坛内逆行线路不服指挥人甄并林解的呈报》,1914年1月1日,J181-018-02768。
⑤ 老舍:《我这一辈子》,《月牙集》,第120页。

其遵守交通秩序。在人力车夫不遵守交通规则如"行走不遵路线"①、"将车横在路中间"②、"在马路上盘旋"③、"争行走路线"④等时,警察上前干涉,这些人力车夫不仅不听指挥,反时常对指挥的警察大打出手。甚至,在一名人力车夫打巡警之时,别的车夫还围观起哄。⑤有时,人力车夫被汽车碰撞后因找不到肇事汽车,还"要求巡警找到汽车,否则由巡警赔偿"⑥。大车车夫、电车司机生等和人力车夫一样,在"妨碍交通"、违章乱停等时如遭巡警干涉,亦有打骂巡警的事发生。⑦

除了各种车夫,其他经常在街市活动的民众也和警察有较多的冲突,如商铺店伙计和妓女。1926年5月,东四聚昌铁铺制作了一块字号铜牌安装到胡同口,有巡警看见,上前询问是否呈报区署,该店铺主汪某不予理会,警察令其稍后再订,应先遵章呈报,俟区署查看有无妨碍交通,再行订定。但汪某执意要装,与警察产生冲突,汪某便令铺内伙计三人,一拥而上,将警察按倒即打,还回铁铺取来铁棍,将警察打得头破血流。⑧娼妓业受警察管理,妓女行为也要受到警察的约束。1924年10月,前门双五道庙某妓院门前,妓女王素卿

---

① 《车夫打伤巡警》,《晨报》1918年12月20日,第6版。

② 《顽车夫殴警》,《晨报》1924年9月23日,第6版。

③ 《巡警怒打洋车夫》,《晨报》1925年2月22日,第6版。

④ 《洋车夫喊告巡警》,《晨报》1925年4月20日,第6版。

⑤ 《顽车夫殴警》,《晨报》1924年4月6日,第6版;《洋车夫也来打巡警》,《晨报》1924年7月28日,第7版;《洋车夫亦敢打警察》,《晨报》1924年8月8日,第7版;《有一车夫打巡警》,《晨报》1924年8月10日,第7版;《天桥上车夫殴警》,《晨报》1924年12月16日,第6版;《洋车夫殴警》,《晨报》1924年12月19日,第6版。

⑥ 《洋车夫反欺负巡警》,《晨报》1924年1月30日,第6版。

⑦ 《马车夫打倒警察》,《晨报》1924年8月2日,第7版;《昨日全城电车停驶——因司机生与巡警起冲突争点在白电杆停车问题车第一路沿途停车最多前夜已发生一次争吵》,《晨报》1926年1月29日,第6版;《电车司机生昨与巡警大冲突——因干涉连挂三辆电车而起》,《晨报》1925年8月8日,第7版。

⑧ 《铺伙与警察打架》,《晨报》1926年5月20日,第6版;《恶铺伙群殴巡警》,《晨报》1923年10月8日,第6版。

在"门口卖风流,招的冶游之人无不起哄",岗警赵省三上前干涉,该妓女不但不听劝告,反而大骂巡警不应干涉,并说:"我们下处,每月上捐,为的是让你们保护我们,哪能让你们管束我们呢? 无怪人家骂你们为看街狗,真是一点不错。"该巡警恼怒,与其争辩,但该妓女揪住巡警,"大打特打,打得巡警服装破碎,面部亦被抓伤,鲜血直流,淋漓满身",但当时周边看热闹的人,不进行阻拦,反而"无不喝彩"。①

从当时的报刊上看,其他社会民众亦常有殴打巡警的情况,如赌徒②、粪厂人员③、家庭妇人④、醉汉⑤、疯汉⑥、工人⑦、煤铺伙计⑧、赤膊者⑨、拉冰车夫⑩,甚至大姑娘⑪等。这些社会民众殴打巡警一般是违反警章遭到干涉,不愿听从劝诫,反而对其大打出手。如赤背不仅有碍街市观瞻,还会影响到市民的身体健康,警察厅多次布告严禁,但市民夏季天热,赤背已成习惯,遭到警察的干涉,感觉特别不便,在警察干涉时,市民多有不听,认为警察是在管闲事,蛮横者便会殴打干涉的警察。警察在执行警务时,因遭受市民的打骂而受伤的现象也屡见不鲜。如 1921 年 8 月,宣武门外一位警察正在指挥交通,突然一辆汽车飞快驶来,警察赶紧指挥该汽车按照路线靠南边走,但这辆汽车偏不照着

---

① 《妓女大打警察》,《晨报》1924 年 10 月 14 日,第 6 版;《伶人大胆殴警》,《晨报》1923 年 10 月 28 日,第 3 版。

② 《赌徒群殴巡警》,《晨报》1924 年 10 月 24 日,第 6 版。

③ 《昨天粪厂罢业》,《晨报》1925 年 5 月 10 日,第 6 版;《粪厂又闹风潮》,《晨报》1925 年 7 月 24 日,第 7 版。

④ 《巡警冤被妇人当街打嘴巴》,《晨报》1922 年 8 月 18 日,第 7 版。

⑤ 《醉汉也打伤巡警》,《晨报》1923 年 10 月 28 日,第 3 版;《凶汉大打巡警》,《晨报》1923 年 9 月 17 日,第 6 版。

⑥ 《疯汉殴伤警察》,《晨报》1924 年 9 月 22 日,第 6 版。

⑦ 《工人与巡警开仗》,《晨报》1923 年 11 月 21 日,第 6 版。

⑧ 《警爷敌不过煤黑子》,《晨报》1923 年 12 月 21 日,第 6 版;《煤黑子竟大打巡警》,《晨报》1924 年 8 月 21 日,第 7 版。

⑨ 《一阵赤膊汉殴警》,《晨报》1924 年 8 月 20 日,第 7 版。

⑩ 《拉冰车的殴伤巡警》,《晨报》1925 年 8 月 12 日,第 7 版。

⑪ 《旗姑娘殴警出血》,《晨报》1924 年 5 月 11 日,第 6 版。

南边走,直朝警察开过去,警察躲闪不及,被撞倒,轧伤肩部。汽车司机见该警察受伤,不下车察看,又往后退了几步,索性开足马力,还想一不做二不休向该警察身上轧过去。该警察躺在地下,摆手警告,汽车司机一点也不在乎,还用车轮顶着警察的脑袋,并鸣着喇叭,催促警察"快滚"。①

之所以出现欺辱、打骂警察的现象原因很复杂,并不仅仅是社会民众对警察工作认识不清、不配合的缘故。在这里列举这些史料也不是想指责社会民众素质低下,事实上,也不能仅从这些史料的表象一味对社会民众进行指责。对于研究者来说,看到这些史料仅是看到了一小部分的历史真实,更重要的是要看到隐藏在这些史料表象背后更大部分的历史真实。这更大部分的历史真实就是要回答一个问题:为什么当时的社会民众对待警察有如此的态度和行为呢?

"自尊人必尊之,自轻人必轻之。"警察作为最接近社会民众的官方人员,必须自重,才能不使民众对其轻视,也只有这样,才能"绳衍纠谬,发奸摘伏,纳人民于轨物之中"②。根据前文的分析,探求社会民众对警察轻视、抗拒的原因主要有五:(1)自爱才俊之士不愿充任警察;(2)警察教育训练缺乏;(3)自甘暴弃,无名誉观念;(4)警察薪饷过低;(5)北京权贵势力过强。正因如上原因,社会民众才对警察产生轻蔑态度而未敬仰之心,也正因如此,警察在执行警务时才会有种种障碍境遇。

---

① 《汽车险些压死一个巡警》,《晨报》1921年8月21日,第6版;《汽车轧伤巡警》,《晨报》1920年1月16日,第6版;《军用汽车轧伤巡长》,《晨报》1925年12月24日,第6版;《疯汉咬掉巡警中指》,《晨报》1925年4月25日,第6版;《军用汽车轧伤巡长》,《晨报》1925年12月24日,第6版。

② 《拟请规定改良警察办法以收实效案》,内务部编:《内务部第一次警务会议汇编·第三编·议决录》,第193页。

结　语　PERORATION

ERSHI SHIJI ZHI ZHONGGUO

　　本书主要研究四个方面的问题：第一，分析警察机构与政治的关系，理清警察机构在经费来源、官员任命、机构设置、职能规划等方面受政府权力的影响，警察机构又是怎样服务于政府的政权统治；第二，考察官方的警察机构怎样规范民众的日常生活、管控城市公共空间以及引导社会风气改革，从中看出民众的社会生活发生了怎样的变化，政府官方机构借助怎样的手段推行新的社会生活方式，以及在推行的过程中所遭遇到的来自社会的种种阻力；第三，从公共道路、税收以及公共卫生等方面揭示了警察机构与市政管理的关系。在市政管理上，警察机构与当时专门的市政部门分工协作，在整个市政管理过程中充当着不可或缺的角色，甚至在某些方面承担着主要责任；第四，尝试探索警察机构与慈善救济的关系。警察机构设立后，逐渐接管了原本由社会力量主导的慈善救济，在保障贫民基本生活方面发挥了重要作用，并推动了传统慈善向近代慈善转型，还在女性救助方面起到了积极的示范作用。

　　经历了改革、革命，北京从封建帝都变成了民国政府的政治中心，首先感受到政权变动带来的剧烈变化。北洋政府时期是这一变化过程的关键时期，在这个阶段，北京民众的生活依然继续，但因为政权发生改变，社会生活中的各个方面亦随之发生了变化。城市被纳入了专业、系统的管理当中，警察机构成为政府主要依靠的城市社会管理机构，民众生活的方方面面都进入了政府管控的范围，原本在民众生活中发挥重要作用的各种社会力量的权力空间也被挤占。同时，借助于警察等城市管理机构，政府更多地倾听来自社会的声音，与社会民众的联系较传统社会紧密，而社会民众也开始意识到借助官方机构与政府上层发生联系，进而影响政府，改善对城市社会的管理。城市社会的传统生活状态被改变了，并且这种改变的幅度越来越明显，传统的影响越来越无力。

北京虽然是首都，但其从传统社会向民国社会转变的过程是整个中国社会变化的一部分，虽然有作为政治中心的独特一面，但其在近代化发展过程中的历程可以很大程度上代表近代中国大多数城市的共同经历。①"北京的步履蹒跚，更能体现古老中国对西方文化激烈冲击时的困惑与挣扎。从大历史的角度来解读这一两百年来中国的命运，北京是一个很好的缩影，她比起上海来更典型。她的困惑、迷茫，以及纷乱中的崛起，所有这些，都特别'中国'。"②特别是北洋政府时期，北京的警察更被称为"全国模范警察"，成为全国不少城市模仿学习的典范。以致后人有评价说："京师警察厅时代为北平警

---

① 法国年鉴学派代表人布罗代尔曾引述一位神父在1735年对中国城市的评价："中国大部分城市之间几乎没有差别，它们彼此相似，只消见过其中一座，便能想象其他城市的模样。"并认为"这些话说得干脆，但不莽撞"。这话放在整个近代也大体适用。（[法]费尔南·布罗代尔著，顾良、施康强译：《15至18世纪的物质文明、经济和资本主义》第一卷，三联书店1992年版，第602页）

② 林郁沁：《30年代北平的大众与媒介炒作——关于刘景桂情杀案》，陈平原、王德威主编：《北京：都市想像与文化记忆》，北京大学出版社2005版，第559~560页。

政之黄金时代,模范警政之令名,即得之于此时。"①警察机构与政治之间保持着密切的关系,以及警察机构对城市社会的各种管理——日常生活、公共空间、社会风气、交通道路、公共卫生以及慈善救济等,也在其他城市进行。可以说,警察机构是一个微型政府,管理着城市生活的方方面面。

一、一个微型政府

晚清以降,现代化的潮流冲击整个中国,随之而来的城市改良运动便是按照统一的模式来改造城市,而处于首都地位的北京便是这种统一模式的典范。这个模式包括整修道路以改进交通,规定卫生标准以防止疾病,清除街头乞丐以塑造城市形象,设立各种规章制度以维持公共秩序,改良休闲娱乐以启蒙大众,强化政治以推动国家控制。②这一切的实现仅靠传统的社会团体或组织是不可能完成的,必须是由政府出面并授权强有力的机构来完成,而新出现的近代警察机构适当其用。

对于北京和全国不少城市来说,进入 20 世纪后,最重要的变化之一就是近代警察的设立。从清末到北洋政府成立后的一段时间内,北京并没有专门

---

① 姜春华:《北平警政概观》,第 17 页。京师警察厅的模范作用具体事例较多,如 1917 年内务部召开警务会议,各省派代表到北京参加会议,讨论有关警务各事宜,"各代表以京师警察厅成绩之佳,名闻各省,足资模傚之处必多",在会议行将终结之际,要求趁此次到京之便参观警察厅及各区署,"采取所长,以补各省之所短"。(《警代表参观警署》,《晨报》1917 年 4 月 25 日,第 5 版)1925 年京兆地区召开警务会议,因京师警察厅"附设各种机关,设备完全,堪资模范",参加会议各地警察人员为学习取法,到京师警察厅辖属的教养局、疯人收养所、济良所等进行了参观。(《致京师警察厅通知派员率同各警佐前往教养局等机关参观请转饬届时指导函》,《京兆警务会议辑览》,第 117 页)再如 1917 年,内务部要求各省重订或增修预防时疫清洁各项规则,虽然各省情形不同,但因京师警察厅所定有关防疫规则较早亦相对完善,便要求各省"先引京师警察厅之防疫规则为例,以便各省取大意,参照本地情形,酌为增减"。(《咨·内务部通咨各省省长(请厉行清洁以防疫病并妥定办法咨复)》,《公文书程式举例》,商务印书馆 1918 年版,第 17 页)

② 参见王笛:《新文化史、微观史和大众文化——西方有关成果及其对中国史研究的影响》,《近代史研究》,2009 年第 1 期。

的城市管理机关，警察机构不得不同时承担城市综合管理的职能。这种由警察机构包揽城市综合管理的情况并不为北京所独有，而是20世纪初一个比较普遍的现象，在中国的其他城市如广州、成都、天津等亦有类似情况。① 清末以后，人口的增长和商业的发展使北京成为一个日益复杂的大都市，除了仍为政治中心之外，商业和生活的功能更加凸显，仅靠警察之力很难再承担全部城市管理的责任，在这种情况下，市政公所（1914年6月）成立。但从史料所反映的具体实践可以看到，警察机构仍担负不少城市管理的任务，之前的多重角色依然没有发生根本性改变。警察这种职能的多重性，一方面与其在中国出现时间较短、发展不完善有关，另一方面也符合城市近代化发展初期的实际需要。可以说，这是当时时代所造成的特点。这种状况从清末北京近代警察制度建立，一直持续到北洋政府结束，前后长达近三十年，是中国近代社会管理制度发展的重要阶段，同时也是城市近代化发展的重要阶段。

京师警察厅是和北京政治密切联系又实际负责社会生活、市政以及社会救济管理的政府机构。在当时，北京还未设立市政府，京师警察厅是直接隶属于内务部而又和社会民众联系最为密切的官方机构，它几乎和城市社会的一切都产生联系，包括民众的生老病死、衣食住行、社会交往、防火防灾、日常琐事、风俗习惯、庆典信仰、道德伦理、商业金融、集会游行、政党结社、报刊言论、慈善救济等，其他政府机构如市政、教育、财政、司法等一般只是负责社会某部分的内容，与社会民众多是只有单方面的联系，且这些机构亦须借助警察机构之力。

警察机构处理各种各样的警务以及与民众之间的关系反映了政治、经济、社会、文化的变化。受政治的影响，警察总监以及关键的警察高管会受到牵连，被撤职或调离，不能施展改革计划，亦不能维系组织关系；财政部不能按时拨款，警察或辞职或兼职或懈怠，其原本职务就难以进行，影响警务处理；在大的政治运动或事变中，更须借助警察之力，维护社会安定，加派警察站岗、巡逻是常有之事，少数警察更是参与到最高层的政治活动当中，并成为必不可少的角色。

---

① 参见[美]史明正著，王业龙、周卫红译：《走向近代化的北京城：城市建设与社会变革》，第7页。

各商业店铺开张,总要经过警察机构的批准,缴纳捐税、铺面广告、歇业转铺也离不了警察;金融行业方面,警察要保护民众兑换钱币,防止钱商凑集资本操纵钱价,维护各种钱票的购买力;当然,普通警察人员一个月8元左右的薪水也因通货膨胀、钱币贬值得到增加,但增加的数量远远赶不上物价上涨的速度,所以从经济收入来看,普通警察一直处在社会下层。

"一条鱼最后注意到的东西是水。"① 处在社会下层的警察和普通的民众一样生活,在面对民众随地大小便、乱扔垃圾、高声喧哗、赤裸上身的时候,他们往往不愿主动去管,因为脱了警服的他们在社会生活中也常常这样,想要文明却做不到文明;他们来自社会,感受着社会,和普通民众一样,欺软怕硬,学着保护自己,同时又对弱势群体充满同情;社会上出现的新变化给警察带来了新的挑战,电车给扒手提供了新的场地,自行车增多偷窃者亦增多,随着路灯、电话的迅速发展,防止偷割电线的问题需要注意了,新式毒品吗啡的流行增加了禁毒的难度;警察机构要随着社会发展变化的需求不断改善自己,城市人口增多促使户籍警出现,外国人口增多促使添设警察翻译人员,为灵通消息安设电话,为迅速出动抓捕犯罪添设自行车队、汽车队,为随时抢救触电民众警察学习触电救护新法,新式汽车指示灯出现警察指挥交通的手势也随之变化了;随着公众社会舆论影响力的增加,警察机构也开始重视报纸杂志对自己的评价,并且很快学会利用报刊等为自己宣传,博得舆论的同情了。

警察机构身处社会中,必须反映社会价值,其不过所反映的社会价值更多的是要符合政府和社会主流的提倡。如禁止服装不合体以及蓄辫、缠足,《违警律》就有了奇装异服罪;社会风气逐渐开化,男女正常交往增加,但警察机构规定戏院、影院仍要男女分座;婚丧嫁娶中有违社会风气的传统习俗被修改,新的习俗如阳历、双十节等又被提倡;封建迷信被查禁,宗教信仰自由被保护;烟、赌、毒以及淫秽书画、影剧被禁止,但交了捐的娼妓营业却被保护;甚至警察都能以道德维护者的身份进入民众家中去干涉婆媳矛盾、子孙不孝。但是,社会价值是多元的,警察所提倡的社会价值并不能得到社会的一致

---

① [美]詹姆斯·汉斯林著,林聚仁译:《社会学入门:一种现实分析方法》,北京大学出版社2007年版,第38页。

认同，况且提倡标准社会价值者自己并不一定能遵守，就如同京师警察厅也祭拜火神、到龙王庙求雨一样。这种矛盾是社会复杂性的一面。

以警察机构这个社会单位为研究对象来切入城市的内部，首先，有助于把握当时的政治大环境，关注到政治对于政府机构组织规划、职能设置以及城市发展和民众社会生活的影响；其次，关于警察机构的研究可以引导我们了解更广泛的社会生活，观察到常被忽视的社会底层以及底层人民的生活细节；再次，通过对作为中介的警察机构的考察，有助于深入思考政府机构在政府和民众之间应发挥怎样的作用，从而促进国家政治和社会发展以及政府和民众之间关系的探讨。本书在讨论北洋政府时期京师警察厅时，考虑到了其身处首都的独特性，但把其放在整个中国的大舞台上，更关注其在全国的代表性和普遍性，因此，虽然全国各个城市各有不同，但通过对京师警察厅个案的分析，可以大致了解全国大多数城市警察机构在其地方政治与社会中所发挥的作用。这样，就保证了本书在研究个案问题时，带有全局性、宏观性的眼光。

和当今城市政府相比，京师警察厅显然不能称作一个市政府，但在北洋政府时期，北京没有负责全部城市管理的统一的城市政府，城市各个方面社会管理的主要职能是由其承担，京师警察厅成为事实上的城市管理者，可以说是一个"微型"政府。当今市政府的多个直属机构如财政局、卫生局、环保局、公安局、物价局、民政局、地税局、工商局等，其各个分支职能都可以在京师警察厅职能范围内找到最初的对应。尽管京师警察厅不能称作真正的市政府，对其"微型"政府的概括也不一定非常恰当，但通过这样一种表达可以提供一种认识，即应当重视近代化发展过程中警察机构管理城市社会这一非常重要的阶段，唯此才能深化对北京城市近代化的认识，也有助于理解整个中国城市史。

二、社会管理的过渡

与传统的社会管理力量不同，中国的近代警察制度是效仿西方，更确切地说是直接学习日本的结果。明治维新时期，日本政府经过研究，找到了一种适合本土的警察模式,即集多种职能于一身的警察体制。①这种警察体制在八国联军入侵北京时被日本应用到其在北京的占领区,后被清政府效仿。"各国以自己的偏好塑造了各自的警察体制。"②不管是在哪个近代国家,警务中的很多方面十分相似,但在一些具体细节上则有所不相同。各国警察在职能和组织结构上的不同反映了各自的社会状况和文化传统。对于清政府来说,学习日本的警察经验并不只是简单地全盘照搬,而是根据实际情况进行的具体考量。当时的清政府,除了亟须解决社会治安问题外,还有不少城市管理中的问题如道路、卫生、税收等也很严峻,因一时之间还未能设立其他城市管理机构分别管理,新设立的近代警察机构便自然而然地承担了多重职能。

中国古代军警不分,警察的职能与军队的职能往往是融为一体的,而从管理的目的上看,中国古代的治安管理是以消除危害统治的一切不稳定因素为最终目的的,在以这个目标为中心而没有设立独立的警察机构的情况下,治安职能实际上是由其他机构予以分担的,所以古代的治安职能与司法、行政等职能之间往往难以区分。与古代的治安管理制度不同,近代则是由专门的机构和人员即警察机构来履行维护社会治安和公共秩序的职能,在职能上其不仅有明确的区分,还有严格的行为规范。中国古代治安管理制度近代化的过程主要是治安管理职能逐步与其他职能相分离,逐步明确化、规范化、专门化的过程,清末警察的发展正是这个过程的体现。新政的背景下,北京建立了专门的警察机构,将治安管理机构从军队中分离出来,并且作为维护北京治安的主要机构。

传统中国没有设立专门的治安管理机构,其治安职能由多个机构共同承担③,治安与司法、行政等职能之间往往难以区分,因此古代的治安管理职能

---

① [美]罗伯特·兰沃西、[美]劳伦斯·特拉维斯:《什么是警察:美国的经验》,第51页。

② [美]罗伯特·兰沃西、[美]劳伦斯·特拉维斯:《什么是警察:美国的经验》,第54页。

③ 如清代中央政府的工部、兵部、太仆寺就负责北京的市政管理;五城御史除负责巡捕盗贼,维护城市治安、交通秩序外,还兼管巡视街道沟渠、"火禁"以及协助捐税等事;步军统领衙门主要负责北京治安、保卫之事,同时也兼管洒扫道路、维护交通、防火以及风俗等事务。具体可见尹钧科:《古代北京城市管理》,同心出版社2002年版。

范围就涵盖了城门守卫、巡察缉捕、户籍管理、市场管理、交通、消防以及教育、社会风气、查禁娼赌等内容。从这方面看，原本应主要负责治安的近代警察在初设时职能广泛，不仅是社会近代化初级阶段发展的要求和学习西方的结果，也带有继承传统的因素。另外，清末民初近代警察发展的初级阶段，在效仿西方进行改革的同时也保留了一些传统的要素，即在维持社会治安时，遵循了中国古代传统的综合为治的治安方略，重视官方与民间力量的结合，同时，还注意运用预防、惩治、管理和教化相结合的多样化治理方式。北京社会管理制度从条文上仿效西方制度并逐步学习接受其近代化的理念，但从根本上尚难以全盘消化、吸纳，许多传统的因素仍然根深蒂固。这一时期北京城市警察进行社会管理就具有这种传统和现代的理念、制度不断碰撞和融合的近代化特点，这也真正体现了转型阶段社会管理制度承上启下的过渡性特点。

在实际的操作过程中，这种职能和权力十分广泛的警察模式也比较有吸引力，因为清政府不用再考虑筹设另外的机构就可以完成诸如人口管理、卫生管理、道路管理、社会风气管理、消防以及慈善救助等多种工作。辛亥革命后，民国建立，但城市的综合发展依然还停留在初级阶段，所以，原本应是专业的治安力量——警察，在此时依然要承担多种城市社会管理职能。

袁世凯夺得政权后，非常重视警政建设。北京作为政权统治的中心，其社会秩序的稳定尤为重要，所以袁世凯上台伊始就积极改组与充实北京的警政建设，在前清内、外城巡警总厅的基础上改组成立了京师警察厅，使其专门负责办理北京城郊地方警察行政事务。京师警察厅及其下属机构经过不断调整和充实，在职能规划、组织体制、人事制度等各方面都更符合时局的需要。特别是在职能方面，经过清末十年的发展，北京警察还是主要负责社会生活、市政、慈善等综合性的工作，不过其职能范围更加扩大和清晰，在维持北京地区社会秩序的过程中发挥了重要的作用。

从京师警察的职责范围可以看到，警察扮演着多种角色，承担着多种任务，这些任务在此之前是由多个政府部门，如工部、步军统领衙门、五城兵马司、顺天府等分别管辖。很多具体事务如防火、缉盗、慈善救助等是由非官方的地方组织和团体来实施，警察机构成立后，这些任务统一由警察来承担。虽然这种多重角色容易造成权限模糊，职责不清，在一定程度上影响了警察的效率，但应认识到，警察的出现对于向近代化发展过程中的中国城市具有非常重要的意义。虽为多重管理，但至少使中国的城市有了一个专门化的管理机构，这也反映了近代化过程中专业化分工的发展趋势。

警察机构本职上是一个治安机构，因城市社会管理机构的不完善才兼管了其他职责，其职责的重点在于维护北京城市的社会秩序，而不是兼办税收、公共卫生、慈善救济等项。在警察机构内部，负责兼办职能的人员大多不具备相关的专业知识，如卫生处的警察职员很少具备医学和专业卫生知识方面的经验，而所有的条例都需要由普通的警察人员去具体执行，这些招募来的普通警察缺乏对卫生工作的理解，"程度太浅"，"不知熟为合乎卫生，熟为不合乎卫生"，"人民不但不承受彼辈之指导，反加以抵斥"，不能"委以卫生重大之事业"。①管理者和执行者本身皆缺乏相关的知识，无怪乎警察厅制定的各种相关管理条例，只有少数能够真正付诸实施。

警察机构兼管多种社会管理职能所带来的弊端引起了社会的批评和政府的关注。随着近代化过程中专业化分工的要求和城市社会管理的实际需要，要求各部门"各司其职"，这种专业化机构的非专业化的警务要向专业化的警务演变。1928年北伐军开进北京，北京改为北平，设立特别市，市政府下设财政、土地、社会、公安、卫生、教育、工务、公用八个局，京师警察厅相应改为北平特别市公安局，其兼管的多重功能相应划分给社会局、卫生局、工务局等共同承担，警察机构承担多种功能的状况至此发生改变。

在向近代化发展的过程中，传统和现代并不是完全对立的，警察承担多种职能看似是向日本学习的结果，实际上还带有中国传统的元素。传统和现代并不是绝对独立的，传统的因素有其内在的延续性，现代的因素也要借助传统的力量才能站稳脚跟。传统向现代转换的过程中，要想平稳发展，就需要一个传统和现代结合的过渡，在清末民初近代化转型的关键时期，警察机构暂时性地承担多重社会管理职能就是社会管理制度过程中一个适宜的过渡。

---

① 吴葆光：《论中国卫生之近况及促进改良方法》，《新青年》1917年第3卷第5期，第6页。

三、民众生活的改变

在传统的中国城市中,多个官方机构共同承担社会管理的设计原则上可以收到互相配合的效果,但实际操作上却易生互相推诿、职责不分等弊端。至清朝末年,原有的社会管理体制已很难应对此时的复杂状况,不管是从维护政权统治还是社会状况需要角度,抑或是顺应世界近代化发展的趋势来说,设立专门的管理机构都为应势之选。近代中国警察就是在这种状况下顺势出现的。近代警察在中国出现后,通过学习西方的先进经验改变了传统的社会管理方式,使中国有了以法律、法规作为依据和指导的专职管理机构和人员。

王笛在对成都社会进行考察时认为:"在警察出现之前,城市的日常生活没有法规的限制。"①这并不是成都独有的现象,在中国其他城市包括国都北京亦是如此。自从清末警察制度建立后,这种状况开始发生变化,并且随着警察制度的逐渐发展和完善,警察对民众社会生活的影响和控制已经达到了全方位的程度。

中国近代警察在出现的最初阶段不仅负责城市的社会治安,还承担了市政、慈善等多种职能,可以说是担负着城市综合管理的角色,这不仅对促进城市现代化发展起到积极的作用,还加强了和民众的多方联系。警察机构设立后,民众的公共行为如集会、结社、娱乐,到思想活动如宗教信仰,再到个人日常生活如吃、穿、住、行、用,甚至家庭内部的事务等,都和警察产生了密切的联系。警察不仅是秩序的维护者,还是道德的维护者。可以说,警察的权力范围已渗透到了社会和民众生活的方方面面。如果说保甲是政治组织最下层②,它把自上而下的政治轨道筑到每家门口③,那么警察出现后,则取代保甲把这条轨道延长到了门内,甚至触及门内的每一个人。民国以后,警察所控制的范

---

① 王笛著,李德英、谢继华、邓丽译:《街头文化——成都公共空间、下层民众与地方政治:1870—1930》,人民大学出版社2006年版,第214页。

② 闻钧天:《中国保甲制度》,第14页。

③ 费孝通:《乡土重建》,民国丛书·第3编·第14辑,上海书店1991年版,第50页。

围不断扩大,社会和民众生活中的多个方面第一次受到了限制。

任何改革都会遭遇困难,改革民众社会生活的过程中亦是如此,并不是说推行者的出发点是好的,对民众有利,就会得到民众的赞同和支持。一般民众认识不到改变之后能从中受益,因为先受到了限制,他们长久以来习惯了的生活方式要被迫发生改变,自然的反应就是反对和抵制,即使不公开反对,他们也会暗中继续之前的状态。这是任何改革都会遇到的情形,特别是涉及和民众心理依赖有很大关系的内容时所面临的抗拒更加坚决。

民众社会生活的习惯一旦形成,便有很强的传承性,改变起来难度很大。如夏季天气炎热,居民为了解渴降热,多直接饮用凉水。从井中直接汲取的凉水含有细菌,经过煮沸便可使细菌含量大大减少,降低居民感染疾病的几率。警察厅多次进行宣传,但仍改变不了居民不良的习惯,而警察不能强行制止,所能做的也只是"婉言劝导"而已。在实际执行过程中,警察厅所制定的各项法规、条例对于民众社会生活提出了种种限制,这对于从来没有在如此多条条框框下生活的城市居民来说,这些限制给他们带来了诸多不便,因缺乏必要的知识,他们未必觉得对自己有益处。以致当时有学者说,"国民程度良莠不齐,有成事之原动力,即有破坏之反抗力",必须加强强制性的法律,对不良的生活习惯"苟徒加以劝语,必然罔效,非用法律上强制力不易革除其积习"。①因遭遇抵制和考虑到实际民情,警察机构在限制的过程中根据情况酌情进行变通。如京师警察厅在民初几年规定,婚丧嫁娶以及过节,均限制放鞭炮。②这项规定遭到民众抵制,在除夕以及办理吉庆等事时,居民还是多"沿袭旧历",燃放鞭炮,以示庆贺。京师警察厅认为"未便绝对禁止",只能根据民众生活要求"酌加限制"③,改为在夏历(阴历)十二月二十三日、三十日以及初一至十五日灯节准许燃放鞭炮,灯节过后,无论是何日期,"仍按向章,不准任意

---

① 吴葆光:《论中国卫生之近况及促进改良方法》,《新青年》1917年第3卷第5期,第5页。
② 《禁止乡民放鞭炮》,《晨报》1917年1月22日,第5版。
③ 《禁止双响花炮》,《晨报》1919年3月27日,第6版;《警察许市民放鞭炮》,《晨报》1926年2月6日,第6版。

燃放"。①如有商民必须燃放爆竹,须先报明警察厅或该管区署许可。②

近代警察和传统治安力量不同之处除了其职能的广泛性,还有一点也很重要,就是警察在规范民众社会行为时还提供了大量的社会服务,把保护民众安全作为职能重要的一部分,这在一定程度上也体现了近代管理制度的服务功能。所以,城市民众在社会生活中因警察干预感到诸多不便的同时,还是可以体会到警察出现后的种种有利方面。民众除了在遭遇各种灾害和突发事件如火灾、瘟疫时能够得到警察的救助和保护外,在最普通的日常生活中也能感受到警察带来的好处,如警察疏通交通方便市民通行、管理公共卫生净化市民生活环境、逮捕危险人物增加市民安全感等。民众在很多情况下求助警察是为了获得服务,随着城市流动人口增多,传统的熟人社会发生了改变,城市变成了大量陌生人的聚集地,警察干预私人生活的社会需求也越来越多。四处巡逻、固定站岗的警察以及多处设立的派出所,给民众求助警察提供了方便,警察的出现和发展逐渐取代了民众依靠邻里组织处理紧急状况的传统。

---

① 《京师警察厅布告》,《京师警察厅公报》1928年1月12日,第2版;《警察许市民放鞭炮》,《晨报》1926年2月6日,第6版。

② 《京师警察厅布告第三四号》,《政府公报》第2615号,1923年6月23日,第1页。

四、政府社会控制力增强①

清末以前,历朝政府为稳定政权统治,维持社会秩序,采用了多种控制手段,除了军队武力控制、风俗教化、礼教束缚、舆论倡导、宗教引导、士绅表率等之外,还包括随着社会的发展逐渐形成的保甲、团练等方法。传统的社会控制②手段有多种,但总的来说,在清末以前,中国一直是一个崇尚社会自我控

---

① 北洋时期社会控制得到增强,这一点已得到较多认可。但中央政府对地方社会的控制是否也得到了增强似可再考虑,因为或有下面的疑问:警察虽然对社会控制的能力增强了,但不等于说中央政府对社会的控制增强,警察不等于政府,地方政府也不等同于中央政府。地方政府对当地警察的直接领导力应是比较强,地方警察一般是直接听命于地方政府。如果地方势力强或地方割据,地方政府在本辖区内用警察进行有效的社会控制,但也有可能利用地方警察和中央政府产生抗衡,这就涉及另外一个层面的问题,即中央政府与地方政府(抑或是国家与地方)之间的关系。在考虑中央政府的社会控制时,还要看中央政府与地方政府之间的关系如何。有时,警察对社会控制力增强只能说明直接控制警察的政府行政系统(可能是中央即国家,也可能是地方政府)借助警察这种形式增强了对社会的控制能力,或者说行政当局(可能是中央,也可能是地方政府)通过警察制度(作为一种行政工具)增强了对社会的控制。如北洋政府时期上海的警察,可以说对当地社会控制增强了,但恐怕难以说是国家对上海的控制增强,因为上海地方政府与北洋政府之间关系不十分紧密。由于地方政府的社会控制力增强,更加有力量抗衡中央,自主性增强,从而削弱了中央对社会的控制。北京作为国都,是政府统治中心,比较特殊一些。相比较而言,北京地方政府受到中央政府控制较严,和中央的联系最为紧密,虽然也在税收等一些利益问题上和中央政府产生矛盾,但在政治上一般是和中央保持一致的,因此,可以说地方政府权力的扩张也就是中央政府权力的扩张。北洋政府时期,不同地方政府和中央政府之间的关系表现各不相同,本书所得出来的这一结论主要是建立在对北京这一地域的考察上面,可以基本代表同时期和中央政府关系保持一致这一类型的地方政府社会控制的特点。

② [美]罗·庞德著,沈宗灵、董世忠译:《通过法律的社会控制——法律的任务》,商务印书馆1984年版,第43页。"社会控制"又译为"社会约制",是一个重要的社会学术语,它最早由美国社会学家罗斯(E.A.Ross)在1901年出版的《社会控制》一书中提出,此书由华夏出版社1989年翻译出版。

制的国家①，即使是清政府为应对太平天国运动严峻冲击，命令各地编练团练组织，也主要是依靠民众中的精英人士——士绅所进行。②这种传统中国崇尚社会自我控制的方式不妨称其为"自助式控制"③，这种控制主要通过宗族、风俗习惯、社会精英等来规范个人行为，维持社会秩序，具有相当大的权威性，军队以及各种官方力量只有当社会出现严重混乱，已经威胁到公众的安全或政府的统治时才被用来显示威力。如果其他形式的社会控制（特别是所谓的道义类控制手段）无法确保秩序，那么社会将更多地依赖政府的社会控制，二者之间呈反方向关系变化。

鸦片战争以后，中国经历了巨大的社会变迁，特别是在人口集中的大城市如上海、北京、天津、广州等地，社会状况的变化更为剧烈。当人们的生活环境发生大变化，各种社会问题亦会随之变化，传统的占据主导地位的城市民间社会控制力量如会馆、行会、水会以及宗族等已经无法应对前所未有的复杂状况和日益增长的社会问题。只要传统的和临时性的控制力量可以解决的问题，通常就没有必要设立正式的政府控制组织。如清政府在民众大规模反抗时期，动员地方士绅组织团练以协助官军进行武力镇压，就是一种临时性的

---

① 参见杨念群：《现代卫生示范的建立与民国初年的生死控制》，北京市档案馆编：《档案与北京史》（下），中国档案出版社2003年版，第343页注释8；另外还可参阅 AlisonDray—Dovey,Spatial Orderand Policein Imperial Beijing, The Journal of Asian Studies,vol.52,no.4(Nov.,1993),PP.885~922.又参阅 David Strand,Rickshaw Beijing:City people and politics in the 1920s,University of Californiapress,1989,pp.66~81.

② 按张仲礼的说法，士绅的功能"覆盖着广泛的领域，其中包括监督公共事项的财务、兴建和运作，组织和指挥地方团练，建立和经理地方和宗族的利益"。见张仲礼著，费成康、王寅通译：《中国绅士的收入》，上海社会科学院出版社2001年版，第42页。

③ 借助[美]罗伯特·兰沃西、[美]劳伦斯·特拉维斯的《什么是警察：美国的经验》第40页中的说法。此书中的观点认为，这种"自助"式的社会控制方式在世界上不少国家（特别是在非英语地区的国家）早期发展过程中是一种普遍性的现象。中国的早期社会控制方式虽和别的国家不尽相同，但这里也可以借用这种"自助"的说法。

措施。①事实证明,在社会统治出现危机时,社会需求本身会促使社会力量产生出一种能够应对的控制力量,但当这种危机解除时,这种临时性的控制力量也会随之消失。

随着中国社会结构的变动,特别是城市人口的发展和功能的扩展,城市生活日益丰富复杂,传统的控制方法日益显出支绌而难以应付,而临时性的控制力量又受到局限。在这种情况下,必须设立一个机关,专门负责日常问题的解决,维护社会秩序。清末,一些通商城市外国人租界区引进西方国家的近代警察制度,取得了不错的效果,成为一种城市管理方法新模板。于是,一些中国人开始提出仿效西方,设立警察制度。早在戊戌变法之前,郑观应、何启、陈炽等人借鉴日、美等国和上海租界内的巡捕制度,提议在中国设立近代警察作为常备性的控制力量,但习惯于苟且与保守的清朝统治者在借助临时性的控制力量暂时解决问题后,并没有打算根据已经变化发展了的社会状况设立一种适合时境的常设性新式控制力量,因此,直到19世纪末,警察这一在西方国家得到一定发展的近代化过程中的新式控制力量依然未在中国出现。

虽然直到19世纪末警察这一专业的控制力量仍未在中国出现,但社会已从多方面出现了相应的需求,从而为设立警察创造了条件。晚清以后日益加剧的社会混乱,不仅威胁到民众的安全,也危及政府的统治根基,传统的用以维持社会秩序的手段在复杂的新形势下已经支绌无力,仓促的临时性应对方法亦无法完全解决社会秩序问题,社会需要更常备、更及时的控制力量。在这种情况下,社会如果再遭受大规模运动的破坏,政府就必须要考虑进行改变了。清末发生的义和团运动和八国联军入侵,直接冲击了清政府的统治中心,也最终促使清政府下决心进行变革,警察机构作为专门的常备性控制力量也就应运而生。从另一方面说,即使没有义和团运动和八国联军的刺激,随着社会经济活动、政治活动以及其他活动的专门机构或组织的出现,社会也会以

---

① 嘉庆时期,清政府为了挫败川楚白莲教起义,开始以团练作为基层社会控制力量。当白莲教起义被镇压下去后,团练就随之沉寂下去。直到太平天国运动兴起,清政府为应对太平天国的冲击,才又开始动员地方士绅大规模地组织编练团练,并和传统的保甲以及士绅的力量结合起来,使团练发展成一种更加完备的基层社会控制力量。但在太平天国运动被镇压后,团练发挥作用的空间缩小,逐渐被解散并沉寂。

某种方式发展出更加专门化的控制机构和组织。只不过，在中国这样一个崇尚稳定的社会环境下，没有一个有力的触动，政府是很难也不愿做出大的变革的。如果说,世界范围内近代警察的出现是"随着历史发展而出现的各种社会力量均衡的产物"①,那么中国近代警察的出现就是各种社会力量失衡的产物。

进行治安管理是维持社会秩序最直接的方式，而城市管理和社会救助是为推进社会治安创造良好的条件，所以不管警察的职能是进行治安管理、城市管理还是社会救助，其最终目的和维护社会秩序都有必然的联系。中国社会经常出现动乱不安，其产生的直接后果就表现在中国人对秩序的执著追求上，形成了一种"秩序情结"。以儒家文化为核心的中国传统文化十分注重社会秩序的维护，与社会秩序的建立和维护相比，个人的自由和意志无足轻重。政府的核心任务就是维持整体社会秩序，而"秩序意味着对行为的限制"②。维持秩序是一种社会控制，而警察是负有广泛社会控制职能的正式组织。③清末以后，传统社会向现代社会转化，以前的混合行政的政府组织形式已经不能适应社会的状况，要求各具体部门详细分工，而维持秩序的职能只能借助于警察。由此，可以说警察存在的目的就是实行社会控制。

警察控制的社会活动范围越大,其社会约束力也就越强。北洋政府时期警察如此宽泛的职能，使以维持社会秩序为名的强制性社会干预合法化了。更重要的是，由于警察的出现，从城市开始，中国逐渐由一个"自助"管理式的社会转变为一个由警察控制和社会生活受到种种条文约束的社会。这正符合吉登斯对现代国家的论述："与传统国家相比，监控在现代政治秩序中的扩张以及对'越轨'的警察管制，迅速改变了国家权威与所辖人口的关系，行政力量如今日益进入日常生活的细枝末节，日益渗入最为私密的个人行动和人际关系。"④

---

① [美]罗伯特·兰沃西、[美]劳伦斯·特拉维斯：《什么是警察：美国的经验》，第33页。
② [美]詹姆斯·N.罗西瑙主编，张胜军、刘小林等译：《没有政府的治理》，第33页。
③ [美]罗伯特·兰沃西、[美]劳伦斯·特拉维斯：《什么是警察：美国的经验》，第15页。
④ [英]安东尼·吉登斯著，胡宗泽、赵力涛译：《民族国家与暴力》，三联书店1998年版，第359页。

民国的建立使社会生活诸领域，从政治到经济，从思想文化到人们的心态、生活方式，都发生了不同程度的变化，与君主专制时代有很大的不同。这种变化贯穿北洋军阀统治的整个时期，呈现出一种前进的趋势。这些不同方面的变化发展共同推进了中国近代化的过程。在中国近代化进程中，与之相伴的是政府权力的扩张，这是因为近代化改革需要政治、社会、经济各个层面的变革互相配合，才能取得有效成果，决非传统的民间团体和组织所能胜任。承担着多重职能而又可以被政府控制的警察的出现，正好可以看作是国家权力深入到社会内部的一个标志。

19世纪中叶以后，由于太平天国运动和西方侵略者的双重打击，清政府控制地方社会的能力逐渐减弱，地方社会力量逐渐增强。这种趋势到民初开始发生逆转，政府逐渐挤压地方社会的控制区域，扩大其控制面。警察控制渗入到社会的方方面面可以从事实上证明：自19世纪中叶以来国家日趋衰落而地方社会团体和组织日益扩大这一趋势逐渐发生转逆。对于19世纪后期至20世纪初中国国家控制地方的能力是不是增强，至今存有争议。孔飞力认为国家控制能力下降才导致王朝的崩溃。但有学者如杜赞奇和费孝通都认为国家控制能力从晚清到民国是连续的，是连续不断地向地方社会进行渗透的，其控制能力加强，这也是导致地方社会衰败的一个原因。①中国地域广阔，城乡差别很大，在此先不论国家对农村社会的控制力如何，仅就城市而言，从前文的论述中可以看到，通过警察这一新式控制力量，政府对城市社会的控制力确实得到了加强。所以，在判断国家控制能力是否提高的时候，最好不要笼统、不加区别地一概而论，而应该通过相关实例结合历史场景来进行具体考

---

① 具体可见[美]孔飞力著，谢亮生等译：《中华帝国的叛乱及其敌人——1796—1864年的军事化与社会结构》，中国社会科学出版社1990年版；[美]杜赞奇著，王福明译：《文化、权力与国家——1900—1942年的华北农村》，江苏人民出版社1994年版；吴晗、费孝通：《皇权与绅权》，民国丛书·第3编·第14辑，上海书店1991年版；费孝通：《乡土中国》民国丛书·第3编·第14辑，上海书店1991年版。

察。①

在社会变迁过程中,相对强大的中央政府逐渐建立,社会结构重新组合,警察作为这一过程中的一部分随之产生。随着社会的组织模式从宗族型和封建效忠型演变为国民实体型,产生了一系列政府组织,警察就是其中之一。②警察制度在中国的发展是政府职能日益扩大的一般发展趋势的结果,考察中国近代警察的发展历史,可以看出制度化的公共行政官僚机构的职能和控制发展演变的历史。在现代关于发展问题的著述中,政治现代化的典型特征包括:政治作用与职能的分化,政治目标与定位的专业化,政治机构的集中化,传统精英力量的衰落,而中央行政力量深入到社会生活的各方面。按照福柯的"政府意识论",现代政治控制是对一个群体的所有方面的直接或间接的管理。这种群体管理的一个基本方面就是要求有一支现代化的警察力量,其基本特征是专业化。③

近代警察的出现和发展,反映了社会关系的重大变化,也反映了更广泛的社会结构、文化和政治经济的冲突和矛盾。各社会的警察在职能与体制上反映了各自社会文化的传统,中国近代传统和现代交织并陈的特殊历史状况和社会环境促使并制约着警察制度的发展。另一方面,警察的发展又给整个社会特别是城市带来了多方面的影响。因此,对警察问题的研究势必会牵涉到社会环境的方方面面,包括各种政治的和非政治的因素。正因如此,从北洋政府时期警察这一特殊的角度着手,考察中国近代警察的成立、职能范围、控制作用以及在国家和社会中的作用等问题,有利于更好地展示转型阶段社会的复杂性,以及在这种复杂的历史延续中城市社会的变与不变。

---

① 仅就民初北京社会的考察而言,关于国家的控制权力是有效还是无效,戴维·斯特兰德(DavidGStrand)通过对民初北京社团的政治研究认为,中央政府的政治权力无法对各种公共权力进行有效的监控。具体参见:DavidGStrand, "Fedus, Fights, and Faction: Group Politicsin 1920s Beijing", Modern China, vol.11, no.4(Oct.,1985), PP.411~435。而杨念群认为,20世纪初北京建立起现代化警察系统以来,对地方社区的控制与渗透日趋严密。具体可见杨念群:《再造"病人"——中西医冲突下的空间政治(1832—1986)》,中国人民大学出版社2006年版。

② 参看[美]罗伯特·兰沃西、[美]劳伦斯·特拉维斯:《什么是警察:美国的经验》,第52~53页。

③ [美]魏斐德著,章红、陈雁、金燕、张晓阳译,周育民校:《上海警察,1927—1937》,第41页。

参考文献

一、档案

[1]北京市档案馆馆藏：全宗号 J181、J004、J183、J067、J011、J191、J032、J031。

[2]京师警察厅编辑.京师内外城巡警总厅统计书(宣统三年).撷华印刷局,1916,ZQ012/002/00629。

[3] 京师警察厅总务处编.(伪) 京师警察厅职员录.撷华印刷局,1922,J181/017/02881。

[4]京师警察厅总务处编.中华民国元年京师内外城巡警总厅统计书.撷华印刷局,1917,ZQ012/002/00307。

二、报纸、期刊

《晨报》《政府公报》《京师警察公报》
《社会学界》《警声》(又名《警声杂志》) 《京兆通俗周刊》

《京兆周刊》《京兆公报》《京兆讲演汇编》
《新青年》《大公报》(天津) 《现代警察》
《市政通告》(旬刊) 《市政月刊》《市政季刊》
《北京大学学生周刊》《北京大学日刊》《京师教育报》
《京师教育月刊》《京师税务月刊》《晨报副刊》
《财政月刊》《食货月刊》(复刊) 《京兆通俗周刊》
《东方杂志》《自觉月刊》《宪法新闻》
《司法公报》《星期》

三、已刊资料

1. 清末民国部分

[1]外城巡警总厅统计股顾鳌编辑.京师外城巡警总厅第一次统计书(光绪三十二年).出版机构不详,1907(光绪三十三年)。

[2]京都市政公所编译室编.京都市法规汇编.市政公所编译室,1925。

[3]京师警察厅编.京师警察法令汇纂.撷华书局,1916。

[4]京师警察厅编.京师警务一览图表.出版机构不详,1917。

[5]内务部编.内务部第一次警务会议汇编·第三编·议决录.出版机构不详,1917。

[6]京师税务监督公署编.京师税务纪实.京师税务监督公署,1925。

[7]汪文玑.违警罚法释义.浙江群进社,1917。

[8]郭公阙编.警界必携.上海商务印书馆,1924。

[9]王皓等编.中华法令汇纂.广义书局,1918。

[10]内务部警政司编.现行警察例规.内务部警政司编印,1918。

[11]印铸局经理科.法令辑览.印铸局官书科,1917。

[12]京都市政公所编.京都市政汇览.京华出版社,1919。

[13]北京外右五区警察署编.外右五区警察署办理天桥等项民国七年收支各款报告书.出版机构不详,1919。

2.1949年以后部分

[1]中国第二历史档案馆编.中华民国史档案资料汇编(第三辑).江苏古籍出版社,1991。

[2]北京市档案馆编.北京档案史料.新华出版社,2001—2009。

[3]田涛,郭成伟整理.清末北京城市管理法规:1906—1910.北京燕山出版社,1996。

[4]蔡鸿源主编.民国法规集成.黄山出版社,1999。

[5]故宫博物院明清档案部编.义和团档案史料.中华书局,1959。

[6][清]杨米人等著.清代北京竹枝词:十三种.路工编选.北京古籍出版社,1982。

[7]天津图书馆,天津社科院历史研究所编.袁世凯奏议.天津古籍出版社,1987。

[8]钱实甫编著.北洋政府职官年表.黄清根整理.华东师范大学出版社,1991。

[9]李文海主编.民国时期社会调查丛编.福建教育出版社,2004。

[10]石玉新,杨小波主编.文史资料存稿编选(晚清、北洋上).中国文史出版社,2002。

[11]倪瑞英,赵克立,赵善继编译.八国联军占领实录——天津临时政府会议纪要.汪寿松,郝可路,王培利编校.天津社会科学出版社,2004。

[12]中国第二历史档案馆编.中华民国史档案资料汇编(第三辑·财政1).江苏古籍出版社,1998。

[13]中国第二历史档案馆编.中华民国史档案资料汇编(第三辑·财政2).江苏古籍出版社,1998。

[14]中国第二历史档案馆编.中华民国史档案资料汇编(第三辑·文化).江苏古籍出版社,1991。

[15]朱寿朋编.光绪朝东华录.张静庐等校点.中华书局,1984。

[16][日]服部宇之吉等编.清末北京志资料.张宗平,吕永和译.吕永和,汤重南校.北京燕山出版社,1994。

[17][美]西德尼·D.甘博著.北京的社会调查.陈愉秉,袁熙等译.中国书店

出版社,2010。

四、研究论著

[1]包明芳.中国消防警察.上海商务印书馆,1935。

[2]蔡恂.北京警察沿革纪要.北京民社,1944。

[3]陈允文.中国的警察.上海商务印书馆,1935。

[4]陈震异.警捐与市政.出版机构不详,1924。

[5]鄗裕坤.现代警察研究.商务印书馆,1946。

[6]郭宗莆编著.中国警察法.重庆警学编译社,1947。

[7]韩光辉.北京历史人口地理.北京大学出版社,1996。

[8]韩延龙,苏亦工等.中国近代警察史.社会科学文献出版社,2000。

[9]韩延龙等撰.中国近代警察制度.中国人民公安大学出版社,1993。

[10]胡存忠.中国警察史.中央警官学校,1937。

[11]姜春华.北平警政概况.出版机构不详,1934。

[12]雷辑辉.北平税捐考略.北平社会调查所,1932。

[13]李景汉.北平郊外之乡村家庭.上海商务印书馆,1929。

[14]李士珍.现代各国警察.上海商务印书馆,1947。

[15]李万里.公安警察问答.上海世界书局,1927。

[16]李万里.警察救国.出版机构不详,1929。

[17]刘垚,谈凤池编.中国都市交通警察.香港商务印书馆,2001。

[18]孟庆超.中国警察近代化研究:以法文化为视角.中国人民公安大学出版社,2006。

[19]孟天培,甘博著.二十五年来北京之物价工资及生活程度.李景汉译.北京大学出版社,1926。

[20]内政部警政司编纂.中国警察行政.上海商务印书馆,1935。

[21]钱实甫.北洋政府时期的政治制度.中华书局,1984。

[22]阮光铭.警政概论.上海商务印书馆,1931。

[23]沈嘉蔚编撰.莫理循眼里的近代中国:北京的莫理循.窦坤等译.福建教

育出版社,2003。

[24]陶孟和.北平生活费之分析.上海商务印书馆,1930。

[25]天忏生.复辟之黑幕.中华书局,2007。

[26]王家俭.清末民初我国警察制度现代化的历程:1901—1928.台湾商务印书馆,1984。

[27]王建中.洪宪惨史.上海书店出版社,1998。

[28]沃邱仲子.民国十年官僚腐败史.中华书局,2007。

[29]吴长冀.八十三天皇帝梦.文史资料出版社,1985。

[30]徐发科.中国警察法论.湖南出版社,1997。

[31]徐淘.警察学纲要.上海广益书局,1928。

[32]徐一士.一士类稿.辽宁教育出版社,1997。

[33]许指严.复辟半月记.中华书局,2007。

[34]严景耀.中国的犯罪问题与社会变迁的关系.北京大学出版社,1986。

[35]尹钧科.北京历代建置沿革.北京出版社,1994。

[36]余秀豪.警察行政.商务印书馆,1946。

[37]余秀豪.警察学大纲.商务印书馆,1946。

[38]余秀豪.现代警察行政.中华书局,1948。

[39]张德泽.清代国家机关考略.学苑出版社,2001。

[40]赵修鼎.警察行政.商务印书馆,1927。

[41]朱绍侯主编.中国古代治安制度史.河南大学出版社,1994。

[42]著者不详.勤务须知.上海世界书局,1929。

[43]作新社编译.警察学.出版机构不详,1904。

[44][美]魏斐德著.上海警察,1927—1937.章红,陈雁等译.上海古籍出版社,2004。

[45][美]罗伯特·兰沃西、[美]劳伦斯·特拉维斯著.什么是警察:美国的经验.尤小文译.群众出版社,2004。

[46][美]E.A.罗斯著.E.A.罗斯眼中的中国.晓凯译.重庆出版社,2004。

[47][英]阿绮波德·立德著.穿蓝色长袍的国度.刘云浩,王成东译.中华书局,2006。

[48][荷]冯客著.近代中国的犯罪、惩罚与监狱.徐有威等译.江苏人民出版社,2008。

[49][美]罗·庞德著.通过法律的社会控制—法律的任务.沈宗灵,董世忠译.商务印书馆,1984。

[50][美]詹姆斯·N.罗西瑙主编.没有政府的治理.张胜军,刘小林等译.江西人民出版社,2001。

[51][英]安东尼·吉登斯著.民族国家与暴力.胡宗泽,赵力涛译.三联书店,1998。

[52][美]史明正著.走向近代化的北京城:城市建设与社会变革.王业龙,周卫红译.北京大学出版社,1995。

五、外文论著

[1]Andrew Nathan.Peking. Politics,1918—1923:Factionalism and the Failure of Constitutionalism.Ann Arbor,Mich.:Center for Chinese Studies,University of Michigan,1998.

[2]Sidney D.Gamble,Peking Wages.edited by Maxwell S/Stewart.Peiping:The Department of Sociology and Social work,Yenching University,1929.

[3]Jermyn Chi-Hung Lynn,Social life of the Chinese in Peking,Peking-Tientsin China Booksellers Ltd,1928.

[4]Alison Dray-Dovey.Spatial Order Police in Imperial Beijing,The Journal of Ssian Studies,vol.52,no.4(Noc.,1993)

[5]David Strand.Rickshaw Beijing:City People and Politics in the 1920s. London:University of Marvin E.Olsen,The Process of Social Organization,Holt, Rinehart and Winston,1968.